EU
AI법 개론

박노형

SAFE
SECURE
TRUSTWORTHY

박영사

서문

인공지능(Artificial Intelligence, AI)은 다른 기술 영역에도 적용될 수 있는 범용성을 가진 대표적 기술이면서, 민간과 군사 영역 모두에서 활용될 수 있는 겸용(dual use)의 성격을 가진다. AI 기술은 빠른 속도로 진화하면서 인간 지능과 경쟁할 수준에 다가가고 있고, 그 잠재력만큼이나 위험성에 대한 우려 또한 커지고 있다.

이러한 배경에서 제정된 유럽연합(EU)의 AI법은 국제사회 최초의 포괄적인 AI 규제법으로서, AI가 초래할 수 있는 위험으로부터 인간의 건강·안전·기본권 보호를 주된 목적으로 한다. 제품 안전 규제에 기반한 이 법은 기술 발전과 규제의 균형을 모색하는 과정에서 EU 주요 기관, 27개 회원국, 그리고 학계·산업계·시민사회가 참여한 치열한 합의의 산물이다. 그 결과, 이 법은 한국이 2024년 제정한 「인공지능 발전과 신뢰 기반 조성 등에 관한 법률」을 포함해 여러 국가의 입법에 깊은 영향을 주고 있고, 향후 국제사회의 규제 논의에서도 중요한 준거점으로 작용할 것이다.

세계 3대 AI 강국을 지향한다는 한국의 AI에 관한 논의는 주로 산업 발전에 초점을 맞추고 있고, 산업계는 물론 정부나 전문가들 사이에서도 AI에 대한 규제를 부정적으로 보는 시각이 지배적인 듯하다. 그럼에도, 인류에게 이롭게 쓰여야 할 도구로서 AI 기술이 초래할 수 있는 해악으로부터 우리의 건강·안전·기본권을 지키는 일은 결코 소홀히 할 수 없다. 물론 안전을 중시하는 규제가 자칫 기술 발전을 저해할 수 있는 점에서 규제와 발전 간의 균형은 매우 어려운 정책적 과제이다. 그러나, AI 기술의 발전 초기 단계에서부터 필요한 최소한의 규제는 반드시 수용해야 할 것이다. 본서는 EU AI법의 복잡하고 정교한 규제 체계를 상세히 분석함으로써 국내의 AI 규제 논의와 발전에 의미 있는 참고가 되고자 한다.

본서의 집필 과정은 저자에게 새로운 도전이었다. AI 기술에 대한 전문적 이해가 부족하고, 제품 안전 중심의 규제적 접근에 익숙하지 않아 어려움이 많았다. 그러나 고려대학교 법학전문대학원과 대학원 강의에서 학생들과의 열띤 토론을 통해 AI 규제에 관한 다양한 시각을 접하며 이해를 넓힐 수 있었다. 또한 지난 10여 년간 이어온 사이버안전과 개인정보보호 연구는 본서 집필에 중요한 자산이 되었다. AI는 방대한 데이터, 특히 민감한 개인정보를 처리하고, 사이버보안은 AI 규제의 불가피한 요소이기에 이 두 연구의 경험은 큰 도움이 되었다. 또한, 본서의 집필 과정에서 다양한 AI 서비스의 도움을 받았다. 비록 정확한 규정을 찾는 과정에서 혼란과 한계가 있었지만, AI 서비스는 저자의 AI에 대한 사고를 확장하고 오해를 교정하는 의미 있는 동반자(companion) 역할을 하였다.

우리의 삶은 다양한 일의 시작과 끝의 과정으로 이루어지는데, 특히 2024년 3월 이후 여러 시점의 과정에서 EU AI법을 공부하고 본서를 집필할 수 있었던 것은 큰 행운이었다. 같은 맥락에서 2024년 하반기 'AI의 국제규범 동향과 시사점' 특별 시리즈 기고를 허락하신 한국경제인협회 한국경제연구원 정철 원장님께 깊이 감사드린다. 갈수록 어려워지는 출판 환경에서 본서의 출간을 기꺼이 맡아주신 박영사의 조성호 이사님과 어려운 편집을 맡아주신 최유라 선생님께도 감사드린다. 늘 미안하고 고마운 가족에게도 이 기회에 감사를 전한다.

아무쪼록 본서가 AI 규제의 현재와 미래를 이해하는 데 필요한 기초적 시각을 제공하고, 한국을 비롯한 국제사회의 관련 논의에 작은 기여를 할 수 있기를 기대한다.

2025년 10월

박노형

일러두기

본서는 방대한 EU AI법의 모든 규정을 빠짐없이 다루기보다, 이 법의 핵심 내용과 원칙을 중심으로 설명한다. 특히 AI 기술의 공급망을 구성하는 AI 시스템과 AI 모델의 개념을 명확히 하고, 이들을 시장에 출시하고 이용하는 제공자와 운영자의 책임에 중점을 둔다. 회원국의 시장감시 당국이나 유럽위원회, AI사무국 등 규제 기관의 역할이 중요하지만, 본서에서 깊이 다루지 않는다.

EU AI법은 2년에 걸쳐 점진적으로 적용되고, 앞으로 유럽위원회의 위임입법, 이행입법, 가이던스 등을 통해 계속해서 보완될 것이다. 본서는 현재 시점에서 이 법의 해설서로서 독자의 AI에 대한 규제를 이해하는 출발점이 되고자 한다. 본서는 이 법의 명확한 이해를 위하여 노력했지만, 독자는 반드시 이 법은 물론 관련 법령의 규정 원문을 함께 확인하여야 한다.

AI법을 이해하기 위해서 관련 용어의 정확한 이해가 필수적이다. 본서의 집필에서 특히 다음의 용어에 고심하였다 'Deployer'는 운영자로 번역하는데, 국내에서는 종종 배포자로 번역되지만, 이는 사전적 직역에 가깝다. AI법이 '자신의 권한하에 AI 시스템을 이용하는' 법인과 개인 등으로 정의한 점을 반영하여, 그 역할의 실질을 가장 잘 나타내는 운영자로 표기한다. 또한, 'Operator'는 사업자로 번역하는데, AI 생태계의 다양한 주체를 포괄하는 용어인 사업자는 법인뿐 아니라 개인도 포함하므로 '업자'보다 '자'를 사용하여 수입자, 유통자 등으로 표기한다.

AI 시스템의 훈련과 학습에서 대량의 개인정보 처리가 수반되어서, AI법의 의무는 EU의 개인정보보호법인 GDPR의 의무와 긴밀하게 연결된다. 본서는 가능한 한 GDPR과의 관련성을 함께 검토하여 독자의 통합적인 이해를 돕고자 한다. 또한, AI법 조문 간 비교가 필요한 경우에도 그 차이를 설명하고, 이러한 비교 분석 내용은 본문에서 '***' 표기로 시작하여 구분한다.

EU AI법은 약 3년간의 집중 협상 끝에 제정되었다. 비교적 짧은 기간에 제정되어서인지 영문 문장이 길고 복잡한 경우가 많아 해석이 쉽지 않다. AI 규제의 선도적인 지위를 가진 외국법임을 고려하여, 이 법의 내용을 정확하게 이해할 목적으로 가능한 한 원문의 의미를 충실히 살리는 직역을 활용하였다. 예컨대 본서에서 여러번 언급되는 '포함하여'의 단어는 해당 문맥에서 중요한 의미를 가짐에 유의해야 한다.

본서의 본문과 각주에서 EU AI법의 조항이나 상설(Recital)을 언급할 때 'EU AI법'이라는 표기를 생략한다. 별도의 법명 없이 조문(예: 제5조)이나 상설(예: 상설 제25항)이 언급되면, 이는 모두 EU AI법의 내용으로 이해하면 된다. GDPR 등 다른 법을 언급할 때는 해당 법명을 함께 명시한다.

차례

Chapter 01 EU AI법 개관

Chapter 02 EU AI법의 적용 범위

Chapter 03 AI 시스템의 개념

Chapter 04 AI 시스템과 모델의 유형

Chapter 05 AI 이해력

Chapter 06 AI 시스템 및 모델 제공자의 의무

Chapter 07 공인 대리인

Chapter 08 고위험 AI 시스템 운영자의 의무

표 차례

그림 차례

Chapter 01

EU AI법 개관

2021년 4월 21일 유럽위원회가 제안하여 2024년 8월 1일 발효한 EU AI법은 전 세계적으로 최초의 구속력 있는 AI 관련 수평적 규제로서 EU에서 AI 시스템의 제공과 이용에 대한 공통 프레임워크를 설정한다. 인간 중심의 철학과 제품 안전 접근을 결합한 EU AI법은 전 세계에서 AI의 개발과 운영을 위한 핵심적인 모델이 될 것이다.

Chapter 01

EU AI법 개관

I EU AI법은 무엇을 어떻게 규제하는가?

EU AI법은 AI 기술의 잠재력을 포용하면서도, 관련 위험을 효과적으로 관리하기 위해 세계 최초로 채택된 포괄적인 법적 규제 체계이다. 이 법의 가장 큰 특징은 '위험 기반 접근'(risk-based approach)으로, AI가 초래할 수 있는 위험의 수준에 따라 규제의 강도를 달리하는 것이다. 이 복잡한 법을 이해하기 위한 첫걸음은, AI법이 규제하는 두 가지 핵심 대상, 즉 'AI 시스템'(AI System)과 'AI 모델'(AI Model)을 명확히 구분하는 것이다.

이 둘의 관계는 자동차와 엔진에 비유할 수 있다. AI 모델이 자동차의 엔진이라면, AI 시스템은 그 엔진을 장착하여 실제 도로를 달리는 자동차로 이해할 수 있다. EU AI법은 강력한 성능을 가진 엔진 자체도 규제하지만, 궁극적으로는 그 엔진을 장착한 자동차가 어디서, 어떤 목적으로, 어떻게 사용되는지에 따라 구체적인 규정을 적용한다. 한편, AI 구성요소(component)는 EU AI법의 독립적인 규제 단위이기보다 AI 시스템이나 모델을 구성하는 기술적인 하위 요소이다. 투입물, 인터페이스, 모듈 등 하위 기능으로서 특정 제품의 안전 구성요소로 사용될 때 고위험으로 분류될 수 있다.[1)]

특히 한국 기업에게 중요한 점은 EU AI법이, EU 개인정보보호법인 GDPR과 마찬가지로, 역외적용되는 점이다. EU 내 기업은 물론 EU 역외에 있더라도 AI 시스템을 EU 내 이용자에게 제공하는 경우 EU AI법의 적용을 받는다. 이는 글로벌 AI 서비스를 제공하는 모든 기업이 알아야 할 핵심 원칙이다.

1. AI 시스템: 최종 목적을 가진 완제품

AI 시스템은 특정한 목적을 가지고 시장에 출시되거나 조직 내에서 이용되는 최종적인 AI 응용 프로그램 또는 제품을 의미한다. 우리가 일상에서 접하는 대부분의 AI 서비스가 바로 AI 시스템이다. AI 시스템은 그 '의도된 목적'(intended purpose)이 무엇인지에 따라 EU AI법에 따른 위험 등급이 결정된다. 동일한 기술이라도 어떻게 이용되느냐에 따라 규제 수준이 완전히 달라진다.

EU AI법에서 AI 시스템의 위험은 다음 네 가지 등급으로 나뉜다:

'용납할 수 없는 위험'(unacceptable risk): 이용 자체가 금지되는 AI 시스템으로서, 사회적 점수를 산정하는 시스템이 예가 된다.

'고위험'(high-risk): 엄격한 의무를 준수해야만 출시 및 이용이 허용되는 AI 시스템으로서, 의료 진단이나 채용 심사를 위한 시스템이 예가 된다.

'제한적 위험'(limited risk): AI임을 고지할 의무 등 투명성 의무가 부과되는 AI 시스템으로서, 챗봇, 딥페이크 등이 예가 된다.

'최소 위험'(minimal risk): 별다른 규제가 없는 대부분의 AI 시스템으로서, 스팸 필터, 게임 AI 등이 예가 된다.

---

1) 구성요소의 예로 데이터 전처리 모듈, 프롬프트 인터페이스가 있다. 데이터 전처리(pre-processing) 모듈은 (i) AI 모델을 훈련하기 전에 데이터를 가공하는 개발 도구이자, (ii) 최종 AI 시스템의 일부로서 이용자의 새로운 입력 데이터를 추론하기 위해 처리하는 하위 기능이다. 프롬프트 인터페이스는 이용자가 AI와 상호작용하기 위해 텍스트나 이미지를 입력하는 창(UI) 또는 그 입력값을 모델이 이해할 수 있도록 변환하는 부분으로 AI 시스템을 구성하는 핵심적 요소이다.

2. 범용 AI 모델: AI 시스템의 기반이 되는 엔진

AI 모델은 AI 시스템을 구동하는 핵심적인 알고리즘과 데이터의 집합체이다. EU AI법은 ChatGPT나 Gemini와 같이, 특정 목적에 한정되지 않고 다양한 작업을 수행할 수 있는 강력한 모델을 '범용 AI 모델'(general-purpose AI model, GPAI)로 정의하여 별도로 규제한다.[2)]

범용 AI 모델은 그 능력과 잠재적 영향력 자체를 기준으로 규제된다. 즉, 이 엔진이 나중에 어떤 자동차에 장착될지는 별개로, 엔진의 성능이 너무 강력하여 사회 전반에 큰 영향을 미칠 수 있다면 그 엔진 개발자에게 특별한 의무를 부과하는 것이다.

예컨대, 범용 AI 모델 제공자는 모델의 작동 방식, 학습 데이터 요약 등을 담은 기술문서를 제공하고, EU 저작권법을 존중하는 정책을 수립해야 한다. 특히, 사회에 큰 영향을 미칠 수 있는 고성능 모델 즉 시스템적 위험이 있는 범용 모델의 제공자는 모델 평가, 위험 완화, 사이버보안 조치 등 훨씬 더 강력한 의무를 부담한다.

3. 사례로 이해하기: 하나의 모델, 여러 시스템

하나의 범용 AI 모델이 어떻게 각기 다른 위험 등급의 AI 시스템으로 만들어지고, 규제를 받게 되는지 다음과 같이 구체적인 사례로 이해할 수 있다. OpenAI가 개발한 강력한 언어·이미지 생성 능력을 가진 범용 AI 모델인 GPT-5를 가정하자.

(1) 1단계: 범용 AI 모델 GPT-5 자체에 대한 규제

GPT-5를 개발한 OpenAI는 범용 AI 모델의 제공자로서 다음과 같은 모델 자체에 대한 의무를 부담한다.[3)]

---

2) EU AI법은 의료 영상 암 탐지 전문 모델, 반도체 불량 검사 전문 모델 등 단일 목적을 가진 특정 AI 모델 자체를 직접 규제하지 않는다.

3) 혁신을 장려하기 위해 무료로 이용, 수정 등이 가능하게 공개된 범용 모델인 무료

기술문서 제공: OpenAI는 GPT−5의 개발 및 테스트 과정, 알려진 한계점 등을 포함한 상세한 기술문서를 작성하여, 이 모델을 기반으로 서비스를 만들 기업 고객 즉 '다운스트림 제공자'(downstream provider)에게 제공해야 한다.

훈련 데이터 투명성: GPT−5의 훈련에 사용된 데이터에 대한 저작권 정책을 요약하여 공개해야 한다.

시스템적 위험 모델 의무: GPT−5가 사회에 미칠 영향이 매우 크다고 판단되는 시스템적 위험이 있는 모델로 지정될 경우, OpenAI는 모델의 위험을 평가하고 사이버보안을 강화하는 등 추가적인 강력한 의무를 이행해야 한다.

(2) 2단계: GPT-5를 활용한 다양한 AI 시스템과 그 규제

여러 다른 기업들이 GPT−5의 동일한 엔진을 각기 다른 목적의 자동차 즉 AI 시스템을 만들 수 있다.

사례 A: 금지된 AI 시스템

EU 회원국 정부 산하 기관이 GPT−5를 기반으로, 모든 시민의 온라인 활동을 분석해 사회적 신뢰도 점수를 산정하는 예컨대 '시티즌 스코어'(Citizen Score) 시스템을 구축한 경우, 이 시스템은 그 사용 목적이 공공기관에 의한 사회적 평점에 해당하여 제5조에 따라 원칙적으로 금지된다. OpenAI의 모델과는 별개로, 이 시스템을 구축하고 사용하는 정부 기관이 규제를 받는다.

사례 B: 고위험 AI 시스템

의료기기 기업이 GPT−5를 도입하여, 환자의 CT 영상을 분석하고 폐암 발병 가능성을 예측하는 의료진단 보조소프트웨어를 개발한 경우, 이 소프트웨어는 의료기기라는 부속서 III의 고위험 분야에 해당하여, 동 기업은 이 제품을 병원에 판매하기 전에, 위험 관리 시스템 구축, 데이터 편향성 관리, 의사의 최종 판단 보장, EU 데이터베이스에 고위험 AI 시스템으로 제품 등록 등 많은 고위험 관련 의무를 이행해야 한다.

오픈소스 모델은 원칙적으로 투명성 의무가 면제된다. 무료 오픈소스 모델의 예로 Meta의 LLaMA 시리즈가 있다.

사례 C: 제한적 위험 AI 시스템

GPT−5를 활용하여 고객의 금융 관련 질문에 24시간 답변하는 AI 챗봇이 출시된 경우, 이 챗봇은 사람과 직접 상호작용하므로 제한적 위험에 해당하여서 이 챗봇이 고객과 대화를 시작할 때 “AI 챗봇과 대화하고 있음”의 사실을 고객에게 명확히 알려야 하는 투명성 의무를 부담한다.[4)]

사례 D: 최소 위험 AI 시스템

GPT−5를 이용해 컴퓨터 게임의 배경 캐릭터(NPC)들의 대사를 더욱 자연스럽고 다양하게 자동 생성하는 경우, 이 시스템은 개인의 권리나 안전에 거의 영향을 미치지 않기 때문에 최소 위험으로 간주되어, EU AI법에 따른 어떠한 법적 의무도 부과되지 않는다.

결론적으로 AI법은 엔진에 해당하는 모델의 강력한 성능과 잠재력을 규제하면서 그 엔진을 장착한 자동차에 해당하는 시스템이 실제 도로 즉 사회에서 사용되는 방식에 따라 발생할 수 있는 구체적인 위험을 관리하는 포괄적이면서 체계적인 접근을 하고 있다.

표 1-1 AI법의 규범적 틀 개관

구분	규제 대상	규제 방식	근거 조문
AI 시스템	운영자, 최종 이용자와 상호작용	위험 기반 분류에 따른 규제	제5조-제50조
범용 AI 모델	다양한 용도 이용이 가능	모델에 대한 투명성, 보고 의무	제53조-제54조, 제56조
시스템적 위험이 있는 범용 AI 모델	초거대, 광범위 영향이 있음	적대적 테스트, 보안, 문서화 의무	제51조-제52조, 제55조-제56조

4) 범용 AI 모델에 기반한 범용 AI 시스템은 그 자체로 다양한 목적으로 사용될 수 있는 완성된 서비스로서, 현시점에서 주로 이용자와의 상호작용 때문에 제한적 위험으로 분류되고 이용자에 대한 투명성 의무가 부과된다. 범용 AI 시스템의 예로 OpenAI의 ‘ChatGPT’(GPT-4o 등 범용 AI 모델 기반), Google의 ‘Gemini’(Gemini 1.5 Pro 등 범용 AI 모델 기반), Microsoft의 ‘Copilot’(GPT 시리즈 등 범용 AI 모델 기반) 등이 있다.

무료 오픈소스 모델	무료로 이용, 수정 가능하도록 공개	악용 우려를 제외하고 원칙적 의무 면제	제53조 제2항

이처럼 EU AI법은 AI 기술의 생애주기를 따라, 상류에 있는 강력한 모델의 제공자에게 그 잠재력에 대한 책임을, 하류에 있는 시스템의 제공자 및 운영자에게는 그 구체적인 이용 목적과 사회적 영향에 대한 책임을 부과하는 이중 규제 체계를 갖추고 있다. 이러한 AI 모델과 시스템의 차이를 이해하는 것이 AI법을 이해하는 첫걸음이다.

II EU AI법 개관

1. EU AI법의 제정 배경

(1) 국제적 배경

2024년은 AI의 규제에 있어서 주목하여야 할 해이다. EU AI법이 채택되어 발효한 것에 더하여, 국제연합(United Nations, UN)과 유럽평의회(Council of Europe, CoE)에서 주목할 만한 AI 관련 국제규범이 채택되었다. 2024년 3월 21일 UN 총회는「지속 가능한 발전을 위한 안전하고 보안이 되며 신뢰할 수 있는 인공지능 시스템의 기회 포착」(Seizing the opportunities of safe, secure and trustworthy artificial intelligence systems for sustainable development) 결의를 총의로 채택했다.[5] 미국이 주도한 동 결의에서 UN 회원국들은 인권과 기본적 자유는 AI 시스템의 수명주기 전반에 걸쳐 존중, 보호 및 증진되어야 한다고 강조하였다.[6] 동

5) A/RES/78/265, 21 March 2024.

6) A/RES/78/265, 제5항, 21 March 2024. 국제인권법을 준수하여 운영할 수 없거나 특히 취약한 상황에 있는 사람들의 인권 향유에 부당한 위험을 초래하는 AI 시스템 이용을 자제하거나 중단할 것을 촉구하고, 사람들이 오프라인에서 갖는 것과

결의는 UN 총회가 AI에 관하여 처음으로 채택한 것이다.

2024년 3월 14일 벨라루스와 러시아를 제외한 유럽 국가로 구성된 유럽평의회의 AI위원회(Committee on Artificial Intelligence, CAI)가 채택한 「인공지능, 인권, 민주주의 및 법치에 관한 프레임워크 협약」(Framework Convention on artificial intelligence, human rights, democracy and the rule of law, CoE AI 협약) 초안을 2024년 5월 17일 유럽평의회의 각료위원회(Committee of Ministers)가 채택했다. 2024년 9월 5일 영국 등 7개 회원국과 미국 등 2개 제3국과 EU는 리투아니아 빌뉴스에서 열린 유럽평의회 법무부 장관 비공식 회의에서 CoE AI 협약에 서명했다. CoE AI 협약은 AI를 규율하는 세계 최초의 조약이다.

(2) EU의 내부적 배경

EU는 2000년대 초반부터 개인정보보호와 지식재산권과 같은 기본권, 클라우드 컴퓨팅과 사이버보안과 같은 기술과 소프트웨어, 데이터 접근, 데이터 공유 및 데이터 거버넌스를 포함한 데이터 중심 입법을 통해 디지털 영역을 규제하고 있다. 유럽위원회는 '유럽의 디지털 10년'(Europe's Digital Decade)을 실현하고자 최선을 다하고 있다.7)

동일한 권리를 온라인에서도 AI 시스템의 수명주기 동안을 포함하여 보호되어야 한다는 점을 재확인하였다. 이 결의에 더하여 UN 총회는 2024년 7월 1일 중국이 주도한 결의 A/RES/78/311을 채택하였는데, 두 결의는 AI의 비군사적 이용에 관한 것이다. 또한, UN 총회는 2024년 12월 24일 한국과 네덜란드가 주도한 군사적 영역에서의 AI에 관한 결의 A/RES/79/239를 채택하였다.

7) EU의 '디지털 10년 정책 프로그램 2030'(Digital Decade Policy Programme 2030)은 거버넌스 프레임워크로서 유럽위원회와 회원국이 참여하는 연례 협력 메커니즘을 기반으로 한다. 동 협력 메커니즘은 다음의 내용으로 구성된다. 첫째, 2030년에 달성될 각 목표에 대한 진행 상황을 측정하기 위해 '디지털 경제 및 사회 지수'(Digital Economy and Society Index, DESI)에 기반한 체계적이고 투명하며 공유된 모니터링 시스템이다. 둘째, 유럽위원회가 진행 상황을 평가하고 조치를 위한 권장 사항을 제공하는 연례 보고서이다. 두 번째 '디지털 10년 현황 보고서'(Report on the State of the Digital Decade)는 2024년 7월 공개되었다. 셋째, 2년마다 회원국이 2030년 목표 달성을 위해 채택하거나 계획한 조치를 개괄적으로 설명하는 디지털 10년 전략 로드맵이다. 넷째, 다국가 프로젝트의 이행을 지원하는 메커니즘인 '유럽 디지털 인프라 컨소시엄'(European Digital Infrastructure Consortium)이다. 유럽위원회는 2026년까지 이들 목표를 검토하여 기술, 경제 및

AI는 생활의 많은 부분에 영향을 미칠 수 있다. AI는 환경과 건강, 공공 부문, 금융, 모빌리티, 가정, 농업 등 다양한 분야에서 광범위한 경제적, 사회적 혜택을 가져올 것으로 기대되고 있다. AI는 특히 예측을 개선하고 운영과 자원 배분을 최적화하며 서비스의 개인화에 유용하다.[8] 그러나 AI 시스템은 「EU기본권헌장」에 따라 보호되는 기본권에 미치는 영향과 AI 기술이 제품과 서비스에 내장될 경우 이용자의 안전에 대한 위험의 우려가 커지고 있다. 특히, AI 시스템은 차별 금지, 표현의 자유, 인간의 존엄성, 개인정보보호와 프라이버시와 같은 기본권을 위협할 수 있다.[9] 기술의 빠른 발전으로 최근 몇 년 동안 AI의 규제는 EU에서 핵심적 정책 과제가 되었다.

AI는 적용, 이용 및 기술 발전 정도에 따라 공공의 이익과 인간의 기본권에 위험과 해를 끼칠 수 있는 잠재력을 지니고 있다. AI의 중대한 사회적 영향과 신뢰 구축의 필요성을 고려하여 EU는 EU 가치에 부합하고 EU 기본권과 자유를 고려하는 법적 프레임워크를 개발하고자 했는데, AI법은 전 세계에서 최초로 제정된 AI에 관한 포괄적인 법이다. 개인정보보호에 관한 GDPR과 마찬가지로 AI법은 AI의 규제에서 글로벌 표준이 될 것으로 의도된다.

표 1-2 AI 사용 사례의 예[10]

분야	사례
건강	AI로 생성된 약물 분자 설계, 희귀 질환 진단 훈련을 위한 합성 의료 영상 및 유전 데이터 기반 개인 맞춤형 치료 계획 생성
교육	AI로 생성된 개인 맞춤형 커리큘럼과 학습 경로, 적응형 질문과 연습 생성 및 자연어 설명을 통한 AI 기반 개인 지도
금융	자동화된 개인 맞춤형 재무 조언 및 계획, AI로 생성된 위험 평가 보고 및 사기 탐지 모델 훈련을 위한 합성 데이터 생성
농업	AI로 생성된 작물 수확량 최적화, 복원력 계획을 위한 합성 병충해 시나리오 생성 및 자동화된 상황 인식 생성
우주항공	효율적인 항공기 부품을 위한 생성적 설계, 조종사 훈련을 위한 합성 비행 시뮬레이션 데이터 생성

사회적 발전 상황을 파악할 것이다.

8) EU AI Explanatory Memorandum, p.1.

9) 「EU AI 윤리 가이드라인」.

자동차	차량 프로토타이핑을 위한 생성적 설계, 자율주행 차량을 위한 AI로 생성된 시나리오 테스트 및 극단적 사례 훈련을 위한 합성 센서 데이터 생성
재생 에너지	AI로 생성된 최적의 재생 에너지 발전소 배치도, 풍력 터빈과 태양광 패널의 예측 유지, 보수 및 복원력 계획을 위한 합성 그리드 안정성 시나리오

AI법은 3년여의 비교적 짧은 기간이지만 정치적, 법적, 기술적 논쟁과 협상의 결실이다. AI법은 모든 EU 회원국에서 직접 적용되는 규칙(regulation)이다. AI법은 제품 안전의 맥락에서 EU 시장에서 AI 제품과 서비스의 안전을 보장하는 데 중점을 둔다. 따라서 AI법은 기술 사양, 시장 모니터링, 적합성 평가 등 제품의 안전 맥락에서 정립된 EU법의 원칙과 요건에 기반한다. 유럽위원회와 EU이사회와의 3자 협상 과정에서 유럽의회의 입장이 반영되어 AI법은 기본권도 보호하는 규정을 추가하여 포함하게 되었다.

AI법은 전 세계 어디에서도 AI가 주는 사람의 건강과 안전에 대한 위험을 적절하게 통제하면서 삶에 긍정적인 영향을 미치게 하는 글로벌 규제적 기준이 될 수 있다. AI는 빠르게 진화하는 기술인 점에서, AI법은 미래 지향적인 법적 접근을 통해 기술 변화에 맞춰 발전해야 한다. AI 애플리케이션은 시장에 출시된 후에도 신뢰할 수 있는 상태를 유지해야 하고, 이를 위해서 제공자의 지속적인 품질 및 리스크 관리가 필요하기 때문이다. '인간 중심의 철학'(a human-centric philosophy)과 '제품 안전 접근'(a product safety approach)을 결합한 AI법은 전 세계에서 AI의 개발과 운영을 위한 핵심적인 모델이 될 것이다.

그러나, AI법은 필연적으로 새로운 해석상의 문제를 안고 있다. AI법의 발효 후 채택되는 일련의 기준과 규제적 가이던스를 통해 동 법의 의무와 요건에 대한 이해 및 그 적용이 개선될 것이다. 그럼에도 AI법이 완전하게 적용되기 이전에 일련의 특정 의무가 적용되어서 EU 시장에 진출하는 기업 등은 AI법의 주요 규정을 올바로 이해하고 준비해야 할 것이다.

10) 유럽경제사회위원회 생성형 AI, p. 26.

2. EU AI법의 입법 경과

전 세계의 AI 개발과 운영을 위한 핵심적 입법 모델이 될 AI법은 2021년 4월 21일 제안되었고, 2023년 12월 9일 정치적으로 합의되었으며, 2024년 7월 12일 EU관보에 게재되었고, 2024년 8월 1일 발효되었다.

(1) EU AI법의 입법 과정

2018년 4월 '유럽 AI 전략'(European AI strategy)의 출범과 함께 시작된 유럽위원회의 AI에 관한 두 가지 정책은 EU를 세계적 수준의 AI 허브로 만들고 동시에 AI가 인간 중심적이고 신뢰할 수 있게 하는 것이다.[11] 2018년 12월 7일 유럽위원회는 유럽의회, 유럽이사회, EU이사회 등에 '유럽산 인공지능의 개발과 이용에 관한 조정 계획 - 2018'(Coordinated Plan on the Development and Use of Artificial Intelligence Made in Europe - 2018)과 함께 '인공지능에 관한 조정 계획'(Coordinated Plan on Artificial Intelligence)을 제출했다. EU의 가치와 원칙에 따라 개발되고 작동하는 새로운 기술의 혜택을 누릴 수 있도록 AI에 대한 '인간 중심적'(human–centric) 접근을 실행하겠다는 것이다.[12]

2019년 4월 8일 시민 사회, 산업계, 학계의 51명 위원으로 구성된 HLEG–AI는 「EU AI 윤리 가이드라인」을 발표하여 AI에 대한 인간 중심적 접근을 제시하고 AI 시스템이 신뢰할 수 있는 것으로 간주되기 위한 7가지 주요 요건을 확인했다.[13] 2019년 12월 취임한 유럽위원회 위원장 우르줄라 폰데어라이엔(Ursula Gertrud von der Leyen)은 취임 100일 만에 AI의 인간적이고 윤리적 영향에 대한 유럽의 조율된 접근을 위한 입법을 약속했다.

2020년 2월 폰데어라이엔 위원장은 향후 10년간 매년 200억 유로 이상을

---

11) 유럽위원회 AI Communication 2018.

12) 유럽위원회 AI Communication 2019.

13) 동 윤리 가이드라인은 2018년 12월 가이드라인 초안의 발표 후 공개 협의를 통해 500건 이상의 의견을 수렴한 결과이다. 동 가이드라인에 따르면 신뢰할 수 있는 AI는 (1) 모든 관련 법규를 준수하여 적법하여야 하고, (2) 윤리적 원칙과 가치를 존중하여 윤리적이어야 하며, (3) 기술적 측면과 사회적 환경을 모두 고려하는 견고성을 갖춰야 한다.

유치하여 AI에 대한 유럽의 입지를 지키겠다는 목표를 세웠다.[14] 2020년 2월 19일 공개된 「인공지능 백서」(White Paper on Artificial Intelligence)에서 유럽위원회는 AI의 활용을 촉진하고 AI의 특정 이용과 관련된 위험을 해결하기로 약속했다.[15] 유럽위원회는 2020년 광범위한 공개 협의를 시작하고, 2021년 인공지능에 관한 규제의 영향 평가를 발표하였다. 동 영향 평가에서 유럽위원회는 AI 시스템의 특정 특성으로 인해 (i) 불투명성(특정 AI 시스템의 작동 방식을 이해하는 인간의 제한된 능력), (ii) 복잡성, (iii) 지속적인 적응과 예측 불가능성, (iv) 자율적 행동, (v) 데이터 및 데이터 품질에 대한 기능 의존성이라는 몇 가지 문제를 확인했다.[16]

2019년 HLEG-AI가 발표한 「EU AI 윤리 가이드라인」에 따른 '연성법적 접근'(a soft-law approach)을 취하였던 유럽위원회는 2021년 4월 21일 입법적 접근으로 전환하여 AI 시스템의 개발, 시장 출시 및 이용을 위한 조화로운 규정 즉 AI법을 제안하였다.[17] AI의 위험을 해결하고 EU가 전 세계에서 AI 규제에 대한 선도적인 역할을 할 수 있도록 AI에 관한 최초의 법적 프레임워크가 제시된 것이다.[18]

---

14) European Commission, Press remarks by President von der Leyen on the Commission's new strategy: Shaping Europe's Digital Future, 19 February 2020.

15) 유럽위원회 2020년 백서. 동 백서는 EU에서의 AI에 대한 우수한 생태계와 AI를 위한 신뢰의 생태계를 제시한다.

16) 유럽위원회 영향 평가 2021.

17) 「EU AI법 초안」. 유럽위원회의 AI법 초안에 대하여 304건의 의견이 제출되었다. 유럽위원회 Feedback and statistics.

18) 유럽위원회의 AI법 초안 제안 전, 유럽의회는 2017년 2월 16일 '로봇공학에 관한 민법 규정'(Civil Law Rules on Robotics)에 대한 권고에서 AI의 발현에 따라 혁신을 저해하지 않으면서 법적, 윤리적 의미와 효과를 고려하는 입법이 중요함을 지적하면서 로봇공학에 관한 민법 규정의 지침 제안을 제출하도록 유럽위원회에 요청했다. 2020년과 2021년 유럽의회는 AI 관련 EU의 조치를 촉구하는 여러 '비입법 결의'(non-legislative resolutions)를 채택했고, EU에서 AI, 로봇 공학 및 관련 기술의 개발, 운영 및 이용을 위한 윤리적 원칙의 법적 프레임워크를 수립하고 고위험 AI 시스템 운영자에 대한 민사책임 청구와 AI 무과실 법적 책임 부과를 위한 법적 프레임워크의 조정을 유럽위원회에 요청하는 입법 결의를 채택했다. 또한, EU이사회는 2017년과 2019년을 포함하여 여러 차례 공통의 AI 규칙을 채

결국, 2022년 12월 6일 EU이사회는 '공동 입장'(common position)을 채택했다.[19] 2023년 6월 14일 유럽의회는 유럽위원회 초안을 대폭 수정한 협상 입장을 찬성 499표, 반대 28표, 기권 93표로 채택했다.[20] 2023년 12월 9일 EU이사회와 유럽의회는 AI법 초안에 대한 '잠정 합의'(provisional agreement)에 도달했고,[21] 2024년 2월 13일 유럽의회의 LIBE와 IMCO는 공동 투표에서 찬성 71표,

---

택할 것을 촉구하였다. 유럽이사회는 '디지털 유럽'(a Digital Europe)을 성공적으로 구축하기 위하여 2018년 초까지 AI에 대한 유럽의 접근을 제시할 것을 유럽위원회에 요청하였다. European Council, European Council meeting(19 October 2017) - Conclusions, Brussels, 19 October 2017(OR. en), p. 7. 유럽이사회와 EU이사회는 AI에 대한 유럽적 접근을 제시하여 새로운 트렌드에 대처해야 한다는 요구를 반복하고, AI를 포함한 주요 미래 지향적 트렌드의 혁신적인 개발과 활용에 집중하기 위해 의장국은 '유럽산 인공지능의 개발과 이용에 관한 조정된 계획'(Coordinated Plan on the Development and Use of Artificial Intelligence Made in Europe)에 대한 이사회 결론 초안을 준비했다. Council of the European Union, Artificial intelligence b) Conclusions on the coordinated plan on artificial intelligence - Adoption, Brussels, 11 February 2019(OR. en), p. 2. 2020년 6월 EU이사회는 유럽위원회에게 현존 법을 고려하고 위험에 기반한 비례적인 접근과 필요한 경우 '규제적 접근'(regulatory approach)을 따르는 구체적인 제안을 제시할 것을 요청했다. Council of the European Union, Shaping Europe's Digital Future- Council Conclusions(9 June 2020).

19) Council of the European Union, Artificial Intelligence Act: Council calls for promoting safe AI that respects fundamental rights, Press release, 6 December 2022. AI 시스템의 정의가 단순한 소프트웨어 시스템으로부터 AI를 구분할 수 있는 명확한 기준을 제공하기 위해, EU이사회는 머신러닝 접근과 논리/지식 기반 접근을 통해 개발된 시스템으로 정의를 좁혔다. 공동 입장은 '일반적 접근'(a general approach)이라고 불린다.

20) Amendments adopted by the European Parliament on 14 June 2023 on the proposal for a regulation of the European Parliament and of the Council on laying down harmonised rules on artificial intelligence(Artificial Intelligence Act) and amending certain Union legislative acts(COM(2021) 0206 - C9-0146/2021 - 2021/0106(COD)). European Parliament, MEPs ready to negotiate first-ever rules for safe and transparent AI, Press Releases, June 14, 2023. 유럽의회는 AI법 검토를 '내부시장 및 소비자보호 위원회'(Committee on Internal Market and Consumer Protection, IMCO)와 '시민 자유, 법무 및 내무 위원회'(Committee on Civil Liberties, Justice and Home Affairs, LIBE)에 공동으로 배정하였고, Brando Benifei(S&D, 이탈리아)와 Dragoş Tudorache(Renew, 루마니아)를 보고자로 임명했다.

반대 8표, 기권 7표로 최종 문안을 승인했다. 2024년 3월 13일 유럽의회는 본회의에서 AI법에 대한 최종 합의안을 표결하고, 2024년 5월 21일 유럽이사회의 승인 후 동 법은 2024년 7월 12일 EU관보에 게재되었고, 2024년 8월 1일 발효하였다.

표 1-3 AI법의 입법 경과 및 적용 일정

2020년	
10월 1-2일	유럽이사회의 유럽위원회에 대한 고위험 AI 시스템의 정의 마련 등 AI 관련 제안 촉구
2021년	
4월 21일	유럽위원회의 AI법 초안 발표
11월 29일	EU이사회 의장국 슬로베니아의 사회적 점수 설정, 생체인식 식별 시스템, 고위험 애플리케이션 분야의 주요 변경 사항을 포함한 AI법 초안에 대한 첫 번째 타협안(compromise text) 공유
12월 1일	유럽의회의 내부시장위원회(IMCO)와 시민자유위원회(LIBE)에 의한 AI법 입법 협상의 공동 주도 결정
2022년	
1월 25일	유럽의회 IMCO와 LIBE가 AI법 초안에 대한 첫 공동 의견 교환
2월 2일	유럽위원회는 단일시장 내 및 전 세계 표준에 대한 접근을 설명하는 새로운 '표준화 전략'(Standardization Strategy) 발표
2월 3일	EU이사회 의장국 프랑스는 고위험 시스템 이용자와 제공자의 의무를 포함한 AI법 초안 타협안 회람.[22] 이후 특정 AI 시스템에 대한 조화로운 표준, 적합성 평가 및 투명성 의무에 관한 타협안 회람.
3월 2일	유럽의회 법제위원회(JURI)의 AI법 초안에 대한 수정안 발표 및 산업연구에너지위원회(ITRE)의 하루 뒤 의견 발표

21) 프랑스, 독일과 이탈리아는 AI의 규제에 대한 별도 합의를 했다. Rinke 2023. 이들 세 국가는 광범위한 결과물을 생산하도록 설계된 기초 모델에 대해 행동강령을 통한 '의무적 자율 규제'(mandatory self-regulation)를 지지했다. 이들은 '검증되지 않은 규범'(un-tested norms)을 반대하면서 AI법이 AI 기술 그 자체가 아니라 AI의 응용을 규제한다는 점을 강조하고, 내재된 위험은 기술 자체보다 AI 시스템의 응용에 있음을 확인하였다.

4월 20일	유럽의회 IMCO와 LIBE의 '보고서 초안'(draft report) 발표
5월 13일	EU이사회 의장국 프랑스는 이미지와 음성의 이해, 오디오와 비디오의 생성, 패턴 감지, 질문 답변, 텍스트 번역 등 광범위한 작업을 수행할 수 있는 범용 AI 시스템의 규제를 위한 텍스트 발표
6월 1일	유럽의회 내 정치그룹의 AI법 초안에 대한 수정안 제출 마감일로서, 수천 건의 수정안이 제출됨.
6월 15일	체코가 EU이사회 의장국을 맡기 직전 프랑스의 '최종 타협안'(final compromise text) 배포
6월 17일	EU이사회 의장국 체코는 AI법의 주요 우선순위를 열거한 '토론 문서'(discussion paper) 공유
9월 5일	유럽의회 JURI가 마지막 위원회로서 AI법에 대한 의견 채택
9월 28일	유럽위원회의 손해배상에 대한 민사책임 청구를 용이하게 하여 AI법을 보완할 목적으로 AI에 대한 회원국의 법적 책임 규정의 조화 제안
11월 30일	OpenAI의 AI 모델 기반 ChatGPT 공개
12월 6일	EU이사회의 AI법 초안에 대한 공동 입장 채택
	2023년
6월 14일	유럽의회의 찬성 499표, 반대 28표, 기권 93표로 AI법 초안에 대한 협상 입장 채택
12월 9일	유럽의회와 EU이사회의 AI법에 대한 잠정 합의 도달
	2024년
2월 13일	유럽의회 IMCO와 LIBE의 찬성 71표 대 반대 8표(기권 7표)로 AI법 협상 결과 승인
2월 21일	특히 범용 AI 모델에 대한 AI법의 이행을 지원하기 위하여 유럽위원회 '통신 네트워크, 콘텐츠 및 기술 총국'(Directorate-General for Communication Networks, Content and Technology) 산하에 AI사무국 출범
3월 13일	유럽의회의 AI법 승인
5월 21일	EU이사회의 AI법 공식 채택
7월 12일	EU관보(Official Journal)에 AI법 공표
8월 1일	AI법 발효

11월 2일	회원국의 기본권보호 당국을 확인하여 공개하고 유럽위원회와 다른 회원국에 통지하는 마감일
2025년	
2월 2일	AI법의 일반규정(제I장) 및 금지된 AI 시스템 규정(제II장) 적용
5월 2일	유럽위원회(AI사무국)의 범용 AI 모델에 대한 행동강령 마련 마감일
8월 2일	행동강령(제III장 제4절), 범용 AI 모델(제V장), 거버넌스(제VII장), 기밀유지(제78조), 벌칙(제99조와 제100조)의 규정 적용.[23] 회원국의 소관 당국 (인증 당국, 시장감시 당국) 지정을 유럽위원회에 알리고, 이들 당국의 연락처 정보를 공개하는 마감일. 유럽위원회의 부속서 III의 목록 및 금지된 AI 관행 목록의 개정 필요에 대한 연례 평가 마감일.[24]
2026년	
2월 2일	유럽위원회의 제6조(고위험 AI 시스템의 분류 규정)의 실제적 이행을 명시하는 가이드라인 제공 및 시판 후 모니터링 계획의 템플릿을 확정하는 이행입법의 채택 마감일[25]
8월 2일	AI법의 일반적 적용.[26] 회원국 소관 당국의 최소 하나의 AI 규제적 샌드박스를 구축하여 운영하는 마감일.
2027년	
8월 2일	고위험 AI 시스템의 분류에 관한 제6조 제1항과 해당 의무의 적용.[27] 2025년 8월 2일 전에 시장에 출시되거나 서비스에 투입된 범용 AI 모델 제공자의 AI법 준수 마감일.
2028년	
8월 2일	유럽위원회의 AI사무국 기능 평가 마감일.[28] 유럽위원회의 자발적 행동강령에 대한 영향과 효과의 평가 마감일.[29] 유럽위원회의 제6조 제2항에 언급된 고위험 AI 시스템을 명시한 부속서 III의 현존하는 '영역 제목'(area headings)의 연장 또는 새로운 영역 제목의 추가 필요, 제50조의 추가적인 투명성 조치를 요구하는 AI 시스템 목록, 감독과 거버넌스 시스템의 유효성 제고에 대한 개정의 평가 마감일.[30] 유럽위원회의 범용 AI 모델의 에너지 효율적 개발에 관한 '표준화 결과물'(standardisation deliverables)의 발전 경과의 검토 보고서 제출 마감일.[31]
12월 1일	유럽위원회의 제97조에 명시된 권한 위임에 관한 보고서 작성 마감일[32]

2029년	
8월 1일	유럽위원회의 다음 조항에 언급된 위임입법의 채택 권한은 해당 기간이 연장되지 않으면 만료됨: 제6조 제6항과 제7항, 제7조 제1항과 제3항, 제11조 제3항, 제43조 제5항과 제6항, 제47조 제5항, 제51조 제3항, 제52조 제4항, 제53조 제5항과 제6항.[33]
8월 2일	유럽위원회의 AI법 평가와 검토에 관한 보고서의 유럽의회와 EU이사회에 대한 제출 마감일[34]
2030년	
8월 2일	2026년 8월 2일 전에 시장에 출시되거나 서비스에 투입되고 공공 기관이 이용하도록 의도된 고위험 AI 시스템의 제공자와 운영자가 AI법의 요건과 의무를 준수하는데 필요한 조치를 취하는 마감일[35]
12월 31일	부속서 X에 열거된 대규모 IT 시스템의 구성요소이면서 2027년 8월 2일 전에 시장에 출시되거나 서비스에 투입된 AI 시스템에 대한 AI법의 준수 마감일[36]
2031년	
8월 2일	유럽위원회의 AI법 집행에 대한 평가 수행 및 유럽의회, EU이사회 및 유럽경제사회위원회에 대한 보고 마감일[37]

22) 당시 이용자(user)는 AI법 최종본의 운영자(deployer)에 해당한다.

23) 회원국의 과징금을 포함한 벌칙의 규정 마련 및 이의 유럽위원회 통지 마감일이다.

24) 제112조 제1항. 이후 매년 유럽위원회는 이러한 평가 결과를 유럽의회와 EU이사회에 제출해야 한다.

25) 제6조 제5항과 제72조 제3항. 유럽위원회는 동 가이드라인 제공 전에 AI이사회와 협의해야 한다.

26) 제113조. AI법의 핵심 규정인 고위험 AI 시스템 즉 부속서 III에 구체적으로 열거된 고위험 AI 시스템에 대한 의무가 적용되기 시작한다. 그러나, 제품 안전과 연계된 고위험 AI 시스템에 관한 제6조 제1항과 해당 의무는 2027년 8월 2일부터 적용된다. 2026년 8월 2일 전에 시장에 출시되거나 서비스에 투입된 고위험 AI 시스템은, 중대한 변경이 있지 않으면, AI법의 적용을 받지 않고 그대로 이용될 수 있다. 셍겐 정보시스템(SIS) 등 EU의 국경 및 이민 관리를 위한 대규모 IT 시스템의 구성요소인 AI 시스템에 대하여 2030년 12월 31일까지 AI법이 적용되어야 한다.

27) 제113조(c). 즉 의료기기, 장난감, 자동차 부품처럼 이미 EU 제품 안전법의 적용을 받고 있는 고위험 AI 시스템에 대한 AI법의 의무는 다른 고위험 AI 시스템보다 1년 늦은 2027년 8월 2일부터 적용된다.

28) 제112조 제5항. 유럽위원회는 동 평가 보고서를 유럽의회와 EU이사회에 제출한다.

(2) EU AI법의 점진적 적용

AI법은 2024년 8월 1일 발효되었지만, 발효 2년 후인 2026년 8월 2일 일반적으로 적용된다.[38] AI법 규정의 구체적인 이행을 위한 EU와 회원국의 소관 당국과 관련 기업 등의 현실적인 준비가 필요한 점에서 발효 후 적용까지 기본적으로 2년의 경과 기간이 주어진다. 즉 AI법은 공식적인 발효 후 다양한 경과 기간을 거쳐 규제 대상자에게 단계적으로 적용된다. 발효 후 6개월부터 36개월의 경과 기간은 다음과 같이 AI 시스템의 유형에 따라 다르다.

---

29) 제112조 제7항, 상설 제174항. 이후 매 3년마다 동 평가가 수행되어야 한다.

30) 제112조 제2항, 상설 제174항. 이후 매 4년마다 동 평가가 수행되어야 한다. 유럽위원회는 동 평가 보고서를 유럽의회와 EU이사회에 제출한다.

31) 제112조 제6항, 상설 제174항. 이후 매 4년마다 동 보고서가 제출되어야 한다. 유럽위원회는 동 보고서를 유럽의회와 EU이사회에 제출하고, 이를 공개한다.

32) 제97조 제2항 제2문.

33) 제97조 제2항 제1문. 유럽위원회의 위임입법 권한은 유럽의회 또는 EU이사회가 각 기간 종료 3개월 전까지 그 연장에 반대하지 않으면 5년 기간 동안 연장된다. 제97조 제2항 제3문.

34) 제112조 제3항 제1문, 상설 제174항. 유럽위원회는 이후 매 4년마다 동 보고서를 유럽의회와 EU이사회에 제출한다.

35) 제111조 제2항. 이들 고위험 AI 시스템은 부속서 X에 언급된 시스템을 제외한다.

36) 제111조 제1항. 부속서 X은 '셍겐 정보시스템'(SIS), 비자 정보시스템, 유로닥(Eurodac), 입출국 시스템, 유럽 여행 정보 및 허가 시스템, 제3국과 무국적자에 관한 유럽 형사기록 정보시스템, 상호 운영(interoperability)과 같이 자유, 안보 및 사법 분야에서 대규모 IT 시스템에 관한 EU법을 포함한다.

37) 제112조 제13항. 동 보고서는 적절한 경우 집행 구조에 관한 AI법의 개정 및 확인된 미비점의 해소를 위한 EU기관의 필요에 관한 제안을 수반한다.

38) 제113조. 그러나, '셍겐 정보시스템'(SIS)과 같이 자유, 안보 및 사법 분야에서 EU법에 의해 확립된 대규모 정보기술 시스템의 구성요소이고 2027년 8월 2일 전에 시장에 출시되거나 서비스에 투입되는 AI 시스템에 대한 의무는 2030년 12월 31일까지 적용되어야 한다. 제111조 제1항.

표 1-4 AI법 적용의 경과기간[39)]

1단계 적용	2단계 적용	3단계 적용	4단계 적용
금지된 AI 시스템에 적용되는 의무 및 AI 이해력 관련 의무는 6개월 경과 기간 후 2025년 2월 2일 적용	범용 AI 모델에 적용되는 의무 등은 12개월 경과 기간 후 2025년 8월 2일 적용	부속서 III에 포함된 고위험 AI 시스템 및 투명성 요건이 적용되는 AI 시스템에 적용되는 규정을 포함하여 대부분의 다른 의무는 24개월 경과 기간 후 2026년 8월 2일 적용	부속서 I에 포함된 고위험 AI 시스템에 관련된 의무는 36개월 경과 기간 후 2027년 8월 2일 적용[40)]

AI법이 일반적으로 적용되는 2026년 8월 2일 전에 이미 시장에 출시되거나 서비스에 투입된 고위험 AI 시스템 사업자의 경우 2026년 8월 2일 이후 AI 시스템이 설계의 중대한 변경을 겪으면 동 법의 의무가 적용된다.[41)] 즉 AI법이 적용되는 2026년 8월 2일 이전에 이미 시장에 출시되거나 서비스에 투입된 '구형' 고위험 AI 시스템은 소급 적용 금지 원칙에 따라 AI법의 적용을 받지 않지만, 중대한 변경을 겪은 시스템은 '신형' AI 시스템으로 간주되어 제공자 등은 AI법이 요구하는 모든 의무를 이행해야 한다.[42)] 예컨대 변경이 2027년 어느 시점에 발생하면 그 시점부터 의무가 적용된다. 새로운 데이터 세트를 이용한 업데이트 또는 훈련이 해당 범위에 포함되는지 포함하여 중대한 설계

39) 제113조.

40) 의료기기, 자동차 부품, 장난감 등의 AI 시스템 제공자는 이미 기존의 제품 안전법에 따라 복잡하고 엄격한 규제를 받고 있기에 AI법의 데이터 거버넌스, 추가적인 위험 관리 등 새로운 요건까지 자신의 품질 관리 및 적합성 평가 절차에 통합해야 하는 준비 시간이 필요하다. 두 개의 복잡한 법을 동시에 준수해야 하는 기업의 부담을 고려하여 추가적인 1년의 경과 기간이 부여된 것이다.

41) 제111조 제2항 제1문. 이미 적합성 평가를 받고 CE 마킹을 부착하여 시장에 출시된 AI 시스템이 최초 승인된 내용과 달라지는 중대한 업데이트나 수정이 이루어지는 경우이고, 새로운 제품으로 간주된다.

42) 이러한 불소급 원칙은 제5조의 금지된 AI 관행에 적용되지 않는다. 예컨대 2024년 어느 시점에서 운영되는 정부의 사회적 점수 산정 시스템은 제5조가 적용되는 2025년 2월 2일부터 즉시 불법이 되어 사용이 중단된다.

변경으로 간주되는지에 대한 지침이 마련될 것이다. 어떤 경우든 공공기관에서 이용하려는 고위험 AI 시스템의 제공자와 운영자는 2030년 8월 2일까지 AI법의 요건과 의무를 준수하기 위해 필요한 조치를 취해야 한다.[43)]

2025년 8월 2일 전에 시장에 출시된 범용 AI 모델의 제공자는 2027년 8월 2일까지 AI법의 의무를 준수하기 위한 필요한 조치를 취해야 한다.[44)]

부속서 X에 언급된 자유, 안보 및 사법 분야의 대규모 IT 시스템에 관하여 EU법에 따라 구축된 대규모 IT 시스템의 구성요소인 AI 시스템의 경우 2027년 8월 2일 전에 시장에 출시되거나 서비스에 투입되면 2030년 12월 31일까지 AI법을 준수하도록 되어야 한다.[45)]

(3) AI 팩트

유럽위원회는 AI사무국을 통하여 관련 업계 등이 가능한 한 빨리 건강, 안전 및 기본권에 대한 위험을 완화하기 위해 AI법의 주요 내용인 고위험 AI 시스템에 관하여 선제적으로 예측하고 이행할 것을 촉구하고 있다. 이에 'AI 팩트'(AI Pact)를 통하여 관련 업계가 AI법의 적용 기한에 앞서 관련 요건을 이행하는 자발적인 약속을 구하고 있다.[46)] 2023년 11월 첫 번째 참여 요청을 시작하여 다양한 규모, 분야, 국가의 550개 이상의 조직으로부터 응답을 받았다.[47)]

AI사무국은 다음의 두 가지 축을 중심으로 AI 팩트를 개발하였다.[48)] 제I축(Pillar I)은 AI 팩트에 관심을 표명한 조직을 중심으로 'AI 팩트 네트워크'에 참여하는 관문 역할을 하는데, 모범 사례의 교환을 장려하고 AI법의 이행 과정

43) 제111조 제2항 제2문.

44) 제111조 제3항.

45) 제111조 제1항. 금지된 AI 관행에 관한 제5조는 이러한 경과 기간 없이 바로 적용된다. 부속서 X은 셍겐 정보시스템(3건), 비자 정보시스템(2건), 유로닥(Eurodac), 입국/출국 시스템, 유럽 여행 정보 및 허가 시스템(2건), 제3국 국민과 무국적자에 관한 유럽 형사 기록 정보시스템 및 상호 운용(2건)으로 구성된다.

46) European Commission, AI Pact, https://digital-strategy.ec.europa.eu/en/policies/ai-pact.

47) 유럽위원회가 제시한 분야는 ICT, 에너지, 교통, 금융, 건강, 공공행정, 공간 등이다. EUSurvey.

48) AI Office, AI Pact: Organizations' commitments, May 2024.

에 대한 실질적인 정보를 제공한다. 이러한 과정에서 AI법의 목적에 대한 공통의 이해를 키우게 된다. 워크숍 개최 등 동 네트워크의 운영은 AI사무국이 관장한다. 제II축(Pillar II)은 AI 시스템 제공자와 운영자가 AI법에 명시된 요건과 의무를 준수하기 위해 일찍 준비하고 조치를 취하도록 장려한다. 제II축의 목적은 AI법의 일부 조치를 일찍 이행하는 것을 촉진하기 위한 것이다. 특히, AI 시스템을 제공하거나 운영하는 기업은 투명성과 고위험 요건에 대한 자발적인 약속을 증명하고 공유하여 일찍 이행할 수 있게 된다. 이러한 약속은 '참여 선언'(declarations of engagement)인 서약의 형태를 취한다. 이 서약은 주로 AI법에 따라 고위험으로 분류될 가능성이 있는 AI 시스템에 대한 투명성 의무와 요건에 초점을 맞추고 있다.[49)]

(4) 유럽위원회의 추가 조치

1) 위임입법

유럽위원회는 다음에 대한 위임입법(delegated acts)을 채택할 수 있다:[50)] AI 시스템의 정의, 고위험 AI 시스템의 기준과 사용 사례, 시스템적 위험이 있는 범용 AI 모델에 대한 기준, 범용 AI 모델에 대한 기술문서 요건, 적합성 평가, EU 적합성 선언. 유럽위원회의 위임입법 권한은 2029년 8월 2일까지 1차로 유지되고, 묵시적으로 5년 더 연장될 수 있다.[51)] AI사무국은 범용 AI 모델 제공자의 의무를 포함하되 이에 국한되지 않는 실무강령을 작성해야 한다. 실무강령은 2025년 5월 2일까지 준비되어야 하고, 발효 전 최소 3개월의 유예 기간을 제공해야 한다.[52)] 유럽위원회는 늦어도 AI법의 발효 후 5년이 되기 9개

---

49) 범용 AI 모델에 대한 요건은 대부분 행동강령에서 다루기 때문에 이 서약에 포함되지 않는다.

50) 제97조 제1항. 유럽의회와 EU이사회가 입법절차를 통해 채택한 입법행위는 그 보완이나 일부 요소의 수정을 위하여 위임을 통해 '일반적 적용의 비입법적 행위'(non-legislative acts of general application)를 유럽위원회에 위임할 수 있다. TFEU 제290조 참조.

51) 제97조 제2항 제3문.

52) 제56조 제9항. 2025년 7월 10일 유럽위원회는 '범용 AI 실무강령'(General-Purpose AI Code of Practice) 최종본을 발표했다. 동 강령은 다음 세 가지 분야에 대한 지침

월 전까지 권한 위임에 대한 보고서를 작성해야 한다.[53]

2) 가이드라인 등

유럽위원회는 다음에 대한 가이드라인 등을 개발할 수 있다: 2025년 8월 2일까지 고위험 AI 시스템 제공자의 심각한 사고의 신고 의무 촉진을 위한 가이던스 개발,[54] 2026년 2월 2일까지 고위험 및 고위험이 아닌 사용 사례의 실행적 예의 목록과 함께 고위험 AI 요건의 실행적 이행에 관한 가이드라인 개발.[55]

유럽위원회는 특정 시한 없이 다음에 관한 가이드라인을 개발할 수 있다:[56] (a) 고위험 AI 시스템의 요건에 관한 제8조 내지 제15조 및 AI 가치 사슬에 따른 책임에 관한 제25조에 언급된 요건과 의무의 적용, (b) 제5조에 언급된 금지된 관행, (c) '실질적 변경'(substantial modification)과 관련된 조항의 실질적 이행, (d) 제50조에 규정된 투명성 의무의 실행적 이행, (e) AI법과 부속서 I에 열거된 EU 조화입법 및 다른 EU법과의 관계에 관한 상세한 정보, (f) 제3조 제1호에 규정된 AI 시스템 정의의 적용.

*** AI법의 가이드라인과 가이던스는 유사하게 보이지만 다음의 차이를 가진다. 가이드라인은 특정 규칙이나 원칙의 목록에 가깝고, 가이던스는 그 규칙을 어떻게 따라야 하는지에 대한 더 상세한 설명서나 해설서에 가깝다고 볼 수 있다.

제공을 목표로 한다: 투명성(transparency), 저작권(copyright), '안전과 보안'(safety and security). 동 강령은 모범 관행의 관점에서 유용할 수 있지만, 법적 안정성을 제공하지는 않는다. 즉 동 강령의 준수는 자발적이고, AI법 준수의 결정적 증거는 아니다.

53) 제97조 제2항 제2문.

54) 제73조 제7항.

55) 제6조 제5항.

56) 제96조 제1항. 2025년 2월 4일 유럽위원회는 「금지된 AI 관행 가이드라인」을 발표하였다.

3. EU AI법의 규제적 구조

(1) EU AI법의 법적 근거

AI법은 세계 최초로 AI 기술에 대한 포괄적인 법적 틀을 마련한 획기적인 법이다. AI법은 EU 디지털 단일시장 전략의 핵심적인 부분이다. 일부 회원국이 이미 AI가 안전하고 기본권과 의무를 준수하여 개발되고 이용되도록 보장하기 위한 국내 입법을 고려하고 있는 현실에서 두 가지 주요 문제가 대두될 가능성이 높았다.[57] 첫째, AI 제품과 서비스의 요건, 마케팅, 이용, 법적 책임 및 공공 기관의 감독과 관련된 기본 요소에 대한 내부시장이 파편화될 가능성이다. 둘째, 현존 및 새로운 규정의 AI 시스템에 적용되는 방식에 있어서 동 시스템 제공자와 이용자 모두의 법적 안정성이 크게 감소할 수 있다. 제품과 서비스가 국경을 넘어 광범위하게 유통되는 점을 고려할 때, 이 두 가지 문제는 EU의 '조화입법'(harmonizing legislation)을 통해 가장 잘 해결될 수 있다.[58]

AI법 제정의 법적 근거는 내부시장의 설립과 기능을 보장하는 조치의 채택을 규정하는 「EU기능조약」(TFEU) 제114조이다.[59] 또한, AI법은 특히 법 집행 목적으로 공공장소에서 실시간 원격 생체인식 식별에 대한 AI 시스템의 이용제한 등을 규정하는 점에서 개인정보보호에 관한 TFEU 제16조에 근거하는 것이 적절하다.[60] 유럽의회와 EU이사회는 일반적인 입법 절차에 따라 EU기관 등 및 회원국이 EU법의 범위에 속하는 활동을 수행할 때 개인정보 처리와 관련하여 개인의 보호에 관한 규정 및 개인정보의 자유로운 이동에 관한 규정을 규정해야 한다.[61]

---

57) EU AI Explanatory Memorandum, p. 6.

58) EU AI Explanatory Memorandum, p. 6.

59) EU AI Explanatory Memorandum, p. 6. TFEU 제114조 제1항 제2문에 따르면, 유럽의회와 EU이사회는 일반 입법 절차에 따라 내부시장의 설립 및 기능을 목적으로 하는 회원국의 법률, 규정 또는 행정 조치에 의해 규정된 조항의 조화(approximation)를 위한 조치를 채택한다.

60) EU AI Explanatory Memorandum, p. 6. TFEU 제16조 제1항에 따르면, 모든 사람은 자신에 관한 개인정보의 보호에 대한 권리를 가진다.

61) TFEU 제16조 제2항. 이러한 개인정보보호에 관한 규정의 준수는 독립적인 당국의 통제를 받아야 한다.

(2) EU AI법의 목적

AI법은 EU 내에서 AI 시스템의 개발, 도입 및 이용에 대한 일관된 규칙을 수립하여 내부 시장을 강화하고자 한다. AI법의 주된 목적은 특히 AI 기술을 활용하거나 독립형 AI 시스템으로 제공되는 제품과 서비스의 개발, EU 시장 출시 및 이용에 대해 조화로운 규정을 설정함으로써 내부시장의 적절한 기능을 보장하는 것이다. 보다 구체적으로 AI법의 목적은 "EU 내 AI 시스템의 해로운 영향으로부터 민주주의, 법치와 환경 보호를 포함하여 [EU 기본권]헌장에 기술된 건강, 안전, 및 기본권의 높은 수준의 보호를 보장하고 혁신을 지원하면서, 내부시장의 기능을 개선하고 인간 중심의 신뢰할 수 있는 AI의 활용을 촉진하는 것"이다.[62]

AI법은 EU의 가치에 따라 EU에서 AI 시스템의 개발, 시장 출시, 서비스 투입 및 이용을 위한 '통일된 법적 프레임워크'(a uniform legal framework)를 규정하여 내부시장의 기능을 개선한다.[63] 또한, AI법은 AI 기반 제품과 서비스의 자유로운 국경 간 이동을 보장하여 AI법이 명시적으로 허가하지 않는 한 회원국이 AI 시스템의 개발, 마케팅 및 이용에 대한 제한을 부과하는 것을 방지한다.[64] AI법은 EU의 가치에 부합하는 AI 시스템을 만드는 공공 및 민간 행위자들의 유럽 생태계를 활성화하고 EU의 모든 지역에서 디지털 전환의 잠재력을 실현한다.[65] AI법은 AI에 관한 조화된 규정 및 스타트업을 포함한 중소기업(small and medium enterprises, SMEs)에 특히 중점을 둔 혁신을 지원하는 조치를 규정하여, 유럽이사회가 명시한 대로 '보안이 되고 신뢰할 수 있으며 윤리적인 AI'(secure, trustworthy and ethical AI)의 개발에서 글로벌 리더가 되고자 하고 유럽의 인간 중심적 접근을 촉진하는 목적을 지원한다.[66] 또한 AI법은 유럽의회가 특별히 요청한 대로 '윤리적 원칙'(ethical principles)의 보호를 보장한

---

62) 제1조 제1항.

63) 상설 제1항.

64) 상설 제1항.

65) 상설 제8항.

66) 상설 제8항. European Council, Special meeting of the European Council(1 and 2 October 2020) — Conclusions, EUCO 13/20, 2020, p. 6 참조.

다.[67] 따라서 AI법의 기본 정신은 AI에 대한 윤리적 인간 중심적 접근이다.

(3) EU AI법의 성격

AI법의 목적에서 건강과 안전의 보호가 명시적으로 언급된 것은 동 법이 EU의 '제품 안전 체제'(product safety regime) 성격을 가지는 것을 의미한다. 즉 AI법은 EU의 제품 안전에 관한 법의 조화로운 프레임워크, 특히 '신입법체계'(New Legislative Framework, NLF)[68]를 많이 참조한다. 따라서 AI법은 「기계류 규칙」 또는 「장난감 안전 지침」과 같이 AI에 대한 안전을 추가적으로 규제하는 보다 큰 패키지의 일부이다.

AI법은 「디지털서비스법」(Digital Services Act, DSA)과 「디지털시장법」(Digital Markets Act, DMA) 등을 포함하는 유럽위원회의 '디지털 전략'(Digital Strategy)의 일부이다.[69] 따라서, AI법은 대부분 DSA와 DMA의 입법 과정에 병행하여 채택되었다. DSA와 DMA는 디지털 영역에서 소셜 미디어 플랫폼과 검색 엔진과 같은 중개자(intermediaries)를 규제하는 것을 목적으로 하고, 메타, 인스타그램, 틱톡, 빙, 구글과 같은 초대형 온라인 플랫폼과 검색 엔진에 특별한 의무를 부과한다.[70] 그러나, AI법은 빅테크 기업을 주로 다루지 않고 공공 부문 애플리케이션에 초점을 두고 있다.[71] 즉 AI법은 DSA의 초대형 온라인 플랫폼이나 DMA의 게이트키퍼의 규제 범주와 달리 행위자의 지위를 고려하지 않고, 공공 서비

67) 상설 제8항. European Parliament resolution of 20 October 2020 with recommendations to the Commission on a framework of ethical aspects of artificial intelligence, robotics and related technologies, 2020/2012(INL) 참조.

68) NLF는 EU 내부시장에 대한 기술 표준의 개정과 조화를 가리킨다. 이는 시장 감시, 인증, 적합성 평가 및 CE 마킹과 같은 라벨링을 다룬다. NLF는 2008년 채택되고, 2010년 1월 발효되었다.

69) European Commission, "Commission Presents New Initiatives for Digital Infrastructures of Tomorrow.", Press release, Shaping Europe's Digital Future, April 21, 2024, https://digital-strategy.ec.europa.eu/en.

70) 이들 거대 테크 기업 즉 빅테크(Big Tech)는 DMA에서 게이트키퍼(gatekeepers), DSA에서 '초대형 온라인 플랫폼'(very large online platforms) 또는 '초대형 온라인 검색 엔진'(very large online search engines)으로 지정된다. 각각 DMA 제3조와 DSA 제33조 참조.

71) 부속서 III 참조.

스 또는 법 집행을 위한 AI 시스템과 같은 사용 맥락에 관하여 규제를 한다.[72)]

표 1-5 AI법, DSA, DMA의 규제 방식 비교

구분	AI법	DSA	DMA
대상	AI 시스템의 이용 목적과 위험	초대형 온라인 몰이라는 사업자의 지위와 규모	게이트키퍼라는 사업자의 지위와 시장 지배력
접근 방식	이용 맥락 기반	행위자 기반	행위자 기반
규제 논리	무엇을 하느냐	누구이며 얼마나 큰가	누구이며 얼마나 강력한가

AI법의 적용에서 EU의 다른 법과의 구체적인 관계가 중요하다.[73)] 예컨대, AI법은 개인정보보호에 있어서 GDPR을 대체하지 않지만 AI 시스템이 개인정보를 처리하는 경우 이들 두 법의 적용에서 상당한 중복이 있을 수 있다. 개인정보보호, 프라이버시 및 통신의 기밀성에 관한 EU법은 AI법에 규정된 권리와 의무와 관련하여 처리된 개인정보에 적용되고, AI법은 GDPR 등에 영향을 미치지 않는다.[74)]

---

72) 이 점에서 AI법이 빅테크 등 민간 행위자의 영향력이나 힘을 충분히 다루는지 의문이 제기될 수 있다.

73) AI법의 준수에서, 회원국 차원의 관련 법규정이 고려되어야 한다. 예컨대, 민사책임에 관한 규정은 대부분 조율되지 않으므로 각 회원국의 불법행위법과 계약상 책임 규정이 적용된다. 또한, 회원국은 AI법의 과징금에 더하여 다른 집행조치에서 어느 정도 여유를 가진다. 또한, AI법은 AI 시스템의 오용에 대한 형사 책임을 규정하지 않는다. 예컨대, 딥페이크에 적용되는 투명성 의무가 있지만, 이 기술을 사기 등 불법적 목적으로 이용하는 경우 회원국에서 형사 처벌을 받을 수 있다.

74) 제2조 제7항. 그러나, 개인정보 처리에 관하여 AI법은 다음의 두 규정을 둔다. 즉 제10조 제5항에 따라, 고위험 AI 시스템과 관련하여 편향 탐지와 수정을 보장하기 위해 엄격하게 필요한 경우, 해당 시스템 제공자는 자연인의 기본권과 자유를 위한 적절한 보호조치를 전제로 예외적으로 특수 범주 개인정보를 처리할 수 있다. 또한, 제59조에 따라, AI 규제적 샌드박스에서는 일정한 조건을 모두 충족하는 경우 다른 목적으로 적법하게 수집한 개인정보는 샌드박스에서 특정 AI 시스템을 개발, 훈련 및 테스트하기 위한 목적으로만 처리할 수 있다. AI법이 영향을 미치지 않는 개인정보보호에 관한 EU법은 GDPR, 「EU기관 개인정보보호 규칙」, 「e-Privacy 지침」과 「법 집행 개인정보보호 지침」이다. 「e-Privacy 지침」은 통신의 비밀을 보장하는데, 2017년 1월 10일 유럽위원회는 GDPR의 채택에 즈음하여 IoT 등 사물통신과 공

(4) EU AI법의 구조

AI법은 '위험 기반 규제적 접근'(a risk-based regulatory approach)을 따르고, 부문별이 아닌 수평적인 법적 프레임워크의 성격을 가진다. 보통의 EU법과 같이, AI법은 상설, 본문 및 부속서로 구성된다. 첫째, AI법은 180개 항의 상설(recital)을 포함한다. 상설은 본문과 달리 그 자체로 법적 구속력은 없지만, 해당 법의 입법 배경은 물론 핵심 개념과 용어의 해설과 함께 관련 사례를 제시하는 등 권위 있는 해석 도구인 점에서 본문의 올바른 이해를 위해 꼭 참고해야 한다.[75]

둘째, AI법은 13개 장의 113개 조항으로 구성된 본문을 포함한다: 제I장(일반 규정), 제II장(금지된 AI 관행), 제III장(고위험 AI 시스템), 제IV장(특정 AI 시스템 제공자와 운영자의 투명성 의무), 제V장(범용 AI 모델), 제VI장(혁신 지원 조치), 제VII장(거버넌스), 제VIII장(고위험 AI 시스템의 EU 데이터베이스), 제IX장(시판 후 모니터링, 정보 공유 및 시장 감시), 제X장(행동강령과 가이드라인), 제XI장(권한 위임과 위원회 절차), 제XII장(벌칙) 및 제XIII장(최종 규정). 특히 고위험 AI 시스템은 제III장의 5개 절과 44개 조항으로 구성되고, 부속서 I과 III 등이 관련되는 등 AI법에서 가장 큰 비중을 차지한다. 또한, 시판 후 모니터링과 시장 감시에 관한 제IX장은 5개 절의 23개 조항으로 구성된다.

셋째, AI법은 부속서 I(EU 조화입법 목록), 부속서 II(제5조 제1항(h)(iii)에서 언급된 형사범죄의 목록), 부속서 III(제6조 제2항에 언급된 고위험 AI 시스템), 부속서 IV(제11조 제1항에 언급된 기술문서), 부속서 V(EU 적합성 선언), 부속서 VI(내부통제에 기반한 적합성 평가 절차), 부속서 VII(품질 관리 시스템 평가와 기술문서 평가에 기반한 적합성), 부속서 VIII(제49조에 따른 고위험 AI 시스템의 등록에 제출되는 정보), 부속서 IX(제60조에 따른 실제 조건에서 테스트에 관련하여 부속서 III에 기재된

공 와이파이 이용에서 개인의 통신 비밀을 규정하는 개정안을 발표하였지만, 개정 작업은 지지부진하였고 2025년 2월 유럽위원회는 동 개정 작업을 철회하였다. 유럽의회와 EU이사회의 합의가 기대되지 않고, 개정안의 발표 후 기술의 발전이 반영되지 않았기 때문이다. 유럽위원회 2025년 업무 프로그램, 부속서 IV: 철회, p. 26.

75) Case C-391/92, Commission v Greece(1995), Case C-292/89, Antonissen(1991), Case C-134/08, T-Mobile Austria(2009) 참고.

고위험 AI 시스템의 등록에 제출되는 정보), 부속서 X(자유, 안보 및 정의 영역에서 대규모 IT 시스템에 관한 EU 입법), 부속서 XI(범용 AI 모델 제공자의 기술문서에 관한 제53조 제1항(a)에 언급된 기술문서), 부속서 XII(자신의 AI 시스템에 범용 AI 모델을 통합하는 다운스트림 제공자에 대한 범용 AI 모델 제공자의 기술문서에 관한 제53조 제1항(b)에 언급된 투명성 정보), 부속서 XIII(제51조에 언급된 시스템적 위험이 있는 범용 AI 모델의 지정 기준).

4. 위험 기반 접근

AI법의 가장 큰 특징은 '위험 기반 접근'(risk-based approach)이다. 개인정보보호에 관한 GDPR도 개인정보 처리와 관련된 위험 수준에 따라 안전장치를 구현하도록 요구하는 점에서 위험 기반 접근을 따른다. AI법은 AI 시스템 등의 이용에서 위험 범주에 따라 사업자에게 관련 의무를 부과한다. AI의 위험을 완화하면서 혁신을 촉진하여 이러한 혁신적인 기술의 혜택을 누리고자 함이다. 이러한 위험 기반 접근은 AI와 같은 기술이 그 용도에 따라 유익할 수도 있고 위험할 수도 있다는 현실을 배경으로 한다. 즉 위험의 규제에 중심을 두어 특정 기술을 규제하는 것이 아니라 그 기술을 이용하여 무엇을 만드는지를 규제하려는 것이다. 이는 아주 사소한 것부터 실존적인 것까지 거의 무한한 용도로 활용될 수 있고 앞으로도 활용될 수 있는 새로운 기술인 AI의 역할을 고려한 것이다.[76)]

AI법은 EU의 위험 기반 접근의 가장 정교한 입법 사례이다. AI 기술로 인해 발생할 수 있는 다양한 수준의 위험을 분류하는 세분화 정도는 AI법의 본질적 의미를 규정하는 요소 중 하나이지만, AI법의 복잡성의 주요 원인이 된다.

---

76) Ustaran et al.

(1) 위험의 이해

1) 위험

AI법이 위험 기반 접근을 하고 AI 시스템 등을 위험 수준에 따라 복합적으로 규제하므로 위험 등의 올바른 이해가 필요하다. 위험은 해, 위해요소 등의 개념과 관련된다.

위험(risk)은 해의 발생 확률과 동 해의 심각성 조합을 의미한다.[77)]

위험(risk)은 '해의 발생 확률과 동 해의 심각성 조합'(combination of the probability of an occurrence of harm and the severity of that harm)으로 정의된다. 위험은 사고 등의 막연한 발생 가능성이 아니라 발생 확률과 심각성을 통한 구체적이고 평가 가능한 개념이다. 해의 발생 확률은 AI 시스템의 오작동이나 편향된 결과 등 부정적인 결과 즉 해가 실제로 발생할 가능성이 얼마나 높은가를 의미하고, 해의 심각성은 그 부정적인 결과 즉 해가 실제로 발생했을 때 개인이나 사회에 미치는 피해의 정도가 얼마나 치명적인가를 의미한다.

해(harm)는 AI법이 보장하는 사람의 건강, 안전과 기본권의 높은 수준의 보호에 대한 '해로운 영향'(harmful effects)으로서 실질적인 결과를 가리킨다.[78)] AI법의 해는 EU 제품 안전법의 해의 보통의 개념에 기본권 침해라는 새로운 유형을 추가한 것이다.[79)]

위험의 개념을 이해하기 위해 해(harm)와 위해요소(hazard)의 개념을 함께 이해해야 한다.[80)] 예컨대, ISO 12100(기계류 안전)은 '위해요소(해의 근원) → 위

---

77) 제3조 제2호. 「제품 안전 일반규칙」 제3조 제4호와 「시장 감시 규칙」 제3조 제18호는 동일하게 위험을 '해(harm)를 초래할 위해요소(hazard)의 발생 확률과 동 해의 심각성 정도의 조합'을 의미한다고 규정한다.

78) 제1조 제1항.

79) 「제품 안전 일반규칙」 제20조 제2항에서 해는 개인의 사망, 상해를 포함한 개인의 건강과 안전에 대한 심각한 부정적 영향, 신체에 대한 다른 손상, 병과 만성적 건강 효과로 이해될 수 있다.

80) 국내에서 대체로 위해요소는 '위험 요인'(「산업안전보건법」), 위험원(KS B ISO 12100:2020)으로 불리고, 해는 위해(「제품안전기본법」), 상해(KS B ISO 12100:2020) 또는

험(발생 가능성) → 해(최종 결과)'의 명확한 인과관계를 설정한다.[81] 위해요소(危害要素)는 해를 일으키는 구체적인 근원이고, 위험(危險)은 위해요소가 해를 일으킬 가능성에 대한 평가이며, 해(害)는 실제로 발생한 최종적인 부정적 결과이다.[82]

*** 한국의 소비자 또는 제품 안전 관련 법은 소비자의 물품이나 용역 또는 제품의 '생명·신체 또는 재산에 대한 위해'로부터 보호를 규정하여[83] AI법 등 EU의 상응하는 법과 유사한 규정을 둔다. 특히 '화재·감전 등의 위해'를 규정하여[84] 위해는 방법이나 과정의 결과인 점에서 AI법의 해와 동일하게 볼 수 있다. 또한 중앙행정기관의 장은 시중에 유통되는 제품의 위해성 여부를 확인하기 위하여 해당 제품에 대한 안전성조사를 할 수 있다.[85] 헌법재판소는 「제품안전기본법」의 입법목적과 기본이념, 안전성조사의 대상이 되는 제품의 특성, 위해의 사전적 의미 등을 종합할 때, '위해성이 있는 경우'를 '소비자가 제품을 취급·사용·운반하는 전 과정에서, 제품의 제조·설계 및 제품상 표시 등의 결함으로 인하여,

---

재해(「산업안전보건법」)로 불리며, 위험은 위험(KS B ISO 12100:2020), 위해성(「제품안전기본법), 위험성(「산업안전보건법」)으로 불린다.

81) ISO 12100는 기본 개념을 다음과 같이 정의한다. 해는 '건강에 대한 물리적 부상이나 손상'(physical injury or damage to health)이고, 위해요소는 '해의 잠재적 원인'(potential source of harm)이며, 위험은 '해의 발생 확률과 그 해의 심각성의 조합'(combination of the probability of occurrence of harm and the severity of that harm)이다. 이외에 '위해 상황'(hazardous situation)은 '사람이 한 가지 이상의 위해요소에 노출되는 상황'(circumstance in which a person is exposed to at least one hazard)이고, '잔류 위험'(residual risk)은 '보호조치가 이행된 후에도 남아있는 위험'(risk remaining after protective measures have been implemented)이며, '허용 가능 위험'(tolerable risk)은 '위험 평가 후의 수용된 위험 수준'(accepted level of risk following a risk evaluation)이다. GM International, ISO 12100: definitions and steps in assessing the safety of machinery, Oct 08, 2019, https://news.gminternational.com/iso-12100-definitions-steps-assessing-safety-machinery?utm_source=chatgpt.com.

82) 대출 심사 AI에 관련하여, 특정 인종이 많이 거주하는 지역의 대출 상환 불이행률이 높다는 과거 데이터를 훈련하여, 거주 지역이나 인종을 부정적인 신용 요인으로 훈련한 대출 심사 AI 알고리즘은 위험요소이다. 이 AI를 대출 심사에 적용하면 개인의 상환 능력과 무관하게 특정 인종이라는 이유만으로 대출이 거절되거나 불리한 조건을 적용받을 확률이 높게 되는 위험이 있다. 이로 인해 발생하는 인종에 따른 금융 접근성 차별이라는 해가 결과한다.

또는 제품의 기술상·구조상 특성, 제품의 구조·재질 및 사용방법 등으로 인하여, 생명·신체·재산에 피해를 입거나 입게 될 우려가 있는 경우'를 의미하고 있음을 충분히 알 수 있다고 밝혔다.[86] 「제품안전기본법」의 피해를 입거나 입게 될 우려인 정성적 상태의 위해성은 AI법의 위험의 구성요소 중 하나인 해가 발생할 가능성에 일치할 뿐이다. 따라서, 한국법의 위해성은 AI법의 위험보다 좁은 개념으로 이해할 수 있다.[87]

2) 위험을 초래하는 AI 시스템

'위험을 초래하는 AI 시스템'(AI systems presenting a risk)은 사람의 건강이나 안전 또는 기본권에 대한 위험을 초래하는 한 「시장 감시 규칙」 제3조 제19호에 정의된 위험을 초래하는 제품으로 이해해야 한다.[88] AI를 제품으로 간주하는 범위에서 「시장 감시 규칙」에 규정된 '위험을 초래하는 제품'(product presenting a risk)은 'EU 조화입법으로 보호되는 일반적으로 사람의 건강과 안전, 작업장에서 건강과 안전, 소비자 보호, 환경, 공공안전과 다른 공공의 이익에 의도된 목적이나 해당 제품의 정상적 또는 합리적으로 예측 가능한 이용 조건에 따라 합리적이고 수용 가능한 것으로 고려되는 정도를 넘어서는 수준으로 부정적으로 영향을 미칠 가능성이 있는 제품'을 의미한다.[89]

AI법이 적용되는 AI 시스템의 위험은 기존 EU 조화입법과는 다른 측면에 관한 것이므로 AI법의 요건은 기존 EU 조화입법을 보완한다. AI 시스템이 통

---

83) 「제품안전기본법」 제4조 제2항, 「소비자기본법」 제4조 제1호. 법제처 국가법령정보센터의 영문본에서 위해를 「제품안전기본법」은 'any risk of danger or harm' 또는 'danger or harm', 「소비자기본법」은 'any danger or injury'라고 다르게 번역하고 있다.

84) 「전기생활용품안전법」 제2조 제10호.

85) 「제품안전기본법」 제9조 제1항.

86) 「제품안전기본법」 제11조 제1항 제1호 위헌소원 [전원재판부 2015헌바227, 2016. 3. 31.]

87) AI법의 위험은 해 발생의 확률과 동 해 심각성의 조합으로 계량화하고, 이를 기준으로 전체 규제 대상을 체계적으로 등급화하며, 각 등급에 따라 차등적인 사전 의무를 부과하는 AI에 특정적인 정교한 규제 공학의 개념으로 보아야 할 것이다.

88) 제79조 제1항.

89) 「제품 마케팅 공통 프레임워크 결정」 부속서 I, 제R1조 제17호. '조화입법'(harmonization legislation)은 제품의 마케팅 조건을 조화하는 공동체 입법을 의미한다.

합된 기계 또는 의료기기 제품은 해당 부문별 조화입법인 「기계류 규칙」 또는 「의료기기 규칙」이 AI 시스템과 관련된 위험을 다루지 않기 때문에 관련 EU 조화입법에 명시된 필수 보건과 안전 요건이 다루지 않는 위험 즉 기본권 침해도 초래할 수 있기 때문이다.[90)]

(2) 위험의 분류

AI법은 다양한 위험 수준에 따라 다양한 유형의 AI를 구별한다: 본질적으로 용납할 수 없는 수준의 위험을 드러내는 금지된 AI 관행, 고위험 AI 시스템, 제한적 위험 AI 시스템, 범용 AI 모델, 시스템적 위험이 있는 범용 AI 모델 및 위의 범주에 속하지 않는 다른 유형의 AI.

AI법이 단계적으로 적용됨에 따라 제한적 위험, 고위험 또는 용납할 수 없는 위험의 분류 및 적용에 있어서 상당한 불확실성이 예상된다. 이러한 불확실성은 AI법을 준수해야 하는 기업 등과 동 법을 시행하고 집행해야 하는 소관 당국 모두에게 영향을 미치는 복잡성을 야기할 수 있다. AI법에서 고위험 AI 시스템에 대한 준수 비용과 미준수에 따른 불이익이 상당하기 때문에 AI 시스템을 구별하고 관련 규정을 확실하게 이해하는 것이 중요하다.

1) 용납할 수 없는 위험

AI법은 금지된 AI 시스템의 위험 범주를 정의하지 않지만, 제5조는 EU에 소재하는 개인의 권리를 위협할 가능성이 있는 용납할 수 없는 AI 관행의 예를 자세히 열거한다.[91)] '금지된 AI 관행'(prohibited AI practices)은 잠재의식 기술을 이용하는 시스템, 사회적 점수 산정 시스템, 프로파일링 또는 개인적 특성에만 기반한 예측적 정책, 안면 인식 데이터베이스를 생성하거나 확장하기 위해 인터넷 또는 CCTV 영상에서 얼굴 이미지를 비표적 스크랩하는 데 이용되는 시스템, 직장과 학교에서의 감정 인식 시스템, 보호되는 특성을 유추하거나 추론하기 위한 생체인식 분류 시스템을 포함한다. 법 집행을 위한 공개

90) 상설 제64항.

91) AI법의 보호 대상은 EU 시민에 국한하지 않고 EU에 소재하는 개인임에 유의해야 한다. AI법은 'individuals', 'natural persons', 'a person'의 용어를 이용한다.

적으로 접근 가능한 공간에서 실시간 원격 생체인식 식별 시스템은 금지되지만, 법 집행 기관의 다음 용도의 이용은 예외적으로 허용된다. 첫째, 납치, 인신매매, 성착취 피해자에 대한 표적 수색 및 실종자 수색을 수행하는 경우이다. 둘째, 자연인의 생명 또는 안전에 대한 구체적이고 실질적이며 임박한 위협을 방지하거나 테러 공격의 실질적이고 예측 가능한 위협을 방지하기 위한 경우이다. 셋째, 범죄 수사를 수행하거나 테러, 인신매매, 성착취, 아동 포르노, 살인, 불법 거래 등 부속서 II에 언급된 형사범죄를 수사, 기소 또는 처형할 목적으로 범죄를 저지른 것으로 의심되는 사람을 확인하고 위치를 파악하는 경우이다.

2) 고위험

고위험 AI 시스템은 유럽위원회가 제안한 초안에서 AI법의 초점이었고, 입법 과정에서 다양한 유형의 AI가 포함되었는데, 여전히 규제적 프레임워크의 핵심이다. 제6조는 AI 시스템이 고위험으로 분류되는지 아닌지 식별하는 기준을 제시한다. 그러나 AI 시스템이 이용되는 특정 목적에 따라 고위험으로 분류될 것임에 유의해야 한다. 따라서 특정 AI 시스템이 고위험에 해당하는지 결정하기 위해서 관련 사용 사례를 신중하게 평가하고 이해하는 것이 필수적이다.

AI법의 대부분의 규정은 제III장의 적용을 받는 고위험 AI 시스템에 관한 것이다. AI 시스템은 두 가지 방식의 고위험 시스템으로 분류될 수 있다. AI 시스템이 고위험으로 분류되려면 제6조 제1항에 명시된 두 가지 조건을 모두 충족하거나 부속서 III에 따라 고위험으로 분류되어야 한다.

① 제6조 제1항의 요건 충족

AI 시스템이 제품의 안전 구성요소로 이용되거나 시스템 자체가 부속서 I에 열거된 EU 조화입법의 적용을 받는 제품이고, 해당 제품의 시장 출시 또는 서비스 투입을 위해 제3자 적합성 평가를 받도록 요구되는 경우 고위험 AI 시스템의 분류 기준을 충족한다.[92] 부속서 I에서 제품 안전 분야의 EU '조화입

92) 제6조 제1항.

법'(harmonization legislation)은 섹션 A와 섹션 B로 나뉜다. 섹션 A는 '신입법체계'(New Legislative Framework, NLF)의 원칙에 따라 채택된 조화입법의 목록이고, 섹션 B는 신입법체계와 다른 전통적 방식의 조화입법의 목록인데 주로 차량 형식 승인과 항공 보안 등 특정 전문 분야에 관한 것이다.[93]

부속서 I에서 섹션 B의 조화된 규정은 신입법체계(NLF)의 일부가 아니라 상세한 조화의 개념을 따르기 때문에 새로운 AI법과 용이하게 동기화될 수 없는 EU의 구(舊)법에 속한다. 예컨대, 민간 항공과 자동차 등의 분야에서 특정 고위험 AI 시스템에 대해서 관련 EU법이 구체적으로 적용된다. 따라서 자율주행 차량과 같은 경우 AI법이 일반적으로 적용되지 않고 해당 사례에 대한 특정 법규정이 적용된다. AI법의 대부분 요건이 이전의 규제 체제의 적용을 받는 제품에 적용되지 않는 것은 구(舊)규제 체제와 신입법체계가 제품 안전의 규제에서 근본적으로 다른 접근과 측정 기준을 따르기 때문이다. 예컨대, 구(舊)개념에서는 정부 표준만 설정하고 정부 기관이 요건을 심사한다. AI법은 민간 표준화 기관, 내부 적합성 평가 절차 또는 민간 인증기관의 절차를 통해 확립되어 새로이 이행되는 표준에 기반한다.[94] 따라서, 부속서 I의 섹션 B에 열거된 구(舊)체제 EU 조화입법의 적용을 받는 제품에 관련되고 제6조 제1항에 따라 고위험 AI 시스템으로 분류되는 AI 시스템에 대해서 AI법의 일부 규정만 적용된다. 이러한 AI 시스템에 대하여 고위험 AI 시스템의 분류에 관한 제6조 제1항, 8개 제품 안전 관련 법의 개정에 관한 제102조 내지 제109조 및

---

93) 신입법체계(NLF)는 상품에 대한 내부시장을 개선하고 다양한 제품을 EU 시장에 출시하기 위한 조건을 강화하는 것을 목적으로 한다. 신입법체계는 단일 법이 아니라, 2008년 채택된 두 개의 법으로 구성된 입법 패키지이고 이후 2019년 시장감시 부분이 강화되었다. 2008년 「제품 마케팅 공통 프레임워크 결정」은 사실상 제품 조화입법의 템플릿이 되고, 2008년 「인증 요건 규칙」은 이 템플릿이 잘 작동하도록 지원하는 인프라 즉 인증 요건을 규정한다. 2019년 「시장감시 규칙」은 시장 감시 활동을 규정한다. AI법은 신입법체계의 「제품 마케팅 공통 프레임워크 결정」을 기반으로 하는데, 제공자의 의무, CE 마킹, 적합성 평가 등 AI법의 핵심 규정은 동 결정의 표준 문안에서 가져온 것이다. European Commission, "New legislative framework", https://single-market-economy.ec.europa.eu/single-market/goods/new-legislative-framework_en. 부속서 I 섹션 A는 12개 EU법을 포함하고, 섹션 B는 8개 EU법을 포함한다.

94) 제43조(적합성 평가), 제44조(인증), 제45조(인증기관의 정보 의무) 참조.

부속서 I의 섹션 B의 개정 등에 관한 제112조만 적용된다.[95] 따라서, 모든 산업 분야에서 AI법의 고위험 시스템 요건이 고려되어 일관된 수준의 신뢰할 수 있는 AI 시스템이 구현된다.

② 제6조 제2항의 요건 충족

제6조 제2항에 따라 부속서 III에서 다루는 이용 맥락에 관한 기본권 침해 가능성과 관련이 있는 경우이다. 부속서 III에 언급된 사용 사례는 생체인식 식별 시스템, 핵심 인프라, 교육과 직업 훈련, 고용, 근로자 관리와 자영업, 필수 민간 및 공공 서비스와 혜택의 향유에 대한 접근, 법 집행, 이민, 망명 및 국경 통제 관리, 사법 및 민주적 절차 관리를 포함한다.

AI 시스템이 부속서 III에 열거되어 있지만 제6조 제3항에 명시된 다음의 조건 중 하나를 충족하는 경우, 사람의 프로파일링에 이용되지 않는다면 고위험으로 간주되지 않는다. 첫째, '좁은 범위의 절차적 과업'(a narrow procedural task)을 수행하도록 의도된 시스템이다.[96] 둘째, 이전에 완료된 인간 활동의

95) 제2조 제2항. 제102조 내지 제109조는 각각 「민간항공 안전 공통규정 규칙」, 「농기계 규칙」, 「이륜/삼륜차 규칙」, 「해상기기 지침」, 「철도시스템 지침」, 「자동차 규칙」, 「민간항공 공통규정 규칙」 및 「자동차 형식승인요건 규칙」을 개정한다. 동 개정으로 「민간항공 안전 공통규정 규칙」에서 AI 시스템에 관한 안전장치의 승인과 이용의 기술 사양과 절차에 관련되는 상세한 조치를 채택할 때 제III장 제2절의 고위험 AI 시스템의 요건이 고려되어야 한다는 규정이 추가된다. 예컨대 유럽항공안전청(EASA) 등 기관이 자동조종장치(autopilot), 충돌회피시스템(TCAS) 등 AI 시스템의 승인 및 사용에 관한 상세 조치를 채택할 때, 제III장 제2절의 고위험 AI 시스템의 요건을 고려해야 한다. 또한, 동 개정으로 「농기계 규칙」, 「이륜/삼륜차 규칙」, 「철도시스템 지침」, 「자동차 규칙」, 「민간항공 공통규정 규칙」, 「자동차 형식승인요건 규칙」에서 안전 구성요소인 AI 시스템에 관한 위임 또는 이행입법을 채택할 때 제III장 제2절의 고위험 AI 시스템의 요건이 고려되어야 한다는 규정이 추가된다. 예컨대 유럽위원회가 자동긴급제동(AEB) 시스템과 같은 AI 안전 구성요소에 대한 새로운 기술 사양이나 테스트 표준을 만들 때, 제III장 제2절의 고위험 AI 시스템 요건을 고려해야 한다. 또한, 동 개정으로 「해상기기 지침」에서 안전 구성요소인 AI 시스템에 관하여 기술 사양과 테스트 표준을 채택할 때 유럽위원회는 제III장 제2절의 고위험 AI 시스템의 요건을 고려해야 한다는 규정이 추가된다.

96) 이러한 과업은 AI 시스템이 제한된 범위 내에서 수행하는 간단한 작업을 말하는데, 문서 분류, 데이터 입력 자동화, 또는 특정 규칙에 따라 이메일을 필터링하는 작업 등이 해당할 수 있다. 예컨대, '비정형 데이터'(unstructured data)를 '정형

결과를 개선하도록 의도된 시스템이다. 셋째, 의사결정 패턴 또는 이전의 의사결정 패턴과의 편차를 감지하도록 의도된 시스템이다. 넷째, 부속서 III에 열거된 사용 사례와 관련된 평가를 위한 준비 작업을 수행하도록 의도된 시스템이다.

3) 제한적 위험

제50조는 특정 AI 시스템의 제공자와 운영자에 대한 투명성 의무를 규정한다. AI 시스템 제공자의 투명성 의무가 적용되는 제한적 위험이 있는 AI 시스템은 자연인과 직접 상호작용하는 AI 시스템 및 합성 오디오, 이미지, 비디오 또는 텍스트 콘텐츠를 생성하는 AI 시스템을 포함한다. 또한 운영자의 투명성 의무가 적용되는 제한적 위험이 있는 AI 시스템은 감정 인식 시스템, 생체인식 분류 시스템, 이미지를 생성하거나 조작하는 AI 시스템, 공공의 관심사에 대해 대중에게 알릴 목적으로 공개된 텍스트를 생성하거나 조작하는 딥페이크 AI 시스템을 구성하는 오디오 또는 비디오 콘텐츠를 포함한다.

투명성 요건은 고위험을 초래할 수 있고 그렇지 않을 수도 있는 AI 시스템을 포착하는 것으로 보인다. 자연인과 상호작용하거나 콘텐츠를 생성하기 위한 특정 AI 시스템은 고위험에 해당하는지 관계없이 사칭(impersonation) 또는 기만(deception)의 특정 위험을 초래할 수 있다. 따라서 특정 상황에서 이러한 시스템의 이용은 고위험 AI 시스템에 대한 요건과 의무를 저해하지 않고 투명성 의무의 적용을 받고, 법 집행의 특별한 필요성을 고려한 대상별 예외의 적용을 받는다.[97]

데이터'(structured data)로 변환하는 AI 시스템, 들어오는 문서를 카테고리로 분류하는 AI 시스템 또는 수많은 애플리케이션 중 중복을 탐지하는 데 이용되는 AI 시스템이 된다. 이러한 작업은 매우 좁고 제한적인 성격을 지니고 있어 AI법의 부속서에서 고위험 용도로 열거된 맥락에서 AI 시스템을 이용하더라도 위험이 증가하지 않아 제한적인 위험만을 초래하기 때문이다. 상설 제53항.

97) 상설 제132항.

4) 범용 AI 모델의 시스템적 위험

AI법은 AI 시스템의 규제를 위한 법적 체계와 함께 제V장에서 범용 AI 모델의 규제를 위한 법적 체계를 규정한다. 제V장은 범용 AI 모델과 시스템적 위험이 있는 범용 AI 모델의 두 가지 유형의 범용 AI에 대한 법적 프레임워크를 규정한다. 시스템적 위험이 있는 범용 AI 모델은 더 엄격한 규정의 준수 의무가 부과된다. 훈련에 이용된 누적 연산량이 10^{25}플롭스(FLOPs)를 초과하는 경우 또는 AI사무국의 결정에 따라 평가된 '고영향 역량'(high impact capabilities)을 가진 범용 AI 모델은 시스템적 위험의 범주에 속한다.

표 1-6 AI 시스템 위험의 네 가지 유형

용납할 수 없는 위험	용납할 수 없는 AI 시스템은 전면 금지됨. 이 범주에 속하는 AI 시스템은 사회적 점수 산정 시스템이나 감정 인식 시스템 등을 포함함.
고위험	고위험 AI 시스템은 제공자와 운영자 모두에게 준수할 의무가 가장 많이 적용되는 분야임. 원격 생체인식 식별, 핵심 인프라, 교육과 고용에 이용되는 AI를 포함한 고위험 AI 시스템의 목록은 부속서 III에서 제공됨. 특정 제품의 안전 구성요소로 이용되는 AI 시스템(부속서 I에 열거됨)도 포함됨.
제한적 위험	개인과 직접 상호작용하거나 텍스트, 비디오, 오디오 및/또는 이미지를 생성 또는 조작하는 AI 시스템을 포함하여 제한적 위험을 초래하는 AI 시스템. 예컨대, 챗봇, 가상 비서, 딥페이크 생성 AI 시스템 등이 있음. 제공자 및 특정 상황에서 운영자에게 투명성 의무가 부과됨.
최소 위험	위의 범주에 속하지 않는 스팸 필터와 추천 시스템 등 다른 모든 AI 시스템임. AI 이해력 요건 외에 특별한 의무가 부과되지 않음. 대다수 AI 시스템이 이러한 위험 범주에 속할 것임.

그림 1-1 AI법의 위험 분류[98)]

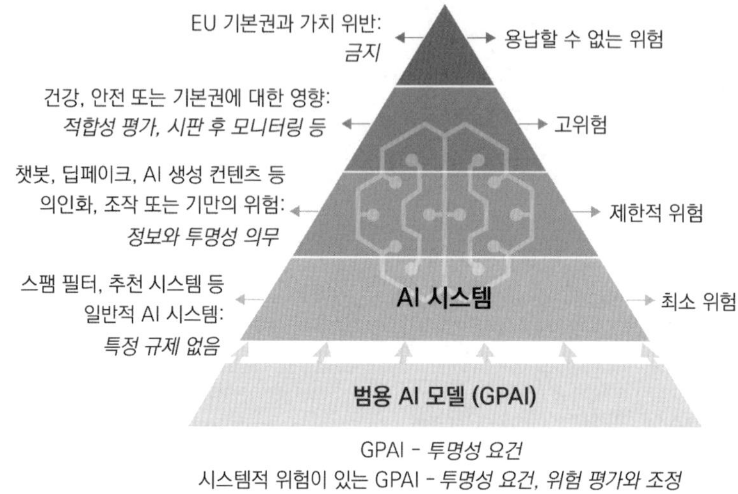

98) EP Briefing-AI, p. 7. AI법의 위험 분류 피라미드는 동 법의 위험 기반 규제 접근을 잘 보여주는데, 이는 2019년 '독일 데이터윤리위원회 의견'(Gutachten der Datenethikkommission)에서 표준화된 방식으로 알고리즘 시스템의 중요도를 결정할 것을 설명하면서 제시된 피라미드에서 시작된 것으로 보인다. https://www.adalovelaceinstitute.org/resource/eu-ai-act-explainer/ 참조.

Chapter 02

EU AI법의 적용 범위

EU AI법은 EU의 입법 형식으로서 규칙(regulation)이다. 따라서 AI법은 전체로서 법적 구속력을 가지고, 모든 회원국에서 직접 적용된다.[1)] AI법의 규정은 AI 규제에 있어 EU의 최소 기준이 되고, 회원국과 유럽위원회는 '개방조항'(opening clause)을 통해 AI에 대한 규제적 유연성을 가진다. AI법은 군사와 국가안보 맥락에서 적용되지 않는다. GDPR과 같이, AI법도 EU 역외 기업에게 적용된다.

1) TFEU 제288조 제2항. 지침(directive)과 달리 그 이행에 회원국의 국내법 조치가 필요하지 않다.

Chapter 02

EU AI법의 적용 범위[2)]

I EU AI법의 물적 적용

AI법의 물적 적용 범위는 AI 시스템의 시장 출시 등 동 법의 규제 내용 또는 대상을 가리킨다. 즉 AI법은 다음을 규정한다:[3)] (a) EU에서 AI 시스템의 시장 출시, 서비스 투입 및 이용에 대한 조화된 규정, (b) 특정 AI 관행의 금지, (c) 고위험 AI 시스템에 대한 특정 요건 및 이러한 시스템의 사업자에 대한 의무, (d) 특정 AI 시스템에 대한 조화된 투명성 규정, (e) 범용 AI 모델의 시장 출시에 대한 조화된 규정, (f) 시장 모니터링, 시장 감시, 거버넌스 및 집행에 관한 규정, (g) 스타트업을 포함한 중소기업에 특히 중점을 둔 혁신 지원 조치. AI법의 실질적 적용 범위는 AI 시스템 등의 시장 출시나 서비스 투입이다.

2) AI법의 적용 범위에 관한 제2조는 2025년 2월 2일부터 적용된다.
3) 제1조 제2항.

1. 원칙: AI 시스템의 시장 출시, 서비스 투입 또는 이용에 관련된 행위

(1) 시장 출시

AI법의 적용 여부를 결정하는 중요한 개념 중 하나는 '시장 출시'(placing on the market)이다. 시장 출시는 AI 시스템 또는 범용 AI 모델이 EU 시장에 처음으로 제공되어 운영되거나 이용되는 경우를 의미하고, 이 시점부터 AI법에 따른 제공자의 의무가 발생한다. 이용 중심 개념인 서비스 투입과 달리, 시장 출시는 제공 중심의 개념이다. 시장 출시는 제공을 대상으로 하는 점에서, 제공자의 완성품인 AI 시스템은 물론 동 시스템의 기반이 되는 범용 AI 모델을 대상으로 한다.[4] 또한, AI법의 위험 기반 접근에 따라, 모든 AI 모델을 규제 대상으로 하지 않고, 많은 다양한 AI 시스템 개발의 기초가 되는 '기초 모델'(foundation model)에 해당하는 범용 AI 모델이 규제 대상이 된다.[5]

시장 출시 시점을 기준으로 AI 시스템과 범용 AI 모델은 고위험 AI 시스템의 적합성 평가, CE 마킹 부착 등 AI법의 규제 요건을 준수해야 한다. 또한, EU 역외 소재 기업도 자사의 AI 시스템이나 범용 AI 모델을 EU 시장에서 처음으로 이용 가능하게 하는 경우 AI법의 제공자가 되어 동 법의 관련 의무를 준수해야 한다. 따라서 EU 시장에 진출하려는 모든 AI 제공자는 자사의 서비스 제공 방식이 시장 출시 정의에 해당하는지를 명확히 파악하여야 한다.

시장 출시 개념의 핵심 구성요소는 '이용 가능하게 함'과 '처음으로'이다.

---

4) 자동차를 비유하면, 제공자는 범용 AI 모델인 엔진만 따로 제공할 수 있고, AI 시스템인 완성된 자동차도 제공할 수 있다. 이들 두 가지 모두 시장에 제공되는 중요한 AI 기술인 점에서 규제되어야 한다. 특히 범용 AI 모델인 강력한 엔진이 결함을 가지고 시장에 출시하면 AI 시스템인 자동차에 문제를 일으킬 수 있어서, 엔진도 시장 출시 단계에서 규제할 필요가 있다. AI 시스템의 기초가 되는 범용 AI 모델에 심각한 편향이나 결함이 있다면, 그 피해는 특정 시스템 하나에 그치지 않고 AI 생태계 전반으로 퍼져나가 시스템적 위험을 초래할 수 있다.

5) GPT-4o, Gemini 1.5 Pro 등 범용 AI 모델은 특정 목적에 한정되지 않고, 언어 생성, 요약, 이미지 분석 등 광범위한 작업을 수행할 수 있다. AI법은 특히 사회 전반에 걸쳐 광범위하고 예측 불가능한 '시스템적 위험'(systemic risk)을 주는 더 강력한 범용 AI 모델을 강력하게 규제한다.

'시장 출시'(placing on the market)는 AI 시스템 또는 범용 AI 모델을 EU 시장에서 처음으로 이용 가능하게 함을 의미한다.[6)]

시장 출시는 EU 시장에서 최초 단 한 번 일어나는 행위이다. 제공자가 개발을 완료한 후 EU 내의 유통자나 최종 이용자에게 처음으로 AI 시스템을 공급하는 순간 시장 출시가 된다. 예컨대, 한국에 있는 AI 개발자가 자사의 AI 소프트웨어를 독일 기업에게 처음으로 라이선스를 판매한다면, 이 시점이 시장 출시가 된다. 이후 독일 기업이 이 소프트웨어를 다른 EU 회원국의 고객에게 재판매하는 것은 유통(distribution)으로서 시장 출시는 아니다.

시장 출시는 AI 시스템 또는 범용 AI 모델을 EU 시장에서 이용 가능하게 함의 첫 단계이다. '이용 가능하게 함'은 상업적 활동의 과정에서 EU 시장에서 유통 또는 이용을 위해 AI 시스템 또는 범용 AI 모델을 제공하는 행위이다. AI 시스템 등의 유료 판매뿐 아니라, 오픈소스 모델, 무료 앱 등으로 무료로 제공하는 것도 상업적 활동의 과정에서 이용 가능하게 함에 해당한다. 예컨대, 제3국 제공자가 EU 역외에서 개발한 원격 생체인식 식별 시스템이 하나 이상의 EU 회원국에서 유료 또는 무료로 제공될 때 처음으로 EU 시장에 출시된다. 여기서 제공은 단순히 제품의 창고 보관을 넘어, EU에서 이용자나 유통자에게 소유권, 점유권 또는 다른 권리를 이전하려는 제안이나 계약이 이루어질 때 성립된다.

'시장에서 이용 가능하게 함'(making available on the market)은 상업적 활동의 과정에서 AI 시스템 또는 범용 AI 모델을 유통 또는 이용을 목적으로 제공하는 것을 의미하고, 대가의 여부는 관계없다.[7)]

AI 시스템의 이용 가능하게 함은 '물리적 사본'(physical copies)으로서 '응용 프로그래밍 인터페이스'(API)를 통하거나, 클라우드를 통하거나, 직접 다운로드, 또는 물리적 제품에 내장되는 등 시스템과 서비스에 대한 접근 등 공급 수단에 관계없다.[8)] 이러한 시장 출시는 API 또는 다른 이용자 인터페이스를

6) 제3조 제9호. 이러한 시장 출시 정의는 「시장 감시 규칙」의 정의와 유사하다.

7) 제3조 제10호.

통해 온라인으로 시스템에 대한 접근을 제공함으로써 이루어질 수 있다.[9] 시장에서 이용 가능하게 함은 공급망 내에서 여러 번, 여러 사업자에 의해 발생할 수 있다. 예컨대, AI 시스템의 제공자가 유통자에게, 유통자가 최종 이용자에게 제공할 수 있다.

표 2-1 시장 출시와 시장에서 이용 가능하게 함의 비교

구분	시장 출시	시장에서 이용 가능하게 함
의미	EU 시장에 최초로 제공하는 한 번의 행위	시장 출시 및 이후 유통, 이용을 위해 제공하는 개별 행위
사업자	제공자, 수입자	제공자, 수입자, 유통자 등
시점	최초 1회 시장에 제공	시장 출시를 포함 지속적/반복적 제공
특징	공급망의 시작	공급망 내에서 유통
의미	가장 무거운 의무 발동(적합성 평가, CE 마킹, 기술문서 작성 등 완료)	유통 과정에서 해당 사업자의 의무 발동(CE 마킹 확인 등)
예시	AI 개발사의 유통자에게 최초 판매	유통자가 여러 운영자에게 재판매

(2) 서비스 투입

시장 출시와 함께 AI법의 적용 여부를 결정하는 중요한 개념은 서비스 투입이다. 제공 중심의 개념인 시장 출시와 달리, AI 시스템의 서비스 투입은 이용 중심의 개념이다. 서비스 투입은 AI 시스템의 의도된 목적으로 EU에서 처음으로 이용되는 경우이고, 처음 이용을 위하여 직접 제3자인 운영자에게 제공하는 것뿐만 아니라 자체적인 개발과 이용도 포함된다.[10]

예컨대, 제공자가 EU 역외에서 원격 생체인식 식별 시스템을 구축하여 법집행 당국이나 회원국에 설립된 민간 기업에 제공하여 처음으로 이용하게 하면, 서비스에 투입하는 것이다. 또는 공공기관이 자체적으로 점수 산정 시스

8) 「금지된 AI 관행 가이드라인」, para. 12.
9) 「금지된 AI 관행 가이드라인」, para. 12.
10) 이 점에서 서비스 투입은 '이용 개시'로 이해할 수 있다.

템을 개발하여 운영하여 가계 수당 수혜자의 사기 위험을 예측하면, 서비스에 투입하는 것이다.[11)]

서비스 투입은 이용을 대상으로 하는 점에서, 운영자 등 이용자가 직접 상호작용하고 이용하는 완성품인 AI 시스템을 대상으로 한다.[12)] 이 경우 AI법의 운영자 의무가 적용된다. 즉 AI 시스템이 서비스에 투입되면, 제26조에 따른 AI 시스템 사용 설명서 준수, 인적 감독 체계 마련, 데이터 거버넌스 확인, 자동 생성 로그 보관 등 의무를 준수해야 한다.

'서비스 투입'(putting into service)은 의도된 목적을 위해 EU에서, AI 시스템을 운영자에게 최초로 이용하도록 직접 제공하거나, 또는 자체 이용을 위해 최초로 이용하는 것을 의미한다.

1) 최초 이용

서비스 투입의 첫째 구성요소는 '최초 이용'(first use)이다. 시장 출시와 같이 서비스 투입도 AI 시스템의 수명주기에서 단 한 번 발생하는 경우이다. 테스트나 시험 운영이 아닌 본격적인 첫 실제 이용을 의미한다.

2) 제공

서비스 투입은 두 가지 경로 중 하나를 통해 이루어진다. 첫째 경로는 운영자에게 직접 제공하는 것이고, 일반적인 경우이다. 운영자가 제공자의 AI 시스템을 구매하거나 라이선스를 얻어 이를 처음으로 이용하는 경우이다.[13)]

둘째 경로는 AI 시스템 제공자의 '자체 이용'(for own use)이다. 즉 기업이나 기관이 외부 판매 목적이 아니라 자신의 내부 업무를 위해 AI 시스템을 직접

11) 「금지된 AI 관행 가이드라인」, para. 13.

12) 예컨대, 병원, 은행 등 AI 시스템의 운영자는 범용 AI 모델을 직접 이용하는 것이 아니라, 동 모델을 기반으로 의료 진단, 신용평가 등 특정 목적을 위해 개발된 AI 시스템을 이용한다.

13) 예컨대, 은행이 핀테크 기업으로부터 신용평가 AI 솔루션을 구매하여 고객의 대출 심사에 동 AI 시스템을 처음으로 이용하면 서비스 투입이 된다. 이때 은행은 AI법의 운영자로서 의무를 부담한다.

개발하고 이용하는 경우이다.14) 이 경우 해당 기업 등은 제공자의 의무는 물론 운영자의 의무도 부담한다.15)

3) EU에서 의도된 목적을 위한 이용

서비스 투입으로서 AI 시스템의 이용은 EU에서 동 시스템이 설계되고 의도된 목적을 위해 이루어져야 한다. 예컨대, 의료 진단 보조용으로 개발된 AI 시스템을 의사가 실제 환자의 진단을 위하여 활용하는 것이다. 의도되지 않은 다른 목적으로 이용하는 것은 AI법의 서비스 투입으로 인정되지 않는다. 의도된 목적은 외부 지향적이고, AI 시스템이 운영되도록 설계된 맥락과 그 운영 방식을 포함한다.16)

> '의도된 목적'(intended purpose)은 사용 설명서, 홍보 또는 판매 자료와 진술서 및 기술 문서에서 제공자가 제공한 정보에 명시된 대로 특정 이용 문맥과 조건을 포함하여 제공자가 의도한 AI 시스템의 용도를 의미한다.17)

AI 시스템의 의도된 목적은 제공자가 의도한 AI 시스템의 용도를 의미한다. 예컨대, 기업의 가상 AI 비서 시스템의 경우, 의도된 목적은 기업의 특정 부서가 특정 과업을 수행하도록 지원하는 것이다.18) 의도된 목적은 목적을 달성하기 위한 AI 시스템의 내부 운영뿐만 아니라 동 시스템을 더 광범위한 고객 서비스 워크 플로에의 통합, 시스템이 이용하는 데이터, 또는 사용 설명서 같은 다른 요소를 통해서도 달성된다.19)

---

14) 예컨대, 자동차 제조사가 자사의 공장 조립 현장에서 불량 검출을 위해 AI 시스템을 자체 개발하여 처음으로 실제 공정에 투입하면 동 시스템의 서비스 투입이 된다. 이 경우, 해당 자동차 제조사는 AI 시스템의 제공자이면서 운영자가 되어 AI법의 두 사업자로서 의무를 모두 부담한다.

15) AI 시스템을 자체 개발하여 이용하는 경우 AI법의 운영자 의무만 부과한다면, 해당 기업은 고위험 AI 시스템을 외부에서 구매하는 대신 자체 개발하여 제공자의 의무를 회피하려 할 것이다.

16) 「AI 시스템의 정의 가이드라인」, para. 25.

17) 제3조 제12호.

18) 「AI 시스템의 정의 가이드라인」, para. 25.

19) 「AI 시스템의 정의 가이드라인」, para. 25.

표 2-2 시장 출시와 서비스 투입의 개념 비교

구분	시장 출시	서비스 투입
개념	AI 시스템 또는 범용 AI 모델이 EU 시장에 최초로 이용 가능하게 함	AI 시스템이 EU에서 운영자 또는 제공자에 의해 최초로 실제 이용됨
사업자	제공자(예컨대, AI 개발사)	운영자(예컨대, 실제 이용자인 은행) 또는 제공자
대상	AI 시스템 + 범용 AI 모델	AI 시스템
규제 관점	공급망 관점(부품과 완성품 모두 규제)	이용자 관점(완성품만 규제)
핵심 시점	AI 시스템 또는 범용 AI 모델의 계약 및 제공(AI 개발사가 은행과 최초 판매 계약을 맺고 해당 시스템을 제공)	최초 실제 이용(은행의 고객 대출 심사를 위한 신용점수 산출 AI 시스템의 최초 실행)
구체적 행위	소프트웨어 라이선스 판매, 전달, 다운로드 링크 제공 등 제공	실제 데이터를 입력하여 AI 시스템의 분석 결과를 대출 심사 등 업무에 활용
주요 의무	AI법의 제공자 의무 발동	AI법의 운영자 의무 발동
특징	제품이 시장에 나오는 단계(공급망의 시작)	제품이 실제로 이용되는 단계(공급망의 끝)

(3) 이용

AI 시스템의 이용(use)은 AI법이 명시적으로 정의하지 않지만, 시장에 출시되거나 서비스에 투입된 후 수명주기의 모든 순간에서 시스템의 이용이나 운영을 포함하는 넓은 의미로 이해해야 한다.[20] 또한, 더 복잡한 시스템, 프로세스 또는 인프라의 일부로서를 포함하여 AI 시스템을 이용하는 자의 서비스와 프로세스에 AI 시스템의 통합도 포함될 수 있다.[21]

AI 시스템의 제공자는 AI 시스템의 시장 출시 전에 합리적으로 예측할 수 있는 이용 조건 즉 의도된 목적과 합리적으로 예측 가능한 오용을 고려해야 한다. 운영자는 시스템의 이용에 대한 적법한 조건을 고려할 책임이 있다.[22]

20) 「금지된 AI 관행 가이드라인」, para. 14.
21) 「금지된 AI 관행 가이드라인」, para. 14.

제5조의 목적으로, 이용에 대한 언급은 금지된 행위에 해당할 수 있는 AI 시스템의 합리적으로 예측 가능한 여부에 관계없는 오용(misuse)을 포함하는 것으로 이해된다.[23] 예컨대, 제5조에 따라 금지하는 행위는 특정 AI 시스템의 시장 출시, 서비스 투입 또는 이용과 관련이 있다.[24] 실시간 원격 생체인식 식별 시스템의 경우, 제5조 제1항(h)의 금지 조항은 해당 시스템의 이용에만 적용된다. 또한, 고용주가 작업장에서 감정을 추론하기 위해 이용하는 AI 시스템은 의료 또는 안전 목적으로 이용되는 경우를 제외하고 금지된다.[25] 이러한 금지는 시스템 제공자가 운영자인 고용주와의 계약 관계, 즉 이용 약관에서 이러한 이용을 배제했는지와 관계없이 운영자에게 적용된다.[26]

2. EU AI법의 물적 적용의 예외

AI법이 적용되지 않는 다음의 몇 가지 예외가 있다.

(1) 연구와 개발

AI법은 혁신을 지원하고 과학의 자유를 존중하며 연구·개발 활동을 약화시키지 말아야 한다.[27] 특히 과학적 연구·개발 자체를 위한 AI 시스템과 모델은 AI법의 적용에서 일반적으로 제외되고, 시장 출시와 서비스 투입 이전에 AI 시스템과 모델에 관한 테스트 등은 특정 조건에 따라 AI법의 적용에서 제외된다.[28]

22) 「Blue Guide 2022」, Section 2.8.
23) 상설 제28항.
24) 이들 용어의 정의는 「Blue Guide 2022」, Section 2 참조.
25) 제5조 제1항(f).
26) 「금지된 AI 관행 가이드라인」, para. 14.
27) 상설 제25항.
28) 비전문적 또는 과학적 연구 목적으로 범용 AI 모델을 개발하거나 이용하는 자는 관련 요건을 자발적으로 준수하도록 장려된다. 상설 제109항.

1) 과학적 연구·개발을 위한 AI 시스템과 모델

AI법은 '과학적 연구·개발의 목적만으로'(for the sole purpose of scientific research and development) 특별히 개발되고 서비스에 투입된 AI 시스템 또는 모델 및 이들의 결과물에 적용되지 않는다.[29] 과학적 연구·개발의 목적만으로 특별히 개발되고 서비스에 투입된 AI 시스템 또는 모델 등은 상업적 활용 이전의 혁신 활동인 점에서 고위험 AI 시스템을 포함한 AI법 규정의 적용을 받지 않는다.

과학적 연구·개발은 상업적이지 않은 순수한 연구 활동을 의미할 것이다.[30] 과학적 연구·개발의 목적만으로 특별히 개발되고 서비스에 투입된 AI 시스템 또는 모델 등에 대한 AI법의 적용 배제에서 해당 AI 시스템 등의 시장 출시가 언급되지 않은 점에서 이러한 일반적인 적용 배제의 예외는 상업적이지 않은 연구·개발에 한정될 것이다.

예컨대, 과학적 연구·개발 단계에서 AI 개발자는 소비자 대상 응용 프로그램에 이용될 경우 조작적(manipulative)이라고 간주되어 금지된 관행을 규정한 제5조 제1항(a)의 적용을 받을 수 있는 기술을 포함하는 새로운 기능을 실험하고 테스트할 자유가 인정된다.[31] AI법은 AI 기술을 개선하고 시장에 출시하기 전에 안전과 윤리 기준을 충족하도록 초기 단계의 연구·개발이 필수적이기 때문이다. 또한, AI가 주도하는 잠재적 또는 기만적 자극에 대한 인지적, 행동적 반응에 대한 연구는 인간과 AI의 상호작용에 대한 귀중한 통찰을 제공하여, 미래에 더 안전하고 효과적인 AI 응용 프로그램 개발에 도움이 될 수 있다. 이러한 과학적 연구는 제5조 제1항(a)의 금지에도 불구하고 AI법의 적용 범위에서 제외되기 때문에 허용된다.[32]

한편, 과학적 연구·개발의 목적만으로 특별히 개발되어 서비스에 투입된 AI 시스템에 대한 적용 배제를 저해하지 않고, 모든 연구·개발 활동의 수행에

---

29) 제2조 제6항.

30) 기업 연구소 내부에서 AI 모델을 개발하고 테스트하는 단계는 과학적 연구·개발에 해당하여 AI법의 적용을 받지 않을 것이다.

31) 「금지된 AI 관행 가이드라인」, para. 30.

32) 「금지된 AI 관행 가이드라인」, para. 31.

이용될 수 있는 '다른 모든 AI 시스템'(any other AI system)은 AI법 규정의 적용을 받아야 한다.[33] 즉 과학적 연구·개발의 목적만으로 특별히 개발되어 서비스에 투입된 AI 시스템에 대한 AI법의 적용은 배제되어야 하지만, 이미 존재하거나 상용화된 AI 시스템이 연구·개발에 이용되는 경우 해당 AI 시스템에 AI법은 적용된다. 과학적 연구·개발의 목적만으로 만들어진 AI 시스템과 달리 연구·개발의 도구가 되는 AI 시스템이 구별되고, AI법은 전자에 대하여 적용되지 않지만 후자에 대하여 적용된다.[34] 즉 연구·개발의 도구로서 이용되는 고위험 AI 시스템은 AI법의 관련 규정의 적용을 받아야 한다.

어떠한 경우에도 모든 연구·개발 활동은 과학적 연구를 위해 인정된 윤리적 및 전문적 기준에 따라 수행되어야 하고 적용 가능한 EU법에 따라 수행되어야 한다.[35] 예컨대, 연구 과정에서 연구 진실성이 보장되고 인간의 존엄성과 기본권이 침해되지 않아야 하며, 개인정보를 포함한 데이터의 수집과 처리 등에서 높은 수준의 윤리적 기준이 요구된다.[36] 또한, AI의 불투명성 문제를 해소할 수 있는 투명성, 설명가능성과 설명책임이 요구된다.

이러한 적용 예외의 전제 조건은 AI 시스템과 모델이 과학적 연구·개발 목적으로만 개발되고 이용되는 것이다. AI 분야의 많은 상업적 스타트업이 대학 연구로부터 시작되거나 이에 연관되어 있는 점을 고려하면 그 적용 범위에 있어서 해석의 여지가 있다.[37] 실제로 대학에서 AI 기술 연구에 대한 민간 자금 지원은 유럽에서도 점차 일상화되고 있다. 또한 과학 연구를 위한 데이터

---

33) 상설 제25항.

34) 예컨대, 대학 연구실이 새로운 알고리즘을 증명하기 위해 처음부터 코딩하여 만든 실험용 AI 모델은 전자의 예가 되고, 대학 연구실이 실험 데이터를 분석하기 위해 시중에 판매되는 상용 AI 소프트웨어를 구매하여 이용하는 경우는 후자의 예가 될 것이다.

35) 상설 제25항.

36) 윤리적 및 전문적 기준의 예로서 데이터 위조/변조/표절(FFP) 금지, 연구 데이터의 정직한 보고를 규정한 「유럽 연구 진실성 행동 강령」, 의학 연구의 윤리적 기준에 관하여 세계의사회가 채택한 「헬싱키 선언」(Declaration of Helsinki), 연구 대상자 보호에 관한 미국 보건교육복지부(HEW)의 '벨몬트 보고서'(Belmont Report) 등이 있다. 관련 EU법으로서 「EU기본권헌장」, 개인정보보호에 관한 GDPR 등이 있다.

37) Ruschemeier et al., p. 12.

훈련은 연구 영역이 아닌 대중으로부터 가져오는 경우가 많다. 인터넷 콘텐츠로 훈련되는 ChatGPT나 다른 LLM이 그 예이다. 제품 개발과 개선을 목적으로 하는 빅테크 기업의 연구 부서가 AI법의 과학적 연구 · 개발만의 목적에 해당하지 않는다고 해석될 수 있지만, 구체적으로 어떻게 적용될지는 더 지켜봐야 할 것이다.

*** 제2조 제6항의 과학적 연구 · 개발에 유사한 개념으로 GDPR 제89조의 '과학적 또는 역사적 연구 목적'(scientific or historical research purposes)이 있다. AI법의 과학적 연구 · 개발은 주로 기초 연구, 응용 연구, 및 상업화 이전의 실험 개발에 관련되고, 연구 · 개발 과정에서 만들어진 AI 시스템 또는 모델 등이 상업적으로 시장에 출시되면 AI법의 전면적인 규제를 받게 된다. GDPR에서 과학적 연구 목적을 위한 개인정보 처리는 기술적 개발과 시현, 기초연구, 응용연구 및 민간기금 연구를 포함하여 광범위하게 해석된다.[38]

2) 시장 출시 전 AI 시스템과 모델에 관한 연구 · 개발 활동

AI법은 AI 시스템 또는 모델이 시장에 출시되거나 서비스에 투입되기 전의 '모든 연구, 테스트 또는 개발 활동'(any research, testing or development activity)에 적용되지 않는다.[39] 즉 AI법은 시장에 출시되거나 서비스에 투입되기 이전의 AI 시스템 또는 모델에 대한 과학적 연구 · 개발 활동에 달리 영향을 주지 않아야 한다.[40] 기초 연구, 학술 연구, 탐색적 연구 등 과학적 연구 · 개발 활동은 AI법의 적용으로 위축되거나 방해될 수 없다.

특히 AI 시스템 또는 모델에 관한 '제품 지향적'(product-oriented) 연구, 테스트 및 개발 활동에 관해서 동 시스템과 모델이 서비스에 투입되거나 시장에 출시되기 전에는 AI법이 적용되지 않는다.[41] 응용 연구, 프로토타입 제작, 테

38) GDPR 상설 제159항.

39) 제2조 제8항 제1문.

40) 상설 제25항.

41) 상설 제25항. 제품 지향적 연구를 수행하는 주체는 미래에 해당 제품의 제공자가 될 것이다. 이들은 현재 연구·개발 단계에 있어 AI법의 모든 의무를 이행하지 않아도 추후 시장 출시 시점에 동 법을 준수하기 위해서 개발 초기 단계부터 AI법의 요건을 염두에 두고 개발을 진행해야 한다.

스트의 제품 지향적 연구 등 활동은 상업성이 있다고 볼 수 있지만, 해당 AI 시스템과 모델이 서비스에 투입되거나 시장에 출시되기 전이라면 즉 상업화 직전의 연구·개발 활동은 AI법의 적용을 받지 않게 된다. 그러나, 연구·개발 활동의 결과로 AI법의 적용 범위에 속하는 AI 시스템이 시장에 출시되거나 서비스에 투입되는 경우 AI법은 준수되어야 하고, 규제적 샌드박스와 현실 조건에서 테스트에 관한 조항의 적용을 저해하지 않는다.[42] 즉 연구·개발 단계에서 AI법의 적용을 받지 않던 AI 시스템은 그 연구가 성공적으로 끝나 상용 제품으로 만들어져 시장에 판매되거나 실제 과업에 이용되기 시작하면, 그 즉시 순수 연구·개발 예외는 종료된다. 따라서 시장 출시나 서비스 투입 전의 연구·개발 활동에 대한 AI법의 적용 제외는 임시적인 혜택이다.

제품 지향적 연구 등 활동에 대하여 AI법이 적용되지 않아도, 이들 활동은 '적용 가능한 EU법'(applicable Union law)에 따라 수행되어야 한다.[43] 이 경우 AI법의 적용을 받지 않아도, 해당 활동에 대하여 「EU기본권헌장」, GDPR, 「제조물책임 지침」, 「디지털 단일시장 저작권 지침」은 물론 「의료기기 규칙」 등 특정 산업에 관련되는 다양한 EU법이 적용될 수 있다.

현실 조건에서 테스트는 이러한 연구·개발의 예외에 해당하지 않는다.[44] 순수 연구·개발 단계의 AI라도 샌드박스에 참여하려면 연구·개발 예외를 주장할 수 없고 해당 샌드박스의 운영 규칙을 따라야 하며, 현실 조건에서 테스트에 참여하려면 관련 안전 규정과 감독 절차를 따라야 한다. 실험실 등을 벗어나 현실 조건에서 의도된 목적으로 AI 시스템의 임시 테스트에는 시장 출시 전 AI 시스템과 모델에 관한 연구·개발 활동의 예외가 허용되지 않는다. 따라서, AI 규제적 샌드박스와 현실 조건에서 테스트에 관한 규정은 준수되어야 한다.[45]

---

42) 상설 제25항.

43) 제2조 제8항 제2문.

44) 제2조 제8항 제3문. AI법은 현실 조건에서 테스트에 참여하는 사람의 자유롭고 고지된 동의를 얻는 것을 포함한 제57조 또는 제60조에 규정된 모든 조건이 충족되는 경우, AI 시스템을 시장에 출시하거나 서비스에 투입하는 것으로 간주되지 않는 현실 조건에서 테스트를 위한 특별 체제를 제공한다. 제60조 참조.

45) 상설 제25항. 예컨대, 카니발 기간 중 거리에서 실시간 생체인식 식별 시스템을

표 2-3 연구·개발에 관한 AI법의 규정 비교

구분	제2조 제6항	제2조 제8항
적용 대상	오로지 과학적 연구·개발 목적으로만 개발되고 서비스에 투입된 AI 시스템 또는 모델 및 그 결과물	시장에 출시되거나 서비스에 투입되기 전의 AI 시스템 또는 모델에 관한 연구, 테스트 또는 개발 활동
목적	과학 지식 발견, 학문적 자유 보장, 근본적인 기술 혁신 촉진	상용화될 제품의 성능, 안전성, 규제 준수 여부의 검증과 테스트
핵심 개념	과학적 연구·개발 목적의 AI	시장 출시 또는 서비스 투입 전의 AI에 관한 테스트 등
규제 적용	AI법의 원칙적 적용 제외(단, 과학적 성격의 연구·개발에 한정)	AI법의 제한적 적용 제외(해당 테스트 등의 활동은 AI법의 적용을 받지 않으나, 그 활동은 적용 가능한 EU법에 따라 수행되고, AI법의 현실 조건에서 테스트는 준수해야 함)
예시	대학에서 새로운 머신러닝 모델의 이론적 성능 탐구를 위한 연구, 뇌과학 연구를 위해 뇌파 분석용 AI의 개발과 이용	자율주행차의 출시 전 해당 차량의 AI를 규제적 샌드박스에서 테스트, 의료기기 회사가 AI 진단 소프트웨어를 실제 병원 환경에서 테스트

(2) 순수하게 개인적인 비전문적 활동

AI법은 순수하게 '개인적인 비전문적 활동'(personal non-professional activity)의 과정에서 AI 시스템을 이용하는 자연인인 운영자의 의무에 적용되지 않는다.[46] AI 시스템을 사업 등의 목적으로 이용하는 운영자와 달리 개인의 비전문적 활동은 일반적으로 위험하지 않으므로 규제 대상이 되지 않는다. 일반인

이용하여 안면 식별 소프트웨어를 테스트하려는 지자체는 현실 조건에서 시스템에 의해 식별될 자원봉사자를 모집하는 경우, 현실 조건에서 테스트는 제2조 제8항의 예외에 해당하지 않으므로, 제60조와 제61조에 규정된 대로, 시스템을 AI 규제적 샌드박스에서 또는 샌드박스 외의 현실 조건에서 테스트를 위한 특별 제도에 따라 테스트하지 않는 한, 계획된 테스트는 AI법에서 실시간 생체인식 식별 시스템에 대한 요건을 완전히 준수해야 한다.

46) 제2조 제10항. 한편, 비전문적 또는 과학적 연구 목적으로 범용 AI 모델을 개발하거나 이용하는 자는 관련 요건을 자발적으로 준수하도록 장려된다. 상설 제109항.

의 개인적인 용도로 AI 시스템의 이용에 대하여 예컨대 제26조 등에 규정된 운영자의 의무를 적용하지 않아 과도한 규제로 개인의 자유나 AI 기술 활용이 위축되지 않게 하려는 것이다. 이러한 적용 배제는 순수한 개인적 비전문적 활동에서 AI 시스템을 이용할 때의 운영자의 의무에만 적용된다.

AI 시스템의 유형에 따라 해당 시스템의 이용이 운영자 이외의 다른 자에게 영향을 미칠 수 있다.[47] 즉 시스템을 시장에 출시하거나 서비스에 투입하는 제공자, 다른 전문적 운영자 및 수입자와 유통자 등 다른 책임 있는 사업자의 의무에 관해서 시스템 그 자체는 AI법의 범위 내에 있다.[48] 예컨대, 감정인식 시스템은 고위험 AI 시스템으로 분류되고 AI법을 완전히 준수해야 한다.[49] 그러나, 자폐증 환자와 같이 감정 인식 보조 안경을 순수하게 개인적인 비전문적 용도로 이용하는 운영자는 AI법에 따른 운영자에 대한 특정 의무의 적용을 받지 않는다.[50]

자연인이 정기적으로 경제적 이익을 얻거나 달리 전문적, 사업적, 직업적 또는 프리랜서 활동에 관여하는 모든 활동은 전문적 활동으로 간주된다. 개인적(personal) 단어는 비전문적(non-professional) 단어에 한정적인 점에서, 해당 사람이 개인적 및 비전문적 자격으로 행동해야 한다는 의미이다.[51]

예컨대, 집의 출입 통제와 입구의 안전 모니터링을 위해 가정에서 즉 개인적인 비전문적 활동으로 안면 인식 시스템을 이용하는 개인은 영상의 일부를 법 집행 당국에 전송해야 하는 경우에도 AI법의 운영자 의무가 적용되지 않는다.[52] 반면에, 프리랜서, 기자, 의사 등 전문적인 활동을 위해 AI 시스템을 이용하는 자연인은 AI법에 따라 안면 인식 시스템의 운영자 의무를 준수해야 한다.[53] 따라서, 전문적인 자격으로 활동하는 운영자를 대신하거나 그 권한에 따라 활동하는 자연인에 의한 모든 이용은 AI법의 적용 범위에 속한다.[54] 또

47) 상설 제13항.
48) 「금지된 AI 관행 가이드라인」, para. 35.
49) 제6조 제2항, 부속서 III 제1항(c).
50) 「금지된 AI 관행 가이드라인」, para. 35.
51) 「금지된 AI 관행 가이드라인」, para. 34.
52) 「금지된 AI 관행 가이드라인」, para. 34.
53) 「금지된 AI 관행 가이드라인」, para. 34.

한, 경제적 이익을 추구하거나 획득하지 않더라도 범죄행위는 순수하게 개인적인 활동으로 간주될 수 없다.[55]

(3) 무료 오픈소스 라이선스

'무료 오픈소스 라이선스'(free and open-source licences)에 따라 공개된 AI 시스템이 고위험 AI 시스템이거나 제5조에 따른 금지된 시스템 또는 제50조에 따른 투명성 의무의 적용을 받는 AI 시스템으로서 시장에 출시되거나 서비스에 투입되지 않으면 AI법의 적용을 받지 않는다.[56] 무료 오픈소스 라이선스에 따라 공개된 AI 시스템이라도 고위험 AI 시스템이거나 금지된 관행에 해당하거나 투명성 의무가 적용되는 AI 시스템으로서 시장에 출시되거나 서비스에 투입되면 AI법의 적용을 받는 점에서 정당한 제한을 받는다. 예컨대, AI 시스템 제공자가 시장에 출시하거나 서비스에 투입하는 AI 시스템이 제5조에 따라 금지된 관행을 구성하는 경우, 이러한 예외의 혜택을 받을 수 없다.

무료 오픈소스 라이선스에 따라 공개된 AI 시스템에 AI법이 대체로 적용되지 않는 것은 혁신과 협업을 장려하기 위함이다.[57] 범용 AI 모델의 경우, 모델을 포함한 소프트웨어와 데이터가 무료 오픈소스 라이선스에 따라 공개적으로 공유될 수 있어서 이용자가 이를 또는 수정된 버전을 자유롭게 접근·이용·수정하고 재유통할 수 있는 경우, 시장 내 연구와 혁신에 대한 기여가 가능

54) 「금지된 AI 관행 가이드라인」, para. 34.

55) 「금지된 AI 관행 가이드라인」, para. 34. AI의 이용이 소비자 보호법, 개인정보보호법, 행정법 등의 위반으로서 제5조의 금지된 관행에 명시되지 않더라도 해당 법에 따라 처벌될 수 있다.

56) 제2조 제12항. 한편, 범용 AI 모델 제공자의 공인 대리인에 관한 의무는 범용 AI 모델을 무료 오픈소스 라이선스에 따라 공개하는 제공자에게 적용되지 않는다. 동 라이선스는 모델의 접근, 이용, 수정, 유통을 허용하고, 모델의 매개변수(가중치 포함), 모델 아키텍처 정보, 모델 이용 정보가 공개적으로 제공되는 경우에 한한다. 단, 해당 범용 AI 모델이 시스템적 위험을 초래하는 경우에는 이 예외가 적용되지 않는다. 제54조 제6항.

57) '공개된'(released)의 용어는 소스 코드, 모델 등을 대중이 자유롭게 이용, 수정, 운영할 수 있게 제공하는 기술적 행위이고, 상업적 활동으로서 EU 시장에서 처음으로 유통, 소비, 이용하도록 하는 법적 행위인 '출시된'(placed on the market)의 용어와 구별된다.

하고, EU 경제에 상당한 성장 기회가 제공될 수 있다.[58] 가중치, 모델 구조에 대한 정보, 모델 이용에 대한 정보를 포함한 매개변수(parameters)가 공개적으로 이용 가능한 경우, 무료 오픈소스 라이선스로 출시된 범용 AI 모델은 높은 수준의 투명성과 개방성을 보장하는 것으로 간주되어야 한다.[59]

라이선스는 이용자가 소프트웨어와 데이터를 실행, 복사, 유통, 연구, 변경 및 개선하도록 허용하는 경우에 무료 오픈소스로 간주되어야 한다. 단, 모델의 '원 제공자'(original provider)가 명시되고, 동일하거나 유사한 유통 조건이 존중되어야 한다.[60]

AI 시스템이 어떤 식으로든 수익을 창출한 경우에는 무료 오픈소스 라이선스의 예외가 적용되지 않는다. 예컨대, AI 시스템 자체는 무료이지만 지원 서비스가 상업화되어 있는 경우이다. 무료 오픈소스 라이선스에 따라 공개된 범용 AI 모델도 시스템적 위험이 있지 않는 한 이러한 예외가 적용되지만, 저작권 정책을 마련하고 훈련 데이터의 요약을 게시하는 등의 제한된 의무가 적용된다.

(4) 군사, 국방과 국가안보 목적

AI 시스템은 AI 자폭 드론, 군집 드론, 무인 전투 로봇, AI 유도 미사일이나 어뢰 등 '치명적 자율 무기 시스템'(lethal autonomous weapon systems, LAWS)으로서, 위성과 드론의 영상 자동 분석, 통신 감청과 분석, 이상 징후 탐지 등 정보·감시·정찰로서, AI 참모나 워게임 등 지휘 통제 및 의사결정 지원으로서, 사이버 위협의 자동 탐지와 방어, AI 기반 해킹과 스피어 피싱, 가짜 뉴스 등 정보전과 사이버전으로서, 예측 정비와 군수품 보급의 최적화 등 군수 및

58) 상설 제102항.

59) 상설 제102항.

60) 상설 제102항. 원 제공자의 명시는 새로운 모델의 기반이 된 원본 모델의 출처 표기를 가리킨다. "이 챗봇 서비스는 Meta가 개발한 Llama 3 모델을 기반으로 미세조정하여 만들었다."가 예가 된다. 동일하거나 유사한 유통 조건의 존중은 라이선스 계승 또는 '동일 조건 변경 허락'(Share-Alike) 원칙의 존중을 의미한다. 원본 AI 모델이 특정 라이선스 조건으로 유통된다면, 그 모델을 기반으로 만든 파생 모델도 원본과 동일하거나 그에 준하는 조건으로 유통되어야 한다.

지원으로서 활용될 수 있다.

AI 시스템이 '군사, 국방 또는 국가안보 목적'(military, defence or national security purposes)으로 시장에 출시되거나, 서비스에 투입되거나, 또는 해당 시스템의 수정 여부와 관계없이 이용되는 경우, 동 시스템은 해당 활동을 수행하는 실체의 유형이 공공 기관 또는 민간 기관 등인지 관계없이 AI법의 적용 범위에서 제외된다.[61] AI법이 민간 시장의 AI 제품과 서비스의 안전을 보장하고, 시민의 기본권을 보호하는 데 초점을 맞추기 때문이다. 즉 민간용 제품의 안전 규정을 군용 무기에 그대로 적용하는 것은 부적절하고, 법 체계상으로 맞지 않다고 보는 것이다.[62]

1) 적용 배제의 근거

군사와 국방 목적과 관련하여 AI법의 적용 배제는 「EU조약」 제4조 제2항[63] 및 국제법(public international law)의 적용을 받는 회원국들의 특수성과 「EU조약」 제V편 제2장이 다루는 '공동 EU 방위 정책'(common Union defence policy)에 의해 정당화된다.[64] 국방은 회원국의 주권과 관련된 가장 핵심적인 사항이고, EU의 '공동안보국방정책'(Common Security and Defence Policy, CSDP)은 대부분 회원국 전체의 만장일치로 이루어진다.

군사와 국방 활동의 맥락에서 치명적 무력과 다른 AI 시스템의 이용 맥락에서 국제법은 이러한 AI 시스템의 규제를 위한 더 적절한 법적 프레임워크가 된다.[65] 여기서 국제법은 무력충돌을 규율하는 국제인도법(international humanitarian law, IHL)와 국제인권법(international human rights law, IHRL)을 포함할 것이다.

---

61) 제2조 제3항 제2단, 상설 제24항.

62) 그럼에도 AI의 민군겸용 성격을 고려하면, AI에 대한 민간과 군사의 완전히 구별된 규제와 접근이 합리적이고 현실적인지 고민이 필요하다.

63) EU는 회원국의 영토 보전, 법과 질서 유지, 국가안보 수호 등 국가의 필수 기능을 존중해야 한다. 「EU조약」 제4조 제2항.

64) 상설 제24항. 「EU조약」 제V편 제2장은 EU의 대외 활동에서 공동안보국방정책에 대한 특정 조항에 관한 것이다.

65) 상설 제24항. 예컨대, 한 회원국이 AI 기반 자율 드론을 개발하여 군사 작전에 투입한 경우, 이 드론의 적법성을 판단할 때, AI법에 따른 고위험 AI 시스템의 요건 대신 국제인도법의 구별 원칙과 비례 원칙 등의 준수 여부가 확인되어야 한다.

국가안보 목적과 관련하여 AI법의 적용 배제는 「EU조약」 제4조 제2항에 따라 국가안보는 회원국의 전적인 책임이라는 사실과 국가안보 활동의 구체적인 성격과 운영의 필요성 및 해당 활동에 적용되는 특정 회원국 국내 규정에 의해 정당화된다.[66]

2) 적용 배제의 실제 규정

첫째, AI법은 EU법 범위 밖의 영역에는 적용되지 않고, 어떤 경우에도, 회원국의 국가안보에 관한 권능과 관련하여 과업을 수행하도록 위임받은 실체의 유형에 관계없이, 국가안보에 관한 회원국의 권능에 영향을 미치지 않는다.[67] 국가안보의 책임은 '국가의 본질적 기능과 사회의 근본적 이익을 보호하는 주된 이익'(the primary interest in protecting the essential functions of the State and the fundamental interests of society)에 상응한다.[68]

AI 시스템은 국가안보 목적이 아니라 AI법의 범위 내에 속하는 법 집행 목적을 위하여 시장에 출시되거나, 서비스에 투입되거나, 이용될 수 있다. 이는 제5조 제1항(d)와 (h)에 각각 규정된 개별 형사범죄 예측과 평가에 관한 금지 및 법 집행 목적으로, 실시간 원격 생체인식 식별 시스템 이용에 관한 금지와 관련된다. AI 시스템이 이러한 목적으로 이용되면 AI법의 적용을 받는다. 유

---

66) 상설 제24항. 국가안보는 각 회원국의 고유한 책임이다. 「EU조약」 제4조 제2항.

67) 제2조 제3항 제1문.

68) 특히 테러 활동과 같이 사회, 국민 또는 국가 자체를 직접적으로 위협할 수 있는 활동과 국가의 근본적인 헌법, 정치, 경제 또는 사회 구조를 심각하게 불안정하게 만들 수 있는 활동의 예방과 처벌을 포함한다. Judgment of the Court of Justice of 6 October 2020, La Quadrature du Net and Others, C-511/18, C-512/18 and C-520/18, EU:C:2020:791, paragraph 135; Judgment of the Court of Justice of 5 June 2023, Commission v Poland, C-204/21, EU:C:2023:442, paragraph 318, referring to Case C-439/19, paragraph 67 and Case C-306/21, paragraph 40. 회원국은 자국의 '본질적인 안보 이익'(essential security interests)을 정의하고 자국의 '대내외 안보'(internal and external security)를 보장하기 위한 적절한 조치를 채택하지만, 국가안보의 보호를 위해 취한 회원국 조치는 EU법을 적용 불가능하게 만들 수 없고 회원국이 해당 EU법을 준수할 의무를 면제할 수 없다. Judgment of the Court of Justice of 6 October 2020, Privacy International, C-623/17, EU:C:2020:790, paragraph 44.

럽경찰청(Europol)과 유럽국경 · 해안경비대(Frontex) 같은 다른 EU 안보기관 활동은 AI법의 적용 범위에 속한다.[69)]

> '법 집행'(law enforcement)은 공공의 안전에 대한 위협으로부터의 보호와 예방을 포함하여, 형사범죄의 예방, 수사, 적발 또는 기소, 또는 형사 처벌의 집행을 위해 법 집행 당국에 의한 또는 그를 대신하여 수행되는 활동을 의미한다.[70)]

둘째, AI 시스템이 군사, 국방 또는 국가안보 목적으로 배타적으로 동 시스템의 수정 여부와 관계없이 시장에 출시되거나, 서비스에 투입되거나, 이용되는 경우, 이러한 활동을 수행하는 실체의 유형에 관계없이 AI법의 적용을 받지 않는다.[71)] 이러한 예외가 적용되는지 여부는 해당 시스템으로 활동하는 실체가 아니라 AI 시스템의 목적이나 용도에 따르게 된다. EU 회원국이 해당 권능과 관련되어 과업을 위탁한 민간 사업자도 해당될 수 있다.[72)]

셋째, EU에서 시장에 출시되거나 서비스에 투입되지 않는 AI 시스템의 결과물이 EU에서 군사, 국방 또는 국가안보 목적으로 배타적으로 이용되는 경우 군사, 국방 또는 국가안보 목적의 활동을 수행하는 실체의 유형에 관계없이 AI법은 적용되지 않는다.[73)] 즉 EU 역외에 소재한 AI 시스템이 EU 시장에서 출시되거나 서비스에 투입되지 않지만, 그 결과물이 EU 역내에서 군사, 국방, 국가안보 목적으로 이용되는 경우 AI법은 적용되지 않는다. 예컨대, 미국 등 EU의 동맹이나 파트너 국가의 정보기관이 운영하는 AI 시스템이 생성한 위성 이미지 분석 등 정보의 활용은 AI법의 적용 범위 밖이다.

3) 적용 배제의 예외 규정

군사, 국방 또는 국가안보 목적으로 개발되고, 시장에 출시되며, 서비스에 투입되고 또는 이용되는 AI 시스템이 일시적 또는 영구적으로 다른 목적, 예

69) 「금지된 AI 관행 가이드라인」, para. 28.

70) 제3조 제46호.

71) 제2조 제3항 제2문. 이러한 실체는 공공 또는 민간 여부와 관계 없다. 상설 제24항.

72) 상설 제24항, 「금지된 AI 관행 가이드라인」, para. 22.

73) 제2조 제3항 제3문.

컨대, 민간 또는 인도주의적 목적, 법 집행 또는 공공안전 목적으로 이용되는 경우, 해당 시스템은 AI법의 적용 범위에 포함된다.[74] 적군의 탱크, 장갑차, 병력 이동을 자동으로 식별하고 추적하여 지휘부에 보고하는 군사적 임무를 수행하는 군사적 정찰 드론의 AI 시스템은 AI법의 적용을 받지 않지만, 대규모 지진이나 홍수가 발생하여 회원국 재난 관리청이나 관련 민간 기관이 그 드론을 재난 현장에 투입하면 AI법의 적용을 받는다. 이 경우 군사, 국방 또는 국가안보 목적이 아닌 다른 목적으로 AI 시스템을 이용하는 실체는 해당 시스템이 이미 AI법을 준수하고 있는 경우를 제외하고 AI 시스템의 AI법 준수를 보장해야 한다.[75]

군사, 국방 또는 국가안보와 같은 '[적용] 제외된 목적'(an excluded purpose) 및 민간 목적 또는 법 집행과 같은 하나 이상의 '[적용] 제외되지 않은 목적'(non-excluded purposes)으로 시장에 출시되거나 서비스에 투입된 AI 시스템은 AI법의 적용을 받고, 동 시스템의 제공자는 AI법의 준수를 보장해야 한다.[76] 예컨대, 회사가 법 집행과 국가안보 등 다양한 목적으로 원격 생체인식 식별 시스템을 제공하는 경우, 이중용도(dual use) 시스템의 제공자인 해당 회사는 AI법의 관련 요건 모두 준수해야 한다.[77] 이러한 이중용도 AI 시스템이 AI법의 적용 범위에 포함될 수 있다는 사실은 국가안보, 국방과 군사 활동을 수행하는 실체가 그 실체의 유형에 관계없이 국가안보, 군사 및 국방 목적으로 AI 시스템을 이용할 가능성에 영향을 미치지 않는다.[78] 예컨대, 국가정보기관이 국가안보 기관 또는 민간 사업자에게 정보 수집 등 국가안보 목적으로 실시간 원격 생체인식 식별 시스템을 이용하게 하는 경우, 이러한 이용은 AI법의 적용 범위에서 제외된다.[79]

또한, 민간 또는 법 집행 목적으로 시장에 출시된 AI 시스템을 군사, 국방

---

74) 상설 제24항.

75) 상설 제24항. 이 경우 해당 AI 시스템의 AI법 준수 여부는 그러한 이용 전에 확인되어야 할 것이다. 「금지된 AI 관행 가이드라인」, para. 24.

76) 상설 제24항.

77) 「금지된 AI 관행 가이드라인」, para. 25.

78) 상설 제24항.

79) 「금지된 AI 관행 가이드라인」, para. 26.

또는 국가안보 목적으로 수정하거나 수정하지 않고 이용하는 것은 해당 활동을 수행하는 실체의 유형에 관계없이 AI법의 적용 범위에 포함되지 않는다.[80] 민간 또는 법 집행 목적으로 시장에 출시되어 이미 AI법의 규제를 받고 있는 AI 시스템이라도, 군대나 정보기관이 그 시스템을 군사, 국방, 국가안보 목적으로 이용하는 경우 AI법의 적용을 받지 않는다. AI 시스템의 원래 개발 목적이나 상업적 상태와 무관하게, 이용 목적이 군사, 국방, 국가안보로 전환되는 순간 그 이용 행위는 AI법의 적용 범위 밖이 된다.

따라서 AI법의 적용 여부는 해당 AI 시스템의 순간의 이용 목적에 따라 결정된다. 즉 AI 시스템의 이용 목적이 군사, 국방, 국가안보일 경우 AI법의 적용을 받지 않고, 이용 목적이 민간이나 법 집행, 인도주의일 경우 AI법의 적용을 받는다.

(5) 제3국 공공 당국과 국제기구

EU 또는 회원국과 법 집행과 사법 협력을 위한 국제 협력 또는 협정의 프레임워크에서 AI 시스템을 이용하는 제3국의 공공 당국 또는 국제기구는 제2조 제1항의 적용 범위에 포함되더라도 AI법의 적용을 받지 않는다.[81] 법 집행과 사법 협력을 위하여 정보와 증거를 교환하는 외국 파트너와의 미래 협력을 위한 현존 약정과 특별한 필요를 고려해야 하기 때문이다.[82] 즉 국제적인 범죄 수사나 사법 공조가 AI법의 적용으로 지연되거나 방해받지 말아야 한다.

이러한 협력 프레임워크 또는 협정은 회원국과 제3국 간 또는 EU, 유로폴 및 다른 EU 에이전시와 제3국과 국제기구 간 양자적으로 체결된다.[83] 이러한 국제 협력 또는 협정으로서 데이터 공유를 위한 '승객 예약 정보'(passenger name record, PNR) 협정과 형사사법공조조약(mutual legal assistance treaty, MLAT) 등이 있다.[84] 향후 이러한 국제 협정이 개정되거나 새로운 협정이 체결될 경우, 체약

80) 상설 제24항.

81) 제2조 제4항. 제2조 제1항은 AI법의 인적 적용 범위를 규정한다.

82) 상설 제22항.

83) 상설 제22항. 유럽경찰청(Europol)은 미국 FBI 등 많은 제3국의 법 집행 당국과 협력 협정을, 또한 유럽사법협력청(Eurojust)는 미국 등 제3국가와 협력 협정을 맺고 사법 공조를 조율한다.

당사국들은 해당 협정을 AI법의 요건에 부합하도록 최대한 노력해야 한다.[85] '최대한 노력해야 한다'(should make utmost efforts)의 규정에서 AI법 요건과 완전하게 부합하지 않을 가능성도 예견된다.[86]

해당되는 경우, 이러한 법 집행과 사법 협력을 지원하기 위해 특정한 과업을 수행하는 제3국이 위임한 실체의 활동도 해당할 수 있다.[87] 즉 민간 실체도 해당한다.[88] 이러한 실체의 예로서 디지털 포렌식과 증거 분석 전문 기업, 데이터 인텔리전스와 분석 전문 기업, 생체인식 식별 기술 제공 기업, 특정 연구를 위탁받은 연구소 또는 비영리단체가 있다.

이러한 제3국 또는 국제기구는 개인의 기본권과 자유의 보호와 관련하여 '적합한 안전장치'(adequate safeguards)를 제공해야 한다.[89] EU 시민의 개인정

---

84) 예컨대, 미국 국토안보부(DHS)는 PNR협정에 따라 EU발 항공편의 승객 데이터를 전송받고 자체적으로 보유한 위험평가 AI 시스템을 이용해 동 데이터를 분석하여 잠재적인 테러 위험인물을 식별하는데, 미국 DHS가 이용하는 AI 시스템은 EU-미국 PNR협정의 공식적인 프레임워크에서 작동하므로 AI법의 적용을 받지 않는다. 또한, 독일 검찰이 대규모 국제 금융사기 사건을 수사하는 중 핵심 용의자가 미국에 있다는 사실을 파악하고 MLAT에 따라 미국 법무부(DOJ)에 공조를 요청하면, 미국 DOJ는 용의자의 컴퓨터를 압수하여 방대한 양의 디지털 문서를 확보하고 자체 AI 기반 증거 분석 도구를 이용해 관련 키워드, 자금 흐름, 공모자 간 대화 등을 찾아낼 수 있고, 미국 DOJ가 독일과의 MLAT에 따른 공조 수사의 일환으로 AI를 이용하는 것이므로, 이러한 AI의 이용은 AI법의 적용 대상에서 제외된다.

85) 상설 제22항.

86) 상설이 그 자체로는 법적 의무를 규정하는 본문과 구별되는 점에서 직접적인 법적 구속력을 갖지는 않지만, 이렇게 향후 관련 조약이 AI법에 일치하도록 엄격하게 강제하지 않은 것은 흥미롭다. EU의 국제 협정이 협상 타결 후 서명 전 단계에서 유럽의회, EU이사회, 유럽위원회, 또는 회원국은 EU사법법원에 해당 협정 초안이 「EU기본권헌장」을 포함한 EU 조약과 합치하는 여부의 의견을 구할 수 있다. 동 법원의 의견이 부정적이면 해당 협정은 개정되거나, 해당 조약이 개정되지 않는 한 효력을 발생하지 않을 수 있다. TFEU 제218조 제11항. 또한, 해당 협정이 체결된 후에 회원국, 유럽의회, 유럽위원회 등은 체결된 국제 협정이 적합한 안전장치를 포함하지 못한 경우 AI법의 요건과 「EU기본권헌장」에 보장된 기본권 침해를 이유로 이러한 협정을 체결하는 EU이사회 결정이 위법하여 무효라고 주장할 수 있다. TFEU 제263조.

87) 상설 제22항.

88) 「금지된 AI 관행 가이드라인」, para. 29.

89) 제2조 제4항.

보보호, 사생활의 비밀, 공정한 재판을 받을 권리 등 기본권이 EU 역내에서와 동등한 수준으로 보호되도록 해당 협정에 구체적인 법적, 기술적, 절차적 보호장치가 명시되어야 할 것이다.[90] AI법에 따라 법 집행을 감독하는 소관 당국과 사법 당국은 이러한 협력 프레임워크 또는 국제 협정이 개인의 기본권과 자유의 보호와 관련하여 적합한 안전장치를 포함하고 있는지 평가해야 한다.[91] 예컨대, 회원국의 개인정보보호 당국, 의회 감독기구, 옴부즈만 제도와 법원의 평가가 요구된다.

EU에서 이러한 사법 공조를 위한 AI 시스템 결과물을 이용하는 회원국 당국과 EU기관 등은 그 결과물의 이용에서 EU법이 준수되도록 보장하는 설명책임(accountable)이 있다.[92] 예컨대, 독일 검찰이나 유로폴이 제3국 협력 기관의 AI 시스템의 결과물인 정보 등을 수령하여 이용하는 경우 EU의 관련 법을 적용 받게 된다. 이러한 EU법은 「EU기본권헌장」, 「법집행 개인정보보호 지침」 등 개인정보보호법, 국내 형사소송법, 「유로폴 규칙」을 포함한다.

II EU AI법의 인적 적용

AI법은 AI 시스템과 범용 AI 모델과 관련하여 제공자, 운영자, 수입자, 유통자, 제품 제조자 등 다양한 범주의 사업자를 구분한다.

사업자(operators)는 제공자, 제품 제조자, 운영자, 공인 대리인, 수입자 또는 유통자를 의미한다.[93]

90) 예컨대, 개인정보 처리에 있어서 목적 제한의 원칙, 개인정보 최소화의 원칙, 개인의 정보 접근권, 정정권 등이 보장되고, 제3국으로 개인정보 재이전이 제한되어야 한다.

91) 상설 제22항. 제74조 제8항 참조.

92) 상설 제22항.

AI법은 AI 수명주기 내 다양한 사업자에게 적용되고, AI 수명주기의 모든 단계에서 AI법은 지속적으로 준수되어야 한다. 이를 위해서 AI 시스템이 수명주기 동안 AI법을 준수하고, 예컨대 제5조에 따라 금지된 관행이 되지 않기 위해 EU에서 시장에 출시되거나 서비스에 투입된 AI 시스템의 지속적인 모니터링과 업데이트가 필요하다. 특히 AI 시스템의 제공자와 운영자는, 예컨대 금지된 관행을 피하기 위해 시스템의 설계, 개발 및 실제 이용에 대한 역할과 통제에 따라 각기 다른 책임을 진다. 즉 각각의 금지 사항에 대해 이러한 역할과 책임은 가치 사슬에서 누가 구체적인 예방과 완화 조치를 채택하고 AI법의 목적과 접근에 일치하여 AI 시스템의 법 준수에 따른 개발과 이용을 보장하는 데 가장 적합한 위치에 있는지 고려하여 비례적인 방식으로 해석되어야 한다.[94)]

AI법에 따른 사업자의 역할에 관하여 유의할 점이 있다. 첫째, 사업자는 제공자와 운영자와 같은 여러 역할을 동시에 수행할 수 있다. 이 경우 사업자는 해당 역할과 관련된 의무를 누적적으로 이행해야 한다. 예컨대, 사업자가 자체적으로 AI 시스템을 개발하여 추후 이용하는 경우, 해당 시스템을 유료 또는 무상으로 제공받은 다른 운영자가 해당 시스템을 이용하더라도 동 사업자는 해당 시스템의 제공자이면서 운영자가 된다.[95)] 둘째, 하나의 AI 시스템에 대해 두 개의 제공자가 존재할 수 있듯이, 하나의 시스템에 대하여 제공자, 공인 대리인, 수입자, 유통자, 운영자 등 하나 이상의 사업자가 역할을 동시에 수행할 수 있다.[96)] 셋째, 해당 계약에 따른 역할에도 불구하고, 사업자의 역할을 결정하는 진정한 요인은 실제로 수행하는 역할이다.[97)] 넷째, 특정 상황에

93) 제3조 제8호. AI법의 적용을 받는 사업자는 EU의 제품 안전에 관한 법에서 차용한 개념이다. 국내에서는 제품 안전에 관하여 이런 사업자를 제조업자, 수입업자 등 '업'을 포함하거나(「전기생활용품안전법」), 제조하는 자, 유통하는 자 등 '업'을 포함하지 않는다.(「제품안전기본법」)

94) 「금지된 AI 관행 가이드라인」, para. 20.

95) 「금지된 AI 관행 가이드라인」, para. 19.

96) EU 역외에서 개발된 고위험 AI 시스템이 EU 내 병원에서 이용되는 과정에서 이들 사업자가 동시에 각자의 역할을 수행하게 된다.

97) AI법은 사람의 안전과 기본권 보호를 목적으로 하는 공법인 점에서 사업자의 시장과 사회에 실질적인 영향을 미치는 객관적인 행위를 기준으로 법적 책임을 부과한다. 즉 사업자는 계약을 통해 내부적으로 위험을 분담할 수 있지만, AI법에

서는 제공자 이외의 사업자가 제공자로 간주될 수 있다.[98]

1. 제공자

(1) EU AI법의 적용

AI법은 EU에서 AI 시스템을 시장에 출시하거나 서비스에 투입하는 제공자 또는 EU에서 범용 AI 모델을 시장에 출시하는 제공자에게 적용되고, 이러한 제공자가 EU 역내 또는 제3국에서 설립되거나 소재하는지는 상관없다.[99] 또한, AI법은 제3국에 설립지를 가지거나 소재한 AI 시스템의 제공자에게 적용되는데, 동 시스템으로 생성된 결과물이 EU에서 이용되는 경우이다.[100]

(2) 제공자의 정의

AI법의 적용 대상인 제공자는 스스로 개발하거나 제3자에게 개발을 의뢰한 AI 시스템 또는 범용 AI 모델을 자신의 이름 또는 상표로 시장에 출시하거나 동 시스템을 서비스에 투입하는 자연인 또는 법인 등이다. 제공자는 AI법에서 가장 엄격하게 규제를 받는 사업자이고, AI법에 따른 대부분의 의무는 고위험 AI 시스템의 제공자에게 부과된다.

> 제공자(provider)는 유상 또는 무상으로, AI 시스템 또는 범용 AI 모델을 개발하거나 AI 시스템 또는 범용 AI 모델을 개발하게 하여, 자신의 이름 또는 상표로 이를 시장에 출시하거나 AI 시스템을 서비스에 투입하는 자연인 또는 법인, 공공 당국, 에이전시 또는 다른 기관을 의미한다.[101]

따른 자신의 책임을 다른 사업자에게 떠넘길 수 없다. 예컨대, 한국의 AI 개발사가 독일 회사와 유통 계약을 체결하는데 계약서에서 독일 회사가 유통자로 명시되어도. 독일 회사가 한국 회사의 AI 시스템을 가져와 자체적으로 기능을 수정하여 실질적 변경을 하고 자신의 브랜드로 EU 시장에 출시하는 경우, 독일 회사는 AI법의 제공자가 된다.

98) 본서 67-71면 참조.

99) 제2조 제1항(a).

100) 제2조 제1항(c).

제공자는 AI 시스템 또는 범용 AI 모델을 직접 개발하거나 제3자에게 개발을 의뢰해야 한다. 또한, 제공자는 이러한 AI 시스템 또는 범용 AI 모델을 시장에 출시하거나 AI 시스템을 서비스에 투입해야 한다.[102] 즉 제공자가 되기 위하여 개발 및 자신의 이름 또는 상표로 시장 출시 또는 서비스 투입의 두 가지 요소가 충족되어야 한다.[103] 범용 AI 모델은 서비스 투입이 아니라 시장 출시의 대상이 된다.[104]

표 2-4 범용 AI 모델 제공자와 AI 시스템 제공자의 비교

구분	범용 AI 모델 제공자	AI 시스템 제공자
역할	다양한 용도의 '기초 모델'(foundation model)의 개발과 유통	특정 목적의 최종 AI 응용 프로그램의 개발과 유통/이용
비유	자동차의 핵심 부품인 엔진 제조	엔진을 탑재한 완성차 제조
예시	OpenAI(GPT-4), Google(Gemini 1.5 Pro)[105], Meta(Llama)	의료 진단 AI, 채용 심사 솔루션, 자율주행 소프트웨어, 은행 신용평가 시스템
핵심 행위	다른 개발자들이 이용할 수 있는 모델의 개발과 제공(API 공개, 오픈소스 배	범용 AI 모델을 활용해 특정 목적의 AI 시스템을 개발하여 시장 출

101) 제3조 제3호.

102) 예컨대, 구글은 자체적으로 개발한 대규모 언어 모델 Gemini를 자사 클라우드 플랫폼을 통해 서비스로 제공하고, S 전자는 스마트폰에 탑재되는 '갤럭시 AI' 기능을 자체 연구소에서 개발하여 S 브랜드로 시장에 출시한다. H 자동차는 자율주행 기술의 핵심 AI 소프트웨어를 이스라엘 기업에 의뢰하여 개발하도록 하고 완성된 기술을 'H 스마트센스' 이름으로 자사 자동차에 탑재하여 판매하고, 나이키는 고객 맞춤형 신발 추천 AI 앱을 만들기 위해 인도의 TCS에 개발을 의뢰하고 완성된 앱을 'N Fit' 이름으로 앱스토어에 출시한다.

103) C 회사가 오픈소스 커뮤니티에 공개된 상품 추천 AI 모델을 가져와 자사 쇼핑몰에 그대로 적용한 경우, C 회사는 이 모델을 직접 개발하지 않았고 제3자에게 이의 개발을 의뢰하지 않았기 때문에, 제공자가 아니고 AI 시스템의 운영자가 될 것이다.

104) 한 회사가 두 가지 제공자 역할을 동시에 할 수 있다. 예컨대, 구글이 Gemini 모델을 개발하여 API로 시장에 출시하면 범용 AI 모델의 제공자가 되고, 동시에 동 Gemini를 활용해 자사의 검색 엔진에 특정 기능을 넣어 서비스에 투입하면 그 기능에 한해서 AI 시스템의 제공자 역할도 하게 된다.

	포 등)	시 또는 서비스 투입
의무 발생 시점	시장 출시(서비스 투입은 직접 관련 없음)	시장 출시 또는 서비스 투입
주요 의무	상세 기술문서 작성과 관리, 다운스트림(AI 시스템 제공자)에 정보 제공 등 투명성 의무, 데이터 저작권 정책 수립	고위험 AI 시스템의 경우 AI법의 대부분 의무 준수, 위험/품질 관리 시스템 구축, 데이터 거버넌스, 적합성 평가, CE 마킹 등록 및 사후 모니터링
규제 초점	기반 기술의 투명성과 안전성을 확보하여, 후속 개발자가 책임감 있게 이용하도록 지원	최종 제품이 특정 용도에 맞게 안전하게 작동하고 사회에 미치는 영향을 직접적으로 관리

제공자의 시장 출시나 서비스 투입은 유상이나 무상이나 상관없다. 대표적으로 오픈소스 모델, 또는 부분 무료화 모델의 무료 버전, 연구와 학술 목적의 AI, 광고 기반 무료 AI 서비스, 공공 AI 서비스 등이 무상인 경우인데, 이 경우의 제공자에게도 AI법이 적용된다.[106]

제공자인 자연인 또는 법인 등은 고위험 AI 시스템의 시장 출시 또는 서비스 투입에 대한 책임을 지는 것이 적절하고, 이러한 책임은 해당 자연인 또는 법인 등이 AI 시스템을 설계하거나 개발한 여부와 관계없다.[107] AI 시스템을 실제로 코딩하고 개발한 개발자가 아니라, 자신의 이름이나 상표를 걸고 EU 시장에 해당 시스템을 판매 즉 시장에 출시하거나 처음으로 이용하는 즉 서비스에 투입하는 제공자가 모든 법적 책임을 지게 된다. 따라서, AI 시스템의 알

105) 구글의 Gemini는 그 자체로는 범용 AI 모델이지만, 실제로는 구글에 의해 수많은 AI 시스템으로 구현되어 서비스에 투입되고 있다. 법적/규제적 명확성을 위하여 AI법에 따라 Gemini는 범용 AI 모델과 AI 시스템의 구별되는 명칭이 필요할 것이다.

106) Meta의 라마(Llama) 모델 등은 개발자가 자유롭게 이용, 수정, 운영할 수 있도록 소스 코드와 함께 공개하는 오픈소스 모델의 예가 된다. 부분 무료화 모델은 기본 기능은 무료로 제공하지만, 고급 기능·확장 사용량·추가 성능은 유료로 제공하는 프리미엄 방식이고, 무료 버전은 이 구조에서 요금을 내지 않고 쓸 수 있는 제한된 버전을 가리킨다.

107) 상설 제79항.

고리즘, 모델 등을 기술적으로 만드는 개발자(developer)는 개발된 AI 시스템을 EU 시장에 최초로 유통시키거나 자체적으로 이용하는 제공자와 구별된다.[108] 또한, 제공자는 자신이 개발하지 않았다고 주장하여 해당 책임을 면할 수 없다. 따라서, 제공자는 AI 시스템의 시장 출시 전에, 해당 시스템이 AI법의 요건을 충족하는지 검증하고 보장할 책임을 진다.[109]

그러나, 제공자가 AI법의 책임을 지지만, 개발자도 다음의 책임을 질 수 있다. 첫째, 제공자와 개발자 사이의 계약상 책임이다. 이 계약은 일반적으로 알고리즘의 안전성, 성능, 법규 준수 등에 대한 조항을 포함한다. 개발자가 안전성이 결여된 알고리즘을 납품하여 제공자에게 과징금이나 손해배상금 등 손해를 입힌 경우 제공자는 해당 계약 위반을 이유로 개발자에게 구상권을 청구할 수 있다. 둘째, 공급망 내에서의 책임이다. AI법은 AI 시스템의 구성요소도 규율한다. 개발자가 만든 알고리즘이 동 시스템의 핵심 구성요소로 납품된 경우, 개발자는 해당 구성요소가 안전하고 관련 기술 정보를 제공해야 할 의무를 질 수 있다. 셋째, 제조물 책임이다. 경우에 따라서 피해자가 제공자는 물론 결함을 만든 개발자를 상대로 직접 손해배상을 청구할 수 있다.

(3) 제공자의 의제

운영자, 유통자, 수입자 또는 다른 제3자도 다음의 경우 고위험 AI 시스템의 제공자로 간주될 수 있다.

1) 화이트 라벨링

이미 시장에 출시되거나 서비스에 투입된 고위험 AI 시스템에 자신의 이름이나 상표를 붙인 경우 제공자가 되는데, 의무를 달리 할당하는 계약을 저

108) 예컨대, 제3국 A 회사가 개발한 의료 진단 AI 시스템을 EU 역내 B 회사가 수입하여 자사 브랜드로 포장하여 병원에 판매한다면, B 회사는 제공자로서 AI법의 책임을 진다. EU 시장에서 B 회사가 판매한 AI 시스템이 AI법을 위반하면, 개발자인 A 회사가 아니라 제공자인 B 회사가 책임을 져야 한다.

109) 예컨대, 프랑스의 병원이 여러 개발사로부터 이미지 인식 모듈 등 AI 부품을 구매하여 자체적인 수술 보조 시스템을 구축하여 환자 진료에 이용하면, 동 병원은 동 시스템의 제공자로서 책임을 진다.

해하지 않는다.[110] 예컨대, B 회사는 A 회사가 개발한 AI 시스템에 자신의 이름이나 상표를 걸었기 때문에 해당 AI 시스템이 AI법의 모든 요건을 충족하는지에 대한 책임을 진다. 해당 AI 시스템에 문제가 발생하면, 원개발사인 A 회사가 아닌 최종 브랜드를 부착한 B 회사의 책임인 것이다.

이렇게 자신의 상표 등을 붙인 B 회사가 제공자가 되지만, A 회사와 B 회사 사이의 계약을 무효로 만들거나 금지하지 않는다. 즉 B 회사는 AI법의 제공자가 되어 관련 의무를 준수해야 하지만, 원개발사인 A 회사와 계약을 체결하여 실제 의무 이행과 책임을 분담하거나 A 회사에게 다시 할당할 수 있다.[111]

2) 실질적 변경

이미 시장에 출시되거나 서비스에 투입된 고위험 AI 시스템에 실질적 변경을 가하여 제6조에 따라 여전히 고위험 AI 시스템으로 남아있는 경우 제공자가 된다.[112] 이미 시장에 유통된 AI 시스템을 이용하는 병원이나 공장 등의 운영자, 유통자, 수입자 등 다운스트림에 있는 제3자가 이러한 고위험 AI 시스템에 실질적 변경을 가하여 여전히 고위험 AI 시스템으로 남은 경우 AI법의 제공자가 된다.

'실질적 변경'(substantial modifications)은 제공자가 수행한 최초 적합성 평가에서 예측하거나 계획하지 않은 AI 시스템의 시장 출시 또는 서비스 투입 후 동 시스템에 대한 변경을 의미하고, 그 결과 동 시스템의 제III장 제2절에 규정된 요건의 준수가 영향을 받거나 AI 시스템이 평가된 의도된 목적이 변경되는 것을 의미한다.[113]

110) 제25조 제1항(a).

111) 예컨대, 두 회사는 "B 회사의 이름으로 AI 시스템이 판매되지만, AI법이 요구하는 기술문서 작성, 적합성 평가 수행 및 사후 관리 의무는 원개발사인 A 회사가 이행한다." 또는 "AI 시스템의 결함으로 인해 발생하는 법적 책임은 A 회사가 부담한다."는 내용의 계약을 체결할 수 있다.

112) 제25조 제1항(b).

113) 제3조 제23호.

실질적 변경은 사전에 계획된 단순한 업데이트나 버그 수정이 아닌, 시장 출시 또는 서비스 투입 후에 발생하는 AI 시스템의 근본적인 특성을 바꾸는 중대한 변경을 의미한다. 다음과 같은 경우 실질적 변경이 발생한다. 첫째, 의도된 목적이 변경된 경우이다. 즉 원제공자가 설정한 AI 시스템의 이용 목적을 바꾸는 경우이다.[114] 둘째, 고위험 AI 시스템의 요건 준수가 영향을 받는 성능의 중대한 변경이다. AI 시스템의 작동 방식이나 성능에 큰 변화를 주어, 기존의 적합성 평가 결과가 더 이상 유효하지 않게 되는 경우이다.[115]

이렇게 변경된 AI 시스템은 원래 제공자가 요건 준수를 증명했던 상태가 아니게 되어 정확성, 견고성, 공정성 등 AI법의 요건을 다시 검증해야 하는 상태가 된다. 실질적인 변경을 가한 회사는 더 이상 운영자가 아니고, 개조된 AI 시스템의 새로운 제공자가 된다.

3) 의도된 목적의 변경

원래 고위험으로 분류되지 않았고 이미 시장에 출시되거나 서비스에 투입된 범용 AI 시스템을 포함하여 AI 시스템을 고위험이 되는 방식으로 그 의도된 목적을 변경하면 제공자가 된다.[116] 시장에 출시되거나 서비스에 투입될 때 원래 고위험이 아닌 AI 시스템 또는 범용 AI 시스템을 해당 운영자가 고위험이 되는 방식으로 의도된 목적을 변경하면 제공자가 된다.[117] AI 기술이 이용자의 의도에 따라 전혀 다른 위험을 가지기 때문에 동 기술의 위험한 이용

---

114) 예컨대, 공장 부품의 불량을 검사하기 위해 만들어진 고위험 AI 시스템을 병원에서 환자의 의료 영상 분석의 새로운 용도로 개조하여 이용하는 경우이다.

115) 예컨대, A 회사가 개발한 유럽 백인 남성과 같은 특정 인종 그룹의 데이터만으로 훈련된 채용 평가 AI 시스템을 B 회사가 동남아시아 남성과 같은 다른 인종 그룹에 적용하기 위해 구매하여 적용하니 부정확하고 편향된 결과가 나와서 직접 새로운 데이터로 재훈련하여 그 동작 방식을 크게 바꾸는 경우이다.

116) 제25조 제1항(c). 원래 저위험 도구인 망치를 사람을 해치고자 고위험 목적으로 이용한다면, 그 책임은 망치를 만든 대장간이 아니라 망치를 휘두른 자에게 있다는 것이다.

117) 간단한 추천 알고리즘, 내용 필터링 봇이나 특정 목적이 정해지지 않은 ChatGPT, Gemini, Llama와 같은 모델을 기반으로 한 일반 대화형 AI 또는 이미지 생성 AI 시스템이 원래 고위험이 아닌 예가 된다.

을 결정한 사업자에게 제공자의 법적 책임을 지우는 것이다.

범용 AI 시스템의 용도 변경의 예로서, A 기업이 창의적인 글쓰기를 지원하는 일반 대화형 저위험 AI 시스템을 도입하여 직원 성과를 평가하고 승진 대상자를 추천하는 고위험 채용 및 인력 관리 시스템으로 용도를 바꾸어 이용하는 경우이다. 저위험 AI 시스템의 용도 변경의 예로서, A 은행이 고객의 소비 패턴에 따라 맞춤형 상품을 추천하는 단순 추천 저위험 AI 시스템을 고객의 신용도를 평가하여 대출 승인 여부를 결정하는 고위험 신용평가 시스템으로 개조하여 이용하는 경우이다.

4) 고위험 AI 시스템의 탑재

부속서 I의 섹션 A에 나열된 EU 조화입법의 적용을 받는 제품의 안전 구성요소인 고위험 AI 시스템의 제품 제조자는 다음과 같은 특정 상황에서 고위험 AI 시스템의 제공자로 간주될 수 있다. 첫째, 고위험 AI 시스템이 제품 제조자의 이름 또는 상표를 이용하여 제품과 함께 시장에 출시되는 경우 제공자가 된다.[118] 가장 일반적인 시나리오로서, 고위험 AI 시스템이 물리적인 제품에 내장되어 하나의 완성된 패키지로 처음부터 함께 판매되는 경우이다. 제품의 안전 구성요소인 고위험 AI 시스템의 개발자에 관계 없이 최종 제품에 자신의 이름이나 상표를 붙여 판매하는 회사가 제공자로서 해당 AI 시스템에 대한 책임을 진다.[119]

둘째, 제품이 시장에 출시된 후 고위험 AI 시스템이 제품 제조자의 이름 또는 상표를 이용하여 서비스에 투입되는 경우 제공자가 된다.[120] 물리적인 제품 즉 하드웨어가 먼저 판매되고, 소프트웨어 업데이트나 별도의 활성화를 통해 AI 기능이 서비스에 투입되는 경우이다. AI 기능이 제품의 판매 시점에 없었어도, 나중에 제조자의 이름으로 제공된다면 그 제조자가 제공자로서 책임을 져야 한다.[121]

118) 제25조 제3항(a).

119) 자동차 제조사가 자율주행 소프트웨어인 고위험 AI 시스템이 탑재된 자동차를 판매할 때, 소프트웨어의 핵심 기술을 다른 회사에서 공급받았어도, 해당 자율주행 AI 시스템의 제공자가 된다.

120) 제25조 제3항(b).

따라서, 소비자가 최종적으로 신뢰하는 브랜드의 제품 제조자가 그 제품에 포함된 AI 시스템의 안전과 규제 준수에 대한 책임을 져야 한다. 소비자와 규제 당국이 해당 AI 시스템의 문제 발생 시 복잡한 공급망을 일일이 따질 필요 없이, 최종 제품을 판매한 단일 주체에게 제공자로서 책임을 묻게 하여 AI 제품의 안전성과 신뢰성을 확보할 수 있게 된다.

2. 운영자

(1) EU AI법의 적용

AI법은 EU 내에 설립지를 가지거나 소재하는 AI 시스템의 운영자에게 적용된다.[122] 즉 AI 시스템의 운영자는 EU 내에 설립지를 가지거나 소재해야 한다. 또한, AI법은 제3국에 설립지를 가지거나 소재한 AI 시스템의 운영자에게 적용되는데, AI 시스템으로 생성된 결과물이 EU에서 이용되는 경우이다.[123] 즉 운영자는 EU에 설립되거나 EU에 소재하거나, 제공자와 마찬가지로 제3국에 설립되거나 소재하면서 그의 AI 시스템에서 생성된 결과물이 EU에서 이용되는 경우 AI법의 적용 대상이다. AI 시스템의 유형에 따라 시스템의 이용은 운영자 이외의 사람들(persons)에게 영향을 미칠 수 있다.[124]

1) 설립지 근거

AI법의 적용을 받는 운영자는 그의 설립지(place of establishment)가 EU 내에 있어야 한다. AI 시스템을 이용하는 기업, 병원, 공공기관 등의 법인 등록

121) 의료기기 회사가 수술 로봇을 병원에 판매하고 1년 후 소프트웨어 업데이트를 통해 AI 기반 암 조직 판별 기능인 고위험 AI 시스템을 유료 구독 서비스로 제공하는 경우, 동 AI 기능이 활성화되면 즉 서비스에 투입되면 이 회사는 동 시스템의 제공자가 된다. 또한, 자동차 회사가 차량을 먼저 판매한 뒤, '완전 자율 주행'(FSD) 기능을 '무선 업데이트'(OTA)를 통해 활성화하는 경우, 해당 시스템의 제공자가 된다.

122) 제2조 제1항(b).

123) 제2조 제1항(c). 이 경우 AI법의 역외적용이 된다.

124) 상설 제13항.

지나 본사가 EU 27개 회원국 중 하나에 있으면 AI법의 적용을 받는다. EU 내 법적 근거지를 둔 운영자는 AI 시스템을 어디서 즉 EU 역내외 관계없이 이용하든지 AI법의 적용을 받는다.[125] EU 역외 국가의 기업이 EU 회원국에 지사(branch)를 설립하여 사업하려면 해당 국가의 상업 등기소에 등록해야 한다. 자회사(subsidiary)는 설립되는 EU 회원국의 법에 따른 현지 법인인 점에서 해당 국가 법에 따라 설립 등기를 해야 한다.[126]

또한, EU사법법원은 설립의 개념을 넓게 해석하는 '실질주의 원칙'(principle of substance over form)을 따르고 있는 점에서, 미등록 지사 형태로 실질적인 활동을 하고 있는 경우 이러한 미등록 지사도 설립으로 간주할 수 있을 것이다.[127] 설립지에 관하여, EU사법법원은 C－230/14, Weltimmo 사건에서 설립지란 단순한 법적 주소 이상의 개념으로, 관련 활동이 실질적·지속적으로 이루어지는지를 기준으로 삼아야 한다고 판단하였다. 설립(establishment)의 개념에 관하여, 「개인정보보호 지침」[128] 상설 제19항은 회원국 영토 내에서의 설립이 '안정적인 체계를 통해 활동의 실질적이고 실제적인 수행'(the effective and real exercise of activity through stable arrangements)을 의미하고, 이러한 설립의 '법적 형태'(legal form)가 단순히 지사인지 법인격을 갖춘 자회사인지는 결정적인 요소가 아니라고 명시하였다. 따라서, 이는 설립 개념에 대한 유연한 정의를 의미하고, 기업이 등록된 장소에서만 설립된다는 형식적 접근 방식에서 벗어나 있다.[129] 「개인정보보호 지침」의 목적을 달성하기 위해, 동 지침의 설립 개념은 안정적인 체계를 통해 수행되는 실제적이고 효과적인 활동에까지, 최소한의 활동을 포함하여, 확장된다고 밝혔다.[130]

---

125) 프랑스에 본사를 둔 보험회사가 한국에 있는 지사에서 가입자 데이터 분석을 위해 고위험 AI 시스템을 이용하면, EU에 설립지를 둔 운영자로서 AI법의 적용을 받는다.

126) 예컨대, 한국 회사가 프랑스에 설립한 자회사가 현지 영업/마케팅 활동을 위해 AI 기반의 고객 분석 시스템을 도입하여 운영하면, 동 자회사는 EU 내에 설립지를 둔 운영자로서 AI법의 적용을 받는다.

127) Case C-55/94, Gebhard, ECLI:EU:C:1995:411, para 25 참조.

128) 동 지침은 2018년 5월 24일 GDPR에 의해 대체된 EU의 개인정보보호법이었다.

129) Case C-230/14, Weltimmo, ECLI:EU:C:2015:639, para. 29.

130) Case C-230/14, Weltimmo, ECLI:EU:C:2015:639, para. 31.

2) 소재지 근거

AI법의 적용을 받는 AI 시스템의 운영자는 EU 내에 소재해야(located) 한다. EU 내 설립지를 가지는 운영자와 구별되는 EU 내 소재하는 운영자는 자신이 물리적으로 EU 영토 내에 위치하는 경우를 의미한다. 예컨대, 제3국 기업의 직원이 EU 회원국에 있는 고객사에 파견되어 자사의 AI 분석 틀을 이용해 컨설팅을 하는 경우, 동 기업은 EU에 소재하는 운영자가 된다. AI 시스템의 이용으로 EU에서 위험이 발생할 수 있는 점에서 그 운영자에게 AI법이 적용되고, 이는 국제법상 '영토주의 원칙'(territoriality principle)에 따르는 것이다.[131]

*** EU 내 운영자에 대한 AI법의 적용은 GDPR 제3조 제1항의 규정과 유사하게 비교될 수 있다. GDPR 제3조 제1항은 "본 규칙은, 처리가 EU 내외에서 발생하는 여부와 관계 없이, EU 내 컨트롤러 또는 프로세서의 사업장(an establishment)의 활동 맥락에서 개인정보의 처리에 적용된다."고 규정한다. AI법과 GDPR의 규정은 국제법상 국가 관할권 적용의 영토주의 원칙에 따르는 것이지만, 약간의 차이를 가진다. AI법의 적용을 위하여 자연인 또는 법인 등의 운영자가 EU 내에 설립되거나 소재해야 한다. GDPR의 적용을 위하여 개인정보 처리가 EU 내 사업장에서 즉 설립지를 중심으로 일어나면 된다. 그런데, AI법은 설립지가 없는 운영자도 AI 시스템이 EU 내에서 실제 이용된다는 소재지 기준을 추가한다. GDPR은 소재의 개념을 규정하지 않는다. GDPR과 달리, AI법은 설립과 소재의 두 가지 기준을 규정하여, EU 내에서 AI 시스템의 운영 행위를 직접적으로 보다 광범위하게 규제하는 것으로 이해된다.

(2) 운영자의 정의

운영자는 자신의 권한하에, 직업 활동의 맥락에서 AI 시스템을 이용하는 자연인 또는 법인 등을 가리킨다. 운영자는 AI 시스템을 현장에 도입하여 특정 목적을 위해 가동하는 사업자인데, 예컨대 진단 AI 시스템을 이용하는 병원이 운영자이다. AI 시스템이 '개인적인 비전문적 활동'(a personal non-professional activity) 과정에서 이용되는 경우를 제외하는 점에서, 운영자는 직업적 또는 상업적 활동에서 AI 시스템을 이용하는 것으로 이해된다.

---

131) 이 점에서 제2조 제1항(c)의 역외적용과 구별된다.

운영자(deployer)는 AI 시스템이 개인적인 비전문적 활동 과정에서 이용되는 경우를 제외하고 자신의 권한하에 AI 시스템을 이용하는 자연인 또는 법인, 공공 당국, 에이전시 또는 다른 기관을 의미한다.[132)]

운영자는 AI 시스템을 자신의 권한하에 이용해야 한다. 운영자의 AI 시스템에 대한 권한(authority)은 동 시스템 운영의 결정과 실제 이용 방식에 대한 책임을 지는 것으로 이해해야 한다.[133)] 운영자는 AI 시스템에 대한 통제와 결정 권한을 가진다. 즉 AI 시스템을 이용할지 말지, 어떤 목적으로 어떻게 이용할지의 결정 권한을 가진다. 따라서 운영자는 AI 시스템의 이용에 따른 책임을 지게 된다. 즉 AI 시스템의 이용으로 발생하는 결과에 대한 법적, 재정적 책임을 지게 된다.

AI 시스템의 운영자가 법 집행 기관이나 사설 보안 회사 등 시스템을 이용하는 권한이 있는 법인인 경우, 해당 법인의 통제를 받고 절차에 따라 행동하는 개별 직원은 운영자로 간주되지 않는다.[134)] 예컨대, 신용평가 AI 시스템을 이용하여 대출 여부를 결정하는 은행은 운영자가 되고, 그 시스템을 실제 이용하는 직원은 운영자의 책임을 지지 않는다. 또한, 진료 진단 AI 시스템을 이용하는 병원이 동 시스템의 이용에 대한 권한을 가지는 점에서 운영자가 되고, 그 권한에 따라 동 시스템을 실제 이용하는 의사는 운영자의 책임을 지지 않는다. 여기서 은행 직원이나 의사는 기본적으로 최종 이용자가 되고, 대출을 신청한 자나 환자는 영향받는 사람이 된다.[135)] 또한 법인을 대신하여 그의 책임과 통제하에 시스템을 운영하면서 계약자와 외부 직원 등 제3자를 수반하는 경우에도 동 법인은 여전히 운영자이다.[136)]

---

132) 제3조 제4호. AI법 초안의 이용자(user) 개념은 AI 시스템에 대한 책임 소재를 명확히 하기 위하여 운영자(deployer) 개념으로 대체되었다.

133) 「금지된 AI 관행 가이드라인」, para. 17.

134) 「금지된 AI 관행 가이드라인」, para. 18.

135) AI법의 목적이 AI 시스템의 이용에 따른 기본권 보호인 점에서, 은행의 자동 대출의 경우 대출을 신청한 기업도 해당 AI 시스템의 영향을 받지만 AI법의 영향받는 사람으로서 보호되지 않고, 금융 관련 법이나 공정거래법에 따른 보호를 받을 수 있다.

136) 「금지된 AI 관행 가이드라인」, para. 18. 예컨대, 은행이 고객 상담을 위한 고위

자연인과 법인 외에도 공공 당국, 에이전시 또는 다른 기관이 AI 시스템의 운영자가 될 수 있게 규정한 것은 EU 회원국의 다양한 법체계를 반영한 것이다. 법 집행, 사법 행정, 사회복지, 이민과 국경 통제 등 고위험 AI 시스템의 상당수를 '공공 당국'(public authority)이 이용하는 점에서 운영자로서 공공 당국이 독립적으로 언급된다. EU법에서 에이전시(agency)는 특정 전문 분야에서 EU 정책을 지원하고 집행하는 중요한 역할을 하는 독립된 기관을 의미하고, 이들이 AI 시스템을 이용할 때 발생할 수 있는 위험을 명확히 규제하기 위해 운영자로서 명시된다.[137] 또한, 현재의 법적 형태로 맞지 않는 미래의 새로운 형태의 조직이나 단체도 '다른 기관'(other body)으로서 운영자로 AI법의 적용을 받게 된다.

AI 시스템을 개인적인 비전문적 활동에서 이용하면 운영자가 되지 않는다. 기업-소비자 간 맥락에서 AI 시스템의 개인별(individual) 이용자는 AI법의 운영자로 간주될 수 없다. 운영자가 다른 자, 예컨대 GDPR에서 컨트롤러의 권한에 따라 행동하는 프로세서는 AI법에서 운영자에 해당하지 않는다.[138] AI법은 순수하게 개인적인 비전문적 활동의 과정에서 AI 시스템을 이용하는 자연인인 운영자의 의무에 적용되지 않는다.[139]

험 AI 챗봇 시스템을 도입한 후 이 챗봇 시스템의 실제 운영과 유지·보수 업무를 외부의 IT 전문 기업(계약자)에 위탁하고 이 기업의 직원들(외부 직원)이 챗봇을 관리하는 경우, 챗봇 관련 모든 활동은 은행의 지시와 통제에 따르는 점에서, 챗봇이 고객에게 잘못된 금융 정보를 제공하여 피해를 입힌 경우 그 법적 책임은 외부 IT 기업뿐만 아니라 그 시스템을 자신의 권한하에 이용한 운영자인 은행이 지게 된다. 은행은 여전히 운영자이고, AI법의 모든 관련 책임을 진다.

137) 에이전시의 예로서 유럽의약품청(European Medicines Agency, EMA), 유럽화학물질청(European Chemicals Agency, ECHA), 유럽경찰청(Europol), 유럽국경·해안경비청(European Border and Coast Guard Agency, Frontex), EU사이버보안청(European Union Agency for Cybersecurity, ENISA) 등이 있다.

138) 프로세서(processor)는 컨트롤러(controller)를 대신하여 개인정보를 처리한다. GDPR 제28조 제1항 참조.

139) 제2조 제10항. 자폐증 환자가 감정 인식 보조 안경을 이용하여 상대방의 감정을 더 잘 이해하고 원활하게 소통하려는 경우 순수하게 개인적인 비전문적 용도로 이용하는 경우가 되어서 AI법에 따른 운영자의 의무 적용을 받지 않는다. 개인적인 비전문적 활동에 관하여 본서 52-54면 참조.

표 2-5 AI 시스템 제공자와 운영자의 비교[140)]

제공자	운영자
AI 시스템 개발자는 일반적으로 시스템을 운영하는 다른 회사의 후속 AI 시스템 이용에 대해 통제할 수 없음.	AI 시스템을 이용하는 운영자는 일반적으로 AI 시스템을 개발한 다른 회사가 내린 설계 결정을 통제할 수 없음.
음성식별용 AI 시스템을 개발하는 소프트웨어 회사와 같이 AI 시스템을 설계, 코딩 또는 생산하는 회사는 개발자/제공자임.	내부적으로 개발했거나 제3자가 개발한 AI 시스템을 이용하여 대출 결정을 내리는 은행과 같이 자기 권한으로 AI 시스템을 이용하는 회사는 운영자임.
사이버보안 회사가 네트워크 트래픽과 고객 거래를 모니터링하는 AI 소프트웨어를 개발하고 자체 플랫폼에서 이용하면, 이 회사는 제공자이면서 운영자임.	
개발자는 AI 시스템의 훈련에 이용되는 데이터의 특징을 설명할 수 있지만, 일반적으로 다른 회사가 AI 시스템을 구매하여 구현한 후에는 AI 시스템이 어떻게 이용되는지에 대한 통찰력을 갖지 못함.	AI 시스템을 이용하는 운영자는 일반적으로 AI 시스템이 어떻게 이용되고 있는지, 그 이용이 의도된 용도와 일치하는지, 사람의 감독을 통합할지와 방법, AI 시스템의 결과물, 접수된 불만 사항, 시스템 성능에 영향을 미치는 실제 요인을 가장 잘 이해할 수 있음.

*** AI 시스템의 제공자가 AI 시스템/모델의 훈련을 위하여 또한 운영자가 AI 시스템의 이용을 위하여 개인정보를 수집하여 처리하는 과정에서 제공자/운영자는 GDPR의 컨트롤러/프로세서의 지위를 가질 수 있다. 첫째, 제공자의 AI 훈련 단계에서 시스템 또는 모델을 훈련하기 위해 개인정보를 수집하여 처리하는 경우 제공자는 GDPR의 컨트롤러가 될 수 있다. 컨트롤러는 개인정보 처리의 목적과 수단을 결정하는데, 제공자는 특정 질병의 진단 정확도를 높이겠다는 등 개인정보 처리의 목적 및 어떤 개인정보를 수집하여 어떤 라벨을 붙일지, 어떤 알고리즘을 이용할지, 얼마나 오래 보존할지 등 처리 방식과 수단을 결정하기 때문이다. 둘째, AI 시스템을 현장에 도입하여 새로운 개인정보를 투입해 이용하는 경우 운영자는 GDPR의 컨트롤러가 될 수 있고, AI 서비스의 제공자는 프로세서가 될 수 있다. 병원인 운영자는 환자의 질병을 진단한다는 구체적이고 개별적인 진료 목적을 위해 환자의 의료 영상 등 개인정보를 AI 시스템에 투입하는 목적의 결정을 하고, 어떤 환자의 데이터를, 언제, 어떤 상황에서 AI 시스템에 투입할지 수단을 결정하기 때문이다. 특히 제공자는 프로세서가 될 수 있는데, AI 시스템이 병원 내부에 설치되지 않고 제공자의 클

140) BSA.

라우드 서버에서 '서비스형 소프트웨어'(SaaS) 형태로 제공된다면, 병원인 운영자/컨트롤러가 환자 데이터를 클라우드에 올리면, 제공자는 그 데이터를 오직 병원의 진단 요청을 처리하기 위한 목적으로 병원의 지시에 따라서만 처리하게 되므로 컨트롤러인 병원을 대신하여 개인정보를 처리하는 프로세서가 된다.

표 2-6 제공자/운영자의 컨트롤러/프로세서 역할 비교

구분	주체의 행위	AI법에서 역할	GDPR에서 역할	비고
훈련	개인정보를 수집/처리하여 AI 모델을 개발	제공자	컨트롤러	개인정보 처리의 목적과 수단 결정
학습	훈련된 AI에 새로운 개인정보를 투입하여 운영	운영자	컨트롤러	자신의 목적(예: 환자 진료)을 위해 개인정보 처리 결정
이용(SaaS)	운영자가 SaaS형 AI에 데이터를 업로드	운영자	컨트롤러	AI 서비스의 제공자는 프로세서가 됨

3. 다른 사업자 등

AI 시스템의 가치 사슬의 특성과 복잡성을 고려할 때, 신입법체계(NLF)에 따라 법적 안정성을 보장하고 AI법의 준수를 용이하게 하는 것이 필수적이다. 따라서 AI 시스템의 개발에 기여할 수 있는 수입자와 유통자 등 해당 가치 사슬에 속한 관련 사업자의 역할과 구체적인 의무를 명확히 할 필요가 있다. 특정 상황에서는, 예컨대, 한 사업자가 유통자와 수입자의 역할을 동시에 수행하듯이, 이러한 사업자는 동시에 두 가지 이상의 역할을 수행할 수 있다. 이 경우 해당 역할과 관련된 모든 관련 의무를 누적적으로 이행해야 한다.[141)]

141) 상설 제83항.

(1) 수입자

AI법은 AI 시스템의 수입자에게 적용된다.[142] 수입자는 AI 시스템의 제공자나 운영자가 아니지만 EU에 소재하거나 설립되어 있으면서 제3국에 기반을 둔 개인 또는 법인의 이름이나 상표가 있는 AI 시스템을 EU 시장에 출시한다. 수입자는 이러한 제3국 AI 시스템을 EU에서 가장 먼저 이용할 수 있게 한다.

> 수입자(importer)는 제3국에 설립된 자연인 또는 법인의 이름 또는 상표가 부착된 AI 시스템을 시장에 출시하는 EU에 소재하거나 설립된 자연인 또는 법인을 의미한다.[143]

EU 역외에서 제조된 위험한 제품의 EU 시장 유입을 방지하기 위하여 AI법은 제품 안전법과 유사한 방식으로 수입자에게 일정한 의무를 부과한다.[144] 예컨대, 수입자는 AI 시스템의 AI법 준수를 보장하고자 제공자의 적합성 평가, 기술문서, CE 마킹과 EU 적합성 선언 등을 검증해야 한다.[145] 또한, 수입자는 자신의 이름, 등록된 상호 또는 상표 및 연락 가능한 주소를 AI 시스템 자체에, 또는 그것이 불가능할 경우 포장이나 관련 문서에 기재해야 한다.[146]

(2) 유통자

AI법은 AI 시스템의 유통자에게 적용된다.[147] 유통자는 EU 내 제공자와 수입자 외의 AI 공급망에서의 사업자이다. 예컨대, 유통자는 EU 내의 제공자로부터 AI 시스템을 제공받아 다른 유통자 또는 기업이나 병원 등 운영자에게 판매하거나, EU 역외 AI 시스템을 EU 시장에 출시한 수입자로부터 AI 시스템을 제공받아 다른 유통자나 운영자에게 판매할 수 있다.

---

142) 제2조 제1항(d).

143) 제3조 제6호.

144) 제23조(수입자의 의무), 제25조(AI 가치 사슬에 따른 책임), 제26조(고위험 AI 시스템의 운영자 의무), 제27조(고위험 AI 시스템에 대한 기본권 영향평가) 참조.

145) 제23조 제1항.

146) 제23조 제3항.

147) 제2조 제1항(d).

유통자(distributor)는 제공자 또는 수입자가 아니면서 EU 시장에서 AI 시스템을 이용 가능하게 하는 공급망에서 자연인 또는 법인을 의미한다.[148)]

위험한 제품의 EU 시장 유입을 방지하기 위하여 AI법은 제품 안전법과 유사한 방식으로 유통자에게 일정한 의무를 부과한다.[149)] 예컨대, 제공자와의 관계에서 유통자는 AI 시스템에 CE 마킹이 부착되어 있는지, 사용 설명서와 EU 적합성 선언 사본이 동봉되어 있는지 등을 검증해야 하고, 수입자와의 관계에서 유통자는 수입자의 이름, 상표, 연락처 등 수입자 정보가 제품이나 관련 문서에 제대로 기재되어 있는지 검증해야 한다.[150)]

(3) 제품 제조자

AI법은 자신의 제품과 함께 자신의 이름 또는 상표로 AI 시스템을 시장에 출시하거나 서비스에 투입하는 제품 제조자에게 적용된다.[151)] 제품 제조자는 AI 시스템 자체가 아닌 자동차, 의료기기, 장난감, 기계 등 물리적 제품을 만드는 제조자이다. 제품 제조자는 자신이 만든 물리적 제품에 AI 시스템을 구성요소로 탑재하거나 결합하고, 이렇게 AI와 결합된 최종 제품을 자신의 이름이나 상표를 붙여 시장에 출시하거나 서비스에 투입한다.[152)]

'제품 제조자'(product manufacturer)는 제품을 제조하거나 제품을 설계 또는 제조하게 하고, 자신의 이름 또는 상표로 해당 제품을 마케팅하는 자연인 또는 법인이다.[153)]

---

148) 제3조 제7호.

149) 제24조(유통자의 의무), 제25조(AI 가치 사슬에 따른 책임), 제26조(고위험 AI 시스템의 운영자 의무), 제27조(고위험 AI 시스템에 대한 기본권 영향평가) 참조.

150) 제24조 제1항.

151) 제2조 제1항(e).

152) 예컨대, 자동차 제조사가 자율주행 AI 시스템을 탑재한 자동차 즉 제품을 자신의 브랜드로 판매하거나, 의료기기 제조사가 진단 기능 AI 시스템을 내장한 MRI 스캐너 즉 제품을 자신의 브랜드로 판매하는 경우이다.

153) 「제품 마케팅 공통 프레임워크 결정」 부속서 I 제R1조 제3호.

제품 제조자는 안전 구성요소로서 AI 시스템을 포함하는 최종 제품을 생산하는 주체이고, 신입법체계(NLF)의 부문별 법에서 제공하는 정의에 해당한다. 본질적으로 AI법의 범위 내에 있는 제품 제조자는 신입법체계의 부문별 법이 적용되는 제품을 생산하고, 이러한 제품은 고위험 AI 시스템인 안전 구성요소를 포함하며, 이러한 제조자는 최종 제품에 내장된 AI 시스템이 AI법에 명시된 요건을 준수하도록 보장해야 할 의무가 있다. 제품 제조자는 그 최종 제품에 포함된 AI 시스템에 대하여 제공자와 동일한 수준의 법적 책임을 진다.[154]

(4) 공인 대리인

AI법은 EU에 설립되지 않은 제공자의 공인 대리인에게 적용된다.[155] 공인 대리인은 EU 역외 제공자의 AI 시스템 또는 범용 AI 모델에 관련하여 EU 내 법적 대리인이자 공식 창구 역할을 한다. 첫째, 공인 대리인은 EU 내에 소재하거나 설립되어 있어야 한다. 둘째, 공인 대리인은 EU 역외 제공자가 AI법의 규제를 원활하게 준수할 수 있도록 돕는다. 셋째, 공인 대리인과 제공자와의 관계는 '서면 위임'(a written mandate)에 근거하는데, 동 위임은 공인 대리인이 제공자를 대신하여 수행할 구체적인 의무와 절차를 명시한다. 넷째, 공인 대리인은 제공자를 대신하여 AI법이 규정한 규제 당국과의 소통, 기술문서 보유와 제공 등 의무를 이행한다.

> '공인 대리인'(authorized representative)은 AI 시스템 또는 범용 AI 모델의 [EU 역외] 제공자로부터 AI법이 확정한 의무와 절차를 대신 수행하고 이행하라는 서면 위임을 받고 이를 수락한 EU에 소재하거나 설립된 자연인 또는 법인이다.[156]

154) 제25조 제3항.

155) 제2조 제1항(f).

156) 제3조 제5호. AI법의 정의는 「시장 감시 규칙」 제3조 제12호의 공인 대리인의 정의와 유사하다. 공인 대리인은 AI법이 의료기기, 기계, 장난감 등 전통적인 제품 안전법체계와 유사한 성격을 가지고 있음을 나타낸다. 「의료기기 지침」 제11조, 「기계류 규칙」 제12조, 「장난감 안전 지침」 제5조 참조.

EU 규제 당국은 역외 제공자에게 직접 연락하는 대신 EU 내 공인 대리인에게 연락하여 필요한 정보를 요청하거나 시정조치를 요구할 수 있는 점에서 공인 대리인은 공식 소통 창구가 된다. 또한, EU 역외 제공자는 EU법에 정통한 현지 공인 대리인을 통해 복잡한 규제를 잘 준수하는 준수의 편의성을 얻게 된다.

고위험 AI 시스템에 대한 공인 대리인과 범용 AI 모델에 대한 공인 대리인은 구별된다.[157)] 그러나 EU 관할권 내에서 설명책임(accountability)을 보장한다는 기본 원칙은 동일하게 유지된다. 제공자의 서면 위임에 따라 AI법의 준수 보장과 관련된 모든 문제에 대해 공인 대리인은 제공자에 추가하여 또는 제공자를 대신하여 소관 당국의 접촉이 허용되어야 한다.[158)] 이렇게 AI 시스템 또는 모델의 출처와 관계없이 항상 EU 관할권 내에 AI법 준수에 대한 책임을 질 수 있는 실체가 존재하게 된다.

*** GDPR 제27조는 EU 내에 설립되지 않은 컨트롤러 또는 프로세서의 대리인(representative)을 규정하는데, AI법의 공인 대리인과 유사하면서 차이도 있다. 두 대리인 제도의 공통점은 EU법의 역외적용을 실효성 있게 만드는 장치이다. 즉 EU 역외 컨트롤러/프로세서 또는 제공자가 GDPR 또는 AI법 등 EU법을 준수하도록 하고, EU의 감독당국이나 정보주체/이용자가 쉽게 연락하고 권리를 행사할 수 있도록 EU 내 공식적인 소통 창구가 된다. 두 대리인 모두 EU 내에 설립되거나 소재해야 하고, 역외 기업의 서면 위임을 받아 지정되는 공통점을 가진다. 그러나, GDPR과 AI법이 추구하는 목적 즉 개인정보보호와 제품 안전의 차이에서 대리인의 역할과 책임에서 차이가 발생한다.

표 2-7 AI법의 공인 대리인과 GDPR의 대리인의 비교

구분	GDPR	AI법
법적 근거	제27조	제22조
목적	개인정보보호에서 소통 및 협력	AI 시스템의 시장 출시 및 안전 규제에 관한 소통 및 협력
주요 상대방	개인정보보호감독 당국, 정보주체	시장감시 당국, AI사무국, 운영자

157) 제22조와 제54조.

158) 제22조 제3항 제2단과 제54조 제4항.

핵심 역할	소통 창구, 개인정보 처리 활동 기록 사본 보유, 당국과 정보주체의 연락 수신과 전달	적극적인 검증과 행정적 대리, 제공자의 적합성 평가 수행과 기술문서 작성 등 검증, 기술문서와 적합성 선언 사본 보관 및 당국에 제공, 당국과 협력 및 정보 제공
책임의 성격	연락과 협력 의무을 지고, 법적 책임은 원칙적으로 컨트롤러/프로세서에게 있음	연락 의무에 더해, 제공자의 의무가 제대로 이행되었는지 검증하고 보증하는 행정적 책임을 짐

(5) 영향받는 사람

AI 시스템의 유형에 따라 시스템의 이용은 운영자 이외의 사람들(persons)에게 영향을 미칠 수 있다.[159] AI법은 EU에 소재한 '영향받는 사람'(affected persons)에게 적용된다.[160] AI법은 영향받는 사람을 직접 정의하지 않지만, 영향받는 사람은 운영자가 이용하는 AI 시스템과 상호작용하거나, 그 시스템의 결과에 의해 영향을 받는 것으로 볼 수 있다.[161] 영향받는 사람은 AI 시스템을 직접 이용하지 않을 수 있다.

또한, 영향받는 사람은 AI 시스템의 '최종 이용자'(end-user)가 될 수 있다.[162] 예컨대, 진단 AI 시스템을 이용하는 운영자인 병원의 의사는 동 시스템의 최종 이용자가 되면서 이의 영향받는 사람이 되고, 환자도 (주된) 영향받는 사람이 된다. 다만, 의사는 직접적이고 전문적인 최종 이용자가 될 것이다. 영향받는 사람은 운영자와 같은 법적 의무를 지지 않고, AI 시스템에 대해 설명을 요구하고 이의를 제기하는 등 권리를 가진다.[163]

---

159) 상설 제13항. 범용 AI 모델은 자신의 이용자에게 영향을 줄 수 있다. 상설 제111항.

160) 제2조 제1항(g).

161) 상설 제60항 참조.

162) AI법은 최종 이용자를 시스템적 위험이 있는 범용 AI 모델의 지정 기준에 관한 부속서 XIII의 (g)에서 한번 언급한다.

163) 영향받는 사람의 운영자에게 설명받을 권리는 제86조, 상설 제171항 참조. 진단 AI 시스템을 이용하는 병원의 최종 이용자인 의사는 AI법의 의무가 아닌 의료 관련 법에 따른 '주의 의무'(duty of care) 등을 부담하여야 할 것이다.

최종 이용자와 영향받는 사람의 관계는 적어도 세 가지 상정할 수 있다. 첫째, 최종 이용자가 영향받는 사람이 아닌 즉 서로 분리된 경우이다. AI를 이용하는 자와 그로 인해 영향을 받는 자가 서로 다른 경우이다. 예컨대, 기업의 채용 AI 시스템에 관하여 최종 이용자는 인사 담당자이고, 영향받는 사람은 입사 지원자가 된다. 여기서 AI 시스템의 결정 과정에 대한 투명성, 결과에 대한 설명 요구권, 이의제기권 등 영향받는 사람의 권리가 보호되어야 한다. 둘째, 최종 이용자가 영향받는 사람이 되는 즉 서로 일치하는 경우이다. AI를 이용하는 자가 그 결과물의 영향을 받는 자인 경우이다. 예컨대, 개인이 자신의 창작 활동을 위해 이미지 생성 AI 시스템을 이용하고 그 결과물을 얻는 경우이다. 여기서 최종 이용자의 안전과 권익 보호가 중요하고, AI 시스템의 제공자는 동 시스템의 안전성, 오작동 방지, 데이터 보호 등의 의무를 부담한다. 셋째, 최종 이용자가 영향받는 사람에 포함되는 경우이다. 즉 최종 이용자가 AI 시스템의 영향을 받는 자의 집합에 포함되는 경우이다. 예컨대, 소상공인이 자신의 가게 매출 증대를 위해 AI 마케팅 툴을 이용하는 경우, 그는 최종 이용자이면서 AI의 분석 결과에 영향을 받는 자가 된다. 그 가게의 직원이나 고객도 간접적으로 영향을 받을 수 있다.

표 2-8 AI법의 사업자 비교

사업자	핵심 정의	주요 책임과 의무	예시
제공자	AI 시스템 또는 범용 AI 모델을 개발하거나 개발을 의뢰하여 자신의 이름이나 상표로 EU 시장에 출시하거나 시스템을 서비스에 투입하는 자	[가장 포괄적이고 무거운 책임] • AI 위험 등급 분류와 적합성 평가 • 기술문서 작성과 최신 상태 유지 • 위험/품질 관리 시스템 구축 • CE 마킹 부착 및 EU 적합성 선언	딥러닝 기반 의료 영상 진단 AI 소프트웨어를 개발하여 자신의 브랜드로 판매하는 독일 회사
운영자	개인적/비전문적 활동을 제외하고, 자신의 권한하에 AI 시스템을 업	[안전한 이용 및 감독 책임] • 제공자가 제공한 사	위 소프트웨어를 구매하여 소속 의사들이 암 진단 보조 도구로 사용

	무 등에 이용하는 자연인 또는 법인 등	용 설명서 준수 • AI 작동을 감독할 인력(인적 감독) 배치 • 투입 데이터의 관련성 확인 및 보호 • 심각한 사고 발생 시 제공자에게 통보	하게 하는 프랑스 병원
수입자	EU 역외에 소재한 사업자가 만든 AI 시스템을 최초로 EU 시장에 들여와 출시하는 EU 내 사업자	[EU 시장의 문지기 역할] • 해외 제공자가 적합성 평가 등 의무를 이행했는지 확인 • CE 마킹, 기술문서 존재 여부 검증 • 자신의 이름과 주소 등을 제품에 표시 • 규정 미준수 시 시장 출시 중단	한국 회사가 개발한 고객 분석 AI 솔루션을 EU 시장에 판매하기 위해 최초로 수입하는 폴란드의 IT 유통자
유통자	제공자나 수입자가 아니면서, 이미 시장에 출시된 AI 시스템을 유통망 내에서 이용 가능하게 하는 자	[공급망 내 2차 검증 책임] • CE 마킹, 필수 정보 등이 누락되지 않는지 확인 • 제품이 변형되지 않도록 보관/운송 • 규정 위반 의심 시 당국에 협력	위 폴란드 수입자로부터 AI 솔루션을 제공받아 스페인 내 병원에 재판매하는 사업자
제품 제조자	AI 시스템을 구성요소로 통합하여 자신의 이름으로 완제품을 시장에 출시하는 사업자	[사실상 제공자의 책임을 짐] • AI가 통합된 최종 제품 전체에 대한 적합성 평가 수행 • AI 구성요소 제공자로부터 받은 정보를 바탕으로 최종 제품의 기술문서 작성	AI 기반 자동 초점 기능 모듈을 공급받아 디지털카메라 완제품을 만들어 판매하는 회사는 동 모듈의 제공자가 됨
공인 대리인	EU 역외에 있는 제공	[역외 제공자의 EU 내	위 한국의 고객 분석

	자가 EU 내에서 서면으로 위임하여 지정한 대리인	법적 대리인] • 감독 당국을 위한 기술문서, 적합성 선언 등 보관 • 당국의 정보 제공 요청에 협력 • 역외 제공자를 대신하는 공식 연락 창구 역할	AI 회사가 EU 내 규제 대응을 위해 서면으로 지정한 아일랜드의 법률 컨설팅 회사

III EU AI법의 영토적 적용

AI는 국경을 초월한 디지털 기술이기 때문에 AI를 규율하는 AI법은 광범위한 영토적 적용 범위를 가진다. AI 시스템의 디지털 성격을 고려할 때, 특정 AI 시스템은 EU에서 시장에 출시되지 않거나 서비스에 투입되지 않거나 이용되지 않더라도 AI법의 적용을 받아야 한다.[164] 따라서, AI법의 적용 범위는 EU 역내는 물론 역외 행위자도 포괄한다. GDPR과 유사하게 AI법은 EU 역외로 적용 범위를 확대한다. 이러한 역외적 적용은 AI법이 EU 역내 개인의 보호는 물론 글로벌 AI 거버넌스에도 영향을 주어 전 세계적으로 보다 안전하고 윤리적인 AI 관행을 촉진하게 할 수 있을 것이다.

제2조 제1항은 국제법상 전통적인 영토주의(territoriality principle)에 따른 역내적용과 예외적인 역외적용을 혼용하여 규정한다. 아래 표에서 정리되듯이, AI법은 AI 시스템 또는 범용 AI 모델에 관련된 사업자는 물론 행위의 장소에 따른 적용 범위를 규정한다.

164) 상설 제22항.

표 2-9 AI법의 적용 범위

... AI 시스템 또는 모델이 시장에 출시되거나 서비스에 투입되는 곳	(i) 제공자의 설립지 또는 소재지가 EU 역내 또는 제3국에 있는지와 무관하게 EU에서 AI 시스템을 시장에 출시하거나 서비스에 투입하거나, 범용 AI 모델을 시장에 출시하는 제공자(제2조 제1항(a)), (ii) EU 시장에 AI 시스템을 수입 또는 유통하는 수입 또는 유통자(제2조 제1항(d)), (iii) EU에서 자신의 이름 또는 상표로 AI 시스템을 시장에 출시하거나 서비스에 투입하는 제품 제조자(제2조 제1항(e))
... 설립지 또는 소재지	EU 역내에 설립지가 있거나 소재하는 운영자(제2조 제1항(b))
... AI 시스템의 결과물이 이용되는 곳	(i) 제3국에서 설립되거나 소재하지만, AI 시스템의 결과물이 EU에서 이용되는 동 시스템의 제공자와 운영자(제2조 제1항(c)), (ii) AI 시스템 이용으로 영향을 받는 EU에 소재한 자(제2조 제1항(g))
EU에 설립되지 않은 제공자의 EU 역내 공인 대리인(제2조 제1항(f))	

1. EU AI법의 역내적용

국제법의 영토주의에 따라 국가는 자신의 영토에서 일어나는 사건과 자연인과 법인 등 행위자에 대한 관할권을 가진다. 이해의 편의상, AI법의 적용을 받는 사업자의 장소적 위치를 중심으로 즉 EU 역내 사업자에 대한 역내적용은 다음과 같다. AI법은 EU 내에 설립되거나 소재하는 다음의 사업자에게 적용된다. 첫째, EU에 설립지를 가지거나 소재하고 AI 시스템을 시장에 출시하거나 서비스에 투입하거나 또는 범용 AI 모델을 시장에 출시하는 제공자이다.[165] 둘째, EU에 설립지를 가지거나 소재하고 AI 시스템을 운영하는 운영자이다.[166] 셋째, EU에서 활동을 수행하는 수입자, 유통자, 공인 대리인이다.[167] 넷째, EU에 자신의 이름 또는 상표로 자신의 제품과 함께 AI 시스템을 시장에 출시하거나 서비스에 투입하는 제품 제조자이다.[168]

165) 제2조 제1항(a).

166) 제2조 제1항(b).

167) 제2조 제1항(d), (f).

168) 제2조 제1항(e). 본 규정은 제품 제조자의 EU 역내 또는 역외를 명시하지 않지

2. EU AI법의 역외적용

(1) 역외적용의 이유

EU에 소재한 자연인의 효과적인 보호를 보장하고 AI법의 적용 회피를 방지하기 위하여 제3국에 설립된 제공자와 운영자에게 AI법이 적용된다.[169] AI법의 역외적용으로 EU 시장에 서비스를 제공하는 AI 시스템이나 범용 AI 모델의 제공자나 관련 운영자 사이의 공평한 경쟁의 장을 유지하는 효과를 가질 수 있다. 예컨대, 범용 AI 모델 제공자 사이의 공평한 경쟁을 보장하기 위해서, 어떤 제공자도 EU에서 제공되는 것보다 낮은 저작권 기준을 적용하여 EU에서 경쟁적 우위를 확보할 수 없어야 한다.[170]

한편, AI 시스템의 수입자는 역외 제공자가 AI법을 준수하는지 검증을 수행하고, 필요한 경우 해당 시스템의 시장 출시를 거부해야 하는데,[171] 이는 역외 제공자의 AI법 준수를 보장하는 점에서 AI법의 역외적용을 강화한다고 볼 수 있다.

(2) 역외적용의 내용

AI법이 EU 역외 사업자에게 적용되는 즉 역외적용은 다음과 같다. 즉 EU 역외에 설립되거나 소재하는 다음의 사업자에게 적용된다. 따라서, 아래 제공자와 운영자는 EU 역외에서 설립되거나 소재하더라도 즉 EU의 관점에서 역외의 외국 기업이더라도 AI 시스템과 범용 AI 모델의 시장 출시 또는 서비스 투입에 관하여 AI법의 모든 관련 요건의 적용 가능성을 확인해야 한다.[172]

만, 제1항(a)의 제공자에 관한 규정을 참조할 때 역내외 모두 포함하는 것으로 이해할 수 있다.

169) 상설 제22항.

170) 상설 제106항.

171) 제23조 참조.

172) 예컨대 EU 역외 소재 범용 AI 모델의 제공자는 제53조에 규정된 범용 AI 모델의 제공자에 대한 의무를 부담할 수 있다.

1) EU 역외 제공자

EU 역외에 설립되거나 소재하고 EU에서 AI 시스템을 시장에 출시하거나 서비스에 투입하거나 또는 범용 AI 모델을 시장에 출시하는 제공자이다.[173] 예컨대, EU에 소재하지 않은 역외 기업이 AI 시스템을 개발한 다음 이를 EU에서 이용하도록 자신의 고객 즉 운영자에게 제공하는 경우이다.[174] 해당 역외 기업은 AI법에 따른 제공자 의무를 부담한다.

2) 결과물이 EU에서 이용되는 역외 제공자와 운영자

제3국에 설립되거나 소재하고 그의 AI 시스템이 생성한 결과물이 EU에서 이용되는 제공자와 운영자이다.[175] 예컨대, EU의 운영자가 제3국에 설립된 운영자와 AI 시스템으로 수행될 활동과 관련하여 특정 서비스를 계약하는 경우, 해당 AI 시스템이 고위험으로 분류되는 경우, 제3국 운영자가 사용하는 AI 시스템은 EU에서 적법하게 수집되고 전송된 개인정보를 처리할 수 있고, 해당 처리 결과로 생성된 AI 시스템의 결과물을 EU의 운영자에게 제공할 수 있다. 해당 AI 시스템이 EU에서 시장에 출시되지 않고, 서비스에 투입되지 않으며 이용되지 않지만, 동 시스템이 생성한 결과물이 EU에서 이용될 의도인 경우 AI법의 적용을 받는다.[176] 주로 EU 기업 등이 AI 관련 활동을 EU 역외에 아웃소싱한 후 그 결과물을 EU 내에서 이용하는 방식으로 AI법을 고의적으로 회피하는 것을 방지하기 위한 것이다.[177]

---

173) 제2조 제1항(a).

174) 예컨대, 미국의 OpenAI, Google, Microsoft, Meta, Apple 등이 해당한다.

175) 제2조 제1항(c).

176) 상설 제22항. 예컨대, EU 기업 등이 EU에서 입사 지원서를 받아 한국의 AI 시스템 운영자에게 보내 지원서를 선별한 후 예컨대 상위 10% 후보자 목록을 해당 EU 기업 등에 알려서 해당 정보를 바탕으로 채용 결정이 내려지는 경우이다.

177) 그러나, 특정 결과물이 AI 시스템에서 비롯된 것인지 아니면 달리 생성한 것인지 결정하기 어려울 수 있다.

(3) 범용 AI 모델 제공자에 대한 EU 저작권법의 역외적용[178)]

범용 AI 모델의 제공자에 대한 의무는 EU 저작권법의 적용에 관련되는데, 사실상 EU 저작권법의 역외적용이 실행된다.

1) AI와 TDM

AI 시스템 특히 범용 AI 모델은 저작권 보호 대상인 저작물을 포함한 방대한 양의 기존 데이터로 훈련되어 다양한 작업을 수행하고 텍스트, 이미지, 음악, 컴퓨터 프로그램 등 다양한 유형의 콘텐츠를 생성할 수 있게 한다. AI 개발자는 실제 데이터를 기반으로 AI 시스템을 훈련하기 위해 다양한 자동화된 분석 기법을 이용하는데, '텍스트/데이터 마이닝'(text and data mining, TDM)이 대표적이다. TDM은 패턴, 추세, 상관관계 등을 포함하되 이에 국한되지 않는 정보를 생성하기 위해 디지털 형식의 텍스트와 데이터를 분석하는 자동화된 분석 기법이다.[179)] TDM은 새로운 응용 프로그램이나 기술의 개발 등 다양한 목적을 위해 다양한 생활의 영역에서 민간과 공공기관이 대량의 데이터를 분석하기 위해 널리 이용된다.[180)]

---

178) AI법은 저작권 관련 두 개 조문을 규정하는데, 아래 범용 AI 모델 제공자의 의무로서 EU 저작권법의 준수(제53조 제1항(c))와 범용 AI 모델의 훈련에 이용된 컨텐츠에 대한 충분히 상세한 요약을 작성하여 공개적으로 이용 가능하게 하는 요건(제53조 제1항(d))이다. 이들 두 규정은 GPT-4o, Gemini, Claude 3, Llama 3, GitHub Copilot 등 생성형 AI 모델의 개발과 활용과 관련된 위험을 다루기 위해 AI법에 포함된 것이다.

179) 「디지털 단일시장 저작권 지침」 제2조 제2호. AI 모델의 훈련에서 다음의 마이닝 과정을 거친다. 첫째, 수집된 수많은 저작물을 컴퓨터가 분석할 수 있는 디지털 형태로 복제하여 훈련 데이터 세트를 만들고, 둘째, AI 훈련 알고리즘은 이 방대한 데이터 세트를 분석하여, 그 안에 숨겨진 수십억, 수조 개의 통계적 패턴을 추출한다. 셋째, 이렇게 추출된 수많은 패턴이 AI 모델의 매개변수(가중치)에 지식의 형태로 압축되어 저장되고, 훈련이 완료된다.

180) 「디지털 단일시장 저작권 지침」 상설 제18항.

2) TDM과 「디지털 단일시장 저작권 지침」

저작권 보호 대상인 저작물을 무단으로 복제하는 것은 저작권자의 독점적 권리, 특히 「정보사회의 저작권 지침」 제2조에 따라 저작자에게 부여된 복제권(reproduction right)을 침해할 수 있다.[181] 저작권 침해의 위험을 방지하기 위해 생성형 AI 제공자는 보호 대상 저작물에 대한 라이선스를 협상하거나, 「디지털 단일시장 저작권 지침」 제4조에 따라 소위 상업적 TDM 예외에 의존해야 한다.[182] 법적 안정성을 높이고 민간 부문에서도 혁신을 장려하기 위해, 특정 조건에서 TDM을 목적으로 하는 저작물 또는 다른 보호대상의 복제물과 추출물에 대한 예외 또는 제한이 허용되고, TDM을 위해 필요한 기간 동안 복제본을 보관할 수 있어야 한다.[183]

AI법은 데이터 마이닝 목적으로 정당한 접근 권한이 있는 데이터베이스에서 데이터를 추출할 수 있게 규정한 「디지털 단일시장 저작권 지침」 제4조 제3항을 명시적으로 언급한다. 즉 범용 AI 모델의 제공자는 저작권과 인접권에 관한 EU법을 준수하고, 특히 최신 기술을 통해서 포함하여 「디지털 단일시장 저작권 지침」 제4조 제3항에 따라 표현된 권리의 유보를 확인하고 준수하는 정책을 마련해야 한다.[184] 동 규정에 따르면, 저작권자가 자신의 권리를 명시적으로 유보하면, 해당 저작물은 TDM에 사용될 수 없다.[185] 이러한 권리 유보의 의사 표시는 적절한 방식으로 이루어져야 하는데, 온라인에 공개된 콘텐

181) 동 지침 제2조(a)는 회원국에게 저작자의 저작물에 대하여 전체 또는 일부, 어떤 수단과 형태로든 직접적 또는 간접적, 일시적 또는 영구적 복제를 허가하거나 금지할 배타적 권리를 부여하도록 규정한다.

182) 「디지털 단일시장 저작권 지침」 제3조는 연구기관과 문화유산기관이 적법하게 접근할 수 있는 저작물 등에서 과학적 연구 목적의 TDM을 수행하기 위해 하는 복제·추출 행위에 대한 예외를 규정한다.

183) 「디지털 단일시장 저작권 지침」 상설 제18항.

184) 제53조 제1항(c), 상설 제106항.

185) 동 지침 제4조 제3항은 다음과 같다: "제1항에 규정된 예외 또는 제한은 동 항에서 언급된 저작물과 다른 대상물의 이용이 온라인에서 공개적으로 이용 가능한 콘텐츠의 경우 기계-판독 가능한 수단 등 적절한 방식으로 '그의 저작권자가 명시적으로 유보하지 않는'(not been expressly reserved by their rightholders) 조건으로 적용된다."

츠의 경우 기계가 읽을 수 있는 수단이 예시된다. 즉 TDM을 수행하는 AI 크롤러나 봇 같은 컴퓨터 프로그램은 자동으로 거부 의사를 인식하고 그에 따를 수 있어야 한다.[186)]

이렇게 AI 개발자는 저작권자의 유보가 없는 한 방대한 데이터를 적법하게 활용할 수 있고 저작권자는 명확하고 기술적인 수단을 통해 자신의 저작물에 대한 통제권을 행사할 수 있게 하여 AI 개발자와 저작권자 사이의 균형이 유지된다. 따라서, 범용 AI 모델 제공자는 메타데이터, 웹사이트나 서비스의 이용 약관, 계약상 합의 또는 일방적 선언을 포함하여 기계가 읽을 수 있는 수단을 통해 권리 보유자가 TDM을 위한 저작물 이용을 유보했는지 확인해야 한다.

3) 「디지털 단일시장 저작권 지침」의 역외적용

범용 AI 모델을 EU 시장에 출시하는 모든 제공자는 해당 범용 AI 모델의 훈련을 뒷받침하는 저작권 관련 행위가 이루어지는 관할권에 관계없이, 이러한 의무를 준수해야 한다.[187)] 범용 AI 모델 제공자 사이의 공평한 경쟁을 보장하기 위해서, 어떤 제공자도 EU에서 제공되는 것보다 낮은 저작권 기준을 적용하여 EU에서 경쟁적 우위를 확보할 수 없어야 하기 때문이다.[188)] 이렇게 제공자 사이의 공평한 경쟁의 장을 보장함으로써 EU 역외에서 적용되는 저작권에 관련된 덜 부담스러운 법적 의무를 바탕으로 경쟁적 우위가 발생하는 것이 방지된다.

범용 AI 모델의 제공자는 해당 모델의 훈련이 이루어지는 장소에 관계없이 EU 저작권법을 준수해야 하는 점에서 저작권 준수와 관련하여 역외적용 범위가 확장되는 것으로 볼 수 있다. 흥미로운 점은 법형식적인 AI법의 역외적용을 통하여 실질적으로는 EU 저작권법의 역외적용이 완성되는 점이다. 첫째, AI법은 자신의 규제 체계 안으로 저작권법 준수 의무를 포섭하여, 이를 역

186) 기계가 읽을 수 있는 수단의 대표적인 예는 .well-known/tdmrep.json 파일, HTTP 응답 헤더(HTTP Response Header), HTML 메타 태그(HTML Meta Tag)를 포함한다.

187) 상설 제106항.

188) 상설 제106항.

외 제공자에게 부과하고 직접 집행하는 구조를 가진다. 둘째, 「디지털 단일시장 저작권 지침」의 TDM 권리 유보 원칙이 AI법을 통해 전 세계 AI 개발사들이 반드시 지켜야 하는 실효성 있는 규범으로 자리 잡게 된다.

*** AI법과 GDPR은 모두 강력한 역외적용을 통해 전 세계에 영향을 미치는 브뤼셀 효과의 대표적인 예가 되지만, 그 적용 논리와 작동 방식에는 중요한 차이가 있다. 유사점으로서, 두 법 모두 EU 역외 기업이 특정 조건을 충족하면 해당 기업의 소재지와 무관하게 법을 적용하는 점에서 강력한 역외적용을 요구한다. 역외 기업은 EU에 대리인을 지정해야 하고, 법 위반 시 전 세계 매출액의 일정 비율에 상응하는 막대한 과징금을 부과받을 수 있다. 차이점으로서, GDPR은 개인정보 처리에 초점을 두고, AI법은 특정 AI 시스템이 시장에 출시되거나 서비스에 투입되어 안전, 건강, 기본권에 위험을 초래할 수 있으면 적용된다. 흥미로운 차이는 GDPR의 경우 역외 기업의 활동이 EU 내 사람 즉 정보주체를 향하고, AI법의 경우 역외 기업의 활동이 EU 시장을 향하는 것이다. 결론적으로 GDPR이 개인정보보호의 목적으로 EU 역외로 법을 적용하는 데이터 주권 시대를 도입한다면, AI법은 AI 기술 자체와 그 시장을 직접 규제하는 기술 주권 내지 디지털 주권 시대를 도입한다고 볼 수 있다.

(4) 글로벌 AI 거버넌스에 대한 시사점

AI법의 역외적용은 전 세계적인 AI의 규제에 있어 대담하고 포괄적인 조치이다. EU 역외로 AI법의 적용을 확대하고, 제3국의 AI 시스템과 범용 AI 모델 제공자의 공인 대리인 지정을 요구하며, 이들 제공자에게 특정 의무의 이행을 요구함으로써 AI법은 EU 시민에 대한 포괄적인 보호를 보장하고 EU 시장에 서비스를 제공하는 AI 제공자 사이의 공평한 경쟁의 장을 유지하려고 한다.

EU는 4억 5천만 명의 인구를 가진 세계에서 가장 부유하고 큰 단일시장인 점에서 어떤 글로벌 기업도 이 시장을 포기하기 어렵다. AI법을 준수하고 CE 마킹을 획득하는 것이 오히려 자신의 AI가 안전하고 신뢰할 수 있다는 점을 공인받는 긍정적인 품질 보증이 될 수 있다. 특히 AI법의 역외적용은 글로벌 AI 거버넌스에 큰 영향을 미칠 수 있다. AI법의 광범위한 적용으로 제3국과 그의 기업은 EU 시장에 대한 접근을 위해 AI의 개발과 운영 관행을 AI법 기준에 맞추도록 사실상 강제될 수 있기 때문이다. 이렇게 AI법은 잠재적으로

AI 규제의 글로벌 기준이 될 수 있다. 전 세계 AI 생태계의 이해관계자들은 이러한 AI법 지위를 면밀히 모니터링하고 진화하는 규제 환경을 탐색하기 위해 전략을 조정해야 할 것이다.

(5) EU AI법의 브뤼셀 효과

'브뤼셀 효과'(Brussels effect)는 EU의 법규정이 EU 역외에서 글로벌 기준으로서 영향을 미치는 현상을 가리킨다. 국제적으로 활동하는 크고 작은 기업이 국가의 경계에 따른 시장마다 다른 기준을 준수해야 하는 복잡함과 불편함을 피하기 위해 특히 EU 시장에 진출하기 위해 전 세계적으로 EU법을 준수해야 하는 경우가 많기 때문에 이러한 효과가 발생한다.[189)]

전반적으로 AI법은 전 세계적으로 보다 안전하고 투명한 AI 시스템의 개발과 이용 등을 촉진하여 글로벌 AI 거버넌스를 형성할 것으로 기대된다. AI법의 예상되는 전 세계적 영향은 다음과 같다. 첫째, AI 규제 기준에 대한 글로벌 영향력이다. AI법은 개인정보보호에 관한 GDPR이 글로벌 개인정보보호 기준에 큰 영향을 미친 것과 유사하게 AI 규제에 대한 글로벌 벤치마크를 설정할 수 있다. 특히 AI법에 따른 고위험 AI 시스템을 개발하고 제공하는 기업 등은 EU 시장에 대한 접근을 위하여 AI법이 요구하는 기준을 채택하고 이를 전 세계적으로 적용할 수 있게 된다. 둘째, 분야별 영향이다. AI법은 의료, 금융, 핵심 인프라 등 AI 시스템이 엄격하게 규제되어야 하는 분야에서 그 영향이 더욱 두드러질 것이다. 이러한 분야에서 이용되는 고위험 AI 시스템은 엄격한 AI법 요건을 충족해야 하고, 이는 잠재적으로 글로벌 관행에 영향을 미칠 수 있다. 셋째, 투명성과 설명책임의 확산이다. AI 시스템의 이용자가 AI와 상호작용할 때 이용자에게 정보를 제공하는 등 투명성과 설명책임(account-ability)에 대한 AI법의 요건이 전 세계적으로 더욱 보편화될 것이다. 다른 관할권에서도 이용자의 보호를 위한 유사한 관행의 광범위한 채택으로 확산될 수 있다. 넷째, 글로벌 규제적 조화이다. AI법은 AI 규제의 글로벌 표준이 될 수 있고, EU의 기준을 맞추는 것이 전 세계 시장에 진출하는 가장 효율적인 방법

---

189) Roberts, et al.

이 될 수 있다. AI법의 역외적용 내지 그 내용의 확산은 다른 관할권에서도 유사한 규정을 채택하도록 장려하여 잠재적으로 보다 조화로운 글로벌 AI 규제적 환경을 조성할 수 있다. 또한, AI법이 AI의 규제에 관하여 그 자체로서 새로운 국제 기준이 되지 않을 수도 있겠지만, EU는 다른 국가와 국제기구와 협력하여 AI법의 적용 경험을 바탕으로 AI 규정을 조율함으로써 자신의 영향력을 확대할 수 있을 것이다.

Chapter 03

AI 시스템의 개념

규제적 관점에서 법의 적용 대상을 정의하는 것은 규제 범위를 결정하기 때문에 필수적이다. 규제 대상을 분명하고 간결하게 정의하면 법적 안정성, 정확성 및 실행 가능성을 확보할 수 있다. 이러한 규제 대상은 해당 법의 주요 개념의 정의에서 확인된다.[1)]

EU AI법이 AI 시스템에 적용되기 위하여 그 대상인 시스템은 EU AI법이 규정한 개념의 정의에 해당해야 한다. 이 점에서 EU AI법은 AI 시스템의 구성요소를 상세하게 규정하지만, AI 그 자체는 정의하지 않는다.

1) AI법은 제3조에서 68개 개념에 대한 정의를 규정한다. 일부 중요한 정의는 EU법에서 완전히 새로운 것이지만, 시장 출시, 시장에서 이용 가능하게 함, 실질적 변경, 의도된 목적, 수입자와 유통자 등의 정의는 다른 EU법 특히 「시장 감시 규칙」을 기반으로 한다.

Chapter 03

AI 시스템의 개념

I AI

AI법은 AI 시스템과 범용 AI 모델과 달리 AI 개념을 직접 정의하지 않는다.[2)]AI라는 개념의 철학적, 기술적 정의가 어렵기 때문에 AI법은 AI의 근본적인 정의를 규정하는 것을 피하는 것으로 보인다. 또한 AI의 직간접적 영향을 받는 사회 분야와 과학 영역이 광범위하여서 각 관점에 따라 AI가 무엇이고 해당 분야와 영역에서 어떤 의미를 갖는지는 다를 수 있다. AI가 실제로 무엇을 의미하는지에 대한 다양한 견해가 있는 현실에서 AI를 직접 규제 대상으로 다루는 것은 쉬운 일이 아니다. 기술로서 AI가 계속 발전하는 현실도 고려되어야 한다.

AI 즉 인공지능의 용어는 1955년 John McCarthy 등이 제안한 '다트머스 워크숍 제안서'(Dartmouth Workshop Proposal)에서 발견된다. 여기서 McCarthy 등

2) AI와 달리 AI 시스템은 특히 정책 결정의 맥락에서 보다 가시적이고 실행 가능한 개념이어서 그 정의가 시도되었다.

은 "학습의 모든 측면이나 다른 지능적 특징은, 그 원리를 정밀하게 설명할 수 있다면, 기계가 이를 시뮬레이션 하도록 만드는 것이 원칙적으로 가능하다"(every aspect of learning or any other feature of intelligence can in principle be so precisely described that a machine can be made to simulate it)고 제안하며 AI 용어를 처음으로 공식 사용했다.[3] 한편, 1950년 Alan Turing의 논문에서 제안된 '튜링 테스트'(Turing test)는 "기계가 생각할 수 있는가?"(Can machines think?)의 질문을 통하여 AI의 철학적 토대를 마련한 것으로 이해된다.[4]

AI를 바라보는 적어도 네 가지 관점이 있다. 이러한 관점은 AI의 표준 교과서로 인정받고 있는 Stuart Russell과 Peter Norvig의 저서에서 확인된다.[5] 동 저서는 AI를 '인간처럼 생각'(Thinking Humanly), '이성적으로 생각'(Thinking Rationally), '인간처럼 행동'(Acting Humanly), '이성적으로 행동'(Acting Rationally)의 네 가지 관점에서 체계적으로 설명하는데, 이 분류는 학계에서 AI의 목표를 논의하는 표준적인 틀이 되었다.

한편, AI의 발전 단계가 논의되고 있다. 예컨대, Tim Urban은 AI를 약인공지능(Artificial Narrow Intelligence, ANI), 강인공지능(Artificial General Intelligence, AGI) 및 초인공지능(Artificial Superintelligence, ASI)의 세 단계로 구분한다.[6] ANI는 특정 작업만 수행할 수 있는 AI로서 인간보다 뛰어난 수행이 가능하지만 범용 사고 능력은 없고, 현재 대부분의 AI 시스템이 이에 해당한다고 한다. AGI는

---

3) J. McCarthy, M. L. Minsky, N. Rochester, C.E. Shannon, A Proposal for the Dartmouth Summer Research Project on Artificial Intelligence, p. 2, August 31, 1955.

4) A. M. TURING, COMPUTING MACHINERY AND INTELLIGENCE, Mind, Volume LIX, Issue 236, October 1950, pp. 433-60.

5) Stuart Russell, Peter Norvig, Artificial Intelligence: A Modern Approach, 4th US ed., 2020.

6) Tim Urban, The AI Revolution: The Road to Superintelligence, 2015. https://waitbutwhy.com/2015/01/artificial-intelligence-revolution-1.html. 이외에 이들 개념에 대하여 Nick Bostrom, Superintelligence: Paths, Dangers, Strategies. Oxford University Press, 2014, Ray Kurzweil, The Singularity Is Near: When Humans Transcend Biology. Viking Press, 2005 참조. 특히 Kurzweil은 2045년경, AI가 인간 지능을 초월하고, 인간-기계의 융합이 본격화될 것이라고 예측하여 '기술 특이점'(singularity) 개념을 제시하였다.

인간 수준의 인지 능력과 학습 능력을 갖춘 AI로서 낯선 상황에서도 문제 해결이 가능하고, 다양한 지적 과제를 수행할 수 있다.[7] ASI는 인간의 지능을 모든 면에서 압도하는 지능으로서 자율적으로 사고, 창조, 판단이 가능하여 인간이 이해하기 어려운 결정을 내릴 수 있다고 한다. ASI는 통제가 불가능하여 인류 생존에 큰 위협이 될 수 있다.

한편, 미국이 주도하는 「AI의 책임 있는 군사적 이용에 관한 정치적 선언」은 동 선언의 목적상 AI를 '원래 인간의 지능이 필요한 과업을 수행하는 기계의 능력'(the ability of machines to perform tasks that would otherwise require human intelligence)을 의미하는 것으로 이해될 수 있다고 한다.[8] 동 선언은 AI가 패턴을 인식하고, 경험으로부터 학습하며, 결론을 도출하고, 예측을 하거나 추천을 생성하는 것을 포함할 수 있다고 한다. 또한, AI 애플리케이션 즉 응용 프로그램은 자율적인 물리적 시스템의 행동을 유도하거나 변경할 수 있고, 순전히 디지털 영역에만 머무는 과업을 수행할 수 있다고 한다. 자율성은 스펙트럼으로 이해될 수 있고 활성화된 후에는 더 이상의 인적 개입 없이 작동하는 시스템을 수반한다고 한다.

II AI 시스템

AI법은 AI 시스템과 AI 모델을 구별한다. AI법은 범용 AI 모델의 개념은 정의하지만 AI 모델의 개념은 정의하지 않는데, AI 모델은 AI 시스템의 필수 구성요소이다. 따라서, AI 모델은 AI 시스템이 작동하는 데 필요한 기술 인프

---

7) 영화 'Her'에서 Samantha는 초기 단계에서 완벽한 AGI의 모습으로 등장하고, 중·후반부에서 ASI로 급격하게 발전하는 과정을 보여준다고 볼 수 있다.

8) 동 선언은 2023년 2월 네덜란드 헤이그에서 개최된 '군사 분야의 책임있는 AI'(Responsible AI in the Military Domain, REAIM)의 첫 고위급 회의가 개최된 자리에서 미국 부통령이 발표하였다. 2025년 7월 현재 한국을 포함하여 50여 국가가 동 선언을 지지하고 있다.

라의 중요한 부분으로 간주되고, 이용 가능한 결과물을 생성하고 규제 대상인 AI 시스템으로서 인정받으려면 이용자 인터페이스와 같은 추가적인 구성요소가 필요하다.

1. EU AI법의 입법 과정에서 AI 시스템 개념의 발전

AI 시스템의 개념은 명확하게 정의되어야 하는데, 법적 안정성을 보장하고 국제적 융합과 폭넓은 수용을 촉진하면서 AI의 빠른 기술적 발전을 수용할 수 있는 유연성을 제공하도록 AI 관련 국제기구의 작업과 긴밀히 연계되어야 한다.[9] AI법의 입법 과정에서 AI 시스템의 정의는 여러 차례 수정되었다.

(1) 유럽위원회의 제안

2021년 4월 유럽위원회가 제안한 AI 시스템의 정의는 다음과 같다: '부속서 I에 열거된 하나 이상의 기술과 접근으로 개발되어 인간이 정의한 목적의 주어진 세트를 위하여 상호작용하는 환경에 영향을 미치는 콘텐츠, 예측, 추천 또는 결정과 같은 결과물을 생성할 수 있는 소프트웨어.' 유럽위원회는 특정 기술과 접근 즉 머신러닝, 논리/지식 기반 시스템, 통계적 접근을 이용하는 다양한 소프트웨어 기반 기술을 AI 시스템의 정의로 제안하였고, 기술 발전을 고려하여 위임입법을 통해 보완할 수 있도록 제안했다.

유럽위원회의 AI 시스템 정의는 많은 비판을 받았다. AI 시스템의 개념이 매우 광범위하여서 사실상 모든 소프트웨어가 해당될 수 있었기 때문이다. 가장 단순한 검색, 분류 및 라우팅 알고리즘을 포함하여 주관적으로 AI로 이해되는 것 이상을 포함하게 될 것이라고 지적되었다.[10] EU 주재 미국상공회의소(AmCham)는 고위험 AI 애플리케이션에만 초점을 맞추고 고위험이 아닌 AI 애플리케이션이나 일반적인 소프트웨어로 확대하지 않는 좁은 의미의 AI 시스템 정의를 채택하여 과도한 규제를 피할 것을 제안했다.[11]

9) 상설 제12항. 이 점에서 AI법의 AI 시스템의 정의는 OECD와 사실상 동일하다.
10) BDVA/DAIRO, p. 2.
11) EP Briefing-AI, p. 4. 또한, AI 시스템의 범위가 지나치게 광범위하여 AI 시스템

(2) 유럽의회의 제안

2023년 6월 유럽의회가 제안한 AI 시스템의 정의는 다음과 같다: '다양한 수준의 자율성을 가지고 작동하도록 설계되고 명시적 또는 묵시적 목적을 위해 물리적 또는 가상적 환경에 영향을 미치는 예측, 추천 또는 결정과 같은 결과물을 생성할 수 있는 기계 기반 시스템.' AI법의 최종 정의와 유사하지만, 적응성, 투입물, 추론 요소가 포함되지 않았다.

(3) 최종 정의

AI법의 AI 시스템은 AI의 기술적 분야에서 빠른 혁신의 속도에 대응하기 위해 상당히 광범위하게 정의되었다. 확정된 AI 시스템의 최종 정의는 다음과 같다.

> 'AI 시스템'(AI system)은 다양한 수준의 자율성을 가지고 작동하도록 설계되고 운영 후 적응성을 발휘할 수 있으며, 명시적 또는 묵시적 목적을 위해 받은 투입물로부터 물리적 또는 가상적 환경에 영향을 줄 수 있는 예측, 콘텐츠, 추천 또는 결정과 같은 결과물을 생성하는 방법을 추론하는 기계 기반 시스템을 의미한다.[12)]

AI 시스템의 정의는 '더 단순한 전통적인 소프트웨어 시스템이나 프로그래밍 접근'(simpler traditional software systems or programming approaches)과 구별되는 AI 시스템의 주요 특성을 기반으로 한다. 그럼에도 '자연인에 의하여만 정의된 규칙'(rules defined solely by natural persons)에 기반하여 자동적으로 작업을 실행하는 시스템은 포함하지 않는다.[13)] 즉 소프트웨어의 모든 작동 방식과 결정 로직이 프로그래머 즉 사람에 의해 "만약 A이면, B를 하라"(If–Then) 형식

의 개발자, 운영자, 이용자에게 법적 불확실성을 초래하고 궁극적으로 과도한 규제로 이어질 수 있다고 지적되었다. Ebers et al. 유럽위원회의 AI 시스템 정의가 주로 소프트웨어를 대상으로 하고 미래의 잠재적인 AI 개발이 누락되어 있어 진정으로 기술 중립적인지 의문도 제기되었다. SHERPA.

12) 제3조 제1호. 2025년 2월 6일 유럽위원회는 AI법에 따른 AI 시스템의 정의를 더욱 발전시키는 「AI 시스템 정의 가이드라인」을 발표했다.

13) 상설 제12항.

으로 사전에 명확하게 코딩된 시스템인 전통적인 소프트웨어 시스템은 AI 시스템에서 제외된다.[14] AI법이 규제하는 AI 시스템과 규제 대상이 아닌 전통적인 소프트웨어를 구분하여 과잉 규제를 피하고자 하는 것이다. 세상의 모든 자동화 소프트웨어를 AI법으로 규제하는 것은 비효율적이고 혁신을 저해할 수 있기 때문이다. 따라서, AI는 인간이 작성한 전통적인 규칙 기반 시스템이 복잡하고 그 운영이 고위험과 관련되더라도 적용되지 않는다.[15]

표 3-1 AI법의 적용을 받지 않는 전통적인 소프트웨어와 AI 시스템의 구별

구분	전통적인 소프트웨어(규제 제외)	AI 시스템(규제)
결정 로직	인간이 명시적으로 모든 규칙을 코딩	데이터를 통해 스스로 규칙/패턴을 학습
행동 방식	완전히 예측 가능하고 결정론적	확률적이며 예측이 어려울 수 있음
데이터 활용	미리 정해진 규칙을 실행하기 위한 입력값으로 사용	시스템의 작동 모델을 만들고 개선하는 훈련 재료로 사용
적응성	인간이 코드를 수정해야만 변경 가능	새로운 데이터를 통해 스스로 적응하고 변화 가능
핵심 기준	'규칙 기반'(Rule-based), 명시적 프로그래밍	'학습 기반'(Learning-based), '데이터 주도'(Data-driven)

이러한 광범위한 범위의 AI 시스템의 정의는 알고리즘 시스템 전반을 포괄한다는 점에서 환영할 만하지만 불명확성으로 인해 법적 허점을 초래할 수 있다.[16]

14) 예컨대, 계산기나 단순 이메일 필터처럼 동일한 입력값으로 동일한 결과가 나와 100% 예측 가능하게 되고, 코드에 따른 결정이 투명하며, 학습에 따르지 않는다.

15) 훈련되지는 않지만 광범위한 지식 기반에서 정교한 방식으로 추론을 도출하는 전문가 시스템은 AI법의 적용 대상이 될 수 있을 것이다. Hermanns et al., p. 4.

16) Ruschemeier et al., p. 23. 대부분의 시스템은 데이터로부터 어떤 형태의 훈련을 이용하는 점에서 AI가 될 것이라고 한다. Hermann et al., p. 6.

표 3-2 AI 시스템의 정의 비교(밑줄 추가)

유럽위원회 초안	유럽의회 수정안	AI법 최종 규정	OECD 권고
부속서 I에 열거된 하나 이상의 기술과 접근으로 개발되어 인간이 정의한 목적의 주어진 세트를 위하여 상호 작용하는 환경에 영향을 미치는 콘텐츠, 예측, 추천 또는 결정과 같은 결과물을 생성할 수 있는 소프트웨어	다양한 수준의 자율성을 가지고 작동하도록 설계되고 명시적 또는 묵시적 목적을 위해 물리적 또는 가상적 환경에 영향을 미치는 예측, 추천 또는 결정과 같은 결과물을 생성할 수 있는 기계 기반 시스템	다양한 수준의 자율성을 가지고 작동하도록 설계되고 운영 후 적응성을 발휘할 수 있으며, 명시적 또는 묵시적 목적을 위해 받은 투입물로부터 물리적 또는 가상적 환경에 영향을 줄 수 있는 예측, 콘텐츠, 추천 또는 결정과 같은 결과물을 생성하는 방법을 추론하는 기계 기반 시스템	명시적 또는 묵시적 목적을 위해 받은 투입물로부터 물리적 또는 가상적 환경에 영향을 줄 수 있는 예측, 콘텐츠, 추천 또는 결정과 같은 결과물을 생성하는 방법을 추론하는 기계 기반 시스템. AI 시스템마다 운영 후 자율성과 적응성 수준이 다르다.

AI법의 AI 시스템의 최종 정의는 2021년 4월 유럽위원회가 제안한 초안의 정의와 상당히 거리가 있다. 동 최종 정의는 2023년 11월 8일 OECD 이사회가 개정한 정의는 물론 유럽평의회의 CoE AI 협약의 정의와 일치한다.[17] AI법의

17) 2019년 5월 22일 OECD 이사회는 각료급 회의에서 「OECD AI 권고」를 채택하였고, 이는 2023년 11월 8일 수정되었다. 갱신된 정의는 다음의 목적을 가졌다: 첫째, AI 시스템의 목적(명시적 또는 묵시적)을 명확히 하고, 둘째, 인간 또는 기계가 제공할 수 있는 투입물의 역할을 강조하며, 셋째, 동 권고가 콘텐츠를 생성하는 생성형 AI 시스템에 적용되는 점을 명확히 하고, 넷째, 명확성과 다른 국제 프로세스와의 조화를 위해 '실제'(real) 단어를 '물리적'(physical) 단어로 대체하며, 다섯째, 일부 AI 시스템이 설계와 운영 이후에도 계속 진화할 수 있다는 사실을 반영함. 「OECD AI 권고 2024」, p. 4. OECD가 AI의 규제에 있어서 기본 개념인 AI 시스템의 정의를 수정한 것은 AI에 관하여 기술적으로 정확성을 유지하고 생성형 AI를 포함한 중요한 기술 발전을 반영하기 위해 불가피한 것으로 볼 수 있다. 2024년 각료급 이사회는 「OECD AI 권고」의 채택 5년 후에도 지속적인 관련성을 유지하고 그 이행을 촉진하기 위해 동 권고를 추가로 개정하였다. 구체적인 갱신 목표는 다음과 같다: 첫째, '잘못된 정보'(misinformation)와 '허위 정보'(disinformation)에 대처하고, 생성형 AI의 맥락에서 정보 무결성을 보호하는 것의 증대되는 중요성을 반영하며, 둘째, 의도된 목적 외 이용, 의도적 오용 또는 비의도적 오용에 대처

AI 시스템 정의가 유럽위원회의 초안에서 벗어나 「OECD AI 권고」의 개정된 정의와 일치하게 된 것은 AI 규제의 세계적 성격을 고려할 때 타당하고 긍정적 발전이라 평가될 수 있다. AI 기술의 초국경적 특성을 고려할 때, 모든 국가와 국제기구가 관련 개념에 대한 공통의 정의를 가지는 것이 필요하기 때문이다.[18)]

2. AI 시스템의 개념적 분석

AI 시스템은 주기적으로 업데이트/재훈련, 재테스트 및 새 버전으로 다시 운영될 수 있다.[19)] AI 시스템은 머신러닝 방법이나 논리/지식 기반 접근을 이

하고, 셋째, 투명성과 책임 있는 공개를 보장하기 위해 AI 행위자가 AI 시스템에 대해 제공해야 하는 정보를 명확히 하며, 넷째, 안전(safety) 문제에 대처하여, AI 시스템이 부당한 피해를 야기할 위험이 있거나 바람직하지 않은 행동을 보일 경우 AI 시스템은 인적 개입으로 안전하게 중단(overridden), 수리 및/또는 해체할(decommissioned) 수 있도록 하고, 다섯째, AI 지식과 AI 자원(AI resources) 제공자, AI 시스템 이용자 및 다른 이해관계자와의 협력을 수반하여 AI 시스템 수명주기 전반에 걸쳐 책임 있는 기업 행위를 강조하며, 여섯째, 전 세계적으로 증가하는 AI 정책 이니셔티브에 대비하여 관할권이 AI를 위한 상호 운용 가능한 거버넌스와 정책 환경을 촉진하기 위해 협력할 필요성을 강조하고, 일곱째, 2019년 「OECD AI 권고」의 채택 이후 그 중요성이 상당히 커진 환경적 지속 가능성에 대한 명시적인 언급을 도입함. 또한, 명확성을 위하여 AI 원칙의 일부 제목을 확대하고, 추적성과 위험 관리에 대한 문구를 더욱 정교화하여 이들 개념에 가장 적합한 설명책임 원칙으로 이동했다. 「OECD AI 권고 2024」, pp. 4-5.

18) 미국의 대표적인 AI 정책으로서 2023년 10월 30일자 바이든 대통령의 행정명령 14110의 Sec. 3(b)는 트럼프의 취임 당일 2025년 1월 20일 폐기되었다. 동 행정명령의 AI 시스템 정의가 기반한 「국가 인공지능 이니셔티브법 2020」(15 U.S.C. 9401)은 여전히 유효한 점에서 미국의 AI 시스템의 정의는 여전히 유지되는 것으로 보인다. 동 행정명령의 정의는 다음과 같다: "'인공지능' 또는 'AI'의 용어는 15 U.S.C. 9401(3)에 명시된 의미를 가지고, 이는 다음과 같다: 인간이 정의한 일련의 목적에 대해, 실제 또는 가상 환경에 영향을 미치는 예측, 추천 또는 결정을 내릴 수 있는 기계 기반 시스템. 인공지능 시스템은 기계 및 인간-기반의 투입물을 사용하여 실제 및 가상 환경을 인지하고; 자동화된 방식으로 분석을 통해 그러한 인지를 모델로 추상화하며; 정보나 행동을 위한 옵션을 형성하기 위해 모델 추론을 사용한다." OECD, EU와 CoE의 AI 시스템의 정의는 운영 후 적응성을 강조하지만, 미국의 AI 정의는 환경을 인식하고 동 인식을 모델로 추상화하여 의사결정에 추론을 이용하는 과정에 더 중점을 둔다.

용하여 구축되지만, 일반적으로 운영 후에는 훈련 데이터에 접근하지 않는다.[20]

AI법의 AI 시스템은 다음과 같이 7가지 주요 요소로 구성된다고 볼 수 있다: (1) 기계 기반 시스템으로서, (2) 다양한 수준의 자율성을 가지고 작동하도록 설계되고, (3) 운영 후 적응성을 발휘할 수 있으며, (4) 명시적 또는 묵시적 목적을 위해, (5) 받은 투입물로부터 결과물을 생성하는 방법을 추론하고, (6) 예측, 콘텐츠, 추천 또는 결정과 같은 결과물, (7) 물리적 또는 가상적 환경에 영향을 줄 수 있음.

*** 스마트 팩토리의 '자율 이동 로봇'(autonomous mobile robot, AMR)에서 이러한 7개 요소는 다음과 같이 확인할 수 있다: (i) 로봇은 모터, 배터리, 바퀴, 각종 센서 및 연산을 처리하는 컴퓨터 칩으로 구성된 기계 기반 시스템이다. 소프트웨어는 물론 하드웨어 실체를 가진다. (ii) 로봇은 중앙 관제 시스템으로부터 "A 창고의 부품을 B 조립라인으로 옮겨라"는 지시를 받으면, 그 이후 모든 과정을 인간의 실시간 조종 없이 스스로 수행한다. 이 경우 다양한 수준의 자율성을 가지고 작동한다. (iii) 로봇은 운영 중에 수집되는 데이터를 통해 스스로 학습하고 적응한다. 이동 데이터를 분석하여 특정 시간대에 자주 혼잡해지는 구역을 회피하는 새로운 경로 패턴을 학습하는 등 운영 후 적응성을 가진다. (iv) 로봇의 명시적이고 직접적인 목적은 "지정된 부품을 요청된 장소까지 정해진 시간 내에 안전하고 효율적으로 운반하는 것"이고 묵시적 목적은 "인간 작업자의 단순 반복 업무를 줄이고 공장 전체의 생산성을 극대화하며 물류 흐름을 최적화하는 것"이다. (v) 로봇은 라이다

19) OECD AI System Definition, p. 8.

20) OECD AI System Definition, p. 8. '머신러닝'(machine learning)은 기계가 자신의 성능을 개선하고 일반적으로 사람의 명시적인 지시에 따르는 대신 패턴과 규칙의 식별에 도움이 될 수 있는 '훈련 데이터'(training data)에 대한 노출을 통하여 자동화된 방식으로 모델을 생성하게 하는 일련의 기술이다. OECD AI System Definition, p. 8. 머신러닝 기술을 이용하여 시스템의 성능을 개선하는 과정을 훈련(training)이라고 한다. '기호/지식 기반'(symbolic or knowledge-based) AI 시스템은 일반적으로 사람 또는 기계가 생성할 수 있는 논리 및/또는 확률적 표현을 이용하여 예측과 결정과 같은 결과물을 추론한다. OECD AI System Definition, p. 8. 이러한 표현(representations)은 변수(variables)와 변수 간 상호관계의 명시적인 기술에 의존한다. 예컨대, 제조 공정을 추론하는 시스템은 공장, 제품, 작업자, 차량, 기계 등을 나타내는 변수를 가질 수 있다. 기호 AI는 머신러닝을 이용할 수 있다. 예컨대, 귀납적 논리 프로그래밍은 데이터로부터 기호적 논리 표현을 학습하고, 결정-트리 학습은 논리 조건의 트리 형태로 기호적 논리 규칙을 학습한다.

(LiDAR) 센서가 보낸 3D 공간 데이터, 카메라의 이미지, 와이파이를 통한 중앙 관제 시스템의 명령 등 다양한 투입물을 받고, 투입물을 바탕으로, “전방에 나타난 사람은 작업자인가, 넘어진 상자인가?” 등 질문에 대한 답을 스스로 추론하여 최적의 행동인 결과물을 이끌어 낸다. (vi) 로봇 시스템의 결과물로서 “현재 경로로 계속 주행 시, 30초 안에 다른 로봇과 교차 지점에서 마주칠 확률이 85%”라고 예측하고, 작업 완료 후 중앙 관제 시스템에 “부품 X 운반 완료, 총 소요 시간 3분 10초, 이동 경로 및 특이 사항 없음”의 상태 보고서를 생성하며, “A 구역에 예기치 않은 장애물이 발생하여 대기 시간이 길어지고 있어서 근처 C 구역의 다른 부품을 먼저 처리하는 것”을 추천하고, “전방의 장애물을 피하기 위해 주행 속도를 50%로 줄이고, 우측으로 15도 방향을 틀어 우회하는” 결정을 내린다. (vii) 로봇은 공장 바닥을 실제로 주행하고, 컨베이어 벨트에서 부품을 들어 올려 조립라인에 내려놓는 등 공장의 물리적 환경에 직접적인 변화를 주는 점에서 물리적 환경에 영향을 주고, 부품 운반의 완료 후, 로봇은 공장의 재고 관리 시스템에 접속하여 “부품 X의 상태를 창고에서 B라인으로 업데이트하는” 등 가상적 환경에 영향을 준다.

AI 시스템 정의는 시스템의 ‘운영 전’(pre-deployment) 또는 ‘구축’(building) 단계와 ‘운영 후’(post-deployment) 또는 ‘이용’(use) 단계의 두 가지 주요 단계를 포괄하는 수명주기 기반 관점을 채택하고 있다.[21] 이 정의에 명시된 7가지 요소는 해당 수명주기의 두 단계에 걸쳐 지속적으로 존재할 필요는 없다. 대신, 이 정의는 특정 요소가 한 단계에 나타날 수 있지만 두 단계에 걸쳐 지속되지 않을 수 있음을 인정한다.

21) AI 시스템의 단계에 대한 개괄적 설명은 OECD AI System Definition, p.7 참조.

그림 3-1 AI시스템의 단순한 개념[22)]

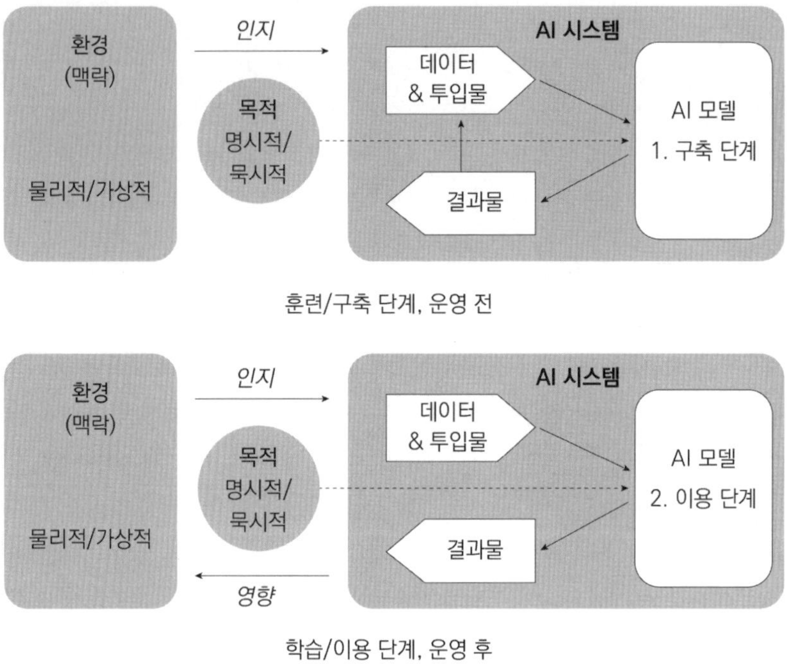

AI 시스템의 복잡성과 다양성을 반영하여 광범위한 AI 시스템을 수용함으로써 AI법의 목적에 부합하는 정의를 내릴 수 있도록 한다.

(1) 기계 기반 시스템

AI 시스템은 '기계 기반 시스템'(machine-based system)이다. '기계 기반'의 용어는 AI 시스템이 기계에서 실행된다는 사실을 의미한다.[23)] 모든 AI 시스템은 모델 훈련, 데이터 처리, 예측 모델링과 대규모 자동화된 의사결정 등 기능을 수행하기 위해 기계가 필요하기 때문에 기계 기반이다.[24)] 기계 기반의 요

22) OECD AI System Definition, p. 7. 위 도표는 AI 시스템의 개발과 운영 단계 사이의 오직 하나의 가능한 관계를 나타낸다. 많은 경우, AI 시스템의 설계와 훈련은 다운스트림 이용에서 계속될 수 있다. 예컨대, AI 시스템의 운영자는 운영 중에 모델을 미세조정하거나 지속적으로 훈련하여 동 시스템의 성능과 동작에 상당한 영향을 미칠 수 있다. OECD AI System Definition, p. 7.

23) 상설 제12항.

소는 AI 시스템이 컴퓨팅 기반이고 기계 작동을 기반으로 해야 하는 사실을 강조한다.[25)]

기계 기반의 용어는 다양한 컴퓨터 시스템을 포괄한다. 예컨대, 현재 가장 진보적인 최신 양자 컴퓨팅 시스템은 기존 컴퓨팅 시스템에서 크게 벗어난 것으로, 고유한 작동 원리와 양자 역학적 현상을 이용하지만, 연산 능력을 제공하는 기계 기반 시스템에 해당한다.[26)]

기계의 용어는 AI 시스템이 작동할 수 있도록 하는 하드웨어와 소프트웨어 구성요소를 모두 포함하는 것으로 이해할 수 있다. 고급 AI 시스템의 전체 수명주기는 많은 하드웨어 또는 소프트웨어 구성요소를 포함할 수 있는 기계에 의존한다.[27)] 하드웨어 구성요소는 '처리 장치'(processing units), 메모리, '저장 기기'(storage devices), 네트워킹 장치(units), 투입물/결과물 인터페이스와 같은 기계의 물리적 요소를 의미하고, 이는 연산을 위한 인프라를 제공한다.[28)] 소프트웨어 구성요소는 하드웨어가 데이터를 처리하고 작업을 수행하는 방법을 다루는 컴퓨터 코드, 명령어(instructions), 프로그램, 운영 체제 및 애플리케이션을 포함한다.[29)]

유럽위원회의 2018년 'Artificial Intelligence for Europe'에 관한 커뮤니케이션은 "AI 기반 시스템은 가상 세계에서 작동하는 순수 소프트웨어 기반(예: 음

24) 「AI 시스템의 정의 가이드라인」, para. 12. 기계 기반의 용어는 AI 시스템이 소프트웨어적 측면은 물론 물리적 세계에 직접적인 영향을 미치고 작동하는 하드웨어로서 측면을 더 강하게 부각하고, 새로운 컴퓨팅 기술까지 모두 포용할 수 있는 미래 지향적 개념이다.

25) 「AI 시스템의 정의 가이드라인」, para. 12. AI 시스템이 컴퓨터 기반이 아닌 기계 기반인 것은 물리적 실체가 있는 모든 장치를 명확하게 포괄함으로써 AI법의 적용 범위를 넓히게 된다. AI 기술은 전통적인 컴퓨터를 넘어 공장의 로봇 팔, 자율주행차, 드론, 스마트 가전, 의료 영상 진단기기 등 다양한 물리적 형태로 구현되기 때문이다.

26) 「AI 시스템의 정의 가이드라인」, para. 13.

27) 「AI 시스템의 정의 가이드라인」, para. 12.

28) 「AI 시스템의 정의 가이드라인」, para. 11.

29) 「AI 시스템의 정의 가이드라인」, para. 11. 즉 이러한 소프트웨어는 AI 모델과 함께 데이터의 처리와 관리, 사용자 인터페이스, 시스템 제어와 운영, 하드웨어 연동에 관련된 소프트웨어를 포함한다.

성 비서, 이미지 분석 소프트웨어, 검색 엔진, 음성과 얼굴 인식 시스템) 또는 장치(예: 고급 로봇, 자율 주행 자동차, 드론 또는 사물 인터넷 애플리케이션)일 수 있다."고 언급하였다.[30] 이와 유사하게, HLEG-AI는 2018년 AI 시스템을 다음과 같이 이해하였다: "모든 AI 기반 구성요소, 소프트웨어 및/또는 하드웨어. 실제로 AI 시스템은 독립형 시스템이 아닌 더 큰 시스템의 구성요소로 내장된다."[31] AI 시스템은 제품에 물리적으로 통합되어 있는지(임베디드), 통합되지 않고 제품의 기능을 제공하는지(비임베디드) 여부에 관계없이 독립적으로 또는 제품의 구성요소로 이용할 수 있다.[32]

(2) 자율성

AI 시스템은 '다양한 수준의 자율성'(varying levels of autonomy)을 가지고 작동하도록 설계된 기계 기반 시스템이다. AI 시스템은 인적 관여로부터 어느 정도 행동의 독립성 및 인적 개입 없이 작동할 수 있는 어느 정도 역량(some degree of independence of actions from human involvement and of capabilities to operate without human intervention)을 가진다.[33] 어느 정도 행동의 독립성이 요구되는 점에서 완전한 인적 관여와 개입으로만 작동하도록 설계된 시스템은 제외된다.[34] 인적 관여와 인적 개입은 수동 제어와 같이 직접적일 수 있고, 사람이 시스템 운영을 위임하거나 감독할 수 있는 자동화된 시스템 기반 제어와 같이 간접적일 수 있다.[35]

---

30) COM(2018) 237 final, p. 1.

31) HLEG-AI 2018. AI 챗봇 서비스와 같이 AI 자체가 완제품인 경우도 있지만, 대부분은 다른 시스템의 두뇌나 신경망처럼 작동한다는 점을 설명한다.

32) 상설 제12항.

33) 상설 제12항.

34) 「AI 시스템의 정의 가이드라인」, para. 17. 인적 관여와 개입은 인적 감독의 구체적인 방법이다. '인적 관여'(human involvement)는 포괄적이고 지속적인 참여를 가리키며, '인적 개입'(human intervention)은 특정 시점에서 직접적인 행동을 가리킨다. 예컨대, AI 시스템의 설계부터 인간이 쉽게 개입할 수 있도록 비상 정지 버튼을 만들거나 시스템의 판단을 인간이 거부할 수 있는 기능을 포함하는 것이 인적 관여의 결과물이 되고, 이 버튼을 누르는 행위가 인적 개입이 될 것이다.

35) 「AI 시스템의 정의 가이드라인」, para. 17.

자율성은 사람이 자율성과 처리 자동화를 위임한 후 시스템이 인적 관여 없이 학습하거나 행동할 수 있는 정도를 의미한다.[36] '인적 감독'(human supervision)은 AI 시스템 수명주기의 모든 단계 즉 AI 시스템의 설계, 데이터의 수집과 처리, 개발, 요건 검증, 유효성 확인, 운영, 또는 작동과 모니터링 등에서 발생할 수 있다.[37] 따라서, AI 시스템의 목적에 명시적으로 기술되지 않고 사람의 구체적인 지시 없이도 생성형 AI 등 일부 AI 시스템은 결과물을 생성할 수 있다.[38]

자율성 개념의 핵심은 인적 관여와 인적 개입, 즉 인간과 기계의 상호작용이다. 인간과 기계의 상호작용의 한 극단에는 수동으로 작동하지만 모든 작업을 수행하도록 설계된 시스템이 있고, 다른 극단에는 인간의 관여나 개입 없이도 즉 완전하게 자율적으로 작동할 수 있는 시스템이 있다.[39] 예컨대, 수동으로 제공된 투입물이 스스로 결과물을 생성하게 요구하는 시스템은 어느 정도 행동의 독립성을 가진 시스템이다. 결과물을 수동으로 제어하거나 인간이 명시적으로 정확하게 지정하지 않아도 결과물을 생성할 수 있도록 설계되기 때문이다.[40] 마찬가지로, 인간이 제공한 투입물에 근거하여 추천과 같은 결과물을 스스로 생성할 수 있는, 인간에 의한 프로세스 자동화의 위임을 따르는 전문가 시스템은 어느 정도 행동의 독립성을 갖춘 시스템이다.[41]

AI 시스템의 정의에서 '다양한 수준의 자율성을 가지고 작동하도록 설계된 기계 기반 시스템'의 언급은 시스템 개발을 위한 모델 아키텍처 또는 머신러닝과 같은 특정 기술의 선택이 아니라 시스템이 외부 환경과 상호작용하는 능력을 강조한 것이다.[42] 부속서 I과 부속서 III에서 명시된 고위험 영역과 같이

---

36) OECD AI System Definition, p. 6.

37) OECD AI System Definition, p. 6. OECD의 인적 감독은 사람의 개입 수준을 설명하는 비구속적 분류 개념이고, AI법의 '인적 감독'(human oversight)은 고위험 AI에 대해 개입·중단 등 실효적 통제를 의무화하는 구속적 개념이다.

38) OECD AI System Definition, p. 6.

39) 「AI 시스템의 정의 가이드라인」, para. 16.

40) 「AI 시스템의 정의 가이드라인」, para. 18.

41) 「AI 시스템의 정의 가이드라인」, para. 18.

42) 「AI 시스템의 정의 가이드라인」, para. 19.

특정 사용 맥락에서 인적 개입이 제한적이거나 전혀 없이 작동할 수 있는 시스템은 특정 조건에서 추가적인 잠재적 위험과 '인적 감독'(human oversight) 고려를 유발할 수 있다. 예컨대, 시스템의 의도된 목적의 맥락에서 시스템의 인적 감독 또는 위험 완화 조치를 고안할 때 자율성 수준은 제공자에게 중요한 고려 사항이다.[43] 즉 제공자는 모든 AI 시스템에 획일적인 안전장치를 적용하지 않고 해당 시스템이 인간의 개입 없이 스스로 판단하고 행동할 수 있는지 평가한 후 그 자율성 수준에 맞는 맞춤형 인적 감독과 위험 완화 조치를 설계해야 한다.

*** 자율성과 AI 시스템의 다른 요소인 추론의 개념은 서로 밀접한 관련이 있다. AI 시스템의 추론 능력, 즉 물리적 또는 가상적 환경에 영향을 줄 수 있는 예측, 콘텐츠, 추천 또는 결정과 같은 결과물을 생성하는 능력은 자율성을 구현하는 데 핵심적인 요소이기 때문이다.[44] 즉 AI 시스템 내부에서 다음의 상호작용이 이루어진다. 기본적으로 AI 시스템이 외부로부터 이미지, 텍스트, 센서 값 등 데이터 즉 투입물을 받아들이고, 시스템의 핵심인 AI 모델이 투입물을 분석하여 판단 또는 예측 결과를 생성하면, AI 시스템 전체는 추론 결과를 바탕으로 사전에 설정된 목적의 달성을 위하여 자율적으로 행동한다.

유럽위원회의 HLEG－AI는 2019년 「EU AI 윤리 가이드라인」에서 인간의 개입 관점에서 '결정 참여형'(human in the loop), '감독형'(human on the loop)과 '지휘형'(human in command) 개념을 확인하였다.[45] 결정 참여형은 AI 시스템의 모든 의사결정 주기에 사람이 개입할 수 있는 기능을 말하고, 대부분의 경우 불가능하거나 바람직하지 않다고 한다. 감독형은 시스템의 설계 주기 동안 사람이 개입하여 시스템 작동을 모니터링할 수 있는 기능을 말한다. 지휘형은 AI 시스템의 광범위한 경제적, 사회적, 법적, 윤리적 영향을 포함하는 전반적인 활동을 감독하고 특정 상황에서 시스템을 언제 어떻게 이용할지 결정할 수 있는 능력을 말하고, 특정 상황에서 AI 시스템을 이용하지 않기로 결정하거나

43) 「AI 시스템의 정의 가이드라인」, para. 21.

44) 「AI 시스템의 정의 가이드라인」, para. 15.

45) 「EU AI 윤리 가이드라인」, p. 16. 루프(loop)는 AI가 독립적으로 작업을 처리하는 자동화된 사이클인데, 이들 세 개념은 이 자동화 사이클에서 인간의 개입 방법 등을 가리킨다.

시스템을 이용하는 동안 인간의 재량 수준을 설정하거나 시스템이 내린 결정을 무시할 수 있는 능력의 보장이 포함될 수 있다. 결정 참여형에서 인간의 승인이나 수정이 있어야 시스템의 다음 단계로 진행하는 점에서 자율성이 매우 낮고, 감독형에서 인간이 시스템이 예상치 못한 행동을 하거나, 오류를 일으키거나, 중요한 예외 상황이 발생했을 때만 작동을 중단시키거나 수정하는 점에서 자율성은 높으며, 지휘형에서 인간은 AI를 언제, 어디서, 어떤 목적으로 사용할지 결정하고, AI의 작동 범위를 설정하며, 시스템의 전반적인 성능을 평가하고, 언제든 시스템 전체를 중단시킬 수 있는 궁극적인 권한을 가지는 점에서 자율성은 제한적이다.

*** GDPR 제22조의 자동화된 의사결정에서와 같이 AI법이 인적 개입 개념을 유지하는 것은 AI법과 GDPR의 적합성 유지를 위한 의도로 보인다. 그럼에도 GDPR이 인적 개입에 집중하고 AI법이 인적 관여까지 포괄적으로 요구하는 점에서 두 법이 요구하는 자율성의 본질과 그에 따른 위험의 성격이 다르다고 볼 수 있다. 즉 GDPR은 자동화된 의사결정에 대한 이의 제기 및 재검토 요구 권리를 보장하는 점에서 결과에 대한 사후적 통제로서 인적 개입을 규정한다. AI법은 AI의 설계부터 관여 및 작동 중의 개입을 보장하는 인적 관여와 인적 개입의 총체적 인적 감독을 규정한다. GDPR이 인적 개입만 규정한 것은 그 대상이 되는 시스템의 자율성을 결과를 도출하는 절차적 자율성으로 보는 것이고, AI법이 인적 관여까지 요구하는 것은 AI 시스템의 자율성을 환경과 상호작용하며 끊임없이 변화하는 동적 자율성으로 인식하고 이로 인해 발생하는 예측 불가능한 위험을 관리하기 위해서 사전 설계부터 사후 개입까지 아우르는 총체적인 인적 감독이 필수적이기 때문이다.

(3) 적응성

AI 시스템은 운영 후 적응성(adaptiveness)을 보일 수 있어야 한다. 적응성은 초기 개발 이후 계속 진화할 수 있는 머신러닝 기반 AI 시스템과 일반적으로 관련이 있다.[46] AI 시스템은 운영(deployment)의 전과 후에 투입물과 데이터와 직접적인 상호작용을 통해 자신의 행동을 수정하기 때문이다.[47] AI 시스템은 한번, 주기적 또는 지속적으로 훈련될 수 있고 데이터의 패턴과 관계를 추론

46) OECD AI System Definition, p. 6.
47) OECD AI System Definition, p. 6.

하여 작동한다. 이러한 훈련을 통해 일부 AI 시스템은 프로그래머가 처음에 상상하지 않은 새로운 형태의 추론을 수행할 수 있는 능력을 개발할 수 있다.[48]

AI법에서 적응성은 AI의 한 특징이고, 안전과 직결되는 고위험 AI 시스템이 적응성을 가질 경우, 예측 불가능한 위험을 방지하기 위해 더욱 엄격한 지속적 관리 체계가 요구된다. 적응성은 모든 AI의 필수 요건이 아니고, 시스템의 목적과 사용 환경에 따라 적응성이 있거나 없는 AI가 각각의 장점을 가지고 활용된다.[49]

AI 시스템이 운영 후 보여줄 수 있는 적응성은 '자율학습 역량'(self-learning capabilities)을 가리키고, 이용 중에 시스템이 변경될 수 있다.[50] 적응성의 개념은 종종 전문가들이 말하는 '창발적 AI 능력'(emergent AI abilities)과 관련이 있는데, 이는 기계가 주변의 변화하는 환경을 인식하고 이에 대응하여 대량의 정보에 자동으로 적응하고 학습하는 능력으로 이해된다.[51] '운영 후'(post-deployment) 적응성 개념은 운영 시점의 시스템 성능과 안전에 대한 보증이 추후 적응으로 무용지물이 될 수 있음을 의미하는 점에서 AI 규제에 있어 매우 중요한 문제가 된다. 따라서 미래의 모든 가능한 데이터 궤적에 따라 향후 모든 버전의 시스템에 대한 보증을 획득해야 하고, 이는 정적 시스템의 보증보다 훨씬 더 어려운 문제가 된다.[52]

---

48) OECD AI System Definition, p. 6.

49) 적응성이 있는 예로서 유튜브, 넷플릭스, 스포티파이 등은 이용자의 동영상 시청을 실시간으로 학습하여, 추천 목록을 계속 변경하여 이용자의 취향에 더 정확하게 맞춰 나가고, 시스템의 추천 로직 자체가 이용자 개개인에 맞춰 끊임없이 변한다. 적응성이 없는 예로서 CT, MRI 영상에서 종양을 탐지하는 AI는 대규모 의료 영상 데이터 세트로 학습을 완료한 후 고정된(frozen) 모델로 병원에 설치되고, 실제 환자의 영상을 분석하면서 스스로 학습하거나 진단 기준을 바꾸지 않는다. 의료기기의 안전성과 예측 가능성, 규제 준수를 위해 의도적으로 적응성이 배제된다. 성능 개선을 위해서는 완전히 새로운 버전을 개발하여 재허가를 받아야 한다.

50) 상설 제12항.

51) 창발적 능력은 AI 모델로 사전 훈련되지 않은 LLM의 의도하지 않은 능력이다. Bereczki 2023 참조.

52) Grobelnik et al. 이러한 어려움은 적응 과정의 일부로서 자동화된 테스트를 통합하여 처음에 공정하다고 인증된 시스템에 편향이 들어가지 않도록 하면 어느 정도 완화될 수 있을 것이다.

*** 자율성과 적응성의 개념은 서로 다르지만 밀접하게 관련된다. 이들 두 개념은 종종 함께 논의되지만 AI 시스템 기능의 서로 다른 차원을 나타낸다. 적응된 시스템의 새로운 동작은 동일한 투입물에 대해 이전 시스템과 다른 결과를 생성할 수 있다.[53] 반드시 존재해야 하는 자율성과 달리 적응성은 '보일 수 있으면'(may exhibit) 된다. 'may' 단어를 이용한 것은 시스템이 운영 후 적응성 또는 자율 학습 역량을 보유하여 AI 시스템을 구성할 수 있지만 반드시 그럴 필요는 없음을 나타낸다. 따라서 시스템이 처음에 훈련된 것 이상으로 자동적으로 학습하거나 새로운 패턴을 발견하거나 데이터에서의 관계를 식별하는 능력은 시스템이 AI 시스템에 해당하는지에 대한 결정적인 조건은 아니다.[54]

(4) 목적

AI 시스템의 목적은 시스템 내부에서 수행되는 작업의 목표와 그 결과를 나타낸다.[55] 목적은 해당 시스템의 규제를 결정하는 핵심적인 기준이다. 즉 해당 AI가 무엇을 위해 만들어지고 이용되는가에 따라 법적 의무가 달라진다. 개발자 즉 인간이 목적을 설정하는 점에서 AI 시스템의 정의는 궁극적으로 인간에게 달려 있다.[56]

1) 의도된 목적

AI 시스템의 의도된 목적은 제공자가 의도한 AI 시스템의 용도를 의미한다.[57] 특히 의도된 목적은 외부 지향적이고, 시스템이 운영되도록 설계된 맥락과 그 운영 방식을 포함한다.[58]

'의도된 목적'(intended purpose)은 사용 설명서, 홍보 또는 판매 자료와 진술서 및 기술 문서에서 제공자가 제공한 정보에 명시된 대로 이용의 특정 문맥과 조건을 포함하여 제공자가 의도한 AI 시스템의 용도를 의미한다.[59]

---

53) 「AI 시스템의 정의 가이드라인」, para. 22.
54) 「AI 시스템의 정의 가이드라인」, para. 23.
55) 「AI 시스템의 정의 가이드라인」, para. 25.
56) OECD AI System Definition, p. 6.
57) 제3조 제12호.
58) 「AI 시스템의 정의 가이드라인」, para. 25.

예컨대, 기업의 가상 AI 비서 시스템의 경우, 의도된 목적은 기업의 특정 부서가 특정 과업을 수행하도록 지원하는 것일 수 있다.[60] 또는 일련의 문서에 대한 이용자 질문에 높은 정확도와 낮은 실패율로 답변한다는 목적을 가질 수 있다.[61] 이를 위해서 가상 비서가 이용하는 문서가 길이나 서식 등 특정 요건을 준수해야 하고 이용자 질문이 시스템이 작동하도록 의도된 영역으로 제한될 것을 요구할 수 있다.[62] 의도된 목적은 목적을 달성하기 위한 시스템의 내부 운영뿐만 아니라 시스템을 더 광범위한 고객 서비스 워크 플로에의 통합, 시스템이 이용하는 데이터, 또는 사용 설명서 같은 다른 요소를 통해서도 달성된다.[63]

의도된 목적은 AI법에서 AI 시스템의 위험 등급을 결정하는 기준이 된다. AI 시스템의 의도된 목적이 부속서 III에 명시된 고위험 용도 목록에 해당하면, 해당 시스템은 고위험 AI로 분류되고 매우 엄격한 의무를 지게 된다. 예컨대, 동일한 안면 인식 기술의 의도된 목적에 따라 AI법의 위험 등급이 달라진다. 제공자가 개인 스마트폰의 잠금 해제를 의도된 목적으로 명시하면, 개인의 선택에 따른 편의 기능으로서 최소 위험 또는 제한적 위험 AI가 되는 점에서 규제가 거의 없다. 제공자가 법 집행 당국의 공공장소 실시간 원격 생체인식 식별을 의도된 목적으로 명시하면, 기본권에 중대한 영향을 주는 원칙적 금지 또는 고위험 AI가 되는 점에서 강력한 규제를 받는다.

AI 시스템의 실제 목적은 특정 맥락에서 동 시스템의 의도된 목적과 다를 수 있다.[64] 이렇게 다를 수 있는 AI 시스템의 목적은 AI 시스템의 구성요소 중 적응성을 반영한다. 또한, 목적이 사전에 완전히 알려지지 않은 경우로서, 적응성을 가진 AI는 '강화 학습'(reinforcement learning)을 통하여 개별 이용자의 선호 모델을 점차적으로 좁히면서 진화할 수 있다.[65] 따라서, 제공자에게 시

---

59) 제3조 제12호.
60) 「AI 시스템의 정의 가이드라인」, para. 25.
61) 「AI 시스템의 정의 가이드라인」, para. 25.
62) 「AI 시스템의 정의 가이드라인」, para. 25.
63) 「AI 시스템의 정의 가이드라인」, para. 25.
64) 상설 제12항.
65) OECD AI System Definition, p. 7 참조.

판 후 모니터링 의무를 부과하여, 시스템이 시장에 출시된 후에도 그 목적과 행동이 원래의 의도와 다르게 위험한 방향으로 변질되지 않는지 지속적으로 감시하도록 요구된다.

2) 명시적 또는 묵시적 목적

AI 시스템은 '명시적 또는 묵시적 목적'(explicit or implicit objectives)을 위한 것이다.[66] 명시적 또는 묵시적 목적에 대한 언급은 AI 시스템이 명시적으로 정의된 목적 또는 묵시적 목적에 따라 작동할 수 있음을 강조한다.[67] AI 시스템의 목적 설정과 개발은 묵시적 목적인 경우에도, 항상 AI 시스템 개발 프로세스를 시작한 사람에게 거슬러 올라갈 수 있다.

AI 시스템의 명시적 목적은 이용자나 규제 당국이 이해하는 상위 수준의 설명, 예컨대 언어 번역 또는 영상 추천 및 개발자가 AI의 학습 과정을 설계하기 위해 정의하는 수학적이고 기술적인 목표의 관점에서 이해할 수 있다. 특히 기술적 차원에서 명시적 목적은 개발자가 시스템에 직접 인코딩 즉 프로그래밍한 명확하게 명시된 목표(goals)가 된다.[68] 예컨대, 비용 함수의 최적화, 확률, 또는 누적 보상으로서 특정될 수 있다.[69] 명시적이고 사람이 정의한 목적으로서, 개발자가 목적 함수를 통해 AI 시스템에 직접 목적을 인코딩하는 경우이다.[70]

AI 시스템은 하나 이상의 목적 유형에 따라 운영할 수 있다. 현실 세계의

66) 제3조 제1호.

67) 상설 제12항.

68) 「AI 시스템의 정의 가이드라인」, para. 24.

69) 「AI 시스템의 정의 가이드라인」, para. 24. '비용 함수'(cost function) 또는 '손실 함수'(loss function)는 AI 모델의 예측이 실제 정답과 얼마나 다른지 즉, 오류 또는 비용이 얼마나 큰지 측정하는 함수이다. AI의 학습 목표는 비용 함수를 최소화하는 것이다. 확률(probability)의 최적화는 AI가 자신의 예측에 대한 확신을 최대화하는 목표를 가진다. '누적 보상'(cumulative reward)의 최적화는 장기적 이익을 극대화하는 목표로서 강화 학습의 핵심 원리이다.

70) '목적 함수'(an objective function)는 인간의 추상적인 목표를 AI가 이해할 수 있는 수학적 평가 기준 또는 점수판으로 변환한 것이다. 개발자가 목적 함수를 잘못 설계하면 AI는 그의 본래 의도와는 다르게 오직 인코딩된 목적 함수의 점수를 올리는 데만 집중하게 된다.

복잡한 문제 해결을 위해 대부분의 고성능 AI 시스템은 하나의 목적이 아닌 여러 유형의 목적을 동시에 고려하여 운영된다. 또한 이용자 프롬프트는 시스템이 운영 중일 때 설계 목적을 보완할 수 있다.[71] 예컨대, 내비게이션 시스템의 경우 이용자가 제공한 특정 목적지 또는 대규모 언어 모델의 프롬프트가 해당한다. AI 시스템의 의도를 구현하는 AI 시스템을 위한 명시적 목적을 특정하는 것은 어려울 수 있는데, 즉, 명시적 목적은 예기치 않은 결과를 초래할 수 있기 때문이다. 따라서 AI 시스템을 만드는 데 이용되는 목적은 종종 더 높은 수준의 목적이 된다.[72] 명시적 목적과 설계자의 의도가 다른 정도를 미스얼라인먼트(misalignment)라고 한다.[73]

AI 시스템의 묵시적 목적은 명시적으로 명시되지 않지만 시스템의 행동이나 기본적 가정에서 추론할 수 있는 목표를 말한다. 이러한 목적은 훈련 데이터 또는 AI 시스템의 환경과 상호작용에서 비롯될 수 있다.[74] 묵시적 목적은 다음 두 가지로 구별할 수 있다. 첫째, AI 시스템이 명시적 목적 없이 인간이 지정한 일련의 규칙만을 가지고 운용되는 경우이다. 일반적으로 사람이 특정한 규칙에 내포된 묵시적 목적으로서, 동 규칙은 현재 상황에 따라 AI 시스템이 취해야 할 행동을 지시한다.[75] 예컨대, 운전 시스템은 "신호등이 빨간색이면 정지한다"라는 규칙을 가질 수 있는데, 이러한 시스템의 준법이나 사고 방지와 같은 기본 목적은 일반적으로 사람이 특정하지만 동 목적은 명시적이지 않다. 둘째, 훈련 데이터에 내포된 묵시적 목적으로서, 궁극적인 목적이 명시적으로 프로그래밍되어 있지 않지만 훈련 데이터와 동 데이터를 모방하여 학습하는 시스템 아키텍처를 통해 통합되는 경우이다.[76] AI 시스템의 목적이 명

71) OECD AI System Definition, p. 7.

72) OECD AI System Definition, p. 8. 개발자는 AI의 행동 규칙을 세세하게 프로그래밍하려는 대신 AI에게 추상적인 가치와 원칙을 가르치고, AI가 그 안에서 스스로 최선의 행동을 학습하게 하려고 한다.

73) OECD AI System Definition, p. 8.

74) 「AI 시스템의 정의 가이드라인」, para. 24.

75) OECD AI System Definition, p. 7.

76) OECD AI System Definition, p. 7. 기술적인 관점에서 이러한 모방 시스템의 학습 과정은 관찰된 인간 행동과 시스템 결과물의 편차를 측정하는 공식적으로 정의된 손실 함수에 의존한다. 그러나 손실 함수는 관찰된 행동의 기저에 있는 인간의

시적으로 프로그래밍되어 있지 않지만 인간이 생성한 텍스트로부터 모방 학습 과정을 통해 또는 '인간의 피드백으로부터 강화 학습'(reinforcement learning from human feedback, RLHF) 과정을 통해 부분적으로 습득하는 ChatGPT와 같은 대규모 언어 모델에 기반한 시스템이 있다.[77)]

인간의 역할과 관련하여, AI 시스템의 목적 설정과 개발은, 목적이 묵시적이더라도, 항상 AI 시스템 개발 프로세스를 시작한 사람으로 거슬러 올라간다. 그러나 일부 유형의 AI 시스템은 묵시적 '하위 목적'(sub–objectives)을 개발할 수 있고, 때로는 다른 시스템의 목적을 설정할 수 있다.[78)] 즉 AI는 인간이 명시적으로 설정한 최종 목표를 달성하기 위해 그 과정에서 필요한 중간 단계의 목표를 스스로 발견하고 설정할 수 있고, 하나의 AI가 다른 AI나 로봇 시스템의 관리자 또는 지휘자 역할을 수행할 수 있다. AI 시스템에 대한 '인간 주체성'(human agency), 자율성, 감독은 AI 이용 맥락에 따라 달라지는 중요한 가치이다.[79)] 즉 AI가 스스로 목표를 세우고 다른 시스템을 지휘하는 복잡한 시스템은 인간의 의사결정 과정을 대체하거나 인간이 이해하지 못하는 방식으로 환경을 조작하여 인간 주체성을 침해할 수 있다.[80)]

표 3-3 OECD의 AI 시스템 목적의 유형[81)]

명시적	명시적이고 사람이 정의한 목적	개발자가 목적 함수 등을 통해 시스템에 직접 목적을 인코딩하는 경우. 예로서, 단순 분류기, 게임 플레이 시스템, 강화 학습 시스템,[82)] '조합 문제-해결 시스템'(combinatorial problem-solving system), 계획 알고리즘, 동적 프로그래밍 알고리즘[83)] 등이 있음.
묵시적	일반적으로	규칙이 현재 상황에 따라 AI 시스템이 취해야 할 조치를 지시하는

목적을 표현하지 않는다. 훈련에 이용되는 보상 함수가 인간의 궁극적인 목적과 트레이드 오프를 명시적으로 표현할 수 있는 강화 학습 접근과 대조적이다. OECD AI System Definition, p. 11. 손실 함수 등의 개념은 본서 115면 각주 69 참조.

77) Russell et al.

78) OECD AI System Definition, p. 6.

79) OECD AI System Definition, p. 6.

80) 인간 주체성은 AI 시스템이 사람을 위한 도구로서 개발되고 사용되며, 인간의 존엄성과 개인의 자율성을 존중함을 가리킨다. 상설 제27항.

81) OECD AI System Definition, p. 7.

	사람이 특정 한 규칙에 내포된 목적	경우. 예로서, 운전 시스템이 “신호등이 빨간색이면 정지”라는 규칙을 가지는 경우, 법규 준수 또는 사고 방지라는 이러한 시스템의 기본 목적은 일반적으로 사람이 지정한 것이지만 명시적이지 않음.[84]
묵시적	훈련 데이터에 내포된 목적	궁극적 목적이 명시적으로 프로그래밍되지 않지만 훈련 데이터와 동 데이터를 모방하는 학습 시스템 아키텍처를 통해 통합되는 경우. 예로서, 사람이 선호하는 그럴듯한 응답을 생성하는 경향을 보임.
묵시적	사전에 완전히 알려지지 않은 목적	강화 학습을 이용하여 개별 이용자의 선호 모델을 점차 좁혀가는 추천 시스템이 예가 됨.

(5) 추론

AI 시스템은 받은 투입물(input)로부터 결과물(outputs)을 생성하는 방법을 추론할 수 있어야 한다. AI 시스템은 자신의 환경으로부터 데이터를 받고, 하나 이상의 모델과 기본 알고리즘을 통해 그 투입된 것을 스스로 처리하여 결과물을 생성하는 방법을 추론한다. AI 시스템은 환경으로부터 투입된 데이터를 통하여 스스로 예측, 추천, 결정하고 텍스트·동영상·이미지와 같은 콘텐츠를 생성할 수 있다.

AI 시스템은 추론하는 기계 기반 시스템이다. AI 시스템의 핵심 특징은 추론(infer) 능력이다.[85] 추론 능력은 AI 시스템을 다른 유형의 시스템과 구별하는 핵심적인 필수적인 조건이다. 추론 요소에 따라 AI 시스템은 더 단순한 전통적인 소프트웨어 시스템이나 프로그래밍 접근과 구별되고, 자연인에 의하여만 정의된 규칙에 기반하여 자동적으로 작업을 실행하는 시스템은 포함하지 않는다.[86]

---

82) 강화학습은 시행착오를 걸쳐 더 나은 행동 규칙을 점차적으로 학습해 나가는 실패를 통해 더 나은 가치에 대한 행동을 강화(reinforcement)해 나가는 학습 방법이다.

83) 동적 프로그래밍은 전체 문제를 여러 개의 하위 문제로 나누어 풀고, 하위 문제의 해결 방법을 결합하여 최종 문제를 해결하는 문제 해결 방식이다.

84) AI 시스템에 목적이 제공되는데, 교통 규칙 준수와 같은 인간의 궁극적인 목적은 시스템에 제공되는 빨간불에 정지한다는 기술적 목적보다 더 상위이거나 더 추상적일 수 있다. OECD AI System Definition, p. 11.

85) 상설 제12항.

AI 시스템의 결과물을 생성하는 방법의 추론 능력은 물리적 및 가상적 환경에 영향을 줄 수 있는 예측, 콘텐츠, 추천 또는 결정과 같은 결과물을 얻는 과정 및 투입물이나 데이터로부터 모델이나 알고리즘 또는 둘 모두를 도출하는 AI 시스템의 능력을 가리킨다.[87] 추론은 시스템이 투입물로부터 결과물을 생성하는 단계를 가리키는데, 일반적으로 운영 이후의 단계이다.[88]

투입물은 개발 도중 및 운영 후 모두 이용된다.[89] 개발 도중 훈련 데이터 및/또는 사람의 투입물로부터 모델을 생성하는 머신러닝과 같이 AI 시스템을 구축하는 데 투입물이 활용된다.[90] 또한 투입물은 운영 중인 시스템에서 결과물을 생성하는 방법을 추론하는 경우에 이용된다.[91]

결과물을 생성하는 방법을 추론하기 위하여 AI 시스템은 투입물을 받아야 한다. 투입물은 개발 도중 사람이 시스템에 입력하는 지식, 규칙 및 코드 또는는

86) 상설 제12항. 추론 능력이 없는 시스템의 예로서 정해진 시간의 자동 스프링클러나 단순 조립 라인 로봇 등 규칙 기반 자동화 시스템은 정해진 조건이 충족되면 정해진 행동을 기계적으로 수행한다. 또한, 계산기나 기본적인 워드 프로세서 등 전통적인 정보처리 시스템은 데이터를 계산하고 저장하며 정해진 알고리즘에 따라 처리하지만 데이터의 의미를 추론하지 못한다. 기본적인 온도 조절기 등 단순 제어 시스템은 센서 값을 기반으로 단순한 'if-then' 논리에 따라 장치를 켜고 끄는 역할을 한다.

87) 상설 제12항.

88) OECD AI System Definition, p. 9. AI 시스템의 추론 개념은 '알려진 전제(known premises)에서 결론을 도출하는 추론(reasoning)'을 추론이라고 정의하는 ISO/IEC 22989 표준과 모순되지 않고, 이 표준은 'AI에서 전제는 사실, 규칙, 모델, 특징 또는 원시 데이터이다'라는 AI 특정 노트를 포함한다. 「AI 시스템의 정의 가이드라인」, p. 5. ISO/IEC 22989:2022, Information technology - Artificial intelligence - Artificial intelligence concepts and terminology 참조. 한편, AI 시스템의 정의에서 '결과물을 생성하는 방법을 추론함'(infer how to generate outputs)은 투입물/데이터로부터 모델이 도출되는 AI 시스템의 구축 단계도 가리키는 것으로 이해될 수 있다. OECD AI System Definition, p. 9.

89) OECD AI System Definition, p. 8.

90) OECD AI System Definition, p. 8.

91) OECD AI System Definition, p. 8. 예컨대 심층 신경망으로 구현된 시각적 대상 인식 시스템은 심층 신경망을 통하여 입력 즉 이미지의 픽셀을 전달하여 결과물 즉 이미지의 대상 분류를 생성하는 방법을 추론한다. Russell et al. '심층 신경망'(deep neural network)은 덧셈, 곱셈 및 특정 비선형 연산으로 구성된 매개변수화된 대수식을 가리킨다.

데이터의 형태를 취할 수 있다.[92] 투입물은 수행하려는 과업과 관련된 데이터를 포함하거나 이용자 프롬프트 또는 검색 질의와 같은 형태를 취할 수 있다.[93]

인간과 기계는 투입물을 제공할 수 있다. 인간의 투입물 제공은 인간의 지시, 지식, 피드백이 AI 추론의 핵심 재료가 되는 경우이다. 명시적이고 직접적인 투입물은 프롬프트와 명령어 및 데이터 라벨링을 포함하고, 묵시적이고 간접적인 투입물은 이용자 행동 데이터, 피드백을 포함한다. 기계의 투입물 제공은 다른 기계, 센서, 소프트웨어가 생성하는 데이터가 AI 추론의 재료가 되는 경우이다. 기계의 투입물은 센서 데이터, 다른 시스템의 데이터 피드,[94] AI 사이의 통신을 포함한다. 또한, 정교한 AI 시스템은 인간과 기계의 투입물을 융합하여 추론한다.[95]

추론의 정의로서 물리적 및 가상적 환경에 영향을 줄 수 있는 예측, 콘텐츠, 추천 또는 결정과 같은 결과물을 얻는 과정은 주로 이용 단계에서 AI 시스템이 투입물에 기반하여 결과물을 생성하는 능력을 가리킨다.[96] 추론의 정의로서 투입물이나 데이터로부터 모델이나 알고리즘 또는 두 가지 모두 도출하는 AI 시스템의 역량은 주로 시스템의 구축 단계를 가리키지만 이에 국한되지 않으며 시스템 구축에 이용되는 기술의 관련성을 강조한다.[97] 즉 AI의 추론은 데이터를 바탕으로 스스로 알고리즘(판단 규칙)이나 모델(세상에 대한 이해)을 만들어내는 능력이 되고, 이러한 학습은 제품의 출시 전 구축 단계(훈련)와 출시 후 학습 단계(적응성) 모두 일어날 수 있으며, 그 결과물은 물론 지도 학

92) OECD AI System Definition, p. 8.

93) OECD AI System Definition, p. 8. 투입물과 관련된 AI 시스템 오작동의 한 유형으로 시스템이 결과물을 생성할 때 입력 데이터를 부분적으로 또는 완전히 무시하는 경우가 있다. OECD AI System Definition, p. 11.

94) 주식 거래 AI는 뉴욕 증권거래소의 서버 즉 기계로부터 실시간 주가 데이터를, 뉴스 통신사의 API 즉 기계로부터 최신 경제 뉴스를, 기상청 서버 즉 기계로부터 원자재 생산에 영향을 미칠 날씨 데이터를 투입물로 받는다.

95) 스마트폰의 AI 비서는 이용자의 근처 약국의 위치에 관한 음성 질문인 인간의 투입물과 스마트폰의 GPS 센서가 제공하는 현재 위치 데이터 등 기계의 투입물을 융합하여 추론한다.

96) 「AI 시스템의 정의 가이드라인」, para. 28.

97) 「AI 시스템의 정의 가이드라인」, para. 28.

습, 비지도 학습, 강화 학습 등 어떤 기술을 사용했는가도 중요하다.

AI 시스템의 정의로서 '방법의 추론'(infer how to)은 시스템이 주어진 투입물로부터 결과물을 도출하여 결과를 추론하는 능력이라는 추론의 좁은 개념에 국한하지 않고 보다 더 광범위하다.[98] 따라서 '결과물을 생성하는 방법'(how to generate outputs)의 추론은 시스템이 추론을 가능하게 하는 AI 기술을 통해 결과물을 도출하는 구축 단계도 가리키는 것으로 이해해야 한다.[99]

AI 시스템을 구축할 때 추론을 가능하게 하는 AI 기술은 데이터로부터 특정 목적을 달성하는 방법을 학습하는 머신러닝 접근과 해결해야 할 과업의 인코딩된 지식 또는 상징적 표현으로부터 추론하는 논리/지식 기반 접근을 포함한다.[100] 즉, 추론의 개념은 AI 시스템의 구축 단계를 포괄하는 넓은 의미로 이해되어야 한다.[101] AI 시스템의 추론 능력은 학습, 추론(reasoning) 또는 모델링을 가능하게 함으로써 기본적인 데이터 처리를 뛰어넘는다.[102] 방대한 데이터가 주어지면 복잡한 패턴도 스스로 학습하는 딥러닝을 포함한 머신러닝 접근이 AI의 주류가 되고 있다. 그럼에도 머신러닝 접근의 '설명 가능성'(explainability)과 신뢰성의 한계를 논리/지식 기반 접근이 해소하는 점에서 더 신뢰할 수 있고 안전한 AI 시스템을 만들기 위해 두 접근은 서로 배타적이지 않고 보완적이어

---

98) 「AI 시스템의 정의 가이드라인」, para. 29. 예컨대 이용자가 새로운 사진 한 장을 AI에 입력하면, AI는 훈련된 지식을 바탕으로 이 사진의 픽셀 패턴을 분석하여 "이 사진은 고양이일 확률이 98%이다"라고 추론하고 '고양이'라는 라벨을 출력하는데, 이는 '주어진 투입물로부터 결과물을 도출하는' 좁은 의미의 추론이다. 그러나 AI 시스템의 추론은 '고양이'가 무엇인지 훈련받는 과정도 추론으로 본다. 예컨대 개발자는 '고양이'라고 라벨링된 방대한 사진 데이터를 훈련되지 않은 AI 모델에 입력하고, AI는 이 데이터를 분석하면서 고양이들만이 공통적으로 가지는 통계적 패턴과 규칙을 스스로 '추론'한다. 즉 '어떻게 고양이를 판별할 것인가 하는 방법' 자체를 추론한다. 이 과정의 최종 결과물은 '고양이'라는 라벨이 아니라 고양이 판별 능력을 갖도록 '훈련된 AI 모델'이 된다.

99) 「AI 시스템의 정의 가이드라인」, para. 29.

100) 상설 제12항. 기호 AI는 머신러닝을 이용할 수 있다. 예컨대, 귀납적 논리 프로그래밍은 데이터로부터 기호적 논리 표현을 학습하고, 결정-트리 학습은 논리 조건의 트리 형태로 기호적 논리 규칙을 학습한다. OECD AI System Definition, p. 8.

101) 「AI 시스템의 정의 가이드라인」, para. 31.

102) 상설 제12항.

야 할 것이다.

1) 머신러닝 접근

'머신러닝 접근'(machine learning approaches)은 특정 목적을 달성하는 방법을 데이터로부터 배우는 것이다. 머신러닝 접근은 기계가 자신의 성능을 개선하고 일반적으로 사람의 명시적인 지시에 따르는 대신 패턴과 규칙의 식별에 도움이 될 수 있는 '훈련 데이터'(training data)에 대한 노출을 통하여 자동화된 방식으로 모델을 생성하게 하는 일련의 기술이다.[103] 머신러닝 접근은 지도 학습, 비지도 학습, 자기 지도 학습 및 강화 학습과 같이 시스템이 학습할 수 있게 하는 다양한 접근을 포함한다.[104]

'지도 학습'(supervised learning)의 경우, AI 시스템은 입력 데이터가 올바른 결과물과 짝을 이루도록 라벨링된 데이터인 주석을 통해 학습한다.[105] 시스템은 이러한 주석을 이용하여 투입물로부터 결과물로의 매핑을 학습하고 이를 보이지 않는 새로운 데이터로 일반화한다.[106] AI 기반 이메일 스팸 탐지 시스템은 지도 학습 시스템의 예이다.[107]

'비지도 학습'(unsupervised learning)의 경우, AI 시스템은 라벨링되지 않은 데이터에서 학습한다.[108] 즉 모델은 미리 정의된 라벨이나 결과물 없이 데이터로 훈련한다.[109] 클러스터링, '차원 축소'(dimensionality reduction), '연관 규칙

---

103) OECD AI System Definition, p. 8. 훈련(training)은 머신러닝 기술을 이용하여 시스템의 성능을 개선하는 과정이다.

104) 「AI 시스템의 정의 가이드라인」, para. 32.

105) 「AI 시스템의 정의 가이드라인」, para. 33. 주석(annotations)은 AI를 위한 정답지 또는 해답과 같은 역할을 하고, AI는 주석을 보고 입력 데이터와 올바른 결과물 사이의 패턴과 규칙을 학습한다.

106) 「AI 시스템의 정의 가이드라인」, para. 33.

107) 시스템은 구축 단계에서 사람이 스팸 또는 '스팸 아님'(not spam)으로 라벨링한 이메일이 포함된 데이터 세트를 훈련하여 라벨링된 이메일의 특징에서 패턴을 학습한다. 훈련 후 이용되면, 시스템은 새로운 이메일을 분석하고 라벨링된 데이터에서 학습한 패턴을 기반으로 스팸 또는 스팸 아닌 이메일을 분류할 수 있다. 「AI 시스템의 정의 가이드라인」, para. 33.

108) 「AI 시스템의 정의 가이드라인」, para. 35.

109) 「AI 시스템의 정의 가이드라인」, para. 35.

학습'(association rule learning), 이상 탐지 또는 '생성 모델'(generative models)과 같은 다양한 기술을 이용하여 시스템은 결과물이 무엇인지에 대한 명시적인 가이던스 없이 데이터에서 패턴, 구조 또는 관계를 찾도록 훈련된다.[110] 제약회사가 신약 개발에 이용하는 AI 시스템은 비지도 학습의 예이다.[111]

'자기 지도 학습'(self-supervised learning)은 비지도 학습의 하위 범주로서, AI 시스템은 데이터 자체를 이용하여 자체 라벨 또는 목적을 생성하기 위해 라벨링되지 않은 데이터를 지도 방식으로 학습한다.[112] 자기 지도 학습에 기반한 AI 시스템은 '자동 인코더'(auto-encoders), '생성적 적대적 네트워크'(generative adversarial networks) 또는 '대조 학습'(contrastive learning)과 같은 다양한 기술을 이용한다.[113] 이미지에서 누락된 픽셀을 예측하여 사물을 인식하는 방법을 학습하는 '이미지 인식 시스템'(image recognition system), 문장의 다음 토큰을 예측하는 방법을 학습하는 '언어 모델'(language models), 오디오 신호의 다음 음향 특징을 예측하여 음성 단어를 인식하는 방법을 학습하는 '음성 인식 시스템'(speech recognition systems)은 자기 지도 학습에 기반한 AI 시스템의 예이다.[114]

'강화 학습'(reinforcement learning) 기반의 AI 시스템은 보상 기능을 통해 자신의 경험에서 수집한 데이터로 학습한다.[115] 지도 학습 즉 라벨링된 데이터로 학습하거나 비지도 학습 즉 패턴으로 학습하는 AI 시스템과 달리 강화 학습에 기반한 AI 시스템은 경험을 통해 학습한다. 이 시스템은 명시적인 라벨

110) 「AI 시스템의 정의 가이드라인」, para. 35.

111) AI 시스템은 클러스터링 또는 이상 탐지와 같은 비지도 학습을 이용하여 화합물을 그룹화하고 기존 약물과의 유사성을 기반으로 질병에 대한 잠재적인 새로운 치료법을 예측한다. 「AI 시스템의 정의 가이드라인」, para. 35. 클러스터링(clustering)은 주어진 데이터를 비슷한 특성을 가진 것끼리 하나의 군집으로 묶는 기법인데, 각 군집 내의 데이터는 서로 최대한 비슷하게, 다른 군집에 속한 데이터와 최대한 다르게 만드는 것이다. '이상 탐지'(anomality detection)는 전체 데이터의 흐름에서 대부분의 데이터와는 확연히 다른 패턴을 보이는 특이한 데이터(outlier)를 찾아내는 기법이다. 클러스터링이 그룹 찾기에 집중한다면, 이상 탐지는 '튀는 녀석 찾기'에 가깝다.

112) 「AI 시스템의 정의 가이드라인」, para. 36.

113) 「AI 시스템의 정의 가이드라인」, para. 36.

114) 「AI 시스템의 정의 가이드라인」, para. 36.

115) 「AI 시스템의 정의 가이드라인」, para. 37.

이 주어지지 않고 시행착오를 통해 학습하며, 환경으로부터 얻은 피드백을 바탕으로 전략을 개선한다.[116] 물체를 잡는 과업을 수행할 수 있는 AI 기반 로봇 팔 및 검색 엔진에서 개인화된 콘텐츠 추천과 자율 주행 차량의 성능을 최적화하는 것은 강화 학습에 기반한 AI 시스템의 예이다.[117]

딥러닝(deep learning)은 표현 학습을 위해 계층화된 아키텍처를 활용하는 머신러닝의 하위 범주이다.[118] 딥러닝 기반의 AI 시스템은 원시 데이터에서 자동적으로 특징을 학습할 수 있어서 수동으로 특징을 엔지니어링할 필요가 없다.[119] 딥러닝 기반의 AI 시스템은 계층과 매개변수의 수로 인해 훈련을 위해 일반적으로 많은 양의 데이터가 필요하지만, 충분한 데이터가 주어지면 패턴을 인식하고 높은 정확도로 예측하는 방법을 학습할 수 있다.[120] 딥러닝에 기반한 AI 시스템은 널리 이용되고 있고, 최근의 많은 AI 혁신의 기반이 되는 기술이다.[121]

---

116) 「AI 시스템의 정의 가이드라인」, para. 37.

117) 「AI 시스템의 정의 가이드라인」, para. 37.

118) 「AI 시스템의 정의 가이드라인」, para. 38. 표현은 어떤 데이터를 특정 작업을 수행하는 데 더 유용하고 간결한 형태로 바꾸는 것으로서 '표현 학습'(representation learning)은 스스로 데이터의 핵심 특징을 알아내는 기술이다. '계층화된 아키텍처'(layered architectures)는 '인공신경망'(neural network)의 구조를 말하고, 여러 개의 계층이 층층이 쌓여있는 형태이다. 딥러닝에서 심화(deep)는 이 계층이 깊게 많이 쌓여있다는 의미이다.

119) 「AI 시스템의 정의 가이드라인」, para. 38.

120) 「AI 시스템의 정의 가이드라인」, para. 38. 계층(layers)은 딥러닝 모델을 구성하는 기본 빌딩 블록으로서, 데이터는 이 계층들을 순서대로 통과하면서 마치 공장의 생산라인처럼 점진적으로 가공되고 정제된다. 매개변수(parameter)는 딥러닝 모델이 훈련 과정에서 데이터로부터 학습하는 내부 변수인데, AI 모델의 지식과 경험은 매개변수 값의 집합에 저장된다. 매개변수는 가중치와 편향의 두 가지 형태를 가진다.

121) 「AI 시스템의 정의 가이드라인」, para. 38. 딥러닝에 기반한 AI는 다음을 포함한다. 생성형 AI로서 OpenAI의 GPT-4o, Google의 Gemini, Anthropic의 Claude 등 대규모 언어 모델, OpenAI의 DALL-E 3(이미지) 및 Sora(비디오), Midjourney, Stability AI의 Stable Diffusion 등 이미지/비디오 생성 AI, 및 컴퓨터 비전으로서 자율주행 시스템, 의료 영상 분석, 및 AI 음성 비서와 실시간 통역 등 자연어 처리와 음성 인식 AI가 있다.

2) 논리/지식 기반 접근

'논리/지식 기반 접근'(logic- and knowledge-based approaches)은 해결해야 할 과업의 인코딩된 지식이나 상징적 표현으로부터 추론한다.[122] 이러한 AI 시스템은 데이터로 학습하는 대신 인간 전문가가 인코딩한 규칙, 사실과 관계 등 지식에서 학습한다. 일반적으로 사람 또는 기계가 생성할 수 있는 논리 또는 확률적 표현을 이용하여 예측과 결정과 같은 결과물을 추론하는 접근이다.[123] 이러한 표현은 변수 간 상호 관계의 명시적인 설명에 의존한다.[124]

이러한 시스템은 인간 전문가가 인코딩한 지식을 기반으로, 연역적 또는 귀납적 엔진을 통해 또는 정렬(sorting), 검색, 매칭, 체이닝과 같은 작업을 이용하여 추론할 수 있다.[125] 이러한 시스템은 논리적 추론을 통해 결론을 도출하여, 새로운 상황에 공식적 논리, 사전 정의된 규칙 또는 온톨로지를 적용한다.[126] 논리/지식 기반 접근은 지식의 표현, 귀납적 즉 논리적 프로그래밍, 지식 기반, 추론과 연역적 엔진, 기호적 추론, 전문가 시스템과 검색 및 최적화 방법을 포함한다.[127] 예컨대, 문법 지식과 논리적 의미론에 기반한 고전적 언어 처리 모델은 언어의 구조를 기반으로 문장의 구문과 문법적 구성요소를 식

---

122) 상설 제12항.

123) OECD AI System Definition, p. 8.

124) OECD AI System Definition, p. 8. 표현은 현실 세계의 개념, 사물, 관계를 컴퓨터가 다룰 수 있는 기호 형태로 나타내는 것이고, 변수(variables)는 소크라테스, 사람, 유전병과 같이 세상의 특정 객체나 개념을 가리키는 기호이다. 인간 전문가가 세상이 작동하는 방식에 대한 사실과 규칙을 직접, 명시적으로 컴퓨터에 작성하여 입력한다. 지식을 데이터로부터 배우는 것이 아니라, 사람이 직접 지식을 써넣는 것이다.

125) 「AI 시스템의 정의 가이드라인」, para. 39. 체이닝(chaining)은 온톨로지나 지식베이스에 정의된 사실과 규칙들을 논리적으로 연결하여 새로운 결론을 도출해내는 과정이고, 이미 알고 있는 지식들을 연결하는 논리의 사슬을 만들어 나가는 과정이다.

126) 「AI 시스템의 정의 가이드라인」, para. 39. 온톨로지(ontologies)는 특정 분야에 속한 개념, 속성 및 개념들 사이의 관계를 체계적으로 정의하고 표현하는 기술이고, 컴퓨터가 처리할 수 있는 형태로 정리된 지식의 명세서 또는 개념 지도라고 할 수 있다.

127) 「AI 시스템의 정의 가이드라인」, para. 39.

별하여 주어진 텍스트의 의미를 추출한다.[128] 논리/지식 기반 접근에 기반한 AI 시스템의 다른 예는 다양한 의료 전문가들의 지식을 인코딩하여 개발되고 특정 환자의 일련의 증상으로부터 결론을 도출하기 위한 의료 진단용 '초기 세대 전문가 시스템'(early generation expert systems)이 있다.[129]

(6) 결과물

AI 시스템은 결과물을 생성하는 방법을 추론한다. AI 시스템이 생성하는 결과물(outputs)은 일반적으로 AI 시스템이 수행하는 서로 다른 기능을 반영한다.[130] 결과물을 생성하는 역량과 시스템이 생성할 수 있는 결과물의 유형은 AI 시스템의 기능과 영향을 이해하는 데 있어 중심이 된다.[131] 즉, 머신러닝 접근 및 논리/지식 기반 접근에 기반한 시스템을 포함한 AI 시스템은 데이터의 복잡한 관계와 패턴을 처리할 수 있는 점에서 예측, 콘텐츠, 추천과 결정 등 결과물을 생성하는 능력에서 '비AI 시스템'(non-AI system)과 차이가 있다.[132] AI 시스템은 일반적으로 훈련 중에 학습한 패턴을 활용하거나 전문가가 정의한 규칙을 이용하여 결정을 내리고 구조화된 환경에서 더 정교한 추론을 제공하는 등 비AI 시스템보다 더 미묘한 결과물을 생성할 수 있다.[133]

결과물은 물리적 또는 가상적 환경에 영향을 미칠 수 있는 예측, 콘텐츠, 추천 또는 결정 '등'(such as)을 가리킨다.[134] 따라서 결과물은 이렇게 예시되지 않은 다른 것도 포함할 수 있다. 한편, 이러한 결과물은 AI 시스템이 수행하는 과업(tasks)의 산물로 볼 수 있다. 이러한 과업은 인식, 이벤트 감지, 예측, 개인화, 상호작용 지원, 목표 중심 최적화, 지식 구조를 사용한 추론 등을 포함

---

128) 「AI 시스템의 정의 가이드라인」, para. 39.

129) 「AI 시스템의 정의 가이드라인」, para. 39.

130) 상설 제12항, OECD AI System Definition, p. 9.

131) 「AI 시스템의 정의 가이드라인」, para. 52.

132) 「AI 시스템의 정의 가이드라인」, para. 59. 비AI 시스템은 특정 의료기기 전문가 시스템과 같은 일반적으로 과거 데이터, 과학적 데이터 또는 사전 정의된 규칙을 기반으로 하는 시스템이 된다.

133) 「AI 시스템의 정의 가이드라인」, para. 59.

134) 제3조 제1호.

한다.[135] 특정 과업을 수행하여 특정 결과물이 나오는 AI 시스템 구조의 논리적인 인과관계를 이해할 수 있다.

동일한 AI 시스템은 다양한 결과물을 생성할 수 있다.[136] AI 시스템의 결과물인 예측, 콘텐츠, 추천, 결정은 인적 관여의 수준과 시스템의 자율성 관점에서 서로 다르다.[137]

표 3-4 결과물의 자율성과 인적 관여 수준의 비교

유형	시스템 자율성 수준	결과물 생성에서 인적 관여 수준	결과물 활용에서 인적 관여 수준
예측	낮음(정보 제공)	최소(입력값에 대해 자율적 계산)[138]	필수적(인간의 해석 및 행동 결정)
콘텐츠	중간(창작 수행)	높음(인간의 명시적 지시 필요)	높음(인간의 선택, 수정, 활용)
추천	높음(환경 설계)	중간(이용자의 암묵적/과거 데이터 활용)	중간(인간의 선택)
결정	매우 높음(자율적 실행)[139]	최소(실시간 데이터에 대한 자율적 판단/실행)	낮음(인간의 예외적 개입)

135) OECD AI System Classification 2022, pp. 50-51.

136) 예컨대, 자율주행 시스템은 주차된 차량 사이에서 공이 굴러 나오면 보이지 않는 곳에서 어린이가 나타날 가능성이 높다고 '예측'하고, 주행 종료 후 스마트폰 앱에 "총 주행거리 52km, 평균 연비 19km/L, 급제동 0회, 차선 유지 정확도 98%로 안전 점수는 97점"이라는 요약 정보 즉 '콘텐츠'를 생성하며, 현재 배터리 잔량으로는 목적지까지 갈 수 없으므로 "10km 전방에 있는 가장 빠른 급속 충전소에 들르는 것"을 '추천'하고, 전방 차량과의 충돌이 임박하다고 판단하면서 운전자의 반응이 없으므로 직접 최대 제동력으로 차량을 정지시키기로 '결정'할 수 있다.

137) 「AI 시스템의 정의 가이드라인」, para. 53, OECD AI System Definition, p. 9.

138) 「AI 시스템의 정의 가이드라인」, para. 54.

139) OECD AI System Definition, p. 9.

1) 예측

예측(prediction)은 AI 시스템에 제공된 알려진 값인 투입물로부터 미지의 값인 결과물에 대한 추정치이다.[140] 예측의 결과물을 생성하기 위하여 예측의 과업이 수행되게 된다. 이미지나 텍스트를 특정 범주로 분류하는 인식(recognition)도 예측의 과업으로 볼 수 있다. AI법의 적용에서 신용평가, 채용 등 고위험 예측 시스템이 주목된다.

비AI 시스템인 통계적 또는 수학적 소프트웨어도 오랜동안 예측을 생성하는데 이용되었다. 머신러닝을 이용하는 AI 시스템은 데이터에서 복잡한 패턴을 발견하고 매우 역동적이고 복잡한 환경에서 정확한 예측을 할 수 있다.[141] 예컨대, 자율주행 자동차에서 운영된 AI 시스템은 여러 유형의 에이전트와 상호작용, 사실상 무한대의 가능한 상황 등 매우 복잡하고 역동적인 환경에서 실시간 예측을 하고 그에 따라 행동을 조정하는 결정을 내릴 수 있도록 설계된다.[142] 일반적으로 과거 데이터, 과학적 데이터 또는 사전 정의된 규칙을 기반으로 하는 비AI 시스템은 이러한 수준의 복잡성을 처리할 수 없다.[143]

2) 콘텐츠

콘텐츠(content)는 AI 시스템에 의한 새로운 자료의 생성을 의미한다.[144] 텍스트, 이미지, 동영상, 음악 및 다른 형태의 결과물을 포함할 수 있다. 이러한 결과물은 주로 생성(generation)의 과업을 통하거나, 이용자와의 대화를 통한 '상호작용 지원'(interaction support) 과업과 깊은 관련이 있다. AI법의 적용에서 딥페이크, 생성형 AI의 투명성 의무 등이 주목된다.

'생성적 사전 훈련 트랜스포머'(Generative Pre-trained Transformer, GPT) 기술에 기반하는 머신러닝 모델을 이용하여 콘텐츠를 생성하는 AI 시스템이 점점 더 많아지고 있다.[145] 결과물의 범주로서 콘텐츠는 기술적 관점에서 일련의

---

140) 「AI 시스템의 정의 가이드라인」, para. 54.
141) 「AI 시스템의 정의 가이드라인」, para. 54.
142) 「AI 시스템의 정의 가이드라인」, para. 55.
143) 「AI 시스템의 정의 가이드라인」, para. 55.
144) 「AI 시스템의 정의 가이드라인」, para. 56.

예측 또는 결정의 관점에서 이해될 수 있지만, 생성형 AI 시스템에서 이러한 결과물의 보편화로 자체적인 결과물 범주로 본다.[146)]

3) 추천

추천(recommendation)은 이용자의 선호도, 행동 또는 다른 데이터 투입물을 기반으로 이용자에게 특정 행동, 제품 또는 서비스를 제안하는 것을 가리킨다.[147)] 이러한 결과물은 이용자의 과거 데이터와 선호를 분석하는 개인화(personalization) 과업의 핵심적인 산물이다. AI법의 적용에서 추천 시스템의 조작 가능성과 투명성이 주목된다.

예측과 마찬가지로, AI 기반 시스템과 비AI(non−AI) 기반 시스템은 모두 추천을 생성하도록 설계될 수 있다. 예컨대, AI 기반 추천 시스템은 대규모 데이터를 활용하고, 이용자 행동에 실시간으로 적응하며, 고도로 개인화된 추천을 제공하고, 데이터 세트가 증가함에 따라 효율적으로 확장할 수 있지만, 정적인 규칙 기반 메커니즘과 제한된 데이터에 의존하는 비AI 시스템은 이러한 기능을 거의 갖지 못한다.[148)] 또한, 추천은 채용 시스템에서 채용할 후보자와 같이 사람이 평가할 잠재적 결정을 의미하는데, 이러한 추천이 자동으로 적용되면 결정이 된다.[149)]

---

145) OpenAI의 ChatGPT, Google의 Gemini, Anthropic의 Claude 등 대화형 AI와 차세대 정보 검색, Microsoft 365 Copilot, Google Workspace의 Gemini 등 업무 생산성 도구, GitHub Copilot, Amazon CodeWhisperer 등 소프트웨어 개발과 코딩, Jasper (구 Jarvis), Copy.ai, Rytr 등 전문 콘텐츠 제작을 위한 AI가 대표적인 예이다.

146) 「AI 시스템의 정의 가이드라인」, para. 56. 예컨대, 텍스트 생성을 특정 단어를 생성하는 일련의 결정 또는 특정 문맥에서 나타날 가능성이 있는 단어의 예측으로 볼 수 있지만, 콘텐츠 생성 시스템은 2023년 11월 OECD의 개정된 AI 시스템의 정의에서 자체적인 결과물 범주로 포함되었다. OECD AI System Definition, p. 9.

147) 「AI 시스템의 정의 가이드라인」, para. 57.

148) 「AI 시스템의 정의 가이드라인」, para. 57.

149) 「AI 시스템의 정의 가이드라인」, para. 57.

4) 결정

결정(decisions)은 시스템이 내린 결론이나 선택을 의미한다.[150] 결정의 핵심 과업으로 여러 선택지 중 최종 목표에 가장 유리한 결정을 내리는 '목표 중심 최적화'(goal-oriented optimization) 과업, 특정 사건 발생 시 사전에 정의된 결정을 촉발하는 '이벤트 감지'(event detection) 과업, 명시적 규칙에 기반하여 논리적으로 가장 올바른 결정을 도출하는 지식 구조를 사용한 '추론'(reasoning) 과업이 있다. AI법의 적용에서 핵심 인프라 제어, 자율주행 등 고위험 결정 시스템이 주목된다.

결정을 내리는 AI 시스템은 전통적으로 사람의 판단으로 처리되던 과정을 자동화하여, 사람의 개입 없이 시스템을 둘러싼 환경에서 특정 결과물이 생성되는 완전하게 자동화된 과정을 의미한다.[151] 결정은 결과물의 가장 자율적인 유형인데, AI 시스템이 환경에 직접적으로 영향을 주거나 다른 개체에게 영향을 주도록 지시하기 때문이다.[152]

(7) 환경과 상호작용

AI 시스템은 '물리적 또는 가상적 환경'(physical or virtual environments)에 영향을 줄 수 있는 결과물을 생성하는 방법을 추론하는 기계 기반 시스템이다. 즉 AI 시스템은 수동적인 것이 아니라 시스템이 운영되는 환경에 능동적으로 영향을 미친다.[153] 환경은 AI 시스템이 작동하는 문맥으로 이해된다.[154]

AI 시스템의 영향을 받는 환경은 물리적 또는 가상적일 수 있고, 생물학적 신호나 인간 행동과 같은 인간 활동의 측면을 설명하는 환경을 포함한다.[155] 물리적 환경은 사람이 직접 만지고 상호작용할 수 있는 현실 세계를 의미한다. AI가 물리적 환경에 영향을 미친다는 것은 로봇공학이나 사물인터넷(IoT)

---

150) 「AI 시스템의 정의 가이드라인」, para. 58.
151) 「AI 시스템의 정의 가이드라인」, para. 58.
152) OECD AI System Definition, p. 9.
153) 「AI 시스템의 정의 가이드라인」, para. 60.
154) 상설 제12항.
155) OECD AI System Definition, p. 7.

기술과 결합하여 실제 사물의 위치, 상태, 움직임을 바꾸는 것을 가리킨다. 가상적 환경은 소프트웨어, 데이터, 알고리즘, 네트워크로 구성된 디지털 세계를 의미한다. AI가 가상적 환경에 영향을 미친다는 것은 디지털 정보의 상태를 변경하거나 새로운 정보를 생성하는 것을 가리킨다. AI 시스템에서 이 두 환경이 매우 밀접하게 연결되어 하나의 환경에 미치는 영향이 다른 환경의 변화를 연쇄적으로 유발한다.[156)]

AI가 환경에 영향을 미친다는 것은 물리적이든 가상적이든 세상의 상태를 직접적으로 변화시키는 능력을 의미하고, 가상적 환경에서 내린 AI의 결정이 물리적 환경에 예측하지 못한 중대한 결과 즉 위험을 초래할 수 있다. 이 점에서 AI법의 적용이 요구된다.

3. AI 시스템의 수명주기

AI 시스템의 수명주기(lifecycle)는 일반적으로 다음을 포함하는 여러 단계를 수반한다:[157)] i) 계획과 설계, ii) 데이터 수집과 처리, iii) 모델(들) 구축 및/또는 현존하는 모델(들)을 특정 과업에 맞게 조정, (iv) 테스트, 평가, 요건 검증과 유효성 확인, (v) 이용에 가능하게 하기/운영, (vi) 작동과 모니터링, (vii) 퇴역/해체. 이들 단계는 종종 반복적인 방식으로 일어나고 반드시 순차적이지 않다. AI 시스템을 운영에서 퇴역(retiring)하는 결정은 작동과 모니터링 단계 중의 어느 시점에서도 가능하다.

---

156) 가상적 환경에서 물리적 환경으로 미치는 영향은 온라인 쇼핑에서 스마트폰 즉 가상적 환경에서 음식 주문 버튼을 누르면 그 디지털 신호가 물류센터의 로봇 즉 물리적 환경에게 전달되어 상품을 집어 들게 하고 배송 기사의 단말기로 경로를 전송하여 집까지 오게 만든다. 물리적 환경에서 가상적 환경으로 미치는 영향은 음성 비서에서 "오늘 날씨는?"이라고 현실 세계에서 말을 하면 즉 물리적 행동이 되고 마이크(센서)가 이를 감지하여 디지털 신호로 변환하고 이 데이터는 서버 즉 가상적 환경으로 전송되어 날씨 데이터베이스의 상태를 조회하고 답변을 생성하게 한다.

157) 「OECD AI 권고 2024」, I항. 하나의 AI 시스템이 만들어져 운영되고 소멸하기까지 수명주기는 각 단계에서 필요한 기술적, 윤리적, 법적 활동을 체계적으로 보여주는 매우 중요한 프레임워크이다.

(1) 계획과 설계

첫째 단계인 계획과 설계에서 AI 프로젝트의 청사진이 그려진다. 예컨대 폐암 진단 보조 AI 시스템의 개발과 관련하여, "최소 95%의 암을 찾아낼 확률을 가져야 하고 병원의 기존 의료영상저장·전송시스템(PACS)과 완벽하게 연동되며, 개인정보보호법을 준수해야 한다." 등 요건이 정의된다.

(2) 데이터 수집과 처리

둘째 단계인 데이터 수집과 처리에서 모델을 훈련시키기 위한 데이터가 수집되고 처리된다. 예컨대, 여러 병원과 협력하여 개인을 식별할 수 없는 과거 10만 명 분량의 흉부 CT 영상 데이터를 수집하고, 영상의학과 전문의들이 각 영상에 대해 정상, 양성 결절, 악성 의심 결절 등으로 정답 즉 레이블을 달아주며, 결절이 있는 위치를 마우스로 직접 표시하여 '바운딩 박스'(bounding box) 주석을 추가한다.

(3) 모델 구축 등

셋째 단계인 모델(들) 구축 및/또는 현존하는 모델(들)을 특정 과업에 맞게 조정하면서 실제로 AI 모델을 만들고 훈련시킨다. 예컨대, 주석 작업이 완료된 10만 건의 데이터를 사용하여 이미지 인식에 강점이 있는 '합성곱 신경망'(convolutional neural network, CNN)[158] 기반의 딥러닝 모델을 훈련시키거나 이미 대규모 의료영상으로 사전 훈련된 기존의 모델을 활용하여 수집한 폐암 데이터에 맞게 미세조정(fine-tuning)하여 개발 시간을 단축하고 성능을 높일 수 있다.

(4) 테스트 등

넷째 단계인 테스트, 평가, 요건 검증과 유효성 확인에서 이렇게 만들어진 AI가 목적에 따라 잘 작동하는지, 안전한지 철저하게 검사한다. 예컨대, 훈련

158) CNN은 이미지, 영상, 시계열 데이터처럼 공간적·지역적 패턴을 가진 데이터를 처리하기 위해 설계된 인공신경망 구조를 가리킨다.

에 사용되지 않은 완전히 새로운 1만 건의 테스트 데이터를 이용해 모델의 정확도와 민감도 등 성능을 객관적으로 평가하고, 제3의 독립된 의료기관에 의뢰하여 AI가 실제 임상 환경에서도 요구된 성능과 안전 기준을 충족하는지 검증하며, 의약품 안전 관련 규제 기관에 모든 데이터를 제출하여 의료기기 확인을 받는다.

(5) 운영

다섯째 단계인 이용에 가능하게 하기/운영에서 AI를 실제 이용자가 이용할 수 있도록 현장에 설치한다. 예컨대, 규제 기관의 허가를 받은 AI 소프트웨어를 병원 서버에 공식적으로 설치하고, 의사들이 사용하는 PACS 시스템에 플러그인 형태로 연동하여 의사들이 CT 영상을 열 때 AI의 분석 결과를 화면 한쪽에서 바로 확인할 수 있게 한다.

(6) 작동과 모니터링

여섯째 단계인 작동과 모니터링에서 운영된 AI가 실제 환경에서 임무를 수행하고 지속적으로 문제없이 작동하는지 감시한다. 예컨대, 의사들이 매일 수십 건의 CT 영상을 판독할 때 AI가 실시간으로 분석 결과를 제공하며 의사의 진단 보조라는 실제 임무를 수행하고, 병원에 새로운 기종의 CT 장비가 도입되었을 때 AI 성능이 떨어지지 않는지 또는 이전에는 드물었던 새로운 유형의 폐 질환 데이터가 들어왔을 때 AI가 오작동하지 않는지 등을 지속적으로 추적하고 기록하고, 문제가 발견되면 모델 업데이트를 준비한다.

(7) 퇴역과 해체

일곱째 단계인 퇴역(retiring) 및 해체(decommission)에서 AI 시스템의 수명이 안전하게 마무리된다. 예컨대, 운영 후 5년이 지나서 성능이 월등히 향상된 새로운 버전의 AI가 출시되어 기존 AI 모델의 서비스를 공식적으로 운영 중단 즉 퇴역하기로 결정하고, 이렇게 퇴역한 모델이 사용했던 병원 서버의 소프트웨어를 삭제하고 개인정보보호법 등 관련 법에 따라 학습에 사용된 환자 데이터를 안전하게 영구 파기하거나 연구 목적으로 비식별화하는 과정을 진행하고 그 결과를 문서로 남기면서 완전한 정리 즉 해체한다.

그림 3-2 AI 시스템의 수명주기[159)]

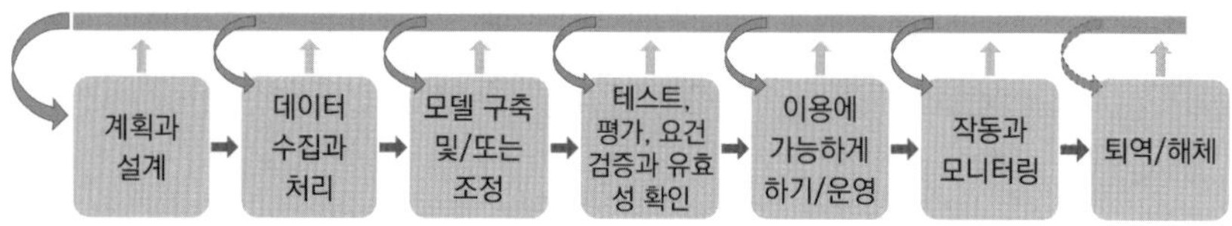

일반적으로 운영 전에 기계 및/또는 사람의 투입물/데이터를 기반으로 수동 또는 자동으로 개발된 하나 이상의 모델을 결합하여 AI 시스템이 구축된다.[160)] AI 모델은 투입물로부터 추론하여 결과물을 생산하는 데 이용되는 AI 시스템의 핵심 구성 요소이다.[161)] AI 모델의 매개변수가 구축 단계에서 변경되지만, 동 변수는 구축 단계가 완료되면 일반적으로 운영 후에 고정된 상태로 유지된다. 그러나 머신러닝 방법을 이용하여 구축된 모델로 구성된 일부 AI 시스템은 초기 구축 단계 이후에도 계속 적응하여 새로운 투입물과 데이터와 직접 상호 작용하여 성능을 향상시킬 수 있다.[162)]

요건 검증과 유효성 확인은 소프트웨어 시스템이 사양과 표준을 충족하고 필요한 목적을 달성하는지 여부를 조사하는 과정이다.[163)] '요건 검증'(verification)은 특히 고위험 AI 시스템의 적합성 평가에서 AI법의 요건을 충족하는지 확인한다. '유효성 확인'(validation)은 AI 시스템이 실제 환경에서 의도된 목적을 달성하는지 실제 데이터로 시험하고 평가한다.[164)]

---

159) 「OECD AI 권고 2024」, I항 참조.
160) OECD AI System Definition, p. 8.
161) OECD AI System Definition, p. 8.
162) OECD AI System Definition, p. 8.
163) GeeksforGeeks.
164) 본서에서 'validation data'는 국내 관행에 따라 '검증 데이터'라고 부르지만, 여기서 검증은 요건 검증이 아닌 유효성 확인을 의미하여, 유효성 확인을 위한 데이터이다.

4. 사회-기술적 현상으로서 AI 시스템의 이해 필요

AI법의 AI 시스템 정의는 많은 알고리즘 시스템을 포괄하는 넓은 의미인 점에서 환영할 만하다. 그러나, AI를 '순전히 기술적 현상이 아닌 사회적 현상'(a social phenomenon instead of a purely technical one)으로 파악하는 데 실패한 것으로 볼 수 있다고 한다.[165] AI 시스템의 정의에서 결정 등이 물리적 또는 가상적 환경에 영향을 미칠 수 있는 점에서 사회적 환경에도 영향을 미칠 수 있기 때문이다. 이 점은 공공기관과 관련하여 확인될 수 있다.

이미 사회적으로 큰 피해를 줄 수 있는 매우 초보적인 알고리즘 시스템이 존재한다. 예컨대, 호주에서 복지 사기와 세금 신고의 과오납을 식별하기 위해 다소 간단한 'Robodebt' 시스템이 설치되었다. 이는 머신러닝이 아니라 호주 국세청이 제공하는 연간 소득 데이터와 지불 데이터를 상호 참조하는 간단한 알고리즘으로 운영되었다. Robodebt는 부정확한 소득 평균에 의존하고 절차적 공정성과 견고성의 기본 원칙을 위반하면서 구조적으로 취약한 복지 수급자를 잠재적 사기꾼으로 낙인찍었다는 사실 때문에 2020년 불법으로 판정되어 폐기되었다.[166] 또한, 네덜란드의 보육 수당 스캔들 'kinderopvangtoeslagaffaire'에서 약 2만 6,000명의 부모가 알고리즘에 의한 부정수급 신청으로 부당하게 기소되어 네덜란드 재무부에 수당을 전액 상환해야 했다. 상환액 중 일부는 총 10,000유로에 달해서 개인 파산과 양육권 박탈은 물론 여러 명이 자살하는 사태로 발전하였다. 네덜란드 개인정보보호 당국은 세금과 관세 행정을 조사하여 전체 시스템이 차별적인 방식으로 설정되었다고 확인하였다. 특히 신청자의 국적과 이중 국적에 대해 영구적이고 구조적으로 불필요한 부정적 관심이 있었다고 지적하였다. 이 스캔들로 루테(Rutte) 정부는 사임하고 2021년 새로운 선거가 실시되었다.[167]

다소 단순한 알고리즘 추천 시스템에 기반한 공공기관 스캔들 사례에서 복잡한 통계 추론과 '대규모 언어 모델'(LLM)에 기반한 챗봇만이 사회에 대규

165) Ruschemeier et al., p. 24.

166) Victoria Legal Aid 참조.

167) Henley 참조.

모 개인적인 또한 구조적 피해를 유발하는 것이 아님을 알 수 있다. 더 큰 데이터 세트, 가속화된 연산 성능, 복잡한 모델, 빅테크 기업이 소유하고 보호하는 서버 인프라는 AI 시스템의 불투명성을 더욱 악화시키고 부당한 편향이나 개인정보 침해와 같은 오류가 발생할 경우 정치적 설명책임을 왜곡할 수 있어서 강력한 AI 시스템은 상황을 더욱 복잡하게 만들 수 있다. 일상적인 상호작용에서 이용자는 실제로 AI 애플리케이션의 코드, 데이터베이스 또는 백엔드(backends)를 볼 수 없다.[168] AI는 AI법의 기술적인 정의처럼 명확하게 구분된 외부의 사물, 모델 또는 도구로 인식되고 접근하지 못한다. 이 점에서 정책 입안자들은 이용자에게 설계 과정, 작동 메커니즘, 기본 규범적 선택이 완전히 폐쇄적이고 불투명한 AI 최종 제품이 제공되고 있는 점을 고려해야 한다. AI는 일반화할 수 있는 독립된 실체로 접근하기보다 이용자와 사회의 일상적 현실에서 그 애플리케이션이 인간관계를 매개하고 친밀감과 소외, 사회 질서와 지식 권위를 생산함으로써 서로 엮이고 협상되는 것으로서 이해될 수 있다.[169]

AI법의 AI 시스템의 기술 측면의 정의는 사회적 요소를 누락하는 점에서 AI법은 AI로 인한 근본적인 사회적 위험을 명확하게 다루고 규제하는 데 실패했다고 지적될 수 있다. 덜 추상적이고 보다 경험적이고 실무적인 접근 방식은 AI를 알고리즘의 성능뿐만 아니라 그것이 만들어내는 사회적 현상과 그에 부여된 의미까지 포함하여 이해하게 할 수 있다. 이러한 관점은 EU의 AI 규제 프레임워크가 일상적인 이용자 경험에 더 쉽게 접근할 수 있게 해준다. 현재 유럽 표준화 기구에서 회원국 차원에서 AI법을 실행하기 위한 작업을 진행하는 점을 고려할 때, 위험 점수를 만드는 정량화 과정에서 이러한 사회적 및 인식적 위험 차원을 어떻게 결합할 수 있을지 지켜볼 필요가 있다.[170]

---

168) 프론트엔드(frontend)는 사용자가 직접 보는 화면, UI(웹페이지, 앱 화면 등)이고, 백엔드(backend)는 화면 뒤에서 작동하는 서버, 데이터베이스, 로직 처리 부분이다.

169) Suchman 참조.

170) Hunton, p. 22.

Chapter **04**

AI 시스템과 모델의 유형

EU AI법은 위험 기반 접근에 따라 AI 시스템을 네 가지 위험 범주로 구별한다. 각 범주에 대하여 AI 수명주기의 관련 사업자들이 이행해야 하는 다양한 위험 기반 조치가 규정되어 있다. AI법에 대한 유럽의회, EU이사회 및 유럽위원회의 3자 협상 과정에서 범용 AI 모델이 추가되었다.

EU AI법은 특정 위험에 따라 AI를 차등적으로 규제한다. 최소 위험 AI 시스템을 제외하면, 실제로 EU AI법은 (i) 금지된 AI 관행, (ii) 고위험 AI 시스템, (iii) 제한적 위험 AI 시스템 및 (iv) 범용 AI 모델의 네 가지 유형의 AI를 규제한다. 범용 AI 모델 중 시스템적 위험이 있는 모델은 특별하게 규제를 받는다.

Chapter 04

AI 시스템과 모델의 유형

AI법은 위험 기반 접근에 따라 AI 시스템을 네 가지 위험 범주로 구별한다. 각 범주에 대하여 AI 수명주기의 관련 사업자들이 이행해야 하는 다양한 위험 기반 조치가 규정되어 있다. AI법 초안에 대한 유럽의회, EU이사회 및 유럽위원회의 3자 협상 과정에서 추가된 범용 AI 모델은 사실상 다섯 번째 범주로 볼 수 있다.

AI법은 AI 시스템의 위험 수준과 유형에 따른 위험 기반 법적 체계를 도입한다. 특정 위험에 따라 AI 시스템은 차등적으로 규제된다. 첫째, 용납할 수 없는 위험으로서, 정부의 사회적 점수 산정과 조작적인 AI 기술 등 사람의 안전 또는 기본권에 중대한 해를 주는 AI 시스템은 금지된다. 조작적 AI, 사회적 점수 산정 및 생체인식 분류 등 용납할 수 없는 위험 시스템은 금지되지만, 실시간 원격 생체인식 식별 시스템의 이용은 사법 및 법 집행 당국에 대하여 필요하고 비례적인 보호장치와 조건 준수를 전제로 예외적으로 허용된다. 둘째, 고위험으로서, AI법의 대부분을 차지하는 엄격한 규정의 적용을 받는데, 핵심 인프라, 교육, 고용, 법 집행 등에 이용되는 AI 시스템을 포함한다. AI 시스템의 이용에서 가장 중요한 범주는 고위험 시스템이고, 시장에 출시된 AI 시스템의 5–15%가 고위험 범주에 속한다.[1)] 셋째, 제한적 위험으로서, 제공자와 운영자는 이용자에게 챗봇과 딥페이크 등 AI와 상호 작용하고 있음을 알리는 등 투명성을 보장해야 한다. 넷째, 최소 위험으로서, 현재 대부분 이용 가능한 AI 시스템은 AI법의 규제 대상이 아니어서 어떠한 규범적 의무도 발생하지 않는다.[2] 예컨대, 이메일 스팸 필터와 같이 위험도가 매우 낮은 시스템은 규제 대상이 아니다.

최소 위험 AI 시스템을 제외하면, AI법은 (i) 금지된 AI 시스템, (ii) 고위험 AI 시스템, (iii) 제한적 위험 AI 시스템 및 (iv) 범용 AI 모델의 네 가지 유형의 AI를 특별하게 규제하는데, 이러한 위험 분류에 따라 제공자와 운영자에게 서로 다른 의무가 적용된다.[3] 유의할 점은 이러한 다양한 유형의 AI 시스템은 상호 배타적이지 않은 점이다. 예컨대, 고위험 AI 시스템도 투명성 요건의 적용을 받을 수 있다. 또한, 범용 AI 모델이 독립적으로 규제되지만, 해당 모델이 고위험 AI 시스템에 탑재되어 사용될 경우 동 시스템의 일부로서 고위험 규제를 적용받는다. 즉 범용 AI 모델에 대한 의무의 준수와 별개로 고위험 AI 시스템에 대한 의무가 준수되어야 한다.

I 금지된 AI 관행[4]

'금지된 AI 관행'(prohibited AI practices)은 용납할 수 없는 수준의 위험과 관련된 AI 시스템으로서 전면적으로 금지된다. AI법은 '용납할 수 없는 위험'(unacceptable risk)을 정의하지 않지만, 기본권 관점에서 인간의 존엄성, 자유, 평등 및 프라이버시 등 EU의 핵심 가치와 기본권과 크게 충돌할 가능성이 있는 특정 AI 관행은 본질적으로 용납할 수 없는 것으로 규정한다.

---

1) 유럽위원회 영향 평가 2021, pp. 68-69.

2) AI 이해력에 관한 제4조는 적용된다.

3) 범용 AI 모델 중 시스템적 위험이 있는 모델은 특별하게 규제를 받는다.

4) 금지된 AI 관행에 관한 제5조는 2025년 2월 2일부터 적용된다.

이러한 AI는 개발, 출시, 운영이 원칙적으로 전면 금지되는데, 규제의 목표는 위험의 완화가 아니라 위험 자체의 제거이다. 법 집행 등 극히 제한적이고 명확하게 규정된 예외가 존재하지만, 이러한 AI에 대한 규제의 기본 전제는 금지이다. 이 점에서 관련 위험을 완화하기 위해 구체적인 개발 및 운영의 기준을 부과하는 고위험 AI 시스템과 다른 접근을 한다.

금지된 AI 관행을 열거한 제5조는 EU 내에서 해당 AI 시스템의 이용 등에 종지부를 찍는다. AI법의 발효 후 24개월에 걸친 점진적 적용의 과정에서 제5조는 가장 먼저 적용되는 점에서 가장 중요하고 민감한 규정이다. 금지된 AI 관행에 관한 제5조는 2025년 2월 2일부터 적용된다.

제5조는 AI 관행이 다른 EU법을 위반하는 경우 적용되는 금지에 영향을 미치지 않는다.[5] 즉 어떤 AI 시스템이 제5조의 금지된 AI 관행에 해당하지 않더라도, GDPR, 소비자 보호법, 차별금지법 등 다른 EU법을 위반하면 해당 법에 따라 불법이 되고 금지될 수 있다. 따라서 AI 시스템은 시장에 출시되기 위해 1차적으로 제5조를 위반하지 않아야 하고 또한 2차적으로 해당 AI의 작동 방식은 GDPR 등 다른 관련 법을 위반하지 않아야 한다. 이러한 다층적 규제 체계를 통하여 AI에 대한 규제의 공백이 방지된다.

AI법은 두 가지 법적 근거에 기반한다. 내부시장의 법적 근거에 관한 TFEU 제114조와 개인정보보호의 법적 근거인 TFEU 제16조이다.[6] TFEU 제16조는 법 집행 목적의 원격 생체인식 식별 시스템 이용 금지, 법 집행 목적의 생체인식 분류 시스템, 법 집행 목적의 개별 위험 평가와 관련된 개인정보 처리의 법적 근거가 된다.[7] 제5조에 열거된 다른 모든 금지 사항은 TFEU 제114

5) 제5조 제8항.

6) 전문, 상설 제3항.

7) 상설 제3항. TFEU 제16조에 근거한 금지 사항과 관련하여 아일랜드와 덴마크는 두 가지 관련 옵트아웃이 주어진다. 「EU조약」과 TFEU에 부속된 '자유, 안보, 정의'(AFSJ) 영역에서 영국과 아일랜드의 지위에 관한 제21의정서에 따라 아일랜드에 재량권이 부여되어서, 아일랜드는 공공장소에서 법 집행 목적으로 실시간 원격 생체인식 식별의 이용을 금지하는 제5조 제1항(h) 및 동 규정에 관련된 절차적 규정 즉 제5조 제2-6항을 적용하지 않기로 결정할 수 있다. 상설 제40항. 덴마크는 「EU조약」과 TFEU에 부속된 제22의정서에 따라 아일랜드와 같은 옵트아웃의 혜택을 받고, TFEU 제16조에 근거한 금지를 완전히 적용하지 않기로 결정할 수 있

조에 근거한다.

AI법은 '해로운 영향'(harmful effects)을 이유로 유럽위원회가 제안한 대로 다음과 같은 특정 유형의 AI 시스템을 금지한다: i) 잠재의식 기법 등 사용, ii) 취약점 악용, iii) 사회적 점수 산정, iv) 자연인의 형사범죄 예측, v) 무차별적 스크래핑을 통한 안면 인식 데이터베이스 생성, vi) 직장과 교육기관에서 감정 인식, vii) 생체인식 분류, viii) 법 집행 목적의 공공장소에서 실시간 원격 생체인식 식별 시스템 사용.

특히 법 집행 목적의 공공장소에서 실시간 원격 생체인식 식별 시스템은 법 집행 목적의 특정 예외가 명시적으로 허용되지만, 잠재의식적·조작적 AI, 취약점 악용 AI 및 사회적 점수 산정 AI의 금지된 관행은 다른 법에 따라 적법하게 허용될 수 있음에 유의해야 한다. 또한, 잠재의식적·조작적 AI, 취약점 악용 AI와 사회적 점수 산정 AI와 달리 자연인의 형사범죄 예측 AI, 안면 인식 데이터베이스 개발을 위한 무차별적 스크래핑/추출 AI, 감정 인식 AI와 생체인식 분류 AI의 경우 해당 AI 시스템의 서비스 투입은 '이러한 특정 목적을 위하여'로 한정된다. 전자의 세 가지 AI 시스템은 그 핵심 기능 또는 목적 자체가 사회적으로나 개인의 기본권 차원에서 용납될 수 없어서 서비스 투입도 조건 없이 금지되지만, 후자의 네 가지 AI 시스템은 그 기반이 되는 기술은 중립적이거나 다른 유용한 목적으로 사용될 수 있음에도 해당 금지되는 특정 목적으로의 서비스 투입이 금지된다.

금지된 AI 관행의 목록은 변경될 수 있다. 유럽위원회는 AI법의 발효 후 1년에 한 번 및 위임입법 권한이 끝날 때까지 제5조의 금지된 AI 관행 목록의 개정 필요성을 평가해야 한다.[8] 한편, 2025년 2월 4일 유럽위원회는 금지된 AI 관행에 대한 가이드라인을 발표하여 금지 사항의 실질적 이행을 더욱 구체화하였다.[9]

다. 상설 제41항.

8) 제112조 제1항. 유럽위원회는 해당 평가 결과를 유럽의회와 EU이사회에 제출한다.

9) 제96조 제1항(b).

표 4-1 제5조 제1항의 금지된 관행의 개요

조항	금지	내용
(a)호	잠재의식적·조작적 AI	행동의 왜곡, 상당한 해를 야기하거나 합리적으로 야기할 것 같은 목적이나 효과를 가지고, 사람의 의식을 넘어서는 잠재의식적 기술 또는 의도적으로 조작하거나 속이는 기술을 사용하는 AI 시스템
(b)호	취약점 악용 AI	행동의 왜곡, 중대한 해를 야기하거나 합리적으로 야기할 것 같은 목적이나 효과를 가지고, 연령, 장애 또는 특정 사회적 또는 경제적 상황으로 인한 취약점을 악용하는 AI 시스템
(c)호	사회적 점수 산정 AI	사회적 행동이나 개인적 또는 인격적 특성에 근거하여 자연인 또는 자연인 그룹을 평가하거나 분류하는 AI 시스템
(d)호	자연인의 형사범죄 예측 AI	프로파일링 또는 인격적 특징과 특성만을 근거로 자연인이 형사범죄를 저지를 위험을 평가하거나 예측하는 AI 시스템으로서, 범죄행위와 직접 연결된 객관적이고 검증 가능한 사실에 근거한 인적 평가를 지원하는 경우는 제외
(e)호	안면 인식 데이터베이스 개발을 위한 무차별적 스크래핑/추출 AI	인터넷이나 폐쇄회로 텔레비전(CCTV) 영상에서 얼굴 이미지를 무작위로 스크래핑/추출하여 안면 인식 데이터베이스를 생성하거나 확장하는 AI 시스템
(f)호	감정 인식 AI	의료 또는 안전 이유를 제외하고, 직장이나 교육기관에서 감정을 추론하는 AI 시스템
(g)호	생체인식 분류 AI	법 집행 분야를 포함하여 적법하게 획득한 생체인식 분류 데이터 세트의 라벨링 또는 필터링을 제외하고, 인종, 정치적 견해, 노동조합 가입, 종교적 또는 철학적 믿음, 성생활 또는 성적 지향 등을 추론하거나 유추하기 위해 생체인식정보를 기반으로 사람을 분류하는 AI 시스템
(h)호	법 집행 목적의 공공장소에서 실시간 원격 생체인식 식별 AI	특정 피해자의 표적 수색, 테러 공격을 포함한 특정 위협의 예방, 특정 형사범죄의 용의자 수색에 필요한 경우를 제외하고, 법 집행 목적으로 공공장소에서 실시간 원격 생체인식 식별을 위한 AI 시스템

1. 잠재의식 기법 등을 사용하는 AI 시스템

(1) 원칙

'정보에 근거한 결정'(an informed decision)을 내리는 능력을 현저히 손상하여 사람 또는 사람 그룹의 행동을 실질적으로 왜곡하여 그 사람, 다른 사람 또는 사람 그룹에게 중대한 해를 초래하거나 합리적으로 동 해를 초래할 것 같은 방식으로 달리 내리지 않았을 결정을 내리게 할 목적 또는 효과로, 사람의 의식을 넘어서는 잠재의식 기법 또는 의도적으로 조작하거나 기만하는 기법을 이용하는 AI 시스템을 시장에 출시하거나 서비스에 투입하거나 이용하는 행위는 금지된다.[10]

AI 기반 조작 기법은 사람들이 원치 않는 행동을 하도록 설득하거나, 그들의 자율성, 의사결정 및 자유로운 선택을 저해하고 손상하는 방식으로 결정을 내리도록 유도하여 그들을 기만하는 데 사용될 수 있다. 인간의 행동을 실질적으로 왜곡하여, 특히 신체적, 정신적 건강이나 재정적 이익에 충분히 중요한 부정적 영향을 미치는 중대한 해를 야기할 가능성이 있는 목적이나 효과를 가진 특정 AI 시스템의 시장 출시나, 서비스 투입 또는 이용은 특히 위험하므로 금지된다.[11]

이러한 AI 시스템은 인간의 인지를 초월하는 오디오, 이미지, 비디오 자극 등 사람이 인지할 수 없는 잠재의식적 요소나, 또는 사람들이 그러한 기법을 의식적으로 인지하지 못하거나, 설령 인지하더라도 여전히 기만당하거나 통제 또는 저항할 수 없는 방식으로 사람의 자율성, 의사결정 또는 자유로운 선택을 저해하거나 손상하는 다른 조작적·기만적 기법을 사용한다. 예컨대, '기계－뇌 인터페이스'(machine－brain interfaces)나 '가상 현실'(virtual reality)은 사람에게 제시되는 자극에 대해 더 높은 수준의 통제를 가능하게 하여, 중대하게 해로운 방

10) 제5조 제1항(a). '잠재의식 기법'(subliminal techniques)은 이용자가 인지하지 못하는 방식으로 행동을 조작하거나 영향을 미치는 기법을 가리킨다. '중대한 해'(significant harm)는 사람의 건강과 안전, 기본권에 대한 심각하고 광범위한 해를 가리킨다.

11) 상설 제29항.

식으로 사람의 행동을 실질적으로 왜곡할 수 있는 점에서 이러한 조작을 촉진할 수 있다.[12)]

이러한 AI 관행의 금지는 AI 시스템의 운영 목적은 물론 운영의 효과에도 적용되기 때문에 금지된 방식으로 AI 시스템을 운영할 의도가 없더라도 금지 규정의 적용을 받는다. 이러한 AI 관행에 있어서, 운영의 주관적인 의도를 따지는 것이 아니라 해당 AI 시스템의 작동이 객관적으로 금지된 효과를 초래하거나 초래할 명백한 가능성이 있다면 그 자체로 규제를 받는다. AI 기술의 복잡성과 잠재적 위험을 고려할 때, 의도를 입증하기 어렵지만 AI가 초래하는 해로운 결과는 객관적으로 나타나기 때문에, 실제 발생하는 위험으로부터 사람을 효과적으로 보호하기 위한 접근이다.

*** GDPR 제7조의 '정보에 기반한 동의'(informed consent) 원칙에 따르면 부당한 영향력으로부터 자유로운 경우에만 정보주체의 개인정보 처리에 대한 동의가 유효한 것으로 간주된다.[13)] 이러한 개인정보보호 원칙은 AI 도구의 이용을 허용하는 기준으로 확장된다. 즉 GDPR의 부당한 영향력이 없는 동의 원칙이 AI법에서 부당한 영향력을 행사하는 AI 시스템 금지로 발전한 것으로 볼 수 있다.

(2) 예외

잠재의식 등 기법을 사용하는 AI 시스템의 금지에 대한 예외는 AI법의 영역 밖에서 인정된다. 즉 AI법은 광고에 AI를 적용하는 것을 금지하지 않는다. 광고 분야와 같이 적용 가능한 법을 준수하는 일반적이고 정당한 상행위는 그 자체로 유해한 조작적 AI 기반 관행으로 간주되지 않는다.[14)] 물론 당사자가 실제로 그러한 영향력을 인지하지 못한 상태에서 부당하고 부적절한 방식으

12) 상설 제29항. 예컨대, 동영상이나 영화에 눈에 띄지 않는 메시지를 삽입하는 스트리밍 서비스나 플랫폼 참여를 확대하기 위해 이용자의 감정을 조작하는 알고리즘으로 감정을 자극하는 콘텐츠를 홍보하는 소셜 미디어 플랫폼이 있다. 이러한 관행은 이용자의 잠재의식에 미묘한 영향을 미쳐 이용자가 인지하지 못하는 사이에 생각이나 행동을 바꾸거나 바람직하지 않은 목적을 위해 감정을 악용할 수 있다.

13) GDPR 제4조 제11호, 제7조 참조.

14) 상설 제29항. 상업적 광고의 규제에 관하여 「불공정 상행위 지침」 참조.

로 사람에게 영향을 미치는 것은 광고 맥락에서도 불법이다.[15] 따라서, 유해하지 않은 광고에 AI를 이용할 때 소비자의 자율성과 의사결정을 존중할 수 있도록 구체적인 상황을 면밀히 검토할 필요가 있다.

2. 취약점을 악용하는 AI 시스템

(1) 원칙

사람 또는 다른 사람에게 중대한 해를 초래하거나 합리적으로 동 해를 초래할 것 같은 방식으로 해당 사람 또는 해당 그룹에 속한 사람의 행동을 실질적으로 왜곡할 목적 또는 효과로 자연인 또는 사람의 특정 그룹의 연령, 장애 또는 특정 사회적 또는 경제적 상황으로 인한 취약점(vulnerabilities)을 악용하는 AI 시스템의 시장 출시, 서비스 투입 또는 이용은 금지된다.[16]

장애인(persons with disabilities)은 장기적인 신체적, 정신적, 지적 또는 감각적 장애가 있는 사람으로서 다양한 장벽과의 상호작용으로 인해 다른 사람들과 동등하게 사회에 완전하고 효과적으로 참여하는 데 지장을 초래할 수 있는 사람을 의미한다.[17]

AI법은 사람의 취약점으로 연령, 장애를 구체적으로 언급하지만, 인종, 성별, 종교, 민족 등 다른 특성을 명시하지 않는다. 그러나 같이 언급된 '특정 사회 또는 경제적 상황'(a specific social or economic situation)은 극빈층, 소수 민족 또는 종교적 소수자 등에 관련된다.[18] 예컨대, 큰 지출이 예정된 경우와 같이 특정 취약한 순간에 개인의 경제적 상황을 평가하여 불리한 대출을 제공할 수 있는 AI 시스템은 금지된다.[19]

---

15) 「불공정 상행위 지침」 참조.

16) 제5조 제1항(b).

17) 「상품/서비스 접근 요건 지침」 제3조 제1호.

18) 상설 제29항. '성별, 인종, 피부색, 민족 또는 사회적 출신, 유전적 특징, 언어, 종교 또는 신념, 정치적 또는 다른 의견, 소수 민족의 구성원 여부, 재산, 출생, 장애, 연령 또는 성적 지향' 등 어떠한 근거에 기반한 차별도 금지된다. 「EU기본권 헌장」 제21조 제1항.

광고 활동은 취약점을 악용하는 금지된 관행과 관련될 수 있다. 예컨대, 이러한 AI 시스템은 고도로 개인화된 온라인 광고를 생성하기 위해 고급 데이터 분석을 이용할 수 있다. 이러한 시스템은 개인의 나이, 정신 건강 상태 또는 고용 상황과 같은 민감한 정보를 활용하여 취약점을 악용함으로써 개인의 선택이나 구매 빈도에 영향을 미치게 된다. 이러한 끊임없는 타겟팅으로 사생활이 침해되고 개인의 자율성이 점차 약화되어 온라인 구매 행동과 선택의 관리가 어렵게 된다. 이렇게 건강정보 또는 특정 취약점과 관련된 다른 민감한 정보를 상업적 목적으로 2차적으로 이용하는 것은 문제가 될 수 있다.

AI 시스템의 제공자 또는 운영자가 통제할 수 없는 AI 시스템 외부의 요인, 즉 합리적으로 예측할 수 없고 따라서 제공자 또는 운영자가 완화할 수 없는 요인으로 왜곡이 결과하는 경우 행동의 왜곡 의도가 있다고 가정할 수는 없다.[20] 그러나 중대한 해가 조작적이거나 악용적인 AI 기반 관행으로 발생하는 어떠한 경우에도 제공자 또는 운영자가 이러한 해를 초래할 의도를 가질 필요는 없다.[21] 이러한 AI 관행의 금지는 AI 시스템의 이용 목적은 물론 이용의 효과에도 적용되기 때문에 금지된 방식으로 AI 시스템을 이용할 의도가 없더라도 금지 규정의 적용을 받는다.

사람의 취약점을 악용하는 AI 관행의 금지는 「불공정 상행위 지침」을 보완하는 점에서 소비자에게 경제적 또는 재정적 피해를 초래하는 '불공정 상행위'(unfair commercial practices)는 AI 시스템을 통한 것인지와 관계없이 모든 상황에서 금지된다.[22]

19) 챗봇이 대출 신청자와의 대화 내용이나 제출된 정보를 분석하여 신청자가 실직, 부채 과다 등으로 매우 절박한 경제적 상황에 있다는 취약점을 감지하고, 이 절박한 신청자에게 매우 높은 이자율이나 불리한 상환 조건과 같은 핵심적인 부정적 정보를 의도적으로 숨기거나 축소하여 보여준 후 당장 대출을 받으라고 고압적인 메시지를 보내 이성적인 판단을 마비시킬 수 있다.

20) 상설 제29항.

21) 상설 제29항.

22) 상설 제29항. 「불공정 상행위 지침」 제5조는 이와 유사하게 불공정 상행위를 금지한다.

(2) 예외

이러한 조작적이고 악용적인 관행의 금지는 정신 질환의 심리적 치료 또는 신체적 재활과 같은 의료적 치료의 맥락에서 해당 관행이 개인 또는 법정 대리인의 명시적 동의 등 적용 가능한 법과 의료 기준에 따라 수행되는 경우에 영향을 주지 않는다.[23] 정신 질환 치료나 재활과 같은 의료 행위는 환자의 취약점을 다루지만, 그 목적은 환자의 이익을 위해 건강을 회복시키는 것이기 때문이다. 이는 AI법이 금지하는 약탈적 행위와는 목적과 본질이 정반대이다.

*** 위의 잠재의식 등 기법을 사용하는 AI 시스템과 사람의 취약점을 악용하는 시스템의 금지는 인간의 자율성을 침해하는 AI를 금지하는 점에서 유사하다. 공통점으로 사람의 행동을 실질적으로 왜곡하고 중대한 해를 초래하거나 초래할 가능성이 있어야 한다. 즉 금지되는 AI 시스템의 이용 의도보다는 그 시스템이 실제로 초래하는 효과와 결과가 금지의 조건이 된다. 차이점으로서 전자의 경우 AI가 사용하는 잠재의식 기법, 조작적 · 기만적 기법의 부당성이 규제되는데, 후자의 경우 특정 집단의 취약점이 의도적으로 악용되는 것이 규제된다. 특히 전자의 경우 불특정 다수를 보호하지만, 후자의 경우 사회적 약자를 두텁게 보호한다. 물론 하나의 AI 시스템이 두 가지 금지를 동시에 위반할 수 있다. 예컨대, 치매 초기 증상이 있는 노인 즉 취약점을 가진 집단을 대상으로, 인지하기 어려운 작은 글씨와 복잡한 화면 구성으로 기만적 기법을 사용하여 자녀에게 거액을 송금하도록 유도하는 피싱 AI는 두 가지 금지를 모두 위반하게 된다.

3. 사회적 점수를 산정하는 AI 시스템[24]

(1) 원칙

사회적 행동 또는 알려지거나, 추론되거나, 예측된 개인적 또는 인격적 특성을 기반으로 특정 기간 동안 자연인 또는 그 그룹을 평가하거나 분류하기

---

23) 상설 제29항.

24) 사회적 점수를 산정하는 AI 시스템의 금지는 유럽위원회의 초안에서 정부 등 공공기관으로 제한되었으나, 유럽의회의 강력한 요구로 3자 협의에서 공공기관의 문구가 삭제되어 결과적으로 민간 부문으로 확대되었다. EP Legislative Schedule, p. 1/4.

위한 AI 시스템의 시장 출시, 서비스 투입 또는 이용은, 해당 시스템이 산정한 사회적 점수가 다음 중 하나 또는 둘 모두에 해당하는 유해하거나 불리한 대우를 유발하는 경우에 금지된다: (i) 데이터가 원래 생성 또는 수집된 맥락과 무관한 사회적 맥락에서 특정 자연인 또는 그 그룹에게 유해하거나 불리한 대우, (ii) 특정 자연인 또는 그 그룹에게 사회적 행동이나 그 심각성에 비해 부당하거나 불균형적인 유해하거나 불리한 대우.[25]

평가/분류 AI 시스템으로 사회적 점수가 산정되고 그 결과 특정 유해한 결과가 발생하는 경우 동 시스템은 금지된다. 즉, 평가/분류 시스템이 그 자체로 금지되는 사회적 점수 시스템이지 않고, 해당 시스템이 산정한 점수가 구체적인 부당한 대우로 연결될 때 그 시스템은 금지되는 사회적 점수 산정 시스템이 된다.

AI법이 금지하는 사회적 점수 산정 시스템의 유사한 예는 카메라 감시, 소비자 데이터 분석 및 지리적 추적을 징계 점수 산정과 결합한 중국의 '사회 신용 시스템'(social credit system)이 될 수 있다.[26] 낮은 점수를 받으면 여행이 금지되거나, 특정 직업을 가질 수 없게 되거나, 인터넷 속도가 느려지는 등 불이익을 받는다고 한다.[27] 한편, 영국의 '디지털 신원'(digital identity)의 개념은 그 목적이 개인의 행동 평가가 아니라 신원의 확인이고, 개인의 사회적 행동이나 인격적 특성의 분석 대신 신원 확인에 필요한 객관적 정보를 사용하며, 동 시스템의 결과물은 사회적 점수가 아니라 신원 확인의 성공 또는 실패인 점에서 사회적 점수 산정과 구별된다.[28]

이러한 AI 시스템이 금지되기 위해서 다음의 세 가지 요건이 모두 충족되어야 한다.

---

25) 제5조 제1항(c).

26) 2014년 처음 발표된 사회 신용 시스템은 사회주의 시장 경제 시스템과 사회 거버넌스 시스템의 중요한 구성요소이고, "신뢰를 지키는 것은 영광스럽고 신뢰를 깨는 것은 수치스럽다"는 생각을 강화하는 것을 목표로 한다고 한다. China Copyright and Media 참조.

27) Zhou 참조.

28) Office for Digital Identities & Attributes 참조.

① 사회적 행동 또는 개인적 또는 인격적 특성 기반 분류

AI 시스템의 기본 기능으로서 AI 시스템이 자연인 또는 그 그룹을 평가하거나 분류하는 목적이어야 하고, 이는 사회적 행동 또는 개인적 또는 인격적 특성을 기반으로 이루어져야 한다. '사회적 행동'(social behaviour)은 개인의 사회 구성원으로서 행위를 포괄하는데, AI가 점수화할 수 있는 행동의 예는 다음과 같다. 온라인 활동으로서 i) 특정 게시물에 대한 '좋아요', 댓글, 공유 내역, 팔로우하는 계정의 성향 등 SNS 활동, ii) 작성한 게시글이나 댓글의 내용, 정치적 또는 사회적 견해 표현 등 온라인 포럼/커뮤니티 활동, iii) 시청하는 동영상, 구독하는 뉴스레터, 읽는 기사의 종류 등 콘텐츠 소비 패턴이 있다. 법규정 준수로서 i) 과속, 불법 주차 등 교통 법규 위반 기록 등 교통법규 위반, ii) 납부 연체 또는 체납 기록 등 공과금과 세금, iii) 벌금 미납, 법원이 명령한 사과문의 성실도 등 법원 명령 이행 여부가 있다. 소비 및 금융 행동으로서 i) 사치품 구매 빈도, 특정 이념을 가진 기업의 제품 소비 여부 등 구매 이력, ii) 공동 구매 참여, 상품평 작성 내용 등 소셜 커머스 활동이 있다. 사회적 교류 및 평판으로서 i) 통화 기록, 메시지 송수신 빈도, 교류하는 사람들의 사회적 평판 등 대인 관계, ii) 자원봉사 활동, 공공 캠페인 참여, 민원 제기 이력 등 공공 참여, iii) 약속 이행 여부, 온라인 예약 후 나타나지 않는 노쇼(no-show) 기록 등 신뢰성이 있다.

'개인적 또는 인격적 특성'(personal or personality characteristics)은 개인의 고유한 상태, 성향, 심리적 프로필 등을 의미한다. 개인적 특성의 예는 다음과 같다. 기본 인적 정보로서 i) 나이, 성별, 출신 지역, 결혼 여부, 가족 구성원 등 인구통계학적 정보, ii) 소득 수준, 직업, 고용 상태, 주거 형태, 교육 수준 등 사회경제적 지위가 있다. 개인의 취약점으로서 i) 대출 연체 기록이나 검색 기록을 통해 추론된 재정적 곤궁 등 재정적 어려움, ii) 특정 질병 관련 정보, 병원 방문 기록 등을 통해 예측된 건강 문제 등 건강 상태가 있다. 인격적 특성의 예는 다음과 같다. 추론되거나 예측된 심리/성격 특성으로서 i) 외향성, 성실성, 친화성, 정서적 안정성, 경험에 대한 개방성 등의 텍스트나 행동을 통해 분석한 성격, ii) 온라인 활동 패턴을 기반으로 예측한 개인의 신뢰성 수준 등 신뢰도 및 책임감, iii) 소비 패턴이나 SNS 활동을 통해 추론된 정치적 신념 등 정치적 성향, iv) 텍스트나 음성 분석을 통해 추론된 분노, 불안, 행복 등의 감정 상태 등 정서적 상태가 있다. 개인의 취약점으로서 i) 고립, 외로움 등 SNS 사용 패턴으로 추론된 심리적 취약성이 있다. 개인적 특성 또는 인격적 특성 중 한 특성에 기반하면 된다.

② 사회적 점수 산정

위의 평가와 분류 활동이 사회적 점수의 산정으로 이어져야 한다. 이러한 평가 또는 분류 시스템을 통해 생성된 결과물이 사회적 점수이다. 점수는 '95/100' 등 숫자나 'A+, B−' 등 등급 또는 '신뢰할 수 있는 시민', '고위험군' 등 특정 라벨의 다양한 형태일 수 있다.

③ 사회적 점수로 인한 불리한 대우

데이터가 원래 생성되거나 수집된 맥락과 관련이 없는 사회적 맥락에서 특정 자연인 또는 자연인 그룹에 대해 해롭거나 불리한 대우 또는 특정 자연인이나 자연인 그룹의 사회적 행위나 그 중대성에 비해 정당화될 수 없거나 비례적이지 않은 해롭거나 불리한 대우의 두 가지 중 하나 또는 모두에 해당하는 대우로 이어져야 한다. 즉, 사회적 점수의 산정 자체가 금지되는 것이 아니라 그 점수가 특정하고 구체적인 유해하거나 불리한 대우로 이어질 때 금지된다. 사회적 점수의 개념이 원천적으로 금지되는 것이 아니라, 특정 방식으로 오용되어 자연인에게 부당하거나 불균형적인 불이익을 줄 위험이 현실화될 때 해당 AI 시스템의 시장 출시, 서비스 투입 또는 이용을 금지하는 점에서 조건부 금지 조항이 된다.

관련 없는 사회적 맥락에서 해롭거나 불리한 대우를 초래하는 경우의 예는 온라인 게임 활동 점수가 은행 대출 심사에 불리하게 작용하는 것이다. 사회적 행위에 비례하지 않는 해롭거나 불리한 대우를 초래하는 경우의 예는 경미한 교통법규 위반 기록 때문에 채용에서 탈락하는 것이다.

공공 또는 민간 행위자의 자연인에 대한 사회적 점수를 제공하는 AI 시스템은 차별적인 결과를 초래하고 특정 그룹을 배제할 수 있다. 이는 존엄성과 차별 금지에 대한 권리, 평등과 정의의 가치를 침해할 수 있다.[29] 예컨대, 고용주가 AI 시스템을 이용하여 구직자의 소셜 미디어 활동을 분석하여 정치적 견해, 종교적 신념 또는 특정 단체의 회원 여부 등 직무 수행과 무관한 요소에 근거하여 채용 결정을 내리는 것은 금지된다. 정부 정책에 항의했다는 이유로 특정 공공 편의시설에 대한 접근을 제한하는 AI 시스템도 금지될 것이다.

(2) 예외

사회적 점수를 산정하는 AI 시스템의 금지에 대한 예외는 AI법의 영역 밖에서 인정된다. 즉 사회적 점수를 산정하는 AI 시스템의 금지는 EU와 회원국 국내법에 따라 특정 목적을 위해 수행되는 자연인에 대한 적법한 평가 관행에 영향을 미치지 않는다.[30] 즉 금융 기관이 결제 내역, 부채 수준, 신용 활용도 등 금융 행동을 기반으로 개인의 신용도를 평가하기 위해 적법한 AI 알고리즘의 이용은 금지된 AI 관행의 맥락에서 용납할 수 없는 위험을 초래하지 않으면서 대출 또는 신용카드 승인 여부를 결정하는 데 도움이 된다.[31]

*** 사회적 점수 산정을 위한 AI 시스템은 개인정보를 처리하는 점에서 특히 GDPR 제5조와 제6조의 개인정보 처리에 관한 원칙과 적법성을 준수해야 하고 또한 제22조의 자동화된 의사결정의 규정을 준수해야 한다. 사회적 점수 산정은 개인에게 법적 효력을 주거나 중대한 영향을 미치는 자동화된 의사결정이 되는데, 이러한 자동화된 의사결정이 허용되기 위하여 컨트롤러와 정보주체 사이의 계약 이행에 필요, EU 또는 회원국 법의 허용 및 정보주체의 명시적 동의가 요구된다. 따라서 이러한 요건이 실제로 충족되는지 및 해당 개인의 인적 개입의 요청 등 권리가 보장될 수 있을지 검토가 필요하다.

29) 상설 제31항.

30) 상설 제31항.

31) 보험사의 보험 위험 평가나 금융거래에서 사기 탐지 등은 사회적 점수를 산정하는 AI 시스템의 금지에 해당하지 않는다.

4. 자연인의 형사범죄를 예측하는 AI 시스템

(1) 원칙

자연인의 프로파일링 또는 인격적 특징과 특성의 평가만을 기반으로 자연인이 형사범죄를 저지를 위험을 평가하거나 예측하기 위해 자연인의 '위험 평가'(risk assessments)를 하는 AI 시스템의 시장 출시, 이러한 특정 목적을 위한 서비스 투입, 또는 이용은 금지된다.[32] 예컨대, EU 회원국 법원은 재범 가능성이나 피고인이 법정 소환 기일 전에 도주할 가능성을 계산하기 위해 AI 시스템을 이용할 수 없다. 해당 AI 시스템은 그 기반이 되는 기술이 중립적이거나 다른 유용한 목적으로 사용될 수 있지만, 여기서 금지되는 특정 목적으로의 서비스 투입이 금지된다.

자연인의 형사범죄를 예측하는 AI 시스템이 금지되는 이유는 '무죄 추정'(presumption of innocence)의 원칙에 따라, 'EU에 있는 자연인'(natural persons in the Union)은 항상 실제 행동에 따라 판단되어야 하기 때문이다.[33] 여기서 자연인은 EU 회원국 국민은 물론 EU에 체류하는 외국인도 포함한다.

'자연인의 위험 평가'(making risk assessments of natural persons)는 개인이 장래에 형사범죄를 저지를 가능성을 평가하거나 예측하는 행위를 말한다. 즉 개별 인간을 대상으로 그 사람이 미래에 형사범죄를 저지를 가능성을 계산하거나 예측하는 것이다. 이러한 AI 시스템은 '예측적 경찰 활동'(predictive policing) 시스템이라 불린다.

자연인은, 객관적으로 검증 가능한 사실에 근거하여 범죄행위에 연루되고 있는 합리적인 의심 없이 그리고 이에 대한 인적 평가 없이, 국적, 출생지, 거주지, 자녀 수, 부채 수준 또는 자동차 종류 등의 프로파일링이나 인격적 특징과 특성만을 기반으로 'AI가 예측한 행동'(AI-predicted behaviour)에 따라 판단되어서는 안 된다.[34] '인격적 특징과 특성'(personality traits and characteristics)은 개

32) 제5조 제1항(d).

33) 상설 제42항.

34) 상설 제42항. 프로파일링에 관하여 GDPR 제4조 제4호와 제22조 참조. 프로파일링은 개인정보의 자동화된 처리 과정 그 자체를 의미하고, 인격적 특징과 특성은

인의 객관적 사실이 아닌 내면적인 심리 상태, 기질 및 뿌리 깊은 행동 패턴을 의미한다. 인격적 특징은 충동성, 공격성, 정직성, 위험 감수 성향, 공감 능력 수준, 성실성 등 개인의 지속적이고 일관된 기질이나 성향을 의미할 것이고, 인격적 특성은 인격적 특징을 추론하는 데 사용되는 구체적인 행동 양식이나 습관을 포함할 것이다. 예컨대, 과거의 경미한 법규정 위반의 기록은 반항적인 성격으로 추론하게 할 것이다.

자연인의 프로파일링 또는 인격적 특징과 특성의 평가'만을 기반으로'(based solely on) 평가나 예측을 금지하는 것은 특정 사회 집단이나 개인에 대한 심각한 차별, 과학적 근거의 부족과 정확성의 결여 및 무죄추정 원칙의 위반을 방지하기 위한 것이다. 결론적으로 AI가 인간을 대신하여 인간을 심판할 수는 없다.

(2) 예외

자연인의 형사범죄 예측을 위한 AI 시스템의 금지는 이미 범죄행위와 직접적으로 연관된 객관적이고 검증 가능한 사실에 근거하여 사람의 범죄행위 연루에 대한 인적 평가를 지원하는 데 이용되는 AI 시스템에 적용되지 않는다.[35] 이러한 예외가 허용되기 위하여 다음 세 가지 조건이 충족되어야 한다. 첫째, 해당 AI 시스템은 '인적 평가를 지원해야'(support the human assessment) 하는데, AI가 최종적 결론을 내리는 것이 아니고 수사관이나 분석가 등 인간의 최종적인 판단과 평가에서 보조적이어야 한다. 둘째, 해당 AI 시스템은 '객관적이고 검증 가능한 사실'(objective and verifiable facts)에 근거해야 하는 점에서 분석의 대상이 개인의 성격이나 성향이 되어서는 안 될 것이다. 사건과 관련된 은행 거래 기록, 용의자들의 통화 기록, CCTV 영상, 압수된 컴퓨터의 데이터 등 객관적인 증거에 기반해야 한다. 셋째, 해당 AI 시스템은 범죄행위(criminal activity)와 직접적으로 연관되어야 한다. 즉 막연히 특정인의 모든 데이터를 들여다보는 일반적인 감시는 허용되지 않는다.

또한, 이러한 금지는 의심스러운 거래를 기반으로 사업자의 금융 사기 가

평가의 내용으로서 인격을 가리킨다.

35) 제5조 제1항(d).

능성을 평가하기 위해 위험 분석이나 세관 당국이 알려진 밀매 경로를 기반으로 마약이나 불법 물품의 위치를 알아낼 가능성을 예측하기 위해 위험 분석 도구를 이용하는 AI 시스템과 같이 개인의 프로파일링이나 인격적 특성에 기반하지 않는 위험 분석에 해당하지 않는다.[36] 즉 의심스러운 거래 내역이나 밀수 경로 데이터와 같이 객관적인 사건이나 사물의 패턴 등 사람의 인격을 대상으로 하지 않는 AI 시스템은 금지되지 않는다.[37]

따라서, AI법은 개인의 권리와 무죄 추정을 보호하면서 정당하고 증거에 기반한 법 집행 활동에서 AI의 이용을 금지하지 않는다.

표 4-2 금지되는 예측적 경찰 활동과 허용되는 인적 평가 지원의 비교

구분	금지되는 예측적 경찰 활동	허용되는 인적 평가 지원
목적	미래의 범죄 예측	과거/현재의 범죄 분석
분석 대상	프로파일, 인격적 특징과 특성	범죄와 연관된 객관적 근거
AI 역할	자율적인 예측과 판단으로 예언자 역할	인간의 판단을 위한 조력자 역할
결과물의 예	'이 사람은 재범 고위험군에 속함'	'용의자의 통화기록에서 피해자와의 연관성이 1건 발견됨'

*** 위의 사회적 점수 산정을 위한 AI 시스템의 금지는 '개인적 또는 인격적 특성'을 규정하는데, 이는 자연인의 범죄를 예측하는 AI 시스템의 금지가 규정하는 '인격적 특징과 특성'과 구별될 수 있다. 전자의 경우 포괄적인 개념으로서 나이와 소득 등 객관적이고 사실적인 개인적 특성과 신뢰도와 정치적 성향 등 인격적 특성의 두 가지 종류의 정보를 모두 포함하여 규제의 폭이 넓어진다. 후자의 경우 객관적인 개인정보가 아니라, 개인의 인격에 대한 평가로서 좁은 의미로서 개인의 심리적 내면적 측면에 관련된다.

36) 상설 제42항.

37) 예컨대, 특정 도시의 과거 범죄 데이터, 지리적 정보, 환경 데이터를 분석하거나, 특정 지역에서 발생한 일련의 연쇄 강도 사건에 대한 데이터를 분석하는 AI 시스템은 금지되지 않는다.

5. 무차별적 스크래핑을 통한 안면 인식 데이터베이스를 생성하는 AI 시스템

(1) 원칙

인터넷이나 CCTV 영상에서 얼굴 이미지를 무차별적 스크래핑 하여 안면 인식 데이터베이스를 생성 또는 확장하는 AI 시스템의 시장 출시, 이러한 특정 목적의 서비스 투입, 또는 이용은 금지된다.[38] 해당 AI 시스템은 그 기반이 되는 기술이 중립적이거나 다른 유용한 목적으로 이용될 수 있지만, 여기서 금지되는 특정 목적으로의 서비스 투입이 금지된다.

이러한 AI 시스템이 금지되는 것은 대규모 감시 인프라 구축을 원천적으로 차단하는 목적을 가진다. 이러한 AI 시스템은 '집단 감시'(mass surveillance)의 느낌을 가중시키고 프라이버시권을 포함한 기본권을 심각하게 침해할 수 있기 때문이다.[39] CCTV 시스템은 공개적으로 접근할 수 없는 특정 모니터로 신호를 전송하는 비디오카메라 네트워크가 특징인데, 감시와 보안 목적으로 이용된다.

이러한 AI 관행의 금지는 특히 프라이버시권에 중점을 두고 기본권을 침해하는 대규모 감시 문화와 관행의 확산을 방지하는 점에서 AI법의 핵심적인 내용이다. AI법은 이러한 관행을 금지하여 개인의 자율성을 보호하고 통제되지 않은 데이터 수집과 관련된 위험을 방지하여 디지털 시대에서 개인정보보

---

38) 제5조 제1항(e). 스크래핑(scraping)은 웹사이트, 소셜 미디어, 온라인 데이터베이스 등에서 자동화된 소프트웨어(봇)를 이용해 대량의 데이터를 추출하고 수집하는 기술을 의미하고, 무차별적(untargetted)은 불특정 다수를 상대로 하는 점에서 무차별적 스크래핑은 인터넷이나 CCTV에 공개된 사람은 누구든 가리지 않고 싹쓸이 방식으로 그 데이터를 수집하여 방대한 양의 데이터가 수집된다.

39) 상설 제43항. 예컨대, 클리어뷰(Clearview)와 핌아이즈(PimmEyes)는 소셜 미디어 플랫폼과 다른 여러 웹사이트에서 얼굴 이미지를 불법적으로, 다소 비밀리에 스크래핑하여 안면 인식의 사적 이용을 위한 방대한 데이터베이스를 구축하였다. 2022년 5월 영국 개인정보보호위원회(Information Commissioner's Office, ICO)는 웹과 소셜 미디어에서 수집한 영국 등의 사람들 이미지를 이용하여 안면 인식에 이용할 수 있는 글로벌 온라인 데이터베이스를 구축한 클리어뷰에 750만 파운드의 벌금을 부과했다. ICO 2022.

호와 개인의 자유의 중요성을 강조한다. 이러한 금지는 무차별적 스크래핑의 구체적인 사례에서 제기된 우려에 대응하고, AI에 의하거나 이를 위한 개인정보 처리에서 개인정보보호에 관한 GDPR을 보완한다.

다만, 특정 용의자를 찾기 위한 표적 수사와 달리, 광범위하고 무차별적 스크래핑이 금지된다. 따라서, 법 집행 기관이 적법한 절차에 따라 특정 용의자의 얼굴을 찾기 위해 인터넷을 표적 검색하는 행위는 금지되지 않는다.

(2) 예외

무차별적 스크래핑으로 안면 인식 데이터베이스를 생성하는 AI 시스템의 금지에 대해서 AI법은 명시적인 예외나 다른 법에 따른 허용을 언급하지 않는다. 무차별적 스크래핑은 그 행위 자체가 민주사회의 근간이 되는 기본권을 침해하고 대규모 감시를 가능하게 하는 본질적인 위험을 내포하고 있는 점에서 강력한 절대적 금지를 견지하는 것으로 보인다.

6. 직장과 교육기관에서 감정 인식 AI 시스템

(1) 원칙

직장과 교육기관의 영역에서 자연인의 감정을 추론하기 위해 AI 시스템을 시장에 출시, 이러한 특정 목적으로 서비스에 투입, 또는 이용은 금지된다.[40] 해당 AI 시스템은 그 기반이 되는 기술이 중립적이거나 다른 유용한 목적으로 사용될 수 있지만, 여기서 금지되는 특정 목적으로의 서비스 투입이 금지된다.

'감정 인식 시스템'(emotion recognition system)은 생체인식정보를 기반으로 자연인의 감정이나 의도를 식별하거나 추론하기 위한 목적의 AI 시스템을 의미한다.[41]

생체인식정보를 기반으로 자연인의 감정이나 의도를 식별하거나 추론하는 AI 시스템은 차별적인 결과물을 초래할 수 있고 관련 사람들의 권리와 자유를

40) 제5조 제1항(f).
41) 제3조 제39호.

침해할 수 있다.[42] 이러한 시스템은 안면 표정, 음성 감정, 채팅 등의 텍스트 감정을 분석하여 행복, 슬픔, 분노, 놀람 등 감정을 분석한다.

> 생체인식정보(biometric data)는 얼굴 이미지나 지문 정보와 같이 자연인의 신체적, 생리적 또는 행동적 특성과 관련된 특정 기술적 처리로 생성된 개인정보를 의미한다.[43]

얼굴이나 지문은 그 자체로 생체인식정보가 되지 않고 특정 기술적 처리로 생성되어야 한다. 즉 사람의 눈으로 보는 아날로그적 이미지가 아니라 AI가 식별할 수 있는 디지털 특징으로 변환되어야 한다. 얼굴 이미지의 경우 핵심적 기술적 처리는 얼굴 이미지에서 개인을 고유하게 식별할 수 있는 특징 즉 두 눈 사이의 거리, 코의 너비와 높이, 턱선의 곡률과 각도, 입술의 두께와 모양, 광대뼈의 위치와 돌출 정도 및 눈, 코, 입 등 다수의 노드(node) 포인트 사이의 거리와 위치를 측정하는 것이다.[44]

감정 인식 시스템은 학생이 교육 내용을 이해했는지 또는 직원이 생산적인지 등을 측정할 수 있다. 예컨대, 수업 중 학생의 주의 산만 또는 긴장 여부를 평가하는 데 이용되는 AI 시스템은 금지된다. 특히 감정의 표현은 문화와 상황에 따라, 심지어 한 개인에 대해서도 상당히 다양하기 때문에 감정을 식별하거나 추론하는 것을 목표로 하는 AI 시스템의 과학적 근거에 심각한 우려가 있다.[45] 이러한 시스템의 주요 단점은 신뢰성이 제한적이고 구체성이 부족하며 일반화 가능성이 제한적이라는 점이다.[46]

업무나 교육의 맥락에서 힘의 불균형과 이러한 시스템의 침해적 특성을 고려할 때, 이러한 시스템은 특정 자연인 또는 이들의 전체 그룹에 해롭거나

---

42) 상설 제44항.

43) 제3조 제34호.

44) 「개보위 생체정보 안내서」, pp. 8-10.

45) 상설 제44항. 예컨대, 콜센터의 경우 고객 목소리를 분석해 감정 상태를 파악하여 고객이 화를 낼 경우 상담원에게 실시간으로 경고를 보내거나 적절한 대응 스크립트를 추천하고, 또는 상담원의 목소리 톤을 분석하여 그의 공감 능력 등을 평가하는 데 사용될 수 있다. 이 경우 직원에 대한 지속적인 감시와 압박으로 작용하여 감정 노동을 강요하고 개인의 내면을 통제하려는 것으로 간주될 수 있다.

46) 상설 제44항.

불리한 대우를 초래할 수 있다.[47] 사무실이나 학교와 같이 선생과 학생, 고용주와 종업원의 권력 차이 즉 힘의 불균형이 현저한 환경에서 감정을 인식하는 AI를 이용하면 부정적인 감정으로 추정되는 직원을 따돌리거나 집중력이 떨어진다는 이유로 부당하게 저성과자로 판단되는 학생 등 부당한 대우가 발생할 수 있다. 따라서 직장과 교육과 관련된 상황에서 개인의 감정 상태를 감지하는 데 이용될 의도인 AI 시스템의 시장 출시, 이러한 특정 목적으로 서비스 투입, 또는 이용은 금지된다.[48]

(2) 예외

이러한 감정 인식 AI 시스템은 의료 또는 안전의 이유로 이용이 준비되거나 시장에 출시되려고 의도된 경우는 허용된다.[49] 치료용 시스템과 같이 엄격하게 의료 또는 안전의 이유로 허용된다.[50] 따라서, AI법은 기술 발전을 윤리적 고려와 인권 보호에 균형되도록 미묘한 접근을 하고 있다.

7. 생체인식 분류 AI 시스템

(1) 원칙

자연인의 인종, 정치적 견해, 노동조합 가입, 종교적 또는 철학적 신념, 성

---

47) 상설 제44항. '침해적 특성'(intrusive nature)은 AI 시스템이 개인의 프라이버시와 기본권을 침해하거나, 개인의 자유로운 선택과 행동에 부정적인 영향을 미치는 특성을 의미한다.

48) 상설 제44항.

49) 제5조 제1항(f).

50) 상설 제44항. 예컨대, 중환자실과 신생아실 등에서 말을 할 수 없는 환자나 신생아의 얼굴 표정 변화를 분석하여 통증 수준을 객관적으로 파악하고 의료진에게 알림을 보내는 AI 시스템은 시의적절한 의료 조치를 가능하게 하여 환자의 건강과 복지를 증진시킬 수 있다. 또한, 자동차 내부에 설치된 CCTV가 운전자의 눈 깜빡임 빈도, 하품, 고개의 움직임 등을 실시간으로 분석하여 졸음운전이나 부주의 상태를 감지하여 강력한 경고음을 울리거나 차량을 안전하게 제어하는 AI 시스템은 임박한 위험을 감지하고 사고를 예방하여 사람의 생명과 신체를 보호하는 데 직접적으로 기여할 수 있다.

생활 또는 성적 지향을 유추하거나 추론하기 위하여 생체인식정보에 기반하여 자연인을 개별적으로 분류하는 생체인식 분류 시스템의 시장 출시, 이러한 특정 목적의 서비스 투입, 또는 이용은 금지된다.[51] 해당 AI 시스템은 그 기반이 되는 기술이 중립적이거나 다른 유용한 목적으로 사용될 수 있지만, 여기서 금지되는 특정 목적으로의 서비스 투입이 금지된다.

'생체인식 분류 시스템'(biometric categorisation system)은 다른 상업적 서비스에 부수적이고 객관적인 기술적 이유로 엄격하게 필요한 경우를 제외하고, 생체인식정보를 기반으로 자연인을 특정 범주에 할당하기 위한 목적의 AI 시스템을 의미한다.[52]

생체인식 분류를 위한 AI 이용으로 고용과 거주를 포함한 다양한 분야에서 차별적인 관행이 생겨 사회적 격차가 심화되고 프라이버시와 평등과 같은 기본권이 침해될 위험이 있다. 공공장소나 온라인 집회에 참여한 사람들의 얼굴 표정, 목소리 톤, 발언 내용 등을 분석하여 각 개인을 정부 지지자, 정부 비판자, 특정 정당 지지자 등으로 분류하고 태그를 붙이는 AI 시스템은 정치적, 철학적 신념을 추론하는 시스템으로서, 개인이 방문하는 장소, 걸음걸이, 목소리 억양, 얼굴 특징 등 생체인식정보를 기반으로 그 사람의 성적 지향을 AI가 추론하여 분류하는 시스템은 성적 지향 추론 시스템으로서, 사람의 얼굴 골격, 피부색, 머리카락 질감 등 생체 특징을 분석하여 특정 인종이나 민족으로 개인을 분류하는 시스템은 인종 또는 민족 추론 시스템으로서, 특정 종교 시설을 방문하는 사람들의 얼굴을 인식하거나 특정 종교적 복장을 착용한 사람들을 식별하여 특정 종교라고 자동 분류하는 시스템은 종교적 신념 추론 시스템으로서 금지된다. 예컨대, 임대인이나 주택 관리자가 이러한 AI 도구를 이용하여 예비 세입자를 선별할 경우 특정 인종이나 민족 배경을 가진 사람들에 대한 편견이나 성적 지향 또는 성 정체성에 따른 차별이 발생할 수 있다. 이러한 AI 관행은 공정성의 훼손은 물론 차별 금지 원칙과 개인의 존엄성에도 반하는 것이다.

---

51) 제5조 제1항(g).

52) 제3조 제40호.

(2) 예외

이러한 금지는 생체인식정보를 기반으로 한 이미지와 같은 적법하게 획득한 생체인식 데이터 세트의 라벨링이나 필터링, 또는 법 집행 분야에서 생체인식정보의 분류에 적용되지 않는다.[53] 따라서 예컨대 법 집행 분야에서 사용될 수 있는, 머리 색깔이나 눈 색깔에 따른 이미지 분류와 같이, 생체인식정보를 기준으로 EU법 또는 회원국 국내법에 따라 획득한 생체인식정보 세트를 적법하게 라벨링, 필터링 또는 분류하는 것은 허용된다.[54] 「법 집행 개인정보보호 지침」 제6조는 법 집행 당국이 용의자, 증인, 피해자 등 서로 다른 범주 정보주체의 개인정보 사이에 명확한 구별을 둘 것을 요구한다.

이러한 미묘한 접근 방식은 AI 기술의 혜택과 개인의 권리를 보호하고 차별을 방지하는 의무 사이의 균형을 맞추고자 한다.

*** 자연인을 고유하게 식별하기 위한 목적으로 생체인식정보의 처리는 GDPR과 「법 집행 개인정보보호 지침」에서 원칙적으로 금지된다.[55] 예외적으로 정보주체의 명시적 동의나 EU 또는 회원국 법의 허가 등 제한적인 근거가 적용되면 허용된다.[56]

---

53) 제5조 제1항(g). '생체인식정보 세트'(biometric dataset)는 정보의 집합으로서 여러 개의 개별 생체인식정보를 구조적으로 모아 놓은 것이다. 예컨대, 경찰이 보유한 용의자 사진 데이터베이스, 실종자 안면 이미지 데이터베이스, 합법적으로 수집된 현장 증거 영상 파일 모음이 생체인식정보 세트이다. 개별 용의자 사진 파일, 개별 실종자 안면 이미지, 현장 증거 영상 파일은 생체인식정보가 된다.

54) 상설 제30항. 예컨대, 은행 강도 사건의 목격자가 용의자는 붉은 머리에 안경을 썼다고 진술한 경우, 용의자의 얼굴 이미지에 '[분류: 용의자], [특징: 붉은 머리], [착용: 안경]'의 라벨을, 증인의 얼굴 이미지에 '[분류: 증인]'의 라벨을 붙인다. 또한, 경찰은 전체 용의자 머그샷 데이터베이스에서 '[특징: 붉은 머리] 및 [착용: 안경]'의 두 가지 라벨을 모두 가진 인물만 검색하도록 AI 시스템에 명령하면, 동 시스템은 이 조건에 맞는 소수의 인물 리스트만 필터링하여 제시한다.

55) GDPR 제9조 제1항, 「법 집행 개인정보보호 지침」 제10조.

56) GDPR 제9조 제2항, 「법 집행 개인정보보호 지침」 제10조.

8. 법 집행 목적의 공공장소에서 실시간 원격 생체인식 식별 시스템

(1) 원칙

법 집행 목적으로 공개적으로 접근 가능한 장소에서 실시간 원격 생체인식 식별 시스템의 이용은 금지된다.[57] 다른 금지된 관행과 달리, 동 시스템의 시장 출시나 서비스 투입은 금지되지 않는다. 실시간 원격 생체인식 식별에 이용되는 소프트웨어나 카메라 등 AI 시스템이 다른 합법적 목적으로 사용될 수 있기 때문이다.[58] 즉 이러한 시스템의 시장 출시나 서비스 투입을 허용하면서, 가장 위험한 방식의 이용 즉 법 집행 목적의 실시간 공공 감시의 이용이 특정되어 금지된다.

> '실시간 원격 생체인식 식별'(real-time remote biometric identification) 시스템은 생체인식정보의 캡처, 비교 및 식별이 모두 상당한 지연 없이 이루어지고, 즉각적인 식별뿐 아니라 회피를 방지하기 위한 제한적인 짧은 지연이 허용되는 원격 생체인식 식별 시스템을 의미한다.[59]

실시간 원격 생체인식 식별 시스템의 대표적인 예는 용의자를 실시간으로 식별하고 추적할 수 있는 CCTV 시스템이다. 그러나, 이러한 시스템 이용의 금지는 매우 제한적이다. 즉 실시간 생체인식 식별 시스템, 즉 관찰 대상의 생체

57) 제5조 제1항(h). 아일랜드, 덴마크에 대한 예외가 인정된다. 각각 상설 제40항, 제41항.

58) 예컨대, 안면 인식 AI 소프트웨어가 탑재된 고성능 카메라 시스템을 경찰이 공공장소에서 불특정 다수를 실시간으로 식별하여 감시하는 행위는 금지되지만, 경찰이 이 시스템으로 범죄의 발생 후 이미 녹화된 CCTV 영상을 분석해 용의자를 식별하는 행위는 금지되지 않고 고위험으로 분류되고, 공항에서 이 시스템을 이용해 승객의 동의를 받고 탑승권과 승객 얼굴을 1:1로 대조하여 신원을 인증하는 행위도 금지되지 않고 고위험으로 분류되며, 상점에서 이 시스템을 이용해 개인을 식별하지 않고 방문객의 연령대나 성별 분포 등 익명의 통계정보를 수집하는 행위는 제한적 위험 또는 최소 위험이 된다. 이렇게 합법적으로 이용 가능한 AI 시스템의 시장 출시나 서비스 투입은 금지되지 않는다.

59) 제3조 제42호.

인식정보를 상당한 지연 없이 생체인식 식별 데이터베이스와 비교하여 원거리에 있는 개인을 식별하는 시스템만 금지된다. 생체인식 식별 시스템은 사회적 점수 산정이나 예측적 치안에 이용되는 것을 포함하여 대량 감시의 위험이 높기 때문에 EU 차원의 감독과 통제가 필요하다.[60]

'생체인식 식별' (biometric identification)은 자연인의 신원 확인을 목적으로 해당 개인의 생체인식정보를 데이터베이스에 저장된 개인의 생체인식정보와 비교하여 신체적, 생리적, 행동적 또는 심리적 인간의 특징을 자동으로 인식하는 것이다.[61]

법 집행 목적으로 공공장소에서 자연인의 실시간 원격 생체인식 식별 AI 시스템의 이용은 특히 대다수 인구의 사생활에 영향을 미치고 지속적인 감시의 느낌을 불러일으키며 집회의 자유와 다른 기본권 행사를 간접적으로 방해할 수 있을 정도로 관련된 사람의 권리와 자유를 침해할 수 있다.[62] 자연인의 원격 생체인식 식별로 의도된 AI 시스템의 기술적 부정확성은 '편향된 결과'(biased results)를 초래하고 '차별적 효과'(discriminatory effects)를 수반할 수 있다.[63] 이렇게 가능한 편향된 결과와 차별적 효과는 특히 연령, 민족, 인종, 성별 또는 장애와 관련하여 의미가 있다.[64] 또한, 실시간으로 작동하는 이러한 시스템의 이용과 관련하여 영향이 즉각적이고 추가적 확인 또는 수정의 기회가 제한적이기 때문에 법 집행 활동의 맥락에서 또는 그 영향을 받는 관련된

60) P. Hacker, Comments on the final trilogue version of the AI act, 2024, EP Briefing-AI, p. 10에서 재인용.

61) 제3조 제35호.

62) 상설 제32항.

63) 상설 제32항. 경찰이 사용하는 안면 인식 AI가 주로 백인 남성의 얼굴 데이터로 훈련된 경우 라이브 CCTV 영상에서 백인 남성의 얼굴은 매우 높은 정확도로 인식되지만 유색인종의 얼굴은 인식률이 현저히 떨어지거나 다른 사람으로 잘못 인식하는 오류율이 매우 높을 수 있어서 인종에 따른 인식율의 편향이 있을 수 있다. 또한, 경찰이 인종 편향이 있는 시스템을 이용해 길거리에서 강도 용의자를 실시간으로 추적하는 중에 시스템이 실제 용의자가 아닌 근처를 지나가던 무고한 흑인 여성을 용의자와 일치한다고 잘못 경보를 보내어 이 잘못된 정보에 따라 경찰이 이 여성을 공공장소에서 연행하면 이는 인종에 기반한 차별적 법 집행이다.

64) 상설 제32항.

사람의 권리와 자유에 대한 위험이 높아진다.[65)]

이렇게 이용이 금지되는 실시간 원격 생체인식 식별 시스템은 실시간, 원격 생체인식 식별 및 공공장소의 세 가지 요소로 구성된다.

1) 실시간 요소

AI법은 실시간의 단어에 따옴표('real-time')를 붙여서, 고위험 AI 시스템의 하나인 '사후-원격'(post-remote) 생체인식 식별 시스템과 구별하면서 실시간 시스템이 금지되는 것을 강조한다.[66)] 실시간 원격 생체인식 식별 시스템의 정의도 실시간의 의미에 중점을 둔다. 원격 생체인식 식별이 실시간이라는 것은 '상당한 지연 없이'(without a significant delay) 이루어지는 것인데, 이는 '즉각적인 식별'(instant identification)과 '제한적인 짧은 지연'(limited short delays)으로 구성된다. 생체인식정보의 캡처 등이 상당한 지연 없이 이루어진다는 것은 이러한 과정이 관찰 대상이 되는 실제 사건과 거의 동시에 일어나는 것을 의미한다.[67)] 구체적으로 즉각적인 식별은 생체인식정보의 수집과 식별 결과 도출 사이에 오직 기계의 연산에 필요한 시간 외에는 어떠한 지연도 없는 것을 가리킨다.[68)] 제한적인 짧은 지연은 생체인식정보의 전송 과정에서 약간의 네트워크 지연이나, AI가 제시한 잠재적 일치 항목을 운영자가 최종적으로 확인하는 데 걸리는 몇 초의 시간 등 실제 운영에서 '거의 즉각적으로'(near-instantaneously) 발생할 수 있는 상황으로 이해할 수 있다. 따라서, '사소한 지연'(minor delays)을 설정하여 해당 AI 시스템의 실시간 이용 금지를 회피할 여지는 있을 수 없다.[69)] 실시간 시스템은 카메라나 유사한 기능을 가진 다른 장치에 의해 생성된 비디오 영상과 같은 라이브(live) 또는 '거의 라이브'(near-live) 자료의 사용을 포

---

65) 상설 제32항.

66) 제3조 제43호 참조.

67) 상당한 지연이 허용되면 실시간 식별이 아니라 사후 식별이 될 것이다. 사후 식별 시스템의 경우 해당 자연인에 대하여 시스템의 사용 전에 CCTV 카메라나 개인 기기로 생성된 사진 또는 비디오 영상과 같은 자료를 포함한다. 상설 제17항

68) 라이브 CCTV 화면에 어떤 사람이 지나가자마자, 모니터에 그 사람의 신원 정보가 바로 뜨는 시스템이 예가 된다.

69) 상설 제17항.

함한다.[70]

2) 원격 생체인식 식별 시스템

이용이 금지되는 실시간 원격 생체인식 식별 시스템에서 원격 생체인식 식별 시스템은 일반적으로 개인의 생체인식정보와 참조 데이터베이스에 포함된 생체인식정보를 비교하여 원거리에서 해당 자연인의 적극적인 관여 없이 그의 신원을 식별하기 위한 목적의 AI 시스템이다. 원격 생체인식 식별 시스템의 개념은 기능적으로 정의되어야 하고, 사용되는 특정 기술, 프로세스 또는 생체인식정보의 유형과 관계없다.[71] 원격 생체인식 식별 시스템은 일반적으로 자연인의 신원 확인을 현저히 용이하게 하기 위해, 여러 사람 또는 그들의 행동을 동시에 인지하는 데 사용된다.[72]

> '원격 생체인식 식별 시스템' (remote biometric identification system)은 일반적으로 개인의 생체인식정보와 참조 데이터베이스에 포함된 생체인식정보를 비교하여 원거리에서 해당 자연인의 적극적인 관여 없이 그의 신원을 식별하기 위한 목적의 AI 시스템이다.[73]

원격(remote)은 그 대상자의 적극적인 관여 즉 협조나 참여가 없어야 하고 원거리에서 식별되는 것을 가리킨다. 대상자의 협조나 참여가 없는 점에서 해당 시스템이 일방적으로 자연인을 식별하고, 원거리인 점에서 해당 시스템은 식별 대상인 자연인과 물리적으로 멀리 떨어져 있어야 한다. 따라서, 실시간 원격 생체인식 식별 시스템의 이용 금지에도 불구하고, 법 집행, 국경 통제, 이민 또는 망명 당국이 EU와 회원국 국내법에 규정된 조건에 따라 당사자의 입회하에 '신원 확인'(identity check)을 수행할 수 있는 권한은 보전된다.[74]

---

70) 상설 제17항.

71) 상설 제17항.

72) 상설 제17항.

73) 제3조 제41호.

74) 상설 제33항. 제5조에서 금지되지 않은 경찰의 대면 신원 확인용 생체인식 식별 시스템 등은 대부분 고위험 AI 시스템으로 분류될 것이다. 이러한 시스템은 제5조에서 금지되지 않지만, 제6조와 부속서 III의 제1항에 따라 고위험 AI 시스템으로 분류되어, 위험 관리, 투명성 확보, 인적 감독 등 엄격한 규제를 받는다.

특히 법 집행, 국경 통제, 이민 또는 망명 당국은 EU 또는 회원국 국내법에 따라 정보 시스템을 이용하여 신원 확인 중에 신원 확인을 거부하거나 신원을 진술하거나 증명할 수 없는 사람을 식별할 수 있어야 하고, AI법에 따른 '사전 허가'(prior authorisation)를 얻도록 요구되지 않는다.[75] 예컨대, 범죄에 연루된 사람이 법 집행 당국에 자신의 신원을 공개하기를 꺼리거나, 또는 사고나 의학적 조건을 이유로 공개를 할 수 없는 경우이다.[76]

인증(authentication)을 포함하는 생체인식 검증(biometric verification)에 사용되도록 의도된 AI 시스템은 원격 생체인식 식별 시스템에서 제외된다.[77] 생체인식 검증의 유일한 목적은 특정 자연인이 자신이 주장하는 본인이 맞음을 확인하거나, 서비스 접근, 기기 잠금 해제, 또는 구내(premises) 보안 접근이라는 유일한 목적으로 자연인의 신원을 확인하는 것이다. 이렇게 제외되는 이유는 대상자의 적극적인 참여 없이 다수의 개인에 대한 생체인식정보를 처리하는 데 사용될 수 있는 원격 생체인식 식별 시스템과 비교하여 이러한 생체인식 검증 시스템이 자연인의 기본권에 최소한으로 영향을 미칠 가능성이 높기 때문이다.[78]

생체인식 식별에서 해당 개인이 동의를 준 여부는 상관없다.[79] 생체인식 식별이 자동으로 인식하는 인간의 특징은 얼굴, 눈의 움직임, 체형, 음성, 운율, 보행 패턴, 자세, 심박수, 혈압, 체취, 키 입력 특성을 포함한다.[80]

---

75) 상설 제33항. 예컨대, 경찰관이 길거리에서 어떤 사람의 신원 확인을 요청했는데, 그 사람이 신분증 제시를 거부하거나 자신의 신원을 밝힐 수 없는 경우, 경찰이 휴대용 장치 등을 이용해 그 사람의 얼굴을 스캔하여 데이터베이스와 대조하는 행위는 원격 생체인식 식별이 아니다. 즉 불특정 다수를 대상으로 하지 않은 경찰관 앞에서 물리적으로 존재하는 특정인을 대상으로 표적화된 신원 확인이다.

76) 상설 제33항.

77) 상설 제17항, 부속서Ⅲ 제1항(a). 생체인식 검증은 원격이 아닌 생체인식 식별에서도 제외된다. 상설 제15항.

78) 상설 제17항.

79) 상설 제15항.

80) 상설 제15항.

3) 공개적으로 접근 가능한 장소

> '공개적으로 접근 가능한 장소'(publicly accessible spaces)는 특정 접근 조건이 적용될 수 있는지와 잠재적인 수용 인원 제한과 관계없이 불특정 다수의 자연인이 접근할 수 있는 공공 또는 개인 소유의 모든 물리적 장소이다.[81]

공개적으로 접근 가능한 장소 즉 공공장소는 거리, 도로, 공원, 광장, 해변 등 별다른 조건 없이 누구나 접근할 수 있는 장소 및 기차역, 공항, 영화관, 스포츠 경기장, 쇼핑몰, 백화점, 마트, 카페, 식당, 은행, 호텔 로비 등 개인 소유이지만 일반대중의 출입이 허용되는 장소를 가리킨다. 특히 기차역, 공항, 영화관, 스포츠 경기장 등은 입장권 등의 접근 조건이 부과될 수 있지만 공공장소이다. 공공장소는 '물리적 장소'(physical place)인 점에서 가상적 온라인 공간은 제외된다.[82]

(2) 예외

AI법의 입법 과정에서 실시간 원격 생체인식 식별 시스템의 금지 범위에 대한 많은 논쟁이 있었다.[83] AI법은 원칙적으로 경찰이 공공장소에서 실시간 안면 인식 기술을 사용하는 AI 시스템의 이용을 금지한다. 그러나, 예외적인 상황에서 이용이 허용되는데, 다음의 매우 엄격한 조건이 충족되어야 한다. 첫째, 비교할 수 없는 본질적 공익을 위하여 즉 대규모 인명 피해 방지 등 이러한 이용에서 얻는 이익이 모든 시민의 프라이버시가 침해될 수 있다는 엄청난 위험보다 비교할 수 없을 정도로 커야 한다. 둘째, 다른 대안이 없는 최후의 수단으로서 즉 이 기술을 이용하지 않고서는 테러 등 중대한 위협을 막을 다른 현실적인 방법이 없어야 한다. 셋째, 매우 제한된 이용 목적으로 오직 임박한 테러 공격을 막거나 유괴된 아동을 찾고, 살인 등 중범죄 용의자를 추적하는 것과 같이 법에 명시된 극히 일부의 목적으로만 이용할 수 있다. 넷째,

81) 제3조 제44호.

82) 온라인 공간은 주로 데이터의 처리와 관련되어 GDPR, 디지털서비스법(DSA) 등에 의해 별도로 규제된다.

83) EDRi 참조.

피해의 최소화로서 이용이 허가되어도 특정 시간과 장소에 한정하는 등 시민의 권리 침해를 최소화해야 한다. 즉 그 심각한 상황에 비추어 꼭 필요한 만큼 비례적으로 이용해야 한다.

1) 허용되는 목적의 정당성

법 집행을 위해 공개적으로 접근 가능한 공간에서 실시간 원격 생체인식 식별 시스템의 이용이 허용되는 예외는 다음의 목적을 위하여 엄격하게 필요한 경우이다.[84] 이러한 목적은 그 중요성이 관련 위험을 능가하는 '본질적 공익'(a substantial public interest)의 달성에 엄격하게 필요한 경우로 한정된다.[85]

또한, 법 집행 목적으로 공개적으로 접근 가능한 공간에서 실시간 원격 생체인식 식별 시스템을 이용하는 경우, 규정된 세 가지 목적하에 특정적으로 표적인 개인의 신원을 확인하기 위해서만 이용되어야 한다.[86] 이렇게 신원이 확인되는 개인은, 예컨대, 첫째 목적의 경우 특정 피해자 또는 실종자가 되고, 둘째 목적의 경우 총기 난사범 등 가해자와 테러리스트가 되며, 셋째 목적의 경우 중범죄 혐의자가 된다.

① 피해자/실종자 수색

납치, 인신매매 또는 인간의 성적 착취의 특정 피해자에 대한 표적 수색 및 실종자 수색의 목적이다.[87] 납치 등 자신의 의지와 상관없이 범죄의 대상이 되거나 실종되어, 생명과 신체의 안전이 심각하고 시급한 위협을 받고 있다고 간주되는 사람을 찾기 위한 것이다. 단순 가출인이나 경범죄 용의자를 찾기 위하여 실시간 원격 생체인식 식별 시스템을 이용할 수 없다. 특히 성적 착취는 납치와 인신매매에 상응하는 긴급성과 심각성을 가져야 하는데, 아동 성착취물 제작과 유통 현장, 성매매 강요 등 인명 구조 차원에서 제한적으로 이해될 것이다. 즉 과거에 제작된 불법 촬영물 유포자의 추적이나 온라인 성희롱 가해자의 신원 확인을 위하여 예외가 허용되지 않는다.

---

84) 제5조 제1항(h).

85) 상설 제33항.

86) 제5조 제2항.

87) 제5조 제1항(h)(i).

표적 수색인 점에서 불특정 다수를 상시적으로 감시하는 것이 아니라, 이미 신원이 특정된 사람을 찾아야 한다. 공공장소에 있는 불특정 다수의 프라이버시와 익명으로 존재할 권리는 위험에 처한 특정 피해자의 생명권, 신체의 안전을 보장받을 권리에 의해 제한된다.

② 테러나 임박한 위협 예방

자연인의 생명 또는 신체 안전에 대한 특정적이고 중대하며 임박한 위협 또는 테러 공격의 진실하고 현존하거나 또는 진실하고 예측 가능한 위협을 방지하기 위한 목적이다.[88] 이러한 위협은 '특정적이고 중대하며 임박한'(specific, substantial and imminent) 것인데, 이들 세 조건이 모두 충족되어야 한다. 이러한 위협이 특정적인 점에서 막연하거나 추상적이면 안 될 것이다. 이러한 위협 등이 중대한 점에서 그 발생할 수 있는 해(harm)의 수준이 매우 심각해야 할 것이다. 또한 그 위협이 임박한 점에서 먼 미래의 위협이 아니라 곧 발생하려는 상태여야 할 것이다. 특히 자연인의 생명 또는 신체적 안전에 대한 임박한 위협은 핵심 인프라의 심각한 중단으로 인해 발생할 수 있고, 이러한 핵심 인프라의 중단 또는 파괴가 인구에 대한 기본 공급의 제공 또는 국가의 핵심 기능 수행에 심각한 해를 초래하는 등 사람의 생명 또는 신체적 안전에 임박한 위협이 될 경우이다.[89]

> '핵심 인프라'(critical infrastructure)는 필수적 서비스 제공에 필요한 자산, 시설, 장비, 네트워크 또는 시스템, 또는 자산, 시설, 장비, 네트워크 또는 시스템의 일부이다.[90]

또한, 테러 공격의 진실하고 현존하거나 또는 진실하고 예측 가능한 위협의 경우 실시간 원격 생체인식 식별 시스템의 이용이 허용된다. 테러 공격의 위협이 진실한(genuine) 점에서 동 위협은 구체적인 정보나 신뢰할 수 있는 증거에 기반하여야 할 것이다. 또한 현존하는(present) 점에서 이러한 위협은 지금 당장 발생하고 있거나 막 발생하려는 긴급성이 요구되는 상태의 경우이다.

88) 제5조 제1항(h)(ii).
89) 상설 제33항.
90) 「핵심 실체의 복원성 지침」 제2조 제4호.

'예측 가능한'(foreseeable) 점에서 이러한 위협은 임박하지 않지만 가까운 미래에 발생할 것이라고 합리적으로 예측할 수 있는 구체적으로 긴급성이 요구되는 상태의 경우이다.

③ 중범죄 혐의자 추적

부속서 II에 언급되고 해당 회원국에서 최고형이 최소 4년 이상의 징역 또는 구금 명령으로 처벌할 수 있는 형사범죄에 대한 수사, 기소 또는 형사 처벌을 집행하는 목적으로 그 범죄를 저지른 것으로 의심되는 사람의 위치 파악 또는 식별 목적이다.[91] 회원국 국내법에 따른 '징역 또는 구금 명령'(custodial sentence or detention order)에 대한 이러한 형벌 기준은 실시간 원격 생체인식 식별 시스템의 이용을 잠재적으로 정당화할 수 있을 만큼 범죄가 심각함의 보장에 기여한다.[92] 27개 EU 회원국이 각기 다른 형법 체계를 가지고 있는 현실에서 최고형 4년 이상의 동일한 기준으로 모든 회원국에서 일관된 수준의 심각성을 가진 중범죄에만 예외가 허용된다. 해당되는 중범죄가 법정 최고형이 4년 이상이면 되어서 예컨대 법원에서 2년형의 선고를 받아도 무방하다.

2) 이익형량

실시간 원격 생체인식 식별 시스템의 이용을 위하여 다음과 같이 표적된

91) 제5조 제1항(h)(iii). 부속서 II의 이들 형사범죄는 테러, 인신매매, 아동의 성적 착취 및 아동 포르노그래피, 마약 또는 향정신성 물질의 불법 거래, 무기, 군수품 또는 폭발물의 불법 거래, 살인, 중상해, 인간의 장기 또는 조직(tissue)의 불법 거래, 핵 물질 또는 방사성 물질의 불법 거래, 납치, 불법 감금 또는 인질 강요, 국제형사법원 관할 내의 범죄, 항공기 또는 선박의 불법 납치, 강간, 환경 범죄, 조직적 또는 무장 강도, 사보타주 및 위에 열거된 하나 이상의 범죄에 연루된 범죄단체에의 참여이다. 이들 범죄는 「유럽 체포영장 프레임워크 결정」에 열거된 32개 범죄를 기반으로 한다. 상설 제33항. 이들 범죄는 한국에서도 중범죄가 된다. 실시간 원격 생체인식 식별에 대한 의존이, 열거된 서로 다른 범죄의 가해자 또는 용의자의 실제 위치 추적 또는 신원 확인을 위해, 또한 해(harm)의 심각성, 가능성 및 규모 또는 가능한 부정적인 결과의 가능한 차이를 고려할 때 매우 다양한 정도로 필요하고 비례할 수 있다는 점에서 이들 범죄 중 일부는 실제로 다른 범죄보다 더 관련될 수 있다. 상설 제33항.

92) 상설 제33항.

개인의 신원 확인을 통해 얻는 공익과 그로 인해 발생할 수 있는 피해 사이의 이익형량이 이루어지고, 다음의 두 요소가 고려된다. 이러한 이익형량의 결과 공익이 개인의 피해보다 큰 경우 동 시스템의 이용이 정당화될 수 있다.

① 공익의 중대성

시스템 이용 가능성을 야기하는 상황의 성격, 특히 시스템을 이용하지 않을 경우 초래될 해(harm)의 심각성, 개연성 및 규모가 고려되어야 한다.[93] 실시간 원격 생체인식 식별 시스템을 이용하지 않으면, 끔찍한 해(심각성)가 매우 높은 확률(개연성)로 다수의 사람들에게(규모) 발생하는 만큼 이익형량에서 공익의 중대성이 확인되어야 한다. 해의 심각성은 예방하려는 해의 질적인 측면 즉 발생할 수 있는 해가 얼마나 중대하고 돌이킬 수 없는지에 관한 것이다. 해의 개연성은 위협이 현실화될 가능성이 얼마나 높은지 즉 위협의 신뢰도에 관한 것이다. 해의 규모는 예방하려는 해의 양적인 측면 즉 해가 미칠 범위에 관한 것이다.

② 기본권 침해

실시간 원격 생체인식 식별 시스템의 이용으로 모든 관련된 사람의 권리와 자유에 미치는 결과, 특히 그러한 결과의 심각성, 개연성 및 규모가 고려되어야 한다.[94] 결과의 심각성은 개인에게 부정적인 결과가 발생했을 때 그 기본권 침해의 정도가 얼마나 깊고 치명적인지에 관한 것이다. 결과의 개연성은 이러한 심각한 기본권 침해가 실제로 일어날 가능성이 얼마나 확실한지에 관한 것이다. 결과의 규모는 이러한 시스템의 이용으로 얼마나 많은 사람들의 기본권 특히 프라이버시권이 침해되는지 즉 해의 양적인 범위에 관한 것이다.

3) 안전장치와 조건의 준수

규정된 세 가지 목적을 위한 법 집행 목적으로 공개적으로 접근 가능한 공간에서 실시간 원격 생체인식 식별 시스템을 이용하는 경우, 특히 시간적, 지리적 및 인적 제한과 관련하여 해당 이용을 허가하는 국내법에 따라 그 이용

93) 제5조 제2항 제1단(a).

94) 제5조 제2항 제1단(b).

에 관련하여 필요하고 비례적인 안전장치와 조건이 준수되어야 한다.[95] 즉 본질적 공익과 기본권 침해 사이의 이익형량 심사에 따라 이러한 시스템의 이용이 허가되어도, 시간적, 지리적 및 인적 제한에 관한 안전장치와 조건이 준수되어야 한다.

시간적 제한은 동 시스템을 통한 무기한의 감시를 방지하고 위협이 존재하는 특정 시간대로 사용을 한정하는 것이다. 지리적 제한은 동 시스템의 이용을 위협이 실제로 존재하거나 용의자가 나타날 가능성이 있는 특정 구역으로 그 범위를 한정하는 것이다. 인적 제한은 표적 수색의 본래 목적을 벗어나 불특정 다수의 감시에 이용되는 것을 제한하는 것이다. 결국 법 집행 당국은 범죄 행위의 증거 또는 징후가 있는 지정된 지역에서 지정된 기간 내에만 잠재적 피해자, 공공안전에 위협을 가하는 개인 또는 가해자로 의심되는 특정 개인을 대상으로 실시간 원격 생체인식 식별 시스템을 이용할 수 있다.

4) 기본권영향평가

공공장소에서 실시간 원격 생체인식 식별 시스템의 이용 전에 법 집행 당국은 기본권영향평가를 완료해야 한다.[96] 기본권영향평가(fundamental rights impact assessment, FRIA)는 다음과 같이 구성된다:[97] 첫째, 해당 시스템이 의도된 목적에 따라 이용될 운영자의 프로세스에 대한 설명, 둘째, 해당 시스템이 이용될 기간과 빈도에 대한 설명, 셋째, 특정 상황에서 해당 시스템의 이용으로 영향을 받을 수 있는 자연인과 그룹의 범주, 넷째, 제공자가 제공한 정보를 고려하여 해당 시스템의 이용으로 인해 영향을 받을 가능성이 있는 자연인과 그룹의 범주에 대한 영향을 줄 것 같은 해의 특정 위험,[98] 다섯째, 사용 설명

95) 제5조 제2항 제2단 제1문.

96) 제5조 제2항 제2단 제2문. 기본권영향평가를 규정하는 제27조는 고위험 AI 시스템의 운영 전에, 부속서 III의 제2항에 열거된 영역 즉 핵심 인프라에서 이용하려는 고위험 AI 시스템을 제외하고, 공법의 적용을 받는 기관이나 공공 서비스를 제공하는 민간 기관인 운영자 및 부속서 III의 제5항(b)와 (c)에 언급된 즉 신용평가와 생명보험의 위험평가에 이용될 고위험 AI 시스템의 운영자는 해당 시스템의 이용으로 인해 발생할 수 있는 기본권에 대한 영향평가를 수행하도록 규정한다.

97) 제27조 제1항.

98) 제13조 참조.

서에 따른 인적 감독 조치의 이행에 대한 설명, 여섯째, 내부 거버넌스와 불만 처리 메커니즘을 포함하여 이러한 위험이 구체화되는 경우 취해야 할 조치.

그러나, 기본권영향평가의 법적, 윤리적, 기술적 분석의 복잡성과 실시간 원격 생체인식 식별 시스템의 긴급 상황에서 신속한 대응의 필요를 고려할 때, 기본권영향평가의 완료 후 동 시스템을 이용할 수 있게 한 것은 현실적으로 타당하지 않을 것이다. 따라서, 미리 유형화된 위험 시나리오별 기본권영향평가 템플릿을 준비하여 이에 따라 신속하게 절차를 진행하거나 긴급 상황에서 반복적으로 사용될 수 있는 기술에 대해서 사전에 포괄적 기본권영향평가를 수행하고 구체적 사건에서 요약 평가를 통해 보완하는 절차가 마련될 필요가 있다. 또한, 기본권영향평가를 디지털화 및 자동화된 체크리스트 기반 시스템으로 만들어 긴급 대응 시 신속한 평가가 수행될 수 있는 방안도 검토해야 할 것이다.

5) EU 데이터베이스 등록

① 이용 전 등록

공공장소에서 실시간 원격 생체인식 식별 시스템의 이용을 위해 법 집행 당국은 해당 시스템을 EU 데이터베이스에 등록하여야 한다.[99] 시장 투명성과 감독 차원에서 고위험 AI 시스템의 출시 전 또는 서비스 투입 전 제공자 또는 공인 대리인은 자신과 그 시스템을 EU 데이터베이스에 등록하여야 한다.[100] 원격 생체인식 식별 시스템은 기본적으로 고위험 생체인식 시스템이다.[101] 따라서 원칙적으로 금지된 실시간 원격 생체인식 식별 시스템의 이용 전 등록은 이용하는 법 집행 당국이 하지만, 고위험 AI 시스템의 출시 전 또는 서비스 투입 전 등록은 그 제공자나 공인 대리인이 해야 한다.

---

99) 제5조 제2항 제2단 제2문. 제49조 참조.

100) 제49조 제1항. 법 집행 영역에서의 특정 고위험 AI 시스템은 보안이 되는 비공개 섹션에 등록되어야 한다. 제49조 제4항.

101) 부속서 III 제1항(a).

② 이용 후 등록

정당한 사유가 있는 긴급한 경우 해당 시스템의 이용은 EU 데이터베이스에 등록하지 않고도 개시될 수 있는데, 이러한 등록은 부당한 지체 없이 완료되어야 한다.102) '정당한 사유가 있는 긴급한 경우'(duly justified cases of urgency)는 치명적인 피해가 발생할 것이 명백한 위기 상황이어서 등록을 위하여 시간을 지체할 수 없는 경우를 가리킨다. '부당한 지체 없이'(without undue delay)는 약간의 지연은 있을 수 있으나 그 지연에 정당한 이유가 있어야 하는데, 즉시(immediately)보다 유연한 개념으로 볼 수 있다. 아래 사전 허가에 관련하여 부당한 지체 없이는 최대 24시간 이내로 이해할 수 있다.103)

6) 사전 허가

기본권을 보호하기 위하여 실시간 원격 생체인식 식별 시스템의 개별 이용은 사전 허가를 받아야 하고, 현실에서 발생할 수 있는 극도의 긴급 상황에 대응할 수 있도록 늦어도 24시간 이내의 사후 허가를 받아야 한다. 이러한 시스템의 남용을 제한하기 위함이다.

① 개별 이용 전 허가

법 집행 목적으로 공개적으로 접근 가능한 공간에서 실시간 원격 생체인식 식별 시스템의 각각의 이용은 해당 시스템이 이용될 회원국의 사법 당국 또는 그 결정이 구속력을 갖는 독립된 행정 당국의 사전 허가를 받아야 한다. 이 허가는 국내법의 세부 규정에 따라 이유를 밝힌 요청에 따라 발급되어야 한다.104)

② 개별 이용 후 허가

정당한 긴급한 상황의 경우 허가 없이 시스템 이용이 개시될 수 있는데, 이러한 허가는 부당한 지체 없이 늦어도 24시간 이내에 요청되어야 한다.105)

---

102) 제5조 제2항 둘째 단 제3문.

103) GDPR 제33조에 따라 컨트롤러는 개인정보 침해를 인지한 후 부당한 지체 없이 그리고 가능하면 72시간 내 감독당국에 신고하여야 한다.

104) 제5조 제3항 제1단 제1문.

이러한 허가가 거부되면, 즉각적인 효력으로 그 이용이 중지되고 모든 데이터 및 해당 이용의 결과와 결과물은 즉시 폐기 및 삭제되어야 한다.[106)]

'정당한 긴급한 상황'(a duly justified situation of urgency)은 시스템의 개별 이용 전에 허가를 얻는 것이 사실상 불가능한 경우이다. 예컨대, 치명적인 피해가 발생할 것이 명백한 위기 상황이어서 사전 허가를 받기 위하여 시간을 지체할 수 없는 경우이다. '부당한 지체 없이'(without undue delay)는 약간의 지연은 있을 수 있으나 최대 24시간 이내로 제한된다.[107)]

③ 허가 요건

소관 사법 당국 또는 구속력 있는 결정을 하는 독립된 행정 당국은 객관적인 증거 또는 제시된 명확한 징후에 근거하여 해당 실시간 원격 생체인식 식별 시스템의 이용이 요청에서 확인된 대로 규정된 세 가지 특정 목적 중 하나를 달성하기 위해 필요하고 그에 비례한다고 충족되는 경우에만 허가를 부여하고, 특히 기간과 지리적 및 인적 범위와 관련하여 엄격하게 필요한 것에 한정하여야 한다.[108)]

'이유를 밝힌 요청'(a reasoned request)은 단순한 신청이 아니라 구체적인 증거와 법적 근거를 바탕으로 요청이 왜 정당하고 필요한지 논리적으로 설명하고 정당화하는 공식적인 요청이다.[109)] 이 요청은 사실관계 및 이용의 법적 근거와 필요성 내지 비례성 등 요건의 충족을 포함하여야 할 것이다.

구속력 있는 결정을 하는 독립된 행정 당국은 사법기관과 유사하게 법 집행이나 정보기관의 활동을 외부에서 독립적으로 감독하고 허가하는 고도의

---

105) 제5조 제3항 제1단 제2문.

106) 제5조 제3항 제1단 제3문.

107) GDPR 제33조에 따라 컨트롤러는 개인정보 침해를 인지한 후 부당한 지체 없이 그리고 가능하면 72시간 내 감독 당국에 신고하여야 한다.

108) 제5조 제3항 제2단 제1문.

109) 이 요청은 사실관계 및 이용의 법적 근거와 필요성 내지 비례성 등 요건 충족을 포함하여야 할 것이다. 「EU기본권헌장」 제41조 제2항의 '양질의 행정을 받을 권리'(Right to good administration)에서 모든 사람은 '결정에 대한 이유를 설명할 행정기관의 의무'(obligation of the administration to give reasons for its decision)에 대한 권리를 가진다. 따라서 행정기관은 행정적 결정 또는 요청에 대한 법적 근거 등 이유를 제공해야 한다.

전문성과 독립성을 갖춘 행정부서를 의미한다.[110] GDPR에 따른 회원국 개인정보보호 당국은 대표적인 독립된 행정 당국이지만, 주된 역할이 사후 감독과 규제 준수 여부의 조사이고 테러 위협과 같이 긴급하고 민감한 법 집행 활동에 대한 실시간 승인을 담당하지 않는 점에서 AI법의 독립된 행정 당국이 되지는 않을 것이다. 회원국에 이러한 성격의 행정 당국이 없다면, AI법에 따른 사전 허가는 전적으로 사법 기관 즉 법원이 담당할 것이다.

이러한 시스템의 이용을 허가하는 결정은 자의적이거나 주관적인 추측에 기반할 수 없다. 이용의 요청을 결정할 때 해당 당국은 이익형량 등을 고려해야 한다.[111] 실시간 원격 생체인식 식별 시스템의 결과물에만 근거하여 개인에게 불리한 법적 효과를 주는 결정을 내릴 수 없다.[112]

*** 실시간 원격 생체인식 식별 시스템의 결과물에만 근거하여 개인에게 불리한 법적 효과를 주는 결정을 내릴 수 없다는 제5조 제3항 제2단 제3문은 GDPR 제22조와 유사하지만 다음의 차이를 가진다. AI법에서는 법 집행의 극도로 민감하고 긴급한 상황에서 이러한 시스템을 이용하여 잘못된 결과를 내놓으면, 피해자에 대한 피해는 즉각적이고 회복 불가능할 수 있다. 따라서 이러한 상황을 방지하기 위해 어떠한 예외도 없이 인적 개입이 요구된다. GDPR에서는 자동화된 의사결정이 해당 개인에게 중대한 영향을 미치지만 즉각적인 신체의 자유를 침해하지는 않는 점에서 자동화된 의사결정을 정보주체의 명시적 동의 등으로 허용하면서 그 결정에 대한 설명을 요구하고 이의를 제기하는 등 인적 검토를 요구할 수 있는 방어권이 부여된다.

7) 회원국 당국에 통지

사전 허가에 관한 제5조 제3항을 저해하지 않고, 법 집행 목적으로 공개적으로 접근 가능한 공간에서 실시간 원격 생체인식 식별 시스템의 개별 이용은 회원국 규정에 따라 관련 시장감시 당국과 회원국 개인정보보호 당국에 통지되어야 한다.[113] 따라서 사법기관 등에 의한 사전 허가와 별도로 이러한 시스

110) 예컨대 프랑스의 정보 수집 활동에 대한 독립적 감독기관인 '국가정보기술통제위원회'(CNCTR)가 이러한 행정 당국이 될 것이다.

111) 제5조 제3항 제2단 제2문.

112) 제5조 제3항 제2단 제3문.

템의 개별 이용은 동 시스템의 기술적 요건과 개인정보보호 요건의 준수를 감독하는 시장감시 당국과 개인정보보호 당국에 통지된다. 이러한 통지의 시점은 명확하지 않지만, 제5조 제6항이 규정한 이렇게 통지받은 시장감시 당국과 개인정보보호 당국이 유럽위원회에게 연례보고서를 제출해야 함이 고려된다.

동 통지는 최소한 제5조 제6항에 특정된 정보를 포함하고, 민감한 운영 데이터는 포함하지 않아야 한다.[114] 이러한 통지에 형사범죄 예방과 수사 등에 민감한 운영 데이터가 포함되지 않는 점에서 진행 중인 수사의 기밀성 및 정보원 등 관련자의 안전이 보장될 수 있다.

'민감한 운영 데이터'(sensitive operational data)는 형사범죄의 예방, 탐지, 수사 또는 기소 활동과 관련된 운영 데이터로, 공개 시 형사 절차의 무결성이 위태로워질 수 있는 데이터를 의미한다.[115]

형사 절차의 무결성이 위태로워질 수 있는 데이터는 정보원에 관한 정보, 수사 전략이나 전술에 관한 정보, 수사 중인 다른 잠재적 공범에 관한 정보를 포함한다.

8) 회원국의 세부 규정 마련

① 회원국의 세부 규정 마련

회원국은 제5조 제3항에 언급된 허가의 요청, 발급과 행사 및 허가에 관한 감독과 보고에 관련하여 필요한 세부 규정을 자신의 국내법에 규정해야 한다.[116] 이러한 세부 규정은 제5조 제1항(h)(iii)에 언급된 범죄를 포함하여 제5조 제1항(h)에 열거된 목적과 관련하여 소관 당국이 법 집행 목적으로 해당 시스

113) 제5조 제4항 제1문.

114) 제5조 제4항 제2문. 제5조 제6항은 소관 사법 당국 또는 구속력 있는 결정을 내리는 독립된 행정 당국이 내린 결정의 수와 그 결과에 대한 정보를 명시하는데, 시장감시 당국과 개인정보보호 당국에 통지될 정보는 해당 시스템의 이용 목적, 해당 시스템에 관한 정보, 이용의 허가 근거, 이용 시간과 장소 및 결과의 요약 등이 포함되어야 할 것이다.

115) 제3조 제38호.

116) 제5조 제5항 제2문.

템 이용이 허가될 수 있음을 특정해야 한다.117) 회원국은 이러한 규정을 채택한 후 늦어도 30일 이내에 유럽위원회에 통지해야 한다.118)

AI법은 EU 회원국 전체에 직접 적용되는 규칙(regulation)이지만, 실시간 원격 생체인식 식별 시스템의 이용에 관련된 구체적인 세부 규정을 회원국이 자신의 국내법에 규정하게 하는 것은 법치주의에 따라 회원국의 자의적인 적용을 방지하기 위한 것이다. 특히 회원국의 형사소송법이나 경찰법 등에 마련될 세부 규정이 AI법에서 규정된 피해자 수색, 테러 등 위협 예방, 중범죄 혐의자 추적의 세 가지 목적을 포함하는 점에서 EU 전역에서 이러한 시스템의 이용에도 불구하고 통일된 수준의 안전과 기본권 보호를 보장한다. 부속서 II에 언급되고 해당 회원국에서 최고형이 최소 4년 이상의 징역 또는 구금 명령으로 처벌할 수 있는 형사범죄에 관련한 동 시스템의 이용이 세부 규정에 명시되어야 한다. 따라서 이들 범죄에 관련하여 동 시스템의 이용에 대한 법적 근거가 확고하게 보장된다.

② 최소 조화 원칙과 회원국의 입법 자율성

회원국은 EU법에 따라 원격 생체인식 식별 시스템의 이용에 대한 보다 제한적인 법을 도입할 수 있다.119) 즉 회원국은 실시간은 물론 사후 원격 생체인식 식별 시스템의 이용을 더 강력하게 통제하여 시민의 기본권을 더 크게 보호하는 '보다 제한적인 법'(more restrictive laws)을 제정할 수 있다.120) 실시간 시스템에 관하여, 그 이용을 예외적으로 허용하는 세 가지 목적에 더하여 추가적인 허용 목적을 규정할 수는 없지만, 아예 이러한 시스템의 예외가 없는 절대적인 금지를 규정할 수 있다. 또한, 고위험으로 분류되는 사후 시스템에 관하여도, 그 이용을 더 강력하게 규제하여, 예컨대 AI법이 요구하지 않는 사법적 통제를 요구하거나 AI법보다 더 강력하게 그 이용의 금지를 규정할 수 있다. 결국 원격 생체인식 식별의 강력한 기술에 대해 회원국은 자국의 헌법

117) 제5조 제5항 제3문.

118) 제5조 제5항 제4문.

119) 제5조 제5항 제5문.

120) 제5조 제5항은 대부분 실시간 시스템에 관한 규정이지만, 이 규정은 '실시간'의 단어가 없는 점에 유의할 필요가 있다.

적 가치와 사회적 합의에 따라 AI법의 기준보다 더 강력한 인권 보호장치를 마련할 수 있다.

또한, 회원국은 법 집행 목적으로 공공장소에서 실시간 원격 생체인식 식별 시스템의 이용을 전부 또는 부분적으로 허가하는 가능성을 제공하도록 결정할 수 있다.[121] 회원국은 이러한 시스템의 이용을 '전부 또는 부분적으로 허가하는 가능성을 제공하도록 결정할'(decide to provide for the possibility to fully or partially authorise) 수 있어서, 이러한 시스템의 이용이 허용되는 세 가지 목적의 예외가 모두 자국의 국내법에 반영되거나 세 가지 예외의 목적 중 특정 목적만을 위한 이용을 허가하거나 이렇게 허가하는 가능성을 제공하지 않도록 국내법에 반영할 수 있게 된다. 즉 회원국은 자국의 헌법적 가치, 사회적 합의, 정치적 판단에 따라 실시간 시스템을 전면적으로 금지할 수 있을 것이다.

9) 회원국의 연례보고서 제출과 유럽위원회의 연례보고서 발간

법 집행 목적으로 공개적으로 접근 가능한 공간에서 실시간 원격 생체인식 식별 시스템의 이용을 통지받은 회원국의 시장감시 당국과 개인정보보호 당국은 이러한 이용에 대한 연례보고서를 유럽위원회에 제출해야 한다.[122] 이러한 회원국의 연례보고서를 통해 유럽위원회는 EU 전역에서 이러한 시스템이 어떤 목적으로 얼마나 이용되고 있는지 전체 현황을 파악하고 감독할 수 있게 된다. 유럽위원회는 소관 사법 당국 또는 허가 요청에 구속력 있는 결정을 내리는 독립된 행정 당국이 내린 결정의 수와 그 결과에 대한 정보를 포함한 템플릿을 회원국 및 회원국 시장감시 및 개인정보보호 당국에 제공해야 한다.[123]

유럽위원회는 회원국 시장감시 당국과 개인정보보호 당국이 제출한 연례보고서를 바탕으로 회원국에서 집계된 데이터에 근거하여 법 집행 목적으로 공개적으로 접근 가능한 공간에서 실시간 원격 생체인식 식별 시스템의 이용에 연례보고서를 발행해야 한다.[124] 동 연례보고서는 관련 법 집행 활동의 민

121) 제5조 제5항 제1문.
122) 제5조 제6항 제1문.
123) 제5조 제6항 제2문.

감한 운영 데이터를 포함하지 않는다.[125] 유럽위원회의 연례보고서는 이러한 시스템의 이용에 관하여 투명성을 확보하고 민주적 책임성을 강화하게 된다. 예컨대, 시민, 언론, NGO, 연구자 등은 이러한 시스템이 실제로 어떻게 사용되고 있는지 감시하고, 그 정당성에 대해 공적인 토론과 비판을 할 수 있게 된다.

표 4-3 실시간 원격 생체인식 식별 시스템의 이용에 관한 제5조의 구조

조항	구조적 역할	주요 내용
제1항(h)	실체적 규정	법 집행 목적의 공공장소에서 실시간 원격 생체인식 식별 시스템의 원칙적 금지 및 세 가지 예외적 허용되는 목적
제2항	실체적 안전장치	제1항(h)의 예외를 적용하기 위한 필수적인 실체적 조건
제3항	절차적 안전장치	제1항(h)의 예외를 적용하기 위한 필수적인 절차적 조건
제4항-7항	절차 구체화 및 사후 통제	국내법 위임, 투명성 확보를 위한 사후 보고, 문서화 의무, 책임 기관 지정 등 후속 조치

(3) 생체인식정보 처리

실시간 원격 생체인식 식별 시스템의 금지 및 예외적 허용에 있어서 생체인식정보가 처리되어야 한다. 생체인식정보 처리는 AI법과 GDPR을 포함한 개인정보보호에 관한 EU법과의 관계를 구별해주는 좋은 주제가 된다. 생체인식정보 처리는 법 집행 목적과 법 집행 이외 목적의 처리로 구별할 수 있다.

1) 법 집행 목적으로 생체인식정보 처리

법 집행 목적으로 공개적으로 접근 가능한 장소에서 자연인에 대한 실시간 원격 생체인식 식별 AI 시스템의 이용은 필연적으로 생체인식정보 처리를 포함한다.[126] 특정 예외를 제외하고 실시간 원격 생체인식 식별 시스템의 이

124) 제5조 제7항 제1문.

125) 제5조 제7항 제2문.

126) 상설 제38항. EU에서 개인정보보호에 관한 근거인 TFEU 제16조 제1항은 다음과 같다: “모든 사람은 자신에 관한 개인정보의 보호에 대한 권리를 가진다.” 동

용을 금지하는 제5조 제1항(h)는 「법 집행 개인정보보호 지침」 제10조에 포함된 법 집행 목적의 생체인식정보 처리에 관한 규정의 특별법으로 적용되고, 이러한 시스템의 이용과 관련 생체인식정보 처리를 철저하게 규제한다.127) 따라서 이러한 시스템의 이용과 생체인식정보 처리는 AI법이 정한 프레임워크와 호환되는 범위에서만 가능하다. 동 프레임워크 밖에서는 법 집행 목적으로 활동하는 소관 당국이 「법 집행 개인정보보호 지침」 제10조에 열거된 근거에 따라 이러한 시스템을 이용하고 이와 관련하여 이러한 정보를 처리할 수 있는 여지는 없다.128)

이러한 맥락에서 AI법은 「법 집행 개인정보보호 지침」 제8조에 따른 개인정보 처리에 대한 법적 근거를 제공하기로 의도하지 않는다.129) 즉 AI법은 실시간 원격 생체인식 식별 시스템의 이용을 예외적으로 허용하지만, 그 과정에서 이루어지는 개인정보 처리 자체에 대한 법적 근거를 제공하는 것은 아니다. 그 근거는 각 회원국의 국내법에서 찾아야 한다. 결국 법 집행 당국이 공공장소에서 실시간 원격 생체인식 식별 시스템을 이용할 때, 그 허용 여부를

조 제2항은 다음과 같다: "유럽의회와 이사회는 일반 입법 절차에 따라 EU기관, 단체, 사무국 및 에이전시와 EU법의 범위에 속하는 활동을 수행하는 회원국에 의한 개인정보 처리와 관련하여 개인 보호에 관한 규정, 및 그러한 정보의 자유로운 이동에 관한 규정을 규정해야 한다. 이러한 규정의 준수는 독립적인 당국의 통제를 받아야 한다."

127) 상설 제38항. 「법 집행 개인정보보호 지침」 제10조는 다음과 같이 특수 범주 개인정보 처리를 규정한다: "인종 또는 민족, 정치적 견해, 종교적 또는 철학적 신념, 노동조합 가입을 드러내는 개인정보의 처리, 및 유전정보, 자연인을 고유하게 식별할 목적의 생체인식정보, 건강에 관한 데이터 또는 자연인의 성생활 또는 성적 지향에 관한 데이터의 처리는 엄격히 필요한 경우에만 정보주체의 권리와 자유를 위한 적절한 안전장치를 전제로 허용되어야 한다: (a) EU 또는 회원국 법으로 허가된 경우, (b) 정보주체 또는 다른 자연인의 중대한 이익을 보호하기 위한 경우, 또는 (c) 그러한 처리가 정보주체가 명백하게 공개한 데이터와 관련된 경우."

128) 상설 제38항.

129) 상설 제38항. 「법 집행 개인정보보호 지침」 제8조는 개인정보 처리의 적법성을 다음과 같이 규정하는데 제1항은 다음과 같다: "회원국은 제1조 제1항에 규정된 목적으로 소관 당국이 수행하는 과업의 수행을 위해 처리가 필요하고 그 처리가 EU 또는 회원국 법에 근거하는 경우에만 처리가 적법하다고 규정해야 한다." 동조 제2항은 다음과 같다: "본 지침의 범위 내에서 처리를 규제하는 회원국 법은 최소한 처리 목적, 처리되는 개인정보 및 처리 목적을 특정해야 한다."

판단하는 유일한 법적 근거는 제5조 제1항(h)의 엄격하고 제한적인 예외뿐이고, 「법 집행 개인정보보호 지침」 제10조의 다른 예외 사유를 근거로 할 수 없다.

2) 법 집행 이외의 목적으로 생체인식정보 처리

법 집행 이외의 목적을 위한 생체인식정보 처리에 관하여 민감정보 즉 특수 범주 개인정보 처리를 규정한 GDPR 제9조의 적용은 제한되지 않는다.[130] 소관 당국에 의한 것을 포함하여 법 집행 이외의 목적으로 공개적으로 접근 가능한 장소에서 실시간 원격 생체인식 식별 시스템의 이용은 AI법이 정한 법 집행 목적의 이용에 관한 특정 프레임워크의 적용을 받지 않는다.[131] 법 집행 이외의 목적인 경우는 민간 기업이 마케팅이나 보안 목적으로 사용하거나 공공기관이라도 단순 교통량 분석, 공공시설 이용자 통계 등 법 집행이 아닌 목적으로 이용하는 경우이다. 따라서 법 집행 이외의 목적을 위한 이러한 시스템의 이용은 AI법에 따른 허가 요건과 해당 허가에 효력을 줄 수 있는 회원국 국내법의 적용 가능한 세부 규정의 적용을 받지 않는다.[132] 즉 GDPR 제9조의 적용을 받는다.

예컨대, 민간 기업이 안전의 명목으로 쇼핑몰이나 경기장에서 실시간 안면인식 시스템을 사용하려는 경우, 동 시스템은 법 집행 목적이 아니므로 관련 생체인식정보의 처리는 GDPR 제9조의 적용을 받는다. 다만, GDPR 제9조는 고유 식별 목적의 생체인식정보를 민감정보로 규정하고 원칙적으로 처리를 금지하며 오직 정보주체의 명시적 동의 등 엄격한 예외의 경우에 그 처리를 허용한다. 예컨대, 쇼핑몰이나 경기장에 들어오는 모든 사람에게 '자유롭게 주어지고, 특정적이며 정보에 기반하고 명백한'(freely given, specific, informed and unambiguous) 동의를 받는 것은 쉽지 않을 것이다.[133] 따라서, 민간 부문에서 실시간 원격 생체인식 식별 시스템의 이용은 사실상 불가능할 것이다.

---

130) 제5조 제1항 제2단.
131) 상설 제38항.
132) 상설 제38항.
133) GDPR 제4조 제11호 참조.

3) 실시간이 아닌 생체인식 식별의 경우 생체인식정보 처리

AI법이 규제하는 대로 법 집행 목적으로 공공장소에서 실시간 원격 생체인식 식별 시스템의 이용과 관련된 경우가 아닌, 생체인식 식별용 AI 시스템의 이용에 수반된 생체인식정보와 다른 개인정보의 처리는 「법 집행 개인정보보호 지침」 제10조에 따른 모든 요건을 계속 준수해야 한다.[134] 법 집행 목적으로 실시간이 아닌 사후 분석의 생체인식 식별을 하는 경우를 가리킨다.

법 집행 이외의 목적의 경우, GDPR 제9조 제1항과 「EU기관 개인정보보호규칙」 제10조 제1항은 이들 조항에 규정된 제한된 예외에 따라 생체인식정보의 처리를 금지한다.[135] 민간 기업이나 일반 행정기관이 생체인식 식별 기술을 이용하는 경우를 가리킨다. 이미 회원국 개인정보보호 당국은 GDPR 제9조 제1항의 적용에서 법 집행 이외의 목적으로 원격 생체인식 식별의 이용을 제한하고 있다.[136]

*** 법 집행 목적으로 생체인식정보와 같은 민감정보의 처리에는 GDPR 제9조 대신 「법 집행 개인정보보호 지침」 제10조가 적용된다. 법 집행 목적의 민감정보 처리는 법 집행 목적에 '반드시 필요한'(strictly necessary) 경우인데, GDPR의 필요한(necessary) 경우

134) 상설 제39항.

135) 상설 제39항. GDPR 제9조 제1항은 다음과 같이 특수 범주 개인정보 처리를 규정한다: "인종 또는 민족 출신, 정치적 견해, 종교 또는 철학적 신념, 노동조합 가입을 드러내는 개인정보의 처리, 및 유전정보, 자연인을 고유하게 식별할 목적의 생체인식정보, 건강정보 또는 자연인의 성생활 또는 성적 지향에 관한 정보의 처리는 금지된다." 「EU기관 개인정보보호 규칙」 제10조 제1항은 특수 범주 개인정보 처리를 다음과 같이 규정한다: "인종 또는 민족 출신, 정치적 견해, 종교 또는 철학적 신념, 노동조합 가입을 드러내는 개인정보의 처리, 및 유전정보, 자연인을 고유하게 식별할 목적의 생체인식정보, 건강정보 또는 자연인의 성생활 또는 성적 지향에 관한 정보의 처리는 금지된다."

136) 상설 제39항. 예컨대, 2019년 스웨덴 개인정보보호 당국(DPA)은 학교에서 학생들의 출석 확인을 위한 안면 인식 기술의 사용에 대해 한 지방자치단체에게 20만 스웨덴 코로나(약 2만 유로)의 벌금을 부과했다. 해당 학교는 민감한 생체인식정보를 불법적으로 처리했고, 스웨덴 DPA와 사전 협의를 포함한 적절한 영향 평가를 수행하지 않았다. 학교는 동의를 처리의 근거로 삼았지만, DPA는 정보주체인 학생과 컨트롤러인 학교 사이의 명백한 힘의 불균형을 고려할 때 해당 동의는 유효한 법적 근거가 될 수 없다고 판단했다. EDPB 2019.

보다 더 높은 수준의 기준이다. 또한, 법 집행 목적의 민감정보 처리에서 정보주체의 동의가 GDPR처럼 중요한 예외 사유가 되지 않고, 처리는 필요성과 법적 근거에 기반해야 한다.137)

표 4-4 GDPR 제9조와 「법 집행 개인정보보호 지침」 제10조의 예외 조건 비교

구분	GDPR 제9조 제2항	「법 집행 개인정보보호 지침」 제10조
예외 조건	(a) 정보주체의 명시적 동의 (b) 고용·사회보장법상 의무 이행 (c) 정보주체 또는 다른 자연인의 중대한 이익 보호 (d) 비영리 단체의 합법적 활동 (e) 정보주체가 명백히 공개한 정보 (f) 법적 청구권의 행사 및 방어 (g) 본질적 공익(법 기반) (h) 예방의학, 직업의학, 의료 진단 및 치료 (i) 공중 보건상의 공익 (j) 공익적 기록보존, 과학·역사적 연구, 통계 목적	(a) EU 또는 회원국 법이 허용하는 경우 (b) 정보주체 또는 다른 자연인의 중대한 이익 보호 (c) 정보주체가 명백히 공개한 정보

*** 생체인식 식별 AI 시스템의 이용에서 생체인식정보 처리에 대한 규제는 다음과 같이 간략하게 정리할 수 있다. 첫째, 법 집행 목적으로 공공장소에서 실시간 원격 생체인식 식별의 가장 위험한 경우는 개인정보 처리에 관한 특별법이 되는 보다 엄격한 제5조가 적용된다. 그 외의 법 집행 목적으로 생체인식 식별은, 예컨대, 사후 분석, 경찰서 내에서의 식별 등에 대하여 「법 집행 개인정보보호 지침」 제10조가 적용된다. 둘째, 법 집행 이외의 목적으로, 즉 민간, 일반행정, EU기관에 관하여 GDPR 제9조 또는 「EU기관 개인정보보호 규칙」 제10조가 적용된다. 이들 규정은 원칙적으로 생체인식정보 처리를 금지하고, 명시적 동의 등 제한적인 예외 조건의 충족으로 허용한다.

137) 「법 집행 개인정보보호 지침」 제10조는 '엄격하게 필요한 경우에만, 적절한 안전장치를 조건으로'(only where strictly necessary, subject to appropriate safeguards)를 규정한다.

9. 다른 EU법과의 관계

금지된 관행에 관한 제5조는 AI 관행이 다른 EU법을 위반하는 경우 적용되는 금지에 영향을 미치지 아니한다.[138] 즉 AI 관행이 제5조에 따라 금지되지 않더라도, GDPR, 차별금지법, 소비자 보호법 등 다른 EU법을 위반하면 해당 법에 따라 금지될 수 있다. 개인정보보호법에서 요구되는 개인정보 처리의 법적 근거 결여 또는 EU법이 금지하는 차별 등 특정 상황에서 기본권을 존중하지 않는 경우이다.[139] 채용 AI와 관련하여, 채용 AI가 제5조에 따라 금지되지 않은 경우에도 채용 지원자의 동의 없이 개인 SNS를 무단으로 수집하여 평가에 반영한다면 이는 GDPR에 위반하게 된다.

제5조의 금지된 관행의 규정은 AI 시스템의 이용에 관한 최소한의 기준일 뿐이지 유일한 기준이 아니다. AI법의 금지 사항을 준수하는 것은 AI 시스템의 제공자와 운영자에게 적용되는 다른 EU법의 준수에 충분한 조건은 아니다. 예컨대, 의료 또는 안전의 이유로 이용되기 때문에 제5조 제1항(f)의 금지에서 제외되는 직장에서 이용되는 AI 기반 감정 인식 시스템은 개인정보보호법 및 직장 내 건강과 안전을 포함하여 고용과 근로 조건에 관한 EU와 회원국 법의 적용을 받으며, 이러한 시스템의 이용과 관련하여 다른 제한과 보호조치가 적용될 수 있다.[140] AI 시스템은 AI법의 기준은 물론 다른 모든 법적 기준에 부합하여야 한다.

AI법은 다른 EU법, 특히 기본권 보호, 소비자 보호, 고용, 근로자 보호, 제품 안전에 대한 법을 저해하지 않고 모든 분야에 걸쳐 적용된다.[141] AI법은 AI 시스템이 특정한 방식으로 시장에 출시되거나 이용되지 않도록 예방과 안전의 논리를 통해 다른 법을 보완하고, 이러한 법이 금지하지 않을 수 있는 특정 해로운 AI 관행으로부터 추가적인 보호를 제공한다. 또한, 시장 출시와 서비스 투입 등 AI 시스템의 수명주기 초기 단계와 이용 등 운영을 다루어 금

138) 제5조 제8항.
139) 「금지된 AI 관행 가이드라인」, para. 43.
140) 상설 제9항.
141) 제2조 제7항, 제9항, 제11항 및 상설 제9항.

지된 관행에 관한 제5조는 AI 가치 사슬의 다양한 지점에서 AI를 수반한 유해한 관행에 대해 조치를 취할 수 있게 한다.

AI 시스템의 시장 출시 또는 이용과 관련된 특정 활동이 다른 EU법의 적용을 받는 경우, AI법은 다양한 규정의 일관된 이행을 보장하고자 한다. 또한, AI법의 집행에 책임 있는 소관 당국과 기본권을 보호하는 당국 간 효과적인 협력을 가능하게 한다.[142] 보다 일반적으로 해당 관련 당국은 EU법에 따라 각자 과업을 수행할 때 성실하게 협력해야 한다.[143]

금지된 관행에 관한 제5조의 맥락에서, AI법과 EU 개인정보보호법 사이의 상호작용은 특히 의미가 있다. AI 시스템은 종종 개인정보를 처리하기 때문이다.[144] 이러한 맥락에서 가장 관련이 있는 법은 GDPR과 「법 집행 개인정보보호 지침」 및 「EU기관 개인정보보호 규칙」이다. 이들 법은 원칙적으로 AI법의 영향을 받지 않고 개인정보 처리에서 일관되게 계속 적용된다.[145] 관련하여 EU사법법원의 판결과 유럽개인정보보호이사회(EDPB)의 가이드라인은 도움이 된다.[146]

법 집행 목적으로 생체인식 분류 시스템과 공공장소에서 실시간 원격 생체인식 식별 시스템의 이용을 금지하는 것과 관련하여, AI법은 「법 집행 개인정보보호 지침」 제10조에 대한 특별법으로서 적용되고, 생체인식정보의 처리를 포괄적으로 규제한다.[147] 이러한 맥락에서, AI법은 「법 집행 개인정보보호 지침」 제8조에 따른 개인정보 처리의 법적 근거를 제공하도록 의도되지 않는다. 동 지침의 다른 모든 규정은 AI법에 명시된 조건에 추가하여 적용되고, 특히 제5조 제1항(h)의 제한적 예외 조항에 따라 허용되는 경우 법 집행 목적으

142) 제77조는 기본권보호 당국의 권한을 규정한다.

143) 「EU조약」 제4조 제3항 참조.

144) 제2조 제7항과 상설 제10항.

145) 제2조 제7항.

146) 예컨대, 제5조 제1항(d)의 프로파일링 금지와 관련하여 Article 29 Data Protection Working Party, Guidelines on Automated individual decision-making and Profiling for the purposes of Regulation 2016/679, WP251rev.01, 6.2.2018 참조. 동 가이드라인은 EDPB의 추인을 받았다.

147) 상설 제38항.

로 실시간 원격 생체인식 식별 시스템의 이용에 적용된다. 보다 일반적으로, 법 집행 목적으로 개인정보를 처리하는 경우, 「법 집행 개인정보보호 지침」 제3조 제7호의 소관 당국인 법 집행 당국이 개인정보를 처리하는 경우에 동 지침은 준수되어야 한다.

EU 소비자 보호와 안전 관련 법도 해당 법의 적용 범위에 속하는 AI 시스템에 완전히 적용된다.[148] 예컨대, B2C 관계에서 전문적인 역량을 발휘하는 자연인을 포함한 거래자의 사회적 점수 산정은 사례별 평가에 따라 불공정하다고 간주될 수 있어서 「불공정 상행위 지침」 등 소비자 법을 위반할 수 있다. 또한, 감정을 추론하는 AI 시스템의 이용은 AI 시스템이 의료 진단 또는 의료 치료 목적으로 이용되는 경우 「의료기기 규칙」을 준수해야 할 것이다.

또한, AI법은 「디지털 서비스법」으로 규제되는 서비스에 AI 시스템이나 모델을 포함하는 중개 서비스 제공자에 대한 관련 의무와 함께 적용된다. AI법은 「디지털 서비스법」 제II장에 명시된 해당 제공자의 법적 책임에 관한 조항의 적용에 영향을 미치지 않는다.[149]

또한, AI법의 금지 조항은 해당 EU 또는 회원국의 법적 책임에 관한 법에 따라 야기된 해에 대하여 제공자 또는 운영자가 부담할 수 있는 책임을 저해하지 않는다.[150] 제5조의 금지 조항과 그 금지 조항에 대한 명시적인 예외는 다른 EU법에 따른 의무의 회피나 위반의 정당화 근거로 이용될 수 없다. AI법은 EU 조약들과 「EU기본권헌장」이 보장하는 기본적 권리와 자유 및 EU가 당사국인 국제 협약이 보호하는 권리와 자유에 비추어 해석되어야 한다.[151]

148) 제2조 제9항.

149) 제2조 제5항.

150) 손해, 책임자, 과실 또는 증명 책임 등 법적 책임의 조건은 「제조물책임 지침」 또는 해당 회원국의 법적 책임에 관한 법 등 적용 가능한 법으로 결정된다.

151) EU가 「유럽인권협약」 당사국이 아니더라도, 「EU기본권헌장」이 동 협약이 보장하는 권리와 상응하는 권리를 포함하고 있는 한, 그 권리의 의미와 범위는 동 협약이 규정한 것과 동일해야 한다. 「EU기본권헌장」 제59조 제3항. EU법은 더 광범위한 보호를 제공할 수 있다.

10. 벌칙

금지된 관행에 대한 제5조를 준수하지 않을 경우 가장 무거운 과징금(administrative fines)이 부과된다. 금지된 AI 관행 규정을 준수하지 않을 경우 최대 3,500만 유로 또는 위반자가 사업체(undertaking)이면 직전 회계연도 전 세계 연간 총 매출액의 최대 7% 중 더 높은 금액의 과징금이 부과될 수 있다.[152] EU기관 등은 금지된 관행을 준수하지 않을 경우 최대 150만 유로의 과징금이 부과될 수 있다.[153]

11. 금지된 AI 시스템과 고위험 AI 시스템의 상호관계

제5조에 따라 금지된 AI 관행은 제6조에 따라 고위험으로 분류된 AI 시스템, 특히 부속서 III에 열거된 시스템과 관련성이 있다.[154] 고위험 AI 시스템의 이용은 제5조에 따른 금지 사항 중 하나 이상의 조건이 충족되는 경우 특정 상황에서 금지된 관행으로 간주될 수 있기 때문이다.

제5조에 명시된 금지 사항의 예외에 해당하는 대부분의 AI 시스템은 고위험으로 분류될 수 있다. 예컨대 감정 인식 시스템은 제5조 제1항(f)의 금지 조건을 충족하지 못하는 경우, 제6조 제2항과 부속서 III 제1항(c)에 따라 고위험 AI 시스템으로 분류된다. 마찬가지로, 신용평가나 건강과 생명 보험의 위험 평가에 이용되는 것과 같은 특정 AI 기반 점수 산정 시스템은 제5조 제1항(c)에 명시된 금지 조건을 충족하지 않는 경우 고위험 AI 시스템으로 간주된다.[155] 이러한 시스템이 용납할 수 없는 사회적 점수 산정을 수반하고 제5조 제1항(c)의 조건을 충족하는 경우, 해당 시스템의 시장 출시, 서비스 투입 및

152) 제99조 제3항.

153) 제100조 제2항.

154) 부속서 III은 생체인식 식별 기반 AI 시스템과 고용, 교육, 공공 및 민간 서비스 이용, 법 집행 등과 같은 특정 분야에서 특정 목적으로 이용되는 AI 시스템을 포함한다.

155) 상설 제58항, 부속서 III 제5항(b) 참조. 예컨대, 고위험으로 분류되는 의료 서비스와 사회보장 혜택과 같은 필수적인 공공 지원 혜택과 서비스를 받을 자격이 있는지 결정하고 사람을 평가하는 AI 시스템이 있다.

이용은 EU에서 금지된다. 이들 경우, 제공자가 수행하는 위험 평가와 관리 및 데이터 거버넌스, 투명성, 인적 감독과 같은 고위험 AI 시스템에 대한 요건은 물론 사용 설명서와 인적 감독에 따른 적절한 이용에 대한 운영자의 의무(제26조) 및 경우에 따라 기본권영향평가(제27조)는 시장에 출시되거나 운영되는 고위험 AI 시스템이 적법하면서 금지된 관행을 구성하지 않도록 보장하는 데 도움이 된다.[156]

부속서 III의 고위험 사용 사례에 해당되지만, 제6조 제3항에 따라 '해의 중대한 위험'(a significant risk of harm)을 주지 않아서 고위험으로 간주되지 않는 AI 시스템은 여전히 금지된 AI 관행에 관한 제5조의 적용을 받을 수 있다. 제6조 제3항은 AI 시스템이 고위험이 아니라고 간주되는 결과만 가져올 뿐, 이러한 AI 시스템을 AI법에 따른 금지된 관행의 적용 범위에서 제외하지 않는다.[157] 예컨대, 교육용 AI가 학생의 학습 패턴을 분석하여 맞춤형 문제를 추천하면 부속서 III의 고위험 분야에 해당하는데, 이 시스템은 학생의 성적 평가나 진학에 어떠한 영향도 미치지 않아 중대한 위험을 주지 않는다고 판단되면 고위험이 되지 않는다. 그러나, 이 시스템이 학생의 참여를 유도하기 위해 도박과 유사한 중독성 알고리즘 즉 조작적 기법을 사용한다면, 금지된 관행에 관한 제5조를 위반한다. 따라서, 이러한 AI 시스템은 고위험은 아니지만, 금지된 관행에 해당하여 불법적이다.

12. 범용 AI 시스템 등에 대한 제5조의 적용

금지된 관행에 관한 제5조는 의도된 목적[158]이든 범용[159]이든 모든 AI 시스템에 적용된다.[160] 따라서 사업자는 AI법의 목적을 달성하기 위해 위험과

156) 「금지된 AI 관행 가이드라인」, para. 37.

157) 「금지된 AI 관행 가이드라인」, para. 38.

158) 의도된 목적은 사용 설명서, 홍보 또는 판매 자료 및 기술문서 등에서 제공자가 제공한 정보에 명시된 특정 문맥과 이용 조건을 포함하여 제공자가 AI 시스템의 의도한 이용 목적을 의미한다. 제3조 제12호.

159) 범용 AI 시스템은 범용 AI 모델에 기반하여 직접 이용이나 다른 AI 시스템과의 통합 등 다양한 목적으로 이용할 역량을 가진 AI 시스템을 의미한다. 제3조 제66호.

이익의 균형을 맞추면서, 가치 사슬에서 AI 시스템에 대한 역할과 통제를 바탕으로 가장 적합한 조치를 취하여 책임감 있고 안전한 AI 시스템의 제공과 이용을 보장해야 한다.[161]

운영자는 AI 시스템 제공자가 구현한 안전 보호장치를 회피하는 것을 포함하여, 제5조에서 금지된 방식으로 AI 시스템을 이용하지 않아야 한다.[162] AI 시스템이 실제로 이용되는 방식에서 종종 해(harm)가 발생하지만, 제공자는 제5조가 금지하는 방식으로 합리적으로 작동 또는 직접 이용될 것 같은 범용 AI 시스템을 포함한 AI 시스템을 시장에 출시하거나 서비스에 투입하지 않을 책임이 있다.[163]

제5조에 열거된 금지된 관행은 시장 출시 또는 서비스 투입 및 이용을 언급하지만, 실시간 원격 생체인식 식별 시스템의 금지는 예외적으로 이용에 대한 것이다. 이러한 맥락에서, 제공자는 합리적으로 예측할 수 있는 범위에서 그러한 유해한 행동과 오용을 방지하고 완화하는 보호장치를 구축하기 위해 효과적이고 검증 가능한 조치 및 특정 AI 시스템과 사례의 상황에 따라 실행 가능하고 비례적인 조치를 취해야 한다.[164] AI 시스템의 이용 약관 등 운영자와의 계약 관계에서 제공자는 금지된 행위를 위한 AI 시스템의 이용을 배제하고 운영자를 위한 사용 설명서에서 필요한 인적 감독에 관한 적절한 정보를 제공해야 한다.[165]

예컨대, 챗봇으로 이용되는 범용 AI 시스템은 중대한 해를 야기할 조작과 기만 기법을 이용할 수 있다.[166] 제5조 제1항(a)에 따라 조작하고 기만하며 중

---

160) 「금지된 AI 관행 가이드라인」, para. 39. 범용 AI 시스템인 ChatGPT는 범용 AI 모델인 GPT-4에 기반하고, 예컨대 가전회사가 ChatGPT API를 자사 서비스에 통합하여 세탁기 가전제품에 대한 고객 문의에 24시간 답변하고 문제를 해결해주는 특정된 목적인 고객 지원 전용 시스템을 만들 수 있다. 이 경우 챗봇은 사람과 상호작용하므로 제한적 위험에 해당한다. 범용 AI 시스템에 기반한 특정 목적의 시스템은 의료문서화 전용시스템과 같이 고위험 시스템이 될 수 있다.

161) 「금지된 AI 관행 가이드라인」, para. 39.

162) 「금지된 AI 관행 가이드라인」, para. 40.

163) 「금지된 AI 관행 가이드라인」, para. 40.

164) 「금지된 AI 관행 가이드라인」, para. 40.

165) 「금지된 AI 관행 가이드라인」, para. 40.

대한 해를 합리적으로 야기할 것 같은 AI 시스템의 금지된 행위를 방지하기 위해, 챗봇이 이용자나 다른 사람 또는 사람 그룹에게 중대한 해를 야기하지 않도록 보장하기 위하여, AI 시스템이 시장에 출시되기 전에 제공자는 적절하고 비례적인 조치를 취하도록 기대된다.[167]

특히 금지 조치가 AI 시스템의 매우 특정적인 목적과 연결된 경우,[168] 제공자는 다른 예방과 완화 조치를 통합하는데 제한적일 수 있어서, 주로 운영자에게 적절한 지시와 정보를 제공하고 필요한 인적 감독을 수행하며 시스템의 금지된 이용을 제한해야 한다.[169] 적절한 경우, 이러한 조치는 AI 시스템이 제공되는 수단과 오용 가능성에 대한 제공자의 보유 정보에 따라 해당 제한사항의 준수 여부를 모니터링하는 것도 포함할 수 있다.[170] 오용을 감지하는 모든 가능한 모니터링 조치는 운영자의 활동을 전반적으로 모니터링하는 것이 될 수 없고, EU법에 부합해야 한다.[171]

예컨대, 감정을 인식하거나 추론할 수 있는 범용 AI 시스템은 의료 또는 안전의 이유로 예외가 적용되지 않는 한, 운영자가 직장이나 교육기관에서 이용할 수 없다. 그러나 제공자는 시스템의 감정 인식 기능이 이용되는 특정 맥락과 제5조 제1항(f)의 금지에 대한 예외가 적용될 수 있는지 알 수 없을 수 있다. 그럼에도 이러한 제공자는 이용 약관에서 그러한 금지된 이용을 명시적으로 배제하고, 운영자를 안내하는 사용 설명서에 적절한 정보를 포함할 수 있다.[172] 또한, 운영자가 이러한 특정 금지된 목적으로 시스템이 오용되고 있

---

166) 온라인 쇼핑몰이 범용 AI 모델을 기반으로 AI 쇼핑 어드바이저 챗봇을 도입한 경우, 챗봇이 이용자와의 대화를 통해 이용자의 심리 상태나 성향을 추론하면, 이용자는 자신의 심리적 취약점을 파고드는 정교한 설득에 넘어가 계획에 없던 과도한 소비를 하게 되고 결국 심각한 재정적 어려움이나 부채를 겪게 될 수 있다.

167) 「금지된 AI 관행 가이드라인」, para. 40. 해당 조치는 예컨대, 적절한 안전과 윤리적 설계, 기술적이고 다른 안전장치의 통합, 이용 제한, 투명성 및 이용자 통제, 사용 설명서의 적절한 정보를 가리킨다.

168) 제5조 제1항(d)-(h) 참조.

169) 「금지된 AI 관행 가이드라인」, para. 41.

170) 「금지된 AI 관행 가이드라인」, para. 41.

171) 「금지된 AI 관행 가이드라인」, para. 41.

172) 「금지된 AI 관행 가이드라인」, para. 41.

음을 알게 되는 경우, 예컨대, 그러한 오용이 신고되거나 제공자가 달리 알게 되는 경우 제공자는 적절한 조치를 취하도록 기대된다. 이러한 상황은 제공자가 제어하는 플랫폼을 통해 시스템이 직접 운영되고 제공자가 검사를 수행하는 경우가 해당할 것이다.[173)]

13. AI 모델에 대한 제5조의 적용

AI법의 금지된 AI 관행에 대한 제5조는 AI 모델에 직접 적용되지 않는다. AI법은 AI 시스템과 AI 모델을 구분하는데, 제5조의 금지 규정은 AI 시스템을 대상으로 하고, 금지되는 것은 금지된 관행에 관여하는 AI 시스템의 시장 출시나 서비스 투입 및 이용이다. 따라서 이러한 금지 규정은 AI 모델에 직접 적용되지 않는다. 그러나 범용 또는 특정 AI 모델이 AI 시스템을 만드는 데 이용되는 경우, 제5조의 금지 조치가 발동한다.

범용 AI 모델은 AI법에서 본질적으로 금지되지 않지만, 사용되는 맥락 즉 어떤 AI 시스템에 탑재되어 어떤 목적으로 사용되는지에 따라 위험 수준이 결정되고 용납할 수 없는 위험을 초래할 수 있어 신중한 접근이 필요하다. 범용 AI 모델이 사용될 때 발생할 수 있는 주요 위험은 AI법의 위험 등급에 따라 다음과 같이 구분하여 이해할 수 있다. 첫째, 용납할 수 없는 위험으로 이어지는 경우 제5조에 따라 금지된다. 모델의 능력이 사회적 점수 산정 시스템을 만들거나, 이용자의 취약점을 악용하여 해를 끼치는 등 AI법이 금지하는 AI 시스템을 구현하는 데 사용되는 경우이다. 이 경우, 모델 자체가 아닌 해당 AI 시스템의 시장 출시, 서비스 투입 및 이용이 금지된다. 둘째, 고위험으로 이어지는 경우 부속서 III에 따라 엄격한 규제를 받는다. 채용이나 신용평가와 같이 개인의 삶에 중대한 영향을 미치는 결정에 모델이 사용되는 경우 또는 AI 모델의 훈련 데이터로 인한 편향이 지속되거나 차별을 야기하는 문제도 주로 고위험 단계에서 다루어진다. 이 경우, 최종 AI 시스템의 제공자는 위험 관리 시스템 구축, 데이터 거버넌스, 인적 감독 보장 등 AI법의 고위험 규제를 준수해야 한다. 셋째, 다른 법 위반이 되는 경우 예컨대 GDPR 등 관련 법에 따라

---

173) 「금지된 AI 관행 가이드라인」, para. 41.

규제된다. 동의 없이 민감한 개인정보를 수집하는 것처럼, AI법이 직접 금지하거나 고위험으로 분류하지 않더라도 AI법과 별개로 GDPR과 같은 개인정보 보호법에 따라 그 자체가 불법이고 관련 처벌을 받는다. 최종 AI 시스템의 제공자는 AI법의 고위험 규제를 준수해야 할 책임이 있지만, 범용 AI 모델의 제공자도 자신의 모델이 초래할 수 있는 예측 가능한 오용을 방지하고 시스템적 위험을 완화할 책임이 있다.

14. 적용 대상 사업자

AI법의 금지된 AI 관행에 대한 제5조의 적용은 사업자의 유형과 무관하다. AI법은 AI 시스템과 관련된 다양한 사업자를 구분하여 AI 시스템 또는 모델과 관련된 특정 역할에 따라 책임을 부여한다. 이러한 구분은 가장 중요한 책임이 제공자에게 할당되는 AI 시스템과 범용 AI 모델의 맥락에서 분명하게 드러난다. 이러한 접근에 따라 AI 기술의 개발과 운영을 가장 많이 통제할 수 있는 사업자가 가장 높은 기준의 책임을 진다.

이처럼 다양한 사업자에 대한 맞춤형 의무와 달리, 금지된 AI 관행에 관한 제5조는 사업자에 구애받지 않도록 설계되었다. 즉, 사업자의 특정 역할에 관계없이 금지 규정은 보편적으로 적용된다. 금지된 관행에 관여하는 AI 시스템의 제공, 개발, 운영, 유통 또는 활용과 관련된 모든 행위는 EU 내에서 일률적으로 금지된다. AI법의 광범위한 금지된 관행의 적용은 기본권을 훼손하거나 용납할 수 없는 위험을 초래할 수 있는 관행을 방지하려는 것이고, 유해하다고 간주되는 AI 기술과 모든 형태의 상호작용에 대한 포괄적인 규제 접근을 의미한다.

15. 결어

용납할 수 없는 위험의 AI 활동은 사람에게 본질적으로 해를 끼칠 수 있는 행위로서 AI법에 따라 엄격하게 금지된다. 이러한 금지된 관행은 거의 모든 국가에서 높은 위험을 초래할 수 있으므로, 기업은 궁극적으로 AI법의 범위에 해당하는지 관계없이 이러한 AI 시스템의 이용을 중단해야 할 것이다. 평판 훼손의 가능성과 규제적 제재는 사업자로 하여금 AI법을 위반하지 않도록 하는 강력한 억지력으로 작용할 수 있다. 사업자는 AI법을 준수하고 개인과 사회에 대한 피해를 예방하기 위해 사전 조치를 취하는 것이 필수적이다.

금지된 관행에 관한 제5조와 관련하여 다음을 유의해야 한다. 첫째, AI법은 잠재적인 부정적 영향으로 EU의 기본 가치에 용납할 수 없는 위험을 초래하는 특정 AI 시스템을 확인하고, 동 시스템의 시장 출시나 서비스 투입 및 이용을 금지한다. 둘째, AI법이 규정한 금지된 관행은 절대적이지 않고, 예외를 인정하므로 구체적인 경우에 사례별 검토가 필요하다. 또한 정기적으로 변경될 수 있다. 셋째, 이미 다양한 점수 산정과 사람의 분류가 이루어지고 있고, 표적된 또래 그룹과의 연결에서 매스커뮤니케이션의 맥락으로 AI 도구는 매우 효율적일 수 있다. 이와 관련하여 허용되는 관행과 금지되는 관행 사이의 경계를 정의하기 위해 상당한 논란이 있을 수 있다. 넷째, 금지된 관행에 관한 규정은 AI 모델에 직접 적용되지 않지만, AI 모델을 이용하여 AI 시스템을 만들 때 동 규정의 영향이 미칠 수 있다. 다섯째, AI법에서 다른 요건이나 의무와 달리, 금지된 관행에 관한 규정은 사업자의 역할이나 신분에 따라 달라지지 않는다. 따라서 금지된 관행에 관한 제5조는 기업들이 동 법의 준수에서 가장 먼저 집중해야 할 규정이다.

II 고위험 AI 시스템[174)]

'고위험 AI 시스템'(high-risk AI system)은 특정 의무 요건을 준수하는 경우에만 EU 시장에 출시하거나 서비스에 투입하거나 이용된다. 이러한 요건은

174) 고위험 AI 시스템의 분류 규정에 관한 제6조는 2026년 8월 2일부터 적용된다. 그러나, 부속서 I에 기반한 고위험 AI 시스템의 분류에 관한 제1항은 2027년 8월 2일부터 적용된다.

EU 내에서 이용 가능하거나 그 결과물이 EU 내에서 이용되는 고위험 AI 시스템이 EU법이 인정하고 보호하는 중요한 EU 공익에 대해 용납할 수 없는 위험을 초래하지 않도록 보장한다.[175] 또한, AI법은 AI 시스템이 잠재적으로 사람의 건강, 안전 또는 기본권에 '중대한 해로운 영향'(a significant harmful impact)을 미칠 수 있는 고위험으로 간주되는 여러 가지 사용 사례를 확인한다.[176] 고위험 AI 시스템 관련 위험의 분류는 AI 시스템의 의도된 목적을 기반으로 한다.[177] AI 시스템이 수행한 기능과 동 시스템이 이용되는 특정 목적과 방식은 AI 시스템의 고위험 여부를 결정하는 데 핵심적인 요소이다.

AI 기술 분야와 관련 법 모두 계속 발전 중이어서 고위험에 속하는 AI 시스템의 비중이 얼마나 될지 불확실하다. 2021년 유럽위원회는 영향 연구에서 AI 애플리케이션의 5－15%만이 고위험으로서 더 엄격한 규정의 적용을 받게 될 것으로 추정했다.[178] 또한, 다른 연구에서 기업용 AI 시스템을 조사한 결과 1%는 금지, 18%는 고위험, 42%는 저위험, 40%는 고위험 또는 저위험인지 불분명한 것으로 나타났다. 이 연구에서 위험 분류가 불분명한 AI 시스템은 주로 핵심 인프라, 고용, 법 집행 및 제품 안전 분야에 속했다.[179] 2022년 EU의 113개 AI 스타트업을 대상으로 한 관련 설문 조사에서 응답자의 약 33－50%가 자사의 AI 시스템을 고위험 시스템으로 분류하겠다고 답했는데, 이는 유럽위원회 5－15% 평가에 비해 높은 비율이다.[180]

고위험 AI 시스템의 제공자와 운영자는 고위험이 아닌 AI 시스템에 비교하여 AI법의 상당 주의, 초기 위험 평가, 투명성 등 기준이 강화된 규제적 의무를 이행해야 한다. AI 기술 자체는 위험 관리, 데이터 품질, 투명성, 인적 감독 및 정확성 등 특정 요건을 충족해야 하고, 해당 기술을 제공하거나 운영하는 기업 등은 등록, 품질 관리, 모니터링, 기록 보관 및 사고 신고와 관련된 의무를 부담한다. 고위험 AI 시스템의 수입자와 유통자는 물론 AI 모델의 훈련, 테

175) 상설 제46항.
176) 상설 제46항 참조.
177) 제7조 제2항(a) 참조.
178) 유럽위원회 영향평가 2021, p. 68.
179) appliedAI Initiative GmbH, pp. 12-13.
180) AI Act Impact Survey 2022, p. 9.

스트 및 개발을 촉진하기 위해 제공자가 고위험 AI 시스템에 통합하는 시스템, 도구, 서비스, 구성요소 또는 프로세스를 공급하는 다른 사업자도 추가 의무를 부담한다. AI법에 따라 어떤 AI 시스템이 고위험 AI 시스템으로 규제될 것이고 또는 규제되지 않을 것인지의 올바른 이해가 필요하다.

고위험 AI 시스템은 의료기기와 같이 부문별 EU 조화입법의 적용을 받는 제품 그 자체 또는 제품의 안전 구성요소인 AI 시스템이거나 부속서 III에 열거된 특정 분야에서 이용되는 AI 시스템이 된다. 유럽위원회는 부속서 III에 열거된 고위험 AI 시스템에 대한 EU 데이터베이스를 유지 및 관리한다.[181)]

1. 고위험 AI 시스템의 분류 개관

고위험 AI 시스템을 규정한 제III장은 AI법의 핵심 규정이고, 이 장의 첫 조항인 제6조는 고위험 AI 시스템의 분류 규정인 점에서 특히 중요하다. 고위험 AI 시스템의 분류 조건을 충족하여야 AI법의 고위험 AI 시스템에 관한 규정의 적용을 받는다.[182)] 물론 고위험 AI 시스템이 되기 위하여 먼저 AI법이 규정하는 AI 시스템이 되어야 한다.

AI 시스템의 제공자, 운영자, 수입자 및 유통자는 AI법에 따라 해당 시스템이 고위험 AI 시스템에 해당하는지 확인해야 한다. 고위험 AI 시스템은 개인의 권리와 자유에 잠재적으로 높은 위험을 초래하는 것으로 간주되어 엄격한 의무가 부과되기 때문이다.

고위험 AI 시스템의 분류 기준은 크게 부속서 I의 제품 중심 접근과 부속서 III의 기능적 접근에 따르는데, 하나의 AI 시스템이 이들 두 접근을 모두 충족시켜 고위험 시스템이 될 수 있다. 예컨대, 자동긴급제동(AEB) AI 시스템이 자동차인 제품에 탑재되면, 자동차는 부속서 I 섹션 B에 명시된 「자동차 형식승인요건 규칙」의 적용을 받는다. 그런데 이 시스템은 부속서 III 제2항에

181) 제71조 제1항.

182) 제6조에 따라 고위험 AI 시스템으로 분류되면 인적 감독 요건에 관한 제14조, 데이터 거버넌스에 관한 제10조를 포함하여 고위험 AI 시스템의 요건을 규정한 제III장 제2절의 제9조 이하의 실질적 의무가 부과된다.

규정된 핵심 인프라 중 도로 교통을 관리하면서 잠재적으로 운전기사의 운행 기록을 분석하여 부속서 III 제4항에 규정된 고용과 근로자 관리에 영향을 미칠 수 있다. 따라서, 이러한 AI 시스템은 부속서 I과 III에 따른 고위험의 성격을 모두 가진다.

(1) 부속서 I에 따른 분류

고위험 AI 시스템 분류의 첫 번째 접근은 AI 시스템이 부속서 I에 열거된 조화입법의 적용을 받는 경우이다. 이 경우 제6조 제1항(a)와 (b)에서 언급된 제품과 독립적으로 AI 시스템이 시장에 출시되거나 서비스에 투입되는지 관계없이, 아래 두 조건을 모두 충족하는 경우 AI 시스템은 고위험으로 간주된다.[183] 즉 최종 제품에 포함되어 있든, 따로 판매되는 부품이든, 안전과 관련된 중요한 AI는 예외 없이 고위험 규제를 적용받는다.[184]

제6조 제1항은 공공안전과 기본권을 보호하도록 엄격한 규제적 감독을 보장하기 위해 부속서 I의 EU 조화입법에 기반하여 AI 시스템을 고위험으로 분류하는 요건을 규정한다. 이러한 분류를 위한 두 가지 조건은 AI 시스템이 AI법에 따라 고위험에 해당하는지 결정하는 데 핵심적인 역할을 하지만, 이러한 분류는 현존하는 EU의 제품 안전에 관한 법을 따르는 점에서, AI법의 독자적인 새로운 규제적 접근은 아니다.[185]

---

183) 제6조 제1항. 부속서 I에 따른 고위험 AI 시스템의 제공자의 경우, 적합성 평가 절차 등과 관련하여 특정 간소화된 준수 규정, 예컨대 제43조 등이 적용될 수 있다. 따라서, 고위험 AI 시스템이 부속서 I의 범위에 해당하는지, 해당하는 경우 간소화된 규정의 혜택을 받을 수 있는지 또는 결과적으로 다른 의무가 적용되는지 신중하게 고려해야 한다.

184) 자동차 제조사가 자체 개발한 자동긴급제동(AEB) AI 시스템을 자사의 차량에 탑재하여 완제품 자동차로 판매하는 경우, AEB AI 시스템은 자동차와 독립적으로 시장에 출시되지 않는다. 또는 AEB AI 시스템을 독립된 부품으로 다른 자동차 제조사에 납품하고 이 제조사가 이를 자사 차량에 장착하여 판매하는 경우, 동 시스템은 자동차와 독립적으로 시장에 출시된다.

185) 이러한 접근은 현존하는 부문별 안전에 관한 규제와 연계가 불완전하여 불필요한 관료적 형식주의에 빠질 수 있다고 한다. P. Hacker, Comments on the final trilogue version of the AI act, 2024, EP Briefing-AI, p. 10에서 재인용.

1) 첫째 조건

제품 또는 제품의 안전 구성요소로서 AI 시스템에 관한 것인데, 부속서 I에 열거된 EU 조화입법의 적용을 받는 제품의 안전 구성요소로 의도된 또는 독립된 제품인 AI 시스템은 고위험으로 분류된다.[186)]

'안전 구성요소'(safety component)는 제품 또는 AI 시스템의 안전 기능을 수행하거나, 또는 그 고장이나 오작동으로 인해 사람의 건강과 안전 또는 재산을 위태롭게 하는 제품 또는 AI 시스템의 구성요소이다.[187)]

예컨대, 의료용 AI 영상 진단 소프트웨어는 그 자체가 의료기기인 제품이다. 또한, 최종 제품인 자동차의 자동긴급제동(AEB)을 제어하는 AI 소프트웨어는 자동차의 안전 구성요소이다.

2) 둘째 조건

제3자 적합성 평가 요건에 관한 것인데, AI 시스템은 시장 출시 또는 서비스 투입 전에 엄격한 안전과 윤리 기준의 충족을 보장하기 위해 부속서 I의 EU 조화입법이 요구하는 제3자 적합성 평가를 받아야 한다.[188)]

제품 안전에 관한 법에 따라, 위험도가 높은 제품에 대하여 제3자 적합성 평가가 요구되고, 그렇지 않은 제품은 제공자의 자체 평가를 거치면 된다. 의료 기기, 산업 기계, 장난감, 항공기, 자동차의 안전 구성요소로 이용되는 AI 시스템은 물론 철도 인프라, 리프트 또는 기체 연료를 태우는 기기의 안전 구성요소로 이용되는 AI 시스템도 포함될 수 있다.[189)]

186) 제6조 제1항(a).
187) 제3조 제14호.
188) 제6조 제1항(b).
189) 예컨대, 안전 구성요소로 이용되는 AI 시스템은 엘리베이터 유지·보수의 필요를 자동으로 감지할 수 있다.

그림 4-1 제6조 제1항에 따른 고위험 분류 경로

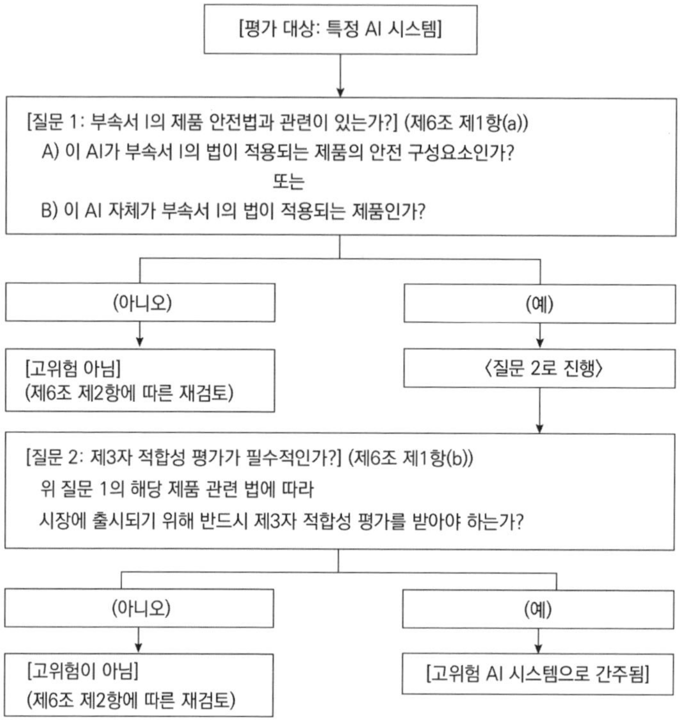

(2) 부속서 III에 따른 분류

부속서 I에 따른 분류에 더하여, 제6조 제2항은 고위험 AI 시스템을 식별하기 위한 부속서 III의 사용 사례에 기반하여 추가적 기준을 제공한다. 고위험으로 간주되는 AI 시스템의 특정 사용 사례로서, 건강, 안전 또는 기본권에 잠재적으로 '해의 중대한 위험'(a significant risk of harm)을 초래하는 부속서 III에 열거된 활동에 관여하는 AI 시스템은 고위험으로 분류된다.[190] 부속서 I의 제품 관련 접근과 달리, 부속서 III은 기능적 접근을 한다.

그러나, 제6조 제3항은 위험 완화 요인으로서, 수행되는 과업의 성격, 자율

190) 제6조 제2항. 유럽위원회는 회원국들과 협력하여 제6조 제2항에 언급된 고위험 AI 시스템에 관한 정보를 포함하는 EU 데이터베이스를 구축 및 유지해야 한다. 제71조 제1항.

성 수준, 의사결정에 미치는 영향 등 요소를 고려하여 부속서 III의 AI 시스템이 중대한 위험을 초래하지 않는 경우 고위험 분류에서 제외될 수 있게 한다. 부속서 III에 기반한 추가적 기준은 고위험 분류 프로세스를 더욱 세분화하여 규제적 명확성과 윤리 기준 준수를 유지하면서 AI 애플리케이션을 유연하게 다룰 수 있게 한다.

표 4-5 고위험 분류에 관한 제6조 제1항과 제2항의 비교

구분	적용 기준	고위험 분류 방식	의료 분야의 예	자율주행의 예
제6조 제1항(부속서 I 적용)	부속서 I에 열거된 EU 조화입법의 적용을 받는 제품 또는 제품의 안전 구성요소로서 AI 시스템	자동 분류(법적으로 고정)	AI 기반 진단 소프트웨어(「의료기기 규칙」 적용)	AI 기반 충돌 회피 소프트웨어(「자동차 형식승인요건 규칙」 적용)
제6조 제2항(부속서 III 적용)	부속서 III에 열거된 특정 분야에 해당하는 AI 시스템으로서, 기본권 또는 안전에 중대한 위험을 초래할 수 있는 경우	사례별 위험 평가에 따라 고위험으로 지정될 수 있음. 예외 조건에 따라 제외 가능(제6조 제3항).	온라인 시험 AI 채점 시스템 - 의료 인력 교육 과정에서 성적, 평가, 자격 부여 등에 영향을 미치는 경우. 부속서 III 제3항(교육/직업훈련 분야)에 해당함.	AI 기반 도로 상황 분석 시스템 - 운전자 보조용으로서 교통흐름 예측, 사고 다발 구역 탐지 등에 이용되는 경우. 직접적인 생명·안전 위험은 낮아 고위험에서 제외될 수 있음.

2. 부속서 I의 EU 조화입법에 기반한 고위험 AI 시스템

AI 시스템이 부속서 I에 열거된 'EU 조화입법'(Union harmonization legislation)의 적용을 받는 제품 또는 제품의 안전 구성요소인 경우 고위험 AI 시스템으

로 분류된다.[191] AI 시스템이 부속서 I에 열거된 제품과 독립적으로 시장에 출시되거나 서비스에 투입되는지 관계없이, 다음 조건이 모두 충족되는 경우 해당 AI 시스템은 고위험으로 간주된다. 첫째 조건은 AI 시스템이 부속서 I에 열거된 EU 조화입법의 적용을 받는 제품의 안전 구성요소로 이용될 의도이거나, AI 시스템 자체가 부속서 I에 명시된 EU 조화입법의 적용을 받는 제품인 경우이다.[192] 둘째 조건은 부속서 I에 열거된 EU 조화입법에 따라 해당 제품의 시장 출시 또는 서비스 투입을 목적으로 안전 구성요소가 AI 시스템인 제품 또는 제품 그 자체인 AI 시스템이 제3자 적합성 평가를 받아야 하는 경우이다.[193]

부속서 I에 열거된 EU 조화입법은 안전과 관련된 엄격한 요건을 충족해야 하는 특정 제품에 관한 것이고, AI 시스템이 부속서 I에 열거된 제품과 연관되는 경우 고위험으로 간주된다. 부속서 I은 섹션 A와 B로 나뉜다. 섹션 A는 '신입법체계'(New Legislative Framework, NLF)에 기반한 조화입법의 목록이다.[194] 섹션 B는 자동차의 형식승인과 시장 감시에 관한 규칙처럼 주로 차량과 교통 등에 관련된 구(舊)법의 목록이다.[195] 신입법체계는 해당 법에 필수 요건을 규정하고 세부 기술 표준은 유럽표준화기구에 위임하는 유연한 방식이고, 구법은 해당 법에 더 상세한 기술적 내용이 포함된다.

---

191) EU 조화입법이 필요한 이유는 EU 내에서 AI 시스템의 설계와 개발에 있어 안전, 건강, 기본권 보호를 보장하고, 통일된 규정을 통해 회원국 간 일관성을 유지하기 위함이다. 즉 회원국별로 다른 제품 관련 규격과 기준을 EU 차원에서 하나로 통일하는 것이고, 어떤 제품이든 조화입법의 기준을 충족하면 EU 27개국 시장 전체에서 별도의 추가 인증 없이 자유롭게 유통될 수 있다. 이는 EU 단일시장을 원활하게 작동시키는 핵심적인 법체계이다.

192) 제6조 제1항(a).

193) 제6조 제1항(b).

194) 부속서 I의 섹션 A는 12개 EU법을 포함한다. 2008년 채택된 신입법체계는 제품 안전과 조화입법을 위한 현대적인 규제적 체계를 제시하기 위해 개발되었고, 제품에 대한 내부시장을 개선하고 다양한 제품을 EU 시장에 출시하기 위한 조건을 강화하는 것을 목적으로 한다. 이는 시장 감시를 개선하고 적합성 평가의 품질을 높이기 위한 조치의 패키지이다. 또한 CE 마킹의 이용을 명확히 하고 제품 입법에 이용할 수 있는 조치의 툴박스가 된다. 유럽위원회 신입법체계 참조.

195) 부속서 I 섹션 B는 8개 EU법을 포함한다.

부속서 I 섹션 B의 조화입법은 신입법체계와 다른 전통적인 구(舊)법이고, 이들 법은 법 자체에 상세한 기술 규범을 포함하는 점에서 신입법체계에 기반한 자동적인 고위험 분류에 직접 연동되지 않는다. AI 시스템이 해당 제품과 관련된 필수 기능이나 성능의 평가를 지원하는 방식으로 작동하므로, 민간 항공과 자동차 등의 분야에서 특정 고위험 AI 시스템에 대해서 해당 법이 기본적으로 적용된다. 예컨대, 자율주행 차량의 경우 AI법이 일반적으로 적용되지 않고 「자동차 형식승인요건 규칙」이 우선 적용된다. AI법은 보완적인 역할을 한다.

표 4-6 조화입법

부속서 I 섹션 A	부속서 I 섹션 B
1. 「기계류 지침」(MD)[196]	13. 「민간항공 안전 공통규정 규칙」
2. 「장난감 안전 지침」(TSD)	14. 「이륜/삼륜차 규칙」
3. 「레크리에이션 선박 지침」	15. 「농기계류 규칙」
4. 「승강기 지침」	16. 「해양 장비 지침」(MED)
5. 「방폭 지침」(ATEX)	17. 「철도시스템의 상호 운용 지침」
6. 「무선장비 지침」(RED)	18. 「자동차 시장 감시 규칙」
7. 「압력설비 지침」(PED)	19. 「자동차 형식승인요건 규칙」
8. 「케이블웨이 설치 규칙」	20. 「민간항공 공통규정 규칙」
9. 「개인보호장치 규칙」	
10. 「기체 연료 연소 기기 규칙」	
11. 「의료기기 규칙」	
12. 「체외진단 의료기기 규칙」	

AI법의 대부분 요건이 구체제의 적용을 받는 제품에 적용되지 않는 것은 구체제 규제와 신입법체계가 제품 안전 규제에 대해 근본적으로 다른 접근을 따르기 때문이다. 예컨대, 구체제 개념에서는 정부 표준만 설정하고 정부 기관이 요건을 심사한다. 그러나, AI법은 민간 표준화 기관, 내부 적합성 평가 절차 또는 민간 인증기관의 절차를 통해 새로이 이행되는 표준에 기반한다.[197] 따라서, 부속서 I 섹션 B에 열거된 구체제 EU 조화입법의 적용을 받는

196) 동 지침은 「기계류 규칙」으로 대체되었다.

제품에 관련되고 제6조 제1항에 따라 고위험 AI 시스템으로 분류되는 AI 시스템에 대해서는 AI법의 일부 규정만 적용된다. 이러한 AI 시스템에 대하여는 고위험 AI 시스템의 분류에 관한 제6조 제1항, 부속서 I 섹션 B의 8개 제품 안전 관련 법의 개정에 관한 제102조 내지 제109조 및 부속서 I 섹션 B의 평가에 따른 조화입법 목록의 개정에 관한 제112조만 적용된다.[198)]

(1) 신입법체계[199)]

AI법은 신입법체계를 중심으로 구축되었다. 즉 제III장의 고위험 AI 시스템에 관한 상세한 규정은 위험 관리 시스템 구축, 데이터 품질, 투명성, 인적 감독 등 고위험 AI가 갖춰야 할 필수 요건을 상세히 규정한다. 따라서, AI법의 수범자인 AI 시스템 제공자는 해당 제품 제조자에 대한 신입법체계의 수범자

---

197) AI법의 적합성 평가에 관한 제43조, 인증에 관한 제44조, 인증기관의 정보 의무에 관한 제45조 참조.

198) 제2조 제2항. 제102조 내지 제109조는 각각 「민간항공 안전 공통규정 규칙」, 「농기계 규칙」, 「이륜/삼륜차 규칙」, 「해상기기 지침」, 「철도시스템 지침」, 「자동차 규칙」, 「민간항공 공통규정 규칙」 및 「자동차 형식승인요건 규칙」을 개정한다. 동 개정으로 「민간항공 안전 공통규정 규칙」에서 AI 시스템에 관한 안전장치의 승인과 이용의 기술 사양과 절차에 관련되는 상세한 조치를 채택할 때 제III장 제2절의 고위험 AI 시스템 요건이 고려되어야 한다는 규정이 추가된다. 예컨대 유럽항공안전청(EASA) 등 기관이 자동조종장치(autopilot), 충돌회피시스템(TCAS) 등 AI 시스템의 승인 및 사용에 관한 상세 조치를 채택할 때, 제III장 제2절의 고위험 AI 시스템 요건을 고려해야 한다. 또한, 동 개정으로 「농기계 규칙」, 「이륜/삼륜차 규칙」, 「철도시스템 지침」, 「자동차 규칙」, 「민간항공 공통규정 규칙」, 「자동차 형식승인요건 규칙」에서 안전 구성요소인 AI 시스템에 관한 위임 또는 이행입법을 채택할 때 제III장 제2절의 고위험 AI 시스템 요건이 고려되어야 한다는 규정이 추가된다. 예컨대 유럽위원회가 자동긴급제동(AEB) 시스템과 같은 AI 안전 구성요소에 대한 새로운 기술 사양이나 테스트 표준을 만들 때, 제III장 제2절의 고위험 AI 시스템 요건을 고려해야 한다. 또한, 동 개정으로 「해상기기 지침」에서 안전 구성요소인 AI 시스템에 관하여 기술 사양과 테스트 표준을 채택할 때 유럽위원회는 제III장 제2절의 고위험 AI 시스템 요건을 고려해야 한다는 규정이 추가된다. AI 규제적 샌드박스에 관한 제57조는 고위험 AI 시스템에 대한 요건이 부속서 I 섹션 B의 EU 조화입법에 통합된 경우에만 적용된다. 제2조 제2항.

199) 이하 신입법체계의 설명은 https://artificialintelligenceact.eu/context/ 참조.

와 동일하다. 즉 신입법체계의 제조자에 상응하는 AI 시스템 제공자가 AI 시스템의 법규정 준수에 대한 최종 책임을 진다. 또한 운영자, 수입자, 유통자의 책임도 명확히 규정한다.

2008년 채택된 신입법체계(New Legislative Framework, NLF)는 EU의 제품에 관한 법이 따르는 일반적인 구조와 AI법 등 새로운 법이 이용할 수 있는 도구를 설명한다.[200] 즉 신입법체계의 법은 제품이 충족해야 할 필수 요건만 원칙적으로 규정하고, 제품을 시장에 출시하는 제조자에게 그 요건을 준수할 최종적인 책임을 부과하고 공급망의 다른 주체인 수입자, 유통자에게도 각자의 역할을 부여하는 구조를 갖는다. 신입법체계는 새로운 법이 적응할 수 있는 필수 요건 등 많은 양의 표준 문안을 제공한다.[201]

신입법체계를 바탕으로, 예컨대, 「의료기기 규칙」과 「체외진단 의료기기 규칙」 등 둘 이상의 EU 조화입법이 하나의 제품에 적용될 수 있는 것이 일반적이다.[202] 이 경우 해당 제품이 모든 관련 EU 조화입법을 준수하는 때에만 이용 가능하게 하거나 서비스에 투입할 수 있다.[203]

일관성을 보장하고 불필요한 행정적 부담이나 비용을 피하기 위해, AI법과 부속서 I에 열거된 EU 조화입법의 요건이 적용되는 하나 이상의 고위험 AI 시스템을 포함하는 제품의 제공자는 하나 이상의 AI 시스템을 포함하는 제품이 EU 조화입법의 모든 적용 가능한 요건을 최적의 방식으로 준수하는 것을 보장하는 방법에 대한 운영상의 결정에 대해 유연성(flexibility)을 가져야 한

200) 신입법체계는 EU가 수십 년 동안 제품 규제의 경험을 집대성한 표준 설계도 내지 규제 도구상자로 볼 수 있다. 즉 EU가 장난감, 의료기기, 기계류 등 다양한 제품에 대한 법을 제정하면서 매번 새로이 접근하는 것이 아니고 오랜 동안 검증된 개념과 구도 및 도구를 활용하는 것이다. 예컨대, 「인증요건 규칙」, 「마케팅 공통 프레임워크 결정」, 「시장 감시 규칙」은 시장 감시의 기능, 적합성 평가의 운영 방식, 독립된 적합성 평가기관의 인증 방식을 설명한다.

201) 신입법체계의 핵심 법 중의 하나인 「마케팅 공통 프레임워크 결정」은 AI법의 기반이 되는 표준 문안을 많이 포함한다. 이들 표준 문안은 공급망 행위자의 정의와 의무, 적합성 평가 절차, 적합성 선언과 CE 마킹, 인증기관의 지정과 역할, 시장 감시와 안전장치 절차를 포함한다.

202) 상설 제46항. 유럽위원회 블루 가이드 참조.

203) 상설 제46항, 제64항.

다.[204] 이러한 유연성은 AI법에 따라 요구되는 필요한 테스트와 신고 프로세스, 정보 및 문서의 일부를 신입법체계에 기반하면서 부속서에 열거된 기존 EU 조화입법에 따라 요구되는 기존 문서와 절차에 통합하는 제공자의 결정을 의미할 수 있다.[205] 그러나, 모든 해당 요건을 준수해야 하는 제공자의 의무는 어떤 방식으로든 훼손되어서는 안 된다.[206]

1) 필수 요건

AI법과 같은 제품 안전에 관한 법의 주요 특징은 제품이 충족해야 하는 일련의 '필수 요건'(essential requirements)에 있다.[207] 예컨대, AI 시스템에 관하여 제III장 제2절의 고위험 AI 시스템 요건을 충족하면 사업자는 EU 시장 전체에 접근할 수 있다.[208]

특정 제품에 관한 법은 가능한 한 기술적인 세부 사항을 피하고, 필수 요건의 표현으로 제한해야 한다.[209] 필수 요건은 의도적으로 기술적 세부 사항은 피하고, 대신 법적 구속력이 있는 의무를 만들 수 있을 정도로 구체적이어야 한다.[210] 그러나 건강과 안전, 소비자 또는 환경 보호, 다른 공익적 측면 또는 명확성과 실행 가능성을 위해 필요한 경우 관련 법에 '세부 기술 사

204) 상설 제46항, 제64항.

205) 상설 제64항. AI를 이용해 X-ray 영상을 분석하여 질병을 진단하는 소프트웨어는 고위험 AI 시스템으로서 AI법의 적용을 받는데, 이 소프트웨어는 의료기기로서 「의료기기 규칙」의 적용도 받는다. 이 경우 유연성을 가지는 점에서, 이 시스템의 제공자가 두 법의 요건을 준수할 때, 각각의 절차를 하나의 프로세스로 통합하여 이행할 수 있도록 허용되는 것이다. 중복되는 작업이나 절차를 피하고, 통합된 위험 관리, 기술문서, 적합성 평가 등 가장 효율적이고 합리적인 방식으로 법규정을 준수할 수 있게 된다.

206) 상설 제64항.

207) 부속서 VI(내부통제에 기반한 적합성 평가 절차) 제3항 참조.

208) AI법의 고위험 AI 시스템 요건, 즉 필수 요건은 제8조(요건의 준수), 제9조(위험 관리 시스템), 제10조(데이터 및 데이터 거버넌스), 제11조(기술문서), 제12조(기록 보관), 제13조(운영자에 대한 투명성 및 정보 제공), 제14조(인적 감독), 제15조(정확성, 견고성 및 사이버보안)로 구성된다.

209) 「마케팅 공통 프레임워크 결정」 상설 제8항.

210) 「마케팅 공통 프레임워크 결정」 상설 제11항.

양'(detailed technical specifications)이 명시될 수 있다.[211] 필수 요건은 조화된 표준이 없거나 제조자가 조화된 표준을 적용하지 않기로 선택한 경우에도 적합성을 평가할 수 있도록 공식화되어야 한다.[212] 공익 보호와 관련하여, EU 조화입법은 그러한 보호 수준을 결정하는 필수 요건을 규정하는 것으로 제한되어야 하고, 이러한 요건을 달성할 결과의 관점에서 표현해야 한다.[213] 제조자는 이러한 의무를 자체적으로 이행하거나 관련 조화된 표준을 이용할 수 있다.

2) 조화된 표준

'기술 표준'(technical standards)은 필수 요건을 보다 구체적으로 만드는 데 도움이 된다. 기술 표준의 적용으로 '적합성 추정'(presumption of conformity)이 인정되므로 이러한 표준의 준수는 관련 필수 요건의 준수로 간주된다.[214] 이러한 표준은 EU관보에 게재되고, '조화된 표준'(harmonised standards)이라고 불린다.

'조화된 표준'(harmonised standard)은 「유럽 표준화 규칙」 제2조 제1호(c)에서 정의한 조화된 표준을 의미한다.[215]

조화된 표준은 EU 조화입법의 적용을 위한 유럽위원회의 요청에 따라 채택된 유럽 표준을 의미한다.[216] 조화된 표준은 유럽표준화위원회(CEN), 전기기술표준화위원회(CENELEC) 또는 유럽통신표준협회(ETSI)의 공인된 유럽표준

211) 「마케팅 공통 프레임워크 결정」 상설 제8항.

212) 「마케팅 공통 프레임워크 결정」 상설 제11항.

213) 「마케팅 공통 프레임워크 결정」 제3조 제1항.

214) 「유럽 표준화 규칙」 제28조. EU관보에 게재된 조화된 표준 또는 그 일부에 부합하는 제품은 '['관련 법조항'(the relevant part of the legislation)]에 명시된 해당 표준 또는 그 일부에서 다루는 요건'을 준수하는 것으로 추정된다. 「마케팅 공통 프레임워크 결정」 제R8조.

215) 제3조 제27호.

216) 「유럽 표준화 규칙」 제2조 제1호(c). 조화된 표준에 관하여 https://single-market-economy.ec.europa.eu/single-market/european-standards/harmonised-standards_en 참조.

화기구에서 개발한 유럽 표준이다. 유럽위원회가 이러한 유럽표준화기구에게 요청하여 조화된 표준이 만들어진다. 제조자, 다른 경제적 사업자 또는 적합성 평가기관은 제품, 서비스 또는 프로세스가 관련 EU법을 준수한다는 것을 증명하기 위해 조화된 표준을 이용할 수 있다. 조화된 표준의 참조(references)는 EU관보에 게재되어야 한다.[217] EU관보에 게재된 표준은 조화된 표준의 지위를 가지게 된다.

예컨대, AI법은 민감정보의 처리에 있어서 '적합한 안전장치'(suitable safeguards)의 채택을 요구한다.[218] 여기서 '적합한'의 의미가 모호하지만, 조화된 표준은 이러한 요건을 명확하게 해줄 수 있다.[219] 따라서, 조화된 표준은 중요한 역할을 한다. 필수 요건을 준수하는 가장 간단한 방법이기 때문이다. 제조자는 조화된 표준을 준수하지 않고도 필수 요건을 충족할 수 있지만, 최소한 표준과 동등하다는 것을 보여 주어야 한다.

조화된 표준이 존재하지 않는 경우, 유럽위원회는 고위험 AI 시스템의 요건에 관한 제III장 제2절에 규정된 요건 또는 해당되는 경우 범용 AI 모델의 제공자 의무 및 시스템적 위험이 있는 범용 AI 모델에 관한 제V장 제2절과 제3절에 규정된 의무에 대한 공통 사양을 수립하는 이행입법을 채택할 수 있다.[220]

---

217) 「유럽 표준화 규칙」 제10조 제6항. 이러한 참조는 해당 표준을 고유하게 식별하는 목록인데, 예컨대, 기계류 안전에 관한 참조는 "CEN(표준화 기구), EN ISO 12100:2010(표준 번호), Safety of machinery - General principles for design - Risk assessment and risk reduction(표준 제목), EN ISO 12100:2003+A1:2009(대체되는 이전 표준)"이 된다. 이 표준도 ISO/DIS 12100으로 대체될 예정이다.

218) 제10조 제5항(c).

219) 예컨대, 조화된 표준은 적합한 안전장치에 대한 구체적이고 기술적인 체크리스트를 명시할 수 있는데, "민감정보는 반드시 기술적으로 분리된 환경에서 처리되어야 하고, 처리 즉시 가명처리되어야 한다.", "가명 처리된 정보에 접근할 수 있는 인력은 편향성 감사팀으로 한정하고, 다단계 인증을 거쳐야 한다.", "편향성 분석이 완료된 후 30일 이내에 모든 관련 민감정보는 영구적으로 삭제되어야 한다." 등의 요건을 포함할 수 있다.

220) 제41조. 시스템적 위험이 있는 범용 AI 모델의 의무는 AI법에서 가장 새롭고 중요한 부분인데, 모델 평가 방식, 적대적 테스트(레드팀), 사이버보안 조치 등 매우 전문적이고 빠르게 발전하는 분야의 산업계 표준화가 지체될 수 있다. 이 점에서 유럽위원회는 AI 안전에 대한 높은 기준을 신속하게 설정하기 위해 동 모델의 성능 평가를 위한 공통 테스트 방법론이나 사이버보안 사고 보고를 위한 공통 형

'공통 사양'(common specification)은 「유럽 표준화 규칙」 제2조 제4호에 정의된 일련의 기술 사양으로, AI법에 따라 설정된 특정 요건을 준수하기 위한 수단을 제공한다.[221)]

공통 사양은 조화된 표준과 유사하지만, EU와 독립된 기관이 개발하는 조화된 표준과 달리 이의 개발 프로세스는 전적으로 유럽위원회 등 EU기관에 달려 있다. 표준화 과정이 지연되거나 불충분할 때 규제 공백이 생기지 않도록, 유럽위원회가 직접 기술적 기준을 제시하는 강력한 제도적 장치가 된다.

3) 적합성 평가

적합성 평가는 신입법체계가 제공하는 집행 도구 중 하나이다. 적합성 평가는 제품이 시장에 출시되기 전에 반드시 실시되어야 한다.

'적합성 평가'(conformity assessment)는 고위험 AI 시스템과 관련하여 제III장 제2절에 규정된 요건이 충족되었는지 증명하는 프로세스를 의미한다.[222)]

제품이 모든 관련 요건을 준수하는 것으로 확인되면 'EU 적합성 선언'(EU declaration of conformity or parts thereof)[223)]이 이루어지고 CE 마킹[224)]이 부착되고, 제품을 시장에 출시할 수 있다.

'CE 마킹'(CE marking)은 제공자가 AI 시스템이 제III장 제2절에 규정된 요건과 그 부착을 규정하는 다른 적용 가능한 EU 조화입법과 부합함을 나타내는 마킹이다.[225)]

신입법체계는 적합성 평가가 따를 수 있는 다양한 프로세스를 설명하고, 다음 세 그룹 중 어느 그룹이든 평가를 수행할 수 있도록 허용한다. 첫째, 제품 제조자 자체이다. 제조자는 적합성 평가가 올바르게 수행되었음을 증명하

식과 같은 공통 사양을 직접 제정할 수 있을 것이다.

221) 제3조 제28호.

222) 제3조 제20호.

223) 「마케팅 공통 프레임워크 결정」 제R10조, 부속서 III 참조.

224) 「마케팅 공통 프레임워크 결정」 제R11, R12조 참조.

225) 제3조 제24호.

는 문서를 작성해야 한다. 위험도가 낮은 제품의 경우 종종 기본적 선택이 된다. 둘째, 적합성 평가 기관이다. 이러한 기관은 회원국 인증당국(notifying authorities)의 인증을 받아야 한다. 적합성 평가 기관이 인증을 받으면 인증기관(notified body)으로 불린다. 셋째, 공공 당국이 드물게 적합성 평가를 수행하기도 한다.[226]

각 법에 따라 신입법체계 도구는 상황에 맞게 적응할 수 있다. 예컨대, AI법은 일부 고위험 애플리케이션에 대해서 자체 평가를 허용하고 다른 애플리케이션에 대해서는 인증기관을 요구할 수 있다. 부속서 VII에 언급된 적합성 평가 절차의 목적으로 제공자는 인증기관 중 하나를 선택할 수 있다.[227] 그러나 고위험 AI 시스템을 법 집행, 이민 또는 망명 당국 또는 EU기관 등이 서비스에 투입하려고 의도한 경우, 해당되는 경우 회원국 개인정보보호감독 당국 또는 유럽개인정보보호감독관(EDPS)인 시장감시 당국이 인증기관의 역할을 수행해야 한다.[228] 또한, 제공자는 내부 통제에 기반한 적합성 평가 절차를 수행할 수 있다.[229]

4) 시장 감시

회원국은 자국 시장 내에서 시장 감시의 책임을 진다.[230] 회원국은 EU법을 준수하지 않거나 준수하지만 너무 위험한 것으로 판명된 제품을 제거해야 한다.[231]

> '시장 감시'(market surveillance)는 제품이 해당 EU 조화입법에 명시된 요건을 준수하고 해당 법이 적용되는 공익 보호를 보장하기 위해 시장감시 당국이 수행하는 활동과 조치를 의미한다.[232]

226) 「시장감시 규칙」 참조.
227) 제43조 제1항 제3단.
228) 제43조 제1항 제3단. 제74조 제8항 또는 제9항 참조.
229) 부속서 VI.
230) 「시장감시 규칙」 제10조 제1항.
231) 「시장감시 규칙」 제16조.

일반적으로 시장감시 당국의 운영 방식에 대한 자세한 내용은 법에 명시된다.[233] 예컨대, AI법은 시장감시 당국이 어떤 종류의 문서, 데이터 세트, 소스 코드 등 데이터에 어떤 조건으로 접근할 수 있는지 규정한다.[234] 또한, 시장감시 당국이 유럽위원회, 인증기관 또는 다른 회원국 당국과 협력하는 방법도 규정한다.[235]

5) 법적 책임

AI 시스템의 제공자는 EU 시장에 제품을 출시하는 모든 사업자와 마찬가지로 결함이 있는 제품으로 인한 손해에 대해 법적 책임을 져야 한다. 그러나, 법적 책임이 AI법에 명시적으로 규정되지 않는다.[236] 2020년 설문조사에서 유럽 기업의 AI 활용을 가로막는 장애물 중 하나로서 '법적 책임'(liability)의 문제가 AI를 아직 도입하지 않은 기업에게 가장 관련성이 높은 세 번째 외부 장애물(33%)로 꼽혔다.[237]

3. 부속서 III의 고위험 AI 시스템

부속서 I에 기반한 고위험 AI 시스템 외에도 부속서 III에 언급된 8개 영역에서 AI 시스템이 고위험으로 간주된다.[238] 부속서 III에서 다루는 사용 맥락에 관하여 건강과 안전은 물론 기본권 침해 가능성이 있는 AI 시스템은 고위험 AI 시스템이 된다.[239]

---

232) 「시장 감시 규칙」 제3조 제3호.

233) AI법의 집행에 관한 제IX장 제3절의 제74조, 제75조, 제76조는 시장 감시에 관한 세부 규정을 둔다.

234) 소스 코드에 관하여 제74조 제13항, 제78조 제1항, 제92조 제3항 참조.

235) 제36조 제9항, 제38조, 제57조 제7항.

236) 따라서 「제조물책임 지침」에 따른 무과실 책임이 부과된다.

237) European enterprise survey 2020, p. 58. 새로운 법 또는 규정의 필요는 29%로서 네 번째 외부 장애물로 꼽혔다.

238) 제6조 제2항.

239) 예컨대, 부속서 III의 핵심 인프라의 영역(제2항)은 안전에 관련되고, 생체인식정보 등 영역(제1항), 교육 등 영역(제3항), 고용 등 영역(제4항), 신용평가 등 필수

부속서 III은 직접적으로 고위험 AI 시스템을 분류하는데, 이 분류에 예외가 있지만, 이러한 시스템이 자연인의 프로파일링을 수행하는 경우 항상 고위험으로 간주되어야 한다.[240] 즉 부속서 III에 열거된 고위험 사용 사례에서 이용되는 AI 시스템은 GDPR 제4조 제4호 또는 「법 집행 개인정보보호 지침」 제3조 제4호 또는 「EU기관 개인정보보호 규칙」 제3조 제5호의 의미에서 프로파일링을 의미하는 경우 건강, 안전 또는 기본권에 대한 중대한 위험을 초래할 수 있는 것으로 간주된다.[241]

(1) 생체인식

생체인식정보 처리를 수반하는 일부 AI 시스템은 AI법에 따라 금지된다. 즉 생체인식정보를 기반으로 사람을 분류하여 인종, 정치적 견해, 노동조합 가입, 종교적 또는 철학적 신념, 성생활 또는 성적 지향을 추정하거나 추론하는 AI 기반 생체인식 분류 시스템은 법 집행의 맥락에서 일부 제한된 예외를 제외하고 금지된다.[242] 인터넷이나 CCTV 영상에서 얼굴 이미지를 무차별적 스크래핑하여 안면 인식 데이터베이스를 생성하거나 확장하는 AI 시스템의 이용도 금지된다.[243] 법 집행 목적으로 공공장소에서 실시간 원격 생체인식 식별 시스템을 이용하거나 직장이나 교육 환경에서 사람의 감정을 추론하는 AI 시스템의 이용은 더욱 엄격한 제한을 받는다.[244]

위와 같이 생체인식 식별 또는 분류, 감정 인식에 이용되는 AI 시스템이 금지되지 않은 경우, 동 시스템은 고위험 AI 시스템으로 분류되어 규제받을 수 있다. 생체인식정보는 특수 범주 개인정보에 해당하므로 관련 EU 및 회원국 법에 따라 이용이 허용되는 한, '생체인식 시스템'(biometric systems)의 핵심

서비스 접근 영역(제5항), 사법 행정 등 영역(제8항)은 기본권에 관련되며, 법 집행 영역(제6항)과 이민, 망명과 국경 통제 영역(제7항)은 안전과 기본권에 같이 관련된다.

240) 제6조 제3항 제3단.

241) 상설 제53항.

242) 제5조 제1항(g).

243) 제5조 제1항(e).

244) 각각 제5조 제1항(h), (f).

사용 사례를 고위험으로 분류하는 것이 적절하기 때문이다.[245)]

생체인식정보는 자연인의 인증, 식별 또는 분류 및 자연인의 감정 인식을 허용할 수 있다.[246)] 그러나, 사이버보안과 개인정보보호 조치를 가능하게 하는 목적으로만 이용될 의도인 생체인식 기술은 고위험 AI 시스템으로 간주되지 않는다.[247)]

1) 세 가지 유형

부속서 III에 열거된 고위험 생체인식 시스템에 다음 세 가지 유형이 있다. 이러한 시스템의 이용은 관련 EU 또는 회원국 법에 따라 허용되어야 한다.

① 원격 생체인식 식별 시스템

첫째 유형의 고위험 생체인식 AI 시스템은 원격 생체인식 식별 시스템이다.[248)] 자연인의 원격 생체인식 식별로 의도된 AI 시스템의 기술적 부정확성은 '편향된 결과'(biased results)를 초래하고 '차별적 효과'(discriminatory effects)를 수반할 수 있어서, 원격 생체인식 식별 시스템은 그 위험성을 고려할 때 고위험으로 분류된다.[249)] 이러한 편향된 결과와 차별적 효과의 위험은 특히 연령, 민족, 인종, 성별 또는 장애와 관련이 있다.[250)]

그러나, 특정 자연인이 본인이라고 주장하는 사람인지 확인하는 것이 유일한 목적인 생체인식 검증에 이용될 의도인 AI 시스템은 고위험이 아니다.[251)] 서비스에 대한 접근, 기기 잠금 해제 또는 구내 보안 접근을 위한 목적으로만 자연인의 신원을 확인하기 위한 경우가 그 예가 된다.[252)] 따라서, 고위험이 되

245) 상설 제54항.
246) 상설 제14항.
247) 상설 제54항.
248) 부속서 III 제1항(a).
249) 상설 제54항.
250) 상설 제54항.
251) 부속서 III 제1항(a), 상설 제54항.
252) 상설 제54항. 이용자가 자신의 스마트폰이나 노트북을 열기 위해 사용하는 지문 인식 또는 안면 인식 기능은 그 유일한 목적이 해당 기기의 정당한 소유자인지 확인하는 것이고 해당 기기에 저장된 개인의 사진, 메시지, 금융 정보 등 개인정

는 여부는 이러한 생체인식 기술을 이용하려는 목적에 따르게 된다.

‘생체인식 검증’(biometric verification)은 자연인의 생체인식정보를 이전에 제공된 생체인식정보와 비교하여 인증을 포함한 자동화된 일대일 검증을 의미한다.[253)]

생체인식 식별에서 해당 개인이 동의를 준 여부는 상관없다.[254)] 생체인식 식별이 자동으로 인식하는 인간의 특징은 얼굴, 눈의 움직임, 체형, 음성, 운율, 보행 패턴, 자세, 심박수, 혈압, 체취, 키 입력 특성을 포함한다.[255)]

‘생체인식 식별’(biometric identification)은 자연인의 신원 확인을 목적으로 해당 개인의 생체인식정보를 데이터베이스에 저장된 개인의 생체인식정보와 비교하여 신체적, 생리적, 행동적 또는 심리적 인간의 특징을 자동으로 인식하는 것이다.[256)]

② 생체인식 분류 시스템

둘째 유형의 고위험 생체인식 AI 시스템은 민감하거나 보호되는 속성 또는 특성의 추론에 기반하여 동 속성 또는 특성에 따라 생체인식정보 분류에 이용될 의도인 AI 시스템이다.[257)]

‘생체인식 분류 시스템’(biometric categorisation system)은 다른 상업적 서비스에 부수적이고 객관적인 기술적 이유로 엄격하게 필요한 경우를 제외하고, 생체인식정보를 기반으로 자연인을 특정 범주에 할당하기 위한 목적의 AI 시스템이다.[258)]

보를 보호하며, 다른 사람이 무단으로 접근하는 것을 막는 사이버보안 조치이다. 이외에 은행 앱에 로그인하거나 온라인 결제를 승인할 때 비밀번호 대신 사용하는 ‘생체인식 인증’(biometric authentication) 기능이나 비밀번호 관리 앱, 컴퓨터 내의 암호화된 폴더에 접근하기 위해 사용하는 생체인식 식별 기능도 좋은 예가 된다.

253) 제3조 제36호.

254) 상설 제15항.

255) 상설 제15항.

256) 제3조 제35호.

257) 부속서 III 제1항(b).

258) 제3조 제40호.

AI법이 금지하지 않는 한, 생체인식정보를 기반으로 GDPR 제9조 제1항에 따라 보호되는 민감한 속성 또는 특성에 따라 생체인식 분류에 이용될 의도인 AI 시스템은 고위험으로 분류된다.[259)]

③ 감정 인식 시스템

셋째 유형의 고위험 생체인식 AI 시스템은 AI법이 금지하지 않는 감정 인식에 이용될 의도인 AI 시스템이다.[260)] AI법에 따라 금지되지 않는 감정 인식 시스템은 고위험으로 분류된다.[261)] 금지되지 않는 감정 인식 시스템은 법 집행, 국경 통제, 사법 행정 등 직장과 교육 분야가 아닌 고위험 분야에서 이용되는 감정 인식 시스템이다. 이러한 시스템은 금지되지 않지만, 고위험 AI로서의 엄격한 의무를 준수해야 한다.

2) 시장감시 당국의 권한

법 집행, 이민, 망명 및 국경 통제 관리, 또는 사법과 민주적 절차의 관리 목적으로 이용되는 한, 부속서에 열거된 생체인식 기술 분야의 고위험 AI 시스템에 대한 시장감시 당국은 최소한 처리 중인 모든 개인정보와 과업 수행에 필요한 모든 정보에 접근할 권한을 포함하여 효과적인 조사와 시정 권한을 보유해야 한다.[262)] 생체인식 기술이 법 집행 등 민감한 공공 분야에서 이용될 때는 그 위험성이 다른 고위험 AI 시스템보다 훨씬 더 크고 그 감독이 쉽지 않기 때문에 시장감시 당국에게 강력한 권한이 부여된다. 고위험 AI 시스템에 의해 처리되는 모든 데이터, 예컨대 그 시스템이 생성한 로그 기록에 접근하

---

259) 상설 제54항. GDPR 제9조 제1항은 다음과 같이 특수 범주 개인정보 처리를 규정한다: "인종 또는 민족 출신, 정치적 견해, 종교 또는 철학적 신념, 노동조합 가입을 드러내는 개인정보의 처리, 및 유전정보, 자연인을 고유하게 식별할 목적의 생체인식정보, 건강정보 또는 자연인의 성생활 또는 성적 지향에 관한 정보의 처리는 금지된다."

260) 부속서 III 제1항(c). 의료와 안전의 예외를 인정하고, 직장과 교육기관의 두 가지 특정 분야에서 감정 인식 시스템을 사용하는 것은 원칙적으로 금지된다. 제5조 제1항(f).

261) 상설 제54항.

262) 상설 제159항.

는 것을 포함할 것이지만, 개인정보의 처리에 관한 개인정보보호법을 저해하지 않아야 한다.[263]

회원국은 GDPR 또는 「법 집행 개인정보보호 지침」에 따른 개인정보보호 감독 당국이나 동 지침 제41조 내지 제44조에 규정된 동일한 조건에 따라 지정된 다른 당국을 시장감시 당국으로 지정해야 한다.[264] 시장감시 당국은 완전한 독립성을 가지고 권한을 행사할 수 있어야 한다.[265]

AI법에 따른 민감한 운영 데이터에 대한 시장감시 당국의 접근 제한은 「법 집행 개인정보보호 지침」이 개인정보보호 당국에게 부여한 권한에 저촉하지 않아야 한다.[266] 즉 AI법을 집행하는 과정에서 시장감시 당국 또는 시장감시 당국으로 지정된 개인정보보호 당국의 동 데이터 접근이 제한될 수 있는데 이는 AI법 집행의 감독에 한정된다. 따라서, 개인정보보호 당국이 「법 집행 개인정보보호 지침」에 따른 자신의 고유 권한, 예컨대 동 지침의 위반을 조사하는 것은 AI법의 민감한 운영 데이터에 대한 접근 제한을 이유로 제한될 수 없다. 따라서, AI법에 따라 개인정보보호 당국에 대한 민감한 운영 데이터 등 데이터 공개가 제한되어도, 그 제한은 AI법을 집행하는 맥락에서 적용되는 것이고, GDPR이나 다른 법에 따라 개인정보보호 당국이 본래 가지고 있는 조사 권한은 현재나 미래 어느 경우에도 침해하거나 제한할 수 없다.[267]

(2) 핵심 인프라

핵심 디지털 인프라, 도로 교통의 관리와 운영에서, 또는 수도, 가스, 난방 또는 전기의 공급에서 안전 구성요소로 이용될 의도인 AI 시스템은 고위험이

263) 시장감시 당국은 개인정보 최소화 원칙에 따라 감독 목적과 관련 없는 개인정보를 열람해서는 안 되고, 목적 제한 원칙에 따라 접근을 통해 얻은 개인정보는 오직 감독 목적으로만 사용해야 하며, 또한 접근과 처리 과정에서 적절한 보안조치를 취해야 한다.

264) 제74조 제8항.

265) 상설 제159항.

266) 상설 제159항. 시장감시 당국이 진행 중인 수사의 모든 내밀한 정보에 접근할 수 있다면, 정보 유출 시 수사 자체가 실패로 돌아가거나 정보원, 증인, 피해자 등의 안전이 심각하게 위협받을 수 있다.

267) 상설 제159항.

다.[268] 핵심 인프라의 고장이나 오작동으로 대규모로 사람의 생명과 건강이 위험에 처할 수 있고, 사회경제 활동의 일상적인 수행에 상당한 지장을 초래할 수 있어서 핵심 인프라는 고위험 AI 시스템으로 분류된다.[269]

'핵심 인프라'(critical infrastructure)는 필수 서비스의 제공에 필요한 자산, 시설, 장비, 네트워크 또는 시스템, 또는 자산, 시설, 장비, 네트워크 또는 시스템의 일부를 의미한다.[270]

핵심 디지털 인프라를 포함한 핵심 인프라의 안전 구성요소는 핵심 인프라의 물리적 무결성 또는 개인의 건강과 안전 및 재산을 직접 보호하는 데 이용되지만, 시스템의 작동에는 필요하지 않다.[271] 그러나, 이러한 구성요소의 고장 또는 오작동은 핵심 인프라의 물리적 무결성에 대한 위험으로 직접 이어질 수 있고, 따라서 개인의 건강과 안전 및 재산에 대한 위험으로 이어질 수 있다.[272]

안전 구성요소로서 AI 시스템은 자신이 내장된 제품이나 시스템의 핵심적인 안전 기능을 담당한다.[273] AI의 판단이나 작동이 전체 시스템의 안전에 결정적인 영향을 미치는 경우이다. 핵심 인프라의 안전 구성요소에 클라우드 컴퓨팅 센터의 수압 모니터링 시스템, 화재 경보 제어 시스템 등이 있다.[274]

---

268) 부속서 III 제2항.

269) 상설 제55항.

270) 제3조 제62호, 「핵심 기관 복원력 지침」 제2조 제4호. 동 지침은 중요 서비스 제공의 핵심 기관이 테러, 사이버 등 위험을 평가하고, 복원력을 강화하기 위한 기술적, 보안적, 관리적 조치를 취하도록 요구한다.

271) 상설 제55항.

272) 상설 제55항.

273) AI 안전 구성요소의 예로서 자동긴급제동(autonomous emergency braking, AEB) AI 시스템은 전방의 차량이나 보행자와의 충돌이 임박하다고 판단하면 운전자의 개입 없이 자동으로 브레이크를 최대로 작동시키고, 차선유지보조(lane keeping assist, LKA) 시스템은 차선을 인식하여 운전자의 부주의로 차량이 차선을 이탈하려고 할 때 자동으로 핸들을 조향하여 차선 내로 복귀시킨다. 제품에 더하여 시스템이 추가된 것은 AI의 안전 기능이 단순히 개별 제품에 국한되지 않고, 더 크고 복잡하며 상호 연결된 현대 사회의 다양한 시스템, 예컨대 대규모 IT 인프라, 도시 인프라 제어, '메인 수술 시스템' 등 다른 AI에서도 핵심적인 역할을 할 것이기 때문이다.

'핵심 디지털 인프라'(critical digital infrastructure)는 인터넷 교환 포인트,[275] 루트 네임 서버를 제외한 DNS 서비스,[276] 최상위 도메인 이름 레지스트리,[277] 클라우드 컴퓨팅 서비스,[278] 및 데이터 센터 서비스[279]이다.[280]

사이버보안 목적으로만 이용될 의도인 구성요소는 안전 구성요소로 인정되지 않는다.[281] 디지털 요소를 가진 모든 제품의 사이버보안을 다루는 「사이버 복원력법」이 있어서, AI법은 동 법이 전문적으로 다루는 사이버보안 문제를 중복해서 규제하지 않는다. 특히 AI법의 안전 구성요소 개념은 기계 등의 오작동, 결함, 예측가능한 오용 등 우발적인 사고 즉 비의도적인 위험으로부터 사람의 안전을 보호하는 것이고, 사이버보안 구성요소 개념은 해킹, 데이터 위·변조, 무단 접근 등 외부의 악의적인 공격 즉 의도적인 위협으로부터 시스템의 디지털 무결성을 보호하는 것이다. 따라서, 사이버보안은 「사이버 복원력법」이 다루고, 제품의 안전은 AI법이나 다른 제품 관련 법이 다루는 것이다.

(3) 교육과 직업 훈련

교육과 직업 훈련 영역에서 이용될 의도인 AI 시스템은 고위험이다.[282] 교육 또는 직업 훈련, 특히 입학(access or admission)의 결정, 모든 수준의 교육과 직업 훈련 기관 또는 프로그램에서 개인의 배정, 개인의 학습 결과 평가, 개인의 적절한 교육 수준 평가, 개인이 받거나 접근할 수 있는 교육과 훈련 수준에 중대한 영향을 미치거나 시험 중 학생의 금지된 행동의 모니터링과 적발을 위해 이용되는 AI 시스템은 고위험으로 분류된다.[283]

274) 상설 제55항.
275) NIS 2 지침 제6조 제18호.
276) NIS 2 지침 제6조 제20호.
277) NIS 2 지침 제6조 제21호.
278) NIS 2 지침 제6조 제30호.
279) NIS 2 지침 제6조 제31호.
280) 상설 제55항, 「핵심 기관 복원력 지침」 부속서 제8호.
281) 상설 제55항.
282) 부속서 III 제3항.

교육에서 AI 시스템의 운영은 양질의 디지털 교육과 훈련을 촉진하고 모든 학습자와 교사가 미디어 리터러시, 비판적 사고 등 필요한 디지털 기술과 역량(competences)을 습득하고 공유하여 경제, 사회 및 민주적 절차에 적극적으로 참여할 수 있게 하는 데 중요하다.[284] 이들 AI 시스템은 개인의 교육과 직업 진로를 결정할 수 있고 따라서 개인의 생계 보장 능력에 영향을 미칠 수 있다.[285] 이러한 시스템이 부적절하게 설계되고 이용될 경우, '교육과 훈련을 받을 권리'(right to education and training)뿐만 아니라 여성, 특정 연령대, 장애인, 특정 인종 또는 민족 출신 또는 성적 지향의 사람이 차별받지 않고 '차별의 역사적 패턴'(historical patterns of discrimination)을 영속화하지 않을 권리도 침해될 수 있다.[286]

교육기관은 유아/초등 교육, 중등 교육, 고등 교육 및 평생 교육 등 정규 학업 과정을 제공하는 기관이고, 직업 훈련 기관은 특정 직업 기술이나 자격증 취득을 목표로 하는 기관을 가리킨다. 모든 수준의 교육과 직업 훈련 기관인 점에서 특정 단계의 교육이나 훈련에 한정하지 않고 모든 가능성을 포괄하여 개인의 공정한 교육과 훈련의 기회와 권리를 보호하려는 것이다. 교육과 직업 훈련 영역의 고위험 AI 시스템에 다음의 네 가지 유형이 있다.

1) 입학 배정 시스템

모든 수준의 교육과 직업 훈련 기관에 대한 접근 또는 입학을 결정하거나 자연인을 이에 배정하는데 이용될 의도인 AI 시스템이다.[287] 특히 접근(access)은 입학과 별개로 장학금, 영재 프로그램, 기숙사 입실 등 특정 자원, 혜택, 또는 프로그램에 참여할 자격을 부여할지 결정하는 경우이다. 배정(assign)은 교

283) 상설 제56항.

284) 상설 제56항.

285) 상설 제56항.

286) 상설 제56항. AI에게 과거의 차별적 현실이 반영된 데이터를 그대로 훈련하면 AI는 그 차별적 패턴을 합리적인 기준으로 오인하여 미래의 결정에서 그 차별을 똑같이 재현하거나 더 증폭시킬 수 있다. 차별의 역사적 패턴 개념에 관하여 미국 연방대법원 J.E.B. v. Alabama ex rel. T.B.(1994) 판결 참조.

287) 부속서 III 제3항(a).

육 기관 내에서 이수할 교육적 경로를 결정하는 것인데, 수준별 분반, 팀 프로젝트 조 배정 등을 가리킨다. 특정 학교에 학생을 배정하는 것도 포함될 것이다.

2) 학습 평가 시스템

모든 수준의 교육과 직업 훈련 기관에서 자연인의 학습 프로세스를 조정하는 데 이용되는 결과물을 포함하여 학습 결과물을 평가하는 데 이용될 의도인 AI 시스템이다.[288] AI 알고리즘의 작은 편향이나 오류가 학생의 학습 잠재력을 심각하게 제한하거나 잘못된 길로 인도할 수 있어서 고위험 시스템이 된다.[289]

'학습 결과물'(learning outcomes)은 최종 시험 성적은 물론 과제물, 온라인 상호작용 등 학생의 학습 과정에서 생성하는 모든 종류의 결과물을 포괄하는 넓은 개념일 것이다. 학습 프로세스의 조정(steer)은 학습 결과물을 실시간으로 평가하여 그 학생에게 무엇을, 어떤 난이도로, 어떤 방식으로 학습해야 할지 결정하는 적응형 학습을 가리킨다.

3) 교육 수준 평가 시스템

모든 수준의 교육과 직업 훈련 기관의 맥락이나 동 기관 내에서 개인이 받거나 접근할 수 있는 적절한 교육 수준을 평가할 목적으로 이용될 의도인 AI 시스템이다.[290] AI의 평가가 개인의 교육적·직업적 기회의 범위를 설정하고 잠재적으로 제한할 수 있기 때문에 고위험 시스템이 된다.[291]

AI가 개인의 현재 능력이나 적성을 평가하여, 그에게 어떤 수준의 교육이 적합한지 또는 어떤 교육 과정에 접근할 수 있는지를 결정하는 시스템이다.

288) 부속서 III 제3항(b).

289) 특정 사회·경제적 배경을 가진 학생의 작문 스타일을 AI가 비논리적이라고 잘못 평가하여 지속적으로 기초적인 과제만 부여한다면 그 학생은 더 높은 수준의 교육을 받을 기회를 영원히 박탈당할 수 있다.

290) 부속서 III 제3항(c).

291) AI가 편향된 기준으로 개인의 잠재력을 과소평가한다면, 그 사람은 더 높은 수준의 교육이나 더 나은 직업 훈련을 받을 기회 자체를 원천적으로 박탈당할 수 있어서 기회의 불평등을 야기할 수 있는 중대한 위험을 막고자 하는 것이다.

위의 학습 평가 시스템이 학생의 과제물이나 시험 등 과거의 성과를 평가하는 것이면, 교육 수준 평가 시스템은 학생의 현재의 상태를 진단하여 미래의 교육 경로를 결정할 수 있다.

4) 시험 감독 시스템

모든 수준의 교육과 직업 훈련 기관의 맥락이나 동 기관 내에서 시험 중에 학생의 금지된 행동을 모니터링하고 적발하는 데 이용될 의도인 AI 시스템이다.[292] 시험 중에 학생의 행동, 시선, 소리를 감시하는 것은 학생의 프라이버시를 침해하기 쉽고, 해당 AI 시스템의 판단에서 오류나 편향의 위험이 상존하며, 부정행위 결정의 결과가 중대하기 때문에 고위험 시스템이 된다.

'금지된 행동'(prohibited behaviour)은 시험의 공정성을 해치는 모든 행위, 즉 부정행위를 의미한다. 시험 감독 시스템은 학생의 눈동자를 실시간으로 추적하는 시선 추적, 학생 이외의 다른 사람의 얼굴이나 형체를 감시하는 타인 탐지, 학생이 다른 사람과 대화하는 소리를 감지하는 음성 감지 등을 포함한다.

(4) 고용 등

고용, 근로자 관리 및 자영업에 대한 접근에서 이용되는 AI 시스템은 고위험이다.[293] 이러한 AI 시스템은 향후 경력 전망, 당사자의 생계 및 근로자의 권리에 상당한 영향을 미칠 수 있기 때문이다.[294] '상당한 영향'(appreciable impact)을 미치지 않으면 고위험 시스템이 되지 않는데, AI의 결정적 역할의 기준이 된다.[295]

---

292) 부속서 III 제3항(d).

293) 부속서 III 제4항.

294) 상설 제57항.

295) 예컨대, AI가 수천 건의 입사 지원서를 심사하여, 상위 10% 후보자만 인간 면접관에게 추천하고 나머지는 자동으로 탈락시키는 경우, AI는 90%의 지원자를 탈락시키는 결정적인 역할을 하므로 상당한 영향이 있다고 볼 수 있다. 그러나, AI가 수천 건의 지원서를 단순히 석사 학위나 자격증 등 특정 키워드 유무에 따라 분류해 주고, 최종 판단은 인간 담당자가 모든 지원서를 처음부터 끝까지 직접 검토하여 내리는 경우, AI는 인간의 업무 효율을 약간 높여주는 보조적인 역할만 할 뿐 후보자 탈락 여부에 실질적인 영향을 미치지 않으므로 상당한 영향이 없다

채용 과정을 통하여 및 업무 관련 계약적 관계에서 사람의 평가, 승진 또는 유지에서 이러한 시스템은 여성, 특정 연령대, 장애인, 특정 인종 또는 민족 출신 또는 성적 지향과 같은 '차별의 역사적 패턴'(historical patterns of discrimination)을 영속화할 수 있다.[296] 또한 이러한 사람의 성과와 행동을 모니터링하는 데 이용되는 AI 시스템은 개인정보보호와 프라이버시에 대한 기본권을 침해할 수 있다.[297]

이러한 고위험 AI 시스템은 다음의 두 가지 유형이 있다.

1) 채용·선발 시스템

자연인의 채용 또는 선발, 특히 표적 구인 광고를 게재하고, 입사 지원서를 분석과 필터링하며, 후보자를 평가하는 데 이용될 의도인 AI 시스템이다.[298] '표적 구인 광고'(targeted job advertisement)는 AI를 이용하여 특정 인구통계학적 특성, 행동 패턴, 또는 추론된 관심사를 가진 특정 그룹의 사람들에게 선별적으로 구인 광고를 노출시키는 행위이다.[299] 이러한 AI는 잠재적으로 심각한 차별적인 결과를 주고, 특정 그룹을 공정한 고용 기회로부터 원천적으로 배제할 수 있어서 고위험 시스템이 된다.

2) 직원 관리와 평가 시스템

업무 관련 관계의 조건, 업무 관련 계약적 관계의 촉진 또는 종료에 영향을 미치는 결정을 내리고, 개인의 행동 또는 개인적 특징과 특성에 기반하여 업무를 할당하거나 그러한 관계에 있는 사람의 성과와 행동을 모니터링하고

고 볼 수 있다.

296) 상설 제57항. AI에게 과거의 차별적 현실이 반영된 데이터를 그대로 훈련하면 AI는 그 차별적 패턴을 합리적인 기준으로 오인하여 미래의 결정에서 그 차별을 똑같이 재현하거나 더 증폭시킬 수 있다. 차별의 역사적 패턴 개념에 관하여 미국 연방대법원 J.E.B. v. Alabama ex rel. T.B.(1994) 판결 참조.

297) 상설 제57항.

298) 부속서 III 제4항(a).

299) 예컨대, 과거 데이터로 훈련한 AI는 건설 기술직에 주로 남성들이 지원하고 채용되었다는 역사적 차별 패턴을 발견하고 이를 합리적인 기준으로 오인하여, 구인 광고를 20-50대 남성에게만 집중적으로 노출시킬 수 있다.

평가하는 데 이용될 의도인 AI 시스템이다.[300] 구체적으로 인사 결정 AI는 직원의 승진, 연봉 협상, 보너스 지급, 재계약, 해고와 같이 직원의 경력과 생계에 직접적이고 결정적인 영향을 미치는 인사 결정을 내리거나 보조하는 모든 AI 시스템이고, 업무 배정 AI는 직원의 성과 기록, 그의 성격, 행동 패턴, 추론된 특성까지 분석하여 어떤 업무나 프로젝트에 가장 적합한지 결정하고 자동으로 배정하는 시스템이며, 직원 성과와 행동 모니터링 AI는 직원의 업무 수행에서 생산성, 효율성, 행동을 지속적으로 추적하고 데이터를 수집하여 성과 평가에 반영하는 감시 시스템이다. 이들 세 가지 유형의 시스템은 근로자의 기본적인 권리에 중대한 영향을 미칠 수 있어서 고위험으로 분류된다.[301]

(5) 의료 등 필수 서비스에 대한 접근 등

사람들이 사회에 완전히 참여하거나 생활 수준을 향상하기 위하여 특정 필수 민간 및 공공 서비스와 혜택에 대한 접근과 이의 향유가 필요하다.[302] 필수 민간 서비스와 필수 공공 서비스/혜택에 대한 접근과 이의 향유 영역에서 고위험 AI 시스템은 다음의 네 가지 유형이 있다.

1) 복지 수급 자격 심사 시스템

의료 서비스를 포함한 필수 공공 지원 혜택과 서비스에 대한 자연인의 적격성을 평가하고, 해당 혜택과 서비스를 부여, 축소, 취소 또는 회수하기 위해 공공 당국이 또는 공공 당국을 대신하여 이용할 의도인 AI 시스템이다.[303] 이러한 혜택이나 서비스를 정당하게 받을 자격이 있는지 포함하여 당국이 이러

300) 부속서 III 제4항(b). 플랫폼을 통해 서비스를 제공하는 직원과 사람은 의미 있는 방식으로 업무 관련 계약적 관계에 참여해야 한다. 유럽위원회 2021년 업무 프로그램, 상설 제57항에서 재인용. 예컨대, 우버(Uber) 운전자, 딜리버루(Deliveroo) 라이더, 프리랜서 플랫폼의 노동자와 같은 AI 알고리즘의 일방적인 지시를 받아야 하는 '플랫폼 근로자'(platform workers)가 특히 보호되어야 한다.

301) AI의 편향되거나 불투명한 결정으로 직원은 부당하게 승진에서 누락되거나 해고될 수 있고, 원치 않는 업무를 강요받거나, 사생활을 과도하게 침해당하는 등 심각한 불이익을 받을 수 있다.

302) 상설 제58항.

303) 부속서 III 제5항(a).

한 혜택과 서비스를 부여, 거부, 축소, 취소 또는 회수해야 하는지 결정하는 데 AI 시스템을 이용하는 경우, 이러한 시스템은 개인의 생계에 중대한 영향을 미칠 수 있고 사회적 보호, 차별 금지, 인간의 존엄성 또는 효과적인 구제에 대한 권리 등 기본권을 침해할 수 있어서 고위험으로 분류된다.[304] 공공기관으로부터 의료 서비스, 사회보장 혜택, 출산, 질병, 산업 재해, 부양 또는 노령, 실직, 사회와 주거 지원 등의 경우에 보호를 제공하는 사회 서비스 등 필수 공공 지원 혜택과 서비스를 신청하거나 받는 자연인은 일반적으로 이러한 혜택과 서비스에 의존하고, 그 책임 있는 기관과의 관계에서 취약한 위치에 있다.[305]

AI법은 법인과 자연인에게 고위험을 수반하지 않는 한, 규정을 준수하고 안전한 AI 시스템을 더 많이 이용함으로써 혜택을 받을 수 있는 공공행정에서 혁신적인 접근의 개발과 이용을 방해하지 않는다.[306] 즉 사람의 권리나 안전에 중대한 영향을 미치는 고위험 AI 시스템은 엄격한 규제를 적용하여 혁신보다 안전과 신뢰를 우선하지만, AI가 고위험에 해당하지 않으면 불필요한 규제로 공공행정의 효율성 개선이나 서비스 혁신을 방해해서는 안 된다.

2) 신용평가 시스템

금융 사기를 적발할 목적으로 이용되는 AI 시스템을 제외하고 자연인의 신용도를 평가하거나 신용점수를 설정하는 데 이용될 의도인 AI 시스템이다.[307] 이러한 시스템은 금융 자원이나 주택, 전기, 통신 서비스와 같은 필수 서비스에 대한 접근성을 결정하기 때문에 고위험으로 분류된다.[308] 이러한 목적으로 이용되는 AI 시스템은 개인 또는 집단 간의 차별을 초래할 수 있고, 인종이나 민족, 성별, 장애, 연령 또는 성적 지향에 따른 차별의 역사적 패턴을 영속화하거나 새로운 형태의 차별적 영향을 초래할 수 있다.[309]

---

304) 상설 제58항.
305) 상설 제58항.
306) 상설 제58항.
307) 부속서 III 제5항(b).
308) 상설 제58항.
309) 상설 제58항.

AI가 초래할 수 있는 차별의 위험은 과거의 차별 재현과 새로운 방식의 차별을 만들어내는 것으로 구별할 수 있다. 예컨대, 충분한 상환 능력을 갖춘 소수 인종 신청자가 과거의 대출에 관한 차별적인 패턴 때문에 부당하게 대출을 거절당할 수 있다. 또한 AI는 인간이 미처 생각하지 못했거나 의도하지 않았던, 데이터 속의 복잡한 상관관계를 기반으로 새로운 차별의 기준을 만들어낼 수 있다.[310]

그러나, 금융 서비스의 제공에서 사기를 적발하고 신용 기관과 보험사의 자본 요건을 계산하기 위한 건전성 목적으로 EU법에 따라 제공되는 AI 시스템은 고위험으로 간주되지 않는다.[311] '건전성 목적'(prudential purposes)은 개별 금융회사가 파산하지 않고 안정적으로 운영되도록 궁극적으로는 전체 금융 시스템의 안정성을 유지하고 예금자와 보험계약자 등을 보호하려는 목적이다.[312] 건전성 목적을 위한 AI 시스템은 개별 소비자에게 직접적으로 영향을 미치지 않고 금융기관 자체의 재무 건전성과 안정성을 유지하는 점에서 고위험이 되지 않는다.[313] 금융 사기를 적발할 목적으로 이용되는 AI 시스템은 신용카드 부정사용 탐지, 자금세탁 방지, 보험사기 탐지 등을 위한 것이다.

3) 생명·건강 보험 심사 시스템

생명 보험과 건강 보험의 경우 자연인과 관련된 위험 평가와 가격 책정에 이용될 의도인 AI 시스템이다.[314] 이러한 AI 시스템은 사람의 생계에 중대한 영향을 미칠 수 있고, 정당하게 설계, 개발 및 이용되지 않으면 기본권을 침해

---

310) 예컨대, 신용점수를 산정하는 AI가 특정 개인의 밤늦게까지 온라인 쇼핑을 하는 경향을 찾아내고 이 경향을 불규칙한 생활 패턴과 불성실한 금융거래 위험으로 연관 지을 수 있다. 이렇게 온라인 쇼핑 시간이 금융거래의 건전성과 직접적인 인과관계가 없는 새로운 차별의 대리 변수로 작동할 수 있다.

311) 상설 제58항.

312) 건전성 목적은 「자본요건 규칙」, 「건전성II 지침」, 「금융상품시장 지침」 등에서 규정되어 있다.

313) 금융 건전성 감독은 유럽중앙은행(European Central Bank, ECB)이나 유럽은행감독청(European Banking Authority, EBA) 등 전문 감독기관에 의해 매우 엄격하고 상세하게 규제되고 있다.

314) 부속서 III 제5항(c).

할 수 있으며, 재정적 배제와 차별을 포함하여 사람의 생명과 건강에 심각한 결과를 초래할 수 있기 때문이다.[315]

4) 긴급 구조 출동 결정 시스템

자연인의 긴급 전화를 평가하고 분류하거나, 경찰, 소방관, 의료 지원 및 응급 의료 환자 분류 시스템을 포함한 응급 1차 대응 서비스를 파견하거나 파견의 우선순위를 설정하는 데 이용될 의도인 AI 시스템이다.[316] 이러한 AI 시스템은 사람의 생명과 건강 및 재산에 매우 중요한 상황에서 결정을 내리기 때문에 고위험으로 분류해야 한다.[317]

(6) 법 집행

법 집행 당국의 역할과 책임을 고려할 때, AI 시스템의 특정 이용을 수반하는 법 집행 당국의 조치는 상당한 수준의 '힘의 불균형'(power imbalance)을 특징으로 하고, 자연인의 감시, 체포 또는 자유의 박탈은 물론 「EU기본권헌장」에서 보장된 기본권에 대한 다른 부정적 영향을 초래할 수 있다.[318] AI 시스템을 누가 기술적으로 운영하는지 및 그 주체가 어떤 법적 관계에서 활동하는지 상관없이, 그 시스템의 최종적인 사용 목적이 법 집행과 관련되어 있다면 고위험으로 간주되어 규제를 받는다. 즉 관련 EU 또는 회원국 법에 따라 그 이용이 허용되는 법 집행 영역의 AI 시스템은 고위험이다.[319]

법 집행은 경찰 등 법 집행 당국의 활동은 물론 이러한 당국을 대신한 활동도 포함된다. 예컨대, 대규모 클라우드 기반 분석 플랫폼 등 복잡한 AI 시스템을 전문적인 외부 민간 기업의 기술력에 의존하는 '민간 위탁'(outsourcing)이 허용된다. 물론 법 집행 당국의 지휘와 통제는 유지되어야 한다. 국가안보를

---

315) 상설 제58항.

316) 부속서 III 제5항(d).

317) 상설 제58항. 예컨대, 여러 건의 119 구급 신고가 동시에 접수되었을 때, AI가 심장마비 환자의 긴급성보다 단순 타박상 환자의 긴급성을 더 높게 잘못 판단하여 구급차를 출동시킨다면, 한 사람의 생명을 잃게 만드는 결과로 이어질 수 있다.

318) 상설 제59항.

319) 부속서 III 제6항.

위한 정보기관의 활동이라도, 그 결과가 EU에 있는 사람의 체포, 기소 등 형사 절차로 이어질 경우, 시민의 기본권에 직접적인 영향을 미치는 법 집행 활동이 되어서 AI법의 적용을 받는다.[320)]

'법 집행'(law enforcement)은 공공안전에 대한 위협으로부터 보호하고 이를 예방하는 것을 포함하여 형사범죄의 예방, 수사, 적발 또는 기소 또는 형사 처벌의 집행을 위해 법 집행 당국이 또는 이를 대신하여 수행하는 활동을 의미한다.[321)]

법 집행 당국은 핵심적인 국가 법 집행 기관과 법으로 위임받은 기관으로 구별할 수 있다. 일반적으로 이해되는 법 집행 당국은 회원국의 경찰, 검찰, 세관, 정보기관에 더하여 EU 차원의 유럽경찰청(Europol), 유럽사법협력청(Eurojust), 유럽검찰청(EPPO), 유럽사기방지청(OLAF), 유럽국경·해안경비청(Frontex)도 포함할 수 있다. 금융, 환경, 공정거래, 철도 안전 등 전문 분야에서 발생하는 특정 범죄에 대해 해당 법에 따라 수사권이나 조사권, 제재권을 위임받은 공공기관 및 공항이나 항만의 보안을 담당하는 민간보안회사도 법 집행 당국이 될 수 있다.

'법 집행 당국'(law enforcement authority)은 다음을 의미한다:[322)] (a) 공공안전에 대한 위협으로부터 보호 및 이의 예방을 포함하여 형사범죄의 예방, 수사, 적발 또는 기소 또는 형사 처벌의 집행에 대한 권능이 있는 모든 공공 당국, 또는 (b) 공공안전에 대한 위협으로부터 보호 및 이의 예방을 포함하여 형사범죄의 예방, 수사, 적발 또는 기소 또는 형사 처벌의 집행을 목적으로 공적 권한과 공권력을 행사하도록 회원국 법으로 위임받은 다른 기관 또는 실체.

---

320) AI법은 '배타적으로 군사, 국방 또는 국가안보 목적으로'(exclusively for military, defence or national security purposes) 출시, 서비스에 투입 또는 이용되는 AI 시스템에 적용되지 않는다. 제2조 제3항. AI법이 배타적으로 국가안보 등 목적으로만 이용되는 경우 예외를 인정한 것은 국가안보 정보 수집과 범죄 수사의 두 기능이 혼합된 AI 시스템을 통한 규제 회피를 막기 위함이다. AI 시스템이 이들 두 목적으로 함께 이용되면, 이러한 시스템은 더 이상 배타적으로 국가안보 목적이 아니므로 AI법의 적용을 받아야 한다.

321) 제3조 제46호.

322) 제3조 제45호.

특히 AI 시스템이 양질의 데이터로 훈련되지 않거나, 성능, 정확성 또는 견고성 측면에서 적합한 요건을 충족하지 못하거나, 시장에 출시되거나 서비스에 투입되기 전에 제대로 설계 및 테스트되지 않은 경우, 동 시스템은 차별적이거나 달리 부정확하거나 부당한 방식으로 사람들을 '가려낼'(single out) 수 있다.[323] 특히 이러한 AI 시스템이 충분히 투명하고 설명 가능하며 문서화되지 않은 경우 효과적인 구제와 공정한 재판을 받을 권리, 방어권 및 무죄 추정과 같은 중요한 절차적 기본권의 행사가 방해받을 수 있다.[324] 따라서 관련 EU 및 회원국 법에 따라 이용이 허용되는 한, 부정적인 영향을 피하고 대중의 신뢰를 유지하며 설명책임과 효과적인 구제를 보장하기 위해 정확성, 신뢰성과 투명성이 특히 중요한 법 집행 맥락에서 이용될 의도인 여러 AI 시스템을 고위험으로 분류하는 것이 적절하다.[325]

법 집행 당국 및 다른 관련 당국의 AI 도구 이용은 불평등이나 배제의 요소가 되어서는 안 된다.[326] AI 도구의 이용이 용의자의 방어권에 미치는 영향, 특히 해당 시스템의 기능에 대한 의미 있는 정보를 얻기 어렵고 그 결과 법정에서, 특히 수사 대상인 자연인이 그 결과에 이의를 제기하기 어렵다는 점이 무시되지 말아야 한다.[327] 이러한 우려에서 법 집행 관련 아래 다섯 가지 유

---

323) 상설 제59항. '기술적 견고성'(technical robustness)은 고위험 AI 시스템의 핵심 요건이다. AI 시스템 또는 동 시스템이 작동하는 환경의 한계, 예컨대, 오류, 결함, 불일치, 예기치 않은 상황으로 인해 발생할 수 있는 유해하거나 바람직하지 않은 행동과 관련하여 복원력이 있어야 한다. 따라서 유해하거나 바람직하지 않은 행동을 방지하거나 최소화하기 위한 적절한 기술 솔루션을 설계 및 개발하는 등 고위험 AI 시스템의 견고성을 보장하기 위한 기술적 및 관리적 조치를 취해야 한다. 상설 제75항.

324) 상설 제59항.

325) 상설 제59항.

326) 상설 제59항. 예컨대, AI가 과거 데이터의 편향을 훈련받아 특정 소수 인종이나 저소득층 거주 지역의 피해 가능성을 체계적으로 낮게 평가하면 이들은 경찰의 보호 조치로부터 배제되고 치안 서비스에 있어 불평등을 겪게 된다. AI가 과거의 차별적인 사법 데이터로 훈련받아 특정 인종이나 사회 계층에 속한 사람들에게 체계적으로 높은 위험 점수를 부여할 가능성이 매우 높고 가석방이나 양형 결정에서 심각한 불평등을 초래하고 이들을 사회 복귀의 기회로부터 배제시키게 된다.

327) 상설 제59항. 특히 아래 두 번째, 세 번째, 네 번째, 다섯 번째 유형에 직접적으로 관련되는데, 이들 네 가지 유형의 AI는 그 결과가 피의자 또는 피고인에게 직

형은 고위험이 된다.

다섯 가지 유형 중에서 첫째 유형인 형사범죄 피해 위험 예측 시스템에 있어서는, 아래 네 가지 고위험 사용 사례와 달리, '법 집행 당국을 지원하는 EU기관 등에 의하거나 이를 대신하여'(by Union institutions, bodies, offices or agencies in support of law enforcement authorities or on their behalf)라고 규정하여, EU기관 등이 외부 기관에게 관련 활동을 위탁하는 것이 포함된다. 다른 네 가지 유형과 달리 고위험의 규제를 가장 포괄적으로 하려는 입법 의도를 가진다.[328)]

1) 형사범죄 피해 위험 예측

법 집행 당국에 의하거나 이를 대신하여, 또는 법 집행 당국을 지원하는 EU기관 등[329)]에 의하거나 이를 대신하여 자연인이 형사범죄의 피해자가 될

접적으로 불리한 증거나 판단으로 작용할 수 있기 때문이다. 예컨대, AI가 피의자의 진술을 거짓이라고 판단했을 때, 변호사는 AI가 어떤 근거로 그런 결정을 내렸는지 알아야 그 기술의 과학적 신뢰성을 법정에서 다툴 수 있다. 이러한 정보가 없다면 방어가 불가능할 것이다. AI가 피고인의 알리바이 증언을 신뢰할 수 없다고 평가한다면 변호사는 AI가 어떤 기준으로 신뢰도를 평가하는지와 특정 억양이나 말투에 편향이 있는지 알아야 하는데, AI의 평가 로직을 모르면 이의를 제기할 수 없을 것이다. AI가 피고인의 재범 위험을 높다고 평가하여 가석방이 허가되지 않거나 더 무거운 형량을 받게 될 때, 변호사는 어떤 요인으로 이 높은 점수를 받았는지와 해당 데이터는 정확한지 알아야 부당한 평가에 대해 다툴 수 있다. AI가 방대한 데이터 속에서 특정인을 용의자로 가려낼(single out) 때, 변호사는 왜 이 사람인지 질문을 하게 되는데, AI가 어떤 데이터 패턴을 근거로 자신의 의뢰인을 용의자로 특정했는지에 대한 의미 있는 정보를 얻지 못하면, 반박할 기회를 잃게 된다.

328) 다른 네 개 유형은 피해 예측보다 이미 발생했거나 진행 중인 수사 과정에서 사용되는 역할이 비교적 더 명확한 점에서 절차적 권리 침해 위험이 높다고 볼 수 있다.

329) EU의 '주요 기관, 기관, 사무국 또는 에이전시'(institutions, bodies, offices or agencies)로 7개 주요 기관, 8개 기관/기구 및 30개 이상의 분산된 에이전시가 있다. 주된 의사결정을 담당하는 주요 기관은 유럽의회, 유럽이사회, EU이사회 및 유럽위원회이다. 다른 주요 기관으로 EU사법법원, 유럽중앙은행 및 유럽감사원(European Court of Auditors)이 있다. 기관(bodies)은 EU 조약이 아닌 법으로 설치된 조직을, 사무국(offices)은 특정 행정 기능을 수행하는 조직을, 에이전시는 전문 영역 집행과 감시 역할을 맡는 조직을 가리킨다. 이들 기관에 관하여 https://european-union.europa.eu/institutions-law-budget/institutions-a

위험을 평가하기 위해 이용될 의도인 AI 시스템이다.330) 이러한 시스템은 개인의 생명과 안전에 직결되고 차별과 프라이버시 침해 가능성이 있어서 고위험이 된다.

법 집행 당국을 지원하는 EU기관 등은 직접적인 범인 체포나 기소 대신 EU 전역의 범죄 정보를 수집, 분석하여 회원국에 제공하고, 여러 회원국에 관련된 범죄에 대해 각국 수사기관 간 협력을 조율하며, 특정 유형의 범죄에 대한 전문적인 분석이나 기술적 지원을 제공하고, 회원국들의 공동 수사나 작전을 지원할 수 있다.

2) 거짓말 탐지

법 집행 당국에 의하거나 이를 대신하여 또는 법 집행 당국을 지원하는 EU기관 등에 의하여 거짓말 탐지기 또는 이와 유사한 도구로 이용될 의도인 AI 시스템이다.331) 이러한 시스템은 무죄 추정의 원칙을 훼손하고 부정확성과 편향의 위험으로 고위험이 된다.

거짓말 탐지기에 유사한 도구는 음성 스트레스 분석, 미세 표정과 행동 분석, 시선 추적과 동공 확장 분석, 뇌파와 생체 신호 분석 등을 위한 시스템이 된다. 이러한 도구도 과학적 신뢰성의 부족, 오류와 편향의 위험 및 이에 따른 기본권 침해 가능성으로 고위험이 된다.

3) 증거 신뢰성 평가

형사범죄의 수사 또는 기소 과정에서 증거의 신뢰성을 평가하기 위해 법 집행 당국에 의하거나 이를 대신하여, 또는 법 집행 당국을 지원하는 EU기관 등에 의하여 이용될 의도인 AI 시스템이다.332) 이러한 시스템은 공정한 재판을 받을 권리를 침해하고 증거의 신뢰성에 대한 불투명성으로 고위험이 된다.

---

nd-bodies/types-institutions-and-bodies_en 참조.

330) 부속서 III 제6항(a).

331) 부속서 III 제6항(b).

332) 부속서 III 제6항(c).

4) 범행·재범행 위험 평가

법 집행 당국에 의하거나 이를 대신하여 또는 법 집행 당국을 지원하는 EU기관 등에 의하여 「법 집행 개인정보보호 지침」 제3조 제4호에 언급된 자연인의 프로파일링에만 근거하지 않고 자연인의 범행 또는 재범행의 위험을 평가하기 위해, 또는 자연인 또는 그룹의 인격적 특징과 특성 또는 과거 범죄행위를 평가하기 위해 이용될 의도인 AI 시스템이다.[333] 이러한 시스템은 차별의 역사적 패턴의 증폭과 개인의 자유권에 대한 중대한 영향으로 고위험이 된다.

자연인은 절대로 프로파일링에만 근거한 AI-예측 행동으로 판단되어서는 아니된다.[334] 즉 자연인의 프로파일링 또는 인격적 특징과 특성의 평가만을 기반으로 자연인이 형사범죄를 저지를 위험을 평가하거나 예측하기 위해 자연인의 위험 평가를 하도록 AI 시스템의 시장 출시, 이러한 특정 목적을 위한 서비스 투입, 또는 이용은 금지된다.[335] 그러나, 프로파일링에만 근거하지 않는 즉 프로파일링 데이터는 물론 객관적인 사실의 데이터에 근거한 시스템은 금지되지 않고 고위험이 된다. 예컨대, 과거 범죄 기록, 수사 정보, 교정 정보 등 그의 정체성이 아니라 과거의 객관적 행위에 근거하는 경우이다.

5) 수사 지원 프로파일링

형사범죄의 적발, 수사 또는 기소 과정에서 「법 집행 개인정보보호 지침」 제3조 제4호에 언급된 자연인의 프로파일링을 위해 법 집행 당국에 의하거나 이를 대신하여 또는 법 집행 당국을 지원하는 EU기관 등에 의하여 이용될 의도인 AI 시스템이다.[336] 이러한 시스템은 부당한 감시와 차별 및 기본권 침해 가능성으로 고위험이 된다.

조세와 관세 당국 및 EU 자금세탁방지에 관한 법[337]에 따라 정보를 분석

---

333) 부속서 III 제6항(d).

334) 상설 제42항.

335) 제5조 제1항(d).

336) 부속서 III 제6항(e).

337) 「자금세탁방지 지침」은 금융정보분석원(FIU)의 역할과 정보 분석 방법을 상세히

하는 행정 과업을 수행하는 금융 정보 부서의 행정 절차에 특정적으로 이용될 의도인 AI 시스템은 형사범죄 예방, 적발, 수사 및 기소를 목적으로 법 집행 당국이 이용하는 고위험 AI 시스템으로 분류되지 않는다.[338] 조세, 관세, 자금세탁방지 분야의 AI는 비록 범죄와 관련될 수 있지만, 그 주된 성격이 형사사법 절차가 아닌 행정 절차이므로 형사범죄와 관련된 법 집행의 범주에서 제외된다. 즉 법 집행은 기본권 침해 가능성이 있어서 관련 시스템은 고위험이 되지만, 조세 등 행정 절차의 집행은 세금 추징, 과태료 부과, 자산 동결 등 재산권에 관련되는 점에서 해당 시스템은 고위험이 되지 않는다. 그러나, 이러한 목적의 시스템도, 예컨대 세금 사기 탐지 AI가 개인의 신용도에 직접적인 영향을 주면 필수 서비스 접근의 신용평가 차원에서 고위험이 된다.[339]

*** 위의 네 번째와 다섯 번째 유형의 사용 사례는 프로파일링을 규정하는데, 전자는 미래의 위험을 예측하여 예방적 조치나 사법적 결정에 영향을 주고 후자는 과거 또는 현재의 데이터를 분석하여 진행 중인 수사에 단서를 제공하는 차이가 있다. 전자의 결과물은 특정인의 재범 위험도가 'xx%'이라는 확률적 위험점수가 되고, 후자의 결과물은 "A와 B는 지난 한 달간 50번 통화했고, 이는 공범 관계일 수 있다" 등 수사 단서나 분석 정보이다.

*** '가려내다'(single out)는 AI법과 GDPR에서 규정되는데, 여러 사람 중에 한 개인을 특정하여 가려내는 점에서 같은 의미이지만, 그 문맥에서 미묘한 차이가 있다. 상설 제59항의 '가려내다'는 방대한 양의 개인정보에서 AI가 특정인을 용의자로 지목하는 행위이고, 그 행위가 공정하고 투명하게 이루어져 형사 절차에서 개인의 방어권 보장에 영향을 미칠 수 있음에 주목한다. 즉 AI가 어떻게 이 방대한 데이터 속에서 바로 이 사람이라고 콕 집어낼 수 있는가의 지목 과정의 공정성에 주목한다. GDPR 상설 제26항의 '가려내다'는 어떤 정보가 어떤 수단으로도 개인을 특정할 수 있는지 즉 개인정보가 될 수 있는지 판단에 주목한다.[340] 두 법 모두 개인의 식별 가능성의 위험을 다루지만, GDPR은 개인정보 자체의 식별 위험에, AI법은 AI의 결정 과정의 불투명성 등 위험에 더 큰 비중을 둔다.

규정한다.

338) 상설 제59항.

339) 부속서 III 제5항(b).

340) GDPR 상설 제26항은 개인의 식별을 설명하면서 'singling out'을 규정한다.

(7) 이민 등

이민, 망명 및 국경 통제 관리에 이용되는 AI 시스템은 종종 특히 취약한 위치에 있고 소관 공공 당국의 조치 결과에 의존하는 사람에게 영향을 미친다.[341] 이러한 문맥에서 이용되는 AI 시스템의 정확성, 비차별적 성격 및 투명성은 영향받는 사람의 기본권, 특히 자유로운 이동, 차별 금지, 사생활과 개인정보의 보호, 국제 보호[342] 및 우수 행정에 대한 권리의 존중을 보장하는 데 특히 중요하다.[343] 즉 AI의 작은 오류가 개인의 생명, 안전, 및 가족과 함께할 권리를 심각하게 침해할 수 있다. 따라서 관련 EU 및 회원국 법에 따라 이용이 허용되는 한, 소관 공공 당국에 의하거나 이를 대신하여 또는 관련 업무를 담당하는 EU기관 등에 의해 이용될 의도인 AI 시스템을 고위험군으로 분류하는 것이 적절하다.[344]

AI법의 적용을 받는 이민, 망명 및 국경 통제 관리 분야의 AI 시스템은 「비자코드 규칙」, 「국제 보호 공동절차 지침」 및 다른 관련 EU법이 정한 절차적 요건을 준수해야 한다.[345] 이민, 망명 및 국경 통제 관리에서 AI 시스템을 이용하는 것은 어떠한 경우에도 회원국 또는 EU기관 등이 「UN 난민지위협약」에 따른 국제 의무를 회피하기 위한 수단으로 이용해서는 안 된다.[346] 또한 어떤 방식으로든 '강제송환 금지'(non-refoulement) 원칙을 침해하거나 국제보호 권리를 포함하여 EU 영토로 들어오는 안전하고 효과적인 법적 수단을 거부하는

341) 상설 제60항.

342) '국제 보호'(international protection)는 '난민 지위 및 보조적 보호 지위'(refugee status and subsidiary protection status)를 의미한다. 「국제보호 공동절차 지침」 제2조 (i)호. 난민 지위는 회원국이 제3국 국민 또는 무국적자를 난민으로 인정하는 것을 의미하고, 보조적 보호 지위는 회원국이 제3국 국민 또는 무국적자를 보조적 보호 대상자로 인정하는 것을 의미한다. 「국제보호 공동절차 지침」 제2조 (j)호, (k)호.

343) 상설 제60항.

344) 상설 제60항.

345) 상설 제60항.

346) 상설 제60항. 망명 신청자의 권리를 침해하는 AI 시스템의 이용은 1951년 7월 28일 제네바에서 채택되고 1967년 1월 31일 의정서로 개정된 동 조약에 위반하게 된다.

데 이용되어서도 안 된다.[347]

이민, 망명 및 국경 통제 관리 영역의 고위험 AI 시스템은 다음의 네 가지 유형이 있다. 이 경우 관련 EU 또는 회원국 법에 따라 이용이 허용되어야 한다.

1) 거짓말 탐지

소관 공공 당국에 의하거나 이를 대신하여 또는 EU기관 등에 의하여 거짓말 탐지기 또는 이와 유사한 도구로 이용될 의도인 AI 시스템이다.[348] 이러한 시스템이 진실을 말하는 망명 신청자의 진술을 거짓으로 잘못 판단할 경우, 그 사람은 박해가 기다리는 본국으로 송환되어 생명이나 신체의 자유에 심각한 위협을 받을 수 있는 점에서 고위험이 된다.

2) 입국자 위험 평가

회원국 영토에 입국하려는 또는 입국한 자연인이 초래하는 보안 위험, 비정규 이민 위험 또는 보건 위험을 포함한 위험을 평가하기 위해 소관 공공 당국에 의하거나 이를 대신하여 또는 EU기관 등에 의하여 이용될 의도인 AI 시스템이다.[349] 이러한 시스템이 과거 데이터로 훈련받아 특정 국적, 인종, 또는 종교를 가진 사람을 안보 위협이나 불법 이민의 고위험군으로 낙인찍고 부당하게 입국을 거부하거나 강화된 심사를 받게 하여 차별받지 않을 권리를 침해할 수 있어서 고위험이 된다. AI 기반 위험 평가 시스템은 이민자들의 행동을 예측하거나, 특정 그룹을 대상으로 한 감시를 강화하는 데 이용될 수 있다. 이는 기술적 편향이나 차별적 결과를 초래할 수 있다.

'비정규 이민'(irregular migration)의 위험은 비정규 이민과 관련된 위험을 평가하고 관리하기 위해 AI 시스템이 이용될 수 있는 상황을 의미한다. 이러한 AI 시스템은 이민 관리와 관련된 결정을 지원하기 위한 것이지만, 인권, 차별 방지, 데이터 보호와 같은 기본권을 침해할 가능성이 있어 논란이 될 수 있다.

---

347) 상설 제60항. 송환 금지 원칙은 박해받을 위험이 있는 국가로 사람을 돌려보내서는 안 된다는 국제법의 대원칙이다.

348) 부속서 III 제7항(a).

349) 부속서 III 제7항(b).

3) 망명 등 신청의 자격 심사

망명, 비자 또는 거주 허가 신청의 심사 및 증거 신뢰성의 관련된 평가를 포함하여 신분을 신청하는 자연인의 적격성과 관련된 불만 사항에 대해 소관 공공 당국에 의하거나 이를 대신하여 또는 소관 공공 당국을 지원하는 EU기관 등에 의하여 이용될 의도인 AI 시스템이다.[350] 이러한 시스템은 낡았거나, 조명 상태가 좋지 않거나, 비표준 형식으로 발급된 합법적인 여권을 위조된 것으로 잘못 인식할 수 있어서 합법적인 여행객이나 이민자가 부당하게 입국을 거부당하고, 가족과 분리되거나 달리 곤경에 처하는 등 자유로운 이동의 권리를 침해할 수 있어서 고위험이 된다.

4) 망명 등 관리에서 자연인 식별 등

여행 문서의 검증을 제외하고, 이민, 망명 또는 국경 통제 관리의 맥락에서 자연인의 적발, 인식 또는 식별의 목적으로 소관 공공 당국에 의하거나 이를 대신하여, 또는 EU기관 등에 의하여 이용될 의도인 AI 시스템이다.[351] 이러한 시스템은 복잡한 망명 신청 서류를 잘못 요약하여 핵심적인 박해 사유를 누락하거나 편향된 기준으로 1차 심사에서 부당하게 탈락시킬 수 있고 신청자는 자신의 신청 거절 이유를 알기 어려워 효과적으로 이의를 제기할 수 없으며 이는 공정한 심사를 받을 권리를 침해하는 점에서 고위험이 된다.

자연인의 적발(detection), 인식(recognition) 또는 식별(identification)은 자연인의 발견, 분석과 분류 및 특정 단계에서 모든 종류의 생체인식정보 처리를 포괄적으로 고위험으로 지정하여, 전 과정에 걸쳐 AI법의 엄격한 의무 부과를 의도한다. 탐지나 인식 단계에서의 오류나 편향은 최종 식별 단계에서 증폭되어, 개인의 이동의 자유, 망명 신청권, 차별받지 않을 권리 등 핵심적인 기본권을 침해하는 결과로 이어질 수 있다. 따라서 전 과정에 걸쳐 AI법의 엄격한 의무를 부과하여 AI 시스템에 의한 실제적인 피해 위험을 예방하고 통제하게 된다.

---

350) 부속서 III 제7항(c).

351) 부속서 III 제7항(d).

(8) 사법 행정과 민주 절차

민주주의, 법치, 개인의 자유, 효과적인 구제와 공정한 재판을 받을 권리에 잠재적으로 중대한 영향을 미칠 수 있다는 점이 고려되어 아래 AI 시스템은 고위험으로 분류된다.[352]

사법 행정과 민주 절차 영역의 고위험 AI 시스템은 다음의 두 가지 유형이 있다.

1) 사법 보조

사법 당국에 의하거나 이를 대신하여 사실과 법을 조사하고 해석하며 구체적인 사실관계에 법을 적용하는 데 사법 당국을 지원하거나, 소송외 분쟁해결에서 유사한 방식으로 이용되기 위하여 이용될 의도인 AI 시스템이다.[353] 특히 잠재적인 편향, 오류와 불투명성의 위험을 다루기 위해, 사법 당국이 또는 이를 대신하여 사실과 법을 연구 및 해석하고 구체적인 사실에 법을 적용하는 데 사법 당국을 지원하기 위해 이용될 의도인 AI 시스템은 고위험 AI 시스템으로 분류하는 것이 적절하다.[354]

이러한 시스템은 그 자체로 최종 판단을 내리지 않지만, 판사 등의 판단에 결정적인 영향을 미칠 수 있고, 불공정한 재판이나 부당한 합의로 이어져 공정한 재판을 받을 권리인 핵심적인 기본권을 심각하게 침해할 수 있기 때문에 고위험으로 분류된다. 이러한 사법 보조 시스템으로 사실과 법의 연구와 해석에 있어서 판례 검색과 분석, 전자증거개시(e-discovery), 법의 적용에 있어서 양형 추천, 손해배상액 산정을 위한 것이 있다.

AI 도구의 이용은 판사의 의사결정 권한이나 사법 독립을 지원할 수 있지만 이를 대체해서는 안 되고, 최종 의사결정은 '인간이 주도하는 활동'(a human-driven activity)이어야 한다.[355] 즉 AI는 사법 절차의 효율성과 정확성을 높이고 판례 등 방대한 법률 정보 분석, 방대한 증거 정리 및 분석이나 데이터 기반의 참

352) 상설 제61항.
353) 부속서 III 제8항(a).
354) 상설 제61항.
355) 상설 제61항.

고 자료 제시 등 판사의 판단을 돕기 위한 지원 역할을 할 수 있다. 그러나, AI가 사실상 최종 결정을 내리고 인간은 형식적인 승인만 하는 역할은 허용되지 않는다. 특히 최종 의사결정을 인간이 주도하는 점에서 판사는 AI가 제시한 정보와 분석을 비판적으로 검토하고, 법적 원칙, 사회적 가치 및 사건의 특수한 맥락을 종합적으로 고려하여 최종적으로 직접 판단을 내려야 한다. 사법의 독립성과 판결의 정당성을 보장하기 위해 인간인 판사가 최종적인 판단 권한을 가져야 한다.

'소송외 분쟁 해결'(alternative dispute resolution, ADR) 기관이 이러한 목적으로 이용할 의도인 AI 시스템도 ADR 절차의 결과가 당사자에게 '법적 효력'(legal effects)을 발생시키는 경우 고위험으로 간주해야 한다.[356] 여기서 ADR 절차는 사법 당국 예컨대 법원 절차에 상응하는 것이라서, 법적 집행력이 부여된 판결에 상응하는 중재 판정에 국한되고 당사자들 사이의 계약적 구속력만 갖는 조정은 포함되지 않는 것으로 볼 수 있다.

그러나 사법 결정의 익명화 또는 가명화, 문서 또는 데이터, 직원 간의 의사소통, 행정 과업 등 개별 사건의 실제 사법 행정에 영향을 미치지 않는 순수하게 보조적인 행정 활동을 위한 AI 시스템은 고위험으로 분류되지 않는다.[357] 사법적 판단에 직접적인 영향을 미치지 않고 단순하게 행정 업무를 돕는 AI는 고위험이 아니다.

---

356) 상설 제61항. EU사법법원은 "신청인의 법적 지위에 뚜렷한 변경을 주어서 신청인에게 구속력 있고 그의 이익에 영향을 줄 수 있는 법적 효과를 가진 조치만이 무효 소송의 대상이 될 수 있는 법 또는 결정이 확립된 판례이다."라고 확인하였다. IBM v Commission, paragraph 9; Case C-117/91 Bosman v Commission [1991] ECR I-4837, paragraph 13; and Case C-123/03 P Commission v Greencore [2004] ECR I-11647, paragraph 44. 따라서, 법적 효과는 당사자에게 '구속력 있고 그의 이익에 영향을 줄 수 있는'(binding on, and capable of affecting the interests of) 것으로 이해할 수 있다. 자동화된 의사결정에 관한 GDPR 제22조도 '법적 또는 유사하게 중대한 효과'(legal or similarly significant effect)를 규정한다,

357) 상설 제61항. 판결문을 대중에게 공개하거나 학술 연구용 데이터베이스에 포함하기 전에 개인정보보호를 위하여 AI가 판결문에서 개인의 이름, 주소, 주민등록번호 등 개인정보를 자동으로 찾아내어 이를 가명 또는 익명 처리할 수 있다.

2) 민주적 절차에 대한 영향

선거 또는 국민투표의 행사에서 그 결과 또는 자연인의 투표 행위에 영향을 미치기 위해 이용될 의도인 AI 시스템이다.[358] 이러한 시스템은 「EU기본권헌장」 제39조에 명시된 투표권에 대한 부당한 외부 간섭과 민주주의와 법치에 대한 악영향의 위험으로 고위험이 된다.[359]

그러나, 「정치광고 규칙」의 규정은 저해되지 않는다.[360] 동 규칙은 정당이나 선거 캠프가 AI와 같은 기술을 사용하여 정치광고를 하는 행위를 규제하는데, 투명성 의무로서 모든 정치광고는 정치광고임을 명확히 표시하고 광고주와 광고의 타겟팅 기준 등을 투명하게 공개해야 한다. 특히 개인의 정치적 견해, 종교, 인종, 성적 지향 등 GDPR의 적용을 받는 민감정보를 이용하여 유권자를 타겟팅하는 것이 엄격히 금지된다. 따라서, 선거 운동이나 정치적 견해에 영향을 미칠 목적으로 사용되는 AI 시스템은 고위험이 되는 점에서 AI법의 규제를 받고 동시에 동 시스템을 이용한 정치광고는 「정치광고 규칙」을 준수해야 한다.

또한, 행정적 또는 물류적 관점에서 정치 캠페인을 조직, 최적화 또는 구조화하는 데 이용되는 도구와 같이 자연인이 직접적으로 노출되지 않는 결과물에 대한 AI 시스템은 포함되지 않는다.[361] 정치 캠페인에 사용되는 모든 AI가 고위험이 되는 것이 아니고, 유권자의 정치적 견해에 직접 영향을 미치려는 AI와 캠페인 내부의 행정과 물류를 효율화하는 AI를 구분하여, 유권자에게 직접 노출되는 선전 도구는 고위험이지만,[362] 캠프 내부에서만 사용하는 사무

---

358) 부속서 III 제8항(b).

359) 상설 제62항. 「EU기본권헌장」 제39조는 유럽의회 선거에서 투표하고 후보자로 입후보할 권리를 규정한다.

360) 상설 제62항.

361) 부속서 III 제8항(b).

362) 예컨대, 유권자 프로파일링과 타겟 광고 시스템과 같이 유권자의 온라인 활동을 분석하여 부동층, 특정 정책 반대자 등으로 프로파일링하고 이들에게 맞춤형 정치광고나 선거 메시지를 보내는 시스템은 AI의 결과물이 유권자에게 노출되는 광고가 되어 고위험이다. 또한, 정치 메시지 자동 생성 시스템과 같이 특정 유권자 그룹을 설득하기 위한 연설문, SNS 게시물, 댓글 등을 자동으로 생성하는 시스템도 AI의 결과물이 유권자에게 노출되는 메시지가 되어 고위험이다.

용 도구는 고위험이 아니다.[363]

(9) 부속서 III의 고위험 AI 시스템 목록의 수정

부속서 III의 고위험 AI 시스템의 '사용 사례'(use－cases) 목록은 유럽위원회의 위임입법으로 수정될 수 있다.

1) 추가 수정

유럽위원회는 다음 두 조건을 모두 충족하는 경우 고위험 AI 시스템의 사용 사례를 추가하거나 수정하여 부속서 III을 개정하는 위임입법(delegated acts)을 채택할 권한이 있다:[364] (a) 해당 AI 시스템이 부속서 III에 열거된 영역에서 이용될 의도임; (b) AI 시스템이 건강과 안전에 대한 해(harm) 또는 기본권에 대한 '부정적 영향'(an adverse impact)의 위험을 주고, 그 위험이 부속서 III에 이미 언급된 고위험 AI 시스템에 의해 제기된 해 또는 부정적 영향의 위험과 동등하거나 그보다 더 큼.

유럽위원회는 위 두 번째 조건을 평가할 때 다음 기준을 고려해야 한다:[365] (a) AI 시스템의 의도된 목적, (b) AI 시스템이 이용되었거나 이용될 것 같은 정도, (c) AI 시스템이 처리하고 이용하는 데이터의 성격과 양, 특히 특수 범주 개인정보가 처리되는지 여부, (d) AI 시스템이 자율적으로 행동하는 정도와 '잠재적 해'(potential harm)를 초래할 수 있는 결정이나 추천을 사람이 무시할 가능성 등.

2) 제거 수정

유럽위원회는 다음 두 조건을 모두 충족하는 고위험 AI 시스템을 제거하여 부속서 III의 목록을 수정할 위임입법을 채택할 권한이 있다:[366] (a) 해당

---

363) 예컨대, 선거 운동원의 활동 스케줄의 최적화나 캠페인 예산 분배를 위한 시스템은 직접적인 여론 조작의 위험성이 현저히 낮아서 고위험이 되지 않는다.

364) 제7조 제1항.

365) 제7조 제2항.

366) 제7조 제3항.

고위험 AI 시스템이 위의 추가 수정의 경우 고려되는 네 가지 기준을 고려하여 더 이상 기본권, 건강 또는 안전에 중대한 위험을 초래하지 않고, (b) 삭제가 EU법에 따른 건강, 안전 및 기본권 보호의 전반적인 수준을 감소시키지 않음.

4. 부속서 III에 열거되지만 고위험이 아닌 AI 시스템

(1) 필터 조항

부속서 III에 언급된 AI 시스템은 의사결정 결과에 현저히(materially) 영향을 미치지 않는 등 자연인의 건강, 안전 또는 기본권에 '해의 중대한 위험'(a significant risk of harm)을 주지 않는 경우 고위험으로 간주되지 않는다.[367] 유럽의회의 요청으로 고위험 AI 시스템의 분류에 '필터 조항'(filter provision)이 포함된 것이다.[368]

AI법의 부속서에 열거된 AI 시스템이 예외적으로 고위험이 아닌 조건의 실제적 이행에 대한 추가적 가이던스를 제공하기 위해, 유럽위원회는 AI이사회와 협의 후 2026년 2월 2일 전까지 고위험 AI 시스템의 사용 사례와 그렇지 않은 사용 사례의 실제 사례의 포괄적인 목록과 함께 실제적 이행을 명시하는 가이드라인을 제공해야 한다.[369]

(2) 고위험이 되지 않기 위한 요건

부속서 III에 언급된 AI 시스템이 고위험으로 간주되지 않기 위하여, 다음의 조건 하나라도 충족되어야 한다. AI가 최종적인 실질적 결정을 내리지 않고, 인간의 의사결정을 보조하거나, 준비하거나, 사후에 개선하거나, 분석하는

367) 第6조 第3항 第1단. 유럽위원회는 회원국과 협력하여 제6조 제3항에 따라 고위험으로 간주되지 않고 제6조 제4항과 제49조에 따라 등록된 AI 시스템에 관한 정보를 포함하는 EU 데이터베이스를 구축 및 유지해야 한다. 제71조 제1항.

368) 부속서 III의 해당 영역에서 사용되기는 하지만 실제로는 시민의 권리나 안전에 거의 아무런 영향을 미치지 않는 매우 단순하고 위험도가 낮은 AI 시스템까지 모두 고위험으로 분류되는 문제를 해결하기 위함이다.

369) 제6조 제5항.

등 상대적으로 위험이 낮은 역할을 하기 때문에 고위험이 되지 않는다.

1) 좁은 절차적 과업 수행

AI 시스템이 '좁은 절차적 과업'(a narrow procedural task)을 수행하도록 의도되면 고위험으로 간주되지 않는다.[370] 제한된 범위 내에서 수행하는 간단한 작업, 예컨대 '비구조화 데이터'(unstructured data)를 '구조화 데이터'(structured data)로 변환하는 AI 시스템, 수신 문서를 카테고리로 분류하는 AI 시스템 또는 수많은 애플리케이션 중 중복을 탐지하는 데 이용되는 AI 시스템이 해당된다.[371] 이러한 작업은 매우 좁고 제한적인 성격을 지니고 있어 AI법의 부속서에서 고위험 용도로 열거된 맥락에서 AI 시스템을 이용하더라도 위험이 증가하지 않아 제한적인 위험만을 초래한다.[372]

2) 이전에 완료된 인간 활동 결과의 개선

AI 시스템이 이전에 완료된 인간 활동의 결과를 개선하도록 의도되면 고위험으로 간주되지 않는다.[373] 이러한 시스템은 부속서 III에서 열거된 고위험 이용 목적과 관련이 있을 수 있는 이전에 완료된 인간 활동의 결과를 개선한다.[374] 적절한 인적 검토가 없어도 AI 시스템의 이용은 이전에 완료된 인적 평가를 따르기 때문에 이를 대체하거나 영향을 미칠 것이 아니라서 위험이 낮아질 것이다.[375]

AI 시스템은 결과적으로 위험이 낮아지는 인간 활동에 대한 추가적인 계층만을 제공한다.[376] 즉 AI가 인간의 판단을 대체하는 것이 아니라, 인간의 활

370) 제6조 제3항 제2단(a).

371) 상설 제53항. 비구조화 데이터는 사전 정의된 형식이나 구조가 없는 데이터로서 텍스트, 이미지, 비디오, 오디오 파일과 같은 형식으로 존재하는데, 데이터베이스에서 쉽게 검색하거나 분석하기 어렵다. 구조화 데이터는 명확한 형식과 구조를 가진 데이터로서 일반적으로 행과 열로 구성된 데이터베이스나 스프레드시트에 저장되어서 쉽게 검색, 분석 또는 조작이 가능하다.

372) 상설 제53항.

373) 제6조 제3항 제2단(b).

374) 상설 제53항.

375) 상설 제53항.

동을 보완하고 그 결과 전체적인 위험을 감소시키는 안전한 협업 모델이 된다. 이렇게 인간이 1차적으로 핵심적인 업무를 수행하고 AI가 그 위에 덧붙여지는 보조적인 역할을 하여서 AI가 인간만이 수행했을 때 발생할 수 있는 실수나 편향, 누락의 위험을 감소하는 긍정적인 효과가 나타나야 한다. 예컨대, 이 조건은 이전에 작성된 문서에서 전문적인 어조, 학술적인 언어 스타일 또는 특정 브랜드 메시지에 맞게 텍스트를 조정하는 등 이용된 언어를 개선하기 위한 AI 시스템에 적용될 수 있다.[377)]

3) 의사결정 패턴의 감지

AI 시스템이 의사결정 패턴 또는 이전 의사결정 패턴과의 편차를 감지하도록 의도되면 고위험으로 간주되지 않는다.[378)] 예컨대 교사의 특정 채점 패턴에 따라 교사가 채점 패턴에서 벗어났는지 사후에 확인하여 잠재적인 불일치나 이상 징후를 표시하는 데 이용할 수 있는 AI 시스템이다.[379)]

4) 준비 작업 수행

AI 시스템이 부속서 III에 열거된 사용 사례의 목적과 관련된 평가를 위한 준비 작업을 수행하도록 의도되면 고위험으로 간주되지 않는다.[380)] 시스템 결과물의 후속적인 인적 평가에 대한 부당한 영향을 미칠 위험이 매우 낮기 때문이다.[381)] 이러한 AI의 결과물은 그 자체로 어떠한 판단이나 결정을 포함하지 않기 때문에 고위험이 되지 않는다.

이 조건은 특히 색인, 검색, 텍스트 및 음성 처리, 데이터와 다른 데이터

376) '추가적 계층'(an additional layer)은 AI가 중심이 아니고 인간의 핵심적인 업무에 대한 위험을 낮추는 안전망과 같은 보조적 역할을 의미한다.

377) 상설 제53항.

378) 제6조 제3항 제2단(c).

379) 상설 제53항.

380) 제6조 제3항 제2단(d).

381) 상설 제53항. AI 시스템이 이후 인적 평가 수행을 위한 보조적 또는 사전적 역할에 국한되어서, 동 시스템의 결과물이 평가에 미치는 영향은 매우 제한적이게 된다.

소스와의 연결 등 다양한 기능을 포함하는 파일 처리용 스마트 솔루션이나 초기 문서 번역에 이용되는 AI 시스템을 포함한다.[382] 이러한 시스템은 인간의 본격적인 평가나 판단 전에 대량의 정보를 단순히 정리하고, 찾고, 변환하는 등 준비 작업을 수행할 뿐이다.

(3) 제공자의 의무

위의 네 가지 경우에 고위험이 되지 않지만, 이러한 예외의 남용을 방지하고 제공자의 설명책임과 투명성을 확보하기 위해 다음의 안전장치가 규정된다.

첫째, AI 시스템이 고위험이 아니라고 판단하는 제공자는 해당 시스템을 시장에 출시하거나 서비스에 투입하기 전에 자신의 평가를 작성하여야 한다.[383] 추적성과 투명성을 보장하기 위해서이다.[384]

둘째, 회원국 소관 당국의 요청을 받으면, 동 제공자는 평가 문서를 제공해야 한다.[385] 시장감시 당국 등이 AI 시스템의 고위험 여부에 의문을 제기하거나 조사를 시작할 경우, 제공자는 자신의 평가를 제출해야 한다. 시장감시 활동의 실효성을 보장하기 위함이다.

셋째, 이러한 제공자는 AI법에 따라 구축된 EU 데이터베이스에 AI 시스템을 등록할 의무가 있다.[386] 부속서 III의 사용 사례에 해당함에도 고위험으로 취급되지 않더라도, 해당 시스템의 존재와 고위험이 아니라는 제공자의 판단 자체는 EU 데이터베이스에 등록하여 공개됨으로써 투명성이 확보된다.

---

382) 상설 제53항. 파일 처리용 스마트 솔루션은 목록을 만들고 음성 기록을 가공하며 상호 조회를 통하여 정보의 진위를 확인하는 등 디지털 문서를 자동으로 관리하고 정리하는 기능을 포함한다.

383) 제6조 제4항 제1문.

384) 상설 제53항.

385) 제6조 제4항 제3문.

386) 제6조 제4항 제2문, 상설 제53항. 제49조 제2항 참조.

5. 벌칙

고위험 AI 시스템에 대한 제6조는 특정 AI 시스템이 고위험인지 결정하는 분류 기준인 점에서, 이러한 분류 기준 자체의 위반에 대한 벌칙은 없다. 그러나, 고위험에 분류된 AI 시스템에 관련된 제공자 등의 의무 위반에 대하여 벌칙이 주어지고, 대부분의 고위험 AI 관련 의무 위반은 두 번째로 높은 수준의 과징금의 대상이 된다. 즉 최대 1,500만 유로 또는 위반자가 사업체(undertaking)이면 직전 회계연도 전 세계 연간 총 매출액의 최대 3% 중 더 높은 금액의 과징금이 부과될 수 있다.[387] EU기관 등은 금지된 관행을 준수하지 않을 경우 최대 75만 유로의 과징금이 부과될 수 있다.[388]

III	제한적 및 최소 위험 AI 시스템

1. 제한적 위험 AI 시스템[389]

AI법은 그 자체로 고위험은 아니지만 이용자가 AI와 상호작용하고 있다는 사실을 인지하지 못하면 기만당하거나 조종당할 수 있는 '제한적 위험'(limited-risk) AI 시스템을 규제한다. 이러한 위험은 제공자와 운영자에게 투명성 의무를 부과하여 관리한다. 이용자에 대한 고지에 기반한 투명성 요건의 적용을 받는 제한적 위험 AI 시스템은 다음과 같다.[390]

387) 제99조 제4항.

388) 제100조 제3항.

389) 제한적 위험 AI 시스템의 제공자와 운영자의 투명성 의무에 관한 제50조는 2026년 8월 2일부터 적용된다.

390) 금지된 관행인 AI 시스템은 법적으로 존재하지 않아야 하는 점에서 투명성 의무의 적용 여지는 없다. 고위험 AI 시스템은 상세한 정보 제공과 인적 감독 및 감독 당국과의 관계에서 더 강력하고 특별한 투명성 의무가 부과된다.

(1) 대화형 AI

자연인과 직접 대화하고 상호작용하도록 설계된 대화형(conversational) AI 시스템은 제한적 위험 시스템이다.[391] 고객 서비스 챗봇, '가상 비서'(virtual assistant), 동반자 챗봇 등이 그 예가 된다. 이러한 시스템에 대해 이용자는 AI를 실제 사람으로 착각하고, 그로 인해 감정이나 정보에서 쉽게 영향을 받거나 조종당할 위험이 있다. 이러한 위험을 관리하기 위해, 이용자에게 동 시스템이 AI라는 사실이 고지되어야 한다.

(2) 감정 인식/생체인식 분류 시스템

개인의 얼굴 표정, 목소리 톤, 걸음걸이 등을 분석하여 그 사람의 감정 상태나 인종, 성별, 건강 상태와 같은 내면적, 신체적 특성을 추론하고 분류하는 시스템은 제한적 위험 시스템이다.[392] 이용자는 자신이 단순히 카메라에 찍히는 것을 넘어, 자신의 가장 사적인 내면의 정보나 특성이 분석되고 있다는 사실을 인지하지 못할 위험이 있다. 이러한 시스템의 운영자는 해당 시스템이 작동 중이라는 사실을 이용자에게 고지해야 한다.

(3) AI 생성 · 조작 콘텐츠

딥페이크 등 실제와 매우 흡사하지만 사실이 아닌 이미지, 오디오, 비디오 콘텐츠를 생성하거나 조작하는 AI 시스템은 제한적 위험 시스템이다.[393] 사람들이 조작된 콘텐츠를 실제 사실로 오인하여, 허위 정보에 속거나 특정 개인이나 집단에 대한 잘못된 인식을 갖게 될 위험이 있다. 이러한 콘텐츠를 생성하고 유포하는 경우, 그것이 인공적으로 생성 또는 조작되었다는 사실을 표시해야 한다.

391) 제50조 제1항.

392) 제50조 제3항. 이러한 시스템이 금지된 관행이면 고지가 기반인 투명성 의무가 적용될 여지가 없고, 고위험이면 그에 따른 더 상세하고 더 엄격한 투명성 의무가 적용된다.

393) 제50조 제4항. 풍자나 예술 등 창작물인 경우는 제한된 예외가 적용된다.

(4) 벌칙

제한적 위험 AI 시스템의 제공자와 운영자의 투명성 의무에 관한 제50조의 위반은 두 번째로 높은 수준의 과징금의 대상이 된다. 즉 최대 1,500만 유로 또는 위반자가 사업체(undertaking)이면 직전 회계연도 전 세계 연간 총 매출액의 최대 3% 중 더 높은 금액의 과징금이 부과될 수 있다.[394] EU기관 등은 금지된 관행을 준수하지 않을 경우 최대 75만 유로의 과징금이 부과될 수 있다.[395]

2. 최소 위험 AI 시스템

금지된 관행, 고위험이나 제한적 위험 시스템이 아닌 AI 시스템은 개인의 권리나 안전에 미치는 위험이 없거나 무시할 수 있는 수준인 점에서 '최소 위험'(minimal–risk) AI 시스템이다. 예컨대, 엔터테인먼트 분야의 비디오 게임, 일상적인 생산성 도구로서 스팸 필터나 기계 번역 서비스, 기업 내부 관리로서 재고 관리나 수요 예측, 창작 보조 도구로서 이미지 보정이나 음악 작곡 보조 AI가 해당된다.

우리 일상과 산업 현장에서 널리 사용되고, 개인의 권리에 직접적인 영향을 미치지 않는 대부분의 AI는 최소 위험이고, AI법은 이러한 시스템에 대해 어떠한 법적 의무도 부과하지 않는다. 즉 AI법은 위험이 거의 없는 대다수의 유용한 AI에 대해서 불필요한 규제를 하지 않고 혁신을 장려하는 균형된 접근을 한다.

다만, 제공자는 자발적으로 AI에 대한 신뢰성을 높이기 위한 '자발적 행동강령'(voluntary codes of conduct)을 따르도록 장려된다.[396] 유럽위원회는 2028년 8월 2일까지 및 이후 3년마다 자발적 행동강령의 영향과 효과성을 평가해야 한다. 이 평가는 해당 행동강령이 고위험 AI 시스템이 아닌 AI 시스템에 대해 제III장 제2절에 명시된 요건과 가능하면 환경적 지속 가능성에 관한 것

394) 제99조 제4항(g).

395) 제100조 제3항.

396) 제95조 참조.

을 포함한 다른 추가적 요건의 적용을 얼마나 잘 장려하고 있는지에 관한 것이다.[397]

IV 범용 AI 모델

AI법은 AI 모델과 AI 시스템의 기술적 적용을 구분하는데, 둘 다 일반적인 목적 즉 일상적인 여러 용도로 이용될 수 있다.[398] AI법은 AI 모델의 개념을 명시적으로 정의하지 않는다. AI 모델은 일반적으로 최종 이용자가 직접 이용할 수 없이 다양한 과업을 수행하도록 설계된 알고리즘 또는 통계 모델로 설명할 수 있다.[399]

모델(model)은 '시스템, 실체, 현상, 과정 또는 데이터의 물리적, 수학적 또는 달리 논리적 표현'(physical, mathematical or otherwise logical representation of a system, entity, phenomenon, process or data)으로 정의된다.[400]

AI 모델은 AI 시스템의 필수 구성요소이지만, 그 자체로 AI 시스템이 되지 않는다.[401] AI 모델이 AI 시스템이 되려면 이용자 인터페이스와 같은 추가 구

397) 제112조 제7항.

398) 예컨대, 특정 목적 AI인 번역 시스템을 이메일 번역의 일반적인 목적으로 이용할 수 있고, 범용 AI 모델인 GPT-4o를 시를 작성하는 일반적인 목적으로 이용할 수 있다. 범용 AI 모델에 대한 의무는 제3자에게 제품이나 서비스를 제공하는 데 필수적이지 않은 순수한 내부 과정으로 이용하는 경우에는 적용되지 않는다. 상설 제97항. 범용 AI 모델인 GPT-4o를 자율주행 시스템 개발과 무관하게, 오직 사내 엔지니어들의 내부 보고서 작성을 돕거나 회의록을 요약하는 목적으로만 사용한다면, 이는 순수한 내부 과정에 해당하여 자동차 회사는 GPT-4o의 운영자로서 의무를 지지 않는다.

399) Hermanns et al., p. 7.

400) ISO/IEC 22989 standard, OECD AI System Definition, p. 8에서 재인용.

401) 상설 제97항.

성요소를 도입해야 한다.[402] AI 모델은 일반적으로 AI 시스템에 통합되어 그 일부를 구성한다.[403] 따라서 AI 모델은 AI 시스템의 필수적 구성요소이고, AI 시스템은 최종 이용자가 운영할 수 있는 최종 제품으로 이해될 수 있다.[404]

1. 범용 AI 모델

AI법은 원래 채용 결정이나 생체인식 식별 시스템 등 제한된 목적의 특정 범위의 과업을 수행할 수 있는 AI 시스템을 규제하려고 했다. 그러나 2022년 11월 30일 OpenAI가 ChatGPT를 출시했는데, 유럽은 물론 국제사회는 이 AI 시스템의 기반인 GPT－3.5인 범용 AI 모델의 파괴적인 잠재력과 사회적 파급력에 충격을 받았다. 이에 유럽의회와 시민단체는 기본권 보장을 위한 범용 AI 모델에 대한 규제 강화를 촉구하였고, 프랑스와 독일 등 일부 회원국과 업계는 혁신의 우선을 주장하였다. 결국 AI법은 AI 시스템에 더하여 범용 AI 모델과 시스템적 위험이 있는 범용 AI 모델에 대한 규제를 추가하기로 합의되었다. 범용 AI 모델이 AI법의 규제를 받게 됨으로써 입법 과정 중에 발생한 급격한 AI 기술 발전에 대응한 효과적인 규제의 실효성이 확보되었고, AI법은 단순한 제품 안전법이 아닌 AI 기술의 전체 공급망을 아우르는 AI 생태계 규제의 지위를 갖게 되었다.

---

402) 상설 제97항. AI 모델은 단순히 훈련된 매개변수의 모음으로서 인간 이용자와 직접 상호작용 하지 못하기 때문에 투입물을 받고 결과물을 주며 그 사이 과정을 제어하는 이용자 인터페이스를 통해 AI 시스템이 된다. 이용자 인터페이스는 이용자가 AI 시스템과 상호작용하는 수단 또는 환경을 가리키는데, 웹 인터페이스로 ChatGPT 웹사이트, 모바일 앱으로 챗봇 앱, 음성 인터페이스로 스마트 스피커, API(Application Programming Interface)로 GPT API 등이 있다. AI 시스템인 ChatGPT는 AI 모델인 GPT-4에 웹 기반 이용자 인터페이스, 세션 관리, 보안, '결과물 조정 로직'(output moderation logic) 등이 추가된 것이다. 결과물 조정 로직은 AI 모델이 생성한 결과물이 이용자에게 주어지기 전에, 정책 위반, 안전, 민감성, 편향, 허위 정보 등의 이유로 그 내용을 필터링하거나 수정하는 알고리즘 또는 규칙 기반 처리 절차이다.

403) 상설 제97항.

404) 예컨대, Open AI의 ChatGPT, Microsoft Copilot, Google의 Gemini는 Open AI의 범용 AI 모델인 GPT-4 등을 통합한 AI 시스템이다.

AI법은 AI 모델의 개념을 정의하지 않지만, 범용 AI 모델의 개념은 정의한다.[405] 범용 AI 모델의 개념은 법적 안정성을 위해 AI 시스템의 개념과 명확하게 정의되고 구분된다.[406] AI법은 AI 공급망 전체에 예측 불가능한 위험을 초래할 수 있는 범용성의 특별한 위험을 가진 모델인 범용 AI 모델을 명확하게 정의한다. 범용 AI 모델의 정의는 그의 주요 기능적 특성, 특히 범용성과 다양한 고유 과업을 능숙하게 수행할 수 있는 역량을 기반으로 한다. 범용 AI 모델은 일반적으로 자기 지도, 비지도 또는 강화 학습과 같은 다양한 방법을 통해 대량의 데이터로 훈련된다.[407] 범용 AI 모델은 라이브러리, API(애플리케이션 프로그래밍 인터페이스), 직접 다운로드 또는 물리적 사본 등 다양한 방식으로 시장에 출시될 수 있다.[408]

'범용 AI 모델'(general-purpose AI model)은 대규모 자기 지도 학습을 이용해 대량의 데이터로 훈련되는 경우를 포함하여 상당한 범용성을 나타내고 모델이 시장에 출시된 방식과 관계없이 광범위한 고유 과업을 유능하게 수행할 수 있으며 다양한 다운스트림 시스템이나 어플리케이션에 통합될 수 있는 AI 모델을 의미하고, 시장에 출시되기 전에 연구, 개발 또는 프로토타이핑을 위해 이용되는 AI 모델은 제외한다.[409]

---

405) AI 시스템의 기반인 AI 모델 개념의 정의는 새로운 유형의 모델에 대한 규제 회피나 단순한 모델에 대한 과잉 규제의 문제를 제기할 수 있다. AI법은 기술 발전으로 계속 변화할 수 있는 AI 모델의 개념을 정의하지 않고, 대신 보다 현실적인 규제 대상인 범용 AI 모델의 개념을 정의한다.

406) 상설 제97항.

407) 상설 제97항.

408) 상설 제97항. 라이브러리(libraries)는 이미 훈련된 AI 모델을 개발자가 자신의 소프트웨어 코드에 직접 포함하여 사용할 수 있는 소프트웨어 부품 또는 모듈 형태로 제공하는 방식이다. API는 가장 일반적인 상용 모델의 유통 방식인데, 모델 자체는 제공자의 서버에 있고 AI 시스템의 개발자는 이 서버에 원격으로 접속하여 모델의 기능을 호출(call)하고 그 결과를 받는다. 직접 다운로드는 주로 오픈소스 모델의 유통 방식인데, 이용자가 모델의 구조와 학습된 가중치(weights)를 담은 모델 파일 전체를 직접 다운로드하여 자신의 컴퓨터나 서버에 설치하고 실행한다. 물리적 사본은 AI 모델을 하드 드라이브, USB 등 물리적 저장 매체에 담아 전달하는 전통적인 방식으로서, 인터넷 연결이 제한된 고도의 보안 시설이나 자동차·의료기기 등 특정 하드웨어에 내장될 AI 모델을 물리적 매체에 담아 전달한다.

범용 AI 모델은 추가로 수정되거나 새로운 모델로 미세조정될 수 있다.[410] 범용 AI 모델의 수정 또는 미세조정이 이루어지면, 이렇게 수정되거나 미세조정된 범용 AI 모델의 제공자에 대한 의무는 해당 수정 또는 미세조정에 한정되어야 한다. AI법의 주된 규제 대상인 AI 시스템의 규제를 통하여 대부분의 모델도 규제될 수 있다.

시장에 출시되기 전에 연구·개발 또는 프로토타이핑 활동에 이용되는 AI 모델은 범용 AI 모델에서 제외된다.[411] 혁신을 보호하고 명확한 규제를 설정하기 위함이다. 첫째, 아이디어를 시험하는 프로토타입 단계에서부터 모델의 모든 개발 과정에 대한 AI법의 의무 부과는 AI의 혁신을 심각하게 저해하게 될 것이다. 이렇게 개발 단계에서 개발자의 규제 부담을 제거하여 안정적인 실험 공간이 마련된다. 둘째, 범용 AI 모델로서 규제는 시장에 출시된 이후에 시작한다. AI 모델은 시장에 출시되면서 실제로 사회에 영향을 주고 위험을 초래할 수 있기 때문이다.

(1) 범용 AI 모델의 요소

1) 대규모 자기 지도 학습

범용 AI 모델은 GPT나 Gemini와 같이 인터넷 규모의 방대한 데이터를 인

---

409) 제3조 제63호. 범용 AI 모델은 종종 'GPAI'로 불리기도 하는데, 특정 용도에 국한되지 않고 다양한 과업에 활용될 수 있는 AI 모델이다. 이와 유사한 AGI(Artificial General Intelligence)가 거론되는데, AI법은 이를 언급하지 않는다. AGI는 '일반 AI', '범목적 AI' 또는 '강인공지능' 등으로 불릴 수 있다. 범용 AI 모델의 예로 GPT-4, Gemini, Claude 등이 있다. 범용 AI 모델인 GPT-4에 대하여 AI 시스템인 ChatGPT가 있다. ChatGPT는 일반적으로 고위험 AI 시스템으로 간주되지 않으나, 교육, 취업, 의료 등 특정 분야에 통합되는 경우 고위험 AI 시스템으로 분류되어 관련 규제를 받을 수 있다.

410) 상설 제97항. 즉 Meta의 Llama 3 등 강력한 범용 AI 모델이 출시되면, 많은 개발자들이 이 원본 모델을 자신의 목적에 맞게 미세조정하여 많은 파생 모델을 만들어낼 수 있다. 미세조정(fine-tuning)은 이미 방대한 지식으로 훈련받은 범용 AI 모델에 특정 전문 분야의 소규모 데이터 세트를 추가로 훈련시켜 해당 분야의 전문가로 만드는 과정이다.

411) 제3조 제63호.

간의 정답(label) 없이 스스로 학습하는 방식으로 만들어진 초거대 AI 모델이다. 대규모 자기 지도 학습은 범용 AI 모델의 필수 조건이 아니고 대표적인 예가 된다. 따라서 미래에 자기 지도 학습이 아닌 다른 새로운 방식으로 범용 AI 모델이 만들어지더라도 그 모델이 범용성과 고유 과업 수행 등을 충족하면 이 정의에 포함된다.[412] 이렇게 범용 AI 모델의 정의는 기술 발전에 대응할 수 있도록 유연하게 규정된다.

2) 상당한 범용성

범용 AI 모델의 가장 핵심적인 특징인 범용성(generality)은 특정 작업 하나만을 위해 설계된 것이 아니라 서로 다른 다양한 종류의 문제와 맥락에 적응하고 대응할 수 있는 일반적인 능력을 의미한다.[413] 모델의 범용성은 매개변수의 수를 포함한 여러 요소에 따라 결정될 수 있다.[414]

범용성이 상당함(significant)은 시스템적 위험을 초래하지 않을 단순한 다기능 모델에 대한 과잉 규제를 피하려는 입법 의도를 반영한다. 따라서 상당한 범용성을 가진 범용 AI 모델은 수행할 수 있는 과업이 다양하고, 높은 수준의 성능을 가지며, 특정 산업 분야가 아닌 다양한 광범위한 적용 가능성을 가져야 할 것이다.[415] 10억 개 이상의 매개변수를 가지고, 대규모 자기 지도 학습을 통해 방대한 데이터를 사용해 훈련된 모델은 상당한 범용성을 갖추고 광범위한 고유 과업을 능숙하게 수행할 수 있는 것으로 간주된다.[416]

---

412) 범용 AI 모델의 정의에서 '대규모 자기 지도 학습을 이용해 대량의 데이터로 훈련되는 경우를 포함하여'의 용어 사용에 유의해야 한다.(밑줄 포함)

413) 'generality'는 '일반성'이라고 번역할 수 있지만, 다양한 용도로 이용될 수 있는 점을 강조하여 '범용성'이라고 번역한다.

414) 상설 제98항. AI 모델에서 매개변수(parameter)는 모델이 훈련 과정에서 데이터로부터 스스로 학습하고 조정하는 내부변수(internal variable)들을 의미하고, 주로 가중치(weights)와 편향(biases)의 형태로 존재한다. AI 모델은 인공 뉴런들이 연결된 신경망 구조를 가지는데, 매개변수는 인공 뉴런 간 연결 강도를 나타내는 값이다. AI는 훈련 데이터를 통해 어떤 연결(시냅스)을 더 강하게 하고, 어떤 연결을 더 약하게 할지 스스로 조정하며 지식을 습득한다. AI 모델의 매개변수는 구축 단계에서 변경되지만, 일반적으로 구축 단계가 끝나면 운영 후에도 고정된 상태로 유지된다. OECD AI System Definition, p. 8.

415) GPT-4, Gemini, Claude와 같은 초거대 AI 모델은 상당한 범용성을 가진다.

3) 광범위한 고유 과업의 유능한 수행

각각의 다양한 작업을 유능하게(competently) 수행하는 즉 실제 사용에서 높은 수준의 성능이 요구된다. 범용 AI 모델은 실제로 다양한 분야에서 유용하게 사용될 수 있을 정도의 강력한 성능을 가져야 한다.

4) 시장 출시 방식과 관계없음

어떤 사업 모델로 유통되는지 중요하지 않은 점에서, 독립적인 API 서비스로 판매되거나, 오픈소스로 공개되거나, 특정 소프트웨어 제품에 내장되어 판매되거나 상관없다. 시장 출시 방식에 관계없이 본질적인 능력이 범용이라면 범용 AI 모델이 된다.

5) 다양한 다운스트림 시스템이나 어플리케이션에 통합

그 자체로 완결된 서비스이기보다 다른 많은 특정 목적 AI 시스템의 엔진 또는 핵심 구성요소가 될 수 있어야 한다. 이러한 통합 가능성 때문에, 범용 AI 모델의 AI 생태계에 미치는 파급력이 매우 크고, AI법은 공급망의 상류에 있는 범용 모델 자체를 규제하는 것이다.

*** 범용 AI 모델은 종종 생성형(generative) AI 모델 또는 기초(foundation) 모델로 이해되고 있다. 기초 모델은 범용 AI 모델과 사실상 동일하다고 볼 수 있으나, 생성형 모델은 반드시 그렇지는 않다.[417] 즉 기초 모델은 기술 용어로서 다양한 AI 시스템의 기초가 되는 대규모 모델인 점에서 법률 용어인 범용 AI 모델과 일치한다고 볼 수 있다.[418] 그러나, 기능에 따른 분류인 생성형 모델은 새로운 콘텐츠를 생성하는 능력을 통해 범용성이 인정되고 범용 AI 모델이 되지만, 상당한 범용성을 가지지 않으면 범용 AI 모델이 되지 않는다.[419] 범용 AI 모델이 되지 않는 소규모 생성형 AI는 AI법에서 AI 시스템의 위험 분류에 따라 규제된다.[420]

---

416) 상설 제98항.

417) 기초 모델은 콘텐츠 생성 이외의 다양한 과업에 적응할 수 있는 점에서 생성형 모델과 구별될 수 있다.

418) GPT-3, BERT, Llama 등이 대표적인 기초 모델이다. '프런티어 AI 모델'(frontier

2. 시스템적 위험이 있는 범용 AI 모델

AI법은 범용 AI 모델과 함께 그의 하위 집합인 '시스템적 위험이 있는 범용 AI 모델'(general-purpose AI model with systemic risk)을 규정한다.

(1) 시스템적 위험

범용 AI 모델의 시스템적 위험은 중대한 사고, 핵심 부문의 중단, 공중 보건과 안전에 대한 심각한 결과와 관련하여 실제 또는 합리적으로 예측 가능한 부정적 효과, 민주적 프로세스, 공공 및 경제 안보에 대한 실제 또는 합리적으로 예측 가능한 부정적 효과, 불법, 허위 또는 차별적 콘텐츠의 유포를 포함한다.[421] 시스템적 위험의 개념은 사용 사례가 아니라 관련 AI 모델의 컴퓨팅 성능에 의해 평가된다.

'시스템적 위험'(systemic risk)은 도달 범위로 인해 EU 시장에 중대한 영향을 미치거나, 공중보건, 안전, 공공안전, 기본권 또는 사회 전체에 대한 실제 또는 합리적으로 예측 가능한 부정적인 효과로 인해 가치 사슬 전반에 걸쳐 대규모로 전파될 수 있는 범용 AI 모델의 고영향 역량에 특정적인 위험을 의미한다.[422]

AI models)은 기초 모델의 기능을 능가하는 최첨단 AI 기술인데, 현재 인정되는 프런티어 AI 모델은 과학 기술의 급격한 발전으로 시간이 지나면서 곧 그 지위를 포기해야 할 수 있다.

419) GPT-4, Gemini, Claude 등 거의 모든 범용 AI 모델은 생성형 모델이다. 애니메이션 캐릭터 얼굴만 생성하는 AI는 생성형 AI이지만 범용 AI는 아니다.

420) '특정 목적 AI 모델'(specific AI model)은 하나의 특정 기능이나 좁은 범위의 작업을 위해 개발된 모델인데, 공장에서 특정 부품 불량을 검사하는 모델, 신용카드 사기를 탐지하는 모델 등이 예가 된다. 이러한 모델은 그 자체로 시장에 출시되어 거래되기보다는, 대부분 특정 AI 시스템의 부품으로 통합된다. 따라서 AI법은 이러한 모델을 직접 규제하는 대신, 이 모델을 탑재한 최종 AI 시스템을 규제한다.

421) 상설 제110항.

422) 제3조 제65호.

시스템적 위험은 모델 역량과 도달 범위[423]에 따라 증가하는 것으로 이해되고, 모델의 전체 수명주기에 걸쳐 발생할 수 있으며, 오용 조건, 모델 신뢰성, 모델 공정성 및 모델 보안, 모델의 자율성 수준, 도구에 대한 접근, 새로운 또는 결합된 방식, 공개 및 유통 전략, 가드레일 제거 가능성 및 다른 요인의 영향을 받는다.[424]

특히 국제적 접근에서 지금까지 다음과 같은 위험에 주의를 기울일 필요가 확인되었다:[425] (i) 인간 의도와의 정렬(alignment)에 관련된 통제의 잠재적인 의도적 오용 또는 의도하지 않은 문제로부터 위험,[426] (ii) 화학, 생물학, 방사능 및 핵 위험, 특히 무기 개발, 설계 획득 또는 이용을 포함한 진입 장벽이 낮아지는 방법, iii) 공격적 사이버 역량, 특히 취약점 발견, 악용 또는 운용에서 활용이 가능하게 된 방법, (iv) 물리적 시스템을 제어하고 핵심 인프라를 방해하는 역량을 포함한 상호작용과 도구 이용의 효과, (v) 모델의 자기 복제, '자기 재생'(self-replicating) 또는 다른 모델의 훈련으로부터 위험, (vi) 모델의 개인, 커뮤니티 또는 사회에 대한 위험과 함께 해로운 편향과 차별을 줄 수 있는 방식, (vii) 민주적 가치와 인권을 위협하는 허위 정보 조장 또는 사생활 침해, (viii) 특정 사건이 도시 전체, 전체 도메인 활동 또는 전체 커뮤니티에 영향을 미칠 수 있는 상당한 부정적 영향을 가진 연쇄 반응을 일으킬 수 있는 위험.

---

423) '도달 범위'(reach)는 영향을 미칠 수 있는 범위와 규모를 의미할 것이다. 예컨대, 고급 AI 모델이 금융, 의료, 교통, 국방 등 여러 분야에서 동시에 이용될 경우, 그 범위는 매우 넓어지고, 위험도 더 복잡하고 광범위해질 수 있다. 이러한 위험은 시스템적 위험으로 이어질 수 있고, 단순히 개별적인 문제를 넘어 전체 AI 생태계의 안전을 위협할 가능성이 있다. 범용 AI 모델이 제51조 제1항의 고영향 역량에 상응하는 역량 또는 영향을 가지는지 결정할 목적으로 검토되는 기준의 하나로서 EU에 설립된 최소 1만 명의 등록된 비즈니스 이용자가 이용 가능하게 된 경우 그 도달 범위로 인해 내부시장에 대한 고영향이 추정된다. 부속서 XIII (f)호 참조.

424) 상설 제110항. 가드레일(guardrails)은 안전하고 설명책임 있는 AI의 개발과 이용을 보장하기 위한 제도적, 기술적 보호장치를 의미할 것이다.

425) 상설 제110항.

426) 시스템적 위험이 있는 범용 AI 모델의 첫 두 가지 근본적인 위험은 나쁜 의도를 가진 인간이 AI를 무기로 사용하는 의도적 악용 및 선의를 가진 인간의 지시를 AI가 잘못 해석하거나 극단적으로 수행하여 재앙을 초래하는 의도치 않은 통제의 문제 즉 정렬의 실패 위험이다.

(2) 시스템적 위험이 있는 범용 AI 모델의 요건

범용 AI 모델은 다음의 조건 하나를 충족하는 경우 시스템적 위험이 있는 범용 AI 모델 즉 고성능 AI 모델로 분류된다.

1) 정량적 기준

범용 AI 모델이 지표와 벤치마크를 포함하여 적절한 기술적 도구와 방법론에 근거하여 평가된 고영향 역량을 가지면 시스템적 위험이 있는 범용 AI 모델이 된다.[427] 모델이 가진 역량의 전체 범위는, 해당 모델이 시장에 출시되거나 운영자가 모델과 상호작용을 시작한 후 비로소 더 잘 이해될 수 있다.[428]

'고영향 역량'(high impact capabilities)은 가장 발전된 범용 AI 모델에서 기록된 역량과 일치하거나 이를 능가하는 역량을 의미한다.[429]

범용 AI 모델은 부동소수점 연산으로 측정하여 훈련에 이용된 누적 연산량이 10^{25}플롭스(floating-point operations, FLOPs)보다 큰 경우 고영향 역량을 가진 것으로 추정한다.[430] 이러한 고영향 역량에 대한 해당 임계치를 충족하는

---

427) 제51조 제1항(a).

428) 상설 제111항. AI 모델은 개발자가 예상하지 못한 새로운 능력이 시장에 출시된 후 다양한 방식의 이용 과정에서 드러낼 경우가 있다. 예컨대 원래 언어 번역 모델로 개발되었는데, 복잡한 컴퓨터 코드를 짜는 데 훨씬 더 뛰어난 능력이 뒤늦게 발견될 수 있다. 반대로 오용 가능성도 다양한 의도를 가진 이용자의 모델과 상호작용 후 비로소 명확하게 드러날 수 있다. 따라서, 시장 출시 전의 연산량만으로 시스템적 위험을 판단하기에 불충분할 것이고 시장 출시 후에도 모델의 역량이나 영향이 예상보다 훨씬 더 크다는 사실이 밝혀지면, 유럽위원회가 그 새로운 이해를 바탕으로 해당 모델을 시스템적 위험이 있는 모델로 추가 지정할 수 있어야 한다.

429) 제3조 제64호.

430) 제51조 제2항. 전반적으로 이 임계치보다 낮은 모델의 사회적 위험이 적다는 것을 의미한다. 그러나, 10^{25}플롭스(FLOPs)도 너무 높은 기준이라고 지적된다. P. Hacker, Comments on the final trilogue version of the AI act, 2024, EP Briefing-AI, p. 10에서 재인용. AI법의 플롭스 기준은 부동소수점 연산의 총량을 의미하는 'FLOPs'(Floating-point Operations)이고, 컴퓨터의 초당 연산 속도를 의미하는 'FLOPS'(Floating-point Operations Per Second)와 구별된

범용 AI 모델은 시스템적 위험이 있는 범용 AI 모델이 된다.[431] 10^{25}플롭스(FLOPs)의 기준은 대량의 데이터를 이용하고 수많은 매개변수를 훈련하여 예측 불가능한 행동의 가능성이 증가한다고 보고, 사전 예방 차원에서 파급력이 큰 모델의 규제에 집중하려는 것이다.

'부동소수점 연산'(floating-point operation)은 부동소수점을 수반한 모든 수학적 연산 또는 할당(assignment)을 의미하는데, 부동소수점은 컴퓨터에서 일반적으로 고정된 밑(base)을 가진 정수 지수(exponent)에 의해 그 크기가 조정되는 고정된 정밀도의 정수(integer)로 표현되는 실수의 부분집합이다.[432]

AI법의 발효 당시 최첨단 기술에 따르면, 부동소수점 연산으로 측정된 범용 AI 모델의 훈련에 이용된 누적 연산량은 모델의 역량에 대한 관련 근사치 중 하나이다.[433] 훈련에 이용된 누적 연산량은 사전 훈련, 합성 데이터 생성 및 미세조정과 같이 운영 전에 모델의 역량을 향상시킬 의도인 활동과 방법 전반에 걸쳐 이용된 연산을 포함한다.[434] 따라서 부동소수점 연산에 대한 초기 임계치가 설정되어야 하고, 이를 충족하면 해당 모델은 시스템적 위험이 있는 범용 AI 모델이라고 추정할 수 있다.[435]

다. 바이든 대통령의 2023년 10월 30일 AI 행정명령 14110은 훈련, 기능과 보안에 대한 세부 정보를 정부에 보고해야 하는 AI 모델의 임계치로 10^{26}플롭스(FLOPs)를 설정했는데 이는 AI법의 임계치보다 10배 더 높은 수준이다. 이 임계치는 GPT-4 이후 또는 GPT-4.5 ~ GPT-5 수준 이상을 겨냥한 것으로 이해되었다. 그러나, 트럼프 대통령은 2025년 1월 23일 재취임 당일 동 행정명령을 폐지하는 AI 행정명령 14179에 서명했고, 더이상 플롭스(FLOPs) 기준에 따른 보고 의무는 없는 것으로 보인다. 10^{25}플롭스(FLOPs) 연산으로 훈련된 모델은 700만-1,000만 달러 비용이 들고, 10^{26}플롭스(FLOPs) 연산으로 훈련된 모델은 7,000만-100,000,000 달러 비용이 든다고 추산된다.

431) 상설 제112항.

432) 제3조 제67호. 부동소수점(floating point)은 실수를 표현하는 컴퓨터 연산 방식이며, 부동소수점 연산은 컴퓨터가 수행하는 실수 계산의 횟수를 의미한다. AI에서 플롭스가 모델의 규모와 연산 복잡도를 나타내는 핵심 지표로 활용되고, AI법은 이를 범용 AI 모델의 위험 규율 기준으로 삼고 있다.

433) 상설 제111항.

434) 상설 제111항.

2) 정성적 기준

범용 AI 모델이 유럽위원회의 직권 또는 과학 패널의 공식 경고에 따른 결정에 근거하여 부속서 XIII에 규정된 기준을 고려하여 위 첫 조건에 명시된 것과 동등한 역량 또는 영향력을 가지면 시스템적 위험이 있는 범용 AI 모델이 된다.[436] 첫째, 유럽위원회가 이전에 알려지지 않았거나 관련 제공자가 유럽위원회에 통지하지 않은 범용 AI 모델이 시스템적 위험이 있는 범용 AI 모델로 분류되는 요건을 충족한다는 사실을 알게 되면, 유럽위원회는 해당 모델을 시스템적 위험이 있는 범용 AI 모델로 지정할 수 있다.[437]

둘째, '공식 경고'(qualified alert) 시스템에 따라 AI사무국은 자체 모니터링에 더하여 과학 패널로부터 시스템적 위험이 있을 수 있어 범용 AI 모델로 분류될 가능성이 있는 범용 AI 모델을 통보받도록 보장된다.[438] 과학 패널은 다음을 의심할 이유가 있을 경우 AI사무국에 공식 경고를 제공할 수 있다:[439] (a) 범용 AI 모델이 EU 수준에서 구체적이고 식별 가능한 위험을 주거나; 또는 (b) 범용 AI 모델이 제51조 제2항에 언급된 조건을 충족하는 경우. 이러한 공식 경고에 대하여 유럽위원회는 AI이사회에 통지한 후 AI사무국을 통해서 해당 사안의 평가 목적으로 권한을 행사할 수 있다.[440] 공식 경보는 적절히 이유를 명시하고 적어도 다음을 나타내야 한다:[441] (a) 해당 시스템적 위험이 있

---

435) 상설 제111항.

436) 제51조 제1항(b). 부속서 XIII은 시스템적 위험이 있는 범용 AI 모델의 지정 기준을 규정한다. 과학 패널(scientific panel of independent experts)은 AI법에 따른 집행 활동을 지원하고, 유럽위원회가 AI 분야에서 최신의 과학적 또는 기술적 전문성에 근거하여 선정한 전문가들로 구성된다. 제68조 참조.

437) 상설 제113항.

438) 상설 제113항. 이는 AI사무국의 모니터링 활동과 별도로 이루어진다. 과학 패널의 공식 경고는 범용 AI 모델의 시스템적 위험성을 평가하기 위해 과학 패널이 과학적 분석과 정량적 근거에 따라 공식적으로 발령하는 경고 의견을 가리킨다. 상설 제163항 참조.

439) 제90조 제1항. 과학 패널의 해당 업무 수행에 필요한 정보를 확보할 수 있도록, 과학 패널이 유럽위원회로 하여금 제공자에게 문서 또는 정보를 요구하도록 요청할 수 있는 메커니즘이 마련되어야 한다. 상설 제163항.

440) 제90조 제2항 제1문. 동 권한은 제88조 내지 제94조 참조.

441) 제90조 제3항.

는 범용 AI 모델 제공자의 연락처, (b) 과학 패널 경보의 관련 사실과 이유의 설명, (c) 적절한 경우 자체적으로 획득한 정보를 포함한 과학 패널이 관련된다고 고려한 다른 정보.

범용 AI 모델이 고영향 역량 조건에 명시된 것과 동등한 '역량 또는 영향'(capabilities or an impact)을 가지는지 판단하기 위해 유럽위원회는 다음의 기준을 고려해야 한다:[442] (a) 모델의 매개변수 수, (b) 예컨대 토큰을 통해 측정되는 데이터 세트의 품질 또는 크기, (c) 부동소수점 연산으로 측정되거나 예상된 훈련 비용, 훈련에 요구된 예상된 시간 또는 훈련을 위한 예상된 에너지 소비량 등 다른 변수의 조합으로 표시되는 모델의 훈련에 이용된 연산의 양, (d) 텍스트 대 텍스트(대규모 언어 모델), 텍스트 대 이미지, '다중 양식'(multi-modality) 등 모델의 투입물과 결과물 양식 및 각 양식에 대해 고영향 역량을 결정하기 위한 최신 임계치, 및 생물학적 서열과 같은 특정 유형의 투입물과 결과물, (e) 추가적 훈련이 필요 없는 과업의 수, 새롭고 별개의 과업을 학습할 수 있는 적응성, 자율성과 확장성 수준, 접근하는 도구를 고려하는 것을 포함하여 모델의 역량에 대한 벤치마크와 평가, (f) EU에 설립된 최소 1만 명의 등록된 비즈니스 이용자가 이용 가능하게 된 경우 그 도달 범위로 인해 내부시장에 대한 고영향이 추정되는지 여부,[443] (g) 등록된 '최종 이용자'(end-users) 수.[444]

임계치와 고영향 역량을 평가하기 위한 도구와 벤치마크는 범용 AI 모델의 범용성, 역량과 관련 시스템적 위험을 강력하게 예측할 수 있어야 하고, 모델이 시장에 출시되는 방식이나 영향을 미칠 수 있는 이용자 수를 고려할 수 있어야 한다.[445] 이러한 시스템을 보완하기 위해, 해당 모델이 설정된 임계치에 의해 포착된 것과 동등한 역량 또는 영향을 가지고 있다고 판단되는 경우 유럽위원회는 범용 AI 모델을 시스템적 위험이 있는 범용 AI 모델로 지정하는

---

442) 부속서 XIII.

443) 비즈니스 이용자는 법인이나 자영업자로서 범용 AI 모델을 활용하여 상품, 서비스, 콘텐츠를 생성할 수 있다.

444) 최종 이용자는 개인이나 기업 모두를 포함할 수 있고, 설립지의 제한이 없는 점에서 EU 역외 이용자도 포함할 수 있으며, 해당 서비스 또는 모델의 단순 이용자이다.

445) 상설 제111항.

개별 결정을 내릴 수 있어야 한다.[446] 이러한 결정은 훈련 데이터 세트의 품질 또는 규모, 사업과 최종 이용자의 수, 투입물과 결과물 방식, 자율성과 확장성 수준, 또는 접근하는 도구 등 부속서에 규정된 시스템적 위험이 있는 범용 AI 모델의 지정 기준에 대한 전반적인 평가를 바탕으로 취해진다.[447]

시스템적 위험이 있는 범용 AI 모델로 지정된 제공자의 이유를 밝힌 요청이 있으면, 유럽위원회는 해당 요청을 고려하여 해당 범용 AI 모델이 여전히 시스템적 위험을 초래하는 것으로 간주될 수 있는지 재평가를 결정할 수 있다.[448]

표 4-7 제51조에 따른 시스템적 위험이 있는 범용 AI 모델의 지정 기준

분류 경로	핵심 기준	설명
정량적 기준(제1항(a))	누적 연산량 (플롭스, FLOPs)	AI 모델의 훈련에 사용된 누적 연산량이 10^{25}플롭스(FLOPs)를 넘으면 잠재적 성능과 영향력이 매우 크다는 추정의 근거가 됨.
정성적 기준(제1항(b))	유럽위원회의 직권 지정	연산량이 정량적 기준에 미치지 않아도 해당 모델의 역량이나 영향력이 그 기준과 동등하거나 더 크다고 판단되면 유럽위원회가 직접 지정하는데, 연산량만으로 측정할 수 없는 위험에 대응하기 위함.

(3) 개정 등

유럽위원회는 위임입법을 채택하여 시스템적 위험이 있는 범용 AI 모델에 관한 제51조 제1항과 제2항에 열거된 기준을 개정하고, 알고리즘 개선 또는 하드웨어 효율성 증가 등 진화하는 기술 발전을 고려하여 필요한 경우 이러한 기준이 최신 상태를 반영할 수 있도록 벤치마크와 지표를 보완해야 한다.[449] 이 기준은 알고리즘 개선 또는 하드웨어 효율성 향상 등 기술적 및 산업적 변

446) 상설 제111항.

447) 상설 제111항.

448) 상설 제111항.

449) 제51조 제3항. 유럽위원회의 위임입법의 채택 권한은 2024년 8월 1일부터 5년의 기간 부여되고, 유럽의회 또는 EU이사회가 각 기간이 종료되기 3개월 전까지 연장에 반대하지 않는 한 암묵적으로 동일한 기간이 연장된다. 제97조 제2항.

화를 반영하기 위해 시간이 지남에 따라 조정되어야 하고, 모델의 역량에 대한 벤치마크와 지표로 보완되어야 한다.[450]

기준은 물론 고영향 역량을 평가하기 위한 도구와 벤치마크는 범용성, 그 역량 및 범용 AI 모델의 관련된 시스템적 위험을 강력히 예측해야 하고, 모델이 시장에 출시되는 방식이나 영향을 받을 수 있는 이용자 수를 고려할 수 있다.[451] 이러한 기준의 개선을 위해 AI사무국은 과학계, 산업계, 시민사회 및 다른 전문가들과 협력해야 한다.[452]

*** 시스템적 위험과 고위험의 비교

제51조는 특정 범용 AI 모델을 시스템적 위험의 범주에 포함하기 때문에 고위험 AI 시스템의 분류 기준을 규정한 제6조에 상응하는 것으로 볼 수 있다. 그러나 범용 AI 모델의 시스템적 위험은 고위험 AI 시스템의 경우와 다르다. 범용 AI 모델의 시스템적 위험은 제품 안전에 관한 법이나 기본권의 관련성에 따라 결정되는 것이 아니라 그 행위의 원인과 부속서 XIII에 명시된 기준에 따라 결정되기 때문이다. 더 크고 강력한 모델과 최종 이용자 수가 기본권 관련성의 지표가 될 수 있다고 가정하더라도 제품 안전에 관한 법 또는 기본권의 영향과 관련된 제6조의 위험 분류는 이러한 계산 기준치와 공통점이 거의 없다. 제6조와 제51조의 문구에서 이해할 때, 제6조에 따른 고위험 시스템과 제51조에 따른 시스템적 위험이 있는 모델을 모두 보유한 제공자는 이들 두 조항의 의무를 누적적으로 준수해야 할 것이다.

3. 범용 AI 모델과 범용 AI 시스템

범용 AI 모델에 기반하여 구축된 AI 시스템 즉 범용 AI 시스템은 실제 사회에서 중요한 역할을 한다. 범용 AI 모델이 특정 AI 시스템에 통합되거나 그 일부를 구성하고, 그 통합의 결과로 해당 시스템이 다양한 목적을 수행할 수 있는 역량을 갖게 되는 경우, 그 시스템은 범용 AI 시스템이 된다.[453] 범용 AI

450) 상설 제111항.
451) 상설 제111항.
452) 상설 제111항.
453) 상설 제100항.

시스템은 단독으로 사용되거나 다른 AI 시스템에 통합되어 사용될 수 있다. 범용 AI 모델을 통합한 범용 AI 시스템의 제공자는 '다운스트림 제공자'(downstream provider)가 된다.[454)]

'범용 AI 시스템'(general-purpose AI system)은 범용 AI 모델에 기반하고, 직접 이용은 물론 다른 AI 시스템에서 통합을 위해 다양한 목적으로 이용할 역량을 가진 AI 시스템을 의미한다.[455)]

우리 사회와 경제에 실제적인 영향을 주는 AI 시스템의 절대다수는 특정 목적 AI 시스템이다.[456)] ChatGPT나 Gemini 등 대화형 범용 AI 시스템의 가시적인 성능과 인상에도 불구하고 특정 목적 AI 시스템은 금융, 유통, 제조, 의료, 자동차, 일상생활 등에서 더 큰 유용성과 위험을 제공하고 있다. 따라서, AI법의 범용 AI 시스템에 대한 규제가 덜 강조되는 것은 현실에 부응하는 것으로 보인다. AI법은 AI 공급망의 최상층에 있는 범용 AI 모델과 시스템적 위험이 있는 범용 AI 모델 및 사람의 권리와 안전에 직접 영향을 주는 특정 목적 고위험 AI 시스템의 규제에 집중하고 있다.

ChatGPT 같은 범용 AI 시스템은 독립적으로 이용될 때 주로 제한된 위험으로 분류되어 AI라는 사실을 고지하는 투명성 의무가 부과될 뿐이다.[457)] 따라서, 합성 오디오, 이미지, 비디오 또는 텍스트 콘텐츠가 기계 판독 가능한

---

454) 제3조 제68호. AI 모델을 통합한 AI 시스템이면 되는 점에서 다운스트림 제공자는 특정 목적 AI 모델을 통합한 특정 목적 시스템의 제공자도 될 것이다.

455) 제3조 제66호.

456) AI법의 적용을 받는 AI 시스템은 범용 AI 시스템은 물론 '특정 목적 AI 시스템'(specific-purpose AI system) 모두 포괄한다. AI법은 범용 AI 시스템을 별도로 정의하는 점에서 범용 AI 시스템은 특수한 형태의 AI 시스템으로 볼 수 있다. AI법의 범용 AI 시스템에 대한 특별한 규정은 없지만, 제V장의 범용 AI 모델에 대한 규정이 있어서 동 모델을 내장하거나 사용하는 시스템이 고위험으로 분류될 경우 간접적으로 규제를 받게 된다. 그러나, 제3자에게 제품이나 서비스를 제공하는 데 필수적이지 않은 순수 내부 과정에 이용되고 자연인의 권리가 영향을 받지 않는 경우 범용 AI 모델의 의무는 적용되지 않는다. 상설 제97항.

457) 범용 AI 시스템은 고위험으로 분류될 수 있고, 이 경우 시장감시 당국은 AI사무국과 협력하여 관련 의무 준수 평가를 수행하고 AI이사회와 다른 시장감시 당국에 통지해야 한다. 제75조 제2항.

형식으로 표시되고 인위적으로 생성 또는 조작된 것으로 탐지될 수 있도록 보장하는 것이다.[458]

범용 AI 시스템은 직접 이용될 수 있고 다른 AI 시스템에서 통합되어 이용될 수 있다. 유의할 점은 특정 목적을 위해 만들어진 AI 시스템은 강력한 범용 AI 모델을 탑재함으로써 그 기능이 확장되면 범용 AI 시스템이 되는 점이다. 범용 AI 시스템이 이용자와 직접 상호작용하면 기본적인 투명성 의무에 따라 이용자에게 AI와 상호작용하고 있음을 고지해야 한다. 또한 범용 AI 시스템은 금지, 고위험, 최소 위험 등으로 다시 분류되어서 해당 위험에 따른 의무가 부과된다.

(1) 범용 AI 시스템의 직접 이용

일반 최종 이용자는 범용 AI 시스템의 자체 인터페이스 즉 웹사이트나 앱 등에 직접 접속하여 다양한 과업을 수행할 수 있다. 예컨대, 학생이 과제 보고서를 작성하기 위해, ChatGPT 웹사이트에 직접 접속하여 "AI법의 위험 기반 접근에 대해 설명해줘"라고 질문하고 그 답변을 참고 자료로 활용한다. 또는 기업이 새로운 제품의 광고 문구를 구상하기 위해, Microsoft Copilot을 열고 "젊은 세대를 위한 친환경 화장품 슬로건 10가지를 제안해줘"라고 요청하여 아이디어를 얻는다. 이렇게 ChatGPT, Copilot, Gemini는 그 자체로 완성된 하나의 서비스이고 제품으로서 범용 AI 시스템의 직접 이용에 대한 완벽한 예시가 된다.

(2) 범용 AI 시스템의 다른 AI 시스템에 통합적 이용

범용 AI 시스템은 다른 특정 목적 AI 시스템에 통합되는 핵심적인 부품 또는 엔진으로 사용될 수 있다. 이러한 통합적 이용은 주로 API(응용 프로그래밍 인터페이스)를 통해 이루어진다. 예컨대, 언어 학습 앱의 이용자와 대화를 나누거나 문법의 틀린 이유를 설명하는 기능은 OpenAI의 GPT-4 모델(ChatGPT의 기반)이 API를 통해 자사 앱(시스템)에 통합하여 구현될 수 있다.[459] 또한, 시각

458) 제50조 제2항.

장애인 보조 앱의 이용자가 카메라로 주변을 비추면 AI가 그 장면을 음성으로 설명해주는 기능은 GPT-4 모델을 API를 통해 해당 특정 목적 시스템에 통합하여 구현된 것이다. 또한, 기업이 자사 직원들을 위해 '검색 증강 생성'(RAG) 기술을 이용하여 내부 인사 규정 Q&A 챗봇을 개발한 경우, 이 챗봇은 Microsoft의 'Azure OpenAI Service'를 통해 GPT-4o 같은 범용 AI 모델에 접근하고 여기에 회사의 인사 규정 등이 담긴 내부 데이터베이스를 연결한 것이다. 이러한 챗봇은 범용 모델을 활용하여 내부 인사 규정 안내라는 하나로 명확한 목적으로 한정한 점에서 특정 목적 AI 시스템이다.

4. 범용 AI 모델 규정의 통합된 AI 시스템에 대한 적용

AI법의 범용 AI 모델과 시스템적 위험이 있는 범용 AI 모델에 대한 구체적인 규정은 이러한 모델이 AI 시스템에 통합되거나 그 일부를 구성하는 경우에도 적용되어야 한다.[460] 범용 AI 모델의 제공자 의무는 범용 AI 모델이 시장에 출시되면 적용되어야 한다.[461] 범용 AI 모델의 제공자가 자신의 모델을 시장에서 이용 가능하게 하거나 서비스에 투입된 자신의 AI 시스템에 통합하는 경우, 해당 모델은 시장에 출시된 것으로 간주되어야 하고, AI 시스템에 대한 의무와 함께 범용 AI 모델에 대한 의무는 계속 적용된다.[462] 즉 OpenAI 등 강력한 기초 모델과 그 모델을 활용한 서비스를 모두 직접 개발하고 제공하는 수직 통합형 거대 기술 기업이 ChatGPT라는 서비스를 대중에게 제공하는 순간, 동 서비스의 기반 GPT-4인 AI 모델은 법적으로 시장에 출시된 것으로 간주된다. 제3자에게 모델 자체를 판매하지 않아도 모델의 기능이 최종 서비스를 통해 시장에 제공되기 때문이고, 이렇게 OpenAI는 GPT-4에 대하여 범용 AI 모델 제공자로서 또한 ChatGPT에 대하여 AI 시스템 제공자나 운영자로서 의무가 누적되어 적용된다.[463]

459) 이용자는 해당 앱과 상호작용하지만, 범용 AI 모델/시스템이 작동하여 이용자에 대한 답변이 생성된다.

460) 상설 제97항.

461) 제2조 제1항(a), 상설 제97항.

462) 상설 제97항.

그러나, 범용 AI 모델에 대한 의무는 제3자에게 제품이나 서비스를 제공하는 데 '필수적이지 않은'(not essential) '순수 내부 프로세스'(purely internal processes)에 이용되고 자연인의 권리가 영향을 받지 않는 경우 적용되지 않는다.[464] 즉 범용 AI 모델이 외부 시장에 제품이나 서비스로 제공되지 않고 순수하게 내부 업무 효율화나 연구·개발 목적으로만 사용되고 개인의 권리에 영향을 미치지 않으면, 동 모델 제공자는 AI법의 범용 AI 모델 제공자로서 엄격한 의무를 부담하지 않는다.[465] 그러나 제공자가 범용 AI 모델이 EU에서 이용 가능하게 되거나 서비스에 투입된 자신의 AI 시스템에 통합한 경우, 해당 모델을 제3자에게 제공하지 않더라도 범용 AI 모델에 관한 의무가 적용된다. 시스템적 위험이 있는 범용 AI 모델의 잠재적인 상당한 부정적 영향을 고려할 때, AI법의 관련 의무는 항상 적용된다.[466]

표 4-8 AI 시스템의 분류

분류	설명	AI법에서 지위	예
AI 시스템	AI 모델(예컨대 엔진)을 탑재하여, 최종 이용자에게 제공되는 완성된 제품/서비스.	AI법의 주된 규제 대상이고, 특정 목적 AI는 위험 등급별로 세분화됨.	ChatGPT, 자율주행차, 의료 진단 소프트웨어
범용 AI 시스템	범용 AI 모델을 기반으로, 그 자체로 다	주로 제한적 위험으로 분류됨(AI와 상호	ChatGPT 서비스, Copilot, Gemini 웹/앱

463) OpenAI는 범용 AI 모델 GPT-4를 개발하고, 이 모델은 API를 통해 다른 기업에 판매될 수 있다. 또한, 자신이 직접 운영하는 ChatGPT라는 AI 시스템에 통합하여 최종 이용자에게 서비스로 제공한다.

464) 상설 제97항.

465) 예컨대, 범용 AI 모델인 GPT-4o를 기반으로 사내 전용 챗봇을 개발한 회사가 이 챗봇을 내부 지식 관리 및 검색 시스템을 위해 이용하는 경우 순수 내부 프로세스에 해당한다. 그러나, 자동차 회사가 판매할 자율주행차의 핵심 주행 알고리즘을 개발하고자 범용 AI 모델을 사용하는 경우. 이러한 내부 개발 과정은 외부 고객에게 판매될 제품에 필수적이고 사람들의 안전 내지 안전에 대한 권리에 직접적인 영향을 미치므로 이 예외가 적용되지 않는다.

466) 상설 제97항.

	양한 목적으로 사용될 수 있는 이용자 대상의 완성된 서비스.	작용 중임을 알려야 하는 투명성 의무 등)	
특정 목적 AI 시스템	특정 목적(채용, 의료 등) 해결을 위해 만들어진 최종 제품/서비스로서 가장 일반적인 형태.	AI법의 핵심 규제 대상이고, 이용 목적에 따라 금지/고위험/제한적 위험/최소 위험으로 분류되어 차등적인 규제를 받음.	고위험으로서 AI 채용 서류 평가 시스템, 의료 영상 진단 보조 소프트웨어, AI 시험 감독관, 제한적 위험으로서 딥페이크 생성 앱, 최소 위험으로서 이메일 스팸 필터, 게임 속 NPC

표 4-9 AI 모델의 분류

분류	설명	AI법에서 지위	예[467]
AI 모델	AI 시스템의 핵심 두뇌 역할을 하는 알고리즘과 데이터의 집합체.	AI법은 범용/시스템적 위험이 있는 범용의 두 유형으로 나누어 규율함.	GPT, Llama(언어 모델), Stable Diffusion (이미지 생성 모델), AlphaGo (게임 모델)
특정 목적 AI 모델	단일 과업에만 특화된 전용 엔진에 해당하고 범용성이 없음.	이 모델 자체는 직접 규제 대상이 아니지만, 최종 시스템의 위험 등급에 따라 규제됨.	의료 영상에서 암세포만 탐지하도록 훈련된 모델, 반도체 웨이퍼의 결함만 검사하도록 훈련된 모델
범용 AI 모델	다양한 과업 수행이 가능한 만능 엔진에 해당하고 상당한 범용성을 가짐.	기술문서, 저작권 정책 등 의무	GPT-4, Gemini, Llama 3(소규모 버전)
시스템적 위험이 있는 범용 AI 모델	범용 모델 중에서도 사회 전체에 영향을 미칠 수 있는 가장 강력한 엔진에 해당.	범용 모델에 대한 의무에 더하여, 적대적 테스트 등 추가적 의무	GPT-4o, Gemini 1.5 Pro, Claude 3 Opus

467) 특히 시스템적 위험이 있는 범용 AI 모델의 예는 추정적임에 유의해야 한다.

Chapter 05

AI 이해력

'AI 이해력'(AI literacy)은 제공자, 운영자 및 영향받는 사람이 AI 시스템과 상호작용하거나 그 영향을 받을 때, 자신의 권리와 의무를 이해하고 행사할 수 있도록 하는 지식·기술·이해를 말한다. 이는 단순히 기술적 이해에 그치지 않고, AI가 제공하는 기회와 위험 및 잠재적 해에 대한 인식을 포함한다. AI 시스템의 제공자와 운영자는 자신의 직원 등의 충분한 수준의 AI 이해력을 최선으로 보장하게 한다. AI 이해력은 영향받는 사람의 설명받을 권리 등 권리와 안전한 AI 이용을 연결하는 가교 개념으로서, 실제에 있어서 중요한 개념이다.

Chapter 05

AI 이해력[1)]

1. AI 이해력의 의의

제공자와 운영자는 자신의 기술 지식, 경험, 교육과 훈련, AI 시스템이 이용될 맥락을 고려하고 또한 AI 시스템을 이용할 사람 또는 그 그룹을 고려하여 자신의 직원과 그들을 대신하여 AI 시스템의 작동과 이용을 다루는 다른 사람의 AI 이해력의 충분한 수준을 최대한 보장하는 조치를 해야 한다.[2)]

'AI 이해력'(AI literacy)은 제공자, 운영자 및 영향받는 사람이, AI법 맥락에서 각자의 권리와 의무를 고려하여, AI 시스템의 정보에 근거한 운영을 하고 또한 AI의 기회와 위험 및

---

1) AI 이해력에 관한 제4조는 2025년 2월 2일부터 적용된다. 제4조와 관련된 유럽위원회의 활동에 대한 정보는 'AI 팩트'(AI Pact) 웹페이지(https://digital-strategy.ec.europa.eu/en/policies/ai-pact)에서 확인할 수 있다. 또한, AI 팩트 참여자의 AI 이해력 관행은 AI Office, Living Repository of AI Literacy Practices (v.16.04.2025) 참조. 또한, European Commission, AI Literacy - Questions & Answers, https://digital-strategy.ec.europa.eu/en/faqs/ai-literacy-questions-answers 참조.

2) 제4조.

3) 제3조 제56호.

AI가 야기할 수 있는 잠재적 해에 대해 인식을 갖게 허용하는 기술, 지식 및 이해를 의미한다.[3)]

AI 이해력의 개념은 AI 시스템 개발 단계에서 기술적 요소의 올바른 적용, 이용 중에 적용해야 하는 조치, AI 시스템의 결과물 해석의 적절한 방법, 및 영향받는 사람의 경우 AI의 지원을 받아 내린 결정이 자신에게 어떤 영향을 미치는지의 이해에 필요한 지식의 이해를 포함할 수 있다.[4)]

AI 이해력 조치의 광범위한 실행과 적절한 후속 조치의 도입으로 근무 조건을 개선하고 궁극적으로 EU에서 신뢰할 수 있는 AI의 통합과 혁신 경로를 유지할 수 있다.[5)] 즉 AI 이해력의 확산으로 직장에서 AI 남용을 방지하고, 공정하고 인간 중심적인 근무 환경을 만들 수 있게 된다.[6)] 또한, 사회 전반의 AI 이해력이 높아짐으로써 EU의 AI 산업 경쟁력과 지속 가능한 혁신을 위한 필수적인 토대 즉 대중의 신뢰가 조성되고 이는 AI 기술에 대한 사회적 수용성을 높이게 된다. 이러한 신뢰할 수 있는 AI 통합을 통하여 EU에서 AI 혁신이 지속된다.

AI 이해력은 한 문장의 한 조항으로 규정되는데, 이에 관한 제4조와 동 개념을 정의하는 제3조 제56호와 상설 제20항을 함께 이해하여야 한다.

2. AI 이해력 의무의 성격과 집행

(1) 의무의 성격

제공자와 운영자는 AI 이해력의 충분한 수준을 최대한(to their best extent) 보장해야 하는 점에서 AI 이해력 관련 의무의 수준은 절대적이지 않다. 또한,

4) 상설 제20항.

5) 상설 제20항.

6) AI 이해력을 갖춘 고용주는 직원 관리 AI를 도입하면서 그 효율성은 물론 그 AI가 직원의 자율성, 프라이버시, 정신 건강에 미칠 수 있는 부정적인 영향도 이해하여 이를 완화하는 조치를 취하게 될 것이다. 또한, AI 이해력을 갖춘 직원과 노조는 AI 기반 성과 평가나 업무 배정 방식을 이해하고, 부당하거나 차별적인 결정에 대해 자신의 권리를 보호할 수 있게 될 것이다.

제공자와 운영자 자신의 기술 지식, 경험, 교육과 훈련, AI 시스템이 이용될 맥락 및 AI 시스템을 이용할 사람이 고려되는 점에서 AI 이해력의 내용과 방향도 일률적이지 않고 상대적이다. 또한, 제공자와 운영자의 직원과 그들을 대신하여 AI 시스템을 작동하는 사람 및 시스템을 이용하는 사람에 대한 AI 이해력의 방향과 내용도 상대적일 것이다.

(2) 의무의 집행

AI 이해력에 관한 제4조는 2025년 2월 2일부터 적용된다. AI 이해력은 신뢰할 수 있는 AI 생태계를 만들기 위한 기본적인 사회적 인프라인 점에서 고위험 등 다른 복잡한 규정이 본격적으로 적용되기 전에 제공자, 운영자, 영향받는 사람이 AI에 대해 충분히 이해할 수 있도록 AI법의 가장 먼저 적용되는 조항 중 하나이다.

유럽위원회와 회원국들은 관련 이해관계자들과 협력하여 AI의 개발, 운영 및 이용을 다루는 사람들의 AI 이해력을 향상시키기 위한 자발적인 행동강령의 제정을 촉진해야 한다.[7] AI이사회는 AI 시스템의 이용과 관련된 혜택, 위험, 안전장치, 권리와 의무에 대한 대중의 인식과 이해를 증진하고, AI 이해력을 향상시키도록 유럽위원회를 지원해야 한다.[8] AI사무국과 회원국들은 AI 이해력의 촉진을 포함한 행동강령의 작성을 원활하게 해야 한다.[9] 회원국 시장감시 당국은 AI법의 전반적인 집행을 책임지는 회원국 당국이므로, 제4조의 AI 이해력 의무는 그들의 감독 범위에 포함된다. 다만, 제4조의 위반에 대한 과징금 등 벌칙은 부과되지 않는다.[10]

---

7) 상설 제20항.

8) 제66조(f).

9) 제95조 제2항(c).

10) AI 이해력의 법적 성격이나 취지를 고려할 때 그 위반에 대한 강제조치는 적절하지 않다.

3. AI 이해력의 적용 범위

(1) 적용 범위

제4조는 AI 모델을 언급하지 않지만, 모델에 대하여도 AI 이해력이 요구되는 것으로 보아야 한다. AI 이해력 개념을 정의한 제3조 제56호에서 'AI의 기회와 위험 및 AI가 야기할 수 있는 잠재적 해'의 언급과 상설 제20항에서 'AI의 지원'(assistance of AI)의 언급을 통해 AI 이해력은 AI 시스템의 개념을 넘어서 실제로 개인에게 영향을 미치는 모든 종류의 AI 기술에 대한 투명성과 이해 가능성을 보장하려는 것으로 보인다.

(2) 적용 대상

AI 이해력이 요구되는 주체는 AI 가치 사슬의 모든 관련 행위자를 포괄한다. AI 이해력은 AI 가치 사슬의 모든 관련 행위자(actors)에게 적절한 준수와 올바른 집행을 보장하는 데 필요한 통찰력을 제공해야 한다.[11]

AI 이해력이 특별하게 요구되는 주체는 제공자와 운영자 및 영향받는 사람이다. 제공자와 운영자는 그들의 직원은 물론 그들 즉 제공자와 운영자를 대신하여 AI 시스템의 작동과 이용을 다루는 다른 자를 포함한다. AI 시스템의 작동과 이용을 다루는 '다른 자'(other persons)는 개인과 기업 등 법인을 포함한다.[12]

'영향받는 사람'(affected persons)은 AI 시스템의 결정이나 결과물에 의해 직접적으로 영향을 받는 개인을 의미하고, 이들은 AI 기술의 기본적인 작동 방식을 이해하고, 자신들의 삶에 미치는 영향을 인식하며, 부당한 결정에 대해 자신의 권리를 주장할 수 있는 이해력을 갖출 필요가 있다. 이 점에서 영향받

11) 상설 제20항.

12) 예컨대, 병원이 AI 진단 시스템을 도입한 경우, 병원은 동 시스템의 운영자이고, 내부 의료진과 IT 직원은 운영자의 직원이며, 병원과 계약을 맺은 개인 IT 컨설턴트와 시스템의 정기적인 업데이트와 보안 관리를 위탁받은 IT 전문 기업은 '다른 자'가 된다. 따라서, AI 이해력 의무는 시스템의 운영자인 병원 내부 직원은 물론 개인 컨설턴트 및 전문 기업과 동 기업의 관련 직원으로 확대된다.

는 사람은 AI 시스템의 '최종 이용자'(end users)보다 넓은 개념이다.[13)]

AI법은 EU 역외 제공자와 운영자에게 적용될 수 있는 점에서, 원칙적으로 AI 이해력을 규정한 제4조도 역외적용의 대상이 된다. AI 이해력의 법적 의무의 수준이 완전하지 않지만, EU 시장에 출시 또는 서비스에 투입하려는 역외 기업은 AI 이해력의 의무를 최대한 실행하여 EU 내 소비자의 신뢰를 조성할 수 있어야 한다.

4. AI 이해력의 구성요소

(1) 정보에 근거한 결정

AI 이해력은 제공자, 운영자 및 영향받는 사람에게 AI 시스템에 관한 '정보에 근거한 결정'(informed decisions)을 내리는 데 필요한 개념을 제공한다.[14)] 제공자는 AI 시스템이나 모델을 개발하면서 자신이 만드는 기술의 잠재적 위험을 이해하고, AI법의 모든 법적 의무를 준수하며, 기술적·윤리적 측면에서 최선의 선택을 내리게 된다.[15)] 운영자는 AI 시스템을 실제 현장에 도입하여 사용하면서 자신의 목적에 맞는 AI를 현명하게 선택하고, 그 시스템의 위험을 관리하며, 적절한 감독 체계를 갖추기로 결정하게 된다.[16)] 영향받는 사람은 AI의 결정에 의해 직접적으로 영향을 받으면서 AI의 작동 방식을 기본적인 수준에서 이해하고, 그 결과에 대해 어떻게 대응하고 자신의 권리를 행사할지를

---

13) 예컨대, AI 채용 시스템에서 탈락한 지원자는 동 시스템의 결과에 영향을 받은 것이고, AI의 감시를 받는 일반 시민도 그 결과에 영향을 받을 것이며, AI 챗봇과 대화하는 이용자는 동 시스템을 이용하면서 동시에 그 결과의 영향을 받을 것이다.

14) 상설 제20항.

15) 예컨대, 채용 AI를 개발하는 제공자는 차별의 역사적 패턴이 담긴 데이터의 위험성을 이해하고, 이를 완화하기 위해 편향되지 않은 데이터를 사용하는 결정을 하는 것이다. 또한, AI 시스템의 한계와 위험성을 투명하게 공개하여 이용자의 신뢰를 얻기 위하여 사용 설명서를 충실하게 작성하는 결정을 하는 것이다.

16) 예컨대, 의료 진단 AI를 운영하는 병원은 정확도 검증이 확실하고 투명성이 높은 제품을 선택하여 도입하는 결정을 하는 것이다. 또한, 직원 성과 평가 AI를 도입하는 회사는 AI의 오류 가능성을 인지하고 모든 AI의 평가에 대한 인사팀장의 재검토를 거쳐 최종 승인하도록 내부 규정을 정하는 것이다.

결정하게 된다.[17)]

(2) 정보에 근거한 운영

제공자, 운영자와 영향받는 사람은 AI 시스템의 '정보에 근거한 운영'(an informed deployment)을 할 수 있어야 한다.[18)] 정보에 근거한 운영에 관하여, 운영자의 AI 이해력이 가장 중요할 것인데, 운영자는 AI 시스템의 성능, 한계, 잠재적 위험, 및 제공자가 제공한 사용 설명서의 내용을 충분히 이해하고 이를 바탕으로 책임 있게 시스템을 실제 현장에 도입하고 운영해야 하기 때문이다. 제공자는 직접 운영하지는 않지만, 운영자가 정보에 근거한 운영을 할 수 있도록 필수적인 정보를 제공하는 조력자 역할을 한다. 영향받는 사람은 정보에 근거한 이해와 대응이 보장되어야 하는 점에서 정보에 근거한 운영의 최종 수혜자이다.

(3) AI 기회, 위험의 인식

제공자, 운영자와 영향받는 사람은 AI의 기회와 위험 및 AI가 야기할 수 있는 잠재적 해에 대해 인식을 가질 수 있어야 한다.[19)] AI의 위험과 해에 대한 인식은 피해를 입을 수 있는 영향받는 사람만의 문제가 아니고, 그 위험을 원천적으로 통제해야 할 제공자와 운영자에게도 중요한 문제이다. 즉 제공자가 이러한 위험을 인식하지 못하면 위험한 AI를 만들게 되고, 운영자가 위험을 인식하지 못하면 위험한 AI를 도입하여 부적절하게 이용하게 된다. 따라

17) 예컨대, 은행의 AI 대출 심사에서 탈락한 고객은 이 결정이 부당하다고 느끼면 GDPR 제22조에 따라 은행에 인적 검토를 요구하는 결정을 하는 것이다. 또한, 챗봇과 대화할 때, AI임을 인지하고 제공되는 정보가 100% 정확하지 않을 수 있다고 판단하여, 중요한 정보는 다른 출처를 통해 다시 확인하는 결정을 하는 것이다.

18) 제3조 제56호. 상설 제20항의 정보에 근거한 결정과 제3조 제56호의 정보에 근거한 운영은 밀접하게 연관되지만, 전자가 후자보다 포괄적이다. 정보에 근거한 결정은 AI의 개발, 도입, 이용, 및 그 결과에 대한 대응 등 AI 생애주기 전반에 걸쳐 모든 주체가 현명한 판단을 내리는 것이고, 정보에 근거한 운영은 AI를 실제 현장에 도입하고 이용하는 실행 단계에서 현명한 결정을 내리는 것이다. 따라서, 정보에 근거한 운영은 정보에 근거한 결정의 가장 중요하고 실질적인 내용이다.

19) 제3조 제56호.

서, 제공자는 자신이 만든 AI 기술의 잠재적 오용과 위험을 예측하여 이를 완화할 책임을 지고, 운영자는 시스템 도입으로 직원과 고객에게 미칠 구체적인 기본권 침해 등을 평가하고 그들을 보호해야 한다. 영향받는 사람은 AI의 결정이 자신의 권리를 어떻게 침해할 수 있는지 이해하고, 이에 대응할 수 있는 권리를 알아야 한다.

(4) 권리와 의무의 고려

제공자, 운영자 및 영향받는 사람은 AI법 맥락에서 각자의 권리와 의무를 고려해야 한다.[20] 위험 기반 접근을 하는 AI법은 AI 시스템과 모델의 위험 수준에 따라 제공자와 운영자에게 특정 의무를 규정한다. 이러한 의무를 부담하면서 제공자는 적법한 AI 시스템을 EU 시장에 자유롭게 출시할 권리를 가지고, 운영자는 AI법을 준수하고 정보가 충분히 제공된 AI 시스템을 제공받을 권리를 가진다. 영향받는 사람은 AI법의 특정 의무를 부과받지 않지만, 제공자와 운영자의 의무로부터 특히 다음과 같은 권리를 가진다: 금지된 AI 관행으로부터 보호받을 권리, 투명성을 보장받을 권리, 고위험 AI의 결정에 대해 설명을 요구할 권리, AI법 위반에 대해 감독 당국에 불만을 제기할 권리, 부당한 결정으로 인해 입은 피해에 대해 효과적인 사법적 구제를 받을 권리 등.

*** 2025년 5월 5일 250명이 넘는 미국 테크 기업 CEO는 공개서한[21]에서 AI 시대에서 아이들을 단순한 소비자가 아닌 AI의 창조자가 되도록 학교에서 AI를 가르칠 것을 요구했다. AI와 컴퓨터과학에 대한 기본 지식은 모든 학생이 기술 중심 사회에서 성공하는 데 필수적이라며, AI 의무교육이 미국의 경쟁력 제고와 임금 격차 해소를 위해 필요하다고 주장했다. 현재 미국 고등학교에서 컴퓨터과학의 졸업 요건이 있는 주(州)는 12개이다. 브루킹스 연구소에 따르면, 고등학교 때 컴퓨터과학을 배운 학생들은 그렇지 않은 학생들보다 연봉이 8% 더 높다고 한다.[22]

---

20) 제3조 제56호.

21) UNLOCK 8% HIGHER WAGES, https://csforall.org/unlock8/open-letter.

22) Rubin 2025 참조.

*** GDPR의 설명책임(accountability) 원칙에 따라 컨트롤러는 직원 등이 개인정보보호와 관련된 훈련을 받을 수 있도록 조치를 취하고, 제공자와 운영자는 현재 GDPR 교육과 훈련 프로그램을 활용하여 AI법에 따른 AI 활용 능력 조치를 개발할 수 있다. GDPR의 개인정보보호책임자(DPO)에 유사한 기능을 담당하는 AI 담당자가 조직 내에 임명될 수 있을 것이다.

Chapter 06

AI 시스템 및 모델 제공자의 의무

EU AI법은 위험 기반 접근에 따라 AI 시스템과 범용 AI 모델의 제공자에게 상이한 수준의 의무를 부과한다. 고위험으로 분류되는 AI 시스템은 부속서 I과 III에 관련되고, 시장 출시 전후에 걸쳐 사람의 건강, 안전, 기본권의 보호를 보장하기 위한 엄격한 요건의 적용을 받는다. 고위험 AI 시스템의 제공자는 데이터 거버넌스, 기술문서 작성, 기록 보관, 인적 감독, 견고성과 사이버보안 확보, 사후 모니터링 등 다양한 의무를 부담한다. 제한적 위험 AI 시스템에 대하여 제공자는 딥페이크 등 이용자의 오도를 방지하기 위해 투명성 의무를 부담한다. AI 시스템의 기반이 되는 범용 AI 모델의 제공자는 저작권법 준수와 훈련 데이터의 요약 공개 등 일정한 주요 의무를 부담한다. 특히 시스템적 위험이 있는 범용 AI 모델의 제공자는 모델 평가와 적대적 테스트 등 추가적 의무를 부담한다.

Chapter 06

AI 시스템 및 모델 제공자의 의무

I 고위험 AI 시스템의 요건[1)]

시장에 출시되거나 서비스에 투입되는 고위험 AI 시스템의 위험을 완화하고 높은 수준의 신뢰성을 보장하기 위해, AI 시스템의 의도된 목적과 맥락을 고려하고 제공자가 수립하는 위험 관리 시스템에 따라 고위험 AI 시스템에 특정 의무 요건이 적용된다.[2)]

고위험 AI 시스템은 제III장 제2절에 규정된 요건을 준수해야 하고, 그 의도된 목적 및 AI와 AI 관련 기술의 일반적으로 인정된 최신 기술을 고려해야 한다.[3)] 위험 관리 시스템은 이들 요건의 준수를 보장할 때 고려되어야 한다.[4)]

제품이 AI법 및 부속서 I 섹션 A에 열거된 EU 조화입법의 요건이 적용되

1) 고위험 AI 시스템의 요건에 관한 제III장 제2절(제8-15조)은 2026년 8월 2일부터 적용된다.
2) 상설 제64항.
3) 제8조 제1항.
4) 제8조 제1항. 위험 관리 시스템은 제9조 참조.

는 AI 시스템을 포함하는 경우, 제공자는 그의 제품이 적용 가능한 EU 조화입법의 모든 적용 가능한 요건을 완전히 준수하도록 보장할 책임이 있다.[5] 이러한 고위험 AI 시스템이 제III장 제2절에 명시된 요건의 준수를 보장하고, 일관성을 보장하며 중복을 피하고 추가 부담을 최소화하기 위해, 제공자는 자신의 제품과 관련하여 필요한 테스트와 신고 프로세스, 정보 및 문서를 부속서 I 섹션 A에 열거된 EU 조화입법에 따라 이미 존재하고 요구되는 문서와 절차에 통합할 수 있는 선택권을 가진다.[6] 따라서, 의료기기나 장난감처럼 부속서 I에 열거된 EU 제품 안전법의 적용을 받는 고위험 AI 시스템의 제조자는 AI법이 새롭게 요구하는 의무를 기존 법 준수 절차에 통합할 수 있는 선택권을 갖게 된다.[7] 이렇게 규제의 일관성을 보장하면서 기업의 불필요한 행정 부담과 비용이 최소화될 수 있다.

고위험 AI 시스템에 적용되는 AI법의 요건은 위험 관리, 이용된 데이터 세트의 품질과 관련성, 기술문서와 기록 보관, 투명성과 운영자에게 정보 제공, 인적 감독, 견고성, 정확성과 사이버보안에 관한 것이다. 이러한 요건은 건강, 안전 및 기본권에 대한 위험을 효과적으로 완화하는 데 필요하다.[8]

그러나, 다른 덜 제한적 무역조치가 합리적으로 이용 가능하지 않기 때문에 이러한 고위험 AI 시스템의 요건은 무역에 대한 정당화되지 않은 제한은 아니라고 한다.[9] AI법의 사전 규제와 비교할 때, 피해가 발생한 후에 적용되는 사후 규제는 회복 불가능한 피해에 적절하지 않고 기업의 자율규제는 심각한 고위험에 대한 최소한의 안전기준이 되지 않는 점에서 합리적으로 이용 가능한 '덜 제한적 무역조치'(less trade restrictive measures)가 되지 않는 것이다. 또

5) 제8조 제2항 제1문.

6) 제8조 제2항 제2문.

7) 예컨대, 문서의 통합에 관련하여, 「의료기기 규칙」이 요구하는 기술 파일에 AI법이 요구하는 데이터 품질, 인적 감독 계획 등 새로운 요건을 추가하여 하나의 통합된 기술문서를 작성할 수 있다. 심사의 통합에 관련하여, 「의료기기 규칙」에 따라 지정된 인증기관은 AI법에 대한 심사 권한까지 함께 지정받는다면 한 번의 심사를 통해 두 법의 준수 여부를 모두 확인할 수 있다. 결과적으로 기업은 하나의 통합된 절차를 통해, 두 법의 준수를 증명하고 하나의 CE 마킹을 부착할 수 있다.

8) 상설 제66항.

9) 상설 제66항.

한, AI로 인한 고위험으로부터 개인을 보호하는 '정당한 정책 목적'(legitimate policy objective)을 달성하기 위해 AI법의 규제는 비례성 원칙에 따른 필요한 최소한의 조치가 된다.[10] 따라서 AI법의 엄격한 고위험 규제는 '무역에 대한 정당화되지 않은 제한'(unjustified restrictions to trade)이 아니라는 것이다. 고위험으로 확인된 AI 시스템은 EU 내 사람들의 건강, 안전, 기본권에 상당한 해로운 영향을 미치는 시스템으로 국한되고, 이렇게 국제무역에 대한 잠재적 제한은 최소화되어야 한다.[11]

1. 위험 관리 시스템[12]

(1) 위험 관리 시스템

고위험 AI 시스템에 관련하여 위험 관리 시스템이 수립되고, 이행되며, 문서화되고, 유지되어야 한다.[13] '위험 관리 시스템'(risk management system)은 고위험 AI 시스템의 전체 수명주기 동안 계획되고 실행되는 지속적인 반복 프로세스로 이해되어야 하고, 정기적이고 체계적인 검토와 업데이트가 요구된다.[14] 이 프로세스는 건강, 안전, 기본권에 대한 AI 시스템의 관련 위험을 확인하고 완화하는 것을 목표로 해야 한다.[15]

---

10) WTO 기술장벽협정(TBT Agreement) 제2.2조는 다음과 같이 규정한다: "회원국은 기술규정이 국제무역에 불필요한 장애를 초래할 의도나 효과를 갖도록 준비, 채택 또는 적용되지 아니하도록 보장해야 한다. 이러한 목적을 위하여, 기술규정은 그 불이행이 초래할 위험을 고려하여, '정당한 목적을 달성하는 데 필요한 이상으로 무역 제한적'(more trade-restrictive than necessary to fulfil a legitimate objective)이어서는 아니된다. 이러한 정당한 목적은 국가안보, 기만적 관행의 방지 및 인간의 건강 또는 안전, 동식물의 생명 또는 건강, 또는 환경의 보호를 포함한다."

11) 상설 제46항.

12) 위험 관리 시스템에 관한 제9조는 2026년 8월 2일부터 적용된다.

13) 제9조 제1항.

14) 제9조 제2항.

15) 상설 제65항.

1) 위험

위험은 고위험 AI 시스템의 개발 또는 설계, 또는 적합한 기술 정보의 제공을 통해 합리적으로 완화 또는 제거될 수 있는 위험이다.[16] 위험은 AI 시스템과 동 시스템이 작동하는 환경 사이의 상호작용에서 발생할 수 있는 위험을 포함한다.[17] 즉 AI의 위험은 AI 자체의 결함은 물론 그 AI가 사용되는 실제 환경과의 상호작용에서 발생하는 예측 불가능한 위험을 포함한다. 여기서 환경은 물리적 환경과 사회적 환경으로 구별할 수 있다. 물리적 환경과의 상호작용은 AI가 센서를 통해 수집하는 데이터가 날씨, 조명, 지형 등 외부의 물리적 조건에 의해 어떻게 영향을 받고, 그로 인해 어떤 위험이 발생하는지를 가리킨다.[18] 사회적 환경과의 상호작용은 AI가 인간 이용자나 사회적 맥락과 상호작용하면서 의도치 않은 행동을 유발하거나 사회적 편견을 증폭시키는지를 가리킨다.[19]

2) 4단계 구성

위험 관리 시스템은 다음 단계로 구성된다.

① 제1단계

첫째 단계는 AI 시스템이 의도된 목적에 따라 이용될 때 건강, 안전 또는 기본권에 초래할 수 있는 알려지고 합리적으로 예측 가능한 위험의 확인과 분석이다.[20] '알려지고 합리적으로 예측 가능한 위험'(the known and the reasonably foreseeable risks)은 이미 알려진 위험과 아직 발생하지 않았지만 충분히 예측할 수 있는 잠재적 위험을 가리킨다. 특히 예측 가능한 위험은 의도된 목적대로 완벽하게 사용할 때 발생하는 위험, 악의적으로 오용할 때 발생하는 위험 및

16) 제9조 제3항.

17) 상설 제65항.

18) 예컨대 자율주행 AI 알고리즘이 물리적 환경인 악천후나 일몰의 역광으로 센서 기능이 저하되어 충돌 등 사고를 일으킬 수 있다.

19) 예컨대, 채용 AI가 사회적 환경인 인간 이용자의 오용으로 인하여 AI에 대한 과대한 신뢰나 사회적 편견으로 차별을 증폭하는 위험을 초래할 수 있다.

20) 제9조 제2항(a).

의도하지 않은 위험을 가리킨다.[21]

② 제2단계

둘째 단계는 AI 시스템이 의도된 목적으로 및 합리적으로 예측 가능한 오용 조건에서 이용될 때 발생할 수 있는 위험의 추정과 평가이다.[22] 의도된 목적에서의 위험은 AI가 정상적으로 설계된 목적 그대로 작동하더라도 발생할 수 있는 고유의 위험을 가리킨다.[23] 합리적으로 예측 가능한 오용에서의 위험은 악의적인 이용자가 AI를 원래 목적과 다르게 나쁜 의도로 이용할 때 발생할 수 있는 위험을 가리킨다.

'합리적으로 예측 가능한 오용'(reasonably foreseeable misuse)은 AI 시스템의 의도된 목적에 일치하지 않은 이용이지만 합리적으로 예측 가능한 인간의 행위나 다른 AI 시스템을 포함한 시스템의 상호작용으로부터 결과할 수 있는 이용을 의미한다.[24]

제공자는 고위험 AI 시스템의 합리적으로 예측 가능한 오용을 확인할 때, 의도된 목적에 직접적으로 포함되지 않고 사용 설명서에 명시되어 있지 않더라도 특정 AI 시스템의 특성과 이용 맥락에서 예측 가능한 인간 행동의 결과로 합리적으로 예상할 수 있는 AI 시스템의 이용을 포함해야 한다.[25] 알려진 또는 예측 가능한 모든 상황은 제공자가 제공하는 사용 설명서에 포함되어야 한다. 이는 운영자가 고위험 AI 시스템을 이용할 때 이를 알고 고려하도록 하기 위한 것이다.[26]

---

21) 음성 복제 AI의 제공자는 이 기술이 보이스피싱이나 명예훼손에 악용될 수 있음을 합리적으로 예측해야 하고, 생성형 AI의 제공자는 자사의 텍스트 생성 모델이 가짜 뉴스 제작, 정교한 피싱 이메일 대량 발송, 악성코드 개발 등에 악용될 수 있음을 합리적으로 예측해야 한다.

22) 제9조 제2항(b).

23) 예컨대 지원자 평가 AI의 의도된 목적이 지원자를 평가하는 것인데, AI가 의도대로 작동하더라도 훈련된 데이터의 편향 때문에 특정 성별이나 인종의 지원자를 차별할 위험이 내재되어 있다.

24) 제3조 제13호.

25) 상설 제65항.

26) 상설 제65항.

예측 가능한 오용에 대한 위험 완화 조치의 확인과 이행에서, 제공자는 예측 가능한 오용을 다루기 위해 고위험 AI 시스템에 대한 추가적인 훈련을 하도록 요구되지 않는다. 그러나 제공자는 필요하고 적절한 경우 합리적으로 예측 가능한 오용을 완화하기 위한 추가적인 훈련 조치를 고려하는 것이 좋다.[27] '추가적인 훈련 조치'(additional training measures)는 AI 모델을 개발하는 훈련 단계부터 악의적인 이용자가 AI를 나쁜 목적으로 이용하려는 시도를 탐지하고 방어하도록 AI 모델 자체를 가르치는 기술적인 방법을 가리킨다.[28]

③ 제3단계

셋째 단계는 시장 출시 후 모니터링 시스템에서 수집된 데이터 분석에 기반하여, 발생할 가능성이 있는 다른 위험의 평가이다.[29] 제공자는 AI 시스템이 실제로 어떻게 이용되는지 지속적으로 모니터링하고, 그 과정에서 발견된 예상치 못했던 새로운 위험을 평가하고 관리해야 한다.

④ 제4단계

넷째 단계는 제1단계를 통해 확인된 위험을 다루기 위해 적절하고 표적화된 위험 관리 조치의 채택이다.[30] 위험 관리 조치는 위험을 줄이는 구체적인 안전 조치가 된다. 위험 관리 시스템은 AI의 최신 기술을 고려하여 가장 적절한 위험 관리 조치를 채택해야 한다.[31]

3) 취약 그룹의 보호

위험 관리 시스템의 이행에서, 제공자는 의도한 목적을 고려해서 AI 시스템이 18세 미만의 사람이나 또는 다른 취약 그룹에 부정적 영향을 가질 것 같은지 고려해야 한다.[32] 즉 이러한 시스템의 이행에서 어린이나 장애인, 노인

27) 상설 제65항.
28) 예컨대 레드팀을 통한 적대적 훈련, 유해 콘텐츠 생성 거부 훈련, 기본원칙 기반 훈련, 탐지 가능 워터마킹 훈련 등이 있다.
29) 제9조 제2항(c).
30) 제9조 제2항(d).
31) 상설 제65항.
32) 제9조 제9항.

등 사회적 약자에게 특별히 더 해롭거나 차별적인 영향을 미칠 수 있는지 별도로 고려해야 한다.

4) 다른 법의 절차와 통합

EU법의 다른 관련 규정에 따라 내부 위험 관리 프로세스에 관한 요건을 적용받는 고위험 AI 시스템 제공자의 경우, AI법의 위험 관리 시스템의 측면은 해당 법에 따라 수립된 위험 관리 절차의 일부가 되거나 그 절차와 결합될 수 있다.[33] 즉 AI법의 새로운 위험 관리 의무를 별도의 독립된 시스템으로 이행하지 않고 기존 절차에 통합하여 이행할 수 있다.[34] 규제의 중복을 피하고, 일관된 방식으로 위험을 관리할 수 있어서 불필요한 행정 부담이 줄어든다.

(2) 위험 관리 조치

'위험 관리 조치'(risk management measures)는 고위험 AI 시스템의 초기 개발 단계부터 전체 수명주기 동안 적용되어야 한다. 제공자는 위험 관리 조치의 시행과 관련하여 선택한 사항을 문서화하고 설명할 준비가 되어야 한다. 이를 위해서 전문가와 외부 이해관계자의 참여가 필요할 수 있다.

1) 잔여 위험

위험 관리 조치는 각 위해요소와 관련된 잔여 위험과 고위험 AI 시스템의 전반적인 잔여 위험이 수용 가능하다고 판단될 수 있도록 해야 한다.[35] 위험을 '0'으로 만드는 것은 불가능하므로, 모든 안전 조치 후에 남아 있는 잔여 위험이 사회적으로 수용될 수 있을 만큼 충분히 낮은 수준인지를 입증해야 한다. 위해요소(hazard)는 해(harm)를 일으키는 근원이고, 위험(risk)은 위해요소가 해를 일으킬 가능성에 대한 평가이며, 해는 실제로 발생한 최종적인 부정적

33) 제9조 제10항.

34) 예컨대, 의료기기 제조자는 기존에 운영하던 ISO 14971 기반 의료기기 위험 관리 프로세스에 AI법의 평가 절차를 추가하여 통합 위험 관리 파일을 만들어 관리할 수 있다.

35) 제9조 제5항 제1문.

결과이다.[36]

'잔여 위험'(residual risk)은 위험 관리 조치 후에도 여전히 남아 있는 위험을 가리킨다.[37] AI 시스템은 훈련 데이터의 통계적 패턴을 기반으로 예측하기 때문에, 훈련되지 않은 상황에선 판단이 비합리적일 수 있어서, 이는 이용자가 쉽게 알아차릴 수 없는 위험으로서 잔여 위험이 된다. 잔여 위험은 위해요소와 관련된 경우와 전반적인 경우로 구별할 수 있다. 위해요소와 관련된 잔여 위험의 경우 데이터 편향, 사이버보안 취약점 등 각각에 대한 잔여 위험이 수용 가능한지 개별적으로 평가해야 한다. 전반적인 잔여 위험의 경우 모든 개별 잔여 위험을 종합했을 때 AI 시스템 전체가 우리 사회에 가져오는 최종적인 위험 수준이 수용 가능한지 총체적으로 평가해야 한다.

수용 가능한 위험은 잔여 위험이 사회적으로 받아들일 수 있는 수준을 가리킨다.[38]

2) 위험 관리 조치의 내용

가장 적절한 위험 관리 조치를 확인하는 과정에서 다음이 보장되어야 한다. 첫째, 고위험 AI 시스템의 적절한 설계와 개발을 통해 기술적으로 실현 가능한 범위 내에서 위험 관리 시스템으로 확인되고 평가된 위험의 제거 또는 감소이다.[39] 둘째, 적절한 경우, 제거할 수 없는 위험을 다루는 적절한 완화와 제어 조치의 시행이다.[40] '제거할 수 없는 위험'(risks that cannot be eliminated)

36) 해가 시스템의 잘못된 암 진단을 가리키면, 위험은 그러한 결과가 발생할 가능성과 그러한 결과가 발생하면 치료 지연, 오진, 법적 책임 등이 발생하는지 포함한다.

37) ISO 12100:2010(기계류 안전 - 기본 개념, 일반 원칙) 참조. 예컨대, 채용 AI의 편향성을 줄이기 위해 노력해도, 데이터에 숨겨진 미세한 편향 때문에 아주 낮은 확률로 차별적인 결과가 나올 수 있는 가능성이다. 자율주행 AI 충돌 위험인 위해요소에 대하여 센서 이중화와 긴급제동 시스템의 위험 감소 조치를 하지만, GPS 오류 시 경로 이탈 가능성이 있다. 모든 위험을 항상 제거할 수 없지만, 잔여 위험을 파악하고 수용 가능한지 결정해야 한다.

38) 예컨대, 의료 진단 AI에서 오진 잔여 위험이 0.001%이고, 이러한 AI를 이용하여 전체적인 진단 정확도가 10% 향상되어 더 많은 생명을 구할 수 있다면 0.001%의 잔여 위험은 수용 가능하다고 판단될 수 있을 것이다.

39) 제9조 제5항 제2문(a).

40) 제9조 제5항 제2문(b). 제13조 참조.

즉 잔여 위험의 완화는 위험이 실제로 발생했을 때 그로 인한 피해의 심각성을 줄여주는 것이고, 제어는 위험 발생의 가능성 자체를 억제하고 관리하거나 위험한 상황에서 안전한 상태로 전환시키는 것이다. 셋째, 운영자에게 정보 및 적절한 경우 훈련의 제공이다.[41] 고위험 AI 시스템의 이용과 관련된 위험을 제거하거나 줄이기 위해, 운영자가 기대하는 기술 지식, 경험, 교육, 훈련 및 시스템이 이용될 의도인 예상되는 맥락이 충분히 고려되어야 한다.[42]

3) 위험 관리 조치의 테스트

고위험 AI 시스템은 가장 적절하고 표적화된 위험 관리 조치를 확인하기 위해 테스트되어야 한다.[43] 위험 관리 조치가 '가장 적절하고 표적화되는'(the most appropriate and targeted) 이유는 모든 위험이 동일하지 않고 모든 해결책이 모든 문제에 적합하지 않은 점에서 일반적이거나 획일적인 접근이 아닌 지능적이고 맞춤화된 대응이 필요하기 때문이다. 따라서, 위험 관리 조치는 위험의 유형과 심각도에 비례해야 하고, AI 시스템의 목적을 고려할 때 기술적으로나 법적으로 적합해야 한다. 예컨대, 사소한 추천 엔진에 복잡한 암호화가 적용되지 않지만 생체인식 식별 출입국관리 AI는 암호화를 적용해야 한다. 가장 표적화된 점에서, 동 조치는 식별된 특정 위험을 해결하도록 설계되어야 한다. 예컨대, 편향된 훈련 데이터의 위해요소의 경우, 편향 제거 알고리즘 또는 공정성 인식 테스트가 대상 조치일 수 있다. 테스트는 고위험 AI 시스템이 의도한 목적으로 일관되게 작동하는지 및 고위험 AI 시스템의 요건을 준수하는지 확인해야 한다.[44] 테스트 절차는 제60조에 따른 현실 조건에서 테스트를 포함할 수 있다.[45]

41) 제9조 제5항 제2문(c). 제13조는 운영자에게 투명성 및 정보 제공을 규정한다.
42) 제9조 제5항 제2문(c).
43) 제9조 제6항 제1문.
44) 제9조 제6항 제2문. 해당 요건은 제III장 제2절의 규정을 가리킨다.
45) 제9조 제7항.

*** GDPR 제24조 제1항에 따라 컨트롤러는 GDPR에 따른 개인정보 처리를 증명할 수 있는 적절한 설명책임(accountability) 조치를 이행해야 한다. 이 경우, 개인정보 처리가 개인에게 미치는 위험이 고려되어야 한다. 또한, GDPR 제25조 제1항의 '개인정보보호 중심 설계와 기본설정'(data protection by design and by default)에 따라 설계 단계부터 수명주기에 걸쳐 개인정보 처리 활동과 비즈니스 관행에 개인정보보호가 통합되어야 한다. 또한, GDPR 제35조 제1항에 따라 개인정보보호 위험을 확인하고 최소화할 수 있도록 개인정보보호영향평가가 수행되어야 한다. 동 영향평가는 개인에 대한 위험과 이러한 위험을 완화하는 추가적 조치를 확인하고 평가해야 한다. AI법은 고위험 AI 시스템에 대해 GDPR과 유사한 성격의 위험 관리 요건을 규정하지만, 그 범위는 더 넓다. GDPR에 따른 위험 평가와 관리 요건을 준수하기 위해 시행된 조치는 AI법에 따라 요구되는 위험 관리 시스템의 관련 구성요소로 활용될 수 있다.

2. 데이터와 데이터 거버넌스[46)]

고품질 데이터와 이러한 데이터에 대한 접근은 많은 AI 시스템의 구조를 제공하고 성능을 보장하는 데 중요한 역할을 한다. 특히 고위험 AI 시스템이 의도한 대로 안전하게 작동하고 EU법이 금지하는 차별의 원인이 되지 않도록 보장하기 위해 AI 모델의 훈련을 수반하는 기술을 이용하는 경우에 더욱 그렇다.[47)] 훈련, 유효성 확인 및 테스트를 위한 고품질 데이터 세트는 적절한 데이터 거버넌스와 관리 관행의 이행을 요구한다.[48)]

고위험 AI 시스템의 개발과 평가를 위해 제공자, 인증기관, 유럽디지털혁신허브(European Digital Innovation Hubs, EDIHs),[49)] 테스트 실험 시설, 연구자 등 특

46) 데이터와 데이터 거버넌스에 관한 제10조는 2026년 8월 2일부터 적용된다. 데이터 품질과 데이터 거버넌스 의무를 다루기 위해 제공자가 시행해야 하는 조치는 제17조에 따른 품질 관리 시스템 의무와 일치해야 한다.

47) 상설 제67항.

48) 상설 제67항.

49) '디지털 유럽 프로그램'(Digital Europe Programme)의 일환으로서 EDIHs는 신기술 인식과 역량 강화를 목표로 공공 및 민간 부문 모두에서 AI, 고성능 컴퓨팅(HPC), 사이버보안의 활용과 운영을 향상한다. https://digital-skills-jobs.europa.eu/en/actions/european-initiatives/european-digital-innovation-hubs-edihs. 2025년 4월 9일 유럽위원회는 'AI Continent Action Plan'을 발표하면서,

정 행위자는 AI법과 관련된 활동 분야에서 고품질 데이터 세트에 접근하고 이용할 수 있어야 한다.[50] 유럽위원회가 설립한 유럽공동데이터공간(European common data spaces)[51] 및 공익을 위해 기업과 정부 간 데이터 공유의 촉진은 AI 시스템의 훈련, 유효성 확인, 테스트를 위해 고품질 데이터에 대한 신뢰할 수 있고, 설명책임 있고, 차별 없는 접근을 제공하는 데 중요하다.[52]

데이터에 대한 접근을 제공하거나 지원하는 부문별 기관을 포함한 관련 소관 당국도 AI 시스템의 훈련, 유효성 확인, 테스트를 위한 고품질 데이터 제공을 지원할 수 있다.[53] 데이터 거버넌스와 관련된 요건은, AI법의 데이터 요건 준수가 보장되는 한, 데이터 거버넌스, 데이터 세트 무결성, 데이터 훈련, 유효성 확인 및 테스트 관행의 검증을 포함한 인증된 준수 서비스를 제공하는

현재 EU 기업 중 AI를 이용하는 기업은 13.5%에 불과하다고 지적하고, 이를 해소하기 위해 AI 공장(Factory)과 EDIHs를 활용하고자 한다.

50) 상설 제68항.

51) 2020년 2월 19일 발표된 '유럽 데이터 전략'(European strategy for data)은 건강, 농업, 제조업, 에너지, 이동성, 금융, 공공행정, 기능(skills), '유럽 오픈 사이언스 클라우드'(European Open Science Cloud) 및 '그린 딜'(green deal)의 전략적 분야에서 유럽공동데이터공간의 창설을 위한 길을 제시했다. 이후 미디어, 언어, 관광, 연구와 혁신, 문화유산 등 다른 중요한 분야에서도 데이터 공간이 등장했는데, 이들 데이터 공간은 점차 상호 연결되어 '데이터 단일 시장'(single market for data)을 형성하게 된다. 유럽공동데이터공간은 특정 분야 데이터를 EU 전역의 기업, 연구자, 공공기관이 서로 안전하게 접근하고 공유하며 활용할 수 있게 하는 데이터 생태계 또는 플랫폼을 의미한다. https://digital-strategy.ec.europa.eu/en/policies/data-spaces 참조.

52) 상설 제68항. 예컨대, 보건 분야에서 유럽보건데이터공간(European health data space)은 프라이버시를 보전하고, 보안이 되며, 시의적, 투명하고 신뢰할 수 있는 방식으로 또한 적절한 제도적 거버넌스를 바탕으로 보건 데이터에 대한 비차별적인 접근과 해당 데이터 세트에 대한 AI 알고리즘 훈련을 촉진할 것이다. 유럽보건데이터공간은 환자 진료의 질을 향상하고 의료 연구와 정책을 개발하도록 EU 내 데이터 장벽을 허물고자 한다.

53) 상설 제68항. 예컨대, 유럽의약품청(European Medicines Agency)은 EU 내 방대한 임상시험 데이터와 의약품 부작용 데이터를 보유하고 있고, 유럽환경청(European Environment Agency)은 위성 이미지, 오염 측정 데이터 등을 보유하고 있으며, EU항공안전청(European Union Aviation Safety Agency)은 항공기 사고 등에 대한 데이터를 보유하고 있다. 회원국도 건강 보험, 암, 도로 교통 등 분야별 전담 기관을 두고, 이들 기관은 관련 데이터를 보유하고 있다.

제3자를 통해 준수할 수 있다.[54] '인증된 준수 서비스'(certified compliance services)'는 제공자를 대신하여 AI법의 복잡한 데이터 거버넌스 관련 의무를 전문적으로 수행해주는 제3의 서비스를 가리킨다. 독립적인 제3자 기관의 데이터 거버넌스 인증은 규제 당국과 시장으로부터 높은 신뢰를 얻을 수 있고, 중소기업은 복잡한 데이터 규제 준수에 드는 시간과 비용을 줄일 수 있으며 AI 기술 개발에 더 집중할 수 있어서 혁신을 촉진하게 된다.

오늘날 대부분의 AI는 데이터를 통해 스스로 학습하는 머신러닝 모델이지만, 데이터에서 스스로 패턴을 학습하는 대신 인간 전문가가 명시적으로 프로그래밍한 수백, 수천 개의 '만약 A이면 B이다'(If-Then)와 같은 논리 규칙에 따라 작동하는 규칙 기반 AI도 있다.[55] 이렇게 머신러닝 방식이 아닌 다른 방식으로 개발된 고위험 AI 시스템은 훈련/검증 데이터를 사용하지 않는다. 이 경우 데이터 품질을 규율하는 제10조 대부분의 적용을 받지 않는다. 즉 AI 모델 훈련을 수반하는 기술을 이용하지 않는 고위험 AI 시스템의 개발에 대해서 제10조 제2-5항은 테스트 데이터 세트에만 적용된다.[56] 최종 성능을 검증하는 테스트 단계에서는 이들 조항의 적용을 받는다.

(1) 데이터 거버넌스와 관리 관행

데이터로 AI 모델의 훈련을 수반하는 기술을 이용하는 고위험 AI 시스템은 적절한 거버넌스의 품질 기준을 충족하는 훈련, 검증, 테스트 데이터 세트에 기반하여 개발되어야 한다.[57] 즉 훈련, 유효성 확인, 테스트를 위한 고품질 데이터 세트는 적절한 데이터 거버넌스와 관리 관행의 이행을 요구한다.[58]

데이터 거버넌스와 관리 관행은 관련 고위험 AI 시스템의 의도된 목적에 적절해야 한다.[59] 이들 관행은 특히 다음 사항에 유의해야 한다. 첫째, 관련된

54) 상설 제67항.
55) 세금 계산 소프트웨어나 초기의 의료진단 시스템이 예가 된다.
56) 제10조 제6항.
57) 제10조 제1항.
58) 상설 제67항.
59) 제10조 제2항 제1문.

설계 선택이다.[60] 제공자는 AI 시스템의 의도된 목적과 이용될 맥락에 논리적으로 타당하고 밀접하게 연결되도록 AI 훈련에 사용할 데이터 세트를 구성하고 관리하는 모든 과정에서 의도적이고 책임 있는 결정을 해야 한다. 둘째, 데이터 수집 프로세스, 데이터의 출처 및 개인정보의 경우 수집의 원래 목적이다.[61] 셋째, 주석, 라벨링, 정제, 업데이트, 보강 및 집계와 같은 관련 데이터 준비 처리 작업이다.[62] AI 모델을 훈련하기 전에 원시 데이터를 고품질 데이터 세트로 가공하는 '데이터 준비 처리 과정'(data-preparation processing operations)의 구체적인 작업이다. 라벨링(labelling)은 주로 분류 문제에서 데이터에 개나 고양이 등의 정답을 붙이는 작업이고, 주석(annotation)은 더 넓은 의미로 이미지의 특정 영역에 네모 박스를 치거나 텍스트의 특정 단어가 어떤 의미인지 표시하는 등 모든 종류의 설명 정보를 추가하는 행위를 포함한다. 정제(cleaning)는 데이터 세트에서 오류 또는 부정확한 정보를 찾아내어 수정하거나 제거하는 작업이다. 업데이트(updating)는 기존 데이터 세트를 최신 정보로 갱신하여 데이터의 현실성과 관련성을 유지하는 작업이다. 보강(enrichment)은 기존 데이터에 새로운 외부 데이터 소스를 결합하여 더 풍부하고 유용한 정보로 만드는 작업이다. 집계(aggregation)는 여러 출처에서 온 데이터를 요약하거나 하나의 데이터 세트로 통합하는 작업이다. 넷째, 특히 데이터가 측정하고 표현해야 하는 정보와 관련된 가정의 수립이다.[63] 제공자가 데이터는 현실을 완벽하게 반영하지 못하는 사실을 인정하고 자신이 수집한 특정 데이터가 현실 세계의 정보(information)를 대표한다고 가정했는지의 내용을 명시적으로 밝히고 문서화해야 한다.[64] 다섯째, 필요한 데이터 세트의 가용성, 수량 및 적합성의 평가이다.[65] 여섯째, 특히 데이터 결과물이 향후 운영을 위한 투입

60) 제10조 제2항 제2문(a).
61) 제10조 제2항 제2문(b).
62) 제10조 제2항 제2문(c).
63) 제10조 제2항 제2문(d).
64) 예컨대, 제공자가 알고 싶은 실제 정보는 입사 지원자의 미래 우수한 업무 성과이고 실제로 사용하는 데이터는 과거 직장에서의 근속 기간 등인데, 과거 직장에서의 장기적인 근속 기간 데이터가 해당 지원자의 성실하고 끈기 있는 업무 성과를 대표한다는 가정을 문서화한다.

물에 영향을 미치는 경우,[66] 사람의 건강과 안전에 영향을 주거나 기본권에 부정적인 영향을 미치거나 EU법에서 금지된 차별에 이를 것 같은 가능한 편향을 고려한 검토이다.[67] 일곱째, 여섯째 사항에서 확인된 가능한 편향을 감지, 예방 및 완화하는 적절한 조치이다.[68] 여덟째, AI법 준수를 방해하는 관련 데이터 격차 또는 미비점을 확인하고, 이러한 격차와 미비점을 다루는 방법이다.[69] 데이터 격차(gaps)의 확인은 AI 시스템이 실제 사용될 환경의 다양성을 충분히 반영하지 못하여서 특정 그룹이나 상황에 대한 데이터 누락 등을 찾아내는 것이다. 데이터 미비점(shortcomings)의 확인은 데이터가 존재하지만 그 품질, 정확성, 대표성 등에 결함이 있어 AI법의 요건을 충족하지 못하는 문제를 찾아내는 것이다. 이는 AI 시스템의 견고성과 공정성을 확보하기 위한 핵심적인 사전 조치가 된다.

(2) 훈련, 검증, 테스트 데이터 세트

훈련, 검증, 테스트 데이터 세트는 특정 품질 기준을 충족해야 한다.

> '훈련 데이터'(training data)는 AI 시스템의 학습 가능한 매개변수를 적합시키는 과정을 통해 해당 시스템의 훈련에 사용되는 데이터를 의미한다.[70]
> '검증 데이터'(validation data)는 훈련된 AI 시스템에 대한 평가의 제공 및 특히 과소적합 또는 과적합을 방지하기 위해 학습 불가능한 매개변수와 학습 과정의 미세조정에 사용되

65) 제10조 제2항 제2문(e).

66) 상설 제67항. AI가 자신의 결정으로부터 학습하는 과정에서 이전의 오류나 편향을 반복하거나 강화할 수 있는 'feedback loops'의 문제이다.

67) 제10조 제2항 제2문(f).

68) 제10조 제2항 제2문(g). 편향은 특히 '과거 데이터'(historical data)를 이용할 때, 또는 시스템이 현실 환경에서 시행될 때 생성되는 기초적 데이터 세트에 내재될 수 있다. 상설 제67항. 과거 데이터는 AI를 훈련하기 위해 사용하는 과거의 사회적 현실, 인간의 결정, 관련된 편향이 기록된 모든 데이터를 의미한다. 또한, AI 시스템이 제공하는 결과는 이러한 내재된 편향의 영향을 받을 수 있는데, 이러한 편향은 점차 증가하여 특히 인종 또는 민족 그룹을 포함한 특정 취약 그룹에 속하는 사람의 기존 차별을 영속화하고 증폭시킬 수 있다. 상설 제67항.

69) 제10조 제2항 제2문(h).

70) 제3조 제29호.

는 데이터를 의미한다.[71]
'검증 데이터 세트'(validation data set)는 별도의 데이터 세트이거나, 고정된 또는 가변적인 분할 방식에 따른 훈련 데이터 세트의 일부를 의미한다.[72]
'테스트 데이터'(testing data)는 AI 시스템이 시장에 출시되거나 서비스에 투입되기 전에 그 시스템의 기대 성능을 확인할 목적으로 독립적인 평가의 제공에 사용되는 데이터를 의미한다.[73]

1) 데이터 개념

훈련(training)은 AI 모델이 데이터로부터 패턴과 지식을 처음으로 학습하는 단계로서 모델이 특정 과업을 수행할 수 있는 기초 능력을 형성하고, 수십만 장의 엑스레이 사진 등 가장 방대한 양의 데이터가 사용된다. '유효성 확인'(validation)은 훈련된 모델의 성능을 중간 점검하고 모델을 튜닝 즉 개선하기 위해 사용되는 단계로서 훈련 과정에서 모델이 훈련 데이터에만 과도하게 최적화되는 과적합을 방지하고 모델의 하이퍼파라미터 즉 훈련 방식에 영향을 미치는 설정값을 조정하고, 훈련에 사용되지 않은 별도의 데이터 세트가 사용된다. 테스트(testing)는 훈련과 유효성 확인 과정이 끝난 후 완성된 모델의 최종 성능을 객관적으로 평가하는 단계로서 모델이 실제 세상의 새로운 데이터에 대해 얼마나 잘 작동하는지 즉 '일반화 성능'(generalization performance)을 최종적으로 검증하고, 훈련과 유효성 확인 과정에서 한 번도 사용되지 않은 완전히 독립적인 데이터 세트가 사용된다. 테스트 결과는 소관 당국에 제출되는 등 공식적인 성능 지표가 된다.

훈련 데이터는 내부 매개변수를 조정하여 AI 모델을 훈련하기 위해 이용되는 데이터이고, 모델이 세상의 패턴을 처음으로 학습하는 데 사용되는 방대

71) 제3조 제30호. 검증 데이터는 훈련 중 AI 시스템을 평가하고 훈련되지 않은 매개변수 등을 조정하기 위한 데이터 즉 성능/유효성 확인용 데이터이다. 본서에서 'verification'은 요건 검증이고, 'validation'은 성능 즉 유효성 확인을 의미하지만, 국내에서 'validation data'를 '검증 데이터'로 관행적으로 사용되고 있어서, 본서도 이해의 편의를 위해 검증 데이터로 부른다.

72) 제3조 제31호.

73) 제3조 제32호.

한 양의 데이터이다. 검증 데이터는 훈련 중에 하이퍼파라미터를 조정하고 과적합을 방지하기 위해 이용되는 데이터이고, 훈련된 모델의 성능을 중간 점검하고, 모델을 튜닝 즉 개선하기 위해 사용되는 데이터이다. 테스트 데이터는 훈련 후 새로운 데이터에서 모델의 성능을 평가하기 위해 이용되는 데이터이다.[74]

'학습 가능한 매개변수'(learnable parameters)는 지식에 해당하고, 모델이 훈련 데이터를 통해 스스로 학습하고 업데이트하는 내부 변수이다.[75] '학습 불가능한 매개변수'(non-learnable parameters)는 학습 전략에 해당하고, 모델이 스스로 학습하는 것이 아니라 개발자가 훈련을 시작하기 전에 미리 설정해주는 값이다.[76] 적합(fitting)은 제대로 된 학습으로서, AI 모델이 훈련 데이터를 통해 근본적인 패턴을 성공적으로 찾아내어 학습 가능한 매개변수를 조정하는 과정을 의미하고, 과소적합(underfitting)은 모델이 너무 단순하거나 훈련이 부족하여 훈련 데이터에 있는 패턴조차 제대로 학습하지 못한 상태이고, 과적합(overfitting)은 모델이 너무 복잡하거나 훈련을 과도하게 하여, 데이터의 근본적인 원리가 아닌 특정 훈련 데이터에만 존재하는 노이즈나 우연한 특징까지 통째로 암기하는 상태이다. 검증 데이터는 과적합 상태를 찾아서 AI 모델이 단순 암기 기계가 아닌 새로운 문제에도 잘 대응할 수 있도록 만드는 필수적인 장치이다.

---

74) 예컨대, 다양한 병원에서 수집된 양성, 흑색종 등 피부 병변의 라벨링된 이미지 수천 장은 훈련 데이터이고, 학습율, 정규화 등의 조정을 위한 별도의 이미지 세트는 검증 데이터이며, 진단 정확도와 편향을 평가하기 위하여 이전에 보지 않은 피부 병변 이미지 세트는 테스트 데이터가 된다. 제10조 제3항은 이들 데이터의 충분한 대표성을 요구하므로, 이미지는 다양한 피부 톤, 연령층 등을 포함해야 한다.

75) 신경망의 가중치와 편향이 예가 되는데, 뇌 속에 형성되는 수많은 지식의 연결망과 같다. 공부를 할수록 특정 개념 간 연결(시냅스)이 강해지거나 약해지는 것처럼, AI는 훈련을 통해 이 매개변수 값을 스스로 조정하며 지식을 쌓게 된다. 매개변수의 수가 AI 모델의 규모를 나타낸다. 예컨대, GPT-4는 수조 개 매개변수를 가진다.

76) 하이퍼파라미터(hyperparameter)라고 부르는데, 공부를 시작하기 전의 학습 전략과 같다. 훈련 반복 횟수, 데이터 입력 순서, 모델의 복잡도, 학습률 등을 정하는 것이다.

2) 데이터 요건

훈련, 검증 및 테스트 데이터 세트는 다음의 요건을 충족해야 한다.[77] 아래 요건은 AI법이 직접 정의하지 않은 '고품질 데이터'(high-quality data) 개념의 이해에 도움이 된다.

첫째, 훈련, 검증 및 테스트를 위한 데이터 세트는 시스템의 의도된 목적을 고려하여 관련성이 있고, 충분히 대표적이며, 가능한 한 오류가 없고 완전해야 한다.[78] 관련성은 데이터가 AI 시스템의 과업과 목적과 일치하는 것이고, 대표성은 데이터가 인구 또는 분야의 실제 세계의 다양성을 반영하는 것이며, 오류 없음은 데이터가 정확하고 깨끗하며 잘못 표시되거나 손상되지 않는 것이고, 완전성은 데이터가 모든 필수 변수를 포함하고 중요한 그룹이 누락되지 않는 것이다. 데이터 세트가 최대한 완전하고 오류가 없어야 한다는 요건은 AI 시스템의 개발과 테스트 맥락에서 프라이버시 보전 기술의 이용에 영향을 미치지 않아야 한다.[79] GDPR 등 개인정보보호법의 준수를 용이하게 하기 위해, 데이터 거버넌스와 관리 관행은 개인정보의 경우 데이터 수집의 원래 목적에 대한 투명성을 포함해야 한다.[80] 이 점에서 GDPR의 중요 원칙 중 하나인 '목적 제한'(purpose limitation) 원칙의 준수가 강조된다.[81] 따라서, AI의 훈련에 사용된 개인정보의 원래 수집 목적을 투명하게 문서화해야 한다.

둘째, 이들 데이터 세트는 해당되는 경우, 고위험 AI 시스템이 이용될 대상인 개인 또는 개인 그룹에 관하여 포함하여 적절한 통계적 속성을 가져야 한다.[82] '적절한 통계적 속성'(the appropriate statistical properties)을 가져야 하는 점에서 AI를 훈련, 검증, 테스트하는 데 사용되는 데이터 세트는 실제 세상의 인

77) 데이터 세트의 아래 요건은 개별 데이터 세트 수준 또는 그 조합 수준에서 충족될 수 있다. 제10조 제3항 제3문. 즉 하나의 완벽한 데이터 세트를 갖추지 못해도 각각은 불완전하지만 상호 보완하는 여러 데이터 세트들을 조합하여 최종적으로 AI법의 요건을 충족시킬 수 있다.

78) 제10조 제3항 제1문.

79) 상설 제67항.

80) 상설 제67항.

81) GDPR 제5조 제1항(b) 참조.

82) 제10조 제3항 제2문.

구통계학적 분포와 특성을 통계적으로 올바르게 반영하고 있어야 한다.

셋째, 데이터 세트는 고위험 AI 시스템이 이용될 특정 지리적, 맥락적, 행동적 또는 기능적 환경에 고유한 특성 또는 요소를 의도된 목적이 요구하는 한도까지 고려해야 한다.[83] 지리적 환경과 관련하여 AI가 이용될 특정 국가나 지역의 지리적, 문화적, 법적 특성을 데이터가 반영해야 하고, 맥락적 환경과 관련하여 AI가 이용될 구체적인 상황이나 물리적 환경의 특성을 데이터가 반영해야 하며, 행동적 환경과 관련하여 AI가 상호작용하게 될 사람들의 고유한 행동 패턴이나 문화적 특성을 데이터가 반영해야 하고, 기능적 환경과 관련하여 AI가 수행해야 할 구체적인 기능이나 과업의 특성을 데이터가 반영해야 한다. 따라서, 데이터는 AI가 이용되는 장소와 방식에 적합해야 하고, 지역별 요건, 위험 요소, 인구 특성 등을 반영하기에 충분히 구체적이어야 한다. 한 환경에서 테스트한 AI 시스템이 완전히 다른 환경에서 운영 후 동일한 방식으로 작동할 것이라고 가정할 수 없기 때문이다.

(3) 특수 범주 개인정보의 처리

프라이버시와 개인정보보호에 대한 권리는 AI 시스템의 전체 수명주기 동안 보장되어야 한다.[84] 이와 관련하여, EU 개인정보보호법에 규정된 대로 개인정보가 처리될 때, 개인정보 최소화 및 개인정보보호 중심 설계와 기본 설정 원칙이 적용된다.[85] 제공자가 이러한 원칙의 준수를 위해 취하는 조치는 익명처리와 암호화는 물론 AI법에서 규정하는 데이터 거버넌스 요건을 저해하지 않으면서 당사자들 간 전송이나 원시 또는 구조화된 데이터 자체의 복사 없이 데이터에 알고리즘을 적용하고 AI 시스템의 훈련을 허용하는 기술의 이용이 포함될 수 있다.[86] 즉 AI를 훈련하기 위해 여러 곳의 민감한 원본 데이터를 중앙 서버로 전송하거나 복사할 필요 없이 알고리즘 즉 AI 모델을 데이

83) 제10조 제4항.

84) 상설 제69항.

85) 상설 제69항.

86) 상설 제69항. 원시 또는 구조화된 데이터는 예컨대, 환자의 CT 영상 파일 등 가공되지 않은 원본 데이터 또는 환자의 전자의무기록 등 데이터베이스에 정리된 데이터를 가리킨다.

터가 있는 곳으로 보내어 AI 모델을 훈련하는 기술의 사용이 장려된다.[87)]

고위험 AI 시스템의 의도된 목적에 적절한 데이터 거버넌스와 관리 관행은 사람의 건강과 안전에 영향을 줄 것 같은 가능한 편향을 검토하고, 이러한 편향을 감지, 방지 및 완화하는 적절한 조치를 포함한다.[88)] 이러한 두 가지 관행에 일치하는 고위험 AI 시스템에 관련된 편향성 탐지와 시정을 보장하기 위해 엄격하게 필요한 한도까지, 해당 시스템의 제공자는 자연인의 기본적 권리와 자유에 대한 적절한 보호조치를 전제로 특수 범주 개인정보를 예외적으로 처리할 수 있다.[89)]

'특수 범주 개인정보'(special categories of personal data)는 GDPR 제9조 제1항, 「법집행 개인정보보호 지침」 제10조 및 「EU기관 개인정보보호 규칙」 제10조 제1항에 명시된 개인정보 범주를 의미한다.[90)]

예컨대, 제공자는 채용 AI의 테스트 데이터에 포함된 지원자들의 인종 정보를 알아야만 가능한 편향을 탐지할 수 있다. 인종 정보를 전혀 볼 수 없다면, 편향이 존재하는지 확인할 방법이 없기 때문이다. 예외적인 민감정보 처

87) 예컨대, 민감정보인 의료정보를 병원 외부 AI 개발자의 서버로 전송하는 대신, 1단계로서 AI 개발자가 중앙 서버에서 기본적인 AI 모델을 만들어 이 모델의 복사본을 인터넷을 통해 병원 A, B, C의 서버로 각각 보낸다. 2단계로서 각 병원의 서버에서 병원 내부의 의료정보를 이용하여 AI 모델을 현지에서 훈련시키면, 예컨대, 병원 A의 데이터로 모델 A가 만들어진다. 3단계로서 현지 훈련이 끝나면, 각 병원은 환자의 의료정보 원본이 아닌, 모델의 학습 결과 즉 업데이트된 매개변수 값만 암호화하여 중앙 서버로 보낸다. 개인을 식별할 수 있는 정보는 전송되지 않는다. 4단계로서 개발자의 중앙 서버는 여러 병원으로부터 받은 학습 결과를 종합하여 더 똑똑해진 AI 모델로 업데이트한다. 이러한 과정을 반복하여 개인정보보호를 수반한 AI 개발이 가능해진다.

88) 제10조 제2항(f), (g) 참조.

89) 제10조 제5항 제1문. 특수 범주 개인정보의 처리는 GDPR 제9조 제2항(g)와 「EU기관 개인정보보호 규칙」 제10조 제2항(g)의 의미 내에서 '본질적 공익'(substantial public interest)을 위하여 필요한 경우 허용된다. AI법은 GDPR 등 개인정보보호법의 적용에 영향을 주려 하지 않고, 컨트롤러와 프로세서가 되는 AI 시스템의 제공자와 운영자의 의무에 영향을 주지 않는다. AI법 상설 제10항.

90) 제3조 제37호.

리는 편향을 탐지하고 수정하는 목적으로만, 민감정보를 처리하지 않고서는 편향을 탐지하고 수정하는 것이 사실상 불가능한 경우에만, 민감정보를 처리하는 과정에서 개인의 기본권이 침해되지 않도록 최고 수준의 보안 및 프라이버시 보호조치를 취하는 것을 요건으로 한다.

1) 처리의 기본 조건

GDPR은 원칙적으로 처리가 금지되는 특수 범주 개인정보 즉 민감정보를 두 가지 유형으로 규정하는데, AI법은 첫째 유형의 특수 범주 개인정보의 처리를 규정한다.[91] 즉 AI법의 적용을 받는 특수 범주 개인정보는 '인종적 또는 민족적 기원, 정치적 견해, 종교적이나 철학적 믿음, 노조 가입을 드러내는 개인정보'와 '유전정보 또는 자연인을 고유하게 식별할 목적의 생체인식정보, 건강정보 또는 자연인의 성생활 또는 성적 지향에 관한 정보'이다.[92]

AI법이 주로 다루는 특수 범주 개인정보는 생체인식정보이다. 생체인식정보는 자연인의 인증, 식별 또는 분류와 자연인의 감정 인식에 이용될 수 있다.[93]

> 생체인식정보(biometric data)는 얼굴 이미지 또는 지문 정보와 같이 자연인의 신체적, 생리적 또는 행동적 특성과 관련된 특정 기술적 처리로 결과하는 개인정보이다.[94]

AI법의 생체인식정보 개념은 GDPR 제4조 제14호,「EU기관 개인정보보호 규칙」제3조 제18호 및「법 집행 개인정보보호 지침」제3조 제13호에 정의된 생체인식정보의 개념에 비추어 해석되어야 한다.[95]

---

91) 한국 개인정보보호법에서 민감정보로 분류되는 '범죄경력 및 범죄행위에 관련된 개인정보'는 GDPR 제10조에서 별도로 규정된다. GDPR에서 둘째 유형의 특수 범주 개인정보인 이러한 개인정보는 공적 권한의 통제에 따르거나 EU 또는 회원국 법이 허가하는 경우에만 처리된다.

92) GDPR 제9조 제1항. 정보주체의 명시적 동의 등 열 가지 경우에 민감정보의 처리가 허용된다. GDPR 제9조 제2항.

93) 상설 제14항.

94) 제3조 제34호.

95) 상설 제14항. 자연인의 고유한 식별을 허용하도록 특정 기술적 수단을 통하여 생성되는 경우에만 생체인식정보에 해당할 것이어서 예컨대, 사진의 처리는 민감정보의 처리라고 체계적으로 고려되지 않을 것이다. GDPR 상설 제51항 참조.

AI법으로 규율되는 대로 법 집행 목적하에 공개적으로 접근 가능한 장소에서 실시간 원격 생체인식 식별 시스템의 이용에 관계되지 않는, 생체인식 식별을 위한 AI 시스템의 이용에 수반된 생체인식정보와 다른 개인정보의 처리는 「법 집행 개인정보보호 지침」 제10조에서 결과하는 모든 요건을 계속 준수해야 한다.[96] 법 집행이 아닌 목적으로 GDPR 제9조 제1항과 「EU기관 개인정보보호 규칙」 제10조 제1항은 이들 조문에서 규정된 제한적인 예외에 따라 생체인식정보의 처리를 금지한다.[97] GDPR 제9조 제1항의 적용에서, 법 집행이 아닌 목적으로 원격 생체인식 식별의 이용은 이미 회원국 개인정보보호당국의 금지 결정의 적용을 받고 있다.[98]

2) AI법의 추가적 조건

GDPR, 「EU기관 개인정보보호 규칙」과 「법 집행 개인정보보호 지침」의 규정에 더하여, AI법은 특수 범주 개인정보의 처리가 이루어지기 위해서 다음의 모든 조건이 충족될 것을 요구한다. 첫째, 편향성 탐지와 시정은 합성 또는 익명처리된 데이터를 포함한 다른 데이터의 처리로는 효과적으로 수행될 수 없다.[99] 즉 특수 범주 개인정보의 처리가 필요한 경우이다. 개인정보 침해 위험이 없는 합성 데이터나 익명처리된 데이터를 먼저 활용하고 이러한 방법으로는 편향의 탐지와 수정이 불가능한 예외적인 경우에 특수 범주 개인정보를 처리할 수 있다. 둘째, 특수 범주 개인정보는 개인정보의 재이용(re-use)에 대한 기술적 제한 및 가명처리를 포함한 최첨단 보안과 프라이버시 보전 조치의 적용을 받는다.[100] 즉 특수 범주 개인정보의 처리에 특정한 기술적 조치가 요구

96) 상설 제39항.

97) 상설 제39항.

98) 상설 제39항. 예컨대, 2019년 스웨덴 개인정보보호 당국(DPA)은 학교에서 학생들의 출석 확인을 위해 안면 인식 기술을 사용한 것에 대해 한 지방자치단체에게 20만 스웨덴 코로나(약 2만 유로)의 벌금을 부과했다. 해당 학교는 민감한 생체인식정보를 불법적으로 처리했고, 스웨덴 DPA와 사전 협의를 포함한 적절한 영향평가를 수행하지 않았다. 학교는 동의를 처리의 근거로 삼았지만, DPA는 정보주체인 학생과 컨트롤러인 학교 사이의 명백한 힘의 불균형을 고려할 때 해당 동의는 유효한 법적 근거가 될 수 없다고 판단했다. EDPB 2019 참조.

99) 제10조 제5항 제2문(a).

된다. 셋째, 오용을 피하고 권한 있는 자만 적절한 기밀유지 의무를 가지고 해당 개인정보에 접근하도록 보장하기 위하여, 특수 범주 개인정보는 접근에 대한 엄격한 통제와 문서화를 포함한 적합한 보호조치의 적용을 받으며, 처리된 개인정보가 보안이 유지되고 보호되는 것을 보장하는 조치의 적용을 받는다.[101] 넷째, 특수 범주 개인정보는 전송되거나, 이전되거나 달리 다른 당사자가 접근해서는 안된다.[102] 편향 탐지를 위해 사용된 이러한 개인정보는 오직 제공자 내부에서 해당 목적을 수행하는 데 필수적인 최소한 인원만 처리해야 한다. 다섯째, 특수 범주 개인정보는 편향이 시정되거나 개인정보의 보유 기간이 만료된 후, 둘 중 먼저 도래하는 시점에서 삭제된다.[103] 여섯째, GDPR, 「EU기관 개인정보보호 규칙」과 「법 집행 개인정보보호 지침」에 따른 처리 활동의 기록은 편향을 감지하고 시정하기 위해 특수 범주 개인정보 처리가 엄격하게 필요한 이유 및 다른 데이터를 처리함으로써 그 목적을 달성할 수 없는 이유를 포함한다.[104]

*** AI법에 따른 데이터 품질 요건은 설명책임과 정확성 요건을 포함한 GDPR의 개인정보보호 일반 원칙과 부분적으로 겹친다. 그러나 AI법에 따른 데이터 품질 요건은 더 구체적이고 기술적이며, 비개인정보에도 적용된다. GDPR의 준수를 목적으로 작성된 기존 내부 정책과 절차를 활용할 수 있지만, 고위험 AI 시스템의 개발과 관련된 훈련, 검증, 테스트 데이터를 위한 AI법의 특정 데이터 품질 기준을 준수하기 위해서 업데이트 또는 새로운 기술적인 프로세스가 필요할 수 있다. 한편, AI 모델의 훈련을 위해 특수 범주 개인정보의 이용에 관하여, AI법에 따라 이러한 개인정보를 훈련, 검증 및 테스트 데이터에 포함하는 것과 관련하여 적용되는 특정 조건과 GDPR에 따라 개인정보보호영향평가를 수행해야 하는 의무 사이에 상당한 중복이 있다. 실제로 기업은 GDPR의 기존 프로세스와 평가를 활용하여 두 가지 요건을 동시에 해결할 수 있어야 할 것이다. 또한, AI법의 데이터 품

100) 제10조 제5항 제2문(b).
101) 제10조 제5항 제2문(c).
102) 제10조 제5항 제2문(d).
103) 제10조 제5항 제2문(e).
104) 제10조 제5항 제2문(f). 예컨대, 컨트롤러와 해당되는 경우 해당 컨트롤러의 대리인은 자신의 책임으로 수행되는 '처리 활동 기록'(record of processing activities)을 유지해야 한다. GDPR 제30조 제1항.

질 요건을 이행하기 위해 GDPR의 처리 활동 기록을 업데이트하는 것이 필요할 수 있다.[105] 즉 AI법의 데이터 관리, 위험 관리, 고위험 AI 시스템에 대한 투명성 등 요건을 준수하기 위해 제공자는 AI를 활용한 개인정보 처리 활동에 대한 포괄적인 문서화를 보장하도록 위의 처리 활동 기록을 검토하고 필요에 따라 업데이트해야 할 수 있다. 해당 기업은 AI 활용 사례가 새로운 개인정보 처리에 해당하는지, 또는 AI법과 GDPR 준수를 유지하기 위해 기존 기록의 업데이트가 필요한지 평가해야 할 것인데, 이 접근은 모든 처리 활동, 특히 AI를 포함한 활동이 적절히 문서화되고 투명하게 관리되도록 보장하며, 두 법의 설명책임 원칙과 일치한다.

표 6-1 AI법과 GDPR의 처리 기록 비교

	AI법 제10조	GDPR 제30조
적용 대상	고위험 AI 시스템의 제공자	컨트롤러(제1항), 프로세서(제2항)
목적	데이터의 품질, 대표성, 편향 방지, 안전성 확보	개인정보 처리 활동의 투명성과 설명책임 확보
기록 또는 문서화 요건	훈련·검증·테스트 데이터 세트의 문서화	처리 활동의 상세 내용 기록
내용 구성요소	의도된 목적에 맞는 데이터, 개인정보 수집의 원래 목적, 특수 범주 개인정보의 처리 등	컨트롤러 정보, 처리 목적, 개인정보와 정보주체 범주, 수령자, 국외이전 정보 등
형식 요건	기술문서(부속서 IV)	서면 또는 전자적 문서 형태
예외 조항	기업 규모에 따른 예외는 없으나, 기술문서 간소화 등 정책적 고려 사항 있음	직원 250명 미만 소기업은 일부 예외이나 제9조 제1항의 특수 범주 개인정보는 예외가 허용되지 않음

3. 고위험 AI 시스템의 기술문서[106]

고위험 AI 시스템이 어떻게 개발되었고 동 시스템이 수명주기 동안 어떻게 작동하는지에 대한 이해하기 쉬운 정보는 동 시스템의 추적 가능성, AI법

105) GDPR 제30조 참조.

106) 기술문서에 관한 제11조는 2026년 8월 2일부터 적용된다.

요건의 준수 검증, 그 운영의 모니터링과 출시 후 모니터링을 가능하게 하는 데 필수적이다.[107] 이를 위해서 기술문서가 필요하다.

고위험 AI 시스템의 시장 출시나 서비스 투입 전, 제공자는 동 시스템에 관한 기술문서를 작성해야 한다.[108] 기술문서(technical documentation)는 고위험 AI 시스템의 요건을 규정한 제III장 제2절에 대한 AI 시스템의 준수 여부를 평가하고 시장 출시 후 모니터링을 용이하게 하는 데 필요한 정보를 포함한다.[109] 기술문서는 회원국 소관 당국과 인증기관에 AI 시스템의 해당 요건 준수를 평가하기 위해 필요한 정보를 명확하고 포괄적인 형태로 제공한다.[110] 기술문서는 명확하고 포괄적으로 작성되고, 시스템의 수명기간 동안 최신 상태로 유지되어야 한다.[111]

'회원국 소관 당국'(national competent authority)은 인증 당국 또는 시장감시 당국을 의미하고, EU기관 등이 이용하거나 서비스에 투입한 AI 시스템에 관하여 AI법에서 회원국 소관 당국 또는 시장감시 당국에 대한 언급은 유럽개인정보보호감독관에 대한 언급으로 해석된다.[112]

부속서 I 섹션 A에 열거된 신입법체계(NLF) EU 조화입법의 적용을 받는 제품과 관련된 고위험 AI 시스템이 시장에 출시되거나 서비스에 투입되는 경우, '단일 기술문서 세트'(a single set of technical documentation)가 작성되는데, 부속서 IV에 따라 기술문서에 포함되는 모든 정보와 해당 법에 따라 요구되는 정보가 포함된다.[113] 제공자의 분야에 따라, 기술문서의 준비와 유지를 요구하는 다른 EU법과 중복되는 부분이 있을 수 있어서 단일 기술문서 세트를 작성

107) 상설 제71항.

108) 제11조 제1항 제1문.

109) 상설 제71항. AI법에서 기술문서에 'document' 대신 'documentation'이 사용된 이유는 동 문서가 단일 문서가 아니라 AI 시스템의 수명주기에 걸쳐 생성되는 모든 기술적 기록물의 전체 또는 집합체이기 때문이다.

110) 제11조 제1항 제2단 제1문.

111) 제11조 제1항 제2단 제1문, 상설 제71항.

112) 제3조 제48호.

113) 제11조 제2항.

하는 것이 허용된다.

신생 기업을 포함한 중소기업은 부속서 IV에 명시된 기술문서의 요소를 간소화된 방식으로 제공할 수 있다.[114] 유럽위원회는 이들을 위한 간소화된 양식을 개발해야 한다.[115] 또한, 유럽위원회는 필요한 경우 부속서 IV를 개정하여 기술적 진보에 비추어 기술문서가 제III장 제2절에 명시된 요건에 대한 시스템의 준수를 평가하는 데 필요한 모든 정보를 제공하도록 보장하기 위하여 위임입법을 채택할 수 있다.[116]

(1) 기술문서의 정보

고위험 AI 시스템에 적용되는 기술문서는 적어도 부속서 IV에 규정된 다음과 같은 정보를 포함해야 한다.[117]

1) AI 시스템의 일반적 설명

AI 시스템의 일반적 설명은 다음을 포함한다. 첫째, AI 시스템의 의도된 목적, 제공자의 이름, 이전 버전과의 관계를 반영하는 시스템 버전(version)이다.[118] 둘째, 해당되는 경우 AI 시스템이 동 시스템 자체의 일부가 아닌 다른 AI 시스템을 포함하여 하드웨어 또는 소프트웨어와 상호작용하는 방식 또는 상호작용에 이용될 수 있는 방식이다.[119] AI 시스템이 외부의 센서, 엣지 디바이스, 외부 플랫폼, 운영체제, API 등 하드웨어, 소프트웨어 또는 별도의 추천 시스템, 예측 모델 등 다른 AI 시스템과 어떻게 연결되거나 상호작용할 수 있는지 설명하는 것이다. 시스템 자체의 일부가 아닌 경우는 제3자 소프트웨어, 외부 디바이스 등 문서화 대상인 AI 시스템의 정의된 범위 외의 구성요소를 가리킨다.[120] 외부와의 연결이 존재할 경우, 단순히 내부 알고리즘만으로는

---

114) 제11조 제1항 제2단 제3문. 인증기관은 적합성 평가 목적으로 중소기업이 이용한 양식을 수락해야 한다. 제11조 제1항 제2단 제6문.

115) 제11조 제1항 제2단 제4문.

116) 제11조 제3항.

117) 제11조 제1항 제2단 제2문.

118) 부속서 IV 제1항(a).

119) 부속서 IV 제1항(b).

전체 위험을 설명할 수 없기 때문에 부속서 IV는 외부와의 상호작용을 기술문서에 명시하게 한다.[121] 셋째, 관련 소프트웨어 또는 펌웨어의 버전 및 버전 업데이트와 관련된 모든 요건이다.[122] AI 시스템을 구성하는 모든 소프트웨어와 펌웨어의 버전을 명확히 문서화하여 수명주기에 걸쳐 안전성과 신뢰성을 투명하게 관리하기 위함이다. 넷째, 하드웨어에 내장된 소프트웨어 패키지, 다운로드, API[123] 등 AI 시스템이 시장에 출시되거나 서비스에 투입되는 모든 형태의 설명이다.[124] AI 시스템은 시장에 제공되는 방식에 따라 제공자와 운영자가 고려해야 할 위험의 종류와 관리 방식이 달라진다.[125] 다섯째, AI 시스

120) 제3자는 소프트웨어를 사용하는 이용자(first party)와 그 소프트웨어가 실행되는 핵심 플랫폼을 만든 개발자(second party)와 무관한 독립적인 개발자이다.

121) 예컨대, 자율주행 AI 시스템의 경우 외부 상호작용 요소는 외부 센서, 카메라, 교통 인프라 시스템인데, AI 시스템이 차량 외부의 센서 또는 교통 관리 시스템과 연동될 경우이다. 의료 진단 AI 시스템의 경우 외부 상호작용 요소는 병원 EHR (전자건강기록) 시스템인데, 진단 알고리즘이 병원 내 환자 데이터와 통합되어 작동하는 경우이다.

122) 부속서 IV 제1항(c). 펌웨어(firmware)는 하드웨어 장치에 영구적으로 설치되어 기본적인 제어 기능을 제공하는 하위 수준의 소프트웨어이고, 하드웨어와 상위 수준의 애플리케이션 소프트웨어 사이에 위치하는 경우가 많다. 예컨대, AI 비전 기능이 있는 산업용 로봇의 펌웨어는 카메라 센서와 모터 제어를 관리하고, 자율 비행 드론의 펌웨어는 저고도 비행의 안정화, GPS, 배터리 모니터링을 담당하며, 스마트 생체인식 잠금장치의 펌웨어는 지문 센서, 전원 관리, 데이터 암호화를 처리하며, AI 의료기기의 펌웨어는 데이터 샘플링, 기기 보정, 하드웨어-소프트웨어 인터페이스를 관리한다. 펌웨어는 AI 시스템이 데이터를 수집하고 투입물에 응답하며 물리적 세계에서 행동하는 방식에 영향을 미친다.

123) '응용 프로그램 인터페이스'(Application Programming Interface, API)는 소프트웨어 구성요소들이 서로 통신하고 상호작용할 수 있도록 해주는 접점/중계 도구를 의미한다. 예컨대, AI 모델 GPT-4o 제공자인 OpenAI, API 제공자인 Microsoft Azure를 통하여 운영자인 SAP이나 Lufthansa는 직접 모델에 접근하지 않고 API를 통하여 이용할 수 있다.

124) 부속서 IV 제1항(d).

125) 하드웨어에 내장된 소프트웨어 패키지의 예는 AI 기반 자동 긴급 제동 기능이 내장된 자동차이고, 기술문서는 이 하드웨어와의 상호작용, 물리적 안전성, 특정 하드웨어 환경에서의 AI 성능 등을 상세히 설명해야 한다. 다운로드 가능한 소프트웨어의 예는 병원이 구매하여 자체 서버에 설치하는 AI 의료 영상 분석 소프트웨어이고, 제공자는 AI가 실행될 최종 환경을 직접 통제할 수 없어서 기술문서는 운영자가 이 시스템을 안전하게 설치하고 운영하기 위한 최소 하드웨어 요건, 운

템이 실행될 하드웨어에 대한 설명이다.[126] AI 시스템이 어떤 장비에 최적화되어 있고, 어떤 조건에서 안정적으로 작동할 수 있는지 명확히 제시해야 한다. 여섯째, AI 시스템이 제품의 구성요소인 경우, 외형 특징을 보여주는 사진 또는 삽화, 해당 제품의 표시 및 내부 레이아웃이다.[127] 제품 내 AI의 실제 물리적 통합 상황을 시각적으로 확인 가능하도록 해당 제품의 외형과 내부 구조가 시각적으로 명확하게 제시되어야 한다. 제품의 표시(marking)는 CE 마킹, 모델명, 일련번호, 제조자 표시 등을 가리킬 것이다. '내부 레이아웃'(internal layout)은 AI 시스템이 제품 내부에 어떻게 배치되는지 위치도나 회로 연결 등 도식적 표시를 가리킨다. 일곱째, 운영자에게 제공되는 이용자－인터페이스에 대한 기본 설명이다.[128] 인터페이스에 대한 기본 설명은 시스템의 구조와 설계에 대한 기술적 이해로서, AI 시스템이 인간과 어떻게 상호작용하도록 설계되었는지 이해하도록 돕는다. 여덟째, 운영자를 위한 사용 설명서 및 해당되는 경우 운영자에게 제공되는 이용자－인터페이스에 대한 기본 설명이다.[129] 사용 설명서는 운영자가 AI 시스템의 안전하고 올바른 조작을 하도록 구체적이고 실용적인 지침이 된다.

영체제(OS) 호환성, 필요한 소프트웨어 라이브러리 버전 등을 명시해야 한다. API(As-a-Service)의 예는 OpenAI의 GPT-4o API를 이용하여 자사 챗봇 서비스를 만드는 경우이고, 제공자는 모델과 서버 인프라를 직접 통제하지만, 최종적인 사용 방식을 통제할 수 없어서, 기술문서는 API의 정확한 기능과 한계, 예측 가능한 오용 가능성, 데이터 처리 방식, 응답 시간 등을 설명해야 한다.

126) 부속서 IV 제1항(e). 예컨대, 의료영상 분석 AI 시스템의 경우 병원 '의료영상 저장·전송시스템'(PACS) 서버, 고성능 GPU인 실행 하드웨어에 대하여 GPU 종류, 서버 모델, 병원 내 전산망 요건이 기술문서에 포함된다. 자율주행 AI 시스템의 경우 차량 내 전자제어장치(ECU), AI 칩인 실행 하드웨어에 대하여 NVIDIA Drive Orin 등 칩세트 종류와 냉각 조건 등이 기술문서에 포함된다.

127) 부속서 IV 제1항(f). 예컨대, 자율주행차의 경우 자율주행 제어 AI가 AI 구성요소가 되고, 자동차 외형 사진, 센서/카메라 위치 도식과 AI 제어 모듈의 차량 내 위치가 기술문서에 포함된다. 또한, AI 기반 심전도 모니터 등 스마트 의료기기의 경우 AI 분석 모듈이 AI 구성요소가 되고, 화면, 센서 위치 등 외관 사진, AI 칩 탑재 위치 등 내부 구조도와 모델명, 제조사 등 표시가 기술문서에 포함된다.

128) 부속서 IV 제1항(g).

129) 부속서 IV 제1항(h).

표 6-1 부속서 IV 제1항의 기술문서 정보

조문	요구 항목 요약	세부 내용
(a)호	AI 시스템의 기본 정보	시스템의 의도된 목적, 제공자 이름, 버전 정보 등
(b)호	외부 시스템과 상호작용	AI 시스템이 외부 하드웨어, 소프트웨어 또는 다른 AI 시스템과 어떻게 상호작용하는지 설명
(c)호	소프트웨어 또는 펌웨어의 버전 정보	관련 소프트웨어 또는 펌웨어의 버전 및 버전 업데이트 요건
(d)호	시스템 운영 형태	AI 시스템이 시장에 출시되거나 서비스에 투입되는 모든 형태
(e)호	하드웨어 요건	AI 시스템이 실행되기 위해 필요한 하드웨어
(f)호	제품 구성요소로서 AI 시스템	AI 시스템이 제품의 구성요소인 경우, 해당 제품의 외부 특징, 표시 및 내부 레이아웃을 보여주는 사진 또는 삽화
(g)호	이용자-인터페이스	운영자에게 제공되는 이용자-인터페이스에 대한 기본 설명
(h)호	사용 설명서	운영자를 위한 사용 설명 등

2) AI 시스템의 요소와 그 개발 과정에 대한 자세한 설명

AI 시스템의 요소와 그 개발 과정에 대한 자세한 설명은 다음을 포함한다. 첫째, 관련 있는 경우, 제3자가 제공한 사전 훈련된 시스템이나 도구에 대한 의존 및 제공자가 이러한 시스템이나 도구를 이용, 통합 또는 수정한 방법을 포함하여 AI 시스템의 개발을 위해 수행된 방법과 단계이다.[130] 둘째, 시스템의 설계 사양, 즉 i) AI 시스템과 알고리즘의 일반적인 논리, ii) 시스템이 이용될 의도의 대상인 사람 또는 사람 그룹과 관련하여 포함하여 이유와 가정을 포함한 주요 설계 선택 사항, iii) 주요 분류 선택 사항, iv) 시스템이 최적화하도록 설계된 대상과 다양한 매개변수의 관련성, v) 시스템의 예상 결과물과 결과물 품질에 대한 설명, vi) 제III장 제2절에 명시된 요건을 준수하기 위해 채택된 기술적 솔루션과 관련하여 가능한 모든 절충(trade-off)에 대한 결정이다.[131] AI 개발에서 종종 하나의 목표, 예컨대 정확도를 높이면 다른 목표, 예

130) 부속서 IV 제2항(a).

컨대 공정성이 낮아질 수 있어서, 기술문서는 정확도, 공정성, 설명 가능성, 견고성, 보안 등의 균형된 결정의 투명성과 설명책임을 확보하고자 한다. 셋째, 소프트웨어 구성요소가 서로를 기반으로 구축되거나 서로에게 피드백을 주고 전체적인 처리에 통합되는 방법을 설명하는 시스템 아키텍처에 대한 설명 및 AI 시스템을 개발, 훈련, 테스트 및 유효성 확인하는 데 이용되는 연산자원이다.[132] '시스템 아키텍처'(system architecture)는 AI 시스템의 구조와 구성요소 간 상호작용을 명확하게 문서화하라는 요구로서, 단순한 알고리즘 설명을 넘어서 AI 시스템이 실제로 어떻게 구성되고 작동하는지 전체적인 틀(architecture)로 보여주어야 한다. '연산 자원'(computational resources)은 AI 시스템의 개발·훈련에 투입된 컴퓨터 성능과 환경으로서 GPU/TPU 등 연산장치, HBM(High-bandwidth Memory) 등 메모리, 초고속 통신망인 네트워킹을 포함하는 하드웨어 자원, 클라우드 컴퓨팅 등 인프라 자원, 및 측정 단위인 플롭스(FLOPs)를 통틀어 지칭한다. 넷째, 관련 있는 경우 i) 훈련 방법론과 기법 및 이용된 데이터 세트의 출처, 범위와 주요 특징의 일반 설명을 포함한 훈련 데이터 세트를 설명하는 데이터 시트의 데이터 요건, ii) 데이터 획득과 선택 방법, iii) 지도 학습 등을 위한 라벨링 절차, 이상치 탐지 등 데이터 정제 방법이다.[133] 구조화된 데이터 시트(data sheets) 형식으로 훈련 방법과 데이터 세트의 속성이 상세히 설명되어야 한다. 훈련 방법론과 기법은 지도/비지도 학습, 미세조정, 증강 기법 등 모델 훈련에서 이용된 방법론을 가리킨다. 데이터 요건은 AI 시스템의 개발과 검증에 이용된 데이터의 속성, 품질, 편향 방지 조치 등이다. 데이터 시트는 표준화된 양식 또는 문서 양식을 가리킨다. 다섯째, 운영자의 AI 시스템 결과물의 해석을 촉진하는데 필요한 기술적 조치의 평가를 포함하여 제14조에 따라 필요한 인적 감독 조치의 평가이다.[134] 여섯째, 해당되는 경우, AI 시스템의 제III장 제2절에 명시된 관련 요건과 지속적인 준수를 보장하기 위해 채택된 기술적 솔루션과 관련된 모든 관련 정보와 함께 AI 시

---

131) 부속서 IV 제2항(b).

132) 부속서 IV 제2항(c).

133) 부속서 IV 제2항(d).

134) 부속서 IV 제2항(e). 제13조 제3항(d)와 제14조 참조.

스템과 그 성능에 대한 사전 결정된 변경에 대한 자세한 설명이다.[135] AI 시스템의 생애주기에 걸친 안전성과 신뢰성을 보장하기 위한 것이다. 일곱째, i) 이용된 검증과 테스트 데이터와 그들 주요 특징에 관한 정보를 포함하여 유효성 확인과 테스트 절차, ii) 정확성, 견고성, 제III장 제2절에 규정된 다른 관련 요건의 준수를 측정하는 데 이용되는 지표 및 잠재적인 차별적 영향, iii) 위 여섯째 항에 언급된 사전 결정된 변경과 관련하여 포함하여 책임자가 날짜 기재하고 서명한 모든 테스트 보고서와 테스트 로그이다.[136] 여덟째, 시행된 사이버보안 조치이다.[137]

3) 그 외 설명

① AI 시스템의 모니터링, 기능 및 제어에 관한 상세한 정보

AI 시스템의 모니터링, 기능 및 제어에 관한 상세한 정보는 다음을 포함한다:[138] i) 시스템이 이용될 의도인 특정 개인 또는 개인 그룹에 대한 정확성 수준을 포함하여 성능의 역량과 한계 및 의도된 목적과 관련하여 전반적으로 예상되는 정확성 수준, ii) AI 시스템의 의도된 목적을 고려하여 예측 가능한 의도되지 않은 결과물과 건강, 안전, 기본권과 차별에 대한 위험의 원인, iii) 운영자의 AI 시스템 결과물의 해석을 용이하게 하도록 마련된 기술적 조치를 포함하여 인적 감독 조치, iv) 해당되는 경우 투입된 데이터에 대한 사양.

② 특정 AI 시스템에 대한 성과 지표의 적절성에 대한 설명[139]

③ 위험 관리 시스템에 대한 자세한 설명[140]

---

135) 부속서 IV 제2항(f). '사전 결정된 변경'(pre-determined change)은 AI 제공자가 시스템을 출시하기 전 향후 AI가 어떤 규칙과 범위 내에서 스스로 학습하고 업데이트될 것인지를 미리 결정한 계획이다.

136) 부속서 IV 제2항(g).

137) 부속서 IV 제2항(h).

138) 부속서 IV 제3항.

139) 부속서 IV 제4항.

140) 부속서 IV 제5항. 위험 관리 시스템은 제9조 참조.

④ 제공자가 시스템의 수명주기를 통해 시스템에 대한 관련 변경에 대한 설명[141)]

⑤ EU관보(OJ)에 게재된 참조의 전부 또는 일부에 적용되는 조화된 표준 목록[142)]

이러한 조화된 표준이 적용되지 않은 경우, 적용된 다른 관련 표준과 기술 사양 목록을 포함하여 제III장 제2절에 명시된 요건을 충족하기 위해 채택된 해결책에 대한 자세한 설명이다.[143)]

⑥ EU 적합성 선언의 사본[144)]

⑦ 시판 후 모니터링 계획을 포함하여 시판 후 단계에서 AI 시스템 성능을 평가하기 위해 마련된 시스템에 대한 자세한 설명[145)]

*** 고위험 AI 시스템의 기술문서는 새로운 것이어서, GDPR에 따른 의무와 중복되지 않는다. 예외가 적용되지 않는 한, 기업은 AI법에 따른 기술문서 요건을 준수하기 위해 규정 준수의 새로운 문서와 프로세스를 개발해야 한다. 기업은 적용 가능한 사이버보안 조치에 대한 설명과 같은 기술문서 준비 과정에서 GDPR에 따른 설명책임 노력을 활용할 수 있을 것이다.

---

141) 부속서 IV 제6항.

142) 부속서 IV 제7항.

143) AI 분야에서 아직 조화된 표준이 완전히 확정되지 않았고, 현재는 '표준 초안'(draft standards) 또는 ISO, IEC 등 국제표준에 따르고 있다. 현재 AI 시스템에 적용할 수 있는 주요 조화된 표준은 ISO/IEC 24029-1:2021(Artificial Intelligence - Assessment of the robustness of neural networks - Part 1)으로서 AI 모델의 견고성 평가 방법, ISO/IEC 23894:2023(AI — Risk Management AI)로서 시스템의 위험 관리 프로세스 정의(제9조와 연계), ISO/IEC TR 24028:2020(Trustworthiness of AI)으로서 신뢰성 요소, EN IEC 62304 (Medical device software - Software life cycle processes)로서 의료 AI의 경우 소프트웨어 생명주기 표준, EN ISO 14971(Risk management for medical devices)로서 의료기기용 위험 분석 절차에 관한 것이다.

144) 부속서 IV 제8항. EU 적합성 선언은 제47조 참조.

145) 부속서 IV 제9항. 시판 후 모니터링 계획은 제72조 제3항 참조.

4. 기록 보관[146)]

고위험 AI 시스템이 어떻게 개발되었고 동 시스템이 수명주기 동안 어떻게 작동하는지에 대한 이해하기 쉬운 정보는 동 시스템의 추적 가능성, AI법 요건의 준수 검증, 그 운영의 모니터링과 시장 출시 후 모니터링을 가능하게 하는데 필수적이다.[147)] 이를 위해서 '기록 보관'(record–keeping)이 필요하다.

고위험 AI 시스템은 기술적으로 시스템의 수명기간 동안 로그를 통해 이벤트를 자동으로 기록할 수 있어야 한다.[148)] AI법에 따라 요구되는 로그는 특정 설정과 매개변수를 가진 시스템의 환경 설정을 요구할 것이다. 또한, 고위험 AI 시스템의 수명주기 동안 적용되는 요건인 점에서 체크리스트와 모니터링 프로세스의 개발이 도움이 될 것이다.

(1) 일반적 로깅 역량

고위험 AI 시스템의 의도된 목적에 적절한 기능의 '추적 가능성'(traceability) 수준을 보장하기 위해, '로깅 역량'(logging capabilities)은 다음의 관련된 이벤트 기록을 가능하게 해야 한다. 첫째, 위험을 초래하는 고위험 AI 시스템 또는 실질적 변경을 결과할 수 있는 상황의 확인이다.[149)]

'실질적 변경'(substantial modifications)은 제공자가 수행한 최초 적합성 평가에서 예측하거나 계획하지 않은 AI 시스템의 시장 출시 또는 서비스 투입 후 동 시스템에 대한 변경을 의미하고, 그 결과 동 시스템의 제III장 제2절에 규정된 요건의 준수가 영향을 받거나 AI 시스템이 평가된 의도된 목적이 변경되는 것을 의미한다.[150)]

둘째, 출시 후 모니터링의 촉진이다.[151)] 셋째, 운영자의 고위험 AI 시스템

146) 기록 보관에 관한 제12조는 2026년 8월 2일부터 적용된다.
147) 상설 제71항.
148) 제12조 제1항, 상설 제71항.
149) 제12조 제2항(a). 위험에 관하여 제79조 제1항 참조.
150) 제3조 제23호.
151) 제12조 제2항(b). 제72조 참조.

운영의 모니터링이다.[152)]

(2) 원격 생체인식 식별 시스템의 로깅 역량

원격 생체인식 식별 시스템 분야의 고위험 AI 시스템의 경우, 로깅 역량은 최소한 다음을 제공해야 한다. 첫째, 각 이용의 시작 날짜와 시간 및 종료 날짜와 시간인 시스템 이용 기간의 기록이다.[153)] 둘째, AI 시스템이 투입된 데이터를 대조 확인한 기준 데이터베이스이다.[154)] AI 시스템의 로그 기록은 시스템에 투입된 데이터는 물론 그 투입된 데이터를 어떤 기준 데이터베이스와 대조하여 확인했는지의 정보를 포함해야 한다. 이는 AI가 어떤 근거로 특정 판단을 내렸는지 사후에 추적하고 검증하기 위한 것이다. 셋째, 검색 결과에 일치하는 투입된 데이터이다.[155)]

'투입된 데이터'(input data)는 AI 시스템이 [결과물을] 생성하는 근거가 되는 시스템이 직접 획득하거나 자신에게 제공된 데이터를 의미한다.[156)]

넷째, 결과의 검증에 수반된 자연인의 식별이다.[157)]

*** 로그 기록 요건은 부분적으로 GDPR에 따른 개인정보 보안 요건과 모범 사례와 중복되지만, AI법은 더 구체적이고 기술적 시행을 요구한다. 제공자는 이 요건을 준수하기 위해 기술적 역량과 특정 프로세스를 개발하고 시행해야 한다. 제공자는 개인정보 보존 일정에 로그 보존 기간을 고려해야 한다.

---

152) 제12조 제2항(c). 제26조 제5항 참조.

153) 제12조 제3항(a).

154) 제12조 제3항(b). '기준 데이터베이스'(reference database)는 AI 시스템이 새로운 투입된 데이터의 진위나 정체성을 확인하기 위해 비교하는 사전에 검증되고 저장된 정답지 데이터의 집합을 의미한다. 예컨대, 회사가 모든 직원의 얼굴 사진을 촬영하여 각 사진에 직원의 이름과 ID를 연결하면, 전 직원의 얼굴 사진과 신원 정보가 담긴 데이터베이스가 기준 데이터베이스이다.

155) 제12조 제3항(c).

156) 제3조 제33호.

157) 제12조 제3항(d). 제14조 제5항 참조.

5. 운영자에 대한 투명성 및 정보 제공[158)]

(1) 투명성

AI 시스템의 불투명성과 복잡성에 관련된 우려를 다루고 운영자가 AI법 의무를 이행하는 것을 돕기 위해서, 고위험 AI 시스템이 시장에 출시되거나 서비스에 투입되기 전에 투명성이 요구된다.[159)] 제III장 제3절에 명시된 제공자와 운영자의 관련 의무 준수를 달성하기 위해 적절한 유형과 수준의 투명성이 보장되어야 한다.[160)]

고위험 AI 시스템은 그 운영이 충분히 투명하여 운영자가 적절하게 시스템의 결과물을 해석하고 이용할 수 있게 하는 것을 보장하는 방식으로 설계 및 개발되어야 한다.[161)] 즉 고위험 AI 시스템은 운영자가 AI 시스템의 작동 방식을 이해하고, 그 기능을 평가하며, 그의 강점과 한계를 이해할 수 있도록 설계되어야 한다.[162)]

(2) 정보 제공

고위험 AI 시스템은 운영자에게 관련성 있고, 접근 가능하며, 이해할 수 있는 간결하고, 완전하며, 정확하고, 명확한 정보를 포함하는 적절한 디지털 형식이나 다른 형식의 사용 설명서를 첨부해야 한다.[163)] AI는 본질적으로 소프트웨어인 점에서 설명서는 디지털 형식으로 제공되지만, AI가 물리적 제품의

158) 운영자에 대한 투명성 및 정보 제공에 관한 제13조는 2026년 8월 2일부터 적용된다.

159) 상설 제72항.

160) 제13조 제1항 제2문. 제III장 제3절은 다음 조항으로 구성된다: 제16조(고위험 AI 시스템 제공자의 의무), 제17조(품질 관리 시스템), 제18조(문서 보관), 제19조(자동 생성 로그), 제20조(시정조치와 정보 의무), 제21조(소관 당국과 협력), 제22조(고위험 AI 시스템 제공자의 공인 대리인), 제23조(수입자 의무), 제24조(유통자 의무), 제25조(AI 가치 사슬에 따른 책임), 제26조(고위험 AI 시스템 운영자의 의무), 제27조(고위험 AI 시스템 기본권영향평가).

161) 제13조 제1항 제1문.

162) 상설 제72항.

163) 제13조 제2항.

일부이거나 특수한 환경에서는 종이 또는 USB 드라이브 등 물리적 매체도 이용될 수 있다.

> '사용 설명서'(instructions for use)는 특히 AI 시스템의 의도된 목적과 정상적 이용에 대해 운영자에게 알리기 위하여 제공자가 제공하는 정보를 의미한다.[164]

1) 사용 설명서의 정보

사용 설명서는 최소한 다음 정보를 포함해야 한다.[165]

① 제공자 등 기본 정보

제공자 및 해당되는 경우 공인 대리인의 신원과 연락처 세부 사항이다.[166]

② 고위험 AI 시스템 성능의 특성, 역량 및 한계

제공자는 운영자에게 AI 시스템의 결과물의 적절한 해석과 이용에 대한 구체적이고 실용적인 정보를 함께 제공해야 한다.[167] 이러한 정보는 다음을 포함한다:[168] (i) 의도된 목적, (ii) 고위험 AI 시스템이 테스트되고 검증되며 예상될 수 있는 메트릭스, 견고성, 사이버보안을 포함한 정확성의 수준 및 정확성, 견고성과 사이버보안의 예상된 수준에 영향을 미칠 수 있는 알려지고 예측 가능한 상황,[169] (iii) 고위험 AI 시스템을 그 의도된 목적에 따라 이용하

---

164) 제3조 제15호.

165) 사용 설명서에 포함되는 정보와 관련하여 '해당되는 경우'(where applicable), '적절한 경우'(when appropriate), '관련 있는 경우'(where relevant)와 같은 조건부 표현이 포함된 것은 AI법의 규제를 획일적이지 않고 유연하며 실용적으로 만들기 위함이다.

166) 제13조 제3항(a).

167) 결과물의 적절한 해석인 점에서, AI의 결과물은 확정적 사실이 아니라 확률적 추정치임을 이해하게 하고, 그 출력 수치의 신뢰도와 오차·오류 가능성 등을 함께 제시하여 결과물의 의미와 한계를 알게 해야 한다. 결과물의 적절한 이용인 점에서, 위와 같은 해석된 정보를 바탕으로 후속 조치를 결정하되, AI의 제안을 채택·보류·무시하거나 재검토할지를 포함하여 결과물을 올바르게 이용하게 해야 한다.

168) 제13조 제3항(b).

169) 정확성, 견고성과 사이버보안은 제15조 참조.

거나 합리적으로 예측 가능한 오용의 조건에서 이용하는 것과 관련하여, 건강과 안전 또는 기본권에 대한 위험으로 이어질 수 있는, 알려져 있거나 예측 가능한 모든 상황,[170] (iv) 해당되는 경우 그 결과물의 설명에 관련된 정보를 제공하는 고위험 AI 시스템의 기술적 역량과 특성, (v) 해당되는 경우 시스템이 이용될 의도인 특정 개인 또는 개인 그룹에 대한 성능, (vi) 해당되는 경우 고위험 AI 시스템의 의도된 목적을 고려하여, 이용된 훈련, 검증 및 테스트 데이터 세트에 관하여 투입된 데이터 또는 다른 관련된 정보에 대한 사양, (vii) 해당되는 경우 운영자가 고위험 AI 시스템의 결과물을 적절하게 해석하고 이용할 수 있게 하는 정보.

③ 예정된 시스템 및 성능 변경 사항

있는 경우 최초 적합성 평가 시점에 제공자가 사전 결정한 고위험 AI 시스템과 그 성능에 대한 변경이다.[171] 최초 적합성 평가 시점은 제공자가 자신의 고위험 AI 시스템을 EU 시장에 처음으로 출시하기 바로 전에 해당 시스템이 AI법의 모든 필수 요건을 충족했음을 공식적으로 검증하고 선언하는 바로 그 순간을 의미한다. 예컨대, 자동차에 대한 최종 출고 검사를 받는 시점이다.

④ 인적 감독 조치

운영자가 고위험 AI 시스템의 결과물 해석을 촉진하도록 마련된 기술적 조치를 포함한 인적 감독 조치이다.[172]

⑤ 유지 및 관리 조치

필요한 연산과 하드웨어 자원, 고위험 AI 시스템의 예상 수명주기, 및 소프트웨어 업데이트에 관하여 포함하여 해당 AI 시스템의 정상적 기능을 보장하기 위한 주기를 포함한 모든 필요한 유지 및 관리 조치이다.[173]

---

170) 위험 관리 시스템은 제9조 제2항 참조.

171) 제13조 제3항(c).

172) 제13조 제3항(d). 인적 감독은 제14조 참조. 예컨대, 의료 진단 AI의 경우 병원의 AI 결과물인 CT 영상의 폐암 확률 90%에 대한 최종 판단을 위하여 시각화, 확신도 점수, 설명 가능성 등의 기술적 조치가 필요하다.

173) 제13조 제3항(e). 주기(frequency)는 AI 시스템의 정상적인 기능을 보장하기 위

⑥ 로그에 대한 메커니즘 설명

적절한 경우, 운영자가 로그를 정상적으로 수집, 저장 및 해석할 수 있게 하는 고위험 AI 시스템에 포함된 메커니즘에 대한 설명이다.[174]

2) 사용 설명서의 투명성

첨부된 사용 설명서를 포함한 투명성은 운영자가 AI 시스템을 이용하는 데 도움을 주고 '정보에 근거한 의사결정'(informed decision making)을 내릴 수 있도록 지원해야 한다.[175] 제공자의 사용 설명서는 운영자가 AI법에 따른 의무를 준수하는 데 도움을 주게 된다. 특히 운영자는 자신에게 적용되는 의무를 고려하여 이용하고자 하는 AI 시스템을 올바르게 선택하고, 의도된 이용과 금지된 이용에 대해 교육을 받고, 동 시스템을 올바르고 적절하게 이용할 수 있는 더 나은 위치에 있어야 한다.[176] 사용 설명서에 포함된 정보의 가독성과 접근성을 높이기 위해 적절한 경우, AI 시스템의 제한 사항 및 의도된 이용과 금지된 이용에 대한 실례가 포함되어야 한다.[177] 제공자는 사용 설명서를 포함한 모든 문서에 대상 운영자의 필요와 예측 가능한 지식을 고려하여 의미 있고 포괄적이며 접근 가능하고 이해하기 쉬운 정보가 포함되어 있는지 보장해야 한다.[178]

사용 설명서는 해당 회원국의 결정에 따라 대상 운영자가 쉽게 이해할 수 있는 언어로 이용 가능해야 한다.[179] 사용 설명서는 해당 AI 시스템이 이용되는 국가의 공식 언어로 제공되어야 하는 점에서, 단순히 영어나 제공자의 모국어로만 설명서를 제공하는 것은 금지된다.[180] 언어 장벽으로 인해 운영자가

해 제공자가 권장하는 유지·보수 및 관리 조치 수행의 시간적 간격을 의미한다.

174) 제13조 제3항(f). 기록 보관은 제12조 참조.

175) 상설 제72항.

176) 상설 제72항.

177) 상설 제72항.

178) 상설 제72항.

179) 상설 제72항.

180) EU에서 독일, 프랑스, 이탈리아 등 대부분의 회원국은 자국 공식어로 설명서를 제공하도록 요구할 것이고, 벨기에와 같이 프랑스어, 네덜란드어, 독일어를 공식

AI 시스템을 잘못 사용하거나 그 위험성을 제대로 이해하지 못하는 상황을 막기 위한 안전 조치이다.

*** GDPR에 따른 개인정보 처리방침에서 제공하는 정보와 중복되는 부분이 있지만,[181] 제13조의 투명성 요건은 원칙 기반이 아닌 세부적이고 기술적인 성격을 가진다. 또한, 제13조에 따른 투명성 요건은 개인과 법인을 포함한 운영자를 대상으로 하는데, GDPR 제13조와 제14조에 따른 투명성 요건은 개인을 대상으로 한다. GDPR에 따른 투명성 문서는 정보 제공 방식에 대한 출발점으로 활용할 수 있지만, AI법에서 요구하는 세부 정보를 명확하고 이해하기 쉬운 방식으로 제공하려면 추가적인 노력이 필요하다. 운영자가 컨트롤러이고 제공자가 프로세서인 경우, 제공자로부터 받은 정보는 프로세서가 충분한 개인정보 보호 보장과 보호조치를 제공하는지 평가하는 데 중요한 도구가 될 것이다.[182]

6. 인적 감독[183]

고위험 AI 시스템은, 적절한 인간-기계 인터페이스 도구와 함께 포함하여, 이용되는 동안 자연인이 효과적으로 감독할 수 있는 방식으로 설계되고 개발되어야 한다.[184] '인적 감독'(human oversight)은 고위험 AI 시스템이 의도

어로 사용하는 국가는 이들 세 가지 언어로 설명서를 제공하도록 요구할 수 있으며, 몰타나 아일랜드처럼 자국어와 함께 영어가 널리 통용되는 국가는 자국어 버전과 함께 영어 설명서를 공식적으로 허용할 수 있다.

181) GDPR 제12조, 제13조, 제14조는 컨트롤러의 개인정보 처리방침 작성에 대한 자세한 규정을 하고, 정보주체가 개인정보 처리에 관련된 정보를 이해하기 쉽고 접근하기 쉽게 한다.

182) 예컨대, 클라우드 기반 AI 의료 진단 서비스를 구독하여 이용하는 병원은 환자 의료정보를 동 서비스에 업로드하고 동 서버에서 데이터가 처리되어 진단 결과가 병원으로 전송된다. AI법에서 운영자인 병원은 환자 의료정보를 진단 목적을 위해 해당 AI 서비스를 이용하는 결정을 하여 GDPR의 컨트롤러가 되고, AI 제공자는 병원의 지시에 따라 환자 의료정보를 처리하는 경우 GDPR의 프로세서가 될 수 있다. 사용 설명서는 의료정보의 처리 방식, 보안 조치 및 인적 감독 등에 관한 상세한 정보를 병원에 제공하고, GDPR 제28조에 따른 프로세서의 평가에 필수적인 자료가 될 수 있다. 그러나, AI 제공자가 실제로 환자 의료정보를 처리하지 않고 단순히 모델이나 API를 제공하는 경우 GDPR의 프로세서로 간주되지 않을 수 있다.

183) 인적 감독에 관한 제14조는 2026년 8월 2일부터 적용된다.

된 목적에 따라 또는 합리적으로 예측 가능한 오용 조건에서 이용될 때 발생할 수 있는 건강, 안전 또는 기본권에 대한 위험을 방지하거나 최소화하는 것을 목표로 한다.[185)]

인적 감독은 고위험 AI 시스템에 대한 요건을 규정한 제III장 제2절에 명시된 다른 요건의 적용에도 불구하고 지속되는 위험을 방지 또는 최소화해야 한다.[186)] AI 제공자가 제9조(위험 관리 시스템), 제10조(데이터 거버넌스), 제15조(정확성과 견고성 등) 등 다른 요건을 이행하여도 여전히 예측 불가능하거나 AI가 스스로 판단할 수 없는 잔여 위험이 존재하는 점에서 이러한 위험은 최종적으로 인간이 통제하고 관리해야 한다. 인적 감독은 다른 안전장치가 실패했을 경우 최종적인 안전망이 된다.

(1) 인적 감독 조치

인적 감독 조치는 고위험 AI 시스템의 위험, 자율성 수준 및 이용 맥락에 상응해야 하고, 다음 유형의 조치 중 하나 또는 둘 모두를 통해 보장되어야 한다.[187)]

1) 기술적 가능한 조치

인적 감독을 위한 첫째 유형의 조치는 고위험 AI 시스템이 시장에 출시되거나 서비스에 투입되기 전에, 기술적으로 가능한 경우, 제공자가 고위험 AI 시스템에 확인하여 구축한 조치이다.[188)]

적절한 경우, AI 시스템은 그 자체로 중단될 수 없고 인간 운영자에게 반응하는 '내장된 운영상 제약'(in-built operational constraints)의 적용을 받아야 한

184) 제14조 제1항. '인간-기계 인터페이스 도구'(human-machine interface tools)는 인간 운영자가 AI 시스템을 효과적으로 감독하고 이해하며 통제할 수 있게 하는 AI 시스템에 내장된 시각적, 기능적 장치를 가리킨다. '포함하여'(including)의 단어는 동 인터페이스 도구가 유일한 수단이 아님을 암시한다.

185) 제14조 제2항.

186) 제14조 제2항.

187) 제14조 제3항.

188) 제14조 제3항(a).

다.[189] 이용 정책이나 서비스 약관이 아닌 내부적인 설계 수준의 제한인 동 제약은 오용 또는 우발적인 고위험 행동을 줄이기 위해 AI 모델 또는 시스템에 하드-코딩된 기술적 조치로서, AI가 수행할 수 있는 과업, 이용 가능한 위치 또는 대응 방식을 제한한다.[190] 동 제약이 충분히 강할 경우 범용 AI 모델은 시스템적 위험으로 분류되지 않을 수 있고,[191] AI 모델 제공자는 이러한 제약을 근거로 시스템적 위험 관련 의무 부담을 줄일 수 있다.[192] 또한, 동 제약의 문서화는 관련 의무의 면제 또는 준수 부담 감소를 정당화하는데 필요할 수 있다.[193] 따라서, 내장된 운영상 제약을 갖춘 범용 AI 모델은 시스템적 위험에 대한 가장 엄격한 규제 의무를 회피할 수 있지만, 해당 제약이 기술적으로 견고하고 효과적으로 집행되는 경우에만 가능할 것이다.

2) 이행하기 적절한 조치

인적 감독을 위한 둘째 유형의 조치는 고위험 AI 시스템을 시장에 출시하거나 서비스에 투입하기 전에 제공자가 확인한 조치로서 운영자가 이행하기에 적절해야 한다.[194] 위의 AI 시스템에 내장된 기술적 조치와 달리, 이러한 조치는 운영자가 이행하기 적절한 보호조치이다. 이러한 조치는 i) 운영자가 적시에 개입하게 할 수 있게 위험 감지 시 경고 시스템 설정, ii) 운영자가 오작동 시 즉각 정지하게 할 수 있게 '긴급 중단 장치'(kill switch)를 포함한 긴급 정지 기능, iii) 운영자가 특정 시간·장소·조건에서만 작동하게 범위를 관리

189) 상설 제73항.

190) 동 제약은, 예컨대, 기능적 제약으로서 AI가 특정 임계치를 초과하지 않도록 제한하여 자율주행차의 최고 속도를 50km/h로 제한하는 것이고, 시간적 제약으로서 일정 시간 이상 연속 작동을 제한하여 감정 분석 시스템이 1시간 후 자동 종료하는 것이며, 지리적 제약으로서 AI 작동 범위를 특정 위치로 제한하여 드론 AI가 특정 구역을 벗어나면 작동 중지하는 것이고, 역할 기반 제어로서 특정 이용자만 AI 작동 가능하여 관리자만 설정 변경 가능하고 일반 이용자는 실행만 가능한 것이다.

191) 제51조 참조.

192) 제53조 참조.

193) 제52조 참조.

194) 제14조 제3항(b).

하는 운영 제한, iv) 운영자가 언제 개입해야 할지 알 수 있게 하는 감독 프로토콜 등을 포함할 것이다.[195)]

(2) 적절하고 비례적인 개입

인적 감독이 부여된 자연인이 적절하고 비례적으로 다음을 가능하게 하는 방식으로 고위험 AI 시스템이 운영자에게 제공되어야 한다.[196)]

1) 모니터링

인적 감독이 부여된 자연인은 고위험 AI 시스템의 관련 역량과 한계를 정상적으로 이해하고 이상 징후, 기능 장애 및 예기치 않은 성능의 감지와 대처를 고려하여 그의 작동을 적절한 절차에 따라 모니터링할 수 있어야 한다.[197)]

2) 자동화 편향의 인식

특히 자연인이 취해야 할 결정을 위한 정보 또는 추천을 제공하는 데 이용되는 고위험 AI 시스템의 경우, 고위험 AI 시스템이 생성한 결과물에 자동적으로 의존하거나 과도하게 의존하는 경향 즉 '자동화 편향'(automation bias)을 인식할 수 있어야 한다.[198)]

3) 결과물의 올바른 해석

이용 가능한 해석 도구와 방법 등을 고려하여 고위험 AI 시스템 결과물을 올바르게 해석할 수 있어야 한다.[199)] 여기서 올바른 해석은 실제 맥락에서 그

---

195) 예컨대, 의료 진단 AI 시스템의 경우 제공자는 의사의 최종 진단이라는 인적 감독 조치를 설계하고 운영자인 병원은 이를 이행하는 것이다. 자동 대출 심사 시스템에서 제공자가 고위험 신호가 감지되면 인간 심사자가 개입해야 한다는 규칙을 설정하고 은행은 이를 이행한다.

196) 제14조 제4항. 즉 제14조 제1, 2, 3항의 시행을 목적으로 한다.

197) 제14조 제4항(a).

198) 제14조 제4항(b). 예컨대, 의사가 AI 결과물로만 진단을 확정한다면 자동화 편향이 될 수 있는데, AI 판단 근거를 보고 임상 지식을 토대로 반박 가능하다면 인적 감독이 효과적으로 작동하는 것이다.

결과물을 비판적으로 이해하고 평가할 수 있음을 의미한다.[200)]

4) 시스템의 이용 거부 등

특정 상황에서 고위험 AI 시스템을 이용하지 않거나 달리 고위험 AI 시스템의 결과물을 무시(disregard), 무효화(override) 또는 번복(reverse)을 결정할 수 있어야 한다.[201)] 즉 AI 시스템의 이용이 부적절하다고 판단하여 이용을 거부하거나, AI 시스템의 결과물을 참고는 하되 최종 결정에 반영하지 않고 다른 기준을 우선하거나, 그 결과물이 틀렸다고 적극적으로 판단하여 인간의 판단으로 덮어쓰거나, 그 결과물에 따라 이미 어떤 조치가 자동으로 취해진 후에 그 조치가 잘못되었음을 발견하고 원상 복구하는 것이다.

5) 시스템의 중단 등

고위험 AI 시스템의 작동에 개입하거나 시스템을 안전한 상태에서 중단하게 허용하는 '중지 버튼'(a stop button) 또는 유사한 절차를 통해 시스템을 중단시킬 수 있어야 한다.[202)] 즉 AI 시스템의 작동 자체를 중단 또는 종료할 수 있어야 한다.

(3) 사후 원격 생체인식 식별 시스템

원격 생체인식 식별 시스템 분야의 고위험 AI 시스템의 경우, 인적 감독 조치는 필요한 전문성(competence), 훈련 및 권한을 가진 최소 2명의 자연인이

---

199) 제14조 제4항(c). '해석 도구와 방법'(interpretation tools and methods)는 신용평가 AI의 경우 '셰이플리 기반 설명 방식'(SHapley Additive exPlanations, SHAP) 값을 통해 "소득이 낮고 연체 이력이 있어 신용점수가 낮게 나왔다"고 설명되고, 의료 AI의 경우 CT 영상에 이상 병변 위치를 '히트 맵'(heatmap)으로 표시하는 것이다.

200) 예컨대, AI 결과물이 환자의 폐렴 가능성이 87%라고 보일 때 의사는 환자의 CT 이미지를 시각적으로 강조하여 AI가 어떤 부분을 근거로 판단했는지 보여주는 '설명 가능 AI'(XAI) 해석 도구를 활용하면서 환자의 임상 증상, 병력, 혈액검사 결과 등을 함께 고려해야 하는 것이다.

201) 제14조 제4항(d).

202) 제14조 제4항(e).

동 식별을 별도로 검증하고 확정하지 않는 한 운영자는 동 시스템에서 결과한 식별에 근거하여 어떠한 조치나 결정도 취하지 않도록 보장하는 것이어야 한다.[203] 해당 생체인식 식별 시스템이 부정확하게 일치하는 경우 개인에게 미치는 중대한 결과를 고려할 때, 최소 두 명의 자연인이 별도로 검증하고 확정하지 않는 한 운영자는 시스템에서 결과한 식별을 근거로 어떠한 조치나 결정을 내릴 수 없도록 해당 시스템에 대한 강화된 인적 감독 요건이 요구된다.[204]

최소 2명의 별도 검증은 시스템 운영자에게 요구되지만, 동 시스템 제공자도 최소 2명의 검증을 통한 인적 감독 조치를 설계해야 한다.[205] 인적 감독의 신뢰성과 설명책임을 극대화하기 위해 운영자의 절차적 의무와 제공자의 기술적 설계 의무가 결합된 것으로 볼 수 있다.

검증하는 이들은 하나 이상의 기관에 소속되거나, 시스템을 운영하거나 이용하는 사람을 포함할 수 있다.[206] 즉 검증을 수행하는 2명이 반드시 같은 부서나 같은 기관에 소속될 필요가 없는 점에서 이들의 독립성과 객관성이 확보될 수 있다. 시스템을 운영하거나 이용하는 사람을 포함하는 점에서 AI 시스템을 운영하여 식별 결과를 얻은 담당자도 검증할 수 있다.[207] 또한, 이들은

---

203) 제14조 제5항 제1단 제1문. 원문의 '보장하는 것이어야 한다'(shall be such as to ensure that) 문구는 다소 완곡하지만, 이러한 보장은 강제성이 있다고 볼 것이다.

204) 상설 제73항. 부정확한 일치는 품질이 낮은 원본 데이터로 인한 오류, 알고리즘의 내재적 편향으로 인한 오류, 단순히 닮은 사람 또는 형제와 자매 등 가족 관계로 인한 오류로 발생할 수 있다, 이러한 부정확한 일치로 무고한 시민이 범죄 용의자가 되어 돌이킬 수 없는 피해를 입을 수 있다.

205) 예컨대, 경찰이 사후 원격 생체인식 식별 시스템을 이용하여, CCTV 영상 속 인물이 용의자와 99% 일치한다는 결과를 얻었을 경우, 동 시스템의 인터페이스는 이 결과를 보여주면서, '확인자 1'과 '확인자 2'가 각각 자신의 ID로 로그인하여 식별 결과 확인 버튼을 누르기 전까지 이 정보를 공식 수사 기록으로 전송하거나 체포영장을 신청하는 다음 단계로 진행할 수 없도록 기술적으로 잠겨 있어야 한다.

206) 상설 제73항. 이러한 기관은 행정기관, 민간 기업 등 법인이나 조직을 의미할 것이고, 하나의 회사도 가능하다.

207) 예컨대, 경찰관 A가 사후 원격 생체인식 식별 시스템을 운영하여 CCTV 영상 속 인물이 용의자와 일치한다는 결과를 얻은 경우, 동 시스템을 직접 운영한 경찰관 A는 1차적으로 그 결과를 확인하고, 동료 경찰관 B가 원본 영상을 독립적으로 검토하면, 시스템을 운영하거나 이용하는 2명이 검증을 하였으므로 이러한 AI의

AI 시스템의 기능과 한계를 이해하는 규제 당국자, AI 윤리 전문가, 법 전문가, 또는 기술 전문가일 것이다. 이 요건으로 불필요한 부담이나 지연이 초래돼서는 안 되고, 시스템이 생성한 로그에 서로 다른 사람에 의한 별도 검증이 자동으로 기록되는 것으로 충분할 수 있다.[208]

최소 2명의 자연인에 의한 별도 확인의 요건은, EU 또는 회원국 법이 이 요건의 적용을 불균형하다고 간주하는 경우, 법 집행, 이민, 국경 통제 또는 망명 목적으로 이용되는 고위험 AI 시스템에 적용되지 않는다.[209] 이들 분야의 특수성을 고려하여, 이 요건이 비현실적이거나 과도한 경우 2명의 감독 요건은 면제될 수 있다.[210] 2명 검증의 강력한 원칙의 적용이 명백히 불균형한 경우 다른 법을 통해 또한 다른 대체 안전장치가 마련되면 그 예외가 허용된다.[211]

*** GDPR 제22조 제1항에 따라 개인은 명시적으로 동의한 경우와 같은 특정 상황을 제외하고 개인에게 법적 또는 이와 유사하게 중대한 영향을 주는 자동화된 처리만을 기반으로 하는 결정의 적용을 받지 않을 권리가 있다. GDPR 제22조 제3항에 따라 컨트롤러는 개인의 권리와 자유 및 정당한 이익을 보호하기 위한 조치를 취해야 하는데, 인적 개입, 의견 표명, 결정에 대한 이의 제기의 권리가 포함된다. 한편, 제14조는 고위험 AI 시스템에 대해서 이와 유사한 인적 감독 요건을 규정한다. GDPR에 따라 자동화된 개인별 의사결정에 적용되는 인적 감독 의무를 준수하기 위해 시행되는 조치는 제공자가 제14조에 따라 적용되는 규정을 준수하는 데 활용될 수 있다. 특히, GDPR에 따라 컨트롤러 역할을 하는 AI 시스템의 제공자는 자동화된 의사결정에서 인적 감독을 보장해야 하는 GDPR 의무를 이미 이해하고 있을 것이고,[212] 프로세서 역할을 하는 제공자도 고객 즉, 컨트롤러가 자신의 의무를 준수하도록 지원하기 위해 시스템과 관련하여 인적 감독을 보장하는 조치

식별 결과를 근거로 다음 수사 단계를 진행할 수 있다.

208) 상설 제73항.

209) 제14조 제5항 제2단.

210) 상설 제73항.

211) 예컨대, 수많은 여행객이 자동 출입국 심사대를 이용하는 대규모 국제공항에서 여권 사진과 실물의 일치 여부 판단에 2명의 심사관 등이 그 결과를 다시 검증해야 하면, 자동 심사대를 도입한 신속성과 효율성의 목적이 상실될 것이다. 공항의 자동 출입국 심사대는 식별이 아닌 검증 목적이고, 원격이 아니므로 제5조의 실시간 원격 생체인식 식별 금지의 적용 대상이 아니지만, 이민, 망명 및 국경 통제 관리에 사용되는 점에서 부속서 III에 따라 고위험 AI 시스템으로 분류된다.

를 시행할 수 있다.[213] 운영자가 되는 컨트롤러는 제공자에게 인적 감독을 지원하기 위해 시스템이 어떤 조치를 시행하는지 명시하도록 요청할 수 있다.[214]

7. 정확성, 견고성 및 사이버보안[215]

고위험 AI 시스템은 적절한 수준의 정확성, 견고성 및 사이버보안을 달성하고 수명주기 동안 이러한 측면에서 일관되게 작동하도록 설계 및 개발되어야 한다.[216]

(1) 정확성

유럽위원회는 적절한 수준의 정확성(accuracy) 및 다른 관련 성능 지표를 측정하는 방법의 기술적 측면을 다루기 위해 계량측정과 벤치마킹 당국 같은 관련 이해관계자와 기관과 협력하여, 적절한 경우 벤치마크와 측정 방법론의 개발을 장려해야 한다.[217] 계량측정 당국은 측정 기준과 방법을 연구하고 국

212) OpenAI의 ChatGPT와 같이 제공자가 일반 소비자에게 직접 AI 서비스를 제공하여 GDPR에서 컨트롤러가 되는 경우 GDPR 제22조에 따라 이용자가 인적 개입을 얻을 권리를 보장해야 한다. 다만, GDPR의 인적 개입은 이용자의 요청에 따른 사후적 권리이고, AI법의 인적 감독은 시스템 설계 단계부터 요구되는 선제적인 의무인 점에서 차이가 있다.

213) GDPR 제28조에 따라 프로세서는 컨트롤러의 의무 준수를 지원해야 하고, 제13조와 제14조에 따라 제공자는 운영자가 인적 감독을 효과적으로 수행할 수 있도록 기술적 조치 등을 마련해야 한다. 예컨대, 의료 AI를 서비스형으로 제공받는 병원은 AI법의 운영자이면서 GDPR의 컨트롤러이고 AI 제공자는 프로세서가 되는데, 제공자(프로세서)는 운영자(컨트롤러)가 인적 감독 의무를 다할 수 있도록 AI 시스템에 인간이 개입하고 통제할 수 있는 기능을 구현해야 한다.

214) 운영자가 컨트롤러이면, 단순히 요청할 수 있는 수준을 넘어, 제13조에 따라 제공자로부터 AI 시스템의 인적 감독 기능에 대한 상세한 정보가 담긴 사용 설명서를 제공받을 권리를 가진다.

215) 정확성, 견고성 및 사이버보안에 관한 제15조는 2026년 8월 2일부터 적용된다.

216) 제15조 제1항.

217) 제15조 제2항. 즉 제15조 제1항의 정확해야 한다는 추상적인 원칙을 실제 현실에서 측정하고 검증할 수 있는 구체적인 기준으로 만들기 위한 후속 조치가 필요하다.

가 표준을 확립하는 기관으로서 AI의 정확도가 얼마나 높은지와 견고성 테스트 결과가 신뢰할 만한지 등을 객관적으로 검증할 수 있는 측정 표준과 테스트 방법론을 개발하고 제공하는 역할을 한다.[218] 벤치마킹 당국은 다양한 AI 시스템이나 모델을 동일한 조건과 데이터로 테스트하여 그 성능을 객관적으로 비교·평가하는 기관이나 프로젝트를 가리키고, AI 제공자가 자신의 시스템이 AI법이 요구하는 정확성 수준을 충족한다는 것을 증명할 때 벤치마킹 당국이 제공하는 표준화된 테스트 결과는 매우 중요한 객관적인 증거가 된다.[219] 또한, 유럽위원회는 AI와 관련된 계량과 관련 측정 지표를 연구하는 국제 파트너와 협력해야 한다.[220]

고위험 AI 시스템의 정확성 수준과 관련 정확성 지표는 첨부된 사용 설명서에 명시되어야 한다.[221] 제공자는 오해나 오도의 소지가 없는 명확하고 이해하기 쉬운 방식으로 운영자에게 해당 정보를 전달해야 하기 때문이다.[222]

법정계량(legal metrology)에 관한 EU법은 측정의 정확성을 보장하고 상거래의 투명성과 공정성을 지원하고자 한다.[223]

(2) 견고성

유럽위원회는 적절한 수준의 견고성(robustness) 및 다른 관련 성능 지표를 측정하는 방법의 기술적 측면을 다루기 위해 계량측정과 벤치마킹 당국 같은

---

218) 예컨대, 독일 연방물리기술원(PTB), 프랑스 국립계량측정시험기관(LNE)이 해당한다.

219) 벤치마킹에 관하여, AI사무국을 중심으로 AI 모델과 시스템 평가를 위한 기준과 방법론을 만들고, 공동연구센터(JRC)가 기술적으로 지원하며, AI 시험·실험시설(TEFs)은 분야별 실증 테스트를 제공하고, 회원국 당국은 현장에서 관련 기준을 적용하는 유기적인 협력 체계가 운영된다.

220) 상설 제74항.

221) 제15조 제3항. 즉 '예상된 성능 지표 수준'(expected level of performance metrics)은 제공자의 첨부된 사용 설명서에 명시되어야 한다. 상설 제74항. 예상된 성능 지표 수준은 정확성 수준과 관련 정확성 지표 등을 포함하는 개념이다.

222) 상설 제74항.

223) 상설 제74항. 「비자동 계량기 지침」과 「계측기 지침」 참조. 법정계량은 측정/계량기기의 이용과 정확성에 대해 법으로 정한 기술적·행정적 요건을 포함하는 규제 체계이다.

관련 이해관계자와 기관과 협력하여, 적절한 경우 벤치마크와 측정 방법론의 개발을 장려해야 한다.[224] 계량측정 당국이 견고성을 측정하는 신뢰할 수 있는 자(ruler)와 측정 방법을 만들면, 벤치마킹 당국은 그 자와 방법을 사용하여 여러 AI의 견고성 성능을 재며 그 순위를 매기는 역할을 한다. 유럽위원회는 AI와 관련된 계량과 관련 측정 지표를 연구하는 국제 파트너와 협력해야 한다.[225]

1) 기술적 견고성

'기술적 견고성'(technical robustness)은 고위험 AI 시스템의 핵심 요건이다.[226] 기술적 견고성은 AI 시스템이 기술적 결함 없이 안정적으로 작동할 수 있음을 가리킨다.[227]

견고성은 AI 시스템이 다양한 조건과 환경에서도 일관된 성능을 유지하는 능력이다.[228]

따라서, 고위험 AI 시스템은 특히 자연인 또는 다른 시스템과의 상호작용으로 인해 시스템 또는 시스템이 작동하는 환경 내에서 발생할 수 있는 오류, 결함, 불일치 또는 예상하지 못한 상황에 대해 가능한 한 복원력이 있어야 한다.[229]

---

224) 제15조 제2항. 즉 제15조 제1항의 견고해야 한다는 추상적인 원칙을 실제 현실에서 측정하고 검증할 수 있는 구체적인 기준으로 만들기 위한 후속 조치가 필요하다.

225) 상설 제74항.

226) 상설 제75항.

227) 상설 제27항.

228) ISO/IEC 22989:2022, Artificial intelligence - Concepts and terminology. 예컨대, 하드웨어/소프트웨어 오류가 발생해도 작동이 유지되고, 데이터 오류나 변형에 대한 내성이 있으며, 입력 경계값 근처에서도 과도한 출력을 내지 않고, 훈련되지 않은 환경에서도 안정된 작동이 가능하며, 성능 저하가 점진적이며 위험을 유발하지 않는 것이다.

229) 제15조 제4항 제1단 제1문, 상설 제75항.

복원력(resilience)은 AI 시스템이 결함, 고장, 공격 또는 다른 장애로부터 복구하거나 적응하면서 의도된 기능을 유지하거나 안전한 상태로 돌아가는 능력이다.[230]

이러한 위험으로부터 보호하지 못하면 AI 시스템이 잘못된 결정을 내리거나 잘못되거나 편향된 결과물을 생성하여 안전에 영향을 미치거나 기본권에 부정적인 영향을 줄 수 있다.[231] AI 시스템은 예상치 못한 상황, 오류, 또는 오용의 경우에도 안정적으로 작동하도록 기대되기 때문이다.

고위험 AI 시스템의 견고성을 보장하기 위해, 기술적 및 관리적 조치가 취해져야 한다.[232] 예컨대, 유해하거나 달리 바람직하지 않은 행동을 방지하거나 최소화하기 위한 적절한 기술적 솔루션이 설계되고 개발되어야 한다.[233] 고위험 AI 시스템의 견고성은 백업 또는 페일세이프(fail-safe) 계획을 포함할 수 있는 기술적 이중화 솔루션을 통해 달성할 수 있다.[234]

2) 편향의 악순환에 대한 대응

시장에 출시되거나 서비스에 투입된 후에도 계속 학습하는 고위험 AI 시스템[235]은 잠재적으로 편향된 결과물이 향후 작동을 위한 투입물에 영향을 미

230) ISO/IEC 24029-1:2021, Artificial Intelligence — Assessment of the robustness of neural networks — Part 1: Overview. 예컨대, 자율주행차가 센서 오류를 감지했을 때 수동 운전 모드로 전환하거나 자동 정차하는 것이고, AI 챗봇이 서버 응답 실패를 감지하면 기본 안내 모드로 복귀하는 것이다.

231) 상설 제75항.

232) 제15조 제4항 제1단 제2문, 상설 제75항.

233) 상설 제75항.

234) 제15조 제4항 제2단. '기술적 이중화'(technical redundancy)는 AI 시스템에 '백업 또는 폴백 메커니즘'(backup or fallback mechanisms)을 설계하여 한 구성요소에 장애가 발생하면 다른 구성요소가 대신하여 시스템 장애나 안전하지 않은 작동을 방지할 수 있도록 하는 것이다. 이러한 솔루션은 시스템 장애가 심각한 피해를 초래할 수 있는 고위험 영역 특히 건강, 교통, 안전에 핵심적인 인프라에서 중요하다. 페일세이프 계획은 특정 이상 징후가 있거나 미리 정해진 특정 경계를 벗어나 작동하는 경우에 시스템이 안전하게 작동을 중단할 수 있게 하는 메커니즘이다. 상설 제75항.

235) 예컨대, 새로운 금융거래 데이터를 계속 학습하고 사기 탐지 패턴을 스스로 업데이트하는 금융 사기 탐지 AI, 또는 운전자의 실제 주행 데이터를 바탕으로 주행

치는 위험(피드백 루프)을 가능한 한 제거하거나 감소하며 또한 이러한 피드백 루프가 적절한 완화 조치를 통해 적절한 절차에 따라 처리되도록 보장하는 방식으로 개발되어야 한다.[236] 결과물이 향후 작동을 위한 투입물에 영향을 미치는 상황 즉 '편향의 악순환'(vicious cycle of bias)의 문제를 다루기 위함이다.

AI의 편향된 예측인 결과물이 현실에 영향을 미치고 그 영향받은 현실이 다시 AI의 새로운 학습 데이터 즉 투입물이 되어 원래의 편향을 더욱 강화하고 증폭시키는 현상을 타개하기 위해 AI 제공자는 다음을 이행해야 한다. 첫째, 위험의 제거 또는 감소로서, 제공자는 피드백 루프가 발생할 가능성을 설계 단계에서부터 예측하고 알고리즘을 수정하거나 다양한 데이터 소스를 활용하여 편향이 증폭되는 위험을 가능한 한 제거하거나 감소해야 한다. 둘째, 적절한 완화 조치로서, 제공자는 이 위험을 완전히 제거할 수 없는 경우 운영자가 이러한 피드백 루프의 존재를 인지하고 그 영향을 적절히 통제할 수 있도록 모니터링 도구나 명확한 경고 시스템과 같은 적절한 완화 조치를 시스템에 포함시켜야 한다.

(3) 사이버보안

고위험 AI 시스템은 권한이 없는 제3자가 시스템의 취약점을 악용함으로써 동 시스템의 이용, 결과물 또는 성능을 변경하려는 시도에 대해 복원력이 있어야 한다.[237] 고위험 AI 시스템의 사이버보안을 보장하기 위한 기술적 솔루션은 관련 상황과 위험에 적절해야 한다.[238]

AI 특정 취약점을 다루는 기술적 솔루션은, 적절한 경우 훈련 데이터 세트 또는 훈련에 이용된 '사전 훈련된 구성요소'(pre-trained components)를 조작하려는 공격, AI 모델이 실수하도록 설계된 투입물, '기밀성 공격'(confidentiality

---

알고리즘을 계속 개선하는 자율주행 보조 AI가 스스로 계속해서 학습하고 성능이 변화하는 동적인 AI 시스템이다.

236) 제15조 제4항 제3단. '피드백 루프'(feedback loop)는 원인과 결과의 순환 구조를 가리키는데, 시스템의 결과물이 다시 그 시스템의 투입물로 사용되어 미래의 행동에 영향을 미치는 모든 종류의 순환 구조를 의미한다.

237) 제15조 제5항 제1단.

238) 제15조 제5항 제2단.

attacks) 또는 모델 결함을 방지, 탐지, 대응, 해결 및 제어하는 조치를 포함해야 한다.[239] 따라서 위험에 적합한 수준의 사이버보안을 보장하기 위해, 고위험 AI 시스템의 제공자는 보안 통제 등 적절한 조치를 취해야 하고, 또한 '기반 ICT 인프라'(the underlying ICT infrastructure)를 적절히 고려해야 한다.[240] 동 인프라는 AI 시스템 자체가 아닌 고위험 AI 시스템이 작동하기 위해 의존하는 하드웨어, 소프트웨어, 네트워크, 데이터 처리 기반 전반을 가리킨다.

1) 사이버보안 요건

AI법이 규정한 견고성과 정확성과 관련된 요건을 저해하지 않고, 디지털 요소를 포함하는 제품에 대한 '수평적 사이버보안 요건'(horizontal cybersecurity requirements)에 관한 EU 규칙(regulation) 즉 「사이버복원력법」의 적용을 받는 고위험 AI 시스템은 동 법에 규정된 필수적 사이버보안 요건을 충족하여 AI법의 사이버보안 요건을 준수함을 증명할 수 있다.[241] AI법이 규정한 견고성과 정확성에 관련된 요건을 저해하지 않는 점에서, AI 시스템이 「사이버복원력

239) 제15조 제5항 제3단. 훈련 데이터 세트의 조작은 '데이터 중독'(data poisoning), 훈련에 이용된 사전 훈련된 구성요소의 조작은 '모델 중독'(model poisoning), AI 모델이 실수하도록 설계된 투입물은 '적대적 예제'(adversarial examples) 또는 '모델 회피'(model evasion)라고 부른다. 또한, AI 시스템에 대한 사이버 공격은 훈련된 모델(적대적 공격 또는 회원 자격 추론) 등 AI 관련 자산을 활용하거나, AI 시스템의 디지털 자산 또는 기반이 되는 ICT 인프라의 취약점을 악용할 수 있다. 상설 제76항. 기밀성 공격은 AI 시스템 또는 학습 데이터에서 개인정보, 영업비밀 등을 추출하거나 노출시키는 공격을 의미한다.

240) 상설 제76항.

241) 상설 제77항. 「사이버복원력법」 외에 기계류 제품의 보안 요건을 명시한 「기계류 규칙」과 의료기기의 사이버보안을 요구하는 「의료기기 규칙」도 함께 고려될 수 있을 것이다. 그러나, 수평적인 점에서 특정 분야에 국한하지 않고 모든 디지털 제품 등에 일괄적이고 공통된 기준을 요구하는 동 법이 사이버보안 요건의 중심이 된다. 디지털 제품의 사이버보안을 강화하고자 하는 「사이버복원력법」은 2024년 3월 12일 유럽의회에서 승인되고 2024년 10월 10일 EU이사회에서 채택되었다. 동 법은 2024년 12월 10일 발효했는데, 주요 의무는 2027년 12월 11일부터 적용되어, 제조자와 기타 이해관계자가 새로운 사이버보안 요건을 준수할 수 있도록 3년의 과도 기간이 제공된다. 그러나, 제조자의 취약점 및 심각한 사고에 대한 신고 의무 등 동 법에 따른 특정 의무는 2026년 9월 11일부터 적용된다.

법」의 사이버보안 요건을 충족한 것이 AI법의 정확성과 견고성 요건을 충족한 것으로 간주되지 않는다. 디지털 요소를 포함하는 제품은 데이터를 처리하거나 다른 기기 또는 네트워크와 논리적·물리적으로 연결되는 기능이 있는 거의 모든 현대의 전자제품을 망라한다.[242] 필수적 사이버보안 요건은 「사이버복원력법」 부속서 I에 규정된 디지털 요소를 포함하는 모든 제품이 시장에 출시되기 위해 반드시 준수해야 하는 핵심적인 보안 의무를 가리킨다.[243]

고위험 AI 시스템이 「사이버복원력법」의 필수적 요건을 충족하는 경우, 해당 요건의 충족이 동 법에 따른 EU 적합성 선언 또는 그 일부에서 증명되는 한, AI법에 명시된 사이버보안 요건을 준수하는 것으로 간주된다.[244] 즉 「사이버복원력법」의 적용을 받는 고위험 AI 시스템 제공자는 동 법에 명시된 필수적 사이버보안 요건을 충족함으로써 AI법의 사이버보안 요건을 준수하고 있음을 증명할 수 있다.[245] 예컨대, AI 기반 의료기기와 자율주행 시스템 등에 대해 「사이버복원력법」이 요구하는 사이버보안 위험 평가가 이미 수행되었으면, AI법에 따른 중복 평가는 필요하지 않을 것이다. 이 경우 「사이버복원력법」에 따라 수행되는 고위험 AI 시스템으로 분류된 디지털 요소를 포함하는 제품과 관련된 사이버보안 위험의 평가는 데이터 중독 또는 적대적 공격과 같은 AI 관련 취약점을 포함하여, 허가받지 않은 제3자의 AI 시스템 이용, 행동

242) 예컨대, 스마트 기기(IoT 제품)로서 스마트 워치, 스마트 TV, 스마트 냉장고, AI 스피커, 인터넷에 연결되는 장난감, 로봇 청소기, 네트워크 장비로서 가정용 및 사무용 인터넷 공유기(라우터), 모뎀, 스위치, 컴퓨터 하드웨어와 소프트웨어로서 데스크톱 및 노트북 컴퓨터, 운영체제(OS), 웹 브라우저, 워드 프로세서, 방화벽, 백신 소프트웨어, 산업용 제어 시스템(ICS) 및 스마트 팩토리 장비로서 스마트 센서, 산업용 로봇, '프로그램 가능 논리 제어기'(programmable logic controller, PLC), 자동차와 교통 시스템으로서 커넥티드 카, 차량용 인포테인먼트 시스템, 스마트 신호등이 해당한다.

243) 이들 요건은 다음과 같다: '설계 기반 보안'(Security by Design), 보안 업데이트 의무, 접근 통제, 데이터 보호(기밀성 및 무결성), 공격 표면 최소화, 취약점 신고 및 처리.

244) 상설 제77항.

245) 「사이버복원력법」의 광범위한 적용 범위를 고려할 때, AI 시스템 제공자는 자사 시스템이 이들 두 법에 해당하는지 고려하고 기존 시너지 효과를 활용하는 것이 좋을 것이다.

또는 성능을 변경하려는 시도와 관련하여 AI 시스템의 사이버 복원력에 대한 위험을 고려해야 하고, AI법이 요구하는 기본권에 대한 위험도 고려해야 한다.[246)]

「사이버법」에 따라 ENISA에 할당된 사이버보안 정책과 과업에 대한 EU사이버보안청(European Union Agency for Cybersecurity, ENISA)의 지식과 전문성을 바탕으로, 유럽위원회는 AI 시스템의 사이버보안과 관련된 문제에 대해 ENISA와 협력해야 한다.[247)]

> *** 고위험 AI 시스템이 개인정보를 처리하여 이용되는 경우, 제15조는 GDPR의 보안과 정확성 원칙에 관한 제5조 제1항(f)와 (d) 및 제32조와 함께 이해해야 한다. AI법이 요구하는 조치는 더 구체적이지만, GDPR의 보안과 정확성 요건을 고려하여 이미 AI 시스템을 개발하고 있는 제공자는 제15조의 준수에 보다 유리할 것이다.

II 고위험 AI 시스템 제공자의 의무[248)]

1. 제공자의 의무 개관

고위험 AI 시스템의 제공자와 운영자 및 다른 사업자들의 의무를 규정하는 제III장 제3절의 첫 조항인 제16조는 고위험 AI 시스템 제공자의 기본적·일반적 의무를 총괄적으로 규정한다. 이후 조항들은 세부적이거나 특정한 상황의 의무를 다룬다.

제공자로 정의된 자연인 또는 법인은 고위험 AI 시스템의 시장 출시 또는 서비스 투입의 책임을 지는 것이 적절하고, 이러한 책임은 해당 자연인 또는

246) 상설 제77항. '허가받지 않은 제3자'(unauthorised third parties)는 정당한 접근 권한이 없는 해커 등 외부자로서 AI 시스템을 변조하거나 악용하려는 자를 가리킨다.

247) 상설 제78항. ENISA는 새로운 기술에 대한 가이드라인을 마련하고 있다.

248) 고위험 AI 시스템 제공자의 의무에 관한 제16조는 2026년 8월 2일부터 적용된다.

법인이 AI 시스템을 설계하거나 개발한 여부와 관계없다.[249] 즉 AI 시스템의 설계나 개발을 시장 출시 등 제공과 구별하여, 제공자의 법적 지위는 AI 기술의 기여로부터 분리된다. AI 시스템의 개발자나 설계자가 누구인지 무관하게 제공자가 AI법에 따른 책임을 지는 것이다.[250]

고위험 AI 시스템의 제공자는 다음을 수행해야 한다. 첫째, 고위험 AI 시스템의 제공자는 동 시스템이 고위험 AI 시스템의 요건에 관한 제III장 제2절의 요건을 준수하도록 보장해야 한다.[251] 둘째, 고위험 AI 시스템의 제공자는 동 시스템에 또는 동 시스템이 가능하지 않은 경우, 포장 또는 첨부 문서에 이름, 등록된 상호 또는 등록된 상표, 연락 가능한 주소를 표시해야 한다.[252] 셋째, 고위험 AI 시스템의 제공자는 품질 관리 시스템을 갖추어야 한다.[253] 넷째, 고위험 AI 시스템의 제공자는 동 시스템의 시장 출시 또는 서비스 투입 후 10년 동안 특정 문서를 보관해야 한다.[254] 다섯째, 고위험 AI 시스템의 제공자는 동 시스템에 의해 자동으로 생성된 로그를 자신이 제어할 때 유지해야 한다.[255] 따라서 제공자가 해당 시스템을 제어하지 않는 경우에 동 로그를 유지할 의무가 없다.[256] 여섯째, 고위험 AI 시스템의 제공자는 동 시스템이 시장에 출시되거나 서비스에 투입되기 전에 관련 적합성 평가 절차를 거치도록 보장해야 한

249) 상설 제79항.

250) 이는 「기계류 규칙」 등 EU 제품 안전법에서 규정된 제조자의 지위와 유사하다. 동 규칙 제3조 제25호에 따르면, 제조자는 기계 또는 관련 제품을 제조하거나 기계 또는 관련 제품을 설계하거나 제조하도록 하고 이를 자신의 이름이나 상표로 판매하거나 자신의 목적으로 이용하는 자연인 또는 법인을 의미한다. 따라서 제조자는 제품의 설계자일 필요가 없고 궁극적으로 해당 제품을 판매하거나 이용해야 한다.

251) 제16조(a).

252) 제16조(b).

253) 제16조(c). 제17조 참조.

254) 제16조(d). 제18조 참조.

255) 제16조(e). 제19조 참조.

256) 이러한 경우는 AI 시스템이 병원, 공공기관 서버 등 고객 인프라에서 독립적으로 운영되어 제공자는 로그에 접근할 권한이나 수단이 없거나, 프라이버시 보호 설계로 로그가 생성되자마자 익명처리 되거나 이용자 서버에만 저장되는 경우, 또는 '서비스 수준 계약'(service level agreement, SLA)이나 계약 조건상, 제공자가 로그를 열람하거나 복사하는 것이 금지되어 있는 경우이다.

다.[257] 일곱째, 고위험 AI 시스템의 제공자는 EU 적합성 선언을 작성해야 한다.[258] 여덟째, 고위험 AI 시스템의 제공자는 동 시스템에 CE 마킹을 부착하거나, 부착이 불가능한 경우에는 포장 또는 첨부 문서에 AI법과의 적합성을 표시해야 한다.[259] 아홉째, 고위험 AI 시스템의 제공자는 등록 의무를 준수해야 한다.[260] 열째, 고위험 AI 시스템의 제공자는 필요한 시정조치를 취하고 정보를 제공해야 한다.[261] 열한째, 고위험 AI 시스템의 제공자는 회원국 소관 당국의 이유를 밝힌 요청이 있을 경우, 동 시스템이 제III장 제2절에 명시된 요건에 부합함을 증명해야 한다.[262] 열두째, 고위험 AI 시스템의 제공자는 동 시스템이 「공공웹 접근성 지침」과 「유럽접근성법」에 따른 접근성 요건을 준수하도록 보장해야 한다.[263] 제공자는 「공공웹 접근성 지침」과 「유럽접근성법」의 접근성 요건을 완전히 준수해야 하고, 이러한 요건을 설계 단계에서 준수해야

257) 제16조(f). 제43조 참조.

258) 제16조(g). 제47조 참조.

259) 제16조(h). 제48조 참조.

260) 제16조(i). 제49조 제1항 참조.

261) 제16조(j). 제20조 참조.

262) 제16조(k).

263) 제16조(l). 「공공웹 접근성 지침」은 공공부문 웹사이트 등에 대한 접근을 내용으로 한다. 2016년 10월 채택된 동 지침은 각 회원국이 2018년 9월 23일까지 이행하라고 요구하였고, 2018년 이전 만들어진 공공기관 웹사이트의 접근은 2020년 9월 23일부터, 공공기관 모바일 앱의 접근은 2021년 6월 23일부터 적용되었다. 「유럽접근성법」은 사업자에게 스마트폰과 전자상거래 웹사이트 등 민간부문의 제품과 서비스에 대한 접근 예컨대 화면 읽기 호환이나 자막 제공 등을 요구한다. 2019년 4월 채택된 동 지침은 각 회원국이 2022년 6월 28일까지 이행하도록 요구하였고, 사업자 의무는 2025년 6월 28일부터 적용된다. EU와 회원국들은 「UN장애인권리협약」의 당사국으로서 장애인들을 차별로부터 보호하고 그들의 평등을 증진하며, 장애인들이 다른 사람들과 동등하게 정보통신 기술과 시스템에 접근하도록 보장하고, 장애인들의 프라이버시 존중을 보장해야 한다. 「UN장애인권리협약」은 2006년 12월 13일 UN총회에서 채택되고, 2007년 3월 30일 서명 개시되어, 2008년 5월 3일 발효하였다. 2025년 4월 현재 한국, EU 및 그 회원국들 등 192개국이 당사국이다. 동 협약 제9조는 당사국이 장애인에게 물리적 환경, 교통, 정보통신 기술 및 체계를 포함한 정보통신 및 대중에게 개방 또는 제공된 다른 시설 및 서비스에 대한 접근을 보장하는 적절한 조치를 취하도록 요구한다.

한다.[264] 따라서 고위험 AI 시스템의 설계에서 접근성 관련 필요한 조치를 가능한 한 최대한 통합해야 한다.[265]

*** GDPR은 AI법과 유사한 장애인을 위한 접근성 요건을 부과하지 않는다. 따라서 기업은 일반적으로 AI법에 따른 접근성 요건을 해결하기 위해 GDPR 준수 조치를 활용할 수 없을 것이다.

2. 품질 관리 시스템[266]

고위험 AI 시스템의 제공자는 AI법 준수를 보장하는 품질 관리 시스템을 구축해야 한다.[267]

(1) 품질 관리 시스템의 내용

'품질 관리 시스템'(quality management system)은 서면 정책, 절차와 지시의 형태로 체계적이고 질서 있게 문서화되어야 하고, 최소한 다음 측면을 포함해야 한다:[268] (a) 적합성 평가 절차와 고위험 AI 시스템의 변경 관리 절차의 준수를 포함한 규제 준수 전략, (b) 고위험 AI 시스템의 설계, 설계 관리 및 설계 검증에 이용되는 기술, 절차 및 체계적인 조치, (c) 고위험 AI 시스템의 개

264) 상설 제80항. AI 시스템의 중요성과 이용이 증가함에 따라, '보편적 설계 원칙'(universal design principles)을 모든 신기술과 서비스에 적용하여, 장애인을 포함하여 잠재적으로 AI 기술의 영향을 받거나 이용하는 모든 사람의 완전하고 동등한 접근이 그들의 고유한 존엄성과 다양성을 충분히 고려하는 방식으로 보장되어야 한다. 상설 제80항. 예컨대, 음성 비서는 시각장애인을 위한 음성 안내를 포함하고, 키오스크 AI는 휠체어 이용자도 조작 가능하게 화면 높이 조절되며, AI 챗봇은 화면 대비 조절 기능을 포함해야 할 것이다. 보편적 설계는, 개조 또는 특화된 설계의 필요 없이 최대한 가능한 범위 내에서, 모든 사람이 이용할 수 있는 제품, 환경, 프로그램 및 서비스의 설계를 의미하고, 필요한 경우 특정 장애인 그룹을 위한 보조기구를 배제하지 아니한다. 「UN장애인권리협약」 제2조.

265) 상설 제80항.

266) 품질 관리 시스템에 관한 제17조는 2026년 8월 2일부터 적용된다.

267) 제17조 제1항.

268) 제17조 제1항.

발, 품질 관리 및 품질 보증에 이용되는 기술, 절차 및 체계적인 조치, (d) 고위험 AI 시스템의 개발 전, 개발 중 및 개발 후에 수행되는 검사, 테스트와 유효성 확인 절차, 및 이들이 수행되는 빈도, (e) 적용될 표준을 포함한 기술 사양 및 관련 조화된 표준이 완전히 적용되지 않거나 고위험 AI 시스템의 요건에 관한 제III장 제2절에 명시된 모든 관련 요건을 포함하지 않는 경우, 고위험 AI 시스템이 이러한 요건을 준수하도록 보장하기 위해 이용할 수단,[269] (f) 고위험 AI 시스템의 시장 출시 또는 서비스 투입의 목적으로 및 그 전에 수행되는 데이터 획득, 데이터 수집, 데이터 분석, 데이터 라벨링, 데이터 저장, 데이터 여과, 데이터 마이닝, 데이터 집계, 데이터 보유 및 데이터와 관련된 다른 작업을 포함한 데이터 관리 시스템과 절차,[270] (g) 위험 관리 시스템,[271] (h) 시판 후 모니터링 시스템의 설치, 시행 및 유지 관리,[272] (i) 심각한 사고의 신고와 관련된 절차,[273] (j) 회원국 소관 당국, 데이터 접근을 제공하거나 지원하는 당국, 인증기관, 다른 사업자, 고객 또는 다른 이해관계자와의 커뮤

---

269) AI 시스템 제공자가 조화된 표준을 따를 수 없는 경우, 제공자는 기술문서에 조화된 표준을 따르지 않은 이유와 그 대신 사용한 독자적인 위험 관리 방법을 상세하게 설명하고 그 방법이 최소한 조화된 표준과 동등하거나 그 이상의 안전성과 신뢰성을 보장함을 객관적인 증거로 증명해야 한다.

270) 데이터 획득(acquisition)은 AI 개발에 필요한 데이터를 외부 소스로부터 얻거나 구매하는 등 데이터를 소싱하는 첫 단계이고, 데이터 수집(collection)은 센서, 설문조사, 웹 스크래핑 등 특정 방법을 통해 데이터를 직접 모으는 행위이며(획득이 이미 존재하는 데이터를 가져오는 것이라면 수집은 새로운 데이터를 생성하며 모으는 것으로 볼 수 있음), 데이터 분석은 수집된 데이터를 조사하여 통계적 속성, 패턴, 상관관계, 잠재적 편향이나 문제점을 파악하는 과정이고, 데이터 라벨링은 지도 학습을 위해 데이터에 정답이나 설명(주석)을 붙이는 작업이며, 데이터 저장은 데이터 세트를 안전하고 신뢰할 수 있는 방식으로 보관하는 기술적 절차이며, 데이터 여과(filtration)는 특정 기준에 따라 데이터 세트에서 불필요하거나 품질이 낮은 데이터를 제거하는 과정이고, 데이터 마이닝은 대규모 데이터 세트 속에서 인간이 미처 발견하지 못한 유의미한 패턴이나 인사이트를 탐색하고 발견하는 과정이며, 데이터 집계(aggregation)는 여러 다른 출처의 데이터를 하나의 데이터 세트로 통합하거나 요약하는 작업이고, 데이터 보존(retention)은 데이터를 얼마나 오랫동안 보관할 것인지에 대한 정책 및 절차이다.

271) 제9조 참조.

272) 제72조 참조.

273) 제73조 참조.

니케이션 처리, (k) 모든 관련 문서와 정보의 기록을 위한 시스템과 절차, (l) 공급 보안 관련 조치를 포함한 자원 관리, (m) 본 조항 [제17조 제1항]에 열거된 모든 측면과 관련하여 경영진과 다른 직원의 책임을 규정한 설명책임 프레임워크.

(2) 품질 관리 시스템의 이행

위에서 언급된 측면의 이행은 제공자의 조직 규모에 비례해야 한다.[274] 어느 경우이든 제공자는 고위험 AI 시스템의 AI법 준수를 보장하기 위해 필요한 엄격성과 보호 수준을 존중해야 한다.[275] 제공자가 고위험 AI 시스템에 대한 의무를 이행할 때, 형식적인 접근에 따르지 않고 AI법의 궁극적 목적인 개인의 건강, 안전, 기본권 보호를 실질적으로 달성할 수 있도록 진정으로 엄격하고 높은 수준의 노력을 기울여야 한다. 엄격성(rigour)은 위험 관리, 데이터 거버넌스, 테스트 등 절차를 철저하고 꼼꼼하며 과학적으로 수행했는지의 충실성을 의미하고, 보호 수준은 그 결과 AI 시스템이 실제로 달성한 안전과 기본권 보호의 실질적인 수준을 의미한다.

1) 다른 EU법과의 관계

관련 분야별 EU법에 따라 품질 관리 시스템 또는 이에 상응하는 기능에 관한 의무가 적용되는 고위험 AI 시스템 제공자는 해당 법에 따라 품질 관리 시스템의 일부로 위에서 나열된 측면을 포함할 수 있다.[276] 즉 다른 EU 제품법에 따라 품질 관리 시스템을 구축하고 운영할 의무가 있는 기업은 AI법의 품질 관련 요건을 별도의 독립된 시스템이 아닌 기존 시스템에 통합하여 이행할 수 있다. 이는 규제 중복을 피하고, 기업이 일관된 방식으로 품질을 관리할 수 있도록 지원하여 불필요한 행정 부담을 줄여주는 실용적인 고려이다.[277]

---

274) 제17조 제2항.

275) 제17조 제2항.

276) 제17조 제3항.

277) 예컨대, 의료기기 제조자는 이미 운영하고 있는 ISO 13485 기반 의료기기 품질 관리 시스템을 확장하여, 제17조 제1항이 요구하는 AI 고유의 품질 관리 측면을

AI법과 기존의 부문별 EU법 간의 보완성은 향후 유럽위원회가 채택하는 표준화 활동이나 가이던스에 반영되어야 한다.[278] 즉 AI 기술이 어떤 산업 분야에서 사용되든 공통적으로 적용되는 일반적이고 수평적인 규칙을 제공하는 AI법은 특정 분야에 적용되는「의료기기 규칙」등 기존 제품법과 보완적 관계에 있다. 유럽표준화기구나 유럽위원회가 조화된 표준이나 가이던스를 만들 때, 이러한 보완성 원칙을 반영하는 점에서, 예컨대 의료기기에 대한 조화된 표준은 AI법과「의료기기 규칙」의 요건이 서로 충돌하지 않고, 해당 기업은 하나의 통합된 절차를 통해 두 법을 모두 준수할 수 있는 표준으로 설계되어야 한다.

자체 이용을 위해 고위험 AI 시스템을 서비스에 투입하는 공공기관은 회원국 또는 지역 차원에서 채택된 품질 관리 시스템의 일부로 품질 관리 시스템에 대한 규정을 채택하고 이행할 수 있고, 적절하게 해당 공공당국의 부문별 특수성과 역량과 조직을 고려하여야 한다.[279] AI법이 공공기관에게 민간부문과 같은 형태의 완전히 새로운 품질 관리 시스템을 구축하게 하면 기존 행정 체계와 중복되어 불필요한 행정적 부담과 비용을 야기할 수 있다. 공공기관은 자신의 특수성과 역량 등을 고려하여 자신에게 적합한 방식의 품질 관리 시스템을 채택할 수 있다.

2) EU 금융서비스법과의 관계

EU 금융서비스법에 따라 내부 지배구조, [내부적] 체계(arrangements) 또는 프로세스에 관한 요건을 적용받는 금융기관인 제공자의 경우, 제17조 제1항 (g), (h) 및 (i)를 제외하고 품질 관리 시스템을 마련하는 의무는 관련 EU 금융서비스법에 따른 내부 지배구조 약정 또는 프로세스에 관한 규정을 준수함으로써 충족된 것으로 간주된다.[280]「자본요건 규칙」,「건전성II 지침」등 EU

동 시스템에 포함시킨다. 따라서, 기존의 품질 관리 체계를 버리고 AI법의 새로운 시스템을 다시 만들 필요가 없다.

278) 상설 제81항.

279) 상설 제81항.

280) 제17조 제4항.

금융법에 따라 매우 엄격한 내부 통제 시스템을 갖추고 있는 금융기관은 동일한 목적을 가진 AI법에 따른 시스템을 이중으로 만드는 비효율과 행정적 부담을 부담할 필요가 없기 때문이다. 그러나, AI 기술의 사후 관리에 관련된 위험 관리 시스템, 시판 후 모니터링 시스템, 심각한 사고의 신고는 준수해야 한다. 이 과정에서 조화된 표준이 고려되어야 한다.[281)]

*** GDPR 제5조 제2항은 기업이 의무 준수를 증명하는 정책과 절차를 시행하고 유지하도록 요구하는 설명책임(accountability) 의무를 부과한다. AI법의 품질 관리 시스템 요건은 GDPR에 적용되는 요건과 본질적으로 다르지만, 유사한 설명책임 논리를 공유한다. 기업은 상당한 적응이 있더라도 GDPR의 준수 조치와 설명책임 프레임워크를 활용하여 데이터 관리를 위한 시스템과 절차의 이행, 회원국 소관 당국, 다른 관련 당국, 인증기관, 다른 사업자, 고객 또는 다른 이해관계자와의 의사소통을 위한 정책과 절차의 수립 등 특정 품질 관리 시스템 요건을 준수할 수 있다.

3. 문서 보관[282)]

(1) 보관 대상인 문서

제공자는 고위험 AI 시스템이 시장에 출시되거나 서비스에 투입된 후 10년의 기간 동안 회원국 소관 당국이 다음을 처리할 수 있도록 해야 한다:[283)] (a) 기술문서,[284)] (b) 품질 관리 시스템에 관한 문서,[285)] (c) 해당되는 경우 인증기관이 승인한 변경에 관한 문서, (d) 해당되는 경우 인증기관이 발행한 결정과 다른 문서, (e) EU 적합성 선언.[286)] 이들 문서 중 일부는 EU 적합성 선언에서 책임자의 성명, 서명, 역할 또는 품질 관리 시스템에 관련된 절차를 승

281) 제17조 제4항. 제40조 참조.

282) 문서 보관에 관한 제18조는 2026년 8월 2일부터 적용된다.

283) 제18조 제1항. 10년의 문서 보관 기간은 「제조물책임 지침」에 규정된 제조자의 책임 기간인 10년과 일치한다. 「제조물책임 지침」 제17조 제1항.

284) 제11조 참조.

285) 제17조 참조.

286) 제47조 참조.

인하는 자의 성명과 역할 등 개인정보를 포함할 수 있다. 따라서, 제공자는 개인정보 보존 일정을 검토하고 필요한 경우 업데이트해야 한다.[287)]

각 회원국은 자국 영토에 설립된 제공자나 공인 대리인이 10년의 기간이 끝나기 전에 파산하거나 활동을 중단하는 경우에 대비하여, 보관해야 하는 문서가 10년 동안 소관 당국의 처분 즉 열람·이용할 수 있도록 즉 접근할 수 있는 조건을 정해야 한다.[288)] 기술문서 등을 10년 동안 보관해야 할 제공자가 그 기간 전에 사업을 실패하고 자신의 AI 시스템이 심각한 사고를 일으킨 경우에도 감독 당국은 사고의 원인을 규명할 핵심 자료를 확보할 수 있어야 하기 때문이다. 이에 소관 당국이 기술문서 등을 안전하게 확보하여 계속 보관하는 구체적인 조건과 절차가 국내법으로 규정되어야 한다.

(2) EU 금융서비스법과의 관계

금융 기관으로서 EU 금융서비스법에 따른 내부 지배구조, [내부적] 체계, 또는 프로세스에 관한 요건을 준수해야 하는 제공자는 관련 EU 금융서비스법에 따라 보관되는 문서의 일부로 기술문서를 보관해야 한다.[289)] 은행 등은 AI 시스템의 기술문서를 별도의 폴더나 서버에 따로 보관하는 대신 기존의 내부 문서 관리 시스템에 포함시켜 함께 보관할 수 있다. 이로서 문서 보관에 있어서 AI법의 새로운 의무가 기존 검증된 금융 감독 체계와 충돌 없이 효율적으로 통합될 수 있다.

*** AI 시스템 제공자는 기존의 GDPR에 따른 문서 관리 시스템을 기반으로 AI법의 문서 관리 요건을 준수할 수 있다. GDPR 제30조(처리 활동 기록), 제35조(개인정보보호영향평가) 등에 따른 절차가 활용될 수 있다. 다만, 제18조의 문서 보관에서 관련 문서에 포함된 개인정보에 대해 10년의 보관 기간이 법적 의무로서 요구되므로, 제공자는 이 새로운 요건을 반영하여 자신의 내부 개인정보 보존 일정을 검토하고 필요한 경우 개정해야 한다.

---

287) 예컨대, 제공자의 내부적인 개인정보 보존과 파기에 있어서 '관련 임직원 퇴사 후 3년 뒤 파기'와 같이 제18조의 10년 보관보다 짧은 경우 AI법 준수를 위해 관련 문서에 포함된 개인정보의 10년 보존의 예외 규정을 추가하는 등 업데이트해야 한다.

288) 제18조 제2항.

289) 제18조 제3항.

4. 자동적으로 생성된 로그[290)]

고위험 AI 시스템은 기술적으로 동 시스템의 수명기간 동안 이벤트의 자동적 기록(로그)을 허용하여야 한다.[291)] 고위험 AI 시스템 제공자는 동 시스템이 자동적으로 생성한 로그를 해당 로그가 자신의 통제하에 있는 범위 내에서 보관해야 한다.[292)] '자동적으로 생성된 로그'(automatically generated logs)는 인간의 개입 없이 시스템 스스로 자신의 모든 중요한 활동 내역을 시간 순서에 따라 자동으로 기록하는 디지털 데이터를 가리킨다. 이는 고위험 AI의 책임성과 투명성을 보장하는 데 필수적이다.

AI 시스템이 클라우드 기반 서비스(SaaS)나 API 형태로 제공되는 경우 동 시스템은 제공자의 서버에서 직접 실행된다. 이런 경우 제공자는 해당 로그를 통제한다.[293)] 그러나, 운영자가 AI 소프트웨어를 구매하여 외부 인터넷과 단절될 수 있는 자신의 내부 서버에 직접 설치하여 사용하는 경우 제공자는 해당 로그를 통제하지 못하고 보관 의무를 부담하지 않는다.[294)]

(1) 보관 기간

적용 가능한 EU 또는 회원국 법을 저해하지 않고, 로그는 고위험 AI 시스템의 의도된 목적에 적절한 기간 동안 보관되는데, 그 기간은 최소 6개월이고, 적용 가능한 EU 또는 회원국 법, 특히 개인정보보호에 관한 EU법이 달리 규

290) 자동적으로 생성된 로그에 관한 제19조는 2026년 8월 2일부터 적용된다.

291) 제12조 제1항.

292) 제19조 제1항 제1문.

293) 예컨대, OpenAI(제공자)가 기업 고객에게 ChatGPT 서비스를 제공하는 경우 그 고객(운영자)이 이 서비스를 이용할 때 발생하는 모든 운영 로그는 OpenAI의 서버에 생성되고 저장된다. 이러한 로그는 OpenAI의 통제하에 있으므로 OpenAI는 이 로그를 보관해야 한다.

294) 예컨대, 병원(운영자)이 의료 영상 분석 AI 소프트웨어를 구매하여 병원 내부의 폐쇄된 네트워크 서버에 설치한 경우, AI가 환자 데이터를 분석하며 생성하는 로그는 병원의 서버에만 저장되어 제공자는 이 로그에 접근할 기술적, 법적 권한이 없으므로 자신의 통제하에 있지 않다. 이 경우 병원은 운영자로서 해당 로그를 보관해야 한다. 제26조 제6항 참조.

정하지 않아야 한다.[295] 따라서, 고위험 AI 시스템의 로그는 최소한 6개월 동안 보관되어야 하지만, 제공자는 시스템의 목적을 고려하여 이 기간을 넘어 적절한 보관 기간을 정할 수 있다.[296] 그러나, 다른 EU 또는 회원국 법이 로그 보관에 대해 다른 기간을 명시하고 있으면, 그 법이 AI법의 기준보다 우선 적용된다.[297]

(2) EU 금융서비스법과의 관계

EU 금융서비스법에 따라 내부 거버넌스, [내부적] 체계 또는 프로세스에 관한 요건을 준수해야 하는 금융기관인 제공자는 고위험 AI 시스템이 자동적으로 생성한 로그를 관련 금융서비스법에 따라 보관하는 문서의 일부로 유지해야 한다.[298] 은행 등은 새로운 AI의 로그 기록을 별도로 보관하는 대신 기존의 거래 기록 보관 시스템에 포함시켜 함께 보관할 수 있다. 금융 분야의 특수성과 기존의 강력한 기록 보관 의무를 인정하여 AI법의 새로운 의무가 기존 검증된 금융 감독 체계에 충돌 없이 효율적으로 통합될 수 있다.

5. 시정조치 및 정보 의무[299]

고위험 AI 시스템의 제공자는 다음과 같이 '시판 후'(post-market) 책임을 진다.

---

295) 제19조 제1항 제2문.

296) 예컨대, 채용 AI의 경우 채용 절차가 끝나고 분쟁이 제기될 수 있는 기간을 고려하여 해당 로그에 대하여 1년 보관 기간을 설정할 수 있다. 또는 시스템의 로그에 1회성 인증 등 특정 목적을 위해 수집된 개인정보가 포함되어 있는 경우, GDPR의 보존 기간 제한 원칙에 따라 해당 목적이 달성된 후 더 이상 그 개인정보를 보관해서는 안 된다. 다른 법적 보관 의무가 없다면 제공자는 AI법의 최소 6개월 이전에 GDPR에 따라 해당 개인정보를 로그에서 삭제하거나 익명화해야 할 수 있다.

297) 예컨대, 많은 회원국 의료 관련 법은 진료 기록을 10년 또는 그 이상 보관하도록 의무화하는데, 이 경우 AI 제공자는 AI법의 최소 6개월이 아닌 의료법이 요구하는 10년 또는 그 이상 동안 로그를 보관해야 한다.

298) 제19조 제2항.

299) 시정조치 및 정보 의무에 관한 제20조는 2026년 8월 2일부터 적용된다.

(1) 시정조치

시장에 출시하거나 서비스에 투입한 고위험 AI 시스템이 AI법을 준수하지 않는다고 고려하거나 그렇게 고려할 이유를 가진 고위험 AI 시스템의 제공자는 적절하게 해당 시스템이 AI법을 준수하게 하거나, 동 시스템의 철회, 비활성화 또는 리콜의 필요한 시정조치(corrective actions)를 즉시 취해야 한다.[300] 제공자는 단순히 AI법 위반 사실을 알게 되었을 때는 물론 마땅히 주의를 기울였다면 이런 사실을 알았어야 할 합리적인 이유가 있을 때에도 시정조치를 취해야 한다. 고위험 AI가 초래할 수 있는 위험의 심각성을 고려할 때 시정조치는 문제를 인지한 후 즉시, 즉 지체 없이 신속하게 취해야 한다.

시정조치로 다음 네 가지가 규정되어 있다. 첫째, 적합성 회복으로서 가장 낮은 단계의 조치이다.[301] 둘째, 시스템의 철수(withdrawal)로서 아직 최종 이용자에게 판매되지 않고 유통 채널에 있는 제품의 판매를 중단하고 이를 회수하는 것이다. 셋째, 비활성(disabling)으로서 클라우드 기반의 서비스형 소프트웨어(SaaS) 형태로 제공되는 AI 서비스의 경우 제공자가 원격으로 해당 서비스의 작동을 중단시켜 더 이상 사용될 수 없게 하는 것이다. 넷째, 리콜(recall)로서, 가장 강력한 조치인데, 이미 최종 이용자에게 판매된 제품을 회수하여 수리, 교체 또는 환불하는 것이다.

'AI 시스템의 리콜'(recall of an AI system)은 운영자에게 이용 가능하게 된 AI 시스템을 제공자에게 반환하거나, 이의 서비스를 하지 않거나 그 이용을 중단하는 것을 목표로 하는 모든 조치를 의미한다.[302]
'AI 시스템의 철수'(withdrawal of an AI system)는 AI 시스템이 공급망에서 시장에 이용 가능하게 하는 것을 방지하기 위한 모든 조치를 의미한다.[303]

---

300) 제20조 제1항 제1문.

301) 예컨대, AI 시스템의 편향성 문제가 발견되었을 때 긴급 소프트웨어 업데이트나 패치를 통하여 AI법 위반을 시정한다.

302) 제3조 제16호.

303) 제3조 제17호.

(2) 정보 의무

시정조치를 취한 제공자는 해당 고위험 AI 시스템의 유통자 및 적절한 경우 운영자, 공인 대리인과 수입자에게 해당 시정조치를 알려야 한다.[304] 유통자는 아직 판매되지 않고 창고에 있는 해당 제품의 판매를 즉시 중단하고 제공자의 철수 조치에 협력할 수 있고, 운영자는 현재 이용 중인 AI 시스템의 작동을 즉시 중단하거나, 제공자가 제공한 소프트웨어 패치를 긴급 설치하거나, 제공자의 리콜 조치에 협력할 수 있으며, 공인 대리인은 규제 당국과의 공식적인 소통 창구로서 문제 상황을 정확히 파악하고 감독 당국과의 소통을 원활하게 하도록 정보를 전달받아야 하고, 수입자는 자신이 수입하여 유통한 제품에 대한 법적 책임을 지므로 문제 발생 시 해당 제품을 추적하고 회수하는데 협력해야 한다. 이렇게 제공자의 시정조치 관련 정보가 공급망을 따라 신속하게 전달되어 시장에 이미 유통된 위험한 AI 제품을 효과적으로 통제할 수 있게 된다.

(3) 3단계 조치

위험을 초래하는 AI 시스템은 적합성 평가를 통과하고 CE 마킹도 부착했으며 모든 기술문서도 갖추는 등 AI법을 100% 준수한 상태이지만, 실제로 이용하면서 예상치 못하게 시민의 건강, 안전, 또는 기본권에 위험을 초래하는 문제가 발견될 수 있다.[305] 이렇게 숨겨진 결함이 발견된 경우 즉 고위험 AI 시스템이 위험을 초래하고 제공자가 해당 위험을 인지한 경우, 해당 시스템의

304) 제20조 제1항 제2문.

305) 위험을 초래하는 AI 시스템은 사람의 건강이나 안전 또는 기본권에 대한 위험을 초래하는 한 「시장 감시 규칙」 제3조 제19호에 정의된 '위험을 초래하는 제품'(product presenting a risk)으로 이해된다. 제79조 제1항. 위험을 초래하는 제품은 이용 기간 및 해당되는 경우 제품의 서비스 투입, 설치 및 유지·보수 요건을 포함하여 해당 제품의 의도된 목적에 관련하여 또는 정상적 또는 합리적으로 예측 가능한 이용 조건에서 합리적이고 수용 가능하다고 고려된 정도를 초과하는 범위로 해당 EU 조화입법에 의해 보호되는 일반적으로 사람의 건강과 안전, 작업장 내 건강과 안전, 소비자 보호, 환경, 공공안전과 다른 공익에 부정적으로 영향을 줄 잠재력을 가진 제품을 의미한다.

제공자는 다음의 3단계 조치를 취해야 한다.

첫째, 제공자는 즉시 그 원인을 조사해야 한다.

둘째, 해당되는 경우 그 위험을 보고한 운영자와 협력해야 한다.

셋째, 감독 당국에 상세하게 신고해야 한다. 즉 제공자는 특히 부적합의 성격과 취해진 모든 관련 시정조치에 대해 관련 고위험 AI 시스템을 담당하는 시장감시 당국과, 해당되는 경우 그 고위험 AI 시스템에 대한 인증서를 발급한 인증기관에게 알려야 한다.[306] 취해진 시정조치와 함께 '부적합 성격'(nature of the non-compliance) 즉 발견된 위험의 정의와 AI법의 실질적인 요건과 부합하지 않는 이유가 설명되어야 한다.

*** 설명책임 원칙과 시정조치에 있어서 GDPR과 AI법은 유사한 점이 있다. 즉 GDPR 제5조(처리 원칙)와 제24조(컨트롤러의 책임)에 따라, 컨트롤러는 자신의 처리 활동이 GDPR을 준수함을 보장하고 증명할 책임이 있고, 위반 사실을 인지하면 이를 시정해야 한다. 한편, 제20조에 따라 고위험 AI 시스템의 시판 후 단계에서 제공자는 시장에 출시된 제품의 문제에 대해 지속적으로 책임을 지게 된다. 그러나, AI법의 시정조치 의무는 GDPR보다 더 복잡하다. GDPR과 달리 AI법은 신입법체계(NLF)에 기반한 제품 안전법의 구조를 가지는 점에서 시정조치는 단순히 개인정보 처리 방식을 바꾸는 것을 넘어 적합성 평가 재실시, CE 마킹 수정, EU 데이터베이스 정보 업데이트 등 복잡한 제품 규제 절차와 연결될 수 있다. 특히 제20조의 시정조치는 제공자의 시판 후 모니터링에서 수집된 정보에 의해 촉발될 수 있고 심각한 사고의 신고 의무와 동시에 이행된다. 또한, GDPR이 주로 컨트롤러와 개인정보보호 당국의 관계를 다루지만, 제20조에 따라 제공자가 유통자, 수입자, 공인 대리인, 운영자에게 시정조치 사실을 통보해야 하고, 시장감시 당국과 인증기관과의 소통도 의무적이어서 협력해야 할 이해관계자의 범위가 훨씬 더 넓고 복잡하다.

6. 소관 당국과 협력[307]

소관 당국과의 협력은 다음 두 단계로 이루어진다.

306) 제20조 제2항. 인증서 발급은 제44조 참조.

307) 소관 당국과 협력에 관한 제21조는 2026년 8월 2일부터 적용된다.

(1) 모든 정보와 문서 제공

고위험 AI 시스템의 제공자는 소관 당국의 이유를 밝힌 요청이 있으면, 해당 고위험 AI 시스템이 제III장 제2절에 규정된 요건에 부합함을 증명하는 데 필요한 모든 정보와 문서를 해당 회원국이 지정한 EU기관의 공식 언어 중 하나로 해당 당국이 쉽게 이해할 수 있는 언어로 제공해야 한다.[308] 따라서, 제공자는 CE 마킹을 부착하고 제품을 출시한 후에도 자신의 주장을 뒷받침하는 모든 증거를 투명하게 제시하고 감독 당국의 조사에 성실히 협조해야 할 지속적인 책임이 있다.

(2) 자동 생성 로그의 접근 제공

소관 당국의 이유를 밝힌 요청이 있으면, 제공자는, 자신의 통제하에 있는 범위 내에서, 소관 당국에게 고위험 AI 시스템의 자동적으로 생성된 로그에 대한 접근을 제공해야 한다.[309]

(3) 기밀유지

고위험 AI 시스템 제공자와의 협력에서 소관 당국이 획득한 모든 정보는 기밀유지 의무에 따라 취급되어야 한다.[310] 시장감시 당국 등 감독 당국이 조사 과정에서 제공자로부터 얻은 모든 정보를 외부로 유출하지 않을 비밀유지 의무가 부과된다.[311] 이렇게 제공자가 자신의 영업비밀, 이용자의 개인정보 및 상업적으로 민감한 정보가 경쟁사나 대중에게 유출될 것을 두려워하지 않고, 감독 당국의 조사에 성실하게 협조할 수 있게 된다.

---

308) 제21조 제1항.

309) 제21조 제2항. 동 로그는 제12조 제1항 참조.

310) 제21조 제3항. 동 기밀유지는 제78조 참조.

311) 그러나, 다른 회원국의 감독 당국과 법 집행을 위해 정보를 공유하거나, 시민의 건강과 안전에 대한 중대한 위험을 대중에게 알리는 등 공익적 목적을 위해서 예외적으로 정보가 공개될 수 있다. 제78조 제4항, 제5항.

*** GDPR 제31조에 따라 컨트롤러와 프로세서 모두, 요청이 있으면 개인정보보호 당국의 업무 수행에 협력해야 한다. 이 의무는 GDPR 준수를 증명하는 데 필요한 정보의 제공과 개인정보보호 당국이 수행하는 조사에 대한 협력으로 확대되고, 이는 AI법의 협력 의무와 유사하다. GDPR과 AI법에 따른 협력 요청은 실제로는 다를 수 있지만, 기업은 AI법에 따른 협력 의무를 준수하기 위한 목적으로 GDPR에 따른 협력 절차와 메커니즘을 활용할 수 있다. 이는 개인정보보호 당국이 AI법에 따라 시장감시 당국으로 지정된 회원국에서 특히 유용할 것이다.

7. 조화된 표준과 표준화 결과물[312]

(1) 개념

표준화는 단일 시장에서 혁신 및 경쟁력과 성장을 촉진하기 위해 최신 기술에 맞춰 AI법의 준수를 보장하기 위하여 제공자에게 기술적 솔루션을 제공하는 핵심적인 역할을 한다.[313] 일반적으로 최신 기술을 반영하는 것으로 기대되는 조화된 표준의 준수는 제공자가 AI법의 요건을 준수함을 증명하는 수단이 된다.[314] '표준화 결과물'(standardisation deliverables)은 유럽표준화기구의 모든 종류의 기술문서를 포괄하는 넓은 개념이고, 조화된 표준이 가장 중요한 결과물이다.

'조화된 표준' (harmonized standards)은 「유럽 표준화 규칙」 제2조 제1항(c)에서 정의된 조화된 표준 즉 EU 조화입법의 적용을 위해 유럽위원회의 요청에 따라 채택된 유럽 표준을 의미한다.[315]

「유럽 표준화 규칙」에 따라 EU관보에 게재된 조화된 표준 또는 그 일부에 부합하는 고위험 AI 시스템 또는 범용 AI 모델은 제III장 제2절에 규정된 요건 또는 범용 AI 모델이나 시스템적 위험이 있는 범용 AI 모델의 경우 제V장 제2절

312) 조화된 표준과 표준화 결과물에 관한 제40조는 2026년 8월 2일부터 적용된다.
313) 상설 제121항.
314) 상설 제121항.
315) 제3조 제27호.

또는 제3절에 규정된 의무에 부합하는 것으로 추정된다.[316] 즉 제공자가 조화된 표준의 모든 기술 사양을 준수하여 AI 시스템을 개발하면 동 시스템은 별도의 복잡한 증명 없이 AI법의 관련 필수 요건을 충족한 것으로 적합성 추정이 인정된다. 물론 이들 표준은 해당 요건 또는 의무를 다루어야 한다.[317]

(2) 표준화 과정

「유럽 표준화 규칙」 제10조에 따라 유럽위원회는 부당한 지체 없이 제III장 제2절에 명시된 모든 요건을 다루는 표준화 요청 및 범용 AI 모델이나 시스템적 위험이 있는 범용 AI 모델의 경우 제V장 제2절 또는 제3절에 명시된 의무를 다루는 표준화 요청을 해야 한다.[318] 표준화 요청은 고위험 AI 시스템의 수명주기 동안 에너지와 다른 자원의 소비를 줄이는 등 AI 시스템의 자원 성능을 개선하기 위한 보고와 문서화 프로세스, 및 범용 AI 모델의 에너지 효율적인 개발에 대한 결과물을 요구해야 한다.[319] 표준화 요청을 준비할 때 유럽위원회는 AI이사회와 자문 포럼을 포함한 관련 이해관계자와 협의해야 한다.[320] 관련 전문성을 확보하기 위함이다.

유럽표준화기구에 표준화 요청을 할 때, 유럽위원회는 표준이 명확하고 일관적이며, 부속서 I에 열거된 기존 EU 조화입법이 다루는 제품의 다양한 부문에서 개발된 표준을 포함하여, EU에서 시장에 출시되거나 서비스에 투입된 고위험 AI 시스템 또는 범용 AI 모델이 AI법에 규정된 관련 요건 또는 의무를 충족하도록 보장하는 것을 목표로 해야 함을 명시해야 한다.[321] 유럽위원회는 「유럽 표준화 규칙」 제24조에 따라 유럽표준화기구에 AI법의 준수를 위한 기술적 솔루션의 제공과 사회·경제적 가치의 증진인 목표를 달성하기 위한 최선의 노력에 대한 증거를 제공하도록 요청해야 한다.[322]

---

316) 제40조 제1항.
317) 제40조 제1항.
318) 제40조 제2항 제1단 제1문.
319) 제40조 제2항 제1단 제2문.
320) 상설 제121항.
321) 제40조 제2항 제2단.
322) 제40조 제2항 제3단.

표준화 프로세스의 참여자는 법적 안정성의 증대를 포함하여 AI에 대한 투자와 혁신 및 EU 시장의 경쟁력과 성장을 촉진하고, 표준화에 대한 글로벌 협력의 강화 및 EU의 가치, 기본권과 이익에 일치하는 AI 분야의 기존 국제 표준의 고려에 기여하며, 「유럽 표준화 규칙」 제5, 제6, 제7조에 따라 이익의 균형된 대표 및 모든 관련 이해관계자의 효과적인 참여를 보장하는 다중 이해관계자 지배구조를 개선하도록 노력해야 한다.[323] 특히 중소기업(SMEs), 소비자 단체, 환경 및 사회적 이해 관계자가 표준의 개발에 포함되도록 조장되어야 한다.[324] 조화된 표준은 제정되면 시장에서 막강한 법적 효력 즉 적합성 추정을 가지게 되므로, 그 제정 과정 자체가 공정하고 투명하며, 사회 전체의 이익을 반영해야 한다.

*** GDPR 제40조는 GDPR에 따른 의무 준수를 증명하기 위해 컨트롤러와 프로세서의 행동강령의 작성을 장려하고 제42조는 GDPR 준수를 증명하기 위한 인증 메커니즘과 개인정보보호 인장과 마크의 이용을 장려한다. GDPR이 고려하는 행동강령과 인증 메커니즘은 AI법의 조화된 표준 또는 공통 사양과 유사한 목적을 가지지만, 이러한 개념의 적용은 다를 수 있다. 특히 GDPR의 행동강령과 인증은 GDPR의 준수에만 적용될 가능성이 높은 점에서 기업은 일반적으로 AI법에 따른 조화된 표준 또는 공통 사양 준수 여부를 증명하기 위해 GDPR의 행동강령이나 인증 체계를 활용할 수 없을 것이다.

8. 공통 사양[325]

조화된 표준에 대한 관련 참조가 없는 경우, 유럽위원회는 이행입법을 통해 자문 포럼의 협의를 거쳐 AI법에 따른 특정 요건에 대한 공통 사양을 수립할 수 있다.[326] 공통 사양은 유럽표준화기구가 표준화 요청을 수락하지 않았거나 관련 조화된 표준이 기본권 문제를 충분히 다루지 않는 경우 또는 조화된 표준이 요청을 준수하지 않거나 적절한 조화된 표준의 채택이 지연되는 경우

323) 제40조 제3항.
324) 상설 제121항.
325) 공통 사양에 관한 제41조는 2026년 8월 2일부터 적용된다.
326) 상설 제121항.

AI법의 요건을 준수할 제공자의 의무를 촉진하기 위한 예외적인 해결책이다.[327)]

'공통 사양'(common specification)은 「유럽 표준화 규칙」 제2조 제4호에 정의된 일련의 기술 사양으로, AI법에 따라 설정된 특정 요건을 준수하기 위한 수단을 제공한다.[328)]

(1) 공통 사양의 발동 조건

유럽위원회는 다음의 경우 제III장 제2절에 규정된 요건 또는 해당되는 경우 제V장 제2절과 제3절에 규정된 의무에 대한 공통 사양을 수립하는 이행입법을 채택할 수 있다. 첫째, 유럽위원회가 「유럽 표준화 규칙」 제10조 제1항에 따라, 하나 이상의 유럽표준화기구에게 제III장 제2절에 규정된 요건 또는 해당되는 경우 제V장 제2절과 제3절에 규정된 의무에 대한 조화된 표준의 초안을 작성하도록 요청했으나, (i) 그 요청이 어떤 유럽표준화기구로부터도 수락되지 않았거나, (ii) 해당 요청을 다루는 조화된 표준이 「유럽 표준화 규칙」 제10조 제1항에 따라 설정된 기한 내에 제공되지 않았거나, (iii) 관련 조화된 표준이 기본권 문제를 불충분하게 다루거나, (iv) 조화된 표준이 그 요청을 준수하지 않는 경우이다.[329)] 조화된 표준의 채택 지연이 해당 표준의 기술적 복잡성 때문인 경우, 유럽위원회는 공통 사양의 수립을 고려하기 전에 이 점을 고려해야 한다.[330)]

둘째, 제III장 제2절에 언급된 요건 또는 해당되는 경우 제V장 제2절과 제3절에 언급된 의무를 포괄하는 조화된 표준에 대한 참조가 「유럽 표준화 규칙」에 따라 EU관보에 게재되지 않았고, 합리적인 기간 내에 게재될 것으로 예상되지 않는 경우이다.[331)]

---

327) 상설 제121항.

328) 제3조 제28호.

329) 제41조 제1항(a).

330) 상설 제121항.

331) 제41조 제1항(b) 제1문. 이러한 경우는 기술적·윤리적 이견으로 합의에 실패하거나, 분야의 전문성 또는 상업적 관심이 부족하거나, 개발된 표준의 품질이 낮은 경우가 될 것이다.

(2) 공통 사양 개발의 협력

공통 사양의 초안을 작성할 때, 유럽위원회는 자문 포럼과 협의해야 한다.[332] 공통 사양을 개발할 때 유럽위원회는 국제 파트너와 국제 표준화 기관과 협력하도록 권장된다.[333] 유럽위원회의 이행입법은 심사 절차에 따라 채택되어야 한다.[334] 이행입법의 초안을 준비하기 전에, 유럽위원회는 「유럽 표준화 규칙」 제22조에 언급된 위원회에 이행입법을 위한 위 조건이 충족되었다고 간주함을 알려야 한다.[335]

(3) 공통 사양의 법적 효력

공통 사양 또는 그 사양의 일부에 적합한 고위험 AI 시스템 또는 범용 AI 모델은, 해당 공통 사양이 그러한 요건이나 의무를 포괄하는 범위까지, 제III장 제2절에 규정된 요건에 적합하거나, 해당되는 경우 제V장 제2절과 제3절에 언급된 의무를 준수하는 것으로 추정된다.[336]

(4) 조화된 표준과의 관계

조화된 표준이 유럽표준화기구에 의해 채택되고 그 참조를 EU관보에 게재하기 위해 유럽위원회에 제안된 경우, 유럽위원회는 「유럽 표준화 규칙」에 따라 해당 조화된 표준을 평가해야 한다. 조화된 표준의 참조가 EU관보에 게재될 때, 유럽위원회는 제III장 제2절에 규정된 동일한 요건 또는, 해당되는 경우 제V장 제2절과 제3절에 규정된 동일한 의무를 포괄하는 위의 이행입법 또는 그 일부를 폐지해야 한다.[337]

332) 제41조 제1항(b) 제2문. 자문 포럼은 제67조 참조.
333) 상설 제121항.
334) 심사 절차는 제98조 제2항 참조.
335) 제41조 제2항.
336) 제41조 제3항.
337) 제41조 제4항.

(5) 제공자의 유연성 허용

고위험 AI 시스템 또는 범용 AI 모델의 제공자가 위의 공통 사양을 준수하지 않는 경우, 자신이 채택한 기술적 솔루션이 제III장 제2절에 언급된 요건을 충족하거나, 해당되는 경우, 제V장 제2절과 제3절에 규정된 의무를 최소한 그와 동등한 수준으로 준수함을 정당하게 증명해야 한다.[338)]

(6) 회원국의 이의 제기

회원국이 특정 공통 사양이 제III장 제2절에 규정된 요건을 완전히 충족하지 못하거나, 해당되는 경우 제V장 제2절과 제3절에 규정된 의무를 준수하지 못한다고 간주하는 경우, 상세한 설명을 첨부하여 유럽위원회에 알려야 한다.[339)] 유럽위원회는 그 정보를 평가하고, 적절한 경우 해당 공통 사양을 수립한 이행입법을 수정해야 한다.[340)]

9. 특정 요건의 적합성 추정[341)]

(1) 맥락적 데이터의 적합성 추정

고위험 AI 시스템이 이용될 의도가 있는 특정 지리적, 행동적, 맥락적 또는 기능적 환경을 반영한 데이터로 훈련 및 테스트된 경우, 동 시스템은 제10조 제4항에 규정된 관련 요건을 준수하는 것으로 추정되어야 한다.[342)] 조화된 표준과 공통 사양의 사용을 저해하지 않는 선에서, AI 시스템이 사용될 의도의 특정 지리적, 행동적, 맥락적 또는 기능적 환경을 반영하는 데이터로 훈련되고 테스트된 고위험 AI 시스템의 제공자는 AI법의 데이터 거버넌스 요건에 따라 제공된 관련 조치를 준수한 것으로 추정되는 것이 적절하다.[343)]

---

338) 제41조 제5항.

339) 제41조 제6항 제1문.

340) 제41조 제6항 제2문.

341) 특정 요건의 적합성 추정에 관한 제42조는 2026년 8월 2일부터 적용된다.

342) 제42조 제1항.

제10조 제4항은 제공자에게 AI가 이용될 특정 현장의 고유한 특성을 반영하는 데이터로 훈련하라는 추상적인 의무를 부과하는데, 제공자가 이 추상적인 의무를 이행하기 위해 실질적이고 성실한 노력 즉 특정 환경의 데이터로 훈련하고 테스트를 하면 그 노력을 인정하여 AI법을 준수한 것으로 추정하는 것이다.[344] 다만, 조화된 표준이나 공통 사양이 있다면 이를 따라야 한다.

(2) 사이버보안 요건

「사이버보안법」에 따른 사이버보안 체계에 따라 인증을 받았거나 적합성 선언이 발급되었고 해당 참조가 EU관보에 게재된 고위험 AI 시스템은 해당 사이버보안 인증 또는 적합성 선언 또는 그 일부가 해당 요건을 포함하는 한, 사이버보안 요건을 준수하는 것으로 추정되어야 한다.[345] AI법의 사이버보안 요건은 권한이 없는 제3자가 취약점을 악용함으로써 고위험 AI 시스템의 이용, 결과물 또는 성능을 변경하려는 시도에 대해 복원력이 있어야 하고,[346] 고위험 AI 시스템의 사이버보안을 보장하기 위한 기술적 솔루션은 관련 상황과 위험에 적절해야 한다는 것이다.[347]

AI법의 견고성과 정확성 관련 요건을 저해하지 않는 선에서, 「사이버보안법」에 따른 사이버보안 제도를 통해 인증을 받거나 '적합성 확인서'(a statement of conformity)가 발급되고 그 참조가 EU관보에 게재된 고위험 AI 시스템은 AI법의 사이버보안 요건을 준수한 것으로 추정되어야 한다.[348] 이미 「사이버보안법」에 따라 검증된 사이버보안에 대해, AI법이 중복적인 심사를 요구하는 것은 불필요한 행정 부담인 점이 고려된다. 사이버보안의 적합성 추정은 견고성과 정확성 요건으로 확장되지는 않는다.

---

343) 상설 제122항.

344) 예컨대, 자동차 제조사가 자신의 자율주행 AI를 훈련할 때, 유럽표준화기구의 주행에 관한 표준을 준수했다는 테스트 기록 등을 제시하면, 감독 당국은 이 제조사가 제10조 제4항의 그 주행의 지리적 환경 고려 의무를 이행했다고 추정한다.

345) 제42조 제2항. 사이버보안 요건은 제15조 참조.

346) 제15조 제5항 제1단.

347) 제15조 제5항 제2단.

348) 상설 제122항.

한편, 사이버보안의 적합성 추정은 해당 사이버보안 제도의 자발적인 성격을 저해하지 않는다.[349] 즉 사이버보안법에 따른 인증이 자발적 제도인 점에서 고위험 AI 시스템 제공자의 사이버보안 인증은 강제적이지 않다.

10. 적합성 평가[350]

고위험 AI 시스템의 높은 수준의 신뢰성을 보장하기 위해 동 시스템은 시장에 출시하거나 서비스에 투입하기 전에 적합성 평가를 받아야 한다.[351]

'적합성 평가'(conformity assessment)는 고위험 AI 시스템에 대하여 제III장 제2절에 규정된 요건이 충족되었는지 증명하는 프로세스이다.[352]

AI법이 규정한 적합성 평가는 절차적으로는 부속서 VI에 따른 내부 통제 기반 적합성 평가(자체 평가), 부속서 VII에 따른 인증기관 개입 적합성 평가(제3자 평가) 및 EU 조화입법에 따른 적합성 평가(통합 평가)의 세 가지로 구별된다. 한편, 부속서 III의 고위험의 경우 생체인식 분야의 고위험 AI 시스템 및 나머지 7개 분야의 고위험 AI 시스템에 대한 적합성 평가로 구별할 수 있다. 전자의 경우 인증기관 참여 즉 제3자 적합성 평가가 기본이고, 후자의 경우 내부 통제 기반 적합성 평가가 기본이 된다. 생체인식 분야의 경우 그 민감성과 프라이버시 등 기본권 침해 가능성, 관련 AI 기술의 불투명성과 설명 가능성 결여 및 사후적 구제의 어려움 등을 고려하여 다른 분야의 고위험 AI 시스템보다 더 엄격한 평가 절차가 요구된다.

349) 상설 제122항.

350) 적합성 평가에 관한 제43조는 2026년 6월 2일부터 적용된다.

351) 상설 제123항.

352) 제3조 제20호. 또는 적합성 평가는 제품, 프로세스, 서비스, 시스템, 사람 또는 기관과 관련된 특정된 요건이 충족되었는지 증명하는 프로세스를 의미한다. 「제품 마케팅 공통 프레임워크 결정」 부속서 I 제R1조 제12호.

표 6-2 AI법의 세 가지 적합성 평가

절차 유형	인증기관 개입	적용 대상
내부 통제 기반 적합성 평가 (부속서 VI)	아니오	부속서 III 제2항-제8항 고위험 시스템
인증기관 개입 적합성 평가 (부속서 VII)	예	부속서 III 제1항 생체인식 분야 고위험 시스템
EU 조화입법에 따른 적합성 평가	해당 조화입법에 따름	부속서 I 섹션 A에 명시된 법의 적용 대상

(1) 고위험 AI 시스템의 유형별 평가

1) 부속서 III의 고위험 AI 시스템

① 생체인식 분야가 아닌 고위험 AI 시스템의 적합성 평가

부속서 III의 제2항부터 제8항까지 언급된 고위험 AI 시스템의 경우, 제공자는 부속서 VI에 언급된 내부 통제에 근거한 적합성 평가 절차를 따르고, 인증기관은 개입하지 않는다.[353] 내부 통제에 기반한 적합성 평가 절차가 적용되는 고위험 AI 시스템의 분야는 생체인식 분야를 제외한 i) 핵심 인프라, ii) 교육 등, iii) 고용 등, iv) 의료 등 필수 서비스에 대한 접근, v) 법 집행, vi) 이민 등, vii) 사법 행정과 민주 절차의 7개 분야이다. 조화된 표준이나 공통 사양을 전면 적용하면 적합성의 추정이 허용되는 점에서 부속서 VI에 따른 자체 평가는 고위험 AI 시스템에 적용되는 일반적 프레임워크로서 간단한 절차이다.

② 생체인식 분야 고위험 AI 시스템의 적합성 평가

생체인식 분야의 고위험 AI 시스템의 경우, 고위험 AI 시스템이 제III장 제2절에 규정된 요건의 준수를 증명할 때, 제공자가 조화된 표준, 또는 해당하는 경우 공통 사양을 적용한 경우, 제공자는 다음에 근거한 적합성 평가 절차의 하나를 선택해야 한다:[354] (a) 부속서 VI에 언급된 내부 통제, 또는 (b) 부속

353) 제43조 제2항.

서 VII에 언급된 인증기관의 개입으로 품질 관리 시스템의 평가 및 기술문서의 평가.

또한, 제공자는 다음의 경우 부속서 VII에 규정된 적합성 평가 절차를 따라야 한다:[355] (a) 조화된 표준이 존재하지 않고 공통 사양이 이용 가능하지 않은 경우, (b) 제공자가 조화된 표준을 적용하지 않았거나 일부만 적용한 경우,[356] (c) 공통 사양이 존재하지만, 제공자가 이를 적용하지 않은 경우, (d) 조화된 표준의 하나 이상이 제한을 받고 게시되었고 제한이 있는 표준 부분만 게시된 경우.[357]

생체인식 분야는 현시점에서는 제3자 인증기관의 개입을 포함하는 적합성 평가를 받아야 한다.[358] 이러한 생체인식 분야는 원격 생체인식 식별 시스템, 생체인식 분류 시스템 및 감정 인식 시스템을 가리킨다. 다른 고위험 AI 시스템보다 위험성이 특별히 높고 따라서 공적 신뢰가 확보되어야 하기 때문이다.

2) EU 조화입법의 적용을 받는 고위험 AI 시스템

① 부속서 I 섹션 A의 조화입법

부속서 I 섹션 A에 열거된 신입법체계(NLF)에 기반한 EU 조화입법이 적용되는 고위험 AI 시스템의 경우, 제공자는 해당 입법에 따라 요구되는 관련 제

---

354) 제43조 제1항 제1단. 생체인식 분야의 고위험 AI 시스템은 부속서 III의 제1항, 조화된 표준은 제40조, 공통 사양은 제41조 참조.

355) 제43조 제1항 제2단.

356) 예컨대, 표준의 일부 기술요건만 적용하거나, 표준의 적용 범위를 자의적으로 축소하거나, 표준의 특정 조항만 채택하거나 수정 적용한 경우일 것이다.

357) 유럽위원회가 조화된 표준에 대하여 특정 부분에 대한 제한을 걸 수 있고, 그 제한이 걸린 부분에 대해 제3자 인증기관의 개입에 의한 적합성 평가가 요구된다. 예컨대, 유럽표준화기구가 AI 기반 의료 진단의 품질 관리 시스템 표준을 개발한 경우 유럽위원회가 이 표준의 GDPR에 따른 데이터의 익명처리 또는 가명처리 요건을 환자 의료정보에 대한 제10조 데이터 거버넌스 요건을 충족하지 않는다고 판단하여 관련 적합성 추정을 거부하는 경우이다. 이 경우 데이터 거버넌스에 대한 적합성 추정이 허용되지 않으므로 인증기관의 제3자 적합성 평가가 요구된다.

358) 상설 제125항. 현실적으로 AI 기술이 빠르게 발전하고 있어 모든 요건을 포괄하는 조화 표준이나 공통 사양이 마련되기 어렵기 때문에, 생체인식 시스템은 사실상 제3자 평가를 받게 되는 것이다.

3자 적합성 평가 절차를 따라야 한다.[359] AI 가치 사슬에서 사업자의 부담을 최소화하고 가능한 중복을 방지하기 위함이다.[360] 예컨대, 동일한 제품에 대해 「기계류 규칙」이나 「의료기기 규칙」 등에서 이미 적합성 평가를 받고 있는 경우 다시 AI법의 평가를 하지 않게 하는 것이다.[361] 특히 AI법은 소비자 보호와 제품 안전과 관련된 다른 EU법에서 정한 규정을 저해하지 않아야 한다.[362] 따라서 AI법 요건의 적용 가능성은 관련 EU 조화입법에 따른 적합성 평가의 특정 논리, 방법론 또는 일반적인 구조에 영향을 미치지 않아야 한다.[363] 새로운 AI 요건을 기존 인증 절차에 추가하거나 통합하는 것이지, 기존 절차 자체를 대체하거나 무시해서는 안 된다.

제III장 제2절에 규정된 요건은 조화입법이 적용되는 고위험 AI 시스템에 적용되면서 해당 조화입법에 따른 평가의 일부가 된다.[364] 즉 의료기기나 자동차 부품과 같이 이미 다른 조화입법의 적용을 받는 고위험 AI 시스템에 대하여 AI법이 새롭게 요구하는 의무가 별개의 독립된 평가를 받는 것이 아니고 기존에 존재하던 제품 안전 인증 절차에 포함되어 함께 평가받는다.

그럼에도 기술문서의 평가에 기반한 적합성에 관한 부속서 VII의 핵심 규정인 제4.3항(기술문서 검토를 위해 데이터 세트에 접근), 제4.4항(추가적인 적합한 테스트), 제4.5항(훈련 중이거나 훈련된 모델에 대한 접근) 및 제4.6항의 다섯 번째 단락(AI 시스템의 재훈련)은 적용된다.[365] 즉 AI 기술의 특수성을 검증하기 위해, 부속서 VII에 명시된 위 네 가지 핵심적인 활동은 반드시 평가되어야 한다. 의료기기, 자동차 등 각 분야 인증기관의 심사에서 AI 기술이 포함되어 EU 전역

359) 제43조 제3항 제1단 제1문.

360) 상설 제124항. 사업자(operator)는 제공자, 제품 제조자, 운영자, 공인 대리인, 수입자 또는 유통자를 가리킨다. 제3조 제8호.

361) 예컨대, 심박 AI 분석기 등 AI가 내장된 의료기기의 경우 「의료기기 규칙」의 제3자 평가에 따르면 별도 AI법의 평가가 필요하지 않고, 또한 AI 제어 알고리즘이 포함된 산업 로봇의 경우 「기계류 규칙」에 따른 CE 적합성 절차에서 AI 요소가 통합되어 심사된다.

362) 제2조 제9항.

363) 상설 제124항.

364) 제43조 제3항 제1단 제2문.

365) 제43조 제3항 제1단 제3문.

에서 동일한 수준의 검증이 이루어질 수 있다. 따라서 AI법의 적합성에 관한 핵심 요건이 조화입법에 따른 평가에 통합되어 AI 시스템의 안전성과 신뢰성이 보장될 수 있다.

EU 조화입법에 따른 적합성 평가의 목적으로, 해당 입법에 따른 인증기관은, 해당 입법에 따른 통보 절차의 맥락에서 인증기관에 관한 제31조 제4항(제공자 등과의 독립성), 제5항(적합성 평가 기관 등과의 독립성), 제10항(전문적 역량) 및 제11항(내부적 권능)에 규정된 요건에 대한 인증기관의 준수가 평가된 경우, 고위험 AI 시스템의 제III장 제2절에 규정된 요건과의 적합성을 평가하고 검증할 권한을 갖는다.[366] 즉 「의료기기 규칙」 등 기존의 제품법에 따라 지정된 인증기관이 AI법에 따른 심사를 같이 하기 위해서 기존의 자격 요건에 더하여 AI법이 요구하는 추가적인 자격 요건까지 갖추었음을 입증해야 한다. 이렇게 조화입법에 따라 지정된 인증기관은, 고위험 AI 시스템이 제III장 제2절의 요건을 준수하는지 평가할 권한을 갖는다.

부속서 I 섹션 A에 열거된 입법에 따라 제품 제조자가 제3자 적합성 평가를 거부할 수 있는 경우, 해당 제조자가 제III장 제2절에 규정된 모든 관련 요건을 다루는 모든 조화된 표준을 적용했다면, 해당 제조자는 해당 요건을 다루는 조화된 표준, 또는 해당되는 경우 공통 사양도 적용한 경우에만 제3자 적합성 평가를 거부할 수 있다.[367]

② 부속서 I 섹션 B의 조화입법

부속서 I 섹션 B의 자동차와 항공기 등 신입법체계와 다른 고유한 인증 체계를 가진 고위험 시스템은 적합성 평가에 관한 제43조의 적용을 직접 받지 않는다. 대신, 이러한 시스템은 고위험으로 분류되면서, 'EU 조화입법에 따라 해당 제품의 ... 제3자 적합성 평가'(a third-party conformity assessment ... of that product pursuant to the Union harmonisation legislation)를 받아야 한다.[368]

366) 제43조 제3항 제2단.
367) 제43조 제3항 제3단.
368) 제6조 제1항(b).

(2) 구체적인 적합성 평가 방법

1) 내부 통제 기반 적합성 평가

부속서 VI의 '내부 통제'(internal control)에 기반한 적합성 평가 절차는 다음의 과정을 거친다. 첫째, 제공자는 확립된 품질 관리 시스템이 제17조의 품질 관리 시스템 요건을 준수하는지 검증한다.[369] 둘째, 제공자는 AI 시스템이 제III장 제2절에 규정된 관련 필수 요건을 준수하는지 평가하기 위하여 기술문서에 포함된 정보를 검토한다.[370] 셋째, 제공자는 AI 시스템의 설계와 개발 프로세스 및 시판 후 모니터링이 기술문서와 일치하는지 검증한다.[371]

2) 인증기관 개입 적합성 평가

부속서 VII에 따른 적합성 평가는 더 포괄적이고, 제3자 즉 인증기관의 품질 관리 시스템과 기술문서에 대한 평가를 요구한다.

제3자 적합성 평가를 수행하기 위해, 요구된 경우, [인증기관이] 특히 독립성, 전문성(competence), 이해 상충의 부재, 적합한 사이버보안 요건에 관한 일련의 요건을 준수하는 경우, 회원국 소관 당국은 인증기관에게 AI법에 따라 통지해야 한다.[372] 여기서 통지는 해당 인증기관이 관련 과업을 수행할 자격이 있다고 지정하는 것을 가리킨다. 인증기관에 대한 통지는 회원국 소관 당국이 「제품 판매 공통 프레임워크 결정」 부속서 I 제R23조에 따라 유럽위원회가 개발하고 관리하는 전자적 통지 수단을 이용하여 유럽위원회와 다른 회원국에게 보내야 한다.[373] 이렇게 통지되어야 인증기관의 지위를 갖는다.

① 품질 관리 시스템의 평가

AI 시스템의 설계, 개발 및 테스트를 위해 승인된 품질 관리 시스템은 다음과 같이 검토되고 감시를 받는다. 첫째, 품질 관리 시스템의 신청은 다음을

369) 부속서 VI 제2항.
370) 부속서 VI 제3항. 기술문서는 제11조 참조.
371) 부속서 VI 제4항. 시판 후 모니터링은 제72조 참조.
372) 상설 제126항.
373) 상설 제126항.

포함하여야 한다:[374] (a) 제공자의 성명과 주소 및 공인 대리인이 신청서를 제출한 경우 그의 성명과 주소, (b) 동일한 품질 관리 시스템의 적용을 받는 AI 시스템 목록, (c) 동일한 품질 관리 시스템에서 다루는 각 AI 시스템에 대한 기술문서, (d) 품질 관리 시스템에 관한 문서,[375] (e) 품질 관리 시스템이 적합하고 효과적임을 보장하기 위해 마련된 절차의 설명, (f) 다른 인증기관에 동일한 신청을 제출한 적이 없다는 서면 선언.

인증기관은 품질 관리 시스템을 평가하여 해당 요건을 충족하는지 결정한다.[376] 그 결정은 제공자 또는 그의 공인 대리인에게 통지되는데, 통지는 품질 관리 시스템 평가의 결론과 이유를 밝힌 평가 결정을 포함한다.[377]

제공자는 승인된 품질 관리 시스템 또는 동 시스템이 다루는 AI 시스템 목록에 대한 의도된 변경을 인증기관이 알게 해야 한다.[378] 인증기관은 제안된 변경을 검토해서 변경된 품질 관리 시스템이 해당 요건을 계속 충족하는지 또는 재평가가 필요한지 결정한다.[379] 인증기관은 동 결정을 제공자에게 통지하는데, 통지는 변경에 대한 검토의 결론과 이유를 밝힌 평가 결정을 포함한다.[380]

인증기관이 수행하는 감시(surveillance)는 제공자가 승인된 품질 관리 시스템의 조건을 제대로 준수하도록 확실하게 하는 것이다.[381] 평가 목적으로, 제공자는 인증기관이 AI 시스템의 설계, 개발, 테스트가 수행되는 현장에 접근하도록 허용해야 한다.[382] 제공자는 필요한 모든 정보를 인증기관과 공유해야 한다.[383] 인증기관은 제공자가 품질 관리 시스템을 유지하고 적용하도록 정기적인 감사(audits)를 수행해야 하고, 제공자에게 감사 보고서를 제공해야 한

374) 부속서 VII 제3.1항. 품질 관리 시스템은 제17조 참조.
375) 동 시스템에 관한 제17조의 모든 측면을 다루어야 한다.
376) 부속서 VII 제3.2항. 해당 요건은 제17조 참조.
377) 부속서 VII 제3.2항.
378) 부속서 VII 제3.4항 제1단.
379) 부속서 VII 제3.4항 제2단. 해당 요건은 부속서 VII의 제3.2항 참조.
380) 부속서 VII 제3.4항 제3단.
381) 부속서 VII 제5.1항.
382) 부속서 VII 제5.2항 제1문.
383) 부속서 VII 제5.2항 제2문.

다.[384] 정기적인 시점은 AI법의 위험 기반 접근에 따라 정해질 것이다.[385] 이러한 감사의 맥락에서, 인증기관은 'EU 기술문서 평가 인증서'(a Union technical documentation assessment certificate)가 발급된 AI 시스템에 대한 추가 테스트를 수행할 수 있다.[386]

부속서 VII에 언급된 적합성 평가 절차의 목적에서 제공자는 어떤 인증기관도 선택할 수 있다.[387] 그러나 법 집행, 이민 또는 망명 당국 또는 EU기관 등이 고위험 AI 시스템을 서비스에 투입할 의도인 경우, 해당되는 경우 시장 감시 당국으로서 회원국 개인정보보호 당국 또는 유럽개인정보보호감독관이 인증기관의 역할을 수행한다.[388]

② 기술문서의 평가

제공자가 시장에 출시하거나 서비스에 투입할 의도이고 품질 관리 시스템이 다루는 AI 시스템과 관련된 기술문서에 대한 평가를 위해 제공자는 자신이 선택한 인증기관에 신청서를 제출한다.[389] 신청서는 다음을 포함한다:[390] (a) 제공자의 성명과 주소, (b) 동일한 신청서를 다른 인증기관에 제출하지 않았다는 서면 선언, (c) 부속서 IV에 언급된 기술문서.

ⓐ 인증기관의 검토

인증기관은 기술문서를 검토해야 한다.[391] 인증기관은 관련성이 있고 과업 수행에 필요한 경우, 원격 접근을 가능하게 하는 API 또는 다른 관련 기술 수단과 도구를 통해, 적절한 경우 이용된 훈련, 검증 및 테스트 데이터 세트에 대해 완전하게 접근해야 하는데, 적절한 경우 '보안 안전장치'(security safeguards)

---

384) 부속서 VII 제5.3항 제1문.

385) 「기계류 규칙」 등의 예를 보면, 고위험 AI 시스템의 경우 매년 감사가 수행될 수 있고, 보다 민감한 분야인 생체인식 시스템의 경우 더 자주 수행될 수 있을 것이다.

386) 부속서 VII 제5.3항 제2문.

387) 제43조 제1항 제3단 제1문.

388) 제43조 제1항 제3단 제2문. 시장감시 당국은 제74조 제8항 또는 제9항 참조.

389) 부속서 VII 제4.1항.

390) 부속서 VII 제4.2항.

391) 부속서 VII 제4.3항 제1문.

가 적용되어야 한다.[392] '완전한 접근'(full access)인 점에서 인증기관은 AI 시스템의 성능, 편향, 안전성 등을 검증할 수 있게 전체 데이터 세트 또는 대표 샘플에 대한 내용을 확인할 권한이 보장된다.

AI 시스템은 물리적인 전통적 제품과 달리, 본질적으로 디지털이고 클라우드 환경에서 개발되고 운영되는 경우가 많기 때문에 원격 접근이 필요하다. AI 시스템에 대한 원격 접근은 물리적 방문보다 더 효율적이고 심도 깊은 심사를 가능하게 한다.

기술문서를 검토할 때, 인증기관은 제III장 제2절에 규정된 요건에 대한 AI 시스템 적합성의 정상적 평가를 가능하도록 제공자에게 추가 증거를 제출하거나 추가 테스트를 수행하도록 요구할 수 있다.[393] 인증기관이 제공자가 수행한 테스트에 만족하지 못하는 경우, 인증기관은 적절한 경우 직접 '적합한 테스트'(adequate tests)를 수행해야 한다.[394] 예컨대, 제공자의 핵심적인 일부 문서에 대한 표본 검사, 문서의 특정 절차에 대한 프로세스 검증, 수립된 절차의 이행에 대한 기록 대조, 관련 직원에 대한 인터뷰도 가능하다.

적합성을 검증하기 위한 다른 모든 합리적인 수단을 모두 소진하고도 불충분하다고 증명된 후, 제III장 제2절에 규정된 요건에 대한 고위험 AI 시스템의 적합성을 평가하기 위해 필요한 경우, 이유를 밝힌 요청으로, 인증기관은 관련 매개변수를 포함하여 AI 시스템의 훈련 중인 모델 및 훈련이 완료된 모델에 대한 접근을 부여받아야 한다.[395] 이렇게 인증기관은 해당 모델이 어떤 데이터로 어떻게 훈련되었고 그 결과 어떤 방식으로 추론하는지 판단할 수 있게 될 것이다.

이러한 접근은 지식재산과 영업비밀 보호에 관한 현행 EU법의 적용을 받는다.[396] 즉 인증기관의 접근은 관련 「지재권 집행 지침」, 「영업비밀보호 지침」 등에 따라 이루어지고, 인증기관은 해당 정보를 보호하기 위한 기술적 및

392) 부속서 VII 제4.3항 제2문.
393) 부속서 VII 제4.4항 제1문.
394) 부속서 VII 제4.4항 제2문.
395) 부속서 VII 제4.5항 제1문.
396) 부속서 VII 제4.5항 제2문.

관리적 조치를 취해야 할 것이다. 따라서 고위험 AI 시스템의 제공자는 자신의 지식재산권과 영업비밀을 보호할 수 있다.

ⓑ 인증기관의 결정

인증기관의 결정은 제공자 또는 그의 공인 대리인에게 통지되는데, 통지는 기술문서 평가의 결론과 이유를 밝힌 평가 결정을 포함한다.[397] AI 시스템이 제III장 제2절에 규정된 요건과 부합하는 경우, 인증기관은 'EU 기술문서 평가 인증서'를 발급해야 한다.[398] 동 인증서는 제공자의 성명과 주소, 검토 결론, 있는 경우 유효성 조건 및 AI 시스템 식별에 필요한 데이터를 표시해야 한다.[399] 인증서와 그 부속서는 AI 시스템의 적합성을 평가할 수 있고, 해당되는 경우 이용 중에 AI 시스템을 제어할 수 있게 하는 모든 관련 정보를 포함한다.[400]

AI 시스템이 제III장 제2절에 규정된 요건과 부합하지 않는 경우, 인증기관은 'EU 기술문서 평가 인증서'를 발급하지 않고 신청자에게 자세한 거부 사유를 명시하여 통지한다.[401] AI 시스템이 훈련에 이용된 데이터와 관련된 요건을 충족하지 못하는 경우, 새로운 적합성 평가를 신청하기 전에 AI 시스템의 재훈련(re-training)이 필요하다.[402] 인증서 발급을 거부하는 인증기관의 이유를 밝힌 평가 결정은 AI 시스템의 훈련에 사용된 고품질 데이터에 대한 특정 고려 사항, 특히 부적합 이유를 포함해야 한다.[403]

AI 시스템의 요건 또는 의도된 목적의 준수에 영향을 줄 수 있는 AI 시스템에 대한 변경(change)은 'EU 기술문서 평가 인증서'를 발급한 인증기관이 평가해야 한다.[404] 제공자는 이러한 변경을 도입할 의사가 있거나 그러한 변경의 발생을 알게 된 경우 해당 인증기관에 알려야 한다.[405] 인증기관은 의도된

397) 부속서 VII 제4.6항 제1단.
398) 부속서 VII 제4.6항 제2단 제1문.
399) 부속서 VII 제4.6항 제2단 제2문.
400) 부속서 VII 제4.6항 제3단.
401) 부속서 VII 제4.6항 제4단.
402) 부속서 VII 제4.6항 제5단 제1문.
403) 부속서 VII 제4.6항 제5단 제2단.
404) 부속서 VII 제4.7항 제1문.
405) 부속서 VII 제4.7항 제2문.

변경을 평가하고, 해당 변경이 새로운 적합성 평가가 필요한지 또는 'EU 기술문서 평가 인증서'의 보완을 통해 해결될 수 있는지 결정해야 한다.[406] 후자의 경우, 인증기관은 변경을 평가하고 자신의 결정을 제공자에게 통지하며, 변경이 승인된 경우 제공자에게 'EU 기술문서 평가 인증서'에 대한 보충서(a supplement)를 발급한다.[407]

3) 인증기관 개입 적합성 평가의 점진적 확대

고위험 AI 시스템의 복잡성과 이와 관련된 위험을 고려할 때, 인증기관이 개입하는 고위험 AI 시스템에 대한 적합한 적합성 평가, 소위 '제3자 적합성 평가'(third party conformity assessment) 절차를 개발하는 것이 중요하다.[408] 그러나 현재 제품 안전 분야의 '시판 전 인증자'(pre－market certifiers)의 전문적인 경험 및 관련된 위험의 다른 성격을 고려할 때, 적어도 AI법의 적용 초기 단계에서는 제품에 관련되지 않는 고위험 AI 시스템에 대한 제3자 적합성 평가의 적용 범위를 제한하는 것이 적절하다.[409] 제품에 관련되지 않는 고위험 AI는 채용, 신용평가, 교육, 법 집행 등 부속서 III에 열거되어 물리적 제품과는 직접적인 관련이 없는 독립적인 AI 시스템이다. 주로 관련되는 기본권 침해의 위험을 평가하는 인증 체계는 이전에는 없었다.[410] 즉 전통적인 제품 안전과는 다른 사회적, 비물리적 위험의 특성 및 의료기기 등의 관련 인증기관의 물리적 위험에 특화된 기술적, 행정적 역량과 전문성의 불일치 등이 고려되어

406) 부속서 VII 제4.7항 제3문. 해당 변경이 새로운 적합성 평가가 필요한지에 관하여 제43조 제4항 참조.

407) 부속서 VII 제4.7항 제4문.

408) 상설 제125항.

409) 상설 제125항. 시판 전 인증자는 제품이 시장에 출시되기 전에 해당 제품이 EU 법을 준수하는지 평가하고 인증하는 역할을 하고, 전통적으로 의료기기의 임상적 안전성, 기계의 물리적 위험 등 제품의 물리적·기술적 안전성을 평가하는 데 깊은 전문성을 가지고 있다.

410) 제품에 관련되는 고위험 AI는 의료기기, 자동차 부품, 기계류, 장난감 등 기존 제품 안전법(부속서 I)의 적용을 받는 제품의 안전 구성요소이거나 그 자체가 제품인 AI 시스템으로서 주로 관련되는 건강과 안전에 대한 위험에 대하여 이미 해당 제품 분야를 감독하는 기존의 인증 및 시장 감시 체계가 존재한다.

서, 모든 고위험 AI 시스템에 대한 제3자 인증을 요구하지 않는 규제의 점진적 접근이 인정된 것이다. 따라서 이러한 시스템에 대한 적합성 평가는 원칙적으로 제공자가 자신의 책임으로 수행해야 하고, 생체인식 분야의 AI 시스템에 대한 하나의 예외가 인정된다.[411] AI법의 적용 초기 단계에서는 생체인식 시스템이 아닌 7개 분야의 AI 시스템의 경우 내부 통제에 기반한 적합성 평가가 요청되고, 생체인식 시스템의 경우 제3자 적합성 평가가 수행된다.

유럽위원회는 기술 진전에 따른 업데이트를 위하여 부속서 VI과 VII을 개정하기 위하여 위임입법을 채택할 권한이 있다.[412] 유럽위원회는 부속서 III의 생체인식 분야를 제외한 7개 분야의 고위험 AI 시스템을 부속서 VII 또는 그 일부에서 언급된 적합성 평가 절차에 적용하기 위해 제43조 제1항과 제2항을 개정하기 위해 위임입법을 채택할 권한이 있다.[413] 유럽위원회는 이들 AI 시스템으로 인한 건강과 안전 및 기본권 보호에 대한 위험을 방지하거나 최소화하는 데 있어 부속서 VI에 언급된 내부 통제에 기반한 적합성 평가 절차의 효과와 인증기관의 적합한 역량과 자원의 가용성을 고려하여 그러한 위임입법을 채택해야 한다.[414] 따라서, 생체인식 시스템이 아닌 다른 7개 분야의 고위험 AI 시스템도 궁극적으로 인증기관 개입의 적합성 평가를 받게 될 것이다.

유럽위원회는 관련 EU 조화입법에 따라 설립 또는 인증되고 해당 EU 조화입법이 다루는 제품 또는 장치의 적합성 평가의 맥락에서 과업을 수행하는 기관, 그룹 또는 연구소가 가능한 한 시험과 실험 시설에 대한 접근을 용이하게 해야 한다.[415] 특히 「의료기기 규칙」과 「체외진단 의료기기 규칙」에 따른 의료기기 분야의 전문가 패널, '전문가 실험실과 기준 실험실'(expert laboratories and reference laboratories)의 경우에 그러하다.[416]

---

411) 상설 제125항.
412) 제43조 제5항.
413) 제43조 제6항 제1문.
414) 제43조 제6항 제2문.
415) 상설 제147항.
416) 상설 제147항. 전문가 실험실은 과학적 자문과 평가를 수행하고, 'EU 기준 실험실'(European Union Reference Laboratories, EURLs)은 HIV, B형 간염, 코로나19 등에 대한 특정 고위험 체외진단의료기기의 성능 검증 등 테스트를 수행

(3) 실질적 변경

이미 적합성 평가 절차를 거친 고위험 AI 시스템의 경우, 수정된 시스템을 추가로 유통할 것인지 또는 현재 운영자가 계속 이용할 것인지 관계없이, 실질적 변경이 있는 경우 새로운 적합성 평가 절차를 거쳐야 한다.[417]

'실질적 변경'(substantial modifications)은 제공자가 수행한 최초 적합성 평가에서 예측하거나 계획하지 않은 AI 시스템의 시장 출시 또는 서비스 투입 후 동 시스템에 대한 변경을 의미하고, 그 결과 동 시스템의 제III장 제2절에 규정된 요건의 준수가 영향을 받거나 AI 시스템이 평가된 의도된 목적이 변경되는 것을 의미한다.[418]

EU 조화입법으로 규제되는 제품에 대한 실질적 변경의 일반적으로 확립된 개념에 따라, 고위험 AI 시스템의 AI법 준수에 영향을 미칠 수 있는 변경, 예컨대 운영 시스템 또는 소프트웨어 아키텍처의 변경이 발생할 때마다, 또는 시스템의 의도된 목적이 변경되는 경우, 해당 AI 시스템은 새로운 적합성 평가를 받아야 하는 새로운 AI 시스템으로 간주된다.[419]

시장에 출시되거나 서비스에 투입된 후 계속 학습하는 고위험 AI 시스템의 경우, 최초 적합성 평가 시점에서 제공자가 사전 결정하고 부속서 IV의 제2항(f)에 언급된 기술문서에 포함된 정보의 일부인 고위험 AI 시스템과 그 성능에 대한 변경은 실질적 변경이 아니다.[420] 시장에 출시되거나 서비스에 투입된 후 계속 학습하는 AI 시스템의 알고리즘과 성능에 발생하는 변경, 즉 기능이 수행되는 방식의 '자동적인 적응'(automatically adapting)은 제공자가 사전에 결정하고 적합성 평가 시점에 평가한 경우, 실질적 변경이 아니다.[421]

하는 공식 지정 기관이다.

417) 제43조 제4항 제1단.

418) 제3조 제23호.

419) 상설 제128항.

420) 제43조 제4항 제2단.

421) 상설 제128항.

(4) 사이버보안 적합성

AI 시스템이 디지털 요소가 있는 제품이면 「사이버복원력법」의 적용을 받는다. 단순한 기계장치와 다른 업데이트, 연결성, 데이터 처리 기능이 있기 때문이다. 따라서, AI법의 적합성 평가 절차는 고위험 AI 시스템으로 분류되는 디지털 요소가 있는 제품의 수평적 사이버보안 요건에 관한 EU 규칙 즉 「사이버복원력법」의 적용을 받는 디지털 요소가 있는 제품의 '필수적 사이버보안 요건'(essential cybersecurity requirements)과 관련하여 적용된다.[422]

> '디지털 요소가 있는 제품'(product with digital elements)은 소프트웨어 또는 하드웨어 제품과 그 원격 데이터 처리 솔루션을 의미하고, 별도로 시장에 출시 중인 소프트웨어 또는 하드웨어 구성요소가 포함된다.[423]

필수적 사이버보안 요건은 디지털 요소가 있는 제품의 속성에 관련된 사이버보안 요건과 제조자의 취약점 처리 요건으로 구성된다.[424] 예컨대, 디지털 요소가 있는 제품은 '위험에 기반한 적절한 수준의 사이버보안'(an appropriate level of cybersecurity based on the risks)이 보장되는 방식으로 설계, 개발 및 생산되어야 한다.[425] 또한, 이러한 제조자는 디지털 요소가 있는 제품에 있는 취약점과 구성요소를 확인하여 문서화해야 한다.[426]

그러나 「사이버복원력법」이 적용되는 디지털 요소가 있는 '핵심 제품'(critical products)에 대한 '필요한 보증 수준'(necessary level of assurance)은 감소되지 않아

---

422) 상설 제78항. 고위험 AI 시스템으로 분류되는 디지털 요소가 있는 제품은 예컨대, 건강과 안전에 관련하여 CT 영상 자동 진단 시스템과 같은 AI 기반 의료기기 및 자율 제어 건설기계, 차량 등 자율 운전 장비, 기본권에 관련하여 공공채용 자동 평가 시스템과 같은 AI 채용 키오스크 및 국경 감시, 보안 점검 시스템과 같은 AI 심사 시스템을 포함할 것이다.

423) 「사이버복원력법」 제3조 제1호. 스마트폰 등 소비자용 전자제품, 모뎀 등 네트워크와 통신장비, 의료기기 등 산업·의료·교통 분야 장비, 바이러스 백신 등 소프트웨어 제품 자체가 예가 된다.

424) 「사이버복원력법」 부속서 I.

425) 「사이버복원력법」 부속서 I Part I(1).

426) 「사이버복원력법」 부속서 I Part II(1).

야 한다.[427] '보충적 해석의 원칙'(supplementary interpretation principle)에 따라 동일 제품에 대한 복수 규제의 경우 상호 보완적 해석이 요구되고, '안전 우선 원칙'(safety-first principle)에 따라 해당 제품의 안전이 보장되게 된다.[428] 여기서 필요한 보증 수준은 디지털 제품에 요구되는 신뢰성과 안전성의 확보를 가리킬 것이다.

표 6-3 「사이버복원력법」의 핵심 제품과 AI법의 고위험 제품의 비교

기준	「사이버복원력법」의 핵심 제품	AI법의 고위험 제품
법적 기준	부속서 III의 기능 기반 분류	부속서 III의 용도 기반 분류
고위험 원인	제품 자체의 사이버보안 중요성 (예: 암호화 도구)	내장된 AI 시스템의 사회적 영향력 (예: 자동 채용, 진단)
AI 여부	AI 포함 여부와 무관	AI 시스템 포함
규제 목적	제품 자체의 사이버복원력 확보	AI 기능의 안전성과 기본권 영향 통제

예외적으로, AI법의 적용 대상이고 「사이버복원력법」의 디지털 요소가 있는 '중요하고 핵심적인 제품'(important and critical products)이며 부속서 VI에 명시된 내부 통제에 기반한 적합성 평가 절차가 적용되는 고위험 AI 시스템은 동 법의 필수적 사이버보안 요건과 관련하여 동 법의 적합성 평가 규정의 적용을 받는다.[429] 즉 이러한 고위험 AI 시스템은 대부분의 AI법 요건에 대해서 제공자의 자체 평가를 받지만, 사이버보안 요건에 대해서 「사이버복원력법」의 평가 절차를 따르게 된다.[430] 이 경우, AI법이 적용되는 다른 모든 측면에 대

427) 상설 제78항. 「사이버복원력법」의 부속서 IV에 명시된 디지털 요소가 있는 핵심 제품은 다음과 같다: 1. 보안 박스가 있는 하드웨어 장치, 2. 「전기 지침」 제2조 제23호에 정의된 스마트 미터링 시스템 내의 스마트 미터 게이트웨이 및 보안 암호화 처리를 포함한 고급 보안 목적의 다른 장치, 3. 보안 요소를 포함한 스마트카드 또는 유사한 장치.

428) TFEU 제114조와 제169조가 요구하는 대로 소비자의 건강과 안전의 높은 보호 수준의 달성이 요구된다. 「제품안전일반규칙」 상설 제6항.

429) 상설 제78항. 「사이버복원력법」은 핵심 제품과 별도로 다수의 '디지털 요소가 있는 중요 제품'(important products with digital elements)을 부속서 III에서 규정한다.

해서는 부속서 VI에 명시된 내부 통제에 기반한 적합성 평가에 관한 해당 조항이 적용된다.[431)]

*** GDPR은 적합성 평가를 규정하지 않지만, 개인정보를 처리하는 고위험 AI 시스템의 경우 제공자는 GDPR 제35조에 따른 개인정보보호영향평가를 수행해야 할 의무가 있을 가능성이 높다. AI법의 적합성 평가와 GDPR의 개인정보보호영향평가는 다른 목적을 가지지만, 두 제도는 매우 긴밀하게 연결될 수 있다. 개인정보보호영향평가는 AI법이 요구하는 기본권영향평가를 이행하는 핵심적인 방법론이 된다. 제공자는 개인정보보호영향평가를 수행하고 그 보고서를 제11조의 기술문서에 포함시켜 적합성 평가 과정에서 기본권 보호 의무를 충실히 이행했음을 입증하는 중요한 증거로 활용하게 될 것이다.

(5) 적합성 평가 절차의 면제[432)]

매우 예외적이고 긴급한 상황에서, 정식 CE 마킹을 받지 못한 고위험 AI 시스템은 한시적으로 시장에 출시하거나 서비스에 투입될 수 있도록 적합성 평가에 관한 특별 절차가 규정된다.

1) 면제 사유

적합성 평가 절차의 면제는 일반적인 긴급 상황에서 '선 승인, 후 이용'과 급박한 긴급 상황에서 '선 이용, 후 승인 요청'으로 구별된다.

① 예외적 사유에 따른 시장감시 당국의 사전 허가

정당한 사유가 있는 요청에 대하여 적합성 평가에 관한 제43조를 면제하

430) 예컨대, 기업의 인사 관리와 채용을 위한 AI 소프트웨어는 고용 분야에 해당하여 고위험 AI 시스템이어서 원칙적으로 제공자가 자체 평가를 할 수 있지만, 이 소프트웨어는 민감한 직원 데이터를 다루고 기업의 핵심 기능을 수행하므로 「사이버복원력법」의 중요 제품으로 분류되어 사이버보안에 대한 제3자 인증이 필수적일 수 있다. 이 소프트웨어의 제공자는 사이버보안을 제외한 모든 AI법의 필수 요건에 대해서 부속서 VI에 따라 스스로 평가하고 기술문서를 작성하여 적합성을 선언할 수 있지만, 사이버보안 요건에 대해서는 「사이버복원력법」이 정한 절차에 따라 제3자 평가를 받아야 한다.

431) 상설 제78항.

432) 적합성 평가 절차의 면제에 관한 제46조는 2026년 8월 2일부터 적용된다.

여, 모든 시장감시 당국은 공공안전 또는 사람의 생명과 건강 보호, 환경 보호, 또는 핵심적인 산업 및 인프라 자산의 보호라는 예외적인 이유로, 해당 회원국의 영토 내에서 특정 고위험 AI 시스템의 시장 출시 또는 서비스 투입을 허가할 수 있다.433) 예외적이고 긴급한 상황에서, 아직 정식 적합성 평가를 통과하지 않아 CE 마킹을 받지 못한 고위험 AI 시스템은 시장감시 당국의 한시적 이용 허가를 받을 수 있다. 국가적 위기 상황에서, 형식적인 인증 절차를 기다리는 것보다 사람의 생명이나 안전을 지키는 것이 더 시급하고 중요하기 때문이다.

이 허가는, 면제를 정당화하는 특별한 이유를 고려하여, 필요한 적합성 평가 절차가 수행되는 제한된 기간 동안 유효하다.434) 이러한 면제에도 불구하고, 해당 적합성 평가 절차는 부당한 지체 없이 완료되어야 한다.435) 여기서 필요한 기간은 해당 AI 시스템의 적합성 평가를 합리적으로 완료하는 데 걸리는 시간이고, 각 사례의 구체적인 상황을 고려하여 시장감시 당국이 제공자와 협의하여 결정하게 될 것이다. 부당한 지체 없이 동 절차가 완료되어야 하는 점에서 제공자는 이 임시 허가 기간을 불필요하게 늘릴 수 없다. 이러한 긴급 이용은 영구적이지 않다.

② 긴급 상황에서 법집행·민방위 당국의 사전 허가 없는 이용

공공안전에 대한 예외적인 이유로 정당한 긴급한 상황이거나, 자연인의 생명이나 신체 안전에 대한 특정적이고, 상당하며, 임박한 위협이 있는 경우, 법집행 당국 또는 민방위 당국은 사전 허가 없이 특정 고위험 AI 시스템을 서비스에 투입할 수 있다.436)

이용 중 또는 이용 후에 부당한 지체 없이 허가가 요청되어야 한다.437) 허가가 거부되면, 해당 고위험 AI 시스템의 이용은 즉시(with immediate effect) 중단되어야 하고, 그 이용의 모든 결과와 결과물은 즉시 폐기되어야 한다.438)

---

433) 제46조 제1항 제1문.
434) 제46조 제1항 제2문.
435) 제46조 제1항 제3문.
436) 제46조 제2항 제1문.
437) 제46조 제2항 제1문.

2) 허가의 감독

회원국의 공공안전 등을 이유로 고위험 AI 시스템 이용의 남용을 방지하고, EU 단일시장 전체의 안전 기준을 일관되게 유지하기 위한 유럽위원회 중심의 감독 및 견제 장치가 마련된다. 첫째, 사전 허가는 시장감시 당국이 해당 고위험 AI 시스템이 제III장 제2절의 요건을 준수한다고 결론 내린 경우에만 발급되어야 한다.[439] 시장감시 당국은 사전과 사후 발급된 모든 허가에 대해 유럽위원회와 다른 회원국에 알려야 한다.[440] 이러한 의무는 법 집행 당국의 활동과 관련된 민감한 운영 데이터는 포함하지 않는다.[441]

둘째, 이러한 정보를 수령한 후 15일 이내에, 회원국의 시장감시 당국이 사전 허가에 대해 다른 회원국이나 유럽위원회가 이의를 제기하지 않은 경우, 해당 허가는 정당한 것으로 간주된다.[442] 이러한 정보의 수령 후 15일 이내에, 다른 회원국의 시장감시 당국이 발급한 허가에 대해 회원국이 이의를 제기하거나, 또는 유럽위원회가 그 허가가 EU법에 위배되거나 시스템의 준수에 대한 회원국들의 결론이 근거 없다고 간주하는 경우, 유럽위원회는 지체 없이 관련 회원국과 협의에 착수해야 한다.[443] 관련 사업자는 협의에 참여하고 자신의 견해를 제시할 기회를 가져야 한다.[444] 이를 고려하여, 유럽위원회는 그 허가가 정당한지 결정해야 한다.[445] 유럽위원회는 그 결정을 해당 회원국과 관련 사업자에게 전달해야 한다.[446] 유럽위원회가 허가가 정당하지 않다고 간주하는 경우, 해당 허가는 관련 회원국의 시장감시 당국에 의해 철회되어야 한다.[447]

---

438) 제46조 제2항 제2문.
439) 제46조 제3항 제1문.
440) 제46조 제3항 제2문.
441) 제46조 제3항 제3문.
442) 제46조 제4항 제1문.
443) 제46조 제5항 제1문.
444) 제46조 제5항 제2문.
445) 제46조 제5항 제3문.
446) 제46조 제5항 제4문.
447) 제46조 제6항.

셋째, 부속서 I 섹션 A에 열거된 EU 조화입법의 적용을 받는 제품과 관련된 고위험 AI 시스템의 경우, 해당 EU 조화입법에 설정된 적합성 평가의 면제만 적용된다.[448] 의료기기나 자동차와 같이 다른 EU 제품법의 적용을 받는 AI의 경우, 해당 제품법의 긴급 사용 절차가 우선 적용된다. 따라서, AI법과 해당 조화입법의 충돌이 회피된다.

11. EU 적합성 선언[449]

고위험 AI 시스템 제공자는 시장에 출시하는 해당 시스템이 AI법의 필수 요건을 충족했음을 보증하는 선언을 하는데, 'EU 적합성 선언'(EU declaration of conformity)은 고위험 AI 시스템의 시장 출시 전 마지막 단계의 핵심적인 법적 문서로서 공식적인 보증서가 된다. EU 적합성 선언을 작성함으로써 제공자는 제III장 제2절에 규정된 요건을 준수할 책임(responsibility)을 진다.[450] 제공자는 EU 적합성 선언을 적절히 최신 상태로 유지해야 한다.[451]

제공자는 각 고위험 AI 시스템에 대해 서면의 기계 판독이 가능한 서면, 물리적 또는 전자 서명된 EU 적합성 선언을 작성하고, 고위험 AI 시스템이 시장에 출시되거나 서비스에 투입된 후 10년 동안 회원국 소관 당국이 처분 즉 열람·이용할 수 있게 보관해야 한다.[452] 동 선언은 구두가 아닌 서면, 즉 인쇄된 종이 문서이거나 PDF와 같은 디지털 파일 형태로 기록된 문서이고, 기계 즉 컴퓨터가 자동적으로 처리할 수 있는 구조화된 형식을 포함하며, 펜으로 서명하거나 직인을 찍던가 공인인증서 등 전자 서명이 되어야 한다.

EU 적합성 선언은 해당 선언이 작성된 고위험 AI 시스템을 식별해야 한다.[453] 즉 동 선언의 대상인 AI 시스템을 누구나 명확하고 고유하게 알아볼 수 있도록 제품명, 모델 번호, 소프트웨어 버전, 제공자 등 구체적인 정보를

448) 제46조 제7항.
449) EU 적합성 선언에 관한 제46조는 2026년 8월 2일부터 적용된다.
450) 제47조 제4항 제1문.
451) 제47조 제4항 제2문.
452) 제47조 제1항 제1문.
453) 제47조 제1항 제2문.

포함해야 한다. EU 적합성 선언의 사본은 요청 시 관련 회원국 소관 당국에 제출되어야 한다.[454]

EU 적합성 선언은 해당 고위험 AI 시스템이 제III장 제2절에 규정된 요건을 충족함을 밝혀야 한다.[455] EU 적합성 선언은 부속서 V에 규정된 정보를 포함하고 고위험 AI 시스템이 시장에 출시되거나 이용하게 되는 회원국의 소관 당국이 쉽게 이해할 수 있는 언어로 번역되어야 한다.[456] 적합성 선언은 다음의 8개 정보를 모두 포함해야 한다:[457] 1. AI 시스템의 이름과 유형 및 AI 시스템을 식별하고 추적할 수 있는 추가적인 명확한 참조, 2. 제공자 또는 해당되는 경우 공인 대리인의 이름과 주소, 3. EU 적합성 선언이 제공자의 단독 책임으로 발행되었다는 진술, 4. AI 시스템이 AI법 및 해당되는 경우 EU 적합성 선언의 발행을 규정하는 다른 관련 EU법에 부합한다는 진술, 5. AI 시스템이 개인정보 처리를 수반하는 경우, 해당 AI 시스템이 GDPR, 「EU기관 개인정보보호 규칙」 및 「법 집행 개인정보보호 지침」을 준수한다는 진술, 6. 적합성의 선언과 관련하여 이용된 모든 관련 조화된 표준 또는 다른 공통 사양에 대한 참조, 7. 해당되는 경우 인증기관의 이름과 식별 번호, 수행된 적합성 평가 절차의 설명 및 발급된 인증서의 식별, 8. 선언의 발행 장소와 날짜, 선언을 서명한 자의 이름과 직책(function), 및 해당 서명한 자가 서명했거나 누구를 대신하여 서명한 것인지 표시.

고위험 AI 시스템이 EU 적합성 선언을 요구하는 다른 EU 조화입법의 적용을 받는 경우, 고위험 AI 시스템에 적용되는 모든 EU법과 관련하여 '단일 EU 적합성 선언'(a single EU declaration of conformity)이 작성되어야 한다.[458] 이 선언은 관련된 EU 조화입법을 식별하는 데 필요한 모든 정보를 포함한다.[459]

---

454) 제47조 제1항 제3문.

455) 제47조 제2항 제1문.

456) 제47조 제2항 제2문. 이러한 언어는 반드시 해당 회원국의 공식 언어일 필요는 없고, 영어로 작성될 수도 있다.

457) 부속서 V. 유럽위원회는 기술 발전에 비추어 필요하게 된 요소를 도입하기 위해, 부속서 V에 명시된 EU 적합성 선언의 내용을 업데이트하여 동 부속서를 개정하기 위해 위임입법을 채택할 권한이 있다. 제47조 제5항.

458) 제47조 제3항 제1문.

*** GDPR은 AI법의 적합성 선언과 유사한 의무를 부과하지 않는다. 그러나 개인정보를 처리하는 AI 시스템의 경우, 기업은 GDPR 또는 다른 적용 가능한 개인정보보호법을 준수함을 보증해야 한다. 따라서 AI법에 따른 의무를 준수하기 위해 기업은 GDPR 관점에서 AI 시스템을 적절하게 평가해야 할 것이다.

12. CE 마킹[460)]

고위험 AI 시스템이 AI법의 모든 필수 요건을 충족했음을 시장에 공식적으로 증명하는 물리적 또는 디지털 표식인 CE 마킹이 부착된다.

'CE 마킹'(CE marking)은 AI 시스템이 제III장 제2절에 규정된 요건 및 그 부착을 규정하는 다른 적용 가능한 EU 조화입법에 부합함을 제공자가 나타내는 마킹을 의미한다.[461)]

AI법과 부합함을 나타내는 CE 마킹을 부착한 고위험 AI 시스템은 EU 내부시장 내에서 자유롭게 이동할 수 있다.[462)] 회원국은 AI법에 규정된 요건을 준수하고 CE 마킹을 부착한 고위험 AI 시스템을 시장에 출시하거나 서비스에 투입하는 데 부당한 장애를 조성해서는 안 된다.[463)]

(1) 일반 원칙

CE 마킹은 「인증요건 규칙」 제30조에 규정된 일반 원칙의 적용을 받는다.[464)] AI법에 따른 CE 마킹은 새로운 제도가 아니고, 다른 EU 제품법에서 사

459) 제47조 제3항 제2문.

460) CE 마킹에 관한 제48조는 2026년 8월 2일부터 적용된다.

461) 제3조 제24호. CE는 EU의 통합 규격 인증 마크로서 EU 내에서 유통되는 소비자 안전 관련 제품은 의무적으로 CE 마킹을 부착하여야 한다. 'CE'는 프랑스어인 '유럽 적합성'(Conformité Européenne)의 약자이고, CE 마킹은 제품이 안전, 건강, 환경 및 소비자 보호와 관련된 유럽규격의 조건을 준수한다는 의미이다. 'CE 마크'(CE mark)는 제조자의 책임 선언 과정인 CE 마킹의 결과물인 로고를 가리킨다.

462) 상설 제129항.

463) 상설 제129항.

용되는「인증요건 규칙」의 관련 일반 원칙을 따른다. EU의 제품 규제 체계 전반에 걸쳐 CE 마킹의 의미와 신뢰도가 일관되게 유지된다.

CE 마킹은 제조자 또는 그의 공인 대리인만 부착해야 한다.[465] CE 마킹은 특정 EU 조화입법에 의해 부착이 규정된 제품에만 부착해야 하고, 다른 제품에는 부착해서는 아니 된다.[466] 제조자는 CE 마킹을 부착하거나 부착하게 하여 해당 제품이 관련 EU 조화입법에 규정된 모든 적용 가능한 요건과 부합함에 책임이 있음을 나타낸다.[467] CE 마킹은 해당 마킹의 부착을 규정하는 관련 EU 조화입법의 적용 가능한 요건에 제품이 부합함을 증명하는 유일한 마킹이다.[468] CE 마킹의 의미 또는 형식과 관련하여 제3자를 오도할 것 같은 마킹, 기호 또는 표기 사항을 제품에 부착하는 것은 금지된다.[469] CE 마킹의 가시성, 가독성 및 의미가 손상되지 않는 한 다른 마킹을 제품에 부착할 수 있다.[470] 회원국은 CE 마킹을 규율하는 제도의 올바른 이행을 보장하고 마킹을 부적절하게 이용하는 경우 적절한 조치를 취해야 한다.[471] 회원국은 심각한 위반에 대한 형사 제재를 포함할 수 있는 위반에 대한 벌칙을 규정해야 한다.[472] 이러한 벌칙은 위반의 심각성에 비례해야 하고 부적절한 이용에 대한

464) 제48조 제1항.

465)「인증요건 규칙」제30조 제1항.

466)「인증요건 규칙」제30조 제2항. 이러한 CE 마킹은 동 규칙 부속서 II에 표기되어 있다.

467)「인증요건 규칙」제30조 제3항.

468)「인증요건 규칙」제30조 제4항.

469)「인증요건 규칙」제30조 제5항 제1문.

470)「인증요건 규칙」제30조 제5항 제2문. 다른 마킹의 예는 별도의 전기·전자 폐기물로 분리 배출해야 한다는 의미로 대부분의 전자제품에 부착되는 WEEE(Waste Electrical and Electronic Equipment) 마크, 폭발 가능성이 있는 위험한 환경에서 사용되도록 설계된 장비임을 나타내는 ATEX(ATmosphères EXplosibles) 마크 등을 포함한다.

471)「인증요건 규칙」제30조 제6항 제1문. 회원국이 규정하는 벌칙은 효과적이고 비례적이며 설득력이 있어야 하고, 해당 경제적 사업자가 이전에 동 규칙의 유사한 위반을 하였으면 가중될 수 있다. 회원국은 2010년 1월 1일까지 벌칙에 관한 규정을 유럽위원회에 통보하고, 이후 해당 규정에 영향을 미치는 개정이 있을 경우 지체 없이 통지해야 한다.「인증요건 규칙」제41조.

472)「인증요건 규칙」제30조 제6항 제2문.

효과적인 억지력을 구성해야 한다.[473]

(2) 부착의 기본 요건

고위험 AI 시스템의 경우 CE 마킹은 눈에 잘 띄고, 읽기 쉽고, 영구적으로 부착되어야 한다.[474] 고위험 AI 시스템의 제공자는 동 시스템이 AI법과 부합함을 나타내기 위하여 동 AI 시스템에 CE 마킹을 부착하거나, 부착이 불가능한 경우 포장 또는 첨부 문서에 CE 마킹을 부착해야 한다.[475] 즉 고위험 AI 시스템의 특성으로 인해 이것이 불가능하거나 보증되지 않는 경우에는 포장 또는 첨부 문서에 적절히 부착되어야 한다.[476]

(3) 특정 상황별 규칙

1) 디지털 CE 마킹

제품에 내장된 고위험 AI 시스템의 경우 물리적 CE 마킹이 부착되고, 디지털 CE 마킹으로 보완할 수 있다.[477] 디지털 방식으로 제공된 고위험 AI 시스템의 경우, 해당 시스템에 접근하는 인터페이스 또는 쉽게 접근할 수 있는 기계 판독이 가능한 코드 또는 다른 전자적 수단을 통해 쉽게 접근할 수 있는 경우에만 디지털 CE 마킹이 이용된다.[478]

AI 시스템이 물리적 형태가 없는 소프트웨어와 같이 디지털로만 제공되는 경우, 물리적인 마킹을 붙일 수 없다. 이 경우, 디지털 형태의 CE 마킹을 사용해야 한다. 디지털 마킹은 이용자가 소프트웨어의 인터페이스 즉 정보 또는 도움말 메뉴나 기계 판독 가능 코드 즉 QR 코드 등을 통해 쉽게 접근할 수 있어야 한다.

---

473) 「인증요건 규칙」 제30조 제6항 제3문.

474) 제48조 제3항 제1문.

475) 제16조(h). 예컨대, AI가 내장된 로봇의 본체, AI 소프트웨어 제품의 박스, 또는 동봉한 사용 설명서에 부착될 수 있다.

476) 제48조 제3항 제2문.

477) 상설 제129항.

478) 제48조 제2항.

2) 인증기관 식별 번호 병기

해당되는 경우, CE 마킹의 다음에 적합성 평가 절차의 책임이 있는 인증기관의 식별 번호가 따라와야 한다.[479] 고위험 AI 시스템의 제공자가 제3자 인증기관의 적합성 평가를 받은 경우 CE 마킹 옆에 그 인증기관의 고유 식별 번호가 함께 표기되어야 한다. 인증기관의 식별 번호는 해당 기관이 자체적으로 또는 해당 기관의 지시에 따라 제공자 또는 그의 공인 대리인이 부착해야 한다.[480] 식별 번호는 고위험 AI 시스템이 CE 마킹의 요건을 충족한다고 언급하는 모든 홍보 자료에도 표시되어야 한다.[481]

3) 단일 CE 마킹

고위험 AI 시스템이 CE 마킹의 부착을 규정하는 다른 EU법의 적용을 받는 경우, CE 마킹은 고위험 AI 시스템이 해당 다른 법의 요건도 충족함을 표시해야 한다.[482] 고위험 AI 시스템이 AI법 외에 CE 마킹을 요구하는 「의료기기 규칙」 등 다른 EU법의 적용을 동시에 받는 경우, 단 하나의 CE 마킹만 부착한다. 하나의 CE 마킹으로 이용자나 감독 당국의 혼란을 막고 규제의 통합성이 확인된다.

> *** GDPR에 CE 마킹과 법적 성격이나 효력이 완전히 동일한 제도는 없지만, GDPR 제42조는 그 준수를 증명하는 개인정보보호 인장과 마크를 규정한다. CE 마킹은 특정 제품의 시장 출시를 위한 필수적인 요소이지만, GDPR의 관련 제도는 자발적인 요소이다.

479) 제48조 제4항 제1문.
480) 제48조 제4항 제2문.
481) 제48조 제4항 제3문.
482) 제48조 제5항.

13. EU 데이터베이스와 등록[483)]

AI 분야에서 유럽위원회와 회원국의 업무를 용이하게 하고 대중에 대한 투명성을 높이기 위해, 기존의 관련 EU 조화입법의 범위에 속하는 제품 이외의 고위험 AI 시스템 제공자 및 부속서에서 고위험 사용 사례에 기재된 AI 시스템이 면제에 근거하여 고위험이 아니라고 간주하는 제공자는 유럽위원회가 설치하여 관리하는 EU 데이터베이스에 자신과 해당 AI 시스템에 대한 정보를 등록해야 한다.[484)] EU 시장에 출시되거나 서비스에 투입되는 고위험 AI 시스템에 대한 정보를 EU 데이터베이스에 등록하여 투명성을 확보하고 효과적인 감독을 지원하고자 한다.

(1) EU 데이터베이스

AI법 적용의 투명성을 확보하기 위하여 EU 내 중앙 등록 시스템인 EU 데이터베이스가 설치되어 운영된다. 고위험 AI 시스템의 실질적 변경도 EU 데이터베이스에 등록해야 한다.[485)]

1) EU 데이터베이스의 설치 및 유지

유럽위원회는 회원국과 협력하여, 제49조와 제60조에 따라 등록된 부속서 III에 열거된 고위험 AI 시스템과 제6조 제3항에 따라 고위험으로 간주되지 않아 제6조 제4항과 제49조에 따라 등록된 AI 시스템에 관하여 제71조 제2항과 제3항에 언급된 정보를 포함하는 EU 데이터베이스를 설치하고 유지해야 한다.[486)] EU 데이터베이스는 부속서 III에 따른 고위험 AI 시스템 및 고위험에서 면제된 시스템이 모두 등록되어서, 시장에 출시된 주요 AI의 현황을 포괄적으

483) 등록에 관한 제49조와 부속서 III에 기재된 고위험 AI 시스템의 EU 데이터베이스에 관한 제71조는 2026년 8월 2일부터 적용된다.

484) 상설 제131항.

485) 상설 제131항.

486) 제71조 제1항 제1문. 제71조 제2항은 제공자가 등록하는 부속서 VIII 섹션 A와 B에 기재된 데이터를 규정하고, 제3항은 운영자가 등록하는 부속서 VIII 섹션 C에 기재된 데이터를 규정한다.

로 파악할 수 있게 된다.

유럽위원회는 EU 데이터베이스의 컨트롤러가 된다.[487] EU 데이터베이스에 등록되는 정보는 시스템 등록을 책임지는 담당자의 이름과 연락처 등 개인정보가 포함되기 때문이다. 또한, 유럽위원회는 EU 데이터베이스에 대한 데이터 컨트롤러로서 업무를 수행할 때 사이버보안 위험을 고려해야 한다.[488]

해당 데이터베이스의 '기능 사양'(functional specifications)을 설정할 때 유럽위원회는 관련 전문가와 협의해야 하고, 그 기능 사양을 업데이트할 때는 AI 이사회와 협의해야 한다.[489] EU 데이터베이스의 완전한 기능을 보장하기 위해 데이터베이스의 설정 절차는 유럽위원회의 기능 사양 개발과 독립적인 감사 보고서를 포함한다.[490]

2) 제공자의 정보 입력 의무

부속서 VIII 섹션 A와 B에 열거된 데이터는 제공자 또는 해당되는 경우 공인 대리인에 의해 EU 데이터베이스에 입력되어야 한다.[491] 데이터베이스에 등록될 AI 시스템 자체의 기술적·행정적 정보는 해당 시스템을 시장에 출시하는 제공자가 입력한다.

3) 데이터베이스 정보의 공개 및 접근 제한

EU 데이터베이스는 해당 접근성 요건을 준수해야 한다.[492] 제49조 제4항과 제60조 제4항(c)에 언급된 섹션을 제외하고, 제49조에 따라 등록된 EU 데이터베이스에 포함된 정보는 이용자 친화적인 방식으로 접근 가능하고 공개

487) 제71조 제6항 제1문. 「EU기관 개인정보보호 규칙」에 따라 유럽위원회는 EU 데이터베이스의 컨트롤러가 된다. 상설 제131항.

488) 상설 제131항.

489) 제71조 제1항 제2문. 기능 사양은 다음과 같은 구체적인 요건을 포함할 것이다: 이용자 역할과 접근 권한, 등록 기능, 검색과 조회 기능, 보안과 기밀성 기능.

490) 상설 제131항.

491) 제71조 제2항.

492) 제71조 제6항 제3문. 대중이 EU 데이터베이스를 최대한 활용하고 이용할 수 있도록 EU 데이터베이스는 이를 통해 제공되는 정보를 포함하여 「제품/서비스 접근 요건 지침」에 따른 요건을 준수해야 한다. 상설 제131항.

되어야 한다.[493] 정보는 쉽게 탐색할 수 있고 기계 판독이 가능해야 한다.[494] 제60조에 따라 등록된 정보는, 장래의 제공자나 제공자가 정보의 대중에 의한 접근에 동의하지 않는 한, 시장감시 당국과 유럽위원회만 접근할 수 있다.[495] AI 규제적 샌드박스 밖의 현실 조건에서 고위험 AI 시스템의 테스트에서 등록된 정보는 장래의 제공자 또는 제공자가 대중의 동 정보 접근에 동의하지 않으면, 시장감시 당국과 유럽위원회만 접근할 수 있다.

제공자는 자신의 AI 시스템이나 범용 AI 모델을 EU 시장에 출시한 사업자이고, '장래의 제공자'(prospective provider)는 아직 자신의 AI 시스템이나 모델을 시장에 출시하지 않지만, 미래에 출시할 의도를 가지고 있는 사업자이다.[496]

EU 데이터베이스의 정보는 원칙적으로 모든 대중에게 투명하게 공개되어, 시민, 언론, 연구자, 경쟁 기업 등 누구나 시장에 유통되는 고위험 AI와 그 목적 등을 확인할 수 있게 되어 AI 시장의 투명성이 제고될 수 있다. 그러나, 생체인식, 법 집행 등 분야의 고위험 AI 시스템의 등록은 EU 데이터베이스의 보안이 유지되고 비공개 섹션에서 이루어져야 한다.[497]

4) 개인정보 처리의 제한

EU 데이터베이스는 AI법에 따라 정보를 수집하고 처리하는 데 필요한 경우에만 개인정보를 포함해야 한다.[498] 동 정보는 해당되는 경우 시스템 등록

---

493) 제71조 제4항 제1문. 제49조는 시장 출시나 서비스 투입 전의 등록을 규정한다.

494) 제71조 제4항 제2문. EU 데이터베이스는 예컨대, 키워드를 포함한 검색 기능을 제공하고 또한 고위험 AI 시스템의 등록 시 제출해야 하는 관련 정보와 AI법의 부속서에 규정된 고위험 AI 시스템이 상응하는 고위험 AI 시스템의 사용 사례에 대한 관련 정보를 일반 대중이 찾을 수 있도록 이용자 친화적이어야 한다. 상설 제131항.

495) 제71조 제4항 제3문. 제60조는 현실조건에서 테스트를 규정한다.

496) 예컨대, AI 스타트업이 혁신적인 고위험 AI를 개발한 후 시장 출시에 앞서 제60조에 따라 통제된 현실조건에서 테스트를 수행하려는 경우, EU 데이터베이스에 테스트 계획 등을 등록하는 시점에서 아직 제품을 시장에 출시하지 않았으므로 장래의 제공자이다.

497) 제49조 제4항 제1단.

498) 제71조 제5항 제1문.

을 책임지고 제공자나 운영자를 대표할 법적 권한을 가진 자연인의 이름과 연락처를 포함한다.[499]

EU 데이터베이스는 GDPR을 준수하여 운영된다. EU 데이터베이스는 AI 시스템에 대한 정보가 중심이 되는데, 시스템 등록 책임자의 연락처 등 반드시 필요한 최소한의 개인정보만 포함하는 개인정보 최소화 원칙이 반영된다.

5) 유럽위원회의 역할과 책임

유럽위원회는 제공자, 장래의 제공자 및 운영자에게 적합한 기술적·행정적 지원을 제공해야 한다.[500] 유럽위원회는 EU 데이터베이스의 보안, 안정적인 운영, 이용자에 대한 기술 지원, 및 장애인을 포함한 모든 사람이 접근할 수 있도록 하는 웹 접근성을 보장해야 한다.

(2) 제공자의 등록

제공자는 특정 고위험 AI 시스템을 시장에 출시하기 전 자신과 해당 시스템의 정보를 EU 데이터베이스에 등록해야 한다.

1) 핵심 인프라 분야가 아닌 고위험 AI 시스템의 사전 등록

핵심 인프라 분야가 아닌 부속서 III의 고위험 AI 시스템을 시장에 출시하거나 서비스에 투입하기 전에 제공자 또는 해당되는 경우 공인 대리인은 EU 데이터베이스에 자신과 해당 시스템을 등록해야 한다.[501] 이로써 규제 당국은 어떤 고위험 AI가 시장에 진입하는지 파악하게 된다.

이렇게 등록할 고위험 AI 시스템과 관련하여 제공하고 이후에는 최신 상태로 유지해야 하는 정보는 다음과 같다:[502] 1. 제공자의 이름, 주소 및 연락처, 2. 제공자를 대신하여 다른 자가 정보를 제출하는 경우 그 자의 이름, 주소 및 연락처,[503] 3. 해당되는 경우 공인 대리인의 이름, 주소 및 연락처, 4. AI 시

499) 제71조 제5항 제2문.
500) 제71조 제6항 제2문.
501) 제49조 제1항.
502) 부속서 VIII 섹션 A.

스템 상호 및 AI 시스템의 식별과 추적을 허용하는 추가적인 분명한 참조, 5. AI 시스템의 의도된 목적과 해당 AI 시스템을 통해 지원되는 구성요소와 기능의 설명, 6. 시스템이 이용하는 데이터, 투입물인 정보 및 작동 로직의 기본적이고 간결한 설명, 7. 시판 또는 서비스 중, 또는 더 이상 시판되지 않고 서비스 중이지 않거나, 리콜에 관한 AI 시스템의 상태, 8. 해당되는 경우, 인증기관이 발급한 인증서의 유형, 번호와 만료일 및 해당 인증기관의 이름 또는 식별번호, 9. 해당되는 경우 인증서의 스캔 사본, 10. AI 시스템이 EU에서 시장에 출시, 서비스에 투입 또는 이용 가능하게 된 회원국, 11. EU 적합성 선언의 사본, 12. 전자적 사용 설명서로서 동 정보는 부속서 III의 제1항, 제6항과 제7항에 언급된 법 집행 또는 이민, 망명과 국경 통제 관리 분야의 고위험 AI 시스템의 경우 제공되지 않음,[504] 13. 선택 사항으로서 추가적 정보를 위한 URL.

2) 면제되는 시스템의 사전 등록

부속서 III에 해당하지만, 제공자가 고위험이 아니라고 결론을 내린 AI 시스템을 시장에 출시하거나 서비스에 투입하기 전에 해당 제공자 또는 해당되는 경우 공인 대리인은 EU 데이터베이스에 자신과 해당 시스템을 등록해야 한다.[505] 감독 당국이 해당 제공자의 고위험 아님의 판단이 적절했는지 사후에 용이하게 감독하고 표본 조사할 수 있도록 하는 투명성이 확보된다.

이렇게 등록할 고위험 AI 시스템과 관련하여 제공하고 이후에는 최신 상태로 유지해야 하는 정보는 다음과 같다:[506] 1. 제공자의 이름, 주소 및 연락처, 2. 제공자를 대신하여 다른 자가 정보를 제출하는 경우, 그 자의 이름, 주소 및 연락처, 3. 해당되는 경우, 공인 대리인의 이름, 주소 및 연락처, 4. AI 시스템 상호 및 해당 시스템의 식별과 추적 가능성을 허용하는 추가적인 명확한 참조 정보, 5. AI 시스템의 의도된 목적에 대한 설명, 6. AI 시스템이 고위

503) '다른 자'(another person)는 제공자의 법적 대리인 또는 컨설턴트가 될 수 있다.
504) 제1항의 생체인식 기술은 제6항과 제7항의 분야에서 가장 핵심적이고 민감하게 사용되는 도구이다.
505) 제49조 제2항. 제6조 제3항 참조.
506) 부속서 VIII 섹션 B.

험이 아니라고 고려된 근거인 제6조 제3항의 조건(들), 7. AI 시스템이 고위험이 아니라고 고려되는 근거에 대한 간략한 요약, 8. AI 시스템의 상태(시장 출시 또는 서비스 투입, 더 이상 시장에 출시/서비스에 투입되지 않음, 리콜됨), 9. EU에서 AI 시스템이 시장에 출시되거나 서비스에 투입되거나 이용 가능하게 된 모든 회원국.

(3) 등록 방식의 특별 규칙

1) 법 집행 등 분야의 고위험 AI 시스템의 비공개 등록

생체인식, 법 집행, 및 이민, 망명과 국경 통제 관리의 세 분야에서 부속서 III에 언급된 고위험 AI 시스템의 경우, 제49조 제1항, 제2항 및 제3항에 언급된 등록은 EU 데이터베이스의 보안이 유지되고 비공개 섹션에서 이루어져야 한다.[507)]

이렇게 등록되는 정보도 다음과 같이 제한된다:[508)] (a) 부속서 VIII 섹션 A의 1. 제공자의 이름, 주소 및 연락처, 2. 제공자를 대신하여 다른 자가 정보를 제출하는 경우 그 자의 이름, 주소 및 연락처, 3. 해당되는 경우 공인 대리인의 이름, 주소 및 연락처, 4. AI 시스템 상호 및 AI 시스템의 식별과 추적을 허용하는 추가적인 분명한 참조, 5. AI 시스템의 의도된 목적과 해당 AI 시스템을 통해 지원되는 구성요소와 기능의 설명, 7. 시판 또는 서비스 중, 또는 더 이상 시판되지 않고 서비스 중이지 않거나, 리콜에 관한 AI 시스템의 상태, 10. AI 시스템이 EU에서 시장에 출시, 서비스에 투입 또는 이용 가능하게 된 회원국,[509)] (b) 부속서 VIII 섹션 B의 1. 제공자의 이름, 주소 및 연락처, 2. 제공자를 대신하여 다른 자가 정보를 제출하는 경우, 그 자의 이름, 주소 및 연락처, 3. 해당되는 경우, 공인 대리인의 이름, 주소 및 연락처, 4. AI 시스템 상호 및 해당 시스템의 식별과 추적 가능성을 허용하는 추가적인 명확한 참조 정보, 5. AI 시스템의 의도된 목적에 대한 설명, 8. AI 시스템의 상태(시장 출시

507) 제49조 제4항 제1단.

508) 제49조 제4항 제1단.

509) 위 항목 번호는 부속서 VIII 섹션 A의 번호이다.

또는 서비스 투입, 더 이상 시장에 출시/서비스에 투입되지 않음, 리콜됨), 9. EU에서 AI 시스템이 시장에 출시되거나 서비스에 투입되거나 이용 가능하게 된 모든 회원국,[510] (c) 부속서 VIII 섹션 C의 1. 운영자의 이름, 주소 및 연락처, 2. 운영자를 대신하여 정보를 제출하는 자의 이름, 주소 및 연락처, 3. 제공자에 의해 EU 데이터베이스에 등록된 AI 시스템 항목(entry)의 URL,[511] (d) 부속서 IX의 1. 현실 조건에서 테스트에 대한 EU 전체 유일한 단일 식별 번호, 2. 현실 조건에서 테스트에 관여한 제공자 또는 잠재적 제공자 및 운영자의 이름과 연락처 정보, 3. AI 시스템의 간략한 설명, 그 목적 및 동 시스템 식별에 필요한 다른 정보, 5. 현실 조건에서 테스트의 중단 또는 종료에 관한 정보.[512]

유럽위원회와 회원국의 주로 개인정보보호 당국인 시장감시 당국만 이러한 각각의 '제한된 섹션'(restricted section)인 '보안이 유지되고 비공개 섹션'(secure non-public section)에 접근할 수 있다.[513] 이렇게 비공개 등록과 제한된 접근은 수사 기밀이나 국가안보와 관련된 민감한 정보가 대중에게 공개되어 악용되는 것을 막기 위한 것이다.

2) 핵심 인프라 분야 시스템의 등록

핵심 디지털 인프라, 도로 교통의 관리와 운영 또는 수도, 가스, 난방 또는 전기 공급에서 안전 구성요소로 이용될 의도인 AI 시스템 즉 핵심 인프라 분야의 AI 시스템은 회원국 차원에서 등록된다.[514] 전력망, 수도망 등 각국의 핵심적인 인프라와 관련된 매우 민감한 정보는 EU 중앙 데이터베이스가 아닌 각 회원국이 직접 관리하는 것이 더 적절하기 때문이다. 국가안보가 고려된 것으로 보인다.

---

510) 위 항목 번호는 부속서 VIII 섹션 B의 번호이다.

511) 위 항목 번호는 부속서 VIII 섹션 C의 번호이다.

512) 위 항목 번호는 부속서 IX의 번호이다.

513) 제49조 제4항 제2단. 회원국 시장감시 당국은 '자국 섹션'(their national section)에만 접근할 수 있다. 상설 제131항.

514) 제49조 제5항.

*** GDPR은 회원국 차원에서 특정 등록 요건을 제외하고 컨트롤러에게 등록 요건을 부과하지 않는다. 설명책임 의무를 준수하기 위해 GDPR 제30조에 따라 컨트롤러가 유지하는 처리활동 기록과 제35조에 따른 개인정보보호영향평가 등 특정 정보는 부속서 VIII 섹션 C에 따라 기본권영향평가 등의 정보를 EU 데이터베이스에 등록하는 목적으로 활용될 수 있다.

14. 제공자의 시판 후 모니터링 및 고위험 AI 시스템에 대한 시판 후 모니터링 계획[515)]

고위험 AI 시스템의 제공자는 고위험 AI 시스템을 시장에 출시한 후에도 동 시스템의 성능과 안전성을 지속적으로 감시하고 관리해야 한다.

'시판 후 모니터링 시스템'(post-market monitoring system)은 AI 시스템의 제공자가 시장에 출시하거나 서비스에 투입하는 AI 시스템의 이용으로부터 얻은 경험을 수집하고 검토하여 필요한 시정 또는 예방 조치를 즉시 적용할 필요성을 확인하기 위해 수행하는 모든 활동을 의미한다.[516)]

시판 후 모니터링 시스템은 시장에 출시되거나 서비스에 투입된 후에도 계속 학습하는 AI 시스템에서 발생하는 가능한 위험을 보다 효율적이고 적시에 다룰 수 있도록 보장하는 데 핵심적인 역할을 한다.[517)]

(1) 시판 후 모니터링 시스템의 수립과 운영

1) 모니터링 시스템의 수립

제공자는 AI 기술의 성격과 고위험 AI 시스템의 위험에 비례하는 방식으로 시판 후 모니터링 시스템을 수립하고 문서화해야 한다.[518)] 고위험 AI 시스템

515) 제공자의 시판 후 모니터링 및 고위험 AI 시스템에 대한 시판 후 모니터링 계획에 관한 제72조는 2026년 8월 2일부터 적용된다.

516) 제3조 제25호.

517) 상설 제155항.

제공자가 자신의 시스템 및 설계와 개발 프로세스를 개선하기 위해 동 시스템의 이용에 대한 경험을 고려할 수 있고 가능한 시정조치를 적시에 취할 수 있도록 보장하기 위함이다.[519)]

'AI 시스템의 성능'(performance of an AI system)은 AI 시스템이 그 의도된 목적을 달성할 수 있는 능력을 의미한다.[520)]

2) 모니터링 시스템의 역할

시판 후 모니터링 시스템은 고위험 AI 시스템의 수명기간 동안 동 시스템의 성능에 대해 운영자가 제공할 수 있는 또는 다른 출처를 통해 수집할 수 있는 관련 데이터를 적극적이고 체계적으로 수집, 문서화 및 분석하여, 제공자가 AI 시스템이 고위험 AI 시스템에 관한 제III장 제2절에 규정된 요건을 지속적으로 준수하는지 평가할 수 있게 한다.[521)] 고위험 AI 시스템의 성능에 대해 수집될 수 있는 '다른 출처'(other sources)는 EU 또는 회원국 당국이 운영하는 제품의 안전 문제나 사고 사례를 수집하는 공공 데이터베이스 또는 AI 기술과 해당 산업 분야의 전문가, 시민단체, 소비자 보호 단체 등과의 소통 및 언론 보도도 포함할 수 있다.

해당되는 경우, 시판 후 모니터링은 다른 AI 시스템과의 상호작용 분석을 포함해야 한다.[522)] 이 경우 다른 AI 시스템은 다른 기기(devices)와 소프트웨어를 포함한다.[523)] 예컨대, 자율주행 AI 제공자는 자사 시스템이 다른 제조사의 차량 관제 AI 시스템과 통신하며 예상치 못한 충돌을 일으키는지 등을 분석해야 한다.

518) 제72조 제1항 제1문.
519) 상설 제155항.
520) 제3조 제18호.
521) 제72조 제2항 제1문.
522) 제72조 제2항 제2문.
523) 상설 제155항.

3) 민감한 운영 데이터의 예외

이러한 의무는 법 집행 기관인 운영자의 민감한 운영 데이터에 적용되지 않는다.[524] 운영자가 경찰과 같은 법 집행 기관일 경우 시판 후 모니터링 시스템의 운영으로 수사 기밀이 유출되고, 증인 등 관련자의 신변에 위협이 되며, 간첩을 추적하는 경우 국가안보의 문제도 발생할 수 있기 때문이다. 즉 제공자의 알 권리보다 수사 기밀과 공공안전 보호 가치가 더 중요하기 때문에 민감한 운영 데이터는 시판 후 모니터링 의무의 대상에서 제외된다.

(2) 시판 후 모니터링 계획

시판 후 모니터링 시스템은 시판 후 모니터링 계획에 기반해야 한다.[525] 시판 후 모니터링 계획은 부속서 IV에 언급된 기술문서의 일부이고,[526] 해당 AI 시스템의 시장 출시 전에 마련되어야 한다. 유럽위원회는 2026년 2월 2일까지 시판 후 모니터링 계획의 템플릿과 동 계획에 포함될 요소의 목록을 확정하는 세부 조항을 규정하는 이행입법을 채택해야 한다.[527]

(3) 조화입법과의 통합

부속서 I 섹션 A에 열거된 EU 조화입법이 다루는 고위험 AI 시스템의 경우, 해당 법에 따라 시판 후 모니터링 시스템 및 계획이 이미 확립되어 있으면, 일관성을 보장하고 중복을 피하며 추가적 부담을 최소화하기 위해 제공자는 해당 법에 따라 존재하는 시스템과 계획에 유럽위원회가 채택한 템플릿을 이용하여 제72조 제1항, 제2항 및 제3항에 기술된 필요한 요소를 적절히 통합하는 선택을 할 수 있다.[528] 따라서 의료기기나 자동차 부품과 같이 기존 제품 안전법에 따라 이미 시판 후 감독 시스템을 운영하고 있는 제공자는 AI법

---

524) 제72조 제2항 제3문.
525) 제72조 제3항 제1문.
526) 제72조 제3항 제2문.
527) 제72조 제3항 제3문.
528) 제72조 제4항 제1단.

에 따른 시판 후 모니터링을 위한 별도 시스템을 만들 필요가 없다.[529)]

다만, 이 경우 동등한 수준의 보호가 달성되어야 한다.[530)] '동등한 수준의 보호'(an equivalent level of protection)가 달성되어야 하는 점에서 제공자의 이러한 통합은 단순히 형식적이지 않고 AI법이 요구하는 모든 실질적인 보호 수준은 원래 시판 후 모니터링 시스템과 동등하거나 그 이상이 되어야 한다.[531)] 절차의 통합으로 AI법의 안전과 기본권 보호라는 최종적인 보호 수준이 낮아질 수 없기 때문이다.

이러한 제공자의 통합 선택 가능성은 내부 지배구조, 체계 또는 프로세스에 관한 EU 금융서비스법에 따른 요건의 적용을 받는 금융기관이 시장에 출시하거나 서비스에 투입하는 부속서 III 제5항에 언급된 고위험 AI 시스템에도 적용된다.[532)]

*** GDPR은 시판 후 모니터링 요건 자체를 부과하지 않지만, 설명책임(제5조 제2항), 컨트롤러의 책임(제24조), 개인정보보호영향평가(제35조)에 따라 개인정보 처리에 대한 지속적인 모니터링이 수행되고 있다. 따라서, '개인정보보호 중심 설계' 관점에서 구현된 지속적인 개인정보보호영향평가 프로세스는 시판 후 모니터링 시스템에 통합될 수 있을 것이다.

15. 심각한 사고의 신고[533)]

심각한 사고의 신고는 고위험 AI 시스템의 시판 후 책임에 관한 중요한 규정이다.

---

529) 예컨대, 의료기기 제조사는 「의료기기 규칙」에 따른 시판 후 감독 계획에 AI법의 알고리즘 성능 저하 모니터링을 통합하여 이행할 수 있다.

530) 제72조 제4항 제1단.

531) 예컨대, 필요한 경우 알고리즘 성능 저하 모니터링, 데이터 편향과 공정성 모니터링, 사이버보안 모니터링, 인적 감독 모니터링 등이 포함되어야 한다.

532) 제72조 제4항 제2단. 이러한 시스템은 신용도 평가 및 신용 점수 설정에 이용되는 시스템이다.

533) 심각한 사고의 신고에 관한 제73조는 2026년 8월 2일부터 적용된다.

'심각한 사고'(serious incident)는 다음 중 하나에 직간접적으로 이르게 되는 AI 시스템의 사고 또는 오작동을 의미한다:[534] (a) 사람의 사망 또는 건강에 대한 심각한 해(harm), (b) 핵심 인프라의 관리 또는 운영의 심각하고 돌이킬 수 없는 중단, (c) 기본권을 보호하고자 의도된 EU법에 따른 의무의 침해, (d) 재산 또는 환경에 대한 심각한 해(harm).

시판 후 모니터링 시스템과 마찬가지로, 제공자의 심각한 사고의 신고는 시장에 출시되거나 서비스에 투입된 후에도 계속 학습하는 AI 시스템에서 발생할 수 있는 위험을 보다 효율적이고 적시에 다룰 수 있도록 보장하는 핵심적인 역할을 한다.[535]

(1) 제공자의 신고 의무

EU 시장에 출시한 고위험 AI 시스템의 제공자는 심각한 사고를 해당 사고가 발생한 회원국의 시장감시 당국에 신고해야 한다.[536]

'시장감시 당국'(market surveillance authority)은 「시장 감시 규칙」에 따라 활동을 수행하고 조치를 취하는 회원국 당국이다.[537]

(2) 신고 기한

신고 기한은 위험 수준에 따라 차등 규정된다.

1) 일반적인 사고

심각한 사고의 신고는 제공자가 AI 시스템과 심각한 사고 사이의 인과관계 또는 그러한 관계의 합리적 가능성을 확인한 직후 이루어져야 하고, 어떠한 경우에도 제공자 또는 해당되는 경우 운영자가 심각한 사고를 인지한 후 15일 이내에 신고해야 한다.[538] 제공자의 신고 기간은 심각한 사고의 심각성

534) 제3조 제49호.
535) 상설 제155항.
536) 제73조 제1항.
537) 제3조 제26호.

을 고려해야 한다.[539)]

2) 광범위한 침해 등

광범위한 침해 또는 핵심 인프라의 관리 또는 운영의 심각하고 돌이킬 수 없는 중단이 발생한 경우, 제공자 또는 해당되는 경우 운영자가 해당 사고를 인지한 후 즉시 및 늦어도 2일 이내에 신고해야 한다.[540)] 광범위한 침해는 AI로 인한 피해가 단일 회원국에 국한된 소규모 사건이 아니라 여러 회원국에 걸쳐 발생하는 중대한 침해 즉 EU 역내의 침해[541)] 또는 여러 회원국에서 동시에 발생하는 공통 침해[542)]를 가리킨다.

'광범위한 침해'(a widespread infringement)는 개인의 이익을 보호하는 EU법에 위반되는 작위 또는 부작위를 의미하고, 다음의 경우를 포함한다:
(a) 적어도 두 개 이상의 회원국에 거주하는 개인들의 집단적 이익을 침해하였거나 침해할 가능성이 있는 경우로서 다음의 회원국은 제외됨: (i) 해당 작위 또는 부작위가 발생하거나 이루어진 회원국, (ii) 해당 제공자 또는 해당되는 경우 그 대리인이 소재하거나 설립된 회원국, 또는 (iii) 침해가 운영자에 의해 행해진 경우 그 운영자가 설립된 회원국,
(b) 개인들의 집단적 이익을 침해하였거나, 침해하거나, 침해할 것 같으며, 동일한 불법행위(unlawful practice) 또는 동일한 침해되고 있는 이익 등 공통된 특징을 가지고, 동일한 운영자에 의해 최소 세 개 회원국에서 동시에 발생하는 경우.[543)]

538) 제73조 제2항 제1문.

539) 제73조 제2항 제2문.

540) 제73조 제3항.

541) 예컨대, 아일랜드에 본사를 둔 AI 제공자가 자사의 클라우드 기반 고위험 AI 채용 시스템에 차별적인 알고리즘 업데이트를 실시한 경우, 이 업데이트로 이 시스템을 사용하던 프랑스와 독일의 기업들이 여성 지원자들을 부당하게 대규모로 탈락시키는 피해가 발생하는 경우이다.

542) 예컨대, EU 전역에서 온라인 쇼핑 플랫폼을 운영하는 거대 전자상거래 기업이 자사의 AI 기반 가격 책정 시스템을 이용하여 특정 소수 민족 그룹의 이용자로 추정되는 사람들에게 의도적으로 더 높은 가격을 제시하는 차별적인 가격 정책을 시행한 경우, 이러한 차별적인 가격 정책이 독일, 이탈리아, 폴란드의 플랫폼에서 동시에 적용되어 해당 국가의 수많은 소비자들이 재산상의 피해와 차별을 겪는 경우이다.

3) 사망 사고

사람이 사망한 경우 제공자 또는 운영자는 고위험 AI 시스템과 심각한 사고 사이의 인과관계를 확인한 직후 또는 이를 의심하자마자 신고해야 하고, 제공자 또는 해당되는 경우 운영자는 심각한 사고를 인지한 날로부터 10일 이내에 신고해야 한다.[544]

4) 초기 신고

적시 신고를 보장하는데 필요한 경우, 제공자 또는 해당되는 경우 운영자는 불완전한 '초기 신고'(an initial report)를 할 수 있지만, 이후 '완전한 신고'(a complete report)를 해야 한다.[545]

(3) 신고 이후의 절차

1) 제공자의 자체 조사와 협력

심각한 사고의 신고 후 제공자는 '지체 없이'(without delay) 해당 심각한 사고와 AI 시스템과 관련하여 필요한 조사를 수행해야 한다.[546] 이러한 조사는 사고의 위험 평가와 시정조치를 포함하여야 한다.[547]

제공자는 조사 과정에서 소관 당국 및 관련되면 인증기관과 협력해야 하고, 동 조사를 소관 당국에 알리기 전에 사고의 원인에 대한 후속 평가에 영향을 미칠 수 있는 방식으로 해당 AI 시스템의 변경을 수반하는 조사를 수행해서는 안 된다.[548]

---

543) 제3조 제61호.

544) 제73조 제4항.

545) 제73조 제5항.

546) 제73조 제6항 제1단 제1문.

547) 제73조 제6항 제1단 제2문.

548) 제73조 제6항 제2단.

2) 감독 당국의 조치

① 일반적인 절차

시장감시 당국은 심각한 사고의 신고를 받은 날로부터 7일 이내에 「시장감시 규칙」 제19조에 규정된 대로 적절한 조치를 취해야 하고, 동 규칙에 규정된 신고 절차를 따라야 한다.[549] 따라서, AI 시스템에 대한 시장 감시가 기존의 다른 제품들과 일관되고 예측 가능한 방식으로 신속하게 이루어지게 된다. 동 규칙에 따른 조치는 제품의 임시 판매 금지, 시장 철수 또는 리콜 명령 등을 포함한다.

회원국 소관 당국은 「시장 감시 규칙」 제20조에 따라, 심각한 사고에 대해 조치를 취했는지 여부와 관계없이, 즉시(immediately) 유럽위원회에 통지해야 한다.[550] EU 차원에서 모든 심각한 사고에 관한 정보를 유럽위원회가 중앙에서 관리하고, 특정 AI 시스템이 여러 회원국에서 반복적으로 사고를 일으키는지 등을 파악하여 공동으로 대응할 수 있게 된다.

② 기본권 침해 관련 절차

기본권을 보호하고자 의도된 EU법에 따른 의무의 침해와 관련된 신고를 받은 시장감시 당국은 기본권 보호를 감독하거나 집행하는 회원국의 공공 당국 또는 기관에 이를 알려야 한다.[551] 회원국의 기본권 보호 감독 당국은 인권위원회, 평등위원회 또는 개인정보보호 당국과 같이 기본권 보호를 주된 임무로 하는 기관이다.

AI로 인한 기본권 침해의 심각한 사고가 발생했을 때, 해당 회원국 내에서 관련 당국 간에 정보가 신속하게 공유되도록 보장하는 내부 협력 절차가 요구된다.[552] 기본권 침해 사고는 제품 리콜 등으로 해결되지 않으므로, 피해를 입은 개인에 대한 구제 조치나 차별 관행에 대한 시정 명령이 필요할 수 있고

549) 제73조 제8항.

550) 제73조 제11항.

551) 제73조 제7항 제1문.

552) 예컨대, AI 채용 시스템의 체계적인 차별, AI 신용평가 시스템의 불공정한 대출 거절, AI 감시 시스템의 과도한 프라이버시 침해 등이 기본권 침해의 심각한 사고가 될 것이다.

이러한 조치에 인권위원회 등 기본권 보호 전문 기관이 개입될 필요가 있다.

3) 유럽위원회의 전용 가이던스

유럽위원회는 심각한 사고의 해당 회원국 시장감시 당국에 대한 신고 의무를 쉽게 준수할 수 있도록 전용 가이던스를 개발해야 한다.[553] 해당 가이던스는 2025년 8월 2일까지 발행되고, 정기적으로 평가되어야 한다.[554]

4) 중복 신고 방지

AI법에 규정된 것과 동등한 신고 의무를 규정하는 EU법의 적용을 받는 제공자가 시장에 출시하거나 서비스에 투입하는 부속서 III에 언급된 고위험 AI 시스템의 경우, AI법에 따른 신고 의무는 그 사고가 기본권에 대한 심각한 침해에 해당하는 경우로 한정된다.[555] 금융이나 항공 분야처럼 자체적인 사고 신고 의무가 있는 다른 EU법의 규제를 받는 제공자는 기존 법에 따라 신고하면 AI법에 따른 신고 의무도 이행한 것으로 간주된다.[556]

「의료기기 규칙」과 「체외진단 의료기기 규칙」이 적용되는 기기의 안전 구성요소이거나 기기 자체인 고위험 AI 시스템의 경우, 심각한 사고의 신고는 제3조 제49호(c)의 기본권을 보호하고자 의도된 EU법에 따른 의무의 침해로 제한되어야 하고, 사고가 발생한 회원국이 해당 목적으로 선택한 회원국 소관 당국에 이루어져야 한다.[557] 예컨대, AI 진단 소프트웨어가 특정 인종 그룹에

553) 第73조 제7항 제2문.

554) 第73조 제7항 제3문.

555) 第73조 제9항. 제3조 제49호(c) 참조.

556) 예컨대, 주식 거래 AI 시스템의 오작동으로 시장에 심각한 혼란이 초래되고 은행에 막대한 재정적 손실을 입힌 경우, 이러한 운영상 실패나 서비스 중단은 금융감독법의 신고 대상이므로 은행은 금융 감독 채널을 통해 이 사고를 신고하여 AI법에 따른 시장감시 당국에 대한 중복 신고를 할 필요가 없다. 그러나, 신용평가 AI 시스템이 특정 이민자 그룹에 대해 체계적으로 매우 낮은 신용점수를 부여하는 심각한 차별 문제가 발견된 경우, 이러한 기본권 침해는 금융감독법에서 명확히 다루지 않는 AI법이 새롭게 제시한 기본권 보호 의무의 심각한 위반이어서, 이 경우에 대해서 은행은 AI법에 따른 시장감시 당국에 대한 신고 의무를 가진다.

557) 第73조 제10항.

대해서만 체계적으로 현저히 낮은 정확도를 보여 이 그룹의 건강에 대한 평등한 접근권을 심각하게 침해하는 사실이 발견된 경우, 이러한 기본권 침해 문제는 전통적인 의료기기 안전성 감시 체계에서는 다루기 어려우므로 기본권 침해에 대해서 시장감시 당국에 새롭게 신고할 의무가 발생한다. 기본권 침해는 AI법이 새롭게 정의한 심각한 사고이기 때문에 AI법에 따라 신고해야 한다.

*** GDPR 제33조 제1항에 따라, 개인정보 침해가 개인의 권리와 자유에 대한 위험을 초래할 것 같지 않은 경우를 제외하고, 컨트롤러는 개인정보 침해 사실을 소관 감독 당국에 신고하여야 한다. 이러한 신고는 '부당한 지체 없이'(without undue delay) 이루어져야 하고, 가능한 경우 개인정보 침해를 인지한 후 72시간 이내에 이루어져야 한다. GDPR의 위반 대응과 신고 의무를 준수하기 위해 시행되는 조치와 프로세스는 제73조에 따른 심각한 사고의 신고 의무를 준수하기 위해 제공자가 내부적으로 활용할 수 있을 것이다.[558]

III 투명성 요건의 적용을 받는 AI 시스템 제공자의 의무[559]

자연인과 상호작용하거나 콘텐츠를 생성할 의도인 AI 시스템은 고위험에 해당하는지 관계없이 사칭 또는 기만의 위험을 줄 수 있다. 따라서 특정 상황에서 이러한 시스템을 이용하는 경우 고위험 AI 시스템에 대한 요건과 의무를 저해하지 않으면서 특정 투명성 의무의 적용을 받아야 한다.[560] 단, 법 집행의

558) 그러나, 예컨대 고위험 AI 의료 진단 시스템의 오진으로 환자가 사망하는 심각한 사고가 발생한 경우, 이 과정에서 버그로 인해 다른 환자의 의료정보가 유출된 경우, AI법에 따라 제공자는 사망이라는 심각한 사고에 대해 제73조에 따라 10일 이내에 시장감시 당국에 사고를 신고해야 하고, GDPR에 따라 제공자는 개인정보 유출의 침해 발생에 대해 GDPR 제33조에 따라 72시간 이내에 개인정보보호감독 당국에 침해 사실을 신고해야 한다. 따라서, 기업의 내부 대응 절차는 통합적으로 운영될 수 있지만, 법적 신고는 각각의 법이 정한 기준과 기한에 따라 각각의 다른 감독 당국에 별도로 이루어져야 한다.

559) 특정 AI 시스템의 제공자와 운영자의 투명성 의무에 관한 제50조는 2026년 8월 2일부터 적용된다.

특별한 필요를 고려하여 대상별 예외가 적용될 수 있다.[561] 예컨대, 공공안전과 형사범죄 수사를 위한 법 집행 목적의 경우 일반적인 투명성 의무는 면제될 수 있다.

> 투명성(transparency)은 AI 시스템이 적절한 추적과 설명이 가능한 방식으로 개발되고 이용되면서, 인간이 AI 시스템과 소통하거나 상호작용한다는 사실을 인지하고, 운영자에게 해당 AI 시스템의 역량과 한계를, 영향받는 사람에게 그의 권리에 대해 제대로 알리는 것을 의미한다.[562]

어떤 AI 시스템이 고위험으로 분류되면, 해당 시스템은 제III장 제2절의 고위험 AI 요건을 모두 이행해야 하는데, 투명성 의무는 이를 대체하거나 면제하는 것이 아니다. 즉 제50조의 투명성 의무는 추가적·보완적인 의무이고, 고위험 AI 시스템에 적용되는 핵심 의무를 저해하거나 축소할 수 없다.

표 6-4 투명성 의무와 고위험 AI 시스템 요건의 관계

상황	제50조 적용	제III장 제2절 적용	상설 제132항의 '저해하지 않음'의 의미
AI 화상 면접 시스템이 지원자의 감정·언어 평가	제50조 제1항(상호작용)	고용 분야인 점에서 고위험(부속서 III 제4항(a))	투명성만으로는 고위험 요건(데이터 품질, 인적 감독 등)을 면제받을 수 없음
딥페이크 생성 시스템을 콘텐츠 제작에 이용	제50조 제2항(합성 콘텐츠)	고위험 아님(일반 목적)	고위험에 해당하지 않으므로 투명성 의무만 적용
자동 성적 평가 시스템이 교육 자격 결정	제50조 적용되지 않음(상호작용이 아니고, 일반적인 텍스트 기반 자동 채점은 합성 콘텐츠가 아님)	교육 분야인 점에서 고위험(부속서 III 제3항(a))	투명성 요건이 적용되지 않지만, 고위험 AI 시스템의 요건은 적용됨.

560) 상설 제132항.

561) 상설 제132항.

562) 상설 제27항.

1. 개인과 직접 상호작용할 의도인 AI 시스템

챗봇(chatbot)과 같이 인간과 직접 상호작용하도록 설계된 AI 시스템의 경우, 제공자는 이용자가 자신이 AI와 소통하고 있다는 사실을 알 수 있도록 보장해야 한다.

(1) AI 고지 의무

상황과 이용 맥락을 고려하여, 자연인과 직접 상호작용하도록 의도된 AI 시스템이 합리적으로 충분한 정보를 갖고 주의 깊으며 신중한 자연인의 관점에서 명백하지 않은 한, 해당 자연인이 AI 시스템과 상호작용하고 있음을 고지받는 방식으로 설계 및 개발하도록 제공자는 보장해야 한다.[563] 챗봇 등 대화형 AI에 대한 '설계 기반 투명성'(transparency by design) 의무로서, 사람과 대화하는 AI는 자신이 사람인 척해서 이용자를 속이거나 기만해서는 안 된다. 제공자는 AI 시스템의 개발 단계부터 이용자가 AI와 상호작용한다는 사실을 인지할 수 있는 기능을 시스템에 내장해야 한다.[564]

연령이나 장애로 인한 취약 그룹과 상호작용할 의도인 AI 시스템의 경우, 동 그룹에 속하는 자연인의 특성이 고려되어야 한다.[565] 자연인의 생체인식정보를 처리하여 그의 감정이나 의도를 식별하거나 추론하거나 특정 범주에 할당할 수 있는 AI 시스템에 노출되는 자연인은 고지되어야 한다.[566] 이러한 특정 범주는 성별, 나이, 머리카락 색상, 눈 색상, 문신, 개인적 특성, 출신 민족, 개인적 취향 및 관심사와 같은 측면과 관련될 수 있다.[567]

이러한 정보와 고지는 장애인이 접근할 수 있는 형식으로 제공되어야 한다.[568] 투명성 의무는 정보 제공에 기반하는데, 시각 장애인이 볼 수 없는 방

563) 제50조 제1항 제1문.

564) 예컨대, 고객센터 챗봇이 대화를 시작할 때, 'XX은행 AI 상담원'이라고 먼저 자신의 정체를 밝혀야 한다.

565) 상설 제132항.

566) 상설 제132항.

567) 상설 제132항.

568) 상설 제132항.

식이나 청각 장애인이 들을 수 없는 방식으로만 정보가 제공된다면, 그들에게 투명성 의무가 이행되지 않는 것이다. 「유럽접근성법」 등 장애인의 디지털 접근권을 보장하는 EU법과 같은 맥락의 규정이다.

(2) 예외

상황과 이용 맥락을 고려하여, 자연인과 직접 상호작용하도록 의도된 AI 시스템이 '합리적으로 충분한 정보를 갖고 주의 깊으며 신중한'(reasonably well-informed, observant and circumspect) 자연인의 관점에서 명백하면 위의 고지 의무는 요구되지 않는다.[569] 즉 상식적인 상황에서 AI와 상호작용하는 것이 명백해서 이용자가 속을 가능성이 없는 경우에는 굳이 AI임을 알리지 않아도 된다. 명백함의 기준은 제공자의 주관적 판단이 아니라 합리적으로 충분한 정보를 갖고, 주의 깊으며, 신중한 일반인의 관점이다.

또한, 위의 고지 의무는 제3자의 권리와 자유에 대한 적절한 보호조치를 받으며 형사범죄를 탐지, 예방, 조사 또는 기소하도록 법이 허가한 AI 시스템에는 적용되지 않는다.[570] 그러나, 해당 시스템이 대중의 형사범죄 신고를 할 수 있게 하는 경우는 제외된다.[571] 즉 법 집행 목적의 AI 시스템이 수사관의 용의자 심문의 내부적 용도가 아니라 일반 시민의 범죄 신고의 대외적인 창구 용도인 경우 AI임을 알려야 한다.

*** AI법과 GDPR은 투명성 요건을 부과하는데, AI법에 따른 정보/투명성 요건은 GDPR에 따른 투명성 요건과 상당히 다르다. 전자는 AI 시스템의 기만을 방지하고, 후자는 개인정보 처리에 있어서 정보주체의 권리를 보장하기 위함이다. GDPR 제13조와 제14조에 따른 조치는 일반적으로 제50조 제1항의 투명성 요건을 준수하는 데 적합하지 않다.

569) 제50조 제1항 제1문.
570) 제50조 제1항 제2문.
571) 제50조 제1항 제2문.

2. 콘텐츠 생성 AI 시스템

다양한 AI 시스템은 사람이 생성한 진본인 콘텐츠와 구별하기 점점 어려워지는 '합성 콘텐츠'(synthetic contents)를 대량으로 생성할 수 있다.[572] 이러한 시스템의 광범위한 이용 가능성과 증가하는 역량은 정보 생태계의 무결성과 신뢰에 중대한 영향을 미치고, 대규모의 잘못된 정보와 조작, 사기, 사칭 및 소비자 기만의 새로운 위험을 제기한다.[573] 이러한 영향과 빠른 기술 속도, 정보의 출처를 추적하는 새로운 방법과 기술의 필요를 고려할 때, 이러한 시스템의 제공자는 기계 판독 가능한 형식으로 표시 및 사람이 아닌 AI 시스템이 결과물을 생성 또는 조작하였음을 감지할 수 있는 기술 솔루션을 내장하도록 요구하는 것이 적절하다.[574]

(1) 기술적 의무

합성 오디오, 이미지, 동영상 또는 텍스트 콘텐츠를 생성하는 범용 AI 시스템을 포함한 AI 시스템의 제공자는 AI 시스템 결과물이 기계 판독이 가능한 형식으로 표시되고 인위적으로 생성되거나 조작된 것으로 감지할 수 있도록 보장해야 한다.[575]

제공자는 관련 기술 표준에 반영될 수 있는 다양한 유형의 콘텐츠의 특수성과 한계, 구현 비용 및 일반적으로 인정된 최신 기술을 고려하여 기술적으로 가능한 한 기술적 솔루션이 효과적이고 상호 운용 가능하며 견고하고 신뢰할 수 있도록 보장해야 한다.[576] 기술적 가능함에 관하여 현재의 기술 수준으로 구현이 가능해야 할 것이다. 콘텐츠 유형의 특수성에 관하여 텍스트 콘텐츠에 워터마크 등의 기술과 방법의 한계를 인정해야 할 것이다. 구현 비용에 관하여 중소기업이나 스타트업이 과도한 비용을 부담하지 않는 합리적인 수

572) 상설 제133항.
573) 상설 제133항.
574) 상설 제133항.
575) 제50조 제2항 제1문.
576) 제50조 제2항 제2문.

준이어야 한다. 최신 기술에 관하여, 업계에서 일반적으로 인정되는 최고의 기술 표준을 따르면 될 것이다. 이 경우 워터마크, 메타데이터 식별, 콘텐츠의 출처와 진위를 증명하는 암호화 방법, 로깅 방법, 지문 또는 다른 기술과 그 조합이 적절할 수 있다.[577)]

이러한 기술과 방법은 AI 시스템의 수준 또는 콘텐츠를 생성하는 범용 AI 모델을 포함한 AI 모델 수준에서 구현될 수 있고, 이를 통해 AI 시스템의 다운스트림 제공자가 이러한 의무를 쉽게 충족할 수 있다.[578)] 따라서, 다운스트림 AI 시스템 개발자가 워터마킹 기능이 없는 AI 모델을 사용하여 콘텐츠를 생성한 후 자신의 시스템에서 별도로 워터마킹 기술을 적용할 수 있다.[579)] 또는 범용 AI 모델 제공자가 모델을 개발할 때 워터마킹 기능을 내장하는 방식이 있다.[580)] 이러한 기술과 방법은 최종 AI 시스템 단계에서 구현할 수 있지만, 더 근원적인 범용 AI 모델 단계에서 구현하는 것이 더 바람직하고 효과적이다.

(2) 예외

위의 기술적 의무는 AI 시스템이 표준적 편집을 위한 보조 기능을 수행하거나 운영자가 제공한 입력 데이터 또는 그의 의미를 상당하게 변경하지 않는 경우 적용되지 않는다.[581)] AI가 콘텐츠를 창조하는 것이 아니고 기존 콘텐츠를 약간 수정하는 수준의 보조적인 역할만 할 경우에는 이러한 기술과 방법의 의무가 면제된다.[582)]

577) 상설 제133항.

578) 상설 제133항.

579) Meta는 사람들이 AI 관련 콘텐츠에 대한 더 자세한 정보를 확인할 수 있도록 'AI로 제작됨'(Made with AI) 라벨을 'AI 정보'(AI info)로 업데이트하였다.

580) 예컨대, OpenAI가 DALL-E 3(범용 AI 모델)을 개발할 때, 이 모델이 생성하는 모든 이미지에 사람이 인식할 수 없지만 소프트웨어 등이 확인할 수 있는 워터마크가 포함되도록 설계한다.

581) 제50조 제2항 제3문.

582) 예컨대, 포토샵의 잡티 제거 기능은 원본 사진을 약간 개선하고 사진의 의미를 실질적으로 변경하지 않고, 워드프로세서의 문법 교정 기능도 오류만 수정한다.

또한 위의 기술적 의무는 법으로 형사범죄를 탐지, 예방, 조사 또는 기소할 수 있도록 허가된 경우에는 적용되지 않는다.583) 수사의 기밀성을 보장하고 범죄 혐의자를 속여 증거를 확보하거나 더 큰 피해를 막기 위한 목적으로 딥페이크 기술을 위장 수사 도구로 이용할 수 있다. 그러나, 이러한 딥페이크 이용은 AI법과 별개로 회원국의 형사소송법, 인권법, 법 집행 목적의 개인정보보호법에 따른 엄격한 통제를 받아야 한다.

*** AI법과 GDPR은 투명성 요건을 부과하는데, AI법에 따른 정보/투명성 요건은 GDPR에 따른 투명성 요건과 상당히 다르다. 전자는 AI 시스템의 콘텐츠 진위에 대한 기만을 방지하고, 후자는 개인정보 처리에 있어서 정보주체의 권리를 보장하기 위함이다. GDPR 제13조와 제14조에 따른 조치는 일반적으로 제50조 제2항의 투명성 요건을 준수하는 데 적합하지 않다.584)

3. 투명성 의무의 이행

(1) 다른 의무와 관계

제공자의 투명성 의무는 제III장에 명시된 고위험 AI 시스템의 요건과 의무에 영향을 미치지 않는다.585) 즉 제공자가 자신의 AI 시스템, 예컨대 챗봇에 대해 제50조의 제한적 위험에 대한 투명성 의무를 이행한 경우에도 동 시스템이 동시에 고위험으로 분류될 경우 제III장의 고위험 의무를 면제받지 않는다.

(2) 정보 제공 시점 등

투명성을 보장하기 위하여 제공자가 제공해야 하는 정보는 늦어도 최초

583) 제50조 제2항 제3문.

584) 기업이 고객의 개인정보를 적법하게 처리한다는 개인정보처리방침을 게시한 경우에도 그 기업이 만든 특정 이미지가 딥페이크라는 사실을 이용자가 알 수 없으므로 AI법은 콘텐츠를 접하는 바로 그 순간 명확하고 간결하게 그 콘텐츠의 진위성을 알릴 것을 요구한다.

585) 제50조 제6항.

상호작용 또는 노출 시점에서 명확하고 구별 가능한 방식으로 해당 자연인에게 제공되어야 한다.[586] 해당 정보는 적용 가능한 접근성(accessibility) 요건을 준수해야 한다.[587] 즉 장애인이 고려되어야 한다.

(3) 실무강령

AI사무국은 EU 수준에서 인공적으로 생성되거나 조작된 콘텐츠의 탐지 및 라벨링에 관한 의무의 효과적인 이행을 촉진하기 위해 실무강령(code of practice)의 작성을 장려하고 촉진해야 한다.[588] 유럽위원회는 해당 실무강령을 승인하기 위한 이행입법을 채택할 수 있다.[589] 유럽위원회가 해당 강령이 적절하지 않다고 판단하는 경우, 검토 절차에 따라 해당 의무의 이행에 적용될 공통규정(common rules)의 이행입법을 채택할 수 있다.[590]

*** AI법과 GDPR의 투명성 요건은 상당히 다르다. GDPR 제13조와 제14조는 처리 목적, 법적 근거, 보유 기간, 정보주체의 권리 등 매우 상세하고 포괄적인 정보를 요구하지만, AI법은 AI와 상호작용 중이라는 단일한 사실을 고지하는 것을 요구하는 점에서 요구하는 정보의 수준과 복잡성이 다르다. 또한, 두 법 모두 사전 고지를 원칙으로 하지만, AI법은 최초 상호작용 시점을, GDPR은 개인정보 수집 시점을 기준으로 하는 차이가 있다. 제공자가 GDPR과 AI법에 따른 투명성 요건을 모두 준수해야 하는 경우, '적시 고지'(a just-in-time notice)를 통하여 두 요건을 모두 준수하여 개인에게 알릴 수 있다.[591]

586) 제50조 제5항 제1문.

587) 제50조 제5항 제2문.

588) 제50조 제7항. 실무강령은 제56조 제6항 참조.

589) 제50조 제7항.

590) 제50조 제7항.

591) 적시 고지는 이용자가 특정 기능을 이용하는 그 순간 해당 기능과 관련된 정보만 간결하게 제공하는 방식인데, 많은 내용의 개인정보처리방침을 모두 읽게 하는 것보다 훨씬 효과적일 수 있다.

4. 개인의 딥페이크 문제

AI법은 AI 시스템의 제공자, 운영자, 수입자, 유통자 등 경제적 사업자에 한정되어 적용되고 딥페이크 등 합성 콘텐츠는 인공적으로 합성된 사실을 명확하게 표시될 것이 요구되는 점에서, 개인이 만든 딥페이크나 텔레그램 등에서 유포되는 악의적 합성 콘텐츠는 AI법의 규제 대상이 아니다.[592]

'딥페이크'(deep fake)는 기존의 사람, 사물, 장소, 실체 또는 사건을 닮게 하여, 사람에게 진짜이거나 사실인 것처럼 허위로 보이게 하는 AI로 생성하거나 조작한 이미지, 음성 또는 비디오 콘텐츠를 의미한다.[593]

AI법은 콘텐츠의 악용 자체를 범죄로 규정하여 처벌하지는 않는다. 또한, AI법은 순수하게 개인적인 비전문적 활동의 과정에서 AI 시스템을 이용하는 자연인인 운영자의 의무에도 적용되지 않는다.[594]

따라서, 개인의 악의적 합성 콘텐츠나 딥페이크는 AI법이 아닌 다른 법의 적용을 받는다. 예컨대, 아동 딥페이크의 생성/유통에 형법이나 「아동 성착취 지침」 등 아동 보호 EU법이 적용되고, 명예훼손/성적 모욕은 회원국의 형법 또는 민법(불법행위책임), 개인정보 포함 딥페이크는 개인정보의 무단 처리로서 GDPR, 플랫폼에서 유포 방치는 플랫폼을 규제하는 「디지털서비스법」(DSA)의 적용을 받을 것이다.[595]

예컨대, 허위 폭발 영상 유포의 경우, 개인이 비전문적인 활동으로 허위 폭발 영상을 만들어 친구들과 공유한다면 AI법의 개인적 활동 예외에 해당하

592) 제2조 제1항 참조. '영향받는 사람'(affected persons)은 일종의 피해자로서 보호되는 지위에 있어서 딥페이크 등의 이용자는 아니다.

593) 제3조 제60호.

594) 제2조 제10항.

595) 딥페이크가 개인의 얼굴, 음성, 생체 정보를 기반으로 한 경우, 개인정보와 특수범주 개인정보로 분류되고, 피해자는 회원국 개인정보보호 당국에 신고할 수 있고, 민사상 손해배상을 청구하거나 과징금을 부과받게 할 수 있다. 또한, 페이스북, 틱톡 등 플랫폼의 딥페이크 확산에 대하여 「디지털서비스법」은 신속한 삭제 절차 마련(제16-22조), 위험평가 및 완화 조치(제34-35조)를 요구하고, 사회적 해악을 유발하는 시스템 방치 시 플랫폼 자체에 대한 조치(제36조)를 규정한다.

여 투명성 의무가 적용되지 않지만, 이로써 공공질서를 해친다면 회원국 형법 등의 적용을 받을 수 있다. 언론사, 인플루언서 등이 대중에게 정보를 전달할 목적으로 이러한 영상을 웹사이트나 소셜 미디어에 게시한다면, 전문적인 활동인 점에서 "이 영상은 조작되었음"을 명확히 표시하여야 하고, 그 내용이 공공질서를 해친다면 형법 등의 적용을 받을 수 있다.

IV 범용 AI 모델 제공자의 의무

1. 범용 AI 모델 제공자에게 적용되는 의무[596)]

범용 AI 모델의 제공자는 동 모델이 다양한 다운스트림 시스템의 기반을 형성할 수 있어서 AI 가치 사슬에서 특별한 역할과 책임을 진다. 즉 다운스트림 시스템을 제공하는 다운스트림 제공자는 범용 AI 모델과 그의 역량을 잘 이해할 필요가 있고, 범용 AI 모델 제공자와 다운스트림 시스템 제공자 모두 이러한 모델의 제품에 대한 통합을 가능하게 하고 AI법 등에 따른 의무를 충족하여야 한다.[597)] 다운스트림 제공자는 AI 시스템 제공자로서의 모든 의무를 준수하고, 범용 AI 모델을 내장하거나 미세조정한 경우 모델 제공자와 함께 일정한 공동 책임 또는 협력 의무를 부담한다.

'다운스트림 제공자'(downstream provider)는 AI 모델을 직접 제공하여 수직적으로 통합하거나 계약 관계에 근거하여 다른 실체가 제공하는지 관계없이 AI 모델을 통합하는 범용 AI 시스템을 포함한 AI 시스템의 제공자를 의미한다.[598)]

596) 범용 AI 모델 제공자의 의무에 관한 제53조는 2025년 8월 2일부터 적용된다. 아래 제공자의 의무는 제53조 하나에 규정되지만, 관련 상설은 제101항부터 제109항까지 규정되어서, 이들 상설도 잘 이해할 필요가 있다.

597) 상설 제101항.

범용 AI 모델을 EU 시장에 출시하는 제공자는 AI법의 관련 의무 준수를 보장해야 한다.[599] 범용 AI 모델의 제공자에게 적용 가능한 의무의 준수는 모델 제공자의 유형에 상응하고 비례해야 한다. 비전문적 또는 과학적 연구 목적으로 모델을 개발하거나 이용하는 자는 동 의무를 준수할 필요는 없지만 자발적인 준수는 권장된다.[600] EU 저작권법을 침해하지 않으면서, 이러한 의무의 준수는 제공자의 규모를 충분히 고려해야 하고, 스타트업을 포함한 중소기업에 대하여 과도한 비용을 초래하지 않고 이러한 모델의 이용을 좌절시키지 않는 간소화된 준수 방법이 허용되어야 한다.[601] 모델의 변경 또는 미세조정의 경우, 범용 AI 모델의 제공자 의무는 AI법이 제공하는 가치 사슬 의무를 준수하는 수단으로서 새로운 훈련 데이터 소스를 포함하여 변경에 대한 정보를 이미 존재하는 기술문서에 보완하는 등 해당 변경 또는 미세조정으로 제한되어야 한다.[602]

598) 제3조 제68호. 범용 AI 시스템으로 ChatGPT(GPT-4 모델 기반), Gemini(Gemini 1.5 모델 기반), Copilot(GPT-4 기반), Perplexity AI(GPT-4 등 기반) 등이 있다. 다운스트림 제공자의 예는 고객상담용 챗봇 앱에 범용 AI 모델인 GPT-4를 탑재한 소프트웨어 업체, 오픈소스 AI 모델을 법문서 요약 등 특정 용도로 미세조정하여 AI 서비스를 제공하는 스타트업, 범용 AI 모델인 GPT-4를 개인화 추천 시스템에 내장한 전자상거래 플랫폼 업체가 된다.

599) 상설 제106항.

600) 상설 제109항.

601) 상설 제109항.

602) 상설 제109항. '가치 사슬'(value chain) 즉 전체 공급망은 AI 모델/시스템의 개발부터 이용되는 전체 과정을 가리키고, 관련 의무는 제공자, 운영자, 유통자, 수입자, 공인 대리인 등의 AI법에 규정된 의무를 가리킨다. 미세조정(fine-tuning)은 이미 훈련된 AI 모델을 특정 목적이나 데이터 세트에 맞게 추가 학습하여 새로운 기능이나 특성을 갖는 새로운 모델로 개조·조정하는 과정을 의미한다. '새로운 훈련 데이터 소스'(new training data sources)는 기존 모델의 성능을 개선하거나 특정 과업에 특화하기 위해 이용된 새로운 데이터 또는 원래 모델의 훈련에 이용된 데이터와는 다른 출처에서 수집된 데이터를 가리킨다. 이러한 새로운 훈련 데이터 소스에 대한 정보는 기술문서에 포함되어 가치 사슬 내의 다른 사업자가 AI법 요건을 준수하는데 도움이 된다.

(1) 범용 AI 모델 제공자의 핵심 의무

범용 AI 모델 제공자의 의무는, 동 모델이 EU에 출시되는 한, 동 제공자의 소재지와 관계없이 적용된다. 이러한 의무는 i) 기술문서의 작성과 유지, ii) 범용 AI 모델을 AI 시스템에 통합하려는 AI 시스템 제공자에게 정보 제공, iii) EU 저작권과 인접권에 관한 EU법 준수, 및 iv) 범용 AI 모델의 훈련에 이용된 콘텐츠의 충분하게 상세한 요약의 공개이다.[603]

영업비밀을 포함하여 범용 AI 모델 제공자의 의무 이행으로 획득한 모든 정보 또는 문서는 기밀유지 의무에 따라 취급되어야 한다.[604] 범용 AI 모델의 제공자는 투명성 의무를 이행하면서 동 모델을 통합하고자 하는 AI 시스템의 제공자와 '비밀유지 계약'(non-disclosure agreement, NDA)을 체결하는 등 자신의 권리를 보호할 수 있는 방법을 찾아야 할 것이다.

1) 기술문서의 작성과 유지

범용 AI 모델의 제공자는 해당 모델의 훈련과 테스트 프로세스 및 평가 결과를 포함한 기술문서를 작성하고 최신 상태로 유지하며, 요청 시 AI사무국과 회원국 소관 당국에 제공할 목적으로 부속서 XI에 규정된 정보를 최소한 포함해야 한다.[605]

① 기술문서의 정보

부속서 XI에 따르는 기술문서의 정보는 다음 사항을 포함해야 한다. 첫째, 범용 AI 모델의 일반 설명은 다음 정보를 포함한다:[606] (a) 모델이 수행하도록 의도된 과업 및 해당 모델이 통합될 수 있는 AI 시스템의 유형과 특성, (b) 적용되는 이용 정책,[607] (c) 공개일과 유통 방법, (d) 아키텍처 및 매개변수의

---

603) 제53조 제1항.

604) 제53조 제7항. 제53조에 따라 동 제공자는 AI사무국 또는 회원국 소관 당국에게 부속서 XI에 열거된 정보 등을 제공해야 한다. 기밀유지는 제78조 참조.

605) 제53조 제1항(a). 유럽위원회는 기술적 발전의 변화에 따라 동 부속서를 위임입법으로 개정할 수 있다. 상설 제101항.

606) 부속서 XI 섹션 1 제1항.

607) '이용 정책'(acceptable use policies, AUP)은 모델의 이용자가 지켜야 할 행위

수, (e) 투입물과 결과물의 텍스트, 이미지 등 모달리티 및 형식,[608] (f) 라이선스.

둘째, 범용 AI 모델의 요소에 대한 상세한 설명 및 다음을 포함한 해당 모델의 개발 프로세스의 관련 정보를 포함한다:[609] (a) AI 시스템에 통합될 범용 AI 모델에 요구되는 사용 설명서, 인프라, 도구 등 기술적 수단, (b) 훈련 방법론과 기법을 포함한 모델과 훈련 프로세스의 설계 사양, 이유와 가정을 포함한 주요 설계 선택 사항, 및 적용 가능한 경우 모델이 최적화되도록 설계된 목표와 다양한 매개변수의 관련성, (c) 적용 가능한 경우 데이터의 유형과 출처[610] 및 정제, 필터링 등 데이터 관리 방법론을 포함한 훈련, 테스트 및 유효성 확인에 이용된 데이터에 대한 정보,[611] 데이터 포인트 수, 범위 및 주요 특성,[612] 및 적용 가능한 경우, 데이터의 획득과 선택 방법, 데이터 소스의 부적합성을 탐지하기 위한 다른 모든 조치 및 식별 가능한 편향을 탐지하기 위한 방법,[613] (d) 부동 소수점 연산 수 등 모델 훈련에 이용된 연산 자원, 훈련 시

기준과 제한 사항을 명시한 문서인데, 허용된 이용 목적, 금지된 사용 사례, 보안 규칙, 법적 책임, 개인정보 보호 등에 관한 것이다.

608) 모달리티(modality)는 AI 시스템이 투입물로 처리하거나 결과물로 생성할 수 있는 정보의 형식 또는 채널인데, 텍스트, 음성, 이미지, 비디오, 코드를 포함한다.

609) 부속서 XI 섹션 1 제2항.

610) 출처(provenance)는 일반적으로 데이터 또는 AI 모델의 출처와 생성·수정 이력, 신뢰성과 관련된 계보 정보를 의미하는데, AI 시스템의 설명책임(accountability), 신뢰성(reliability), 편향 방지 등을 보장하기 위한 핵심 개념이다. 즉 훈련에 이용된 데이터가 어디서, 어떻게 왔는지, 어떤 과정을 거쳤는지에 대한 정보를 가리킨다.

611) '데이터 관리 방법론'(curation methodologies)은 범용 AI 모델의 훈련에 이용되는 데이터를 수집하고 선별·정제·관리하는 방식 및 절차를 의미하는데, 특히 훈련 데이터의 품질, 공정성, 편향 방지, 투명성 확보 측면에서 중요한 개념이다.

612) '데이터 포인트 수'(number of data points) 즉 데이터 건수는 훈련에 이용된 데이터의 총 개수 또는 규모를 가리키고, 범위(scope)는 데이터가 다루는 범위나 주제 영역, 주요 특성은 텍스트 길이 분포, 언어 다양성, 라벨링, 시계열 등 데이터의 주요 속성 또는 통계적 특성을 가리킨다.

613) 데이터 소스의 부적합성(unsuitability)을 탐지하기 위한 다른 모든 조치는 훈련 데이터를 가져온 웹사이트나 데이터베이스가 훈련에 적합한지 평가하기 위해 이미 알려진 유해·불법 사이트 목록(블랙리스트)에 포함된 웹사이트 등을 제외하는 조치를 포함한다. 식별 가능한 편향(biases)을 탐지하기 위한 방법은 데이터 세트

간 및 훈련에 관련된 다른 관련 세부 사항, (e) 모델의 알려지거나 추정된 에너지 소비.

2) 다운스트림 AI 시스템 제공자에게 정보 제공

범용 AI 모델의 제공자는 AI 시스템 제공자에게 정보를 제공할 때, 해당 모델의 특성과 위험 수준에 비례하여 적절한 수준의 정보를 제공한다. 즉, 모든 모델에 동일한 수준의 정보를 요구하는 것이 아니라, 모델의 복잡성, 이용 목적, 위험도 등에 따라 정보 제공의 범위와 깊이를 조절할 수 있다. 이 점에서 '비례적 투명성 조치'(proportionate transparency measures)가 된다.[614]

① 비례적 투명성 조치

첫째, 범용 AI 모델의 제공자는 정보와 문서를 작성하고 최신 상태로 유지하며 범용 AI 모델을 자신의 AI 시스템에 통합하려는 다운스트림 AI 시스템 제공자가 이를 이용 가능하게 해야 한다.[615] 모델의 기능, 한계, 이용 조건, 안전성과 적합성 확인을 위한 외부 전달용 정보의 작성 의무인데, 다운스트림 시스템 제공자가 AI법의 의무를 이행할 수 있도록 지원하는 목적이다.

둘째, EU와 회원국 법에 따라 지식재산권, 기밀 비즈니스 정보 또는 영업비밀을 준수하고 보호해야 할 필요를 저해하지 않고, 정보와 문서는 다음과 같아야 한다:[616] (i) AI 시스템 제공자가 범용 AI 모델의 역량과 한계를 잘 이해하고 AI법에 따른 의무를 준수할 수 있도록 하고, (ii) 부속서 XII에 규정된 요소를 최소한 포함해야 한다.[617] 영업비밀(trade secrets)은 「영업비밀보호 지침」에 따라 보호받는 높은 수준의 비밀 정보이다.[618] '기밀 비즈니스 정보'(confidential

---

내 특정 단어의 등장 빈도, 특정 그룹의 표현 비율 등을 통계적으로 분석하여 불균형을 식별한다.

614) 상설 제101항.

615) 제53조 제1항(b) 제1문.

616) 제53조 제1항(b) 제2문.

617) 유럽위원회는 기술적 발전의 변화에 따라 동 부속서를 위임입법으로 개정할 수 있다. 상설 제101항.

618) 예컨대, 모델의 가중치(weights)와 아키텍처(architecture)는 막대한 연구·개발 투자의 결과물로서 가장 핵심적인 영업비밀이고, 큐레이션된 훈련 데이터 세트는

business information)는 영업비밀의 엄격한 법적 요건을 충족하지 않아도 공개될 경우 회사의 사업에 해를 줄 수 있는 내부 민감한 정보를 포괄하는 더 넓은 개념이다.[619] 즉 AI법에 따른 다운스트림 시스템 제공자에 대한 정보 제공 의무는 기존의 지식재산권 보호보다 우선하거나 이를 무력화시키지 않는다.[620]

② 투명성 정보의 정보

부속서 XII에 따르는 투명성 정보는 다음 사항을 포함해야 한다. 첫째, 범용 AI 모델의 일반적인 설명은 다음 정보를 포함한다:[621] (a) 모델이 수행하도록 의도된 과업 및 해당 모델이 통합될 수 있는 AI 시스템의 유형과 특성, (b) 적용 가능한 이용 정책, (c) 공개일과 유통 방법, (d) 해당 모델이 적용 가능한 경우, 모델 자체를 구성하지 않는 하드웨어 또는 소프트웨어와 상호작용하는 방식 또는 상호작용에 이용될 수 있는 방식,[622] (e) 적용 가능한 경우, 범용 AI 모델의 이용과 관련된 관련 소프트웨어의 버전, (f) 아키텍처 및 매개변수의 수, (g) 투입물과 결과물의 텍스트, 이미지 등 모달리티 및 형식, 모델의 라

어떤 데이터를 어떤 비율로, 어떻게 정제하여 학습시켰는지 모델의 성능을 결정하는 핵심 노하우이므로 영업비밀에 해당하며, 모델을 더 효율적으로 학습시키기 위해 개발한 독자적인 최적화 알고리즘도 포함한다.

619) 예컨대, 특정 벤치마크 테스트에서 나타난 모델의 상세한 성능 수치나, 아직 공개되지 않은 취약점에 대한 내부 레드팀(red-teaming) 테스트 결과인 모델의 성능 평가 결과, 모델 훈련에 소요된 구체적인 컴퓨팅 비용, 향후 개발될 차세대 모델에 대한 내부 로드맵이나 사업 계획인 모델 개발 비용과 로드맵, 해당 모델의 API를 사용하는 주요 기업 고객 목록이나 계약 조건이 해당할 것이다.

620) 예컨대, 모델 제공자인 OpenAI는 스타트업의 AI법 준수에 필수적인 정보를 제공해야 하지만, 자신의 핵심 영업비밀을 보호할 권리를 가진다. 스타트업의 AI법 의무 준수와 직접 관련이 없는 모델의 상세한 가중치(weights)나 소스 코드 전체를 제공할 필요는 없다.

621) 부속서 XII 제1항.

622) 범용 AI 모델의 구성요소는 아니지만, 해당 모델이 작동·훈련되기 위해 의존하는 외부 기술 구성요소를 의미하는데, 다운스트림 AI 시스템 제공자가 모델 통합 시 고려해야 할 외부 의존 요소를 밝히기 위한 것이다. 예컨대, 하드웨어와의 상호작용에서 "본 모델의 추론 속도를 보장하기 위해서 NXXX H000 GPU 또는 그 이상의 '텐서 코어'(Tensor core) 성능을 갖춘 하드웨어에서 실행할 것을 권장한다", 또는 소프트웨어와의 상호작용에서 "본 모델의 API와 원활하게 연동하기 위해서 Python 3.10 이상 버전이 필요하다"는 정보이다.

이선스.

둘째, 모델의 요소와 개발 프로세스의 설명은 다음을 포함한다: (a) 범용 AI 모델을 AI 시스템에 통합하는데 필요한 사용 설명서, 인프라, 도구 등 기술적 수단, (b) 투입물과 결과물의 텍스트, 이미지 등 모달리티 및 형식, 문맥 창의 길이[623] 등 최대 크기, (c) 적용 가능한 경우, 데이터의 유형과 출처, 관리 방법론을 포함한 훈련, 테스트 및 검증에 이용된 데이터에 대한 정보.

3) 저작권과 인접권에 관한 EU법 준수[624]

텍스트, 이미지와 다른 콘텐츠를 생성할 수 있는 범용 AI 모델, 특히 대규모 생성형 AI 모델은 독창적인 혁신 기회를 제공하면서 예술가, 작가와 다른 창작자와 그들의 창작 콘텐츠가 창작되고, 유통되며, 이용되고 소비되는 방식에 어려움을 초래한다. 이러한 모델의 개발과 훈련에 방대한 양의 텍스트, 이미지, 비디오 및 다른 데이터에 대한 접근이 필요하기 때문이다. 범용 AI 모델의 제공자는 저작권과 인접권에 관한 EU법을 준수하는 정책을 마련하고, 특히 「디지털 단일시장 저작권 지침」 제4조 제3항에 따라 표현된 권리의 유보를 최신 기술을 통한 것을 포함해 식별하고 준수해야 한다.[625]

① TDM의 예외와 제한

AI 개발자는 실제 데이터를 기반으로 AI 시스템을 훈련하기 위해 다양한 자동화된 분석 기법을 이용하는데, '텍스트/데이터 마이닝'(TDM)이 대표적이다.[626]

---

623) '문맥 창의 길이'(context window length)는 AI 모델이 한 번에 기억하고 분석할 수 있는 입력 정보의 최대 범위로서 일반적으로 토큰 수 기준으로 측정된다. 토큰(tokens)은 문장, 단어, 기호 단위를 가리킨다.

624) AI법은 저작권 관련 두 개 조문을 규정하는데, 범용 AI 모델 제공자의 의무로서 EU 저작권법의 준수와 함께 범용 AI 모델의 훈련에 이용된 콘텐츠에 대한 충분히 상세한 요약을 작성하여 공개적으로 이용 가능하게 하는 요건이다. 제53조 제1항(c), (d) 참조. 이들 두 규정은 생성형 AI 모델의 개발과 활용과 관련된 위험을 다루기 위해 AI법에 포함된 것이다.

625) 제53조 제1항(c).

626) 상설 제105항.

'텍스트/데이터 마이닝'(text and data mining)은 패턴, 추세, 상관관계 등을 포함하되 이에 국한되지 않는 정보를 생성하기 위해 디지털 형식의 텍스트와 데이터를 분석하는 자동화된 분석 기법이다.[627]

TDM은 '새로운 응용 프로그램이나 기술의 개발'(development of new applications or technologies) 등 다양한 목적을 위해 다양한 생활의 영역에서 민간과 공공기관이 대량의 데이터를 분석하기 위해 널리 이용된다.[628] 방대한 양의 데이터를 처리하는 과정에서 훈련 데이터 세트는 책, 논문, 기사, 사진 등 저작권 보호대상인 저작물을 포함할 수 있다.[629]

저작권 보호 대상인 저작물을 무단으로 복제하는 것은 저작권자의 독점적 권리, 특히 「정보사회의 저작권 지침」 제2조에 따라 저작자에게 부여된 복제권(reproduction right)을 침해할 수 있다.[630] 저작권으로 보호되는 콘텐츠의 이용에는, 관련 저작권 예외와 제한이 적용되지 않는 한 해당 권리자의 허가가 필요하다.[631] 저작권 침해의 위험을 방지하기 위해 생성형 AI 제공자는 보호대상 저작물에 대한 라이선스를 협상하거나, 「디지털 단일시장 저작권 지침」 제4조에 따라 소위 상업적 TDM 예외에 의존해야 한다.

「디지털 단일시장 저작권 지침」은 특정 조건으로 TDM 목적으로 저작물 또는 다른 대상물(subject matter)의 복제와 추출을 허용하는 예외와 제한을 규정한다.[632] 「디지털 단일시장 저작권 지침」 제3조는 연구기관과 문화유산기관

627) 「디지털 단일시장 저작권 지침」 제2조 제2호. 또는 TDM은 알고리즘을 이용하여 인간이 할 수 없는 방식으로 콘텐츠를 분석하는 기법이다. FutureTDM 2017 참조.

628) 「디지털 단일시장 저작권 지침」 상설 제18항.

629) AI 모델의 훈련에서 다음의 마이닝 과정을 거친다. 첫째, 수집된 수많은 저작물을 컴퓨터가 분석할 수 있는 디지털 형태로 복제하여 훈련 데이터 세트를 만들고, 둘째, AI 훈련 알고리즘은 이 방대한 데이터 세트를 분석하여, 그 안에 숨겨진 수십억, 수조 개의 통계적 패턴을 추출한다. 셋째, 이렇게 추출된 수많은 패턴이 AI 모델의 매개변수(가중치)에 지식의 형태로 압축되어 저장되고, 훈련이 완료된다.

630) 동 지침 제2조(a)는 회원국에게 저작자의 저작물에 대하여 전체 또는 일부, 어떤 수단과 형태로든 직접적 또는 간접적, 일시적 또는 영구적 복제를 허가하거나 금지할 배타적 권리를 부여하도록 규정한다.

631) 상설 제105항.

이 적법하게 접근할 수 있는 저작물 등에서 과학적 연구 목적의 TDM을 수행하기 위해 하는 복제·추출 행위에 대한 예외를 규정한다. 또한, 권리자는, 과학적 연구 목적이 아닌 한, TDM을 방지하기 위해 저작물 또는 다른 대상물에 대한 권리를 유보할 수 있다.[633] 즉 동 지침 제4조 제1항은 TDM을 허용하지만, 제3항은 저작권자의 '권리 유보'(reservation of rights)를 규정하여 저작권자가 TDM의 금지를 명시적으로 표시하면 해당 데이터의 AI 모델 훈련에 이용은 금지된다.[634] 따라서, 저작권자가 적절한 방식으로 명시적으로 TDM 이용을 '거부할 권리'(rights to opt out)를 표시한 경우, 범용 AI 모델 제공자는 해당 저작물에 대해 TDM을 수행하기 위해 권리자의 허가를 얻어야 한다.[635]

② 제공자의 TDM 관련 의무

범용 AI 모델의 제공자는 저작권과 인접권에 관한 EU법을 준수하는 정책을 마련하고, 특히 「디지털 단일시장 저작권 지침」 제4조 제3항에 따라 표현된 권리의 유보를 최신 기술을 통한 것을 포함해 식별하고 준수해야 한다.[636] 범용 AI 모델의 제공자는 이러한 저작권자의 권리 유보를 식별(identify) 즉 적극적으로 탐지하여 확인해야 할 의무를 가지는 점에서 모델 훈련에 이용될 데이터 세트 중에서 저작권 유보의 표시가 있는 콘텐츠가 포함되어 있는지 확인하고 분류해야 한다. 최신 기술의 이용을 포함하는 점에서 동 기술 외의 다른

---

632) 상설 제105항.

633) 상설 제105항.

634) 「디지털 단일시장 저작권 지침」 제4조는 다음과 같다: "제1항. 회원국은 지침 96/9/EC 제5조(a)와 제7조 제1항, 지침 2001/29/EC 제2조, 지침 2009/24/EC 제4조 제1항(a)와 (b) 및 본 지침 제15조 제1항에 규정된 텍스트/데이터 마이닝 목적으로 적법하게 접근 가능한 저작물 및 다른 대상물의 복제와 추출의 권리에 대한 예외 또는 제한을 제공해야 한다. 제2항. 제1항에 따른 복제와 추출은 텍스트/데이터 마이닝 목적으로 필요한 기간 동안 보유할 수 있다. 제3항. 제1항에 규정된 예외 또는 제한은 동 항에서 언급된 저작물과 다른 대상물의 이용이 온라인에서 공개적으로 이용 가능한 콘텐츠의 경우 기계-판독 가능한 수단 등 적절한 방식으로 '그의 저작권자가 명시적으로 유보하지 않는'(not been expressly reserved by their rightholders) 조건으로 적용된다."

635) 상설 제105항.

636) 제53조 제1항(c).

방법도 이용할 수 있을 것이다.[637]

범용 AI 모델을 EU 시장에 출시하는 모든 제공자는 해당 모델의 훈련을 뒷받침하는 저작권 관련 행위가 이루어지는 관할권에 관계없이 이러한 의무를 준수해야 한다.[638] 따라서 AI 모델의 훈련에 이용된 저작물 관련 행위가 EU 역외에서 이루어져도, 그 모델이 EU에서 제공된다면 EU 저작권법이 적용된다. EU 저작권법의 적용을 위하여 범용 AI 모델의 훈련 위치가 아니라 EU 내 제공이 중요한 것이다. 이는 범용 AI 모델 제공자 간의 공평한 경쟁을 보장하기 위한 것인데, 어떤 제공자도 EU에서 제공되는 것보다 낮은 저작권 기준을 적용하여 EU 시장에서 경쟁적 우위를 확보할 수 없어야 하기 때문이다.[639]

범용 AI 모델의 제공자가 EU 저작권법을 준수하는 정책을 마련하는 의무와 관련하여, AI사무국은 저작권 준수 측면에서 훈련 데이터의 '저작물별 평가'(a work–by–work assessment)를 검증하거나 진행하지 않고 제공자가 이러한 의무를 이행했는지 모니터링해야 한다.[640] 즉 AI사무국은 동 제공자가 권리유보 식별 등 저작권 관련 의무 이행에 관하여 저작물마다 저작권 준수를 평가하도록 요구되지 않지만, 전체적인 감시와 감독은 해야 한다. 실제 저작권 보호를 위한 집행은 회원국 당국이 맡는다.

AI법은 EU법에 규정된 저작권 규정의 집행에 영향을 미치지 않는다.[641] 즉 범용 AI 모델의 제공자가 저작권과 인접권에 관한 EU법의 준수 정책의 마련 등 조치를 한 경우에도, 저작권 침해에 대한 「디지털 단일시장 저작권 지

---

637) 최신 기술의 예는 다음과 같다: '웹 크롤러'(web crawler), '메타데이터 파서'(metadata parser), '권리정보 인식 시스템'(rights management recognition system/rights reservation detection system), 'robots.txt 해석기'(robots.txt interpreter/robots exclusion protocol parser), 'TDM 권리 표현 인식기'(TDM reservation recognition module/TDM rights flag detector), '저작권 태그 탐지기'(copyright tag detector/license metadata extractor), 'Linked Open Data 기반 권리 식별기'(Linked Data-based rights expression recognizer).

638) 상설 제106항. '저작권 관련 행위'(copyright-relevant acts)는 저작물의 복제, 수집, 전송, 가공 등을 가리킨다.

639) 상설 제106항.

640) 상설 제108항.

641) 상설 제108항.

침」 등 EU법은 집행된다.

*** 최근 미국의 AI 관련 저작권 논의는 흥미롭게 전개되었다. 2025년 5월 미국 저작권청(Copyright Office)은 AI 관련 보고서를 발표했는데, AI 개발자가 모델의 훈련에서 얼마나 많은 데이터가 필요할지 의문을 제기했다. 즉, "AI 훈련에서 저작권 보호 대상 작품이 다양한 방식으로 활용되는 것은 혁신적일 것 같다. 그러나 이러한 활용이 공정한지는 이용된 작품의 유형, 출처, 목적, 결과물에 대한 통제에 따라 달라질 것이고, 이는 모두 시장에도 영향을 미칠 수 있다. 분석이나 연구와 같은 목적[비상업적 활용]으로 모델이 활용되는 경우—국제 경쟁력에 결정적인 역할을 하는 활용 유형—결과물은 훈련에서 이용된 '표현적 저작물'(expressive works)과 대체되지 않을 것 같다.[642] 그러나 기존 시장에서 경쟁하는 표현적 콘텐츠를 생산하기 위해 방대한 저작권 보호 대상인 작품의 집합을 상업적으로 활용하는 것[상업적 활용]은, 특히 불법 접근을 통해 이루어질 경우, '확립된 공정한 이용 범위'(established fair use boundaries)를 넘어선다."[643] 그러나, 미국의 AI 기업들은 더 강력한 모델을 개발하기 위해 저작권 규정을 완화해야 한다고 주장하는데, 예컨대, 일론 머스크(Elon Musk)는 2025년 4월 X에서 모든 지식재산권법의 폐지를 지지한다고 밝혔다.[644]

4) 범용 AI 모델의 훈련에 이용된 콘텐츠의 충분하게 상세한 요약의 공개

범용 AI 모델의 제공자는 AI사무국이 제공하는 템플릿에 따라 범용 AI 모델의 훈련에 이용된 콘텐츠에 대한 충분히 상세한 요약을 작성하고 공개적으로 이용 가능하게 해야 한다.[645] 저작권법으로 보호되는 텍스트와 데이터를 포함하여 범용 AI 모델의 '사전 훈련'(pre-training)과 훈련에 이용되는 데이터에 대한 투명성을 높이기 위해서이다.[646]

영업비밀과 기밀 비즈니스 정보를 보호해야 할 필요를 충분히 고려하되,

642) 동 저작물은 창작자의 사상, 감정, 아이디어를 구체적이고 인식 가능한 방식으로 표현한 창작물을 의미하고, 아이디어 자체가 아니라 표현이 보호 대상이다.

643) US Copyright Office 2025.

644) New York Times는 AI 시스템과 관련된 뉴스 콘텐츠의 저작권 침해로 OpenAI와 마이크로소프트를 상대로 소송을 제기했다. NY Times 2023 참조.

645) 제53조 제1항(d).

646) 상설 제107항.

‘충분히 상세한 요약’(a sufficiently detailed summary)은 저작권 소유자 등 정당한 이해관계자가 EU법에 따른 권리를 행사하고 집행할 수 있도록 기술적으로 상세하기보다는 그 범위에서 일반적으로 포괄적이면 된다.[647] 데이터 샘플별 해시값, 수집 시점 등 세세한 기술적 요소들은 요구되지 않고, 데이터의 출처, 유형, 범주 등 전체적인 범위 수준에서 전반적인 포괄성을 갖추면 된다. 예컨대, 대규모 민간 또는 공공 데이터베이스 또는 데이터 아카이브와 같이 모델 훈련에 이용된 주된 데이터 수집본 또는 세트를 기재하거나, 이용된 다른 데이터 출처에 대한 설명을 제공하면 된다.[648]

AI사무국은 간단하고 효과적이며 제공자가 요구된 요약을 서술 형식으로 제공할 수 있는 요약 템플릿을 제공할 것이다.[649] 범용 AI 모델의 제공자가 훈련에 이용된 콘텐츠의 요약을 공개적으로 이용 가능하게 하는 의무와 관련하여, AI사무국은 저작권 준수 측면에서 훈련 데이터의 저작물별 평가를 검증하거나 진행하지 않고 제공자가 이러한 의무를 이행했는지 모니터링해야 한다.[650]

AI법은 EU법에 규정된 저작권 규정의 집행에 영향을 미치지 않는다.[651] 즉 AI 모델 훈련과 관련된 저작권 침해 문제가 발생하는 경우, 법적 판단의 기준은 AI법이 아니라 「디지털 단일시장 저작권 지침」 등 EU 저작권법에 따른다. AI법의 투명성 의무는 저작권자에게 자신의 저작물이 사용되었는지 쉽게 알 수 있게 하지만, 저작권법은 특정 훈련 행위가 실제로 저작권을 침해했는지 판단하고 침해의 경우 손해배상이나 사용 중지 등 구제 조치를 결정하는

647) 상설 제107항.

648) 상설 제107항. 따라서 ‘주된 데이터 수집본 또는 세트’(main data collections or sets)로서 Common Crawl, Wikipedia, LAION-5B, GitHub 코드, 뉴스 크롤링 데이터 등 모델 훈련에 실질적으로 이용된 핵심 데이터 세트나 출처를 제공하여 저작권자 등 이해관계자가 AI 모델 훈련 데이터의 구성과 출처를 추정할 수 있도록 투명성이 제공되면 될 것이다. 또한, ‘다른 데이터 출처’(other data sources)는 유료 뉴스 콘텐츠, ‘유럽 법령 데이터’(Eur-Lex), 기술 논문(arXiv 일부), 이용자 로그 일부나 독자적으로 수집한 웹 크롤링 데이터 등 범용 AI 모델을 훈련하거나 보완하는 데 이용된 비핵심적, 부수적, 또는 특정 목적에 특화된 데이터 출처로서, 주된 데이터 세트 외에 추가로 활용된 것을 가리킨다.

649) 상설 제107항.

650) 상설 제108항.

651) 상설 제108항.

기준이 된다.

(2) 무료 오픈소스 라이선스에 따라 공개된 범용 AI 모델의 예외

모델을 포함한 소프트웨어와 데이터가 무료 오픈소스 라이선스에 따라 공개되어, 공개적으로 공유될 수 있어서 이용자가 이를 또는 수정된 버전을 자유롭게 접근, 이용, 수정하고 재유통할 수 있는 경우, 시장 내 연구와 혁신에 대한 기여가 가능하고, EU 경제에 상당한 성장 기회가 제공될 수 있다.[652] 따라서, 무료 오픈소스 범용 AI 모델에 대한 규제의 유연성이 인정되어 투명성 의무는 다소 완화된다. 범용 AI 모델의 원래 제공자가 인정되고 또한 동일하거나 유사한 유통 조건이 존중되는 경우 이용자가 모델을 포함한 소프트웨어와 데이터를 실행, 복사, 유통, 연구, 변경 및 개선할 수 있도록 허용하는 라이선스는 '무료 오픈소스'(free and open-source)로 간주된다.[653]

1) 기술문서와 정보에 관한 투명성 의무 완화

범용 AI 모델 제공자의 기술문서와 정보에 관한 투명성 의무는 모델의 접근, 이용, 수정 및 유통을 허용하는 무료 오픈소스 라이선스에 따라 공개되고 가중치를 포함한 매개변수, 모델 아키텍처에 대한 정보 및 모델 이용에 대한 정보가 공개적으로 이용 가능하게 된 AI 모델의 제공자에게 적용되지 않는다.[654] 무료 오픈소스 라이선스로 공개된 범용 AI 모델은 높은 수준의 투명성과 개방성을 보장한다고 고려되기 때문이다.[655]

이러한 예외는 시스템적 위험이 있는 범용 AI 모델에는 적용되지 않는

652) 상설 제102항. '모델을 포함한 소프트웨어와 데이터'(software and data, including models)의 표현은 범용 AI 모델이 전통적 의미의 컴퓨터 프로그램인 소프트웨어와 AI 훈련과 테스트에 이용되는 투입된 데이터의 두 범주의 기술 자산의 연속선에 있고, 이 둘이 결합된 산물이라는 사실을 나타낸다.

653) 상설 제102항. 예컨대, Meta의 'Llama 2'(기본적으로 비상업 라이선스) 또는 Mistral 7B(Apache 2.0 라이선스)이다.

654) 제53조 제2항 제1문.

655) 상설 제102항. 가중치를 포함한 매개변수, 모델 아키텍처에 대한 정보 및 모델 이용에 대한 정보가 공개적으로 이용 가능하게 되면 투명성과 개방성이 확보된 것으로 본다.

다.[656] 시스템적 위험의 경우에는 범용 AI 모델이 투명하고 또한 오픈소스 라이선스가 수반되는 상황이 AI법의 의무 준수를 배제하는 충분한 이유로 간주되지 않기 때문이다.[657] 오픈소스의 혁신적 가치를 인정하여 불필요한 규제 부담은 덜어주지만, 사회 전체를 위협할 수 있는 단계에 이르면 오픈소스이어도 엄격한 책임을 지게 된다.

2) 훈련 데이터 세트와 저작권법 준수 관련 투명성 제한

무료 오픈소스 라이선스에 따라 범용 AI 모델이 공개되어도 동 모델의 훈련 또는 미세조정에 이용된 데이터 세트와 그에 따른 저작권법의 준수 보장에 대한 실질적 정보가 반드시 공개되는 것은 아니다.[658] '실질적 정보'(substantial information)는 범용 AI 모델의 훈련 또는 미세조정에 이용된 데이터 세트의 구성과 그에 대한 저작권법 준수를 합리적으로 판단할 수 있을 만큼의 충분하고 실질적인 정보를 가리킨다.

범용 AI 모델의 투명성 관련 요건의 준수에 대한 예외는 모델 훈련에 사용된 콘텐츠에 대한 요약을 작성할 의무 및 EU 저작권법, 특히 「디지털 단일시장 저작권 지침」 제4조 제3항에 따른 권리 유보를 식별하고 준수하는 정책을 마련할 의무에 대해서 적용되지 않는다.[659] 이렇게 범용 AI 모델이 공개되어도 투명성 보장을 위하여 모델 훈련에 이용된 데이터 세트의 출처 등에 대한 설명이 요구되고 동 데이터의 법적 정당성에 관련된 저작권법의 준수 여부는 별도로 확인되어야 한다.[660]

3) 무료 오픈소스 AI 구성요소

무료 오픈소스 AI 구성요소는 공개 저장소에서의 개발을 포함하여 다양한 경로를 통해 제공될 수 있다.[661] '무료 오픈소스 AI 구성요소'(free and open-source

656) 제53조 제2항 제2문.
657) 상설 제104항.
658) 상설 제104항.
659) 상설 제104항.
660) 제53조 제1항(d) 참조.
661) 상설 제103항.

AI components)는 모델과 범용 AI 모델을 포함한 소프트웨어와 데이터, AI 시스템의 도구, 서비스 또는 프로세스를 포괄한다.[662] '공개 저장소'(open repositories)는 자유롭게 접근 가능하고, 모델, 코드, 데이터 등 저장된 자산을 열람, 다운로드, 이용, 재유통할 수 있도록 허용하는 저장소를 가리킨다.[663]

AI 시스템의 하위 요소인 무료 오픈소스 AI 구성요소는 시장에 직접 출시되지 않거나 단독으로 서비스되지 않는 한 고위험 AI 시스템이 되지 않고, 따라서 적합성 평가 등 AI법의 일반적인 의무의 적용을 받지 않는다. 그러나, AI법의 목적에서 대가를 받고 제공되거나 달리 수익화된 AI 구성요소는 무료 오픈소스 AI 구성요소에 대한 예외의 혜택을 받지 않는다.[664] 어떤 방식으로든 수익화된다면 더 이상 순수한 오픈소스가 아닌 일반 상용 소프트웨어와 동일하게 취급되어야 하기 때문이다. 예컨대, 소프트웨어 플랫폼을 통한 제공을 포함하여 해당 AI 구성요소와 관련된 기술 지원이나 다른 서비스 제공,[665] 또는 소프트웨어의 보안, 호환성 또는 상호 운용성의 향상만을 위한 목적이 아닌 이유로 개인정보의 사용[666]을 통해 수익화되는 경우이다.[667] 공개 저장소를

---

662) 상설 제103항. 소프트웨어는 AI 시스템을 구축하거나 실행하는 데 이용되는 코드, 알고리즘, 프레임워크 등을 가리키고, 데이터는 모델 훈련, 평가, 테스트에 이용되는 데이터 세트이며, 도구는 AI 시스템의 구성과 실행을 지원하는 프로그램, CLI(Command-line interface), 라이브러리를 가리키고, 서비스 또는 프로세스는 AI 구성요소의 실행, 테스트, 학습 절차를 관리하거나 자동화하는 방식을 가리킨다.

663) 대표적인 예는 'Hugging Face Hub'(https://huggingface.co/)인데, AI 모델, 데이터 세트, 코드, 문서 등을 자유롭게 공유하고 유통하는 중심적 공개 인프라이다.

664) 상설 제103항. 소규모기업(microenterprises) 간 거래의 경우 수익화가 있어도 예외의 적용을 받는다. 소규모기업은 10명 미만의 근로자를 고용하고 연간 매출액 및/또는 연간 재무제표 총액이 200만 유로를 초과하지 않는 기업이다. 「중소기업 정의 권고」 부속서 제2조 제3항.

665) 소프트웨어 코드 자체는 무료로 공개하지만, 다음과 같은 서비스를 유료로 제공하여 수익을 창출할 수 있다: 설치, 유지·보수, 맞춤형 개발 서비스, 문제 발생 시 기술 지원을 제공하는 서비스(유료 구독 모델), 더 많은 기능을 제공하는 기업용 버전을 유료로 판매.

666) 이용자에게 무료로 구성요소를 제공하는 것처럼 보이지만, 그 과정에서 수집된 이용자의 개인정보를 제3자에게 판매하거나 타겟 광고에 활용하여 수익을 창출하는 경우이다. 그러나, 소프트웨어의 보안 등 개선 목적으로만 개인정보를 사용

통해 AI 구성요소를 이용 가능하게 하는 사실 자체가 수익 창출은 아니다.[668]

(3) 협력 의무

범용 AI 모델의 제공자는 AI법에 따른 권능과 권한의 행사에서 유럽위원회와 회원국 소관 당국과 필요한 경우 협력해야 한다.[669]

(4) 실무강령

'유럽 조화된 표준'(European harmonised standards)을 준수하면 해당 표준이 위 범용 AI 모델 제공자의 의무를 포괄하는 범위 내에서 제공자의 적합성이 추정된다.[670] 범용 AI 모델의 제공자는 조화된 표준이 공표될 때까지 동 제공자의 기술문서 작성 등 네 가지 주요 의무 준수를 증명하기 위해 실무강령에 의존할 수 있다.[671]

2025년 7월 10일 유럽위원회는 「범용 AI 실무강령」(General-Purpose AI Code of Practice)의 최종본을 접수하였고, 유럽위원회와 AI이사회는 동 실무강령이 범용 AI 모델 제공자의 AI법 의무 충족을 증명하는 충분한 자발적 준수 도구임을 확인하였다.[672] 즉 동 실무강령은 범용 AI 모델 제공자와 시스템적 위험이 있는 범용 AI 모델의 제공자에게 적용되는 제53조와 제55조의 의무를 충실

하는 것은 수익화가 아니다. 즉 순수한 기술 개선 목적의 개인정보 사용은 허용된다.

667) 상설 제103항.

668) 상설 제103항.

669) 제53조 제3항.

670) 제53조 제4항 제2문.

671) 제53조 제4항 제1문. 네 가지 준수 의무는 제53조 제1항 참조. 실무강령은 제56조 참조.

672) 유럽위원회 AI Opinion 2025. 2025년 8월 25일 현재 META와 중국에 기반을 둔 기업들을 제외하고 Anthropic, Google, Microsoft, Mistral AI, OpenAI 등 가장 진보된 범용 AI 모델을 개발하는 30개 가까운 기업이 동 실무강령에 서명하였다. European Commission, The General-Purpose AI Code of Practice, 11 August 2025, https://digital-strategy.ec.europa.eu/en/policies/contents-code-gpai.

히 포괄한다.

실무강령 또는 조화된 표준을 준수하지 않는 범용 AI 모델의 제공자는 유럽위원회의 평가를 위해 적합한 대체적 준수 수단을 증명해야 한다.[673] '적합한 대체적 준수 수단'(alternative adequate means of compliance)은 ISO 국제표준, NIST 가이드라인, 자체 기술문서 시스템과 위험 관리 리포트 등으로서 보다 부담이 되고 시간도 더 소요될 것이다.

1) 목적

제56조에서 도입된 실무강령(Code of Practice)은 AI법 준수를 위한 실무적 지침을 제공한다. 실무강령은 범용 AI 모델 제공자의 의무가 발효되는 시점(2025년 8월 2일)과 '조화된 표준'(harmonized European GPAI model standards)이 채택되는 시점(2027년 8월 또는 그 이후) 사이의 과도기 동안 AI법의 중요한 준수 도구가 된다.[674]

법적 구속력은 없으나, 범용 AI 모델 제공자는 실무강령을 준수하여 조화된 표준이 발효할 때까지 AI법에 따른 의무를 이행하고 있음을 증명하게 된다.

2) 내용

범용 AI 실무강령은 세 개의 장(chapter)으로 구성된다. 제1장 투명성과 제2장 저작권은 모든 범용 AI 모델 제공자에게 적용되고, 제3장 안전과 보안은 시스템적 위험이 있는 범용 AI 모델 제공자에게만 적용된다.[675] 동 실무강령

---

673) 제53조 제4항 제3문. 예컨대, xAI는 2025년 7월 공개된 범용 AI 실무강령의 세 개 장 중에서 안전과 보안에 관한 제3장만 서명하였다. xAI는 제1장과 제2장의 투명성과 저작권과 관련된 AI법 의무를 적합한 대체적 준수 수단을 통해 증명해야 한다.

674) 2023년 5월 유럽위원회는 AI 시스템에 관한 표준에 대해서 공식적인 표준화 요청을 채택하고 CEN-CENELEC이 이를 승인하였으나, 범용 AI 모델 표준에 관한 요청은 아직 마련되지 않았다. 유럽위원회 AI 시스템 표준화 요청 2023 참조. 유럽 표준화 과정은 주로 유럽표준화위원회(CEN)와 유럽전기기술표준화위원회(CENELEC)가 담당하며, 보통 최대 3년이 소요된다. 범용 AI의 경우 그 기간이 더 길어질 수 있고, 제40조 제3항에 따라 국제표준과의 조율을 거치면 더욱 지연될 수 있다.

은 12개 약속(commitments)을 규정하는데, 제1장과 제2장 각각에 대한 약속 1개와 제3장에 대한 약속 10개를 포함한다. 또한, 제공자가 이러한 약속을 이행할 수 있도록 하는 대응조치(measures)도 포함한다.

① 모든 범용 AI 모델에 대한 투명성

동 실무강령의 서명자들은 EU 내에서 유통하는 모든 범용 AI 모델에 대해 최신의 포괄적인 문서화의 유지를 약속한다.[676] 이러한 문서는 표준화된 '모델 문서화 양식'(Model Documentation Form)에 따라 작성되고, 라이선스, 기술 사양, 사용 사례, 데이터 세트, 연산 및 에너지 사용 등의 상세한 내용을 포함한다. 이러한 문서는 최소 10년간 안전하게 보관되어야 하고, 요청에 따라 AI 사무국과 다운스트림 이용자들에게 제공되어야 한다. 또한 투명성 제고를 위해 이러한 정보의 공개가 권장된다.

② 모든 범용 AI 모델에 대한 저작권

동 실무강령의 서명자들은 내부 책임을 명확히 규정하고 법적 기준을 준수하는 강력한 저작권 정책의 수립과 정기적인 업데이트를 약속한다. '웹 크롤링'(web crawling)을 통해 수집된 데이터는 적법하게 접근 가능해야 하고, robots.txt 등 기계판독형 권리 신호를 존중해야 하며, 저작권 침해로 표시된 웹사이트에 대한 접근을 피해야 한다. 기술적 안전장치는 침해 콘텐츠의 생성을 최소화하고, 서비스 이용약관은 무단 이용을 명확히 금지하는 조항을 포함해야 한다. 또한 저작권자가 불만을 제기할 수 있는 지정된 연락 창구를 마련하고, 이러한 불만은 효율적이고 공정한 절차를 통해 처리해야 한다.

③ 시스템적 위험이 있는 범용 AI 모델에 대한 안전과 보안

동 실무강령의 서명자들은 모델 출시 이전에 최첨단 '안전과 보안 프레임

---

675) OpenAI의 o3, Anthropic의 Claude 4 Opus, 및 Google의 Gemini 1.5 Pro를 포함하여 5개 내지 15개 시스템적 위험이 있는 범용 AI 모델이 개발된 것으로 보고 있다. Statement from the Chairs and Vice-Chairs, General Purpose AI Code of Practice, 2025.07.10., https://code-of-practice.ai/?section=safety-security.

676) 무료 오픈소스이면서 시스템적 위험을 초래하지 않는 모델은 제외한다.

워크'(Safety and Security Framework)를 마련해야 하고, 평가 개시 요건, 위험 범주, 완화 전략, 예측 방법, 조직적 책임이 명시되어야 한다. 시스템적 위험은 재고 목록 작성, 시나리오 분석, 내부와 외부 전문가와의 협의 등 구조화된 절차를 통해 확인되어야 한다.

개발 또는 운영을 진행하기 전, 서명자들은 '안전 마진'(safety margin)이 내재된 '위험 계층'(risk-tier) 프레임워크를 적용하여 위험이 수용 가능한지 평가해야 한다. 또한 출시 전 '안전과 보안 모델 보고서'(Safety and Security Model Report)를 제출하고, 위험의 변화에 따라 갱신해야 한다. 조직적 설명책임(accountability)을 확보하기 위해, 서명자들은 자신의 거버넌스 구조 내에서 감독, 소유, 모니터링, 보증 역할을 명확히 배정하고, 적합한 재원, 강력한 위험 관리 문화, 내부고발자 보호를 보장해야 한다. 심각한 사고는 신속히 추적 및 문서화되고, 위험의 심각성과 촉박한 기한에 따라 규제 당국에 신고되어야 한다. 서명자들은 안전과 위험 관리 활동에 관한 상세한 기록을 최소 10년간 보관해야 한다.

3) 집행

AI법의 범용 AI 모델에 관한 규정은 2025년 8월 2일부터 적용되어, 그 날짜부터 출시되는 모든 신규 모델은 동 규정을 준수해야 한다. 그러나 유럽위원회의 정보 제공 요구, 모델 접근 요구, 모델 리콜 등 집행 조치는 2026년 8월 2일부터 시작된다. 이러한 유예 기간 동안 제공자는 AI사무국과 협력하여 해당 기준을 충족할 수 있도록 시간을 갖게 된다. 2025년 8월 2일 전에 출시된 모델에 대해서 제공자는 2027년 8월 2일까지 해당 규정에 부합하도록 조치를 취해야 한다. 유럽위원회 즉 AI사무국은 범용 AI 규정의 감독, 조사, 집행 및 모니터링 과정에서 협력적이고 단계적이며 비례적인 접근을 취할 것이다.[677]

(5) 위임입법

부속서 XI, 특히 제2항(d)와 (e)의 준수를 촉진하기 위해, 유럽위원회는 비교 가능하고 검증 가능한 문서화를 허용할 목적으로 측정과 계산 방법을 세부

677) 「범용 AI 모델 의무 범위 가이드라인 2025」, 제102항.

화하도록 위임입법을 채택할 권한이 있다.[678] 유럽위원회는 진화하는 기술 발전을 고려하여 기술문서에 관한 부속서 XI과 투명성 정보에 관한 부속서 XII를 개정하도록 위임입법을 채택할 권한이 있다.[679]

*** 제53조에 따른 범용 AI 모델 제공자의 의무는 AI법에 특정된 것이어서, GDPR에 따른 의무와 직접적으로 유사하지 않다. 예외가 적용되지 않는 한, 기업은 AI법에 따른 이 요건을 준수하기 위해 새로운 규정 준수를 위한 문서와 절차를 개발해야 하는데, 제53조에 따른 의무를 준수하는 데 필요한 정보를 수집할 때 처리 활동 기록과 같은 GDPR의 설명책임 노력을 활용할 수 있다.

(6) 범용 AI 시스템 제공자

범용 AI 시스템은 그 자체로 고위험 AI 시스템으로 이용될 수 있고, 다른 고위험 AI 시스템의 구성요소로 이용될 수 있다.[680] 이러한 범용 AI 시스템의 특별한 성격과 AI 가치 사슬 전반에 걸친 책임의 공정한 분담이 보장되어야 한다. 따라서, 동 시스템 제공자는 동 시스템이 다른 제공자에 의해 고위험 AI 시스템 그 자체로 사용되든, 고위험 AI 시스템의 구성요소로 사용되든, AI법에서 달리 규정되지 않는 한, AI법의 관련 의무 준수를 가능하게 하도록 관련 고위험 AI 시스템 제공자와 긴밀하게 협력하고 AI법에 따라 설립된 소관 당국과 긴밀히 협력하여야 한다.[681]

---

678) 제53조 제5항. 부속서 XI의 제2항(d)는 부동 소수점 연산 수 등 모델 훈련에 이용된 연산 자원, 훈련 시간 및 훈련에 관련된 다른 관련 세부 사항이고, (e)는 모델의 알려지거나 추정된 에너지 소비의 정보 제공이다.

679) 제53조 제6항.

680) 상설 제85항.

681) 상설 제85항.

V 시스템적 위험이 있는 범용 AI 모델 제공자의 의무

AI 모델에서 역량의 전체 범위는 해당 모델이 시장에 출시된 후 또는 운영자가 모델과 상호 작용할 때 더 잘 이해할 수 있다.[682] 즉 AI 모델의 진정한 잠재력과 위험은 개발 단계의 통제된 실험실 환경에서 완전히 파악될 수 없고, 많은 이용자들의 현실 세계에서 다양한 방식의 이용으로 그 진면목이 드러나게 된다. 범용 AI 모델이 적절한 기술 도구와 방법론을 기반으로 평가된 고영향 역량을 가지거나 그 도달 범위로 인해 내부시장에 중대한 영향을 가지는 경우 시스템적 위험을 초래하는 것으로 간주된다.[683]

> '시스템적 위험'(systemic risk)은 도달 범위로 인해 EU 시장에 중대한 영향을 미치거나, 공중보건, 안전, 공공안전, 기본권 또는 사회 전체에 대한 실제 또는 합리적으로 예측 가능한 부정적인 효과로 인해 가치 사슬 전반에 걸쳐 대규모로 전파될 수 있는 범용 AI 모델의 고영향 역량에 특정적인 위험을 의미한다.[684]

1. 시스템적 위험이 있는 범용 AI 모델의 지정 절차[685]

(1) 신고 의무

범용 AI 모델이 지표와 벤치마크를 포함하여 적절한 기술적 도구와 방법론에 근거하여 평가된 '고영향 역량'(high impact capabilities)의 조건을 충족하는 경우 관련 제공자는 동 요건이 충족되거나 충족될 것으로 알게 된 후 지체 없이 및 어떠한 경우에도 2주 이내에 유럽위원회에 신고해야 한다.[686] 이는 부

682) 상설 제111항.
683) 상설 제111항.
684) 제3조 제65호.
685) 지정 절차에 관한 제52조는 2025년 8월 2일부터 적용된다.
686) 제52조 제1항 제1문. 이 신고는 관련 요건이 충족되었음을 증명하는데 필요한 정보를 포함해야 한다. 제52조 제1항 제2문. 제공자는 AI사무국에 해당 요건의 충족을 신고하여야 한다. 상설 제112항.

동 소수점 연산 임계치와 관련하여 특히 중요한데, 범용 AI 모델의 훈련은 연산 리소스의 초기 할당 등 상당한 계획을 필요하므로 범용 AI 모델 제공자는 훈련이 완료되기 전에 동 모델이 임계치를 충족하는지 알 수 있기 때문이다.[687]

'고영향 역량'(high impact capabilities)은 가장 발전된 범용 AI 모델에서 기록된 역량과 일치하거나 이를 능가하는 역량을 의미한다.[688]

유럽위원회는 신고되지 않았지만 시스템적 위험을 나타내는 범용 AI 모델을 알게 되는 경우, 이를 시스템적 위험이 있는 모델로 지정할 수 있다.[689]

(2) 시스템적 위험 없음의 주장

고영향 역량의 조건을 충족하는 범용 AI 모델의 제공자는 신고와 함께 해당 요건을 충족하지만, 예외적으로 특정 특성으로 인해 범용 AI 모델이 시스템적 위험을 나타내지 않아서 시스템적 위험이 있는 범용 AI 모델로 분류되지 않아야 한다고 증명하는 충분한 근거 있는 주장을 제시할 수 있다.[690] 이는 오픈소스로 공개될 예정인 범용 AI 모델과 관련하여 특히 중요한데, 오픈소스 모델의 공개 이후에는 AI법 의무를 준수하기 위해 필요한 조치를 취하는 것이 더 어려워질 수 있기 때문이다.[691]

유럽위원회는 범용 AI 모델 제공자의 주장이 충분히 증명되지 않고 관련 제공자가 범용 AI 모델의 특정 특성으로 인해 동 모델이 시스템적 위험을 나타내지 않는 것을 증명할 수 없었다고 결론을 내리면 해당 주장을 기각해야 하고, 해당 범용 AI 모델은 시스템적 위험이 있는 범용 AI 모델로 간주된다.[692]

---

687) 상설 제112항.

688) 제3조 제64호. 범용 AI 모델은 총연산 성능이 10^{25}플롭스(FLOPs)를 초과하면 고영향 역량을 가진 것으로 추정된다. 제51조 제2항.

689) 제52조 제1항 제3문.

690) 제52조 제2항.

691) 상설 제112항.

692) 제52조 제3항.

(3) 유럽위원회의 직권 지정

유럽위원회는 부속서 XIII에 규정된 기준에 근거하여 직권으로 또는 과학 패널의 '공식 경고'(qualified alerts)에 따라 범용 AI 모델을 시스템적 위험을 나타내는 것으로 지정할 수 있다.[693] 공식 경고 시스템은, AI사무국의 모니터링 활동에 더하여, 시스템적 위험이 있는 범용 AI 모델로 분류될 가능성이 있는 범용 AI 모델에 대해 과학 패널이 AI사무국에 알리도록 보장한다.[694]

시스템적 위험이 있는 범용 AI 모델로 지정된 제공자의 이유를 밝힌 요청으로, 유럽위원회는 해당 요청을 고려하여 부속서 XIII에 명시된 기준에 근거하여 범용 AI 모델이 여전히 시스템적 위험을 나타내는 것으로 간주될 수 있는지 재평가를 결정할 수 있다.[695] 제공자는 지정의 결정 후 빠르면 6개월 후 재평가를 요청할 수 있다.[696] 유럽위원회가 재평가 후 시스템적 위험이 있는 범용 AI 모델이라는 지정을 유지하도록 결정한 경우, 제공자는 해당 결정 후 빠르면 6개월 후 재평가를 요청할 수 있다.[697]

(4) 지정 목록

유럽위원회는 EU와 회원국 법에 따라 지식재산권과 기밀 비즈니스 정보 또는 영업비밀을 준수하고 보호할 필요를 저해하지 않고, 시스템적 위험이 있는 범용 AI 모델의 목록을 공표하고 동 목록을 최신 상태로 유지해야 한다.[698] 운영자, 학계, 시민사회, 일반 대중은 시스템적 위험이 있는 범용 AI 모델을 알 수 있고, 이용자는 해당 AI 기술의 잠재적 위험 수준을 알 수 있다. 자신의 모델이 지정 목록에 있는 제공자는 제55조에 따른 강화된 의무를 추가

693) 제52조 제4항 제1단. 제90조 제1항(a) 참조. 유럽위원회는 부속서 XIII에 규정된 기준을 구체화하고 업데이트하여 동 부속서를 개정하기 위해 위임입법을 채택할 권한이 있다. 제52조 제4항 제2단.

694) 상설 제113항.

695) 제52조 제5항 제1문. 이러한 요청은 지정의 결정 이후 발생한 객관적이고 상세하며 새로운 이유를 포함하여야 한다. 제52조 제5항 제2문.

696) 제52조 제5항 제3문.

697) 제52조 제5항 제4문.

698) 제52조 제6항.

적으로 준수해야 함을 알게 되어, 규제의 예측 가능성이 높아진다.

시스템적 위험이 있는 모델의 목록을 공개함으로써 그 모델의 인증 과정에서 규제 당국에 제출된 상세한 기술문서, 훈련 데이터의 구성, 적대적 테스트 결과 등 핵심적인 영업비밀까지 공개되어야 하는 것은 아니다.

*** GDPR은 시스템적 위험이 있는 범용 AI 모델의 분류나 이를 지원하는 절차와 직접적으로 유사한 규정을 두지 않는다. 그러나 특정 GDPR 준수 조치, 특히 GDPR 제36조에 따른 감독 당국과의 사전 협의와 관련된 조치는 AI법에 따라 유럽위원회(AI사무국)에 신고하는 데 필요한 절차를 설계하는 기초가 될 수 있을 것이다.

2. 시스템적 위험이 있는 범용 AI 모델 제공자의 의무[699]

GPT-4o나 Gemini 1.5 Pro와 같이 사회 전체에 영향을 미칠 수 있는 강력한 범용 AI 모델의 제공자는 제53조의 기본 의무에 더하여 특별하고 강화된 의무를 부담한다.

(1) 추가적 의무

시스템적 위험이 있는 범용 AI 모델의 제공자는 범용 AI 모델의 제공자와 동 제공자의 공인 대리인에 관한 의무에 더하여[700] 시스템적 위험을 확인하여 완화하고 사이버보안 보호의 적합한 수준의 보장을 위한 의무를 이행해야 한다.[701] 영업비밀을 포함하여 제55조에 따라 획득한 모든 정보 또는 문서는 기밀유지 의무에 따라 취급되어야 한다.[702]

---

699) 시스템적 위험이 있는 범용 AI 모델 제공자의 의무에 관한 제55조는 2025년 8월 2일부터 적용된다.

700) 각각 제53조와 제54조 참조.

701) 제55조 제1항, 상설 제114항.

702) 제55조 제3항. 기밀유지 의무는 제78조 참조.

1) 모델 평가와 적대적 테스트

시스템적 위험이 있는 범용 AI 모델의 제공자는 시스템적 위험을 확인하고 완화하기 위해 모델의 적대적 테스트를 수행하고 문서화하는 등 최신 기술을 반영하는 표준화된 프로토콜과 도구에 따라 모델 평가를 수행해야 한다.[703] '적대적 테스트'(adversarial testing) 또는 레드팀(red-teaming)은 모델에 의도적으로 문제를 일으킬 수 있는 투입물을 제공하여 오류, 편향, 오용 가능성 등을 탐지하는 것이다.

이러한 모델 평가는 첫 시장 출시 전에 수행되어야 하고, 적절한 경우 내부 또는 독립적인 외부 테스트를 통해 수행될 수 있다.[704] 즉 제공자가 자체적으로 내부 레드팀을 구성하여 테스트를 수행하거나 제3의 사이버보안 전문기업이나 AI 안전 연구기관에 의뢰하여 독립적이고 객관적인 관점에서 테스트를 수행할 수 있다.

2) 시스템적 위험의 평가와 완화

시스템적 위험이 있는 범용 AI 모델의 제공자는 시스템적 위험이 있는 범용 AI 모델의 개발, 시장 출시 또는 이용에서 발생할 수 있는 가능한 시스템적 위험을 그 근원을 포함하여 EU 차원에서 평가하고 완화해야 한다.[705] 예컨대, 시스템적 위험은 설계 결함, 훈련 데이터 편향, 불충분한 감독 메커니즘, 의사결정 로직의 불투명성 등을 이유로 야기될 수 있다. 시스템적 위험이 있는 범용 AI 모델의 제공자는 설명책임과 거버넌스 프로세스와 같은 위험 관리 정책을 마련하고, 시판 후 모니터링을 시행하며, 전체 모델 수명주기에 따라 적절한 조치를 취하고, AI의 가치 사슬에서 관련 행위자와 협력하는 등 시스템적 위험을 지속적으로 평가하고 완화해야 한다.[706]

---

703) 제55조 제1항(a).

704) 상설 제114항.

705) 제55조 제1항(b).

706) 상설 제114항. '전체 모델 수명주기'(entire model's lifecycle)는 모델의 개발, 훈련과 테스트, 출시, 통합과 응용, 미세조정과 정렬 등 업데이트, 모니터링, 폐기 등 모든 단계를 포괄한다.

3) 심각한 사고의 신고

시스템적 위험이 있는 범용 AI 모델의 제공자는 심각한 사고와 이를 다루기 위한 가능한 시정조치에 대한 관련 정보를 추적하고, 문서화하여 AI사무국과 적절한 경우 회원국 소관 당국에 부당한 지체 없이 신고해야 한다.[707] 심각한 사고는 개별 시스템의 오작동을 넘어 보다 광범위한 사회적 영향을 미치는 사건, 예컨대 대규모 허위 정보의 유포, 새로운 유형의 사이버 공격, 유해 콘텐츠의 생성과 유포 등을 가리킬 것이다.

고위험 AI 시스템의 심각한 사고 신고 의무와 유사하지만,[708] 시스템적 위험이 있는 모델 제공자는 심각한 사고와 관련하여 3단계 의무를 부담한다. 첫째, 추적으로서 자신의 모델이 시장에서 어떻게 이용되고 있는지 및 어떤 사고를 일으키는지 지속적으로 감시하고 파악해야 한다. 둘째, 문서화로서 추적하여 발견한 모든 심각한 사고에 대한 사실 관계 및 이에 대한 대응 등 기록을 상세히 작성하고 유지해야 한다. 셋째, 신고로서 AI사무국에 공식적으로 알려야 한다. 경우에 따라서는 문제가 발생한 특정 회원국의 소관 당국에도 알려야 한다. '부당한 지체 없이'(without undue delay)는 즉시(immediately)보다 약간의 유연성을 허용하지만, 정당한 이유 없이 신고를 미루는 것은 금지된다.[709]

4) 사이버보안의 보장

시스템적 위험이 있는 범용 AI 모델의 제공자는 시스템적 위험이 있는 범용 AI 모델과 모델의 물리적 인프라에 대해 적절한 수준의 사이버보안을 보장해야 한다.[710] 악의적인 이용 또는 공격과 관련된 시스템적 위험에 관련된 사이버보안의 보호는 우발적인 모델 유출, 무단 공개, 안전 조치의 회피, 사이버 공격에 대한 방어, 무단 접근 또는 모델의 탈취에 대한 방어를 적절하게 고려

707) 제55조 제1항(c).

708) 고위험 시스템의 심각한 사고 신고에 관하여 제73조 참조.

709) 사고의 인지 후, 그 원인과 영향을 파악하기 위한 최소한의 초기 조사를 거쳐, 심각한 사고가 명확해지면 합리적으로 가능한 가장 빠른 시점에 규제 당국에 알려야 할 것이다.

710) 제55조 제1항(d).

해야 한다.[711] 이러한 보호는 관련 상황과 관련된 위험에 적절하게 정보 보안을 위한 운영 보안 조치, 특정 사이버보안 정책, 적합하고 기술적으로 확립된 솔루션, 사이버와 물리적 접근 통제 등을 통해 모델 가중치, 알고리즘, 서버 및 데이터 세트를 보호하여 촉진될 수 있다.[712]

(2) 실무강령

유럽 조화된 표준을 준수하면, 해당 표준이 해당 의무를 포괄하는 범위 내에서 제공자에게 적합성 추정이 부여된다.[713] 시스템적 위험이 있는 범용 AI 모델의 제공자는, 조화된 표준이 발표될 때까지, 위의 네 가지 추가적 의무의 준수를 증명하기 위해 실무강령(code of practice)에 의존할 수 있다.[714] 승인된 실무강령을 준수하지 않거나 유럽 조화된 표준을 준수하지 않는 시스템적 위험이 있는 범용 AI 모델의 제공자는 유럽위원회의 평가를 위해 적합한 대체적 준수 수단을 증명해야 한다.[715] '적합한 대체적 준수 수단'(alternative adequate means of compliance)은 ISO 국제표준, NIST 가이드라인, 자체 기술문서 시스템과 위험 관리 리포트 등이 될 것이다.

*** 제53조에 따른 일반적인 범용 AI 모델에 대한 의무와 마찬가지로, 시스템적 위험이 있는 범용 AI 모델에 적용되는 제55조의 의무는 AI법에 특정적인 것이다. 그러나, 추가적인 제55조의 의무와 GDPR 제32조와 제33조의 처리 보안과 침해 신고와 관련된 의무 사이에 유사점이 있을 수 있다. 기업은 개인정보 보안과 사이버보안을 위한 GDPR 프레임워크를 활용하여 범용 AI 모델과 모델의 물리적 인프라로 확장할 수 있다. 사고의 신고와 관련하여 기업은 GDPR의 침해 신고 시스템을 확장하여 AI에 특정된 사고를 포함할 수 있

711) 상설 제115항.

712) 상설 제115항.

713) 제55조 제2항 제2문.

714) 제55조 제2항 제1문. 2025년 7월 10일 유럽위원회는 「범용 AI 실무강령」(General-Purpose AI Code of Practice)의 최종본을 접수하였고, 유럽위원회와 AI이사회는 동 실무강령이 범용 AI 모델 제공자의 AI법 의무 충족을 증명하는 충분한 자발적 준수 도구임을 확인하였다.

715) 제55조 제2항 제3문.

다. 개인정보보호의 책임 있는 자와 AI법 준수의 책임 있는 자의 협력으로 모든 신고 의무가 효율적으로 이행될 수 있다. 또한, 범용 AI 모델과 관련된 잠재적인 체계적 위험 평가 및 GDPR과 AI법의 요건에 부합하는 완화 전략이 이행되어야 할 것이다.

Chapter 07

공인 대리인

EU에 설립되지 않은 고위험 AI 시스템 제공자 또는 범용 AI 모델 제공자는 반드시 EU 내에 공인 대리인을 지정해야 한다. 이는 EU AI법의 의무 준수 관련하여 EU 내 책임 주체를 확보하기 위함이다. 이들 공인 대리인은 각각의 제공자를 대신해 AI사무국과 회원국 감독 당국과의 소통 창구, 관련 문서의 보관 및 제공, 제공자의 의무 이행 관련 보조 역할을 한다. 고위험 시스템의 공인 대리인은 회원국 시장감시 당국, 범용 모델의 공인 대리인은 AI사무국과 주로 소통하게 된다.

Chapter 07

공인 대리인

AI법의 역외적용의 실효성을 보장하기 위해 EU 역외 고위험 AI 시스템과 범용 AI 모델의 제공자에 대하여 공인 대리인이 지정되어야 한다.

I 고위험 AI 시스템 제공자의 공인 대리인[1)]

디지털 제품을 이용 가능하게 하는 다양한 형태를 고려하여, 모든 상황에서 EU에 설립된 자(a person)는 AI 시스템의 규정 준수에 관한 모든 필요한 정보를 당국에 제공할 수 있도록 보장하는 것이 중요하다.[2)] 디지털 제품이 이용 가능하게 되는 다양한 형태를 고려하는 것은 AI 시스템의 유통에서 수입자만 디지털 공급망의 책임을 묻게 하기 어렵기 때문이다. 즉 AI 시스템은 API나

1) 고위험 AI 시스템 제공자의 공인 대리인에 관한 제22조는 2026년 8월 2일부터 적용된다.

2) 상설 제82항.

다운로드 등 국경 넘어 쉽게 유통될 수 있는데, 공인 대리인을 통해 AI법의 역외적용이 실질적으로 작동하게 된다. 공인 대리인은 EU에 설립되지 않은 제공자의 EU에서 시장에 출시하거나 서비스에 투입하는 고위험 AI 시스템의 규정 준수를 보장하고 EU에 설립된 연락 담당자로서 중추적인 역할을 한다.[3)]

'공인 대리인'(authorized representative)은 AI 시스템 또는 범용 AI 모델의 [EU 역외] 제공자로부터 AI법이 확정한 의무와 절차를 대신 수행하고 이행하라는 서면 위임을 받고 이를 수락한 EU에 소재하거나 설립된 자연인 또는 법인이다.[4)]

1. 공인 대리인의 지정과 종료

제3국에 설립된 제공자는 고위험 AI 시스템이 EU 시장에서 이용 가능하게 하기 전에 '서면 위임'(written mandate)에 의해 EU에서 설립된 공인 대리인을 지정하여야 한다.[5)] 공인 대리인은 위임 사본을, 소관 당국이 지정한 EU기관의 공식 언어 중 하나로 요청에 따라, 시장감시 당국에 제공해야 한다.[6)]

공인 대리인은 제공자가 AI법에 따른 의무를 위반하는 행위를 하고 있다고 고려하거나 그러한 고려의 이유를 가지면 동 서면 위임을 종료해야 한다.[7)] 이 경우 공인 대리인은 관련 시장감시 당국과 적용 가능한 경우 관련 인증기관에 위임 종료와 그 이유를 즉시 알려야 한다.[8)]

---

3) 상설 제82항.

4) 제3조 제5호. GDPR은 제27조에서 대리인(representative)을 규정하는데, AI법은 「시장 감시 규칙」 제3조 제12호의 공인 대리인의 용어를 이용하고, 그 정의도 유사하다.

5) 제22조 제1항. 대부분의 미국 빅테크 기업은 GDPR에 따른 대리인 등 EU 내에 법적 거점을 두고 있고, 이러한 대리인 또는 현지 법인이 AI법의 공인 대리인으로 지정될 것이다. 예컨대, OpenAI는 아일랜드 더블린에 OpenAI Ireland Ltd.를 설립하여 유럽 본부로 운영하고 있어서 공인 대리인 역할을 수행하게 될 것이다.

6) 제22조 제3항 제2문.

7) 제22조 제4항 제1문.

8) 제22조 제4항 제2문.

2. 공인 대리인의 과업

제공자는 자신의 공인 대리인이 자신에게서 받은 위임에 명시된 과업을 수행하도록 해야 한다.[9] 따라서, 공인 대리인은 제공자로부터 받은 위임에서 특정된 과업을 수행해야 한다.[10] 공인 대리인이 수행할 과업은 다음과 같다.

첫째, EU 적합성 선언[11]과 기술문서[12]가 작성되었고 제공자가 적절한 적합성 평가 절차를 수행하였음을 검증해야 한다.[13] 둘째, 고위험 AI 시스템의 시장 출시 또는 서비스 투입 후 10년간 소관 당국과 회원국 당국이나 기관이 공인 대리인을 임명한 제공자의 연락처 정보, EU 적합성 선언 사본, 기술문서, 및 해당되는 경우 인증기관이 발급한 인증서를 열람·이용할 수 있도록 보관하여야 한다.[14] 셋째, 이유를 밝힌 요청에 따라, 소관 당국에게 고위험 AI 시스템이 자동적으로 생성한 로그[15]에 대한 접근을 포함하여 고위험 AI 시스템의 요건에 관한 제III장 제2절에 규정된 요건을 고위험 AI 시스템이 준수함을 증명하는 데 필요한 정보와 문서를 제공해야 한다.[16] 이들 정보와 문서는 공인 대리인을 임명한 제공자의 연락처, EU 적합성 선언 사본, 기술문서, 및

---

9) 제22조 제2항.

10) 제22조 제3항 제1문.

11) 고위험 AI 시스템 제공자는 각 고위험 AI 시스템에 대해 서면의 기계 판독이 가능한 물리적 또는 전자적으로 서명된 EU 적합성 선언을 작성하고, 고위험 AI 시스템이 시장에 출시되거나 서비스에 투입된 후 10년간 회원국 소관 당국이 처분 즉 열람·이용할 수 있도록 보관해야 한다. 제47조 제1항.

12) 고위험 AI 시스템의 기술문서는 해당 시스템이 시장에 출시되거나 서비스에 투입되기 전에 작성되어야 하고 최신 상태로 유지되어야 한다. 제11조 제1항. 기술문서는 고위험 AI 시스템이 동 시스템의 요건에 관한 제III장 제2절에 규정된 요건을 준수함을 증명하고 해당 요건에 대한 AI 시스템의 준수 여부를 평가하는 데 필요한 정보를 명확하고 포괄적인 형태로 회원국 소관 당국과 인증기관에 제공하도록 작성되어야 한다. 제11조 제2항.

13) 제22조 제3항(a).

14) 제22조 제3항(b). 이들 당국은 제74조 제10항 참조.

15) 고위험 AI 시스템은 기술적으로 동 시스템의 수명기간에 걸쳐 이벤트의 자동적 기록(로그)을 허용하여야 한다. 제12조 제1항. 제공자가 해당 로그를 통제하는 경우에 한한다.

16) 제22조 제3항(c).

해당되는 경우 인증기관이 발급한 인증서를 포함한다. 넷째, 이유를 밝힌 요청에 따라, 특히 고위험 AI 시스템이 주는 위험을 감소하고 완화하기 위하여 고위험 AI 시스템에 관련하여 취하는 조치에서 소관 당국과 협력해야 한다.[17] 다섯째, 해당되는 경우 등록 의무[18]를 준수하거나, 제공자 자신이 등록을 수행했으면 부속서 VIII 섹션 A 제3호에 언급된 정보가 정확하도록 보장해야 한다.[19] 여섯째, 제공자의 위임은 AI법의 준수 보장에 관련된 모든 문제에 대해 공인 대리인이 제공자에 더하여 또는 제공자 대신 소관 당국의 연락 대상이 될 수 있는 권한을 부여한다.[20] 따라서, 감독 당국은 역외 제공자에게 직접 연락하지 않고 EU 내 공인 대리인을 공식적인 단일 창구로 삼아 모든 소통과 법적 절차를 진행할 수 있다. 물론 감독 당국은 필요한 경우 역외 제공자에게 직접 연락하고 책임을 물을 수 있다.

*** GDPR 제27조에 따라 제3국에 설립되지만 GDPR의 역외적용 대상인 컨트롤러 또는 프로세서는 EU에 대리인을 임명해야 한다. 대리인의 특정 과업은 AI법과 GDPR에 따라 다르지만, 두 규정의 논리는 동일하다. 즉, 특정 의무를 이행하고 회원국 소관 당국과 협력할 수 있는 EU 내 연락 담당자를 두는 것이다. AI법에 규정된 추가 과업을 수행할 수 있는 기술적 역량을 가지고 있다면, GDPR에 따른 대리인을 AI법에 따른 공인 대리인으로 임명할 수 있다.

---

17) 제22조 제3항(d).

18) 부속서 III 제2항에 언급된 핵심 인프라 분야의 고위험 AI 시스템을 제외하고 동 부속서에 열거된 고위험 AI 시스템을 시장에 출시하거나 서비스에 투입하기 전에 제공자 또는 해당되는 경우 공인 대리인은 제71조에 언급된 EU 데이터베이스에 자신과 시스템을 등록해야 한다. 제49조 제1항.

19) 제22조 제3항(e) 제1문. 부속서 VIII은 제49조에 따라 고위험 AI 시스템의 등록에서 제출될 정보를 규정하는데, 섹션 A 제3호는 공인 대리인의 성명, 주소와 연락처 정보를 규정한다.

20) 제22조 제3항 제2단.

II 범용 AI 모델 제공자의 공인 대리인[21)]

AI법의 역외적용의 실효성을 보장하기 위해 EU 역외 범용 AI 모델 제공자의 공인 대리인이 지정되어야 한다.

1. 공인 대리인의 지정과 종료

제3국에 설립된 범용 AI 모델의 제공자는 동 모델을 EU 시장에 출시하기 전에 '서면 위임'(written mandate)에 의해 EU에서 설립된 공인 대리인을 지정하여야 한다.[22)] 공인 대리인은 AI사무국의 요청으로 EU기관의 공식 언어 중 하나로 위임 사본을 AI 사무국에 제공해야 한다.[23)]

공인 대리인은 제공자가 AI법에 따른 의무에 위반하는 행위를 하고 있다고 고려하거나 그러한 고려의 이유를 가지면 위임을 종료해야 한다.[24)] 이 경우 공인 대리인은 AI사무국에 위임의 종료와 그 이유를 즉시 알려야 한다.[25)]

'공인 대리인'(authorized representative)은 AI 시스템 또는 범용 AI 모델의 [EU 역외] 제공자로부터 AI법이 확정한 의무와 절차를 대신 수행하고 이행하라는 서면 위임을 받고 이를 수락한 EU에 소재하거나 설립된 자연인 또는 법인이다.[26)]

---

21) 범용 AI 모델 제공자의 공인 대리인에 관한 제54조는 2025년 8월 2일부터 적용된다.

22) 제54조 제1항. 범용 AI 모델이 시스템적 위험을 주지 않는 한, 제54조의 범용 AI 모델 제공자의 공인 대리인에 관한 의무는 모델의 접근, 이용, 수정 및 유통을 허용하는 무료 오픈소스 라이선스에 따라 공개되고 가중치를 포함한 매개변수, 모델 아키텍처에 대한 정보 및 모델 이용 정보가 공개되어 있는 범용 AI 모델의 제공자에게 적용되지 않는다. 제54조 제6항.

23) 제54조 제3항 제2문. EU기관의 공식 언어는 회원국들의 공식 언어를 포함하는데, 현재 영어, 몰타어, 루마니아어, 에스토니아어 등 24개 언어로 이루어져 있다.

24) 제54조 제5항 제1문.

25) 제54조 제5항 제2문.

26) 제3조 제5호. GDPR은 제27조에서 대리인(representative)을 규정하는데, AI법은

2. 공인 대리인의 과업

공인 대리인은 제공자로부터 받은 위임에 명시된 과업을 수행해야 한다.[27] 제공자는 자신의 공인 대리인이 제공자로부터 받은 위임에서 특정된 과업을 수행할 수 있게 해야 한다.[28]

공인 대리인은 다음의 과업을 수행해야 한다. 첫째, 부속서 XI에서 지정된 기술문서가 작성되었고 제공자가 제53조에 언급된 그리고 해당되는 경우 제55조에 언급된 모든 의무를 이행하였음을 검증한다.[29] 둘째, 범용 AI 모델의 시장 출시 후 10년간 부속서 XI에서 지정된 기술문서의 사본 및 공인 대리인을 임명한 제공자의 연락처를 AI사무국과 회원국 소관 당국이 열람·이용하도록 보관한다.[30] 셋째, 이유를 밝힌 요청에 따라, 범용 AI 모델에 관한 제V장의 의무 준수를 증명하는 데 필요한 위 기술문서를 포함한 정보와 문서를 AI 사무국에 제공한다.[31] 넷째, 이유를 밝힌 요청에 따라, 범용 AI 모델이 EU에서 시장에 출시되거나 서비스에 투입된 AI 시스템에 통합되는 경우를 포함하여 동 모델에 관련하여 AI사무국과 소관 당국이 취하는 조치에 대하여 이들과 협력한다.[32]

제공자의 위임은 AI법의 준수 보장에 관련된 모든 문제에 대해 공인 대리인이 제공자에 더하여 또는 제공자 대신 AI사무국 또는 소관 당국의 연락 대상이 될 수 있는 권한을 부여한다.[33] 따라서, 감독 당국 등은 역외 제공자에게 직접 연락하지 않고 EU 내 공인 대리인을 공식적인 단일 창구로 삼아 모든 소통과 법적 절차를 진행할 수 있다. 물론 감독 당국 등은 필요한 경우 역

「시장 감시 규칙」 제3조 제12호의 공인 대리인의 용어를 이용하고, 그 정의도 유사하다.

27) 제54조 제3항 제1문.

28) 제54조 제2항.

29) 제54조 제3항 제3문(a). 제53조는 범용 AI 모델 제공자의 의무를, 제55조는 시스템적 위험이 있는 범용 AI 모델 제공자의 의무를 규정한다.

30) 제54조 제3항 제3문(b).

31) 제54조 제3항 제3문(c).

32) 제54조 제3항 제3문(d).

33) 제54조 제4항.

외 제공자에게 직접 연락하고 책임을 물을 수 있다.

*** GDPR 제27조는 EU 역외에 설립되지만 GDPR의 역외적용 대상인 컨트롤러 또는 프로세서가 EU에 대리인을 임명하도록 규정한다. AI법과 GDPR에서 대리인의 구체적인 업무는 다르지만, 두 법의 논리는 동일하다. 즉, 특정 의무를 이행하고 소관 당국과 협력할 수 있는 EU 내 연락 담당자의 필요이다. EU 역외 기업은 GDPR에 따른 대리인을 AI법에 따라 추가적인 업무를 수행할 기술적 역량을 갖춘 공인 대리인으로 임명할 수 있다.

그림 7-1 서면 위임의 예[34)]

Mandate Agreement

This agreement is made on [Date] between:

1. Provider of AI System [AI Model]

Name: [Provider's Name]

Address: [Provider's Address]

2. Authorized Representative

Name: [Representative's Name]

Address: [Representative's Address]

Purpose

The purpose of this mandate is to authorize [Representative's Name] to act on behalf of [Provider's Name] in matters related to compliance with the EU AI Act for the AI system [model] identified below.

AI System [Model] Details

Name: [AI System [Model]'s Name]

Description: [Brief description of the AI system [model]]

Responsibilities

The authorized representative shall:

- Ensure compliance with all applicable regulations and legal requirements.

34) AI 서비스의 도움을 받아 정리됨.

- Liaise with regulatory authorities on behalf of the provider.
- Provide documentation and information as required by law.

Limitations

The representative shall not:

- Alter or modify the AI system [model] without prior written consent from the provider.
- Take any action beyond the scope of this mandate without provider's approval.

Duration

This mandate shall be valid from [Start Date] to [End Date], unless terminated earlier in writing by either party.

Signatures

Provider of AI System [Model]:
Name: [Provider's Name]
Signature: ______________________
Date: [Date]

Authorized Representative:
Name: [Representative's Name]
Signature: ______________________
Date: [Date]

Chapter 08

고위험 AI 시스템 운영자의 의무

고위험 AI 시스템의 운영자는 단순한 이용자에 그치지 않고, 투명성과 감독, 위험 신고 등 독자적인 규제 의무를 통해 AI법 체계에서 책임 있는 사업자 즉 제공자와 함께 AI 거버넌스 체계의 핵심적 책임 주체가 된다. EU AI법은 제공자는 물론 실제 사회적 맥락에서 운영자의 이용되는 단계까지 그 규율을 확장하여 위험 기반 접근을 실질화한다.

Chapter 08

고위험 AI 시스템 운영자의 의무

실제 환경에서 AI 시스템 성능의 정상적인 모니터링을 보장할 필요에 관하여를 포함하여 AI 시스템 이용과 가능하게 관련된 안전과 기본권에 대한 위험 및 AI 시스템의 성격을 고려할 때, 운영자에게 특정 책임을 설정하는 것이 적절하다.[1)]

운영자(deployer)는 AI 시스템이 개인적인 비전문적 활동 과정에서 이용되는 경우를 제외하고 자신의 권한하에 AI 시스템을 이용하는 자연인 또는 법인, 공공 당국, 에이전시 또는 다른 기관을 의미한다.[2)]

1) 상설 제91항.

2) 제3조 제4호. AI법의 초안에서 운영자의 개념이 없었고 이용자(user)의 개념만 있었는데, AI 시스템에 대한 책임 소재를 명확히 하기 위하여 운영자의 개념이 추가되었다.

I 고위험 AI 시스템 운영자의 의무[3)]

1. 기술적·관리적 조치

고위험 AI 시스템의 운영자는 동 시스템과 함께 제공되는 사용 설명서에 따라 해당 시스템을 이용하도록 보장하기 위하여 적절한 기술적 및 관리적 조치를 취해야 한다.[4)] 즉 운영자는 제공자가 제공한 사용 설명서를 따르고, 그 준수를 보장할 수 있는 내부 시스템을 구축하여야 한다. 내부 시스템으로서 관리적 조치는 사용 설명서에 기반한 내부 정책과 절차를 수립하고 그 준수의 책임자를 지정하며 필요한 교육과 훈련을 요구한다. 기술적 조치는 해당 AI 시스템에 대한 접근 권한을 설정하고 AI의 결과물에 대한 강제적인 검토를 포함할 수 있다. 이렇게 운영자는 AI가 실제 현장에서 안전하고 책임 있게 이용되도록 보장하는 책임을 진다.

*** GDPR 제24조에 따라, 컨트롤러는 GDPR 준수를 보장하고 이를 증명할 수 있는 적절한 기술적, 관리적 조치를 시행해야 한다. 이는 고위험 AI 시스템의 이용에 대한 제공자의 지시 준수와 관련하여 운영자의 설명책임 의무와 유사하다. 고위험 AI 시스템이 개인정보 처리를 포함하는 경우, 운영자는 GDPR과 AI법에 따른 설명책임 의무를 이행하기 위한 정책과 절차를 구현해야 한다. 또한, 운영자는 AI 설명책임 목적으로 GDPR의 설명책임 프레임워크를 활용할 수 있다.

2. 감독 의무

운영자는 필요한 권능, 훈련과 권한 및 필요한 지원을 갖춘 자연인에게 인적 감독을 할당해야 한다.[5)] '인적 감독'(human oversight)은 고위험 AI 시스템이 그 의도된 목적에 따라 또는 합리적으로 예측 가능한 오용 조건에서 이용될

3) 고위험 AI 시스템 운영자의 의무에 관한 제26조는 2026년 8월 2일부터 적용된다.
4) 제26조 제1항. 제26조 제3항과 제6항 참조.
5) 제26조 제2항.

때 건강, 안전 또는 기본권에 대한 위험을 방지하거나 최소화하는 것을 목표로 한다.[6)]

운영자는 AI법에 규정된 사용 설명서와 인적 감독을 시행하도록 할당된 사람이 필요한 권능 특히 해당 과업을 정상적으로 수행할 적합한 수준의 AI 이해력, 훈련과 권한을 보유하는지 확인해야 한다.[7)] 이러한 의무는 EU 또는 회원국 법에 따른 고위험 AI 시스템과 관련된 다른 운영자 의무를 저해하지 않아야 한다.[8)] 즉 AI법의 의무는 최소한의 추가 규정인 점에서 운영자는 개인정보보호, 금융소비자 보호, 근로자 보호 등의 다른 법에 따른 법적 의무를 준수함과 동시에 AI법의 의무를 추가적으로 준수해야 한다.

인적 감독의 책임이 할당된 개인은 다음과 같은 지식, 도구 및 리소스를 갖추고 있어야 한다. 첫째, 시스템의 역량과 한계를 올바르게 이해하고 시스템 작동을 모니터링하여 이상 징후, 기능 장애 및 예기치 않은 성능을 감지하고 해결할 수 있어야 한다.[9)] 둘째, 시스템의 결과물에 자동적으로 의존하거나 과도하게 의존하는 경향, 소위 '자동화 편향'(automation bias)을 인식하여야 한다.[10)] 셋째, 시스템의 결과물을 올바르게 해석해야 한다.[11)] 넷째, 특정 상황에서 시스템을 이용하지 않거나 시스템의 결과물을 무시(disregard), 무효화(override) 또는 번복(reverse) 결정해야 한다.[12)] 다섯째, 시스템을 안전한 상태로 정지시키는 정지 버튼 또는 이와 유사한 절차를 통해 시스템 작동에 개입하거나 중단해야 한다.[13)]

---

6) 제14조 제2항.
7) 상설 제91항.
8) 상설 제91항.
9) 제14조 제4항(a).
10) 제14조 제4항(b). 자동화 편향은 특히 자연인이 취해야 할 결정을 위한 정보 또는 추천을 제공하는 데 이용되는 고위험 AI 시스템이 생성한 결과물에 자동적으로 의존하거나 과도하게 의존하는 경향을 의미한다.
11) 제14조 제4항(c).
12) 제14조 제4항(d).
13) 제14조 제4항(e).

*** GDPR 제37조는 특정 상황에서 기업이 GDPR 준수를 감독할 책임이 있는 개인정보보호책임자를 임명하도록 규정한다. 운영자가 개인정보 처리를 포함하는 고위험 AI 시스템을 이용하는 경우, 개인정보보호책임자를 임명해야 할 수 있다. 특정 상황에 따라, 고위험 AI 시스템에 대한 인적 감독을 보장하는 개인 또는 팀과 개인정보보호책임자가 협력하거나 긴밀히 협력하는 것이 적절하다.

3. 데이터 관리

위의 기술적·관리적 조치와 인적 감독 의무를 저해하지 않고, 운영자는 자신이 투입한 데이터에 대한 통제를 행사하는 한 고위험 AI 시스템의 의도된 목적에 비추어 해당 데이터가 관련성이 있고 충분히 대표적이도록 보장해야 한다.[14] 즉 투입된 데이터는 정확하고 편향을 갖지 않아야 한다. 훈련, 검증 및 테스트 데이터 세트는 시스템의 의도된 목적을 고려하여 관련성이 있고, 충분히 대표적이며, 가능한 한 오류가 없고 완전해야 한다.[15] 관련성은 데이터가 AI 시스템의 과업과 목적과 일치하는 것이고, 대표성은 데이터가 인구 또는 분야의 실제 세계의 다양성을 반영하는 것이다.

제공자는 AI 시스템의 훈련, 유효성 확인, 테스트에 사용되는 데이터의 품질 보장에 대한 책임을 지지만, 운영자는 동 시스템의 시장 출시 후 운영에 필요하여 수집한 데이터에 대한 책임을 진다.[16] 운영자는 AI를 실제 현장에 적용하는 최종 단계에서 데이터의 적합성을 확인하고 보장하는 문지기 역할을 수행한다.

*** 투입된 데이터가 AI 시스템의 의도된 목적에 관련되고 대표적임을 보장하는 AI법에 따른 의무는 GDPR의 개인정보 최소화와 정확성 원칙에 따른 의무와 유사하다. AI법에 따른 의무의 범위가 개인정보에 국한되지 않더라도, 기업은 GDPR 제25조의 개인정보보호

14) 제26조 제4항.

15) 제10조 제3항 제1문.

16) 예컨대, 의료 진단 AI를 운영하는 병원(운영자)은 자신의 환자로부터 직접 촬영한 CT 영상을 동 시스템에 투입하는 경우 투입된 데이터를 완전히 통제하고 있다.

중심 설계와 기본설정을 활용하여 AI법에 따른 의무를 준수하고 투입된 개인정보를 통제할 수 있다.

4. 모니터링

운영자는 사용 설명서에 근거하여 고위험 AI 시스템의 작동을 모니터링하고, 해당되는 경우 시판 후 모니터링 시스템에 따라 제공자에게 관련 데이터를 알려야 한다.[17] 시판 후 모니터링 시스템은 운영자가 제공할 수 있는 관련 데이터를 적극적이고 체계적으로 수집, 문서화 및 분석을 한다.[18]

AI 시스템과 관련된 위험은 동 시스템이 설계되는 방식에서 결과할 수 있지만, AI 시스템을 이용하는 방식에서도 발생할 수 있다. 따라서 고위험 AI 시스템의 운영자는 기본권이 보호되도록 보장하는 데 중요한 역할을 하고, AI 시스템을 개발하는 제공자의 의무를 보완해야 한다.[19] 운영자는 고위험 AI 시스템이 구체적으로 어떻게 이용될지 가장 잘 이해하고 있으므로 이용 맥락, 취약 그룹을 포함하여 영향받을 것 같은 사람 또는 그룹에 대한 보다 정확한 지식으로 개발 단계에서 예측하지 못했던 '잠재적인 중대한 위험'(potential significant risks)을 식별할 수 있다.[20]

운영자는 사용 설명서에 따른 고위험 AI 시스템의 이용으로 해당 AI 시스템이 위험을 초래한다고 고려할 이유가 있는 경우, 부당한 지체 없이 제공자 또는 유통자 및 관련 시장감시 당국에게 알리고, 해당 시스템의 이용을 중단해야 한다.[21] 여기서 위험은 사람의 건강, 안전 또는 기본권에 대한 위험을

17) 제26조 제5항 제1단 제1문. 시판 후 모니터링 시스템은 제72조 제2항 참조.

18) 제72조 제2항.

19) 상설 제93항.

20) 상설 제93항. 예컨대, 제공자의 사용 설명서는 "본 시스템은 비표준적인 형식의 이력서에 대해서는 성능 저하가 있을 수 있다"라고 명시한 경우, 벨기에에 소재한 병원(운영자)이 이 AI를 간호사 채용에 이용하려는 경우, 운영자는 "특수한 지원자 풀을 고려할 때 그들의 비전형적인 이력서 때문에, 이 AI 시스템이 매우 유능한 이민자 출신 간호사 지원자들을 체계적으로 차별하고 탈락시킬 수 있는 잠재적인 중대한 위험이 존재한다"고 식별할 수 있다.

가리키고, 보다 구체적으로 'EU 조화입법으로 보호되는 일반적으로 사람의 건강과 안전, 작업장에서 건강과 안전, 소비자 보호, 환경, 공공안전과 다른 공공의 이익에 의도된 목적이나 해당 제품의 정상적 또는 합리적으로 예측 가능한 이용 조건에 따라 합리적이고 수용 가능한 것으로 고려되는 정도를 넘어서는 수준으로 부정적인 영향을 미칠 가능성'을 의미한다.[22]

운영자가 심각한 사고를 확인한 경우, 해당 사고를 먼저 제공자에게, 그 다음 수입자 또는 유통자 및 관련 시장감시 당국에 즉시 알려야 한다.[23] 그러나, 운영자가 제공자에게 연락할 수 없는 경우 제73조를 준용한다.[24] 예컨대, 제공자가 파산하거나 달리 연락되지 않으면, 제73조의 규정에서 제공자를 운영자로 바꾸어 적용하면 된다.[25]

이러한 알릴 의무는 법 집행 당국인 AI 시스템 운영자의 민감한 운영 데이터에 적용되지 않는다.[26] 경찰, 검찰 등 법 집행 당국이 고위험 AI 시스템을 운영하다가 심각한 사고를 발견했을 때, 그 사실을 제공자에게 알리면서 국가안보나 수사 기밀에 해당하는 민감한 운영 데이터를 제공자에게 넘겨줄 의무는 없다.

EU 금융서비스법에 따라 내부 거버넌스, 체계 또는 프로세스에 관한 요건을 적용받는 금융기관인 운영자의 경우, 관련 금융서비스법에 따른 내부 거버넌스, 체계, 프로세스 및 메커니즘에 관한 규정을 준수하면 모니터링 의무를 이행한 것으로 간주한다.[27] 즉 은행, 보험사 등 금융기관이 고위험 AI 시스템을 운영할 때, AI법의 운영 모니터링 의무를 이행하기 위해 별도의 시스템을

---

21) 제26조 제5항 제1단 제2문.

22) 제79조 제1항. 「시장 감시 규칙」 제3조 제19호 참조. 'EU 조화입법'(Union harmonization legislation)은 제품의 마케팅 조건을 조화하는 공동체 입법을 의미한다. 「제품 마케팅 공통 프레임워크 결정」 부속서 I 제R1조 제17호.

23) 제26조 제5항 제1단 제3문.

24) 제26조 제5항 제1단 제4문. 제73조는 제공자의 심각한 사고의 신고 절차를 규정한다.

25) 예컨대, 진단 AI 시스템을 운영하는 병원은 제공자를 거치지 않고 직접 시장감시 당국에 심각한 사고를 신고하면 된다.

26) 제26조 제5항 제1단 제5문. 제72조 제2항 참조.

27) 제26조 제5항 제2단.

만들 필요는 없다. 대신 기존 금융감독법에 따라 운영하는 내부 통제 및 위험 관리 시스템으로 AI법의 모니터링 의무를 이행한 것으로 인정된다.

*** AI법에 따른 운영자의 모니터링 의무는 새로운 의무로서, GDPR의 기존 의무와 중복되지 않는다. 따라서, 기업은 AI법에 따른 모니터링의 요건을 준수하기 위해 GDPR의 준수 조치를 활용할 수 없다.

5. 고위험 AI 시스템이 자동으로 생성한 로그의 유지

고위험 AI 시스템의 운영자는 적용 가능한 EU 또는 회원국의 법, 특히 개인정보보호에 관한 EU법에서 달리 규정하지 않는 한, 고위험 AI 시스템에서 자동적으로 생성된 로그를 해당 로그가 자신의 통제에 있는 범위 내에서 고위험 AI 시스템의 의도된 목적에 적절한 기간으로 최소 6개월 동안 보관해야 한다.[28)]

EU 금융서비스법에 따라 내부 거버넌스, 체계 또는 프로세스에 관한 요건의 적용을 받는 금융기관인 운영자는 관련 EU 금융서비스법에 따라 보관하는 문서의 일부로서 로그를 유지해야 한다.[29)] 즉 은행이나 보험사 등 금융기관은 고위험 AI 시스템이 생성한 로그를 보관할 때, 완전히 새로운 별도의 로그 저장 시스템을 만들 필요 없이, 기존 금융감독법에 따라 운영하는 기록 보관 시스템의 일부로 통합하여 관리한다.[30)]

*** 로그에 개인정보가 포함된 경우, 운영자는 보관 기간을 신중하게 조정하여 AI법을 준수하기에 충분한 기간 동안 로그를 보관하되 GDPR 제5조 제1항(e)의 '저장 제한 원칙'(storage limitation period)에 따라 개인정보가 엄격하게 필요한 기간보다 더 오래 보존되지 않도록 해야 한다.

---

28) 제26조 제6항 제1단.

29) 제26조 제6항 제2단.

30) 금융기관은 AI 시스템이 생성한 로그, 예컨대 '2025년 8월 8일 오후 2시 15분 시장 데이터 X를 분석하여 Y 주식 1만 주 매수 주문 생성'을 기존의 거래 기록 보관 시스템에 하나의 항목으로 포함시켜 함께 보관하면 될 것이다.

6. 근로자에 대한 투명성

작업장에서 고위험 AI 시스템을 서비스에 투입하거나 이용하기 전에 고용주인 운영자는 근로자 대표와 영향받는 근로자에게 그들이 고위험 AI 시스템의 이용 대상이 될 것임을 알려야 한다.[31] 이러한 정보권(information right)은 AI법의 기저를 이루는 기본권 보호의 목적에 부수적이고 필요한 것이다.[32]

AI법은 「고용인 협의 지침」을 포함하여 EU 또는 회원국 법과 관행에 따라 AI 시스템의 서비스 투입 또는 이용의 결정에 대해 고용주가 근로자 또는 그의 대표에게 정보를 제공하거나 정보 제공 후 협의해야 하는 의무를 저해하지 않는다.[33] 즉 특정 고위험 AI 시스템의 도입이 기존 노동법에 따라 근로자에게 정보를 제공하고 협의해야 할 의무의 대상이면, 고용주는 반드시 노동법의 협의 절차를 따라야 한다.

다른 법적 문서에서 이러한 정보 또는 '정보와 협의' 의무에 대한 조건이 충족되지 않은 작업장에서는 고위험 AI 시스템의 계획된 운영에 대하여 근로자와 그 대표에게 정보를 보장할 필요가 있다.[34] 즉 특정 AI 도입이 노동법상 의무의 발동 조건을 충족하지 않아 아무런 고지 의무가 없는 경우, AI법의 최소한의 정보 제공 의무가 보충적으로 적용됨으로써 최소한 수준의 근로자 보호가 가능해진다.

고위험 AI 시스템의 이용에 대한 정보는 해당되는 경우 근로자와 그 대표의 정보에 관한 EU 및 회원국 법과 관행에 관한 규정과 절차에 따라 제공되어야 한다.[35] AI법은 이러한 정보 제공을 위한 완전히 새로운 절차를 만드는

31) 第26조 제7항 제1문.

32) 상설 제92항.

33) 상설 제92항. 사안의 중대성에 따라 근로자의 참여 수준이 다른데, 비교적 경미한 사안에 대하여 '정보 제공 의무'(information obligation)가 요구되고, 근로자의 고용조건에 중대한 영향을 미치는 사안에 대하여 '정보 제공과 협의 의무'(information and consultation obligation)가 요구된다. 예컨대, 사무용 소프트웨어의 도입은 전자에 해당하고, 직원 성과 평가와 승진 등을 결정하는 시스템의 도입은 후자에 해당한다.

34) 상설 제92항.

35) 第26조 제7항 제2문.

것이 아니고, 각 회원국에 존재하는 기존의 노사 간 공식 소통 채널과 관행을 존중하여 해당 절차를 통해 정보가 제공되면 된다.[36]

*** GDPR 제35조 제9항에 따라 개인정보보호영향평가에서 컨트롤러는 필요한 경우 정보주체인 근로자 또는 그 대표의 의견을 구해야 한다. 많은 경우 이러한 의무는 AI법에 따른 근로자 대표와의 협의 요건과 동일한 상황에서 발동되고, 운영자는 이들 두 법에 따른 협의 의무를 동시에 처리할 수 있을 것이다.

7. 개인정보보호영향평가에서 제공자 정보의 이용

해당되는 경우, GDPR 제35조 또는 「법 집행 개인정보보호 지침」 제27조에 따른 개인정보보호영향평가 의무를 준수하기 위하여 고위험 AI 시스템의 운영자는 제13조에 따라 제공된 정보를 이용하여야 한다.[37] 이러한 정보는 사용 설명서에 포함된 제공자, AI 시스템의 역량과 제한, 잠재적 위험에 대한 정보는 물론 해당 AI 시스템 결과물의 해석 방법, 시스템에 대한 사전 결정된 변경 및 유지 관리 방법에 대한 설명 및 해당되는 경우 데이터 로그를 수집, 저장 및 해석하는 방법도 포함할 것이다.

*** 많은 경우 고위험 AI 시스템을 이용하면 GDPR 제35조에 따른 개인정보보호영향평가를 하게 되고, AI법에 따라 운영자에게 제공된 정보는 해당 프로세스에 통합될 수 있다.

36) 예컨대, EU 차원에서 유럽노동이사회(European Works Council)가 조직되어 있고, 독일에서는 노사협의회(Works Council-Betriebsrat)가 조직되어 있다.

37) 제26조 제9항. 제13조는 제공자의 운영자에 대한 정보 제공을 규정한다. 유로폴 등 EU 기관인 운영자도 「EU기관 개인정보보호 규칙」 제39조에 따라 개인정보보호영향평가를 수행해야 한다.

8. 사후 원격 생체인식 식별을 위한 고위험 AI 시스템

(1) 사후 원격 생체인식 식별 시스템의 정의와 허가

「법 집행 개인정보보호 지침」을 저해하지 않고, 형사범죄를 저지른 것으로 의심되거나 유죄 판결을 받은 사람의 표적 수색을 위한 수사의 틀에서, 사후 원격 생체인식 식별을 위한 고위험 AI 시스템의 운영자는 해당 시스템의 이용에 대해 사법 당국 또는 결정이 구속력 있고 사법적 심사의 대상이 되는 행정 당국의 허가를 사전 또는 부당한 지체 없이 및 48시간 이내에 요청해야 한다.[38]

그러나, 형사범죄와 직접적으로 연계된 객관적이고 검증 가능한 사실에 근거한 잠재적 혐의자의 초기 식별에 이용되는 경우는 예외로 한다.[39] 즉 신속한 수사를 위하여, 범죄 수사의 초기 단계에서 범죄 현장에서 직접 확보한 명백한 증거를 바탕으로 최초의 잠재적 용의자를 찾아내는 경우에는 사전에 법원의 허가를 받지 않고 사후 원격 생체인식 식별 시스템을 이용할 수 있다.[40]

'사후 원격 생체인식 식별 시스템'(post remote biometric identification system)은 실시간 원격 생체인식 식별 시스템이 아닌 원격 생체인식 식별 시스템을 의미한다.[41]

(2) 이용의 범위와 제한

사후 원격 생체인식 식별 시스템의 이용은 특정 형사범죄의 수사를 위해 엄격하게 필요한 경우로 제한되어야 한다.[42] 즉 특정 형사범죄의 수사에 불가피한 경우에만 최소한으로 이용해야 한다.[43] 이러한 이용의 요청된 허가가 거

38) 제26조 제10항 제1단 제1문.

39) 제26조 제10항 제1단 제1문.

40) 실시간 원격 생체인식 식별은 원칙적으로 금지되고 테러 위협 등 극히 예외적인 경우 사전 허가를 받아 제한적으로 허용되고, 사후 원격 생체인식 식별은 실시간 식별보다 위험이 낮아 고위험으로 분류되어 규율된다.

41) 제3조 제43호.

42) 제26조 제10항 제1단 제2문.

43) 예컨대, 아동 납치 사건이 발생하고 범인이 아동을 데리고 가는 장면이 CCTV에 찍힌 경우, 다른 수사 단서가 전혀 없는 급박한 상황에서, 범인의 신원을 신속히

부된 경우, 요청된 허가와 연계된 사후 원격 생체인식 식별 시스템의 이용은 즉시 중단되고 허가가 요청된 고위험 AI 시스템의 이용과 연계된 개인정보는 삭제되어야 한다.[44]

어떠한 경우에도 사후 원격 생체인식 식별을 위한 고위험 AI 시스템은 형사범죄, 형사 절차, 형사범죄의 실제적이고 현존하는 또는 실제적이고 예측 가능한 위협, 또는 특정 실종자의 수색과 관련이 없는 무차별적 방식으로 법 집행 목적으로 이용되어서는 안 된다.[45] 사후 원격 생체인식 식별 시스템은 항상 비례적이고, 정당하며, 엄격히 필요한 방식으로 이용되어야 하는데, 식별될 개인, 위치, 시간적 범위의 관점에서 및 적법하게 획득한 비디오 영상의 비공개(closed) 데이터 세트에 기반하여 표적화(targeted)되어야 한다.[46]

(3) 개인정보보호와 기본권 보장

법 집행 당국은 사후 원격 생체인식 식별 시스템의 결과물에만 근거하여 개인에게 부정적인 법적 효과를 주는 결정을 내릴 수 없도록 보장해야 한다.[47] 어떤 경우에도 사후 원격 생체인식 식별 시스템은 법 집행의 틀에서 무차별적인 감시로 이어져서는 안 된다.[48] 사후 원격 생체인식 식별의 조건은 어떠한 경우에도 실시간 원격 생체인식 식별의 금지 조건과 엄격한 예외를 회피하는 근거를 제공해서도 안 된다.[49] 즉 법 집행 당국은 사후 식별이라는 합법적인 절차를 이용하여 사실상 금지된 실시간 대중 감시를 우회할 수는 없다.

사후 원격 생체인식 식별 시스템의 운영에 관한 제26조 제10항은 생체인식정보 처리에 관한 GDPR 제9조와 「법 집행 개인정보보호 지침」 제10조를 저해하지 않는다.[50] 즉 AI법의 새로운 절차적 규정이 개인정보보호법의 근본

파악하여 아동을 구조하기 위해 해당 CCTV 영상을 안면 인식 AI 시스템으로 분석하는 것은 특정 범죄 수사를 위해 엄격히 필요한 경우가 된다.

44) 제26조 제10항 제2단.

45) 제26조 제10항 제3단 제1문.

46) 상설 제95항.

47) 제26조 제10항 제3단 제2문.

48) 상설 제95항.

49) 상설 제95항.

적인 원칙을 약화시키거나 대체할 수 없다. 따라서 법 집행 목적의 생체인식 식별을 위한 AI 시스템의 이용에서 수반된 생체인식정보의 모든 처리는 「법 집행 개인정보보호 지침」 제10조를 준수해야 하고, 정보주체의 권리와 자유를 위한 적절한 안전장치가 적용되고 EU 또는 회원국 법에 의해 허가된 경우에만 엄격하게 필요한 경우에 이러한 처리가 허용된다.[51] 사후 원격 생체인식 식별 시스템의 '침해적 성격'(intrusive nature)을 고려할 때 안전장치의 적용도 필요하다.[52] 이러한 이용이 허가된 경우, 적법성, 공정성과 투명성, 목적 제한, 정확성 및 저장 제한을 포함하여 「법 집행 개인정보보호 지침」 제4조 제1항에 규정된 원칙도 존중되어야 한다.[53]

(4) 문서화, 보고 및 감독

목적이나 운영자에 관계없이 이러한 고위험 AI 시스템의 각 이용은 관련 경찰 파일에 문서화되어야 하고, 법 집행과 관련된 민감한 운영 데이터의 공개를 제외하고 요청 시 관련 시장감시 당국과 회원국 개인정보보호 당국에게 이용 가능해야 한다.[54] 이 경우 「법 집행 개인정보보호 지침」이 감독 당국에 부여한 권한은 저해하지 않는다.[55] 즉 경찰 등 법 집행 당국이 AI법의 절차를 준수하여 사후 원격 생체인식 식별 시스템을 이용하여도 개인정보보호 당국의 독립적인 사후 감독과 조사를 막을 수 없다.

운영자는 법 집행과 관련된 민감한 운영 데이터의 공개를 제외하고, 사후 생체인식 식별 시스템의 이용에 관한 연례보고서를 관련 시장감시 및 회원국

---

50) 제26조 제10항 제4단.

51) 상설 제94항.

52) AI의 침해적 성격은 AI가 인간의 존엄에 영향을 줄 수 있고, 예컨대 정치적 시위의 맥락에서 사후 원격 생체인식 식별은 집회와 결사의 자유와 같은 기본권과 자유, 더 나아가 민주주의의 기본 원칙을 행사하는 데 상당한 위축 효과를 가져올 수 있다고 한다. EDPB-EDPS 공동 의견 5/2021, p. 11, EDPS 의견 44/2023, p. 7 참조.

53) 상설 제94항.

54) 제26조 제10항 제5단 제1문.

55) 제26조 제10항 제5단 제2문.

개인정보보호 당국에 제출해야 한다.[56)]동 보고서는 두 개 이상의 운영을 포함하도록 집계될 수 있다.[57)] 즉 경찰 등 법 집행 당국이 사후 원격 생체인식 식별 시스템을 이용할 때, 개별적인 사용 사례 하나하나에 대한 별도 보고서를 작성하지 않고 1년 동안의 사용 내역을 하나의 종합 보고서로 제출할 수 있다.

9. 개방조항을 통한 회원국의 자율성 보장

회원국은 EU법에 따라 사후 원격 생체인식 식별 시스템의 이용에 대해 보다 제한적인 법을 도입할 수 있다.[58)] 즉 최소 조화 방식에 따른 '개방조항'(opening clause)인 제26조 제10항은 사후 원격 생체인식 식별 시스템 이용에 EU 27개 회원국이 반드시 지켜야 할 최소한의 안전 기준선이고, 개별 회원국은 자국 법체계, 사회적 합의, 및 인권 보호 수준에 대한 판단에 따라 이러한 최소 기준보다 더 엄격한 국내법을 채택할 수 있다.[59)]

10. 의사결정 AI 시스템 이용의 알림

(1) 일반 고지 의무

투명성에 관한 제50조를 저해하지 않고, 자연인과 관련된 의사결정을 내리

---

56) 제26조 제10항 제6단 제1문.

57) 제26조 제10항 제6단 제2문.

58) 제26조 제10항 제7단.

59) 예컨대, 사후 원격 생체식별 시스템을 '테러, 살인, 아동 납치, 인신매매'와 같이 법률로 명시한 최상위 중범죄의 수사를 위해서만 이용할 수 있게 하고, 동 이용을 '상급 법원 상급 판사가 발부한 영장'에 의해서만 허가될 수 있다고 더 제한할 수 있으며, '정치적 집회, 시위, 종교 행사 등이 열리는 장소의 녹화 영상'에 대해서 이용할 수 없게 하고, 동 시스템 이용을 '최장 48시간'을 초과할 수 없다고 더 제한할 수 있다. AI법의 개방조항은 회원국의 자율성을 존중하고 미래 기술 발전에 대한 유연한 대응을 위하여 규정된다. 예컨대, 회원국은 제5조 제1항(h), 제2항 및 제3항에 열거된 조건과 한도 내에서 법 집행 목적으로 공개적으로 접근 가능한 공간에서 실시간 원격 생체인식 식별 시스템의 이용을 전부 또는 부분적으로 승인할 수 있는 가능성을 제공하기로 결정할 수 있다. 제5조 제5항 제1문.

거나 의사결정을 지원하는 부속서 III에서 언급된 고위험 AI 시스템의 운영자는 자연인에게 고위험 AI 시스템의 이용 대상이라고 알려야 한다.[60] 따라서, 운영자는 고위험 AI 시스템이 개인에 대한 결정을 내리는 데 또는 그 결정을 지원하는데 이용될지 이해해야 한다.

고위험 AI 시스템의 운영자는 자연인에게 정보를 주는 데 중요한 역할을 한다. 자연인에게 고위험 AI 시스템의 이용 대상이 된다는 사실을 알리는 경우, 이러한 정보는 의도된 목적과 의사결정 유형을 포함해야 하고, 운영자는 자연인에게 AI법에 따라 제공되는 '설명받을 권리'(right to an explanation)에 대하여 알려야 한다.[61]

(2) 법 집행 목적의 특별 규정

법 집행 목적으로 이용되는 고위험 AI 시스템의 경우 「법 집행 개인정보보호 지침」 제13조가 적용된다.[62] 즉 경찰 등 법 집행 당국이 고위험 AI를 이용할 때, AI법의 일반적인 고지 의무 대신, 경찰의 데이터 처리 활동을 규율하는 전문적인 즉 특별법인 동 지침의 개인정보 제공 규정을 따라야 한다.

(3) 정보 제공의 제한

「법 집행 개인정보보호 지침」 제13조는 정보주체에게 이용 가능하거나 주어져야 하는 정보를 규정하는데, 법 집행 당국은 다음의 목적으로 정보주체에게 정보 제공을 지연하거나, 제한하거나, 생략할 수 있다:[63] (a) 공식적인 수사 등 방해를 회피, (b) 형사범죄 예방 등 훼손을 회피, (c) 공공안전 보호, (d) 국가안보 보호, (e) 다른 사람의 권리와 자유 보호. 따라서, 정보주체의 알 권리와 수사 등의 필요성 사이에서 균형이 이루어져야 한다.

---

60) 제26조 제11항 제1문. 제50조는 제한적 위험 AI 시스템의 제공자와 운영자의 투명성 의무를 규정한다.

61) 상설 제93항.

62) 제26조 제11항 제2문.

63) 「법 집행 개인정보보호 지침」 제13조 제3항.

*** 고위험 AI 시스템이 개인에게 영향을 미치는 의사결정을 수반하는 경우, 개인에게 중대한 영향을 미치는 자동화된 의사결정과 관련하여 GDPR 제22조에 따른 의무가 발동될 것이다. 이러한 경우 해당 기업은 개인에게 자동화된 의사결정에 대해 알리고, 관련된 논리에 대한 의미 있는 정보를 제공하며, 자동화된 의사결정의 중요성과 예상되는 결과를 설명하여야 한다. 또한 기업은 GDPR 제13조와 제14조에 따른 정보 제공을 해야 한다. 기업은 GDPR 준수 노력으로 AI법 요건을 준수할 수 있다.

11. 소관 당국과 협력

운영자는 AI법을 이행하기 위해 소관 당국이 고위험 AI 시스템과 관련하여 취하는 모든 조치에서 관련 소관 당국과 협력해야 한다.[64] 소관 당국과의 협력 의무를 준수하기 위해 운영자는 다음을 고려해야 할 것이다: i) 소관 당국의 요청이나 문의에 대응하기 위한 내부 절차 수립, ii) 소관 당국과의 연락 담당자 지정, iii) 관련 직원에게 소관 당국과의 협력 의무 및 절차에 대한 교육, iv) 이용 중인 AI 시스템과 관련된 포괄적인 문서 유지 및 요청 시 해당 문서의 적절한 제출 등.

*** GDPR 제31조에 따라 컨트롤러와 프로세서는 요청이 있으면 개인정보보호 당국의 업무 수행에 협력하도록 요구된다. 이 의무는 GDPR의 준수를 증명하는 데 필요한 정보 제공과 동 당국이 수행하는 조사에 대한 협력으로 확대되고, 이는 AI법에서 정한 협력 의무와 유사하다. GDPR과 AI법에 따른 소관 당국과의 협력은 실제로 다를 수 있지만, 기업은 AI법에 따른 협력 의무를 준수하기 위한 목적으로 GDPR의 협력 절차와 메커니즘을 활용할 수 있을 것이다. 개인정보보호 당국이 AI법에 따라 시장감시 당국으로 지정된 회원국에서 특히 유용할 것이다.

64) 제26조 제12항.

12. 공공기관 등 운영자의 고위험 AI 시스템의 기본권영향평가[65]

부속서 III에 언급된 고위험 AI 시스템의 운영 전에, 핵심 인프라 영역에서 이용하려고 의도된 고위험 AI 시스템을 제외하고,[66] 공법의 적용을 받는 기관이거나 공공 서비스를 제공하는 민간 실체인 운영자와 신용평가 또는 보험 분야의 고위험 AI 시스템[67]의 운영자는 해당 시스템의 이용에 의한 기본권에 대한 영향을 평가해야 한다.[68] 민간 실체는 개인에게 중요한 공공 성격의 서비스를 제공할 수 있고, 이러한 민간 실체는 교육, 의료, 사회 서비스, 주택, 사법 행정 등 공익을 위한 업무와 관련이 있다.[69]

(1) 운영자의 위험 인식

AI 시스템과 관련된 위험은 동 시스템의 설계 방식에서 결과할 수 있지만, AI 시스템의 이용 방식에서도 발생할 수 있다. 고위험 AI 시스템의 운영자는 AI 시스템을 개발하는 제공자의 의무를 보완하여 기본권이 보호되는 것을 보장하는 데 핵심적인 역할을 한다. 운영자는 고위험 AI 시스템이 구체적으로 어떻게 이용될지 가장 잘 이해하고 있고, 따라서 개발 단계에서 예측되지 않은 잠재적 중대한 위험을 식별할 수 있다.[70] 운영자는 이용 맥락, 영향받을 것 같은 취약 그룹을 포함한 개인 또는 그룹을 더 정확하게 이해하기 때문이다.[71]

(2) 기본권영향평가의 목적

기본권영향평가(fundamental rights impact assessment)의 목적은 운영자가 영향받을 것 같은 개인 또는 개인 그룹의 권리에 대한 특정적 위험을 식별하고, 그

---

65) 고위험 AI 시스템의 기본권영향평가에 관한 제27조는 2026년 8월 2일부터 적용된다.

66) 부속서 III 제2항 참조.

67) 부속서 III 제5항(b)와 (c) 참조.

68) 제27조 제1항 제1문.

69) 상설 제96항.

70) 상설 제93항.

71) 상설 제93항.

러한 위험이 현실화될 경우 취해야 할 조치를 식별하는 것이다.[72] 동 평가는 해당 고위험 AI 시스템의 운영 전에 수행된다.

(3) 기본권영향평가의 수행

운영자는 다음 사항으로 구성된 기본권영향평가를 수행해야 한다:[73] (a) 고위험 AI 시스템이 의도된 목적에 따라 이용될 운영자의 프로세스에 대한 설명, (b) 각 고위험 AI 시스템이 이용될 의도인 기간과 빈도에 대한 설명, (c) 특정 맥락에서 해당 시스템의 이용으로 영향받을 것 같은 자연인과 그룹의 범주, (d) 제13조에 따라 제공자가 제공한 정보를 고려하여 영향받을 것으로 식별된 자연인 또는 자연인 그룹의 범주에 영향을 줄 것 같은 '해의 특정적 위험'(specific risks of harm),[74] (e) 사용 설명서에 따른 인적 감독 조치의 시행에 대한 설명, (f) 내부 지배구조와 불만 처리 메커니즘을 포함하여 이러한 위험이 구체화되는 경우 취해야 할 조치.

이들 사항은 구체적인 사용 사례에서 기본권에 대한 위험을 완화하는 데 중요할 수 있다. 적절한 경우, 동 영향평가를 수행하는 데 필요한 관련 정보를 수집하기 위해, 특히 공공 부문에서 AI 시스템을 이용하는 경우 고위험 AI 시스템의 운영자는 동 영향평가를 수행하고 위험이 현실화될 경우 취할 조치를 설계할 때 AI 시스템으로 영향받을 것 같은 사람들의 그룹 대표, 독립된 전문가와 시민사회 단체를 포함한 관련 이해관계자를 참여시킬 수 있다.[75]

기본권에 대한 영향의 평가 의무는 고위험 AI 시스템의 '처음 이용'(first use)에 적용된다.[76] 유사한 경우, 운영자는 이전에 수행한 기본권영향평가 또는 제

72) 상설 제96항.

73) 제27조 제1항 제2문.

74) 해의 위험은 평가 대상이 막연한 가능성이 아니라, 신체적·정신적·경제적 피해 등 구체적인 해를 야기할 수 있는 위험이다. 이는 '위해요소 → 위험 → 해'의 인과관계를 명확히 확인한다. 본서 29-30면 참조. 해의 특정적 위험의 예로서 차별 위험은 "우리 대학 흑인 학생들은 다른 학생들보다 부정행위자로 더 자주 오인될 위험이 있다."가 될 수 있다.

75) 상설 제96항.

76) 제27조 제2항 제1문.

공자가 수행한 기존 영향평가에 의존할 수 있다.[77] 즉 운영자가 고위험 AI 시스템을 도입하기 위해 기본권영향평가를 수행할 때, 모든 것을 처음부터 새로 시작할 필요는 없다. 유사한 경우는 AI 시스템, 사용 목적, 영향받는 사람들의 그룹, 및 운영 환경 등이 실질적으로 동일하거나 매우 비슷한 경우를 의미할 것이다.[78] 고위험 AI 시스템의 이용 중, 운영자가 위의 평가 요소 중 하나라도 변경되었거나 더 이상 최신의 것이 아니라고 판단하는 경우, 운영자는 해당 정보를 업데이트하기 위해 필요한 조치를 취해야 한다.[79]

(4) 통지 의무

기본권영향평가가 수행되면, 운영자는 그 결과를 시장감시 당국에 통지하고, 통지의 일부로 템플릿을 작성하여 제출해야 한다.[80] 공공안전 등 예외적 이유로 적합성 평가 절차가 면제되는 경우, 운영자의 통지 의무는 면제될 수 있다.[81]

(5) 다른 영향평가와의 관계

GDPR 제35조 또는「법 집행 개인정보보호 지침」제27조에 따라 수행된 개인정보보호영향평가를 통해 기본권영향평가 의무를 이미 충족한 경우, AI법의 기본권영향평가는 해당 개인정보보호영향평가를 보완해야 한다.[82]

(6) AI사무국의 역할

AI사무국은 운영자가 기본권영향평가 수행 의무를 간소화된 방식으로 준

77) 제27조 제2항 제2문.
78) 예컨대, 공공 부문에서 다른 운영자가 이미 수행하여 공개했거나 공유한 기본권영향평가를 활용하거나, AI 시스템 제공자가 개발 과정에서 미리 수행한 표준 영향평가 또는 템플릿을 활용하는 경우이다.
79) 제27조 제2항 제3문.
80) 제27조 제3항 제1문.
81) 제27조 제3항 제2문. 적합성 평가 절차의 면제는 제46조 제1항 참조.
82) 제27조 제4항.

수하는 것을 촉진하기 위하여 자동화된 도구를 포함하여 '설문지 템플릿'(a template for a questionnaire)을 개발해야 한다.[83] 이를 통해 운영자는 규정 준수를 용이하게 하고 행정적 부담을 줄이게 된다.

*** AI법에 따른 기본권영향평가를 수행할 의무와 GDPR에 따른 개인정보보호영향평가를 수행할 의무 사이에 상당한 중복이 발생할 수 있다. 또한 각 평가에 포함되는 정보의 대부분은 동일하거나 유사할 것이다. 실무상 기업은 두 가지 요건을 동시에 충족시키는 내부 프로세스를 도입할 수 있을 것이다.

13. 개별 의사결정에 대한 설명[84]

핵심 인프라 영역을 제외한 부속서 III에 열거된 고위험 AI 시스템의 결과물을 기반으로 운영자가 내린 결정이 사람의 건강, 안전 또는 기본권에 부정적인 영향을 주는 방식으로 법적 효과를 발생시키거나 유사하게 중대한 영향을 주는 경우, 동 결정에 따라 영향받은 사람은 운영자로부터 의사결정 절차에서 AI 시스템의 역할과 동 결정의 주요 요소에 대한 명확하고 의미 있는 '설명받을 권리'(right to obtain an explanation)를 가진다.[85]

이러한 설명은 명확하고 의미 있으며, 영향받은 사람이 자신의 권리를 행사할 수 있는 근거를 제공해야 한다.[86] AI 시스템이 개인에 대한 결정을 내리거나 그 결정 과정에 도움을 주는 데 이용되면, 운영자는 해당 개인의 요청으로 그에게 설명해야 한다. 따라서, 운영자는 AI 시스템 제공자의 지원을 받을 수 있어야 하고, 동 시스템이 의사결정 과정의 설명을 쉽게 생성할 수 있도록 설정되어야 할 것이다.

설명받을 권리를 발동하는 운영자의 결정은 부속서 III의 대부분 고위험 AI 시스템의 결과물에 기반하고 개인에게 법적 효과 등을 주어야 한다. 동 결

83) 제27조 제5항.

84) 개별 의사결정에 대한 설명받을 권리에 관한 제86조는 2026년 8월 2일부터 적용된다.

85) 제86조 제1항.

86) 상설 제171항.

정은 특정 고위험 AI 시스템의 결과물에 주로(mainly) 기반하여야 한다.[87] 즉 결정의 주된 동력이 AI인 경우이다.

*** GDPR 제22조는 오로지(solely) 자동화된 처리에 기반한 결정에 대해서만 개인이 인적 개입을 얻을 권리 등을 규정한다. 현실적으로, 예컨대 AI의 대출 거절의 결정에 대하여 직원의 단순히 검토하고 승인하는 형식적인 인적 개입이 실행되고 있는데, 이러한 인적 개입을 이유로 오로지 자동화된 결정이 아니라면서 동 규정의 의무를 사실상 회피하는 경우가 많다.[88] AI법은 이러한 허점을 막기 위해, 오로지(solely) 대신 주로(mainly)라는 더 넓은 개념을 도입한 것이다. 따라서, 의사결정 과정에서 인간의 형식적 개입이 있는 경우에도 그 결정이 실질적으로 AI 결과물의 주된 영향을 받았다면 영향받은 사람은 설명받을 권리를 행사할 수 있다.

운영자에게 설명받을 권리는 EU법 또는 EU법에 부합하는 회원국 법에 따라 예외 또는 제한이 적용되는 AI 시스템의 이용에 적용되지 않는다.[89] 즉 다른 EU법이나 회원국 국내법에서 공공안전이나 수사 기밀 보호와 같은 더 중요한 공익을 위해 설명할 의무를 제한하거나 면제하는 경우 이러한 법이 AI법이 규정한 권리보다 우선한다.[90] 고위험 AI에 적용되는 일반법으로서 AI법과 국가안보, 금융 범죄 등을 다루는 특별법의 관계가 명확하게 인정된다.

운영자에게 설명받을 권리는 EU법에 따라 달리 규정되지 않은 범위 내에

---

87) 상설 제171항. '주로'는 결정 과정에 인간이 형식적으로 개입했는가가 아니라 최종 결정에 가장 큰 영향을 미친 것이 무엇인가에 관련된다. 예컨대, 은행 AI의 대출 거절 결정에 대하여, 직원이 형식적으로 검토하고 최종 결정 버튼을 눌렀어도 그 직원이 AI의 추천을 뒤집을 실질적인 추가 정보 검토나 독립적인 판단 없이 거의 항상 AI의 추천을 그대로 따른다면 그 결정은 주로 AI에 의해 내려진 것이다.

88) GDPR 제22조는 100% 완전 자동화된 결정만을 규제하여 인간의 개입이 1%라도 있으면 그 의무를 회피할 수 있다.

89) 제86조 제2항.

90) 예컨대, 회원국 정보기관이 고위험 AI 시스템을 이용해 공항 입국 신청자의 위험도를 평가하는데, 특정 신청자를 국가안보에 대한 잠재적 위협으로 분류하여 입국 거부를 결정하는 경우, 국가안보법 등이 국가안보 관련 결정에 대해서 상세한 설명 제공을 거부할 수 있다고 규정하면 이러한 법이 AI법의 설명받을 권리보다 우선 적용된다. 이 경우 정보기관인 운영자는 그 신청자에게 상세한 설명 없이 "안보상의 이유로 입국이 거부되었다"고 통지하면 된다.

서만 적용된다.[91] 즉 특정 상황에서 AI법의 설명받을 권리와 유사하거나 더 강력한 권리가 다른 EU법에 규정되어 있으면, 그 법이 우선적으로 적용되고 AI법의 권리는 중복되어 적용되지 않는다. 다른 EU법의 대표적인 예는 GDPR 제22조 제3항이다.[92] 이로써 설명받을 권리에 대한 불필요한 법적 중복을 피하고 법체계의 일관성을 유지할 수 있다.

*** GDPR 제13조와 제14조에 따라 컨트롤러는 개인에게 자동화된 의사결정에 대해 알려야 하고, 해당 의사결정에 적용된 논리에 대한 의미 있는 정보를 제공해야 하며, 자동화된 의사결정의 중요성과 예상되는 결과를 설명해야 한다. GDPR 제15조 제1항(h)은 개인이 이러한 정보를 요청할 수 있는 접근권을 규정한다. 이 점에서 기업은 GDPR의 준수 노력을 AI법의 요건 준수에 활용할 수 있다.

14. 공공기관 등 운영자의 정보 입력 및 등록 의무

(1) 공공기관 등 운영자의 정보 입력 의무

부속서 VIII 섹션 C에 열거된 데이터는 공공 당국인 운영자 또는 그를 대신하여 행동하는 운영자에 의해 EU 데이터베이스에 입력되어야 한다.[93] 공공기관이 고위험 AI 시스템을 이용하는 경우, 해당 시스템의 이용 현황에 대한 정보는 운영자인 그 공공기관이 직접 입력한다. 이는 공권력의 AI 이용에 대한 투명성과 설명책임을 강화하기 위한 것이다.

91) 제86조 제3항.

92) 예컨대, 은행이 AI를 이용해 오로지 자동화된 방식으로 개인의 대출 신청을 거절한 경우, 이 결정이 개인정보 처리에 기반하면, 개인은 GDPR 제22조에 따라 인적 개입을 요구하고 결정에 이의를 제기할 권리를 가지므로 GDPR의 권리가 우선적으로 적용된다. 그러나, 은행의 AI가 대출 거절을 추천하고 직원의 검토 후 동일한 최종 결정을 내리면, 이 결정은 오로지 자동화된 것이 아니라 주로 자동화된 것이어서 제86조의 설명받을 권리가 보충적으로 적용된다.

93) 제71조 제3항. 제49조 제3항과 제4항 참조.

(2) 공공기관 등 운영자의 등록 의무

핵심 인프라 분야가 아닌 부속서 III의 고위험 AI 시스템을 서비스에 투입하거나 이용하기 전에, 공공 당국, EU기관 등인 운영자 또는 이들을 대신하여 행동하는 자는 자신을 등록하고 해당 시스템을 선택하여 EU 데이터베이스에 그 이용을 등록해야 한다.[94] 다른 운영자는 자발적으로 자신과 해당 시스템을 등록할 수 있다.[95] 즉 공권력 행사에 대한 높은 투명성이 요구되는 공공기관과 달리, 민간 부문 운영자는 고위험 AI 시스템의 이용 사실을 EU 데이터베이스에 등록할 일반적인 의무를 갖지 않는다. 민간 부문 고위험 AI 시스템의 투명성은 일차적으로 AI 시스템을 만든 제공자가 해당 시스템을 EU 데이터베이스에 등록함으로써 확보되기 때문이다.

이렇게 등록할 고위험 AI 시스템과 관련하여 제공하고 이후에는 최신 상태로 유지해야 하는 정보는 다음과 같다:[96] 1. 운영자의 이름, 주소 및 연락처, 2. 운영자를 대신하여 정보를 제출하는 자의 이름, 주소 및 연락처, 3. 제공자에 의해 EU 데이터베이스에 등록된 AI 시스템 항목(entry)의 URL,[97] 4. 기본권영향평가의 결과 요약, 5. 해당되는 경우, 제26조 제9항에 규정된 대로 GDPR 제35조 또는 「법 집행 개인정보보호 지침」 제27조에 따라 수행된 개인정보보호영향평가의 요약.

*** 제49조 제1항에서 제공자가 자신의 제품을 서비스에 투입하는 시점에서 등록 의무를 가지고, 동 조 제3항에서 공공기관 등 운영자는 서비스에 투입한 시점에서 등록하고 이후 이용하는 동안 계속 등록 정보를 유지하고 관리해야 한다.

---

94) 제49조 제3항.

95) 상설 제131항.

96) 부속서 VIII 섹션 C.

97) 인터넷 주소(URL)는 공공기관인 운영자가 고위험 AI 시스템의 이용 사실을 등록할 때 자신이 이용하는 AI 시스템에 대하여 이 시스템의 제공자가 이미 데이터베이스에 등록한 해당 시스템이라고 연결해주기 때문에 동 시스템의 모든 정보를 다시 입력할 필요가 없다.

II 투명성 요건의 적용을 받는 AI 시스템 운영자의 의무[98)]

자연인과 상호작용하거나 콘텐츠를 생성할 의도인 AI 시스템은 고위험에 해당하는지 관계없이 사칭 또는 기만의 위험을 초래할 수 있다. 투명성 요건이 적용되는 AI 시스템은 그 성격에서 투명성 위험을 초래하거나 최종 이용자를 오도할 수 있다. AI법은 이러한 위험을 완화하기 위해 고안된 투명성 의무를 운영자가 준수하도록 요구한다. 따라서 특정 상황에서 이러한 시스템의 이용은 고위험 AI 시스템에 대한 요건과 의무를 저해하지 않고 투명성 의무의 적용을 받고, 법 집행의 특별한 필요성을 고려한 대상별 예외의 적용을 받는다.[99)]

1. 감정 인식 또는 생체인식 분류 시스템

(1) AI 고지 의무

감정 인식 시스템 또는 생체인식 분류 시스템의 운영자는 동 시스템에 노출되는 자연인에게 동 시스템의 운영을 알리고, 개인정보를 GDPR, 「EU기관 개인정보보호 규칙」 및 「법 집행 개인정보보호 지침」에 따라 처리해야 한다.[100)]

투명성 의무를 이행할 때, AI 시스템이 연령이나 장애로 인해 취약한 그룹과 상호작용할 의도인 한도에서 해당 그룹에 속하는 자연인의 특성이 고려되어야 한다.[101)] 또한, 자연인은 생체인식정보를 처리하여 해당 자연인의 감정이나 의도를 식별하거나 추론하거나 특정 범주로 분류할 수 있는 AI 시스템에 노출될 경우 고지받아야 한다.[102)] 이러한 특정 범주는 성별, 연령, 머리카락 색상, 눈 색상, 문신, 개인적 특성, 민족 출신, 개인적 선호도와 관심사 등의

---

98) 특정 AI 시스템의 제공자와 운영자의 투명성 의무에 관한 제50조는 2026년 8월 2일부터 적용된다. 제공자의 투명성 의무는 본서 389-398면 참조.

99) 상설 제132항.

100) 제50조 제3항 제1문.

101) 상설 제132항.

102) 상설 제132항.

측면에 관련될 수 있다.[103)]

이러한 정보와 통지는 장애인이 접근할 수 있는 형식으로 제공되어야 한다.[104)] 투명성 의무는 정보 제공에 기반하는데, 시각 장애인이 볼 수 없는 방식이나 청각 장애인이 들을 수 없는 방식으로만 정보가 제공된다면, 그들에게 투명성 의무가 이행되지 않는 것이다. 「유럽접근성법」 등 장애인의 디지털 접근권을 보장하는 EU법과 같은 맥락의 규정이다.

(2) 예외

자연인에 대한 AI 시스템 운영의 고지 의무는 법에 따라 형사범죄의 적발, 예방 또는 수사 목적으로 허용되는 생체인식 분류와 감정 인식에 이용되는 AI 시스템에는 적용되지 않는다.[105)] 즉 경찰 등 법 집행 당국이 법에 따라 허가된 수사 활동에서 감정 인식이나 생체인식 분류 시스템을 이용할 때, 용의자나 감시 대상자에게 관련 AI 시스템의 운영을 알려줄 필요는 없다.

또한, 제3자의 권리와 자유에 대한 적절한 보호조치를 갖추고 EU법에 따라야 한다.[106)] 무고한 사람의 권리를 보호하기 위한 보호조치는 영장 등 사법적 허가를 포함한다. 이러한 예외의 적용에 회원국 국내법에 근거가 있어야 한다.

*** AI법과 GDPR은 투명성 요건을 부과하는데, AI법에 따른 정보/투명성 요건은 GDPR에 따른 투명성 요건과 상당히 다르다. 전자는 AI 시스템의 기만을 방지하고, 후자는 개인정보 처리에 있어서 정보주체의 권리를 보장하기 위함이다. GDPR 제13조와 제14조에 따른 조치는 일반적으로 제50조 제3항의 투명성 요건을 준수하는 데 적합하지 않다.

103) 상설 제132항.
104) 상설 제132항.
105) 제50조 제3항 제2문.
106) 제50조 제3항 제2문.

2. 딥페이크를 생성하거나 조작하는 AI 시스템

(1) 원칙

딥페이크를 구성하는 이미지, 오디오 또는 비디오 콘텐츠를 생성하거나 조작하는 AI 시스템의 운영자는 해당 콘텐츠가 인공적으로 생성되거나 조작되었음을 공개해야 한다.[107) AI 시스템 제공자가 채택한 기술적 솔루션에 더하여, AI 시스템을 이용하여 기존 인물, 물체, 장소, 실체 또는 사건과 유사하여 사람에게 실제 또는 진실된 것으로 오인될 이미지, 오디오 또는 비디오 콘텐츠를 생성하거나 조작하는 운영자는 AI 결과물에 라벨링하고 그 인공적 출처를 공개하여 해당 콘텐츠가 인공적으로 생성되거나 조작되었음을 명확하고 구별 가능하게 공개해야 한다.[108)]

(2) 예외

이러한 투명성 의무는 법에 의해 형사범죄의 적발, 예방, 수사 또는 기소를 위해 이용이 허가된 경우에는 적용되지 않는다.[109)] 수사 기밀 보호를 위해 경찰 등 법 집행 당국이 합법적인 수사 활동으로서 딥페이크를 생성하거나 사용하는 경우, 딥페이크임을 알려줄 의무가 면제된다.[110)]

또한, 해당 콘텐츠가 명백히 예술적, 창의적, 풍자적, 허구적 또는 유사한 작품이나 프로그램의 일부를 구성하는 경우, 딥페이크에 대한 투명성 의무는 해당 생성 또는 조작된 콘텐츠의 존재를 해당 작품의 표시 또는 향유를 방해

107) 제50조 제4항 제1단 제1문.

108) 상설 제134항. 예컨대, 콘텐츠를 라벨링하거나 이용자가 콘텐츠와 처음 상호작용하거나 노출될 때 표시되는 명확한 경고 메시지를 포함하는 방법으로 이를 달성할 수 있다. 동영상 시작 부분에 표시되는 경고 메시지도 가능하다. 텍스트 기반 딥페이크의 경우, 텍스트 상단에 표시되는 '면책 조항'(a disclaimer)을 통해 적절한 투명성을 확보할 수 있다.

109) 제50조 제4항 제1단 제2문.

110) 예컨대, 경찰이 온라인 아동 유인 범죄 조직을 소탕하기 위해 위장 수사를 하는 중 수사관은 아동의 모습으로 보이는 딥페이크 프로필 사진과 영상을 만들어 범죄 조직에 접근할 수 있다.

하지 않는 적절한 방식으로 공개하는 데 한정된다.[111] 이 과정에서 작품의 유용성과 품질은 유지되어야 하기 때문이다.[112] 영화, 드라마, 풍자 코미디, 예술 작품 등 시청자가 허구임을 인지하고 즐기는 창작물의 경우 작품의 몰입도를 해치지 않는 선에서 부드럽게 고지하는 것으로 투명성 의무는 완화된다.[113)]

제3자의 권리와 자유에 대한 적절한 보호조치가 적용되는 경우, 딥페이크에 대한 투명성 의무의 준수는 AI 시스템의 이용이나 그 결과물이 「EU기본권헌장」에서 보장된 표현의 자유 및 예술과 과학의 자유를 저해한다는 의미로 해석되어서는 안 된다.[114] 딥페이크와 같은 AI 생성 콘텐츠에 대해 AI로 만들어졌음의 고지는 그 콘텐츠가 불법적이거나 타인의 권리를 침해한다는 것을 인정하거나 암시하는 것은 아니다.

*** AI법과 GDPR은 투명성 요건을 부과하는데, AI법에 따른 정보/투명성 요건은 GDPR에 따른 투명성 요건과 상당히 다르다. 전자는 AI 시스템의 콘텐츠 진위에 대한 기만을 방지하고, 후자는 개인정보 처리에 있어서 정보주체의 권리를 보장하기 위함이다. GDPR 제13조와 제14조에 따른 조치는 일반적으로 제50조 제4항의 투명성 요건을 준수하는 데 적합하지 않다.[115]

---

111) 제50조 제4항 제1단 제3문. 작품의 표시나 향유는 작품의 정상적인 활용과 이용을 포함한다. 상설 제134항.

112) 상설 제134항.

113) 예컨대, 오래전 고인이 된 유명 배우가 딥페이크 기술로 완벽하게 되살려서 출연한 영화에서 해당 배우가 등장하는 장면마다 딥페이크임을 알리는 자막을 계속 띄우는 것은 관객의 작품 향유를 방해하게 되어서, 영화가 종료된 후의 엔딩 크레딧에서 해당 배우가 딥페이크임을 명기하면 될 것이다.

114) 상설 제134항. 동 헌장 제11조는 표현과 정보의 자유, 제13조는 예술과 과학의 자유를 규정한다.

115) 기업이 고객의 개인정보를 적법하게 처리한다는 개인정보처리방침을 게시한 경우에도 그 기업이 만든 특정 이미지가 딥페이크라는 사실을 이용자가 알 수 없으므로 AI법은 콘텐츠를 접하는 바로 그 순간 명확하고 간결하게 그 콘텐츠의 진위성을 알릴 것을 요구한다.

3. 공익 사안에 관하여 텍스트를 생성하거나 조작하는 AI 시스템

(1) 원칙

텍스트를 생성하거나 조작하여 공익 사안에 관해 대중에게 알리는 목적으로 공개하는 AI 시스템의 운영자는 해당 텍스트가 인공적으로 생성되거나 조작되었음을 공개해야 한다.[116] 이러한 투명성 의무는 AI가 생성한 텍스트가 마치 사실적인 기사나 전문가 의견인 것처럼 대중의 여론을 호도하는 것을 방지하기 위한 것이다.

AI를 이용하여 사회적으로 중요한 주제에 대한 글을 쓰고 게시할 때 AI가 작성했음을 밝힘으로써, 자동화된 선전·선동이 방지될 수 있다. '공익 사안'(matters of public interest)은 정치와 선거, 보건과 과학, 뉴스와 시사, 법과 금융 등 사회 구성원 다수의 이익이나 관심사와 관련된 모든 종류의 주제를 포괄하는 넓은 개념이 된다.[117]

(2) 예외

법에 의해 형사범죄의 적발, 예방, 수사 또는 기소를 위해 이용이 허가된 경우 이러한 의무는 적용되지 않는다.[118] 즉 경찰 등 법 집행 당국은 수사 목적으로 특정 범죄 조직원들이 사용하는 온라인 포럼에 AI를 이용해 조직의 이념을 옹호하는 것처럼 보이는 분석 글을 생성하여 게시할 수 있다.

또한, AI로 생성된 콘텐츠가 인간의 검토 또는 편집 통제를 거쳤고 자연인 또는 법인이 콘텐츠의 공개에 대한 편집 책임을 지는 경우 이러한 의무는 적

116) 第50조 제4항 제2단 제1문.

117) 예컨대, 특정 선거 후보자의 공약이나 과거 활동을 분석하는 정치 논평 기사나 새로 도입되는 법이나 정책을 해설하는 블로그 게시물, 새로운 백신의 효과와 부작용에 대한 정보를 제공하는 건강 정보나 기후 변화의 원인과 영향에 대한 과학적 사실을 설명하는 웹사이트 콘텐츠, 국제 분쟁이나 경제 위기에 대한 뉴스 보도 기사나 사회적 논란이 되는 특정 사건에 대한 분석 칼럼, 일반 대중에게 소비자의 법적 권리를 설명하는 안내문이나 특정 금융 상품의 장단점을 분석하는 재정 콘텐츠 등이다.

118) 第50조 제4항 제2단 제2문.

용되지 않는다.[119] 최종적으로 사람인 기자나 편집자가 AI가 생성한 초안의 모든 내용에 대해 사실 확인, 수정, 윤문 과정을 거쳐 자신의 이름이나 언론사의 명의로 출판한다면, 그 콘텐츠 내용에 대한 책임은 AI가 아닌 그 사람 또는 언론사가 지게 된다. 이 경우 AI가 작성했음을 굳이 알릴 필요가 없다.[120]

4. 투명성 의무의 이행

(1) 다른 의무와 관계

운영자의 투명성 의무는 제III장에 명시된 고위험 AI 시스템의 요건과 의무에 영향을 미치지 않고, AI 시스템의 운영자에 대해 EU 또는 회원국 법에 규정된 다른 투명성 의무를 저해하지 않는다.[121] 즉 운영자는 기본적인 투명성 의무는 물론 제III장이 요구하는 모든 고위험 AI 의무를 준수해야 한다.[122]

제50조의 투명성 의무는 이미 존재하거나 미래의 다른 법의 투명성 의무를 면제하지 않는다.[123] 따라서, 제50조의 투명성 의무는 가장 기본적인 최소한의 요건이고, 특정 AI 시스템이 고위험에 해당하거나 더 구체적인 투명성을 요구하는 다른 법의 적용을 받는다면, 운영자는 그 모든 의무를 누적적·중복적으로 준수해야 한다.[124]

---

119) 제50조 제4항 제2단 제2문.

120) 예컨대, 블로거가 최신 경제 동향의 주제로 AI가 생성한 글을 수정하지 않고 그대로 자신의 블로그에 게시한 경우에는, 실질적인 저자는 AI이고 블로거는 단순한 게시자에 불과하므로, AI로 해당 글이 생성되었음이 밝혀져야 한다.

121) 제50조 제6항.

122) 예컨대, AI 채용 면접 시스템은 사람과 직접 상호작용하므로 제한적 위험에 해당하여 지원자에게 AI와 면접 중임을 알려야 할 투명성 의무가 있고, 동시에 이 시스템은 고용 분야에 이용되므로 고위험 AI 시스템이다.

123) 제50조 제3항에 따라 은행은 고객에게 상대하는 챗봇이 AI임을 알려야 하는데, EU 금융법에 따라 은행은 금융 상품의 위험성, 수수료 등을 상세하게 설명해야 할 투명성 의무를 가지는 경우 두 법의 투명성 의무는 서로 독립적이고 모두 준수되어야 한다.

124) 은행, 병원, 정부 기관 등 AI 시스템 운영자는 AI법 외에도 자신이 속한 분야의 다양한 법에 따른 투명성 의무를 부담하고 있는 점에서, AI법의 투명성 의무는 최소한의 기본 의무이지 다른 법의 의무를 대체할 수 없다.

(2) 정보 제공 시점 등

투명성을 보장하기 위하여 운영자가 제공해야 하는 정보는 늦어도 최초 상호작용 또는 노출 시점에서 명확하고 구별 가능한 방식으로 해당 자연인에게 제공되어야 한다.[125] 해당 정보는 적용 가능한 접근성 요건을 준수해야 한다.[126] 즉 장애인이 고려되어야 한다.

(3) 실무강령

AI사무국은 EU 수준에서 인공적으로 생성되거나 조작된 콘텐츠의 탐지 및 라벨링에 관한 의무의 효과적인 이행을 촉진하기 위해 실무강령의 작성을 장려하고 촉진해야 한다.[127] 유럽위원회는 해당 실무강령을 승인하기 위한 이행입법을 채택할 수 있다.[128] 유럽위원회가 해당 강령이 적절하지 않다고 판단하는 경우, 검토 절차에 따라 해당 의무의 이행에 적용될 공통규정(common rules)의 이행입법을 채택할 수 있다.[129]

*** AI법과 GDPR의 투명성 요건은 상당히 다르다. GDPR 제13조와 제14조는 처리 목적, 법적 근거, 보유 기간, 정보주체의 권리 등 매우 상세하고 포괄적인 정보를 요구하지만, AI법은 AI와 상호작용 중이라는 단일한 사실을 고지하는 것을 요구하는 점에서 요구하는 정보의 수준과 복잡성이 다르다. 또한, 두 법 모두 사전 고지를 원칙으로 하지만, AI법은 최초 상호작용 시점을, GDPR은 개인정보 수집 시점을 기준으로 하는 차이가 있다. 제공자가 GDPR과 AI법에 따른 투명성 요건을 모두 준수해야 하는 경우, '적시 고지'(a just-in-time notice)를 통하여 두 요건을 모두 준수하여 개인에게 알릴 수 있다.[130]

---

125) 제50조 제5항 제1문.

126) 제50조 제5항 제2문.

127) 제50조 제7항. 콘텐츠 투명성은 기술적으로 복잡하고 빠르게 변화하는 영역인 점에서 워터마킹 기술 등의 효과나 시스템 간 호환성 등에 대한 지속적인 기술적 논의와 표준화가 필요하기 때문에 실무강령이 필요하다.

128) 제50조 제7항. 실무강령은 제56조 제6항 참조.

129) 제50조 제7항. 검토 절차는 제98조 제2항 참조.

130) 적시 고지는 이용자가 특정 기능을 이용하는 그 순간 해당 기능과 관련된 정보만 간결하게 제공하는 방식인데, 많은 내용의 개인정보처리방침을 모두 읽게 하는 것보다 훨씬 효과적일 수 있다.

참고자료

1. EU 등 공식 자료

유럽경제사회위원회 생성형 AI: European Economic and Social Committee, Generative AI and foundation models in the EU: Uptake, opportunities, challenges, and a way forward: 4.1 Use cases, 30/01/25.

유럽위원회 2020년 백서: EUROPEAN COMMISSION, WHITE PAPER On Artificial Intelligence – A European approach to excellence and trust, Brussels, 19.2.2020, COM(2020) 65 final.

유럽위원회 2021년 업무 프로그램: European Commission, Communication from the Commission to the European Parliament, the Council, the European Economic and Social Committee and the Committee of the Regions: Commission work programme 2021.

유럽위원회 2025년 업무 프로그램: European Commission, Communication from the Commission to the European Parliament, the Council, the European Economic and Social Committee and the Committee of the Regions: Commission work programme 2025.

유럽위원회 2030 디지털 목표: European Commission, Europe's Digital Decade: digital targets for 2030, https://commission.europa.eu/strategy-and-policy/priorities-2019-2024/europe-fit-digital-age/europes-digital-decade-digital-targets-2030_en.

유럽위원회 디지털 시대: European Commission, A Europe fit for the digital age: Empowering people with a new generation of technologies, https://commission.europa.eu/strategy-and-policy/priorities-2019-2024/europe-fit-digital-age_en.

유럽위원회 블루 가이드: European Commission, The 'Blue Guide' on the implementation of EU product rules 2022.

유럽위원회 신입법체계: European Commission, "New legislative framework", https://single-market-economy.ec.europa.eu/single-market/goods/new-legislative-framework_en.

유럽위원회 영향 평가 2021: COMMISSION STAFF WORKING DOCUMENT: IMPACT ASSESSMENT, Accompanying the Proposal for [ARTIFICIAL INTELLIGENCE ACT], Brussels, 21.4.2021, SWD(2021) 84 final.

유럽위원회 AI Communication 2018: European Commission, communication on the Strategy for Artificial Intelligence in Europe, COM(2018) 237.

유럽위원회 AI Communication 2019: EUROPEAN COMMISSION, COMMUNICATION FROM THE COMMISSION TO THE EUROPEAN PARLIAMENT, THE COUNCIL, THE EUROPEAN ECONOMIC AND SOCIAL COMMITTEE AND THE COMMITTEE OF THE REGIONS: Building Trust in Human-Centric Artificial Intelligence, Brussels, 8.4.2019, COM(2019) 168 final.

유럽위원회 Feedback and statistics: European Commission, Feedback and statistics: Proposal for a regulation: Artificial intelligence - ethical and legal requirements, https://ec.europa.eu/info/law/better-regulation/have-your-say/initiatives/12527-Artificial-intelligence-ethical-and-legal-requirements/feedback_en?p_id=24212003&page=2.

EDPB-EDPS 공동 의견 5/2021: EDPB-EDPS Joint Opinion 5/2021 on the proposal for a Regulation of the European Parliament and of the Council laying down harmonised rules on artificial intelligence(Artificial Intelligence Act), 18 June 2021.

EDPB 2019: EDPB, Facial recognition in school renders Sweden's first GDPR fine, 22 August 2019, https://www.edpb.europa.eu/news/national-news/2019/facial-recognition-school-renders-swedens-first-gdpr-fine_sv.

EDPS 의견 44/2023: European Data Protection Supervisor, Opinion 44/2023 on the Proposal for Artificial Intelligence Act in the light of legislative developments, 23 October 2023.

EP Briefing-AI: European Parliamentary Research Service, Artificial intelligence act, BRIEFING EU Legislation in Progress, PE 698.792 - March 2024.

EU AI Explanatory Memorandum: Proposal for a REGULATION OF THE EUROPEAN PARLIAMENT AND OF THE COUNCIL LAYING DOWN HARMONISED RULES ON ARTIFICIAL INTELLIGENCE (ARTIFICIAL INTELLIGENCE ACT) AND

AMENDING CERTAIN UNION LEGISLATIVE ACTS, Brussels, 21.4.2021, COM(2021) 206 final, 2021/0106(COD).

HLEG–AI 2018: A Definition of AI: Main Capabilities and Scientific Disciplines - Definition developed for the purpose of the deliverables of the High–Level Expert Group on AI, Brussels, 18 December 2018.

OECD AI 규제적 샌드박스 2023: Regulatory Sandboxes in Artificial Intelligence, OECD Digital Economy Papers No. 356, July 2023.

OECD AI Report 2024: OECD Council, Report on the Implementation of the OECD Recommendation on Artificial Intelligence, C/MIN(2024)17, 24 April 2024.

OECD AI System Classificatiton 2022: OECD, OECD Framework for the Classification of AI Systems, OECD Digital Economy Papers No. 323, February 2022.

OECD AI System Definition: OECD, Explanatory Memorandum on the Updated OECD Definition of an AI System, OECD Artificial Intelligence Papers No.8, March 2024.

US Copyright Office 2025: United States Copyright Office, Copyright and Artificial Intelligence Part 3: Generative AI Training, pre–publication version, May 2025.

2. 전문가 자료

AI Act Impact Survey 2022: AI Act Impact Survey: Exploring the impact of the AI Act on Startups in Europe, 12 December 2022, p. 9.

appliedAI Initiative GmbH: appliedAI Initiative GmbH, AI Act: Risk Classification of AI Systems from a Practical Perspective, March 2023.

BDVA/DAIRO: BDVA/DAIRO position paper Response to the European Commission's proposal for AI Regulation, 04th August 2021.

Bereczki 2023: Tamás Bereczki, Ádám Liber, AI's emergent abilities a 'dou–ble–edged sword', 11 Oct. 2023, iapp, https://iapp.org/news/a/ais–emer–gent–abilities–a–double–edged–sword/.

BSA: BSA(The Software Alliance), AI Developers and Deployers: An Important Distinction, www.bsa.org.

Ebers et al: M. Ebers, and others, The European Commission's proposal for an artificial intelligence act—A critical assessment by members of the Robotics and AI Law Society(RAILS), J 4, no 4: 589–603, October 2021.

European enterprise survey 2020: European enterprise survey on the use of technologies based on AI, Ipsos 2020, Final report, https://op.europa.eu/en/publication-detail/-/publication/f089bbae-f0b0-11ea-991b-01aa75ed71a1.

EUSurvey: EUSurvey, Join the AI Pact Initiative, https://ec.europa.eu/eusurvey/runner/68fd7335-f477-b1a7-f52f-e51b60a825b5.

FENWICK: FENWICK, Technological Challenges for Regulatory Thresholds of AI Compute, June 20, 2024, https://www.fenwick.com/insights/publications/interesting-developments-for-regulatory-thresholds-of-ai-compute.

FutureTDM 2017: FutureTDM, This is what Europe can do to Stimulate Text and Data Mining(2017).

GeeksforGeeks: GeeksforGeeks, "Verification and Validation in Software Engineering", https://www.geeksforgeeks.org/software-engineering-verification-and-validation/.

Grobelnik et al.: Marko Grobelnik, Karine Perset, Stuart Russell, What is AI? Can you make a clear distinction between AI and non-AI systems?, March 6, 2024, OECD.AI, https://oecd.ai/en/wonk/definition.

Güçlütürk et al.: Osman Gazi Güçlütürk, Bahadir Vural, AI Red Flags: Navigating Prohibited Practices under the AI Act, Holistic AI, May 3, 2024, https://www.holisticai.com/blog/prohibitions-under-eu-ai-act.

Henley: Jon Henley, Dutch government faces collapse over child benefits scandal, the Guardian, 14 January 2021, https://www.theguardian.com/world/2021/jan/14/dutch-government-faces-collapse-over-child-benefits-scandal.

Hermanns et al.: Holger Hermanns, Anne Lauber-Ronsberg, Philip Meinel, Sarah Sterz, and Hanwei Zhang, AI Act for the Working Programmer, AISoLA 2024.

Hunton: Hunton, The EU AI Act: Guide for In-house Lawyers, Feb. 2025.

Karathanasis: Theodoros Karathanasis, Defining AI Systems in the EU and Beyond: Assessing the Global Outreach of the AI Act's Norms, Computer Law Review (CRi) 4, 2024.

NY Times 2023: Michael M. Grynbaum and Ryan Mac, The Times Sues OpenAI and Microsoft Over A.I. Use of Copyrighted Work, The New York Times, Dec. 27, 2023, https://www.nytimes.com/2023/12/27/business/media/new-york-times-open-ai-microsoft-lawsuit.html.

Roberts et al.: Alex Roberts, et al, The Brussels effect? Impact of the EU's AI Act -

in the EU and beyond, Linklaters, July 11, 2024, https://techinsights.linklaters.com/post/102jcir/the-brussels-effect-impact-of-the-eus-ai-act-in-the-eu-and-beyond.

Rinke 2023: Andreas Rinke, Exclusive: Germany, France and Italy reach agreement on future AI regulation, November 21, 2023, https://www.reuters.com/technology/germany-france-italy-reach-agreement-future-ai-regulation-2023-11-18/.

Rubin 2025: April Rubin, CEOs push AI and computer science as a grad requirement, AXIOS, May 5, 2025, https://www.axios.com/2025/05/05/computer-science-ai-education-k-12-ceos-letter.

Ruschemeier et al.: Hannah Ruschemeier & Jascha Bareis, "Searching for harmonised rules: Understanding the paradigms, provisions and pressing issues in the final EU AI Act", [to be] in Gsenger/Sekwenz(eds), Digital Decade: How the EU shapes digitalisation research, Nomos 2025.

Russell et al.: Stuart Russell, Karine Perset, Marko Grobelnik, "Updates to the OECD's definition of an AI system explained", November 29, 2023, https://oecd.ai/en/wonk/ai-system-definition-update.

SHERPA: SHERPA, European Commission's proposed Regulation on Artificial Intelligence - Is the draft regulation aligned with the SHERPA recommendations?, https://www.project-sherpa.eu/european-commissions-proposed-regulation-on-artificial-intelligence-is-the-draft-regulation-aligned-with-the-sherpa-recommendations/.

Suchman: Lucy Suchman, The uncontroversial 'thingness' of AI, Journal of Alternative Finance, November 8, 2023.

Ustaran et al.: Eduardo Ustaran, Uzma Chaudhry, Top 10 operational impacts of the EU AI Act - Understanding and assessing risk, iapp, https://iapp.org/resources/article/top-impacts-eu-ai-act-understanding-assessing-risk/.

Victoria Legal Aid: Victoria Legal Aid, An in-depth look at our robo-debt test case, 14 April 2020, https://www.legalaid.vic.gov.au/depth-look-our-robo-debt-test-case, Victoria Legal Aid, Learning from the failures of Robodebt - building a fairer, client-centred social security system, 20 February 2025.

Weil: Weil, EU AI Act: Overview and Faqs, June 2024, https://www.weil.com/-/media/mailings/2024/q2/eu-ai-act---overview-and-faqs.pdf.

법령/조약 약칭

개인보호장치 규칙: Regulation (EU) 2016/425 of the European Parliament and of the Council of 9 March 2016 on personal protective equipment and repealing Council Directive 89/686/EEC(OJ L 81, 31.3.2016, p. 51).

개인정보보호 지침: Directive 95/46/EC of the European Parliament and of the Council of 24 October 1995 on the protection of individuals with regard to the processing of personal data and on the free movement of such data.

건전성II 지침: Directive 2009/138/EC of the European Parliament and of the Council of 25 November 2009 on the taking-up and pursuit of the business of Insurance and Reinsurance(Solvency II).

계측기 지침: Directive 2014/32/EU of the European Parliament and of the Council of 26 February 2014 on the harmonisation of the laws of the Member States relating to the making available on the market of measuring instruments.

고용인 협의 지침: Directive 2002/14/EC of the European Parliament and of the Council of 11 March 2002 establishing a general framework for informing and consulting employees in the European Community - Joint declaration of the European Parliament, the Council and the Commission on employee representation.

공공웹 접근성 지침: Directive (EU) 2016/2102 of the European Parliament and of the Council of 26 October 2016 on the accessibility of the websites and mobile applications of public sector bodies.

국제보호 공동절차 지침: Directive 2013/32/EU of the European Parliament and of the Council of 26June 2013 on common procedures for granting and withdrawing international protection(recast).

금융상품시장 지침: Directive 2014/65/EU of the European Parliament and of the Council of 15 May 2014 on markets in financial instruments and amending Directive 2002/92/EC and Directive 2011/61/EU.

금지된 AI 관행 가이드라인: Commission Guidelines on prohibited artificial intelligence practices established by Regulation (EU) 2024/1689 (AI Act), Brussels, 4.2.2025, C(2025) 884 final.

기계류 규칙: Regulation (EU) 2023/1230 of the European Parliament and of the Council of 14 June 2023 on machinery and repealing Directive 2006/42/EC of the European Parliament and of the Council and Council Directive 73/361/EEC.

기계류 지침: Directive 2006/42/EC of the European Parliament and of the Council of 17 May 2006 on machinery, and amending Directive 95/16/EC(recast).

기체 연료 연소 기기 규칙: Regulation (EU) 2016/426 of the European Parliament and of the Council of 9 March 2016 on appliances burning gaseous fuels and repealing Directive 2009/142/EC(OJ L 81, 31.3.2016, p. 99).

내부고발자 보호 지침: Directive (EU) 2019/1937 of the European Parliament and of the Council of 23 October 2019 on the protection of persons who report breaches of Union law.

농기계류 규칙: Regulation (EU) No 167/2013 of the European Parliament and of the Council of 5 February 2013 on the approval and market surveillance of agricultural and forestry vehicles.

데이터거버넌스법: Regulation (EU) 2022/868 of the European Parliament and of the Council of 30 May 2022 on European data governance and amending Regulation (EU) 2018/1724 (Data Governance Act).

데이터법: Regulation (EU) 2023/2854 of the European Parliament and of the Council of 13 December 2023 on harmonised rules on fair access to and use of data and amending Regulation (EU) 2017/2394 and Directive (EU) 2020/1828 (Data Act).

디지털 단일시장 저작권 지침: Directive (EU) 2019/790 of the European Parliament and of the Council of 17 April 2019 on copyright and related rights in the Digital Single Market and amending Directives 96/9/EC and 2001/29/EC.

디지털서비스법 Regulation (EU) 2022/2065 of the European Parliament and of the Council of 19 October 2022 on a Single Market For Digital Services and amending Directive 2000/31/EC(Digital Services Act)(OJ L 277, 27.10.2022, p. 1).

디지털 유럽 프로그램 설치 규칙: Regulation (EU) 2021/694 of the European Parliament and of the Council of 29 April 2021 establishing the Digital Europe Programme and repealing Decision (EU) 2015/2240.

레크리에이션 선박 지침: Directive 2013/53/EU of the European Parliament and of the Council of 20 November 2013 on recreational craft and personal watercraft and repealing Directive 94/25/EC(OJ L 354, 28.12.2013, p. 90).

마케팅 공통 프레임워크 결정: Decision No 768/2008/EC of the European Parliament and of the Council of 9 July 2008 on a common framework for the marketing of products, and repealing Council Decision 93/465/EEC.

무선장비 지침: Directive 2014/53/EU of the European Parliament and of the Council of 16 April 2014 on the harmonisation of the laws of the Member States relating to the making available on the market of radio equipment and repealing Directive 1999/5/EC(OJ L 153, 22.5.2014, p. 62).

민간항공 공통규정 규칙: Regulation (EU) 2018/1139 of the European Parliament and of the Council of 4 July 2018 on common rules in the field of civil aviation and establishing a European Union Aviation Safety Agency, and amending Regulations (EC) No 2111/2005, (EC) No 1008/2008, (EU) No 996/2010, (EU) No 376/2014 and Directives 2014/30/EU and 2014/53/EU of the European Parliament and of the Council, and repealing Regulations (EC) No 552/2004 and (EC) No 216/2008 of the European Parliament and of the Council and Council Regulation (EEC) No 3922/91.

민간항공 안전 공통규정 규칙: Regulation (EC) No 300/2008 of the European Parliament and of the Council of 11 March 2008 on common rules in the field of civil aviation security and repealing Regulation (EC) No 2320/2002(OJ L 97, 9.4.2008, p. 72).

방폭 지침: Directive 2014/34/EU of the European Parliament and of the Council of 26 February 2014 on the harmonisation of the laws of the Member States relating to equipment and protective systems intended for use in potentially explosive atmospheres(OJ L 96, 29.3.2014, p. 309).

범용 AI 모델 의무 범위 가이드라인 2025: Guidelines on the scope of the obligations for general-purpose AI models established by Regulation (EU) 2024/1689 (AI Act).

법 집행 개인정보보호 지침: Directive (EU) 2016/680 of the European Parliament and of the Council of 27 April 2016 on the protection of natural persons with regard to the processing of personal data by competent authorities for the purposes of the prevention, investigation, detection or prosecution of criminal offences or the execution of criminal penalties, and on the free movement of such data, and repealing Council Framework Decision 2008/977/JHA(OJ L 119, 4.5.2016, p. 89).

불공정 상행위 지침: Directive 2005/29/EC of the European Parliament and of the Council of 11 May 2005 concerning unfair business-to-consumer commercial practices in the internal market and amending Council Directive 84/450/EEC, Directives 97/7/EC, 98/27/EC and 2002/65/EC of the European Parliament and of the Council and Regulation (EC) No 2006/2004 of the European Parliament and of the Council('Unfair Commercial Practices Directive')(OJ L 149, 11.6.2005, p. 22).

비개인정보 자유이동 규칙: Regulation (EU) 2018/1807 of the European Parliament and of the Council of 14 November 2018 on a framework for the free flow of non-personal data in the European Union.

비자 코드 규칙: Regulation (EC) No 810/2009 of the European Parliament and of the Council of 13July 2009 establishing a Community Code on Visas(Visa Code).

비자동 계량기 지침: Directive 2014/31/EU of the European Parliament and of the Council of 26 February 2014 on the harmonisation of the laws of the Member States relating to the making available on the market of non-automatic weighing instruments.

사이버보안법: Regulation (EU) 2019/881 of the European Parliament and of the Council of 17 April 2019 on ENISA(the European Union Agency for Cybersecurity) and on information and communications technology cybersecurity certification and repealing Regulation (EU) No 526/2013(Cybersecurity Act)(OJ L 151, 7.6.2019, p. 15).

사이버복원력법: REGULATION (EU) 2024/2847 OF THE EUROPEAN PARLIAMENT AND OF THE COUNCIL of 23 October 2024 on horizontal cybersecurity requirements for products with digital elements and amending Regulations (EU) No 168/2013 and (EU) No 2019/1020 and Directive (EU) 2020/1828 (Cyber Resilience Act).

승강기 지침: Directive 2014/33/EU of the European Parliament and of the Council of 26 February 2014 on the harmonisation of the laws of the Member States relating to lifts and safety components for lifts (OJ L 96, 29.3.2014, p. 251).

시장감시 규칙: Regulation (EU) 2019/1020 of the European Parliament and of the Council of 20 June 2019 on market surveillance and compliance of products and amending Directive 2004/42/EC and Regulations (EC) No 765/2008 and (EU) No 305/2011.

압력설비 지침: Directive 2014/68/EU of the European Parliament and of the Council of 15 May 2014 on the harmonisation of the laws of the Member States relating to the making available on the market of pressure equipment(OJ L 189, 27.6.2014, p. 164).

영업비밀보호 지침: Directive (EU) 2016/943 of the European Parliament and of the Council of 8 June 2016 on the protection of undisclosed know-how and business information(trade secrets) against their unlawful acquisition, use and disclosure.

유럽 연구 진실성 행동강령: allea, The European Code of Conduct for Research Integrity, REVISED EDITION 2023.

유럽접근성법: Directive (EU) 2019/882 of the European Parliament and of the Council of 17 April 2019 on the accessibility requirements for products and services.

유럽 체포영장 프레임워크 결정: Council Framework Decision 2002/584/JHA of 13 June 2002 on the European arrest warrant and the surrender procedures between Member States(OJ L 190, 18.7.2002, p. 1).

유럽 표준화 규칙: Regulation (EU) No 1025/2012 of the European Parliament and of the Council of 25 October 2012 on European standardisation, amending Council Directives 89/686/EEC and 93/15/EEC and Directives 94/9/EC, 94/25/EC, 95/16/EC, 97/23/EC, 98/34/EC, 2004/22/EC, 2007/23/EC, 2009/23/EC and 2009/105/EC of the European Parliament and of the Council and repealing Council Decision 87/95/EEC and Decision No 1673/2006/EC of the European Parliament and of the Council Text with EEA relevance(OJ L 316, 14.11.2012, p. 12-33).

유로폴 규칙: Regulation (EU) 2016/794 of the European Parliament and of the Council of 11 May 2016 on the European Union Agency for Law Enforcement Cooperation (Europol) and replacing and repealing Council Decisions 2009/371/JHA, 2009/934/JHA, 2009/935/JHA, 2009/936/JHA and 2009/968/JHA.

의료기기 규칙: Regulation (EU) 2017/745 of the European Parliament and of the Council of 5 April 2017 on medical devices, amending Directive 2001/83/EC, Regulation (EC) No 178/2002 and Regulation (EC) No 1223/2009 and repealing Council Directives 90/385/EEC and 93/42/EEC(OJ L 117, 5.5.2017, p. 1).

이륜/삼륜차 규칙: Regulation (EU) No 168/2013 of the European Parliament and of the Council of 15 January 2013 on the approval and market surveillance of two- or three-wheel vehicles and quadricycles.

인증 요건 규칙: Regulation (EC) No 765/2008 of the European Parliament and of the Council of 9 July 2008 setting out the requirements for accreditation and market surveillance relating to the marketing of products and repealing Regulation (EEC) No 339/93.

자금세탁방지 지침: Directive (EU) 2015/849 of the European Parliament and of the Council of 20 May 2015 on the prevention of the use of the financial system for the purposes of money laundering or terrorist financing, amending Regulation (EU) No 648/2012 of the European Parliament and of the Council, and repealing Directive 2005/60/EC of the European Parliament and of the Council and Commission Directive 2006/70/EC.

자동차 규칙: Regulation (EU) 2018/858 of the European Parliament and of the Council of 30 May 2018 on the approval and market surveillance of motor vehicles and their trailers, and of systems, components and separate technical units intended for such vehicles, amending Regulations (EC) No 715/2007 and (EC) No 595/2009 and repealing Directive 2007/46/EC.

자동차 형식승인요건 규칙: Regulation (EU) 2019/2144 of the European Parliament and of the Council of 27 November 2019 on type-approval requirements for motor vehicles and their trailers, and systems, components and separate technical units intended for such vehicles, as regards their general safety and the protection of vehicle occupants and vulnerable road users, amending Regulation (EU) 2018/858 of the European Parliament and of the Council and repealing Regulations (EC) No 78/2009, (EC) No 79/2009 and (EC) No 661/2009 of the European Parliament and of the Council and Commission Regulations (EC) No 631/2009, (EU) No 406/2010, (EU) No 672/2010, (EU) No 1003/2010, (EU) No 1005/2010, (EU) No 1008/2010, (EU) No 1009/2010, (EU) No 19/2011, (EU) No 109/2011, (EU) No 458/2011, (EU) No 65/2012, (EU) No 130/2012, (EU) No 347/2012, (EU) No 351/2012, (EU) No 1230/2012 and (EU) 2015/166.

자본요건 규칙: Regulation (EU) No 575/2013 of the European Parliament and of the Council of 26 June 2013 on prudential requirements for credit institutions and investment firms and amending Regulation (EU) No 648/2012.

장난감 안전 지침: Directive 2009/48/EC of the European Parliament and of the Council of 18 June 2009 on the safety of toys.

전자파 적합성 지침: Council Directive 89/336/EEC of 3 May 1989 on the approximation of the laws of the Member States relating to electromagnetic compatibility.

정보사회의 저작권 지침: Directive 2001/29/EC of the European Parliament and of the Council of 22 May 2001 on the harmonisation of certain aspects of copyright and related rights in the information society.

정치광고 규칙: Regulation (EU) 2024/900 of the European Parliament and of the Council of 13March 2024 on the transparency and targeting of political advertising.

제조물책임 지침: Directive (EU) 2024/2853 of the European Parliament and of the Council of 23 October 2024 on liability for defective products and repealing Council Directive 85/374/EEC.

제품 마케팅 공통 프레임워크 결정: Decision No 768/2008/EC of the European Parliament and of the Council of 9 July 2008 on a common framework for the marketing of products, and repealing Council Decision 93/465/EEC.

제품/서비스 접근 요건 지침: Directive (EU) 2019/882 of the European Parliament and of the Council of 17 April 2019 on the accessibility requirements for products and services.

제품안전일반규칙: Regulation (EU) 2023/988 of the European Parliament and of the Council of 10 May 2023 on general product safety, amending Regulation (EU) No 1025/2012 of the European Parliament and of the Council and Directive (EU) 2020/1828 of the European Parliament and the Council, and repealing Directive 2001/95/EC of the European Parliament and of the Council and Council Directive 87/357/EEC.

중소기업 정의 권고: Commission Recommendation 2003/361/EC of 6 May 2003 concerning the definition of micro, small and medium-sized enterprises지재권 집행 지침: Directive 2004/48/EC of the European Parliament and of the Council of 29 April 2004 on the enforcement of intellectual property rights.

철도시스템의 상호 운용 지침: Directive (EU) 2016/797 of the European Parliament and of the Council of 11 May 2016 on the interoperability of the rail system within the European Union(recast).

체외진단 의료기기 규칙: Regulation (EU) 2017/746 of the European Parliament and of the Council of 5 April 2017 on in vitro diagnostic medical devices and repealing Directive 98/79/EC and Commission Decision 2010/227/EU(OJ L 117, 5.5.2017, p. 176).

케이블웨이 설치 규칙: Regulation (EU) 2016/424 of the European Parliament and of the Council of 9 March 2016 on cableway installations and repealing Directive 2000/9/EC(OJ L 81, 31.3.2016, p. 1).

해양장비 지침: Directive 2014/90/EU of the European Parliament and of the Council of 23 July 2014 on marine equipment and repealing Council Directive 96/98/EC.

핵심 기관 복원력 지침: Directive (EU) 2022/2557 of the European Parliament and of the Council of 14 December 2022 on the resilience of critical entities and repealing Council Directive 2008/114/EC.

헬싱키 선언: WMA Declaration of Helsinki - Ethical Principles for Medical Research Involving Human Participants, June 1964 and lastly amended October 2024.

AI 시스템 정의 가이드라인: COMMUNICATION FROM THE COMMISSION: Commission Guidelines on the definition of an artificial intelligence system established by Regulation (EU) 2024/1689(AI Act), Brussels, 29.7.2025. C(2025) 5053 final.

AI의 책임 있는 군사적 이용에 관한 정치적 선언: U.S. Department of State, Political Declaration on Responsible Military Use of Artificial Intelligence and Autonomy

CoE AI 협약: Council of Europe Framework Convention on Artificial Intelligence and Human Rights, Democracy and the Rule of Law.

e-Privacy지침: Directive 2002/58/EC of the European Parliament and of the Council of 12 July 2002 concerning the processing of personal data and the protection of privacy in the electronic communications sector(Directive on privacy and electronic communications)(OJ L 201, 31.7.2002, p. 37).

EU AI 윤리 가이드라인: HIGH-LEVEL EXPERT GROUP ON ARTIFICIAL INTELLIGENCE, ETHICS GUIDELINES FOR TRUSTWORTHY AI, 8 April 2019.

EU 기관 개인정보보호 규칙: Regulation (EU) 2018/1725 of the European Parliament and of the Council of 23 October 2018 on the protection of natural persons with regard to the processing of personal data by the Union institutions, bodies, offices and agencies and on the free movement of such data, and repealing Regulation (EC) No 45/2001 and Decision No 1247/2002/EC(OJ L 295, 21.11.2018, p. 39).

EU기본권헌장: EU Charter of Fundamental Rights.

EU조약: Treaty on European Union.

EU AI법 초안: European Commission, Proposal for a REGULATION OF THE EUROPEAN PARLIAMENT AND OF THE COUNCIL LAYING DOWN HARMONISED RULES ON ARTIFICIAL INTELLIGENCE(ARTIFICIAL INTELLIGENCE ACT) AND AMENDING

CERTAIN UNION LEGISLATIVE ACTS, COM/2021/206 final.

GDPR: Regulation (EU) 2016/679 of the European Parliament and of the Council of 27 April 2016 on the protection of natural persons with regard to the processing of personal data and on the free movement of such data, and repealing Directive 95/46/EC(General Data Protection Regulation)(OJ L 119, 4.5.2016, p. 1).

Horizon Europe 설치 규칙: Regulation (EU) 2021/695 of the European Parliament and of the Council of 28 April 2021 establishing Horizon Europe - the Framework Programme for Research and Innovation, laying down its rules for participation and dissemination, and repealing Regulations (EU) No 1290/2013 and (EU) No 1291/2013.

NIS 2 지침: Directive (EU) 2022/2555 of the European Parliament and of the Council of 14 December 2022 on measures for a high common level of cybersecurity across the Union, amending Regulation (EU) No 910/2014 and Directive (EU) 2018/1972, and repealing Directive (EU) 2016/1148.

OECD AI 권고 2024: OECD, Recommendation of the Council on Artificial Intelligence, OECD/LEGAL/0449.

TFEU: Treaty on the Functioning of the European Union(EU기능조약).

UN난민지위협약: United Nations Convention relating to the Status of Refugees.

UN장애인권리협약: United Nations Convention on the Rights of Persons with Disabilities(CRPD).

색인

ㄱ

ㅇ

ㅈ

ㅊ

ㅋ

ㅌ

ㅍ

ㅎ

A-Z

저자소개

박노형

박노형(朴魯馨) 교수는 고려대학교 법과대학을 졸업하고, 고려대학교 대학원(법학석사), 미국 Harvard Law School(LL.M.)과 영국 Cambridge University(Ph.D.)에서 국제법을 공부하였다. 1990년 9월부터 2024년 2월까지 고려대학교 법과대학/법학전문대학원에서 국제경제법을 중심으로 개인정보보호, 사이버안전, 디지털 통상에 관한 법 및 협상과 조정을 연구하고 교육하였다.

고려대학교 대학원 인문사회계 부장, 기획처장, 교무처장과 법학전문대학원 원장을 맡았고, 국제경제법학회 초대회장, 한국협상학회 회장, 한국조정학회 회장을 맡았으며, 현재 한국통상법제연구소 소장, 국제사이버법연구회 회장, 국제조정센터 이사장을 맡고 있다.

개인정보보호위원회 법령평가위원, 무역위원회 위원, 영상물등급위원회 위원, 농산물지리적표시심의위원회 위원장, 국가안보실 정책자문위원 등을 맡았다.

개인정보보호, 사이버안전, 디지털 통상, 협상과 조정 및 인공지능(AI) 분야에서 미국, EU, 일본, 중국, 러시아 등의 전문가들과 연구 협력을 정례적으로 수행하고, 정부와 업계의 자문을 맡고 있다.

EU AI법 개론

초판발행 2025년 10월 31일

지은이 박노형
펴낸이 안종만 · 안상준

편 집 최유라
기획/마케팅 조성호
표지디자인 BEN STORY
제 작 고철민 · 김원표

펴낸곳 (주) 박영사
서울특별시 금천구 가산디지털2로 53, 210호(가산동, 한라시그마밸리)
등록 1959. 3. 11. 제300-1959-1호(倫)
전 화 02)733-6771
f a x 02)736-4818
e-mail pys@pybook.co.kr
homepage www.pybook.co.kr
ISBN 979-11-303-9854-9 93360

정 가 34,000원